이윤을 향한 질주

RACE FOR PROFIT

이윤을 향한 질주
정부의 무책임이 어떻게 은행과 부동산업계를 배불렸나

초판 1쇄 인쇄일 2024년 3월 20일   **초판 1쇄 발행일** 2024년 3월 25일

지은이 키앙가야마타 테일러 | **옮긴이** 김홍옥
펴낸이 박재환 | **편집** 유은재 신기원 | **마케팅** 박용민 | **관리** 조영란
펴낸곳 에코리브르 | **주소** 서울시 마포구 동교로15길 34 3층(04003) | **전화** 702-2530 | **팩스** 702-2532
이메일 ecolivres@hanmail.net | **블로그** http://blog.naver.com/ecolivres
출판등록 2001년 5월 7일 제201-10-2147호
종이 세종페이퍼 | **인쇄·제본** 상지사 P&B

ISBN 978-89-6263-271-2 03300

책값은 뒤표지에 있습니다.   잘못된 책은 구입한 곳에서 바꿔드립니다.

이윤을 향한 질주

정부의 무책임이 어떻게
은행과 부동산업계를 배불렸나

키앙가야마타 테일러 지음 | 김홍옥 옮김

로런에게 이 책을 바칩니다.

차례

삽화 목록

약어 및 두문자어

ADC(Aid to Dependent Children) 부양 자녀 보조금

AFDC(Aid to Family with Dependent Children) 부양 자녀 가정 보조금

AIREA(American Institute of Real Estate Appraisers) 미국부동산감정평가사협회

FHA(Federal Housing Administration) 연방주택청

FNMA(Federal National Mortgage Association) 연방국가모기지협회

GNMA(Government National Mortgage Association) 정부국가모기지협회

GS(General Schedule) 일반직

HCDA(Housing and Community Development Act) 주택·지역사회개발법

HUD(Housing and Urban Developmen) 주택도시개발부

HUD Act 1968(1968 Housing and Urban Developmen Act) 1968년 주택도시개발법

HUD-FHA 주택도시개발부-연방주택청

JCUP(Joint Committee on Urban Problems) 도시문제공동위원회

LIC(land installment contracts) 토지 할부 계약

MBA(Mortgage Bankers Association) 모기지은행가협회

MetLife(Metropolitan Life Insurance Company) 메트로폴리탄 생명보험회사

NAACP(National Association for the Advancement of Colored People) 전미유색인
  종지위향상협회

NAHB(National Association of Home Builders) 전미주택건설업자협회

NAREB(National Association of Real Estate Boards) 전미부동산협회

UBMC(United Brokers Mortgage Company) 유나이티드 브로커스 모기지 컴퍼니

UMBA(United Mortgage Bankers Association) 유나이티드 모기지은행가협회

VA(Veterans Administration) 재향군인관리국

VHMCP(Voluntary Home Mortgage Credit Program) 자발적 주택 모기지 신용 프로 그램

2018년 봄, 공정주택법(Fair Housing Act) 도입 50주년이 다가왔다 지나
갔지만 그걸 기념하는 행사는 거의 없었다. 주택 시장의 인종차별이 계
속해서 흑인의 거주지를 결정하고 있다는 사실을 깨닫고 반성하는 시
간이 그 몫을 대신했다. 미국에서 수십 년 동안 이어진 주택 차별은 인
종적으로 분리된 우리 도시와 교외 지역의 동네 및 공동체에 그 흔적
을 아로새겨놓았다. 이러한 역사는 도시와 교외 지역, 좋은 동네와 나
쁜 동네를 좌우하는 요소, 그리고 결정적으로 그러한 동네에서 살아가
는 사람들과 관련한 대중의 통념에 꾸준히 입김을 불어넣고 있다. 반대
주장이 제기되고 있음에도 인종에 대한 인식과 우리는 여전히 미국 주
택 시장의 특징적 요소로 남아 있다.

공정주택법은 마틴 루서 킹 2세(Martin Luther King Jr.) 암살 사건 이후
수백 건의 폭동이 발생하자 연방 정부가 이에 대한 대응책의 일환으로
그 법의 도입을 추진하면서 마침내 실현되었다. 그 법은 미국 내 주택
의 구매·임대·융자 과정에서 인종차별이 맡아온 역할을 끝장낼 수 있
을 것으로 기대를 모았다. 부분적으로 주택 차별이 아프리카계 미국인

의 주택 선택권을 감소시킨 결과인 아프리카계 미국인의 주택 상태는 1960년대 내내 도시 반란을 부추긴 요인 가운데 하나로 밝혀졌다. 공정 주택법 제정 몇 달 뒤 그보다 덜 알려진 주택도시개발법(HUD Act)이 법 제화되었다. 빈곤층과 노동 계급 가정에 공급되는 주택 수를 대폭 확대하는 계획을 골자로 하는 법이었다. 수십 년간 이어진 저렴한 주택의 부족에 따른 해결책으로 제시된 이 법은 외곽 교외 지역에 저렴한 주택을 공급할 수 있는 새로운 기회를 열어줄 참이었다. 가장 중요한 점으로, 주택도시개발법은 연방 정부가 주택 소유 프로그램에서 아프리카계 미국인을 배제해온 1930년대의 초기 법안을 비로소 바로잡기 위한 법안이었다. 정부의 주택 소유 장려 프로그램을 처음으로 흑인 시민을 위해 시행함으로써 그들에게도 제2차 세계대전 이후 수천만 명의 백인 주택 소유자를 탄생시킨 것과 같은 유의 관대한 혜택과 보조금에 다가갈 기회가 열린 것이다. 이 두 가지 역사적 법안이 통과되면서 미국 주택 시장은 번성하는 교외 지역 공동체에 유입된 새로운 흑인 주택 소유자 및 풍부한 주택 공급으로 인해 혁명적 변화를 맞이할 것으로 예상되었다.

그러나 현실은 예상과 다르게 흘러갔다. 그 프로그램을 이끌어간 모기지 대출 은행 및 부동산 중개업자 등 민간 부문 세력들은 20세기 내내 민간 주택 시장을 지배한 것과 동일한 분리 원칙이 새로운 주택도시개발법에 따른 주택 정책의 기본 원칙으로 자리 잡도록 만전을 기했다. 이처럼 부패한 민관 관계는 공정주택법이 새로운 도구를 제공해주었음에도 주택도시개발법의 규제 역량을 약화시켰다. 이는 비단 부동산업계에 그치는 문제가 아니었다. 백인 교외 지역 주택 소유주와 그들에 대한 공공 입찰 업무를 담당하는 선출직 공무원 또한 아프리카계 미국인을 그네들 지역 사회에서 배제할 목적을 지닌 복잡하고 구체적인 용도지역제(zoning: 20세기 초 본격적으로 도시 내 토지 이용을 규제하는 수단으로 출발했으며, 토지 이용 규제의 핵심 수단으로 자리매김했다—옮긴이) 조례를 통과시켰다. 사리를 도모하는 이해관계자들이 다양하게 뒤섞인 이 연합체는 인종이 문제가 아니라고, 저소득층이 어렵사리 벌어들인 그들의 재산 가치를 잠식하는 현실을 주로 우려한다고 시종일관 주장했다. 그러나 인종, 빈곤, 저소득층 지위는 떼려야 뗄 수 없는 관계를 맺고 있어서 그들을 따로 구분하는 것은 불가능했다. 이러한 새로운 프로그램은 도심 이외 지역에서 충분한 수의 주택을 건설하고 흑인 임차인 및 매수자에게 도시 외곽의 공동체에서 새로운 주택 소유 기회를 열어주는 데 실패하고 말았다. 이것은 그 프로그램이 주거 분리라는 유구한 문제를 한층 악화시켰음을 말해준다. 부동산 중개업자들은 흑인 매수자를 신규 주택이 아니라 다시금 도심으로, 다 쓰러져가는 주택으로 안내했다.

이 새로운 주택 프로그램은 끝내 붕괴하면서, 주거 안정을 꾀하던 흑인이 겪어온 기존의 주택 문제를 한층 꼬이게 만들었다. 그뿐만 아니라 점차 불거지고 있는 공공 주택 문제를 쉽게 재단하는 사태로 귀결되었다. 주택도시개발부 프로그램의 부적절성과 사기(fraud) 문제는 그 프로그램을 간단히 폐지하거나 축소하기 위한 구실로 쓰였으며, 더불어 열악한 주택 상태에 대한 책임이 해당 주택에 거주하는 흑인 가족에게 있다는 식으로 그들을 비난하는 데 기여했다. 이와 같은 불공정한 비난은 다시금 모든 흑인의 주택 수요를 약화시키고 무시하는 데 활용되었다.

이들 프로그램의 실패에 따른 유산은 1970년대의 쇠락에 대한 인식을 담은 '도시 위기'의 시각적 단서였다. 낡고 노후화한 건물, 증가일로

의 범죄, 사라지는 일자리가 한데 어우러지면서 암울한 도시 소멸 풍경
이 펼쳐졌다. 지배적 담론은 도시 위기라는 이미지를 도시 거주자의 문
제로 옮겨와 마치 연금술처럼 사회적 참여나 변화에 둔감한 도시 최하
층 계급(underclass) 개념을 빚어냈다.

이 섬뜩한 이미지와 정책 실패 이야기는 오늘날에도 여전히 주택을
추구하는 이들의 평등·가용성·접근성 창출 방법에 대한 지속적 논쟁
에서 막강한 위력을 발휘하고 있다. 불균형할 정도로 많은 흑인 거주
민이 겪는 젠트리피케이션, 전치(轉置: 살던 곳에서 쫓겨나는 현상—옮긴이) 또
는 주변화와 관련한 새로운 문제들조차 인종 의식과 그것이 주택 가치
에 미치는 영향이 미국 주택 논의에 계속 스며드는 방식에 비추어 논
의되고 있다. 한편 지역 및 전국 언론에서 보도하는 인종차별 뉴스, 또
는 레드라이닝(redlining: 은행이나 보험 회사에 의한 특정 경계 지역 지정. 이렇게
되면 담보 융자, 보험 인수를 거부할 수 있다—옮긴이) 등의 불공정 주택 관행이
만연한 불평등에 내내 영향을 끼치는 현상 따위를 접하노라면, 불변의
도시 최하층 계급에 대한 내러티브에 문제가 있다는 것, 그리고 흑인
목숨도소중하다(Black Lives Matter) 같은 운동이 필연적이라는 것을 깨닫
게 된다.

2019년 뉴욕주 롱아일랜드의 일간지 〈뉴스데이(Newsday)〉는 부동산
중개업자들의 인종차별에 대해 자사가 현지에서 조사한 결과를 발표했
다. 21세기에 접어든 지 거의 20년이 지난 시점임에도, 기자들은 "롱아
일랜드의 주도적인 주택 중개 회사들이 인종 분리를 공고히 하는 데 일
조하고 있다"는 사실을 확인했다. 3년 동안 〈뉴스데이〉와 함께 작업한
(백인 한 명과 소수 인종 한 명으로) '짝을 이룬' 주택 테스터들은 롱아일랜드
부동산 중개업자들이 주택 시장에서 공정 주택 관행을 준수하고 고객

을 동등하게 대우하는지 알아보고자 예비 구매자로 위장했다. 많은 경우, 그들은 그와 반대되는 결과를 얻었다. 즉, 그들 테스트 사례의 40퍼센트에서 소수 인종 테스터들이 백인 테스터들에 비해 차별적 대우를 받았다는 사실을 확인한 것이다. 흑인 테스터는 49퍼센트가 차별적 대우에 노출되었으며, 라틴계 테스터는 39퍼센트가 백인 테스터와 상이한 대우를 받았다.

좀더 최근 사례를 보아도 레드라이닝 관행이 지속되고 있음을 알아차릴 수 있다. 2020년 공정 주택 관련 단체들은 온라인 부동산 웹사이트 레드핀(Redfin)을 상대로 소송을 제기했다. 그들이 백인 거주 지역에 비해 소수 민족이 다수인 지역의 주택 매수자 및 매도자에게 서비스를 더 적게 제공함으로써 '디지털 레드라이닝(digital redlining)'에 관여하고 있다는 죄목이었다. 2018년 레드라이닝 관행을 다룬 조사에 따르면, 1970년대 주택도시개발부의 주택 소유 프로그램에서 주역을 맡았던 필라델피아·디트로이트·세인트루이스 등 61개 대도시 지역의 아프리카계 미국인은 백인보다 훨씬 높은 비율로 모기지 대출을 거절당한 것으로 드러났다.

2008년 경제 위기 이후 채권자들은 모기지 자본에 대한 접근을 한층 더 제한함으로써 주택 시장의 소유자로서 발판을 다지려는 흑인 매수자의 노력에 찬물을 끼얹었다. 그 결과 시간이 흐름에 따라 흑인 주택 소유율은 40퍼센트 초반 사이에서 등락을 거듭하며 답보해 결코 흑인 인구의 50퍼센트를 넘지 못했다.

흑인이 주택 구매에서 노골적으로 배제되지는 않는다 해도, 그들이 구매할 수 있는 주택은 여전히 가치가 다르게 매겨지며, 따라서 백인 소유 주택과 동일한 혜택을 누리지 못한다. 2018년의 브루킹스 보고서

(Brookings Report)에 따르면, 흑인이 다수인 지역의 주택은 한 채당 평균 4만 8000달러 정도 저평가받으며, 그에 따라 아프리카게 미국인은 1560억 달러 이상을 손해 보고 있는 것으로 밝혀졌다. 이것은 제도적 인종차별이 우리 사회를 얼마나 단단히 옭아매고 있는지 보여주는 놀라운 결과다. 흑인 주택의 저평가는 심각한 재정적 손실을 낳는다. 주택 소유가 평범한 사람들이 근로 생활을 하는 과정에서 처하는 재정적 위기에 대비하기 위한 것이라면, 흑인 가정은 체계적인 흑인 주택 저평가로 인해 재정적 위기, 약탈적 대출, 잠재적 주택 손실에 취약해진다.

《이윤을 향한 질주》는 인종차별, 착취적 부동산 관행, '인종차별적 배제'에서 '약탈적 포용'으로의 전환이라는 골치 아픈 역사를 생생하게 보여준다. 또한 이 책은 1968년 공정주택법 사례에서 보듯 인종차별에 대해 단순히 포장만 달리하는 데 그치는 조치는, 당시 흑인 매수자와 임차인을 다르게 대우하기 위한 새로운 근거로 쓰인 법적 차별이 수십 년간 어떤 결과를 낳았는지 간과하도록 이끈다고 꼬집는다. 새로운 공정주택법은 그것이 거둔 숱한 성과에도 불구하고, 동네·주택의 유형 또는 질, 위치, 소득, 직업, 혹은 부동산업자들이 다른 명목으로 차별을 조장하고자 동원할 수 있는 여러 인종적 기표에 기반한 차별을 금지시키지는 못했다.

레드라이닝이 공식적으로 금지된 이후 놀라우리만치 분명해진 사실은 주택 차별과 주거 분리 관행이 그토록 막강한 까닭은 그것이 목적의식적이었기 때문이라는 점이다. 우리는 주거 분리에 대해, 그저 시간이 지남에 따라 동네들이 진화해온 방식이라고 소극적 관점으로 생각하기 쉽다. 또는 순전히 누구와 더불어 어떻게 살 것인지에 대한 개인의 욕망이 표출된 결과라고 판단할 수도 있다. 물론 거기에도 일말의 진실은 있다. 하지만 우리는 '선택'과 선호도가 인종 및 그것이 부동산 가치의 등락을 좌우한다는 대중적 인식에 크게 영향받았다는 사실을 묵과할 수는 없다. 이는 인종차별이 어떤 이들에게는 불이익을 안겨주지만, 또 다른 이들에게는 이익을 선사하는 방식과 직결되어 있는 현상을 돌아보게 만든다. 신용 분배에서 인종을 고려하는 방식 탓에 예비 흑인 대출자가 차별적으로 대우받는 관행은 수수료 징수, 차등적 이자율, 아프리카계 미국인으로부터 훨씬 더 많은 돈을 뜯어내기 위한 전혀 새로운 금융 상품 개발을 바탕으로 이익을 창출하거나 배가시켰다. 흑인 부동산의 평가 절하는 흑인 주택 소유주에게야 재정적 손실을 안겨줄지 모르지만, 백인 동네에 위치한 주택의 재정적 향상에 비추어보아야만 제대로 이해할 수 있다. 내가 이 책에서 주장하는 바와 같이 미국 주택 시장의 가치는 상대적이다. 다시 말해, 백인이 다수인 지역에 들어선 주택은 그 가치가 부분적으로 아프리카계 미국인을 배제하고 흑인 공동체와 상대적 거리를 두는 데서 비롯된다. 대도시 지역에서 백인이 흑인으로부터 멀리 떨어질수록 그들의 주택은 더 많은 가치를 지닌다.

이러한 역학은 1960년대 후반 전통적인 흑인 주택 시장이 출현하면서 시작되었으며, 흑인 주택의 가치가 꾸준히 낮아짐에 따라 오늘날에도 굳건히 유지되고 있다.

우리는 새로운 세기의 세 번째 10년으로 접어들면서, 특히 인종차별 시정과 관련한 더없이 오래된 문제를 놓고 새로운 싸움에 뛰어들고 있다. 2020년 여름, 경찰의 폭력성이 훨씬 더 큰 불만의 도화선에 불을 붙이면서 수백만 명의 미국인이 다시금 격렬한 시위와 반란에 참여했다. 〔2020년 5월 25일 경찰의 과잉 진압으로 질식사당한 아프리카계 미국인 조지 플로이드(George Floyd) 사건에서 촉발되었다—옮긴이.〕 그 과정에서 아프리카계 미국인의 주거 불안정이 가장 큰 문제로 대두되었다. 그러나 흑인의 주택 소유에 대한 접근성 제약은 흑인 세입자가 겪는 문제와 뒤얽혀 있다. 아프리카계 미국인은 절반 이상이 주택을 임대하는지라, 미국인의 임금 및 급여가 정체되어 있는데도 꾸준히 상승하기만 하는 임대료에 유독 취약하다. 아프리카계 미국인은 임차인이든 소유자든 인종 간 부의 격차를 도저히 따라잡을 수 없을 정도로 부단히 뒤처지고 있다. 또한 그들은 미국 내 무주택 인구의 40퍼센트 이상을 차지하는데, 이는 흑인 사회에 만연한 주거 불안정을 가장 극명하게 드러내는 수치다.

인종적 부의 격차를 다루는 공공 정책의 근시안적 태도는 미국 사회에서 경쟁하고 번영하는 데 필요한 부의 축적 책임이 개인이나 개별 가족한테 있다는 걸 정상적인 생각으로 받아들이도록 거들었다. 즉, 인종적 부의 격차를 극복하기 위해 아프리카계 미국인의 주택 소유를 늘리겠다는 정책을 끊임없이 공포하고 있지만, 여기서 진짜 문제는 그것들이 경제적·인종적 불평등에 대한 해결책으로 주택 소유를 주장한 결과 아프리카계 미국인을 더욱 뒤떨어지게 만들고 있다는 사실이다. 흑인 주택의 가치는 결코 그 백인 동료 주택의 가치를 따라잡을 수 없을 것이다. 그렇게 되려면 미국 주택 시장에 대한 강력한 개입이 필요한데, 그럴 경우 미국 주택 시장은 더 이상 규제받지 않는 자유로운 시장으로 인식되지 않을 터다. 다시 말해, 미국 주택 시장은 민간 부문에서 기능하는 방식과 정반대가 될 것이다. 이를 아프리카계 미국인에 대한 차별 및 주변화에 따른 한계를 수용하자는 것으로 해석해선 안 된다. 그보다 사람들 삶의 질을 소위 시장 경제라는 보이지 않는 손에 맡겨두지 말자는 호소다. 정부는 주택을 그저 노후 보장용이나 예기치 못한 의료 비상사태에 대비하기 위한 자산으로 삼는 데 그칠 게 아니라, 일관되고 공평한 공공복지를 보장하기 위해 은퇴 혜택이나 의료 서비스를 제공하는 데서 더 큰 역할을 맡아야 한다. 국가는 사회 복지 제공과 공공복지 증진에 있어 훨씬 더 왕성한 역할을 떠안을 수 있다. 그러나 공공 정책이 민간 기업과 기업 이해 집단의 목표에 얽매인다면 결코 그 같은 역할을 수행할 수 없다. 민간-공공 파트너십은 거의 항상 혁신적이고 독창적이고 기발한 것으로 미화된다. 그러나 주거지, 의료, 식수, 심지어 교육 제공 같은 인간의 기본적 욕구를 충족시키는 조치는 투자 수익을 극대화하거나 단순히 돈을 벌려는 기업의 목표와 상충된다.

《이윤을 향한 질주》는 1960년대 후반부터 1970년대 초반까지 미국 주택 시장이 어떻게 전개되었는지를 역사적 맥락에 비추어 살펴본다. 그리고 역사는 결코 멀리 있는 게 아니라 현재에 부단히 영향을 끼치며 우리가 오늘날 씨름하는 수많은 문제에 입김을 불어넣는다는 사실을 일깨워준다. 가장 시급한 문제 가운데 하나는 어떻게 하면 모든 사람에게 안전하고 건전하며 저렴하고 제대로 된 주택을 제공할 수 있는가 하는 것이었다. 그 목표를 가로막는 장애물은 언제나 수익에 혈안이 된 기업이었다. 1960년대 말 투쟁이 분출하면서 주택 문제는 반란에 뛰어든 도시 흑인 인구의 핵심적 요구 사항으로 다시금 부상했다. 1960년대와 1970년대에 수백만 흑인 가구에 공급할 안전한 주택의 부재 등 깊고 고질적인 불평등이 해결되지 못한 것은 2020년 여름 미국의 근간을 송두리째 뒤흔든 항쟁의 오랜 전조다. 이 같은 당대 운동으로 인해 같은 유의 정책적 혁신이 유발될지는 두고 봐야 한다. 이 책이 소개하는 역사는 어떤 해결책이 나오든 그것이 미국 사회를 내내 사로잡고 있는

위기에 기여해온 민간 부문 세력과 결탁할 경우 함정에 빠질 수 있다는
경각심을 우리에게 일깨운다.

2020년 11월

키앙가야마타 테일러

⌂

머리말: 흑인의 주택 소유

―――

1970년 9월 18일, 재니스 존슨(Janice Johnson)은 필라델피아에서 연방주택청(FHA)이 보증하는 모기지(mortgage: 주택 담보 대출―옮긴이)를 통해 생애 첫 주택을 구입했다. 연방주택청의 기원·정책·관행을 기록한 방대한 역사에서 재니스 존슨은 정형적이지 않은 주택 매수자로 도드라진다.[1] 복지 수급자인 존슨은 흑인 싱글맘이었으며 '인종적으로 동질적인' 교외 지역과는 거리가 먼 곳에 살고 있었다. 존슨과 그녀의 여덟 살 난 아들은 필라델피아 북동부의 흑인 노동 계급 거주 지역에서 최근 시 관리들로부터 부적격 판정을 받은 다 쓰러져가는 아파트에 살았다. 퇴거 위기에 몰린 존슨은 서둘러 새로운 거처를 찾아야 했는데, 때마침 친정어머니가 같은 동네에 임대 아파트 물건이 나와 있다고 귀띔해주었다. 존슨은 기대감을 안고 집주인에게 전화를 걸었으나, 복지 수급자라서 세를 줄 수 없다는 대답을 듣고 의기소침해졌다.[2]

하지만 전혀 희망이 없었던 건 아니다. 집주인이 존슨에게 월세를 구하는 대신 웨스트 스텔라 스트리트(West Stella Street) 2043번지에 주택 한 채가 매물로 나와 있으니 그걸 매수하라고 언질해준 것이다. 주택도시개발부(HUD)가 추진하는 새로운 프로그램의 조건에 따라 저소득층과 빈곤층은 이제 소정의 계약금과 연방주택청이 지원하는 저금리 정부 보증 모기지로 주택을 구입할 수 있게 되었다. 연방주택청의 지원에 힘입어, 수십 년 동안 재정 위험을 감수해야 한다는 이유로 존슨이 사는 동네 같은 지역에 대한 대출을 꺼려온 은행 및 기타 대출 기관 관련 리스크가 사라졌다. 연방 정부가 연체된 모든 대출금을 상환해주겠다고 약속했으므로, 이제 대출 기관은 거침없이 돈을 빌려줄 수 있을 것이다.

재니스 존슨은 집주인이었다가 부동산 중개인으로 변신한 '제이드 씨'라는 남자를 만나 그 집을 보러 갔고, 다행히 그곳이 마음에 들었다. 제이드 씨는 연방주택청이 '승인'했으니만큼 '양호한 집'을 매수하는 거라며 존슨을 안심시켰다. 제이드 씨는 그 프로그램에 적합한 자격을 갖추었는지 확인하기 위해 몇 가지 서류 작업을 완료해야 하니 사회 복지사에게 연락해보라고 조언했다. 그러나 존슨이 새집으로 이사하기 몇 주 전, 제이드 씨가 전화를 걸어 그 집 바닥이 주저앉아 더 이상 그 집은 구매할 수 없다고, 하지만 웨스트 스텔라 2013번지에 '그보다 훨씬 더 좋은' 또 다른 집이 물건으로 나와 있다고 말했다. 존슨은 아무래도 미심쩍었지만, 8월 말 부적격 판정을 받은 자신의 아파트에서 퇴거 절차를 밟아야 하는 상황에 놓여 있었다. 돌봐야 하는 어린 아들을 둔 존슨은 절망에 빠졌다. 그래서 2주 만에 서둘러 계약을 완료했다. 제이드 씨는 시큐리티 모기지 서비스(Security Mortgage Services)라는 모기지 은행 회사에 연락했고, 그 회사는 존슨이 연방주택청이 지원하는 5800달러를 대출받을 수 있도록 승인했다.

제2차 세계대전이 끝난 뒤 미국 전역에서 주택 소유에 대한 접근이 널리 확산했고, 그것은 민권과 소속감에 대한 문화적 개념의 근본 특징으로 단단히 자리 잡았다. 이는 특히 아프리카계 미국인의 경우 더 그러했다. 실제로 1866년 제정된 최초의 민권 법안에는 자유 및 공민권과 더불어 부동산을 구매할 수 있는 권리도 다음과 같이 명시되어 있었다. "노예제나 비자발적 종속 관계 등 과거의 그 어떤 조건과도 무관하게 미국에서 태어난 모든 사람은 …… 미국의 모든 주와 영토에서 백인 시민이 누리는 것과 동일하게 계약을 체결 및 집행하고, 소송을 제기하고, 단체에 가입하고, 증거를 제공하고, 부동산 및 개인 재산을 상속·구매·임대·판매·보유·양도할 수 있는 권리를 지닌다."[3] 민권의 표현으로서 재산권에 대한 이 같은 미국적 특수성은 "재산권 향유의 평등은 다른 기본적인 민권과 자유의 실현을 위한 필수 전제 조건으로 간주된다"는 1948년의 획기적인 '셸리 대 크래머(Shelley v. Kraemer)' 판결을 통해 한층 강화되었다.[4]

재산 소유권이 민권에서 필수적 부분이라는 주장에도 불구하고, 아프리카계 미국인은 주택을 소유하고자 노력하는 과정에서 숱한 난관에 부딪혔다. 그러나 고무적이고 낙관적인 전후(戰後)의 수사 속에서 흑인 시민은 자신들도 '백인이 누리는' 권리를 끝내 공유할 수 있으리라 기대했다. 이러한 기대는 미국에서 좋은 삶을 상징하는 주택 소유의 중요성이 커진 데 따른 결과이기도 했고, "'제대로 된' 집(decent home: 'decent'는 이 책에서 좋은 주택을 수식하는 관용적 표현으로 널리 쓰이고 있어 한 번쯤 짚고 넘어가야 할 것 같다. '괜찮은' '어지간한' '남부럽지 않은' '제대로 된' 등의 의미다. 여기서는 이 가운데 '제대로 된'으로 통일했다—옮긴이)"을 연방 정책의 "목표"로 선언한 해리 트루먼(Harry S. Truman)[5], 그리고 "좋은 주택"을 "국가 정책의 주요 목표"로 규정하고 "국민의 훌륭한 시민 의식과 건강에 필요한 조건"이라고 밝힌 드와이트 아이젠하워(Dwight D. Eisenhower) 등 미국 대통령들의 권고를 통해 더욱 증폭되었다.[6] 두 대통령 모두 특별히 주택 소유에 대해 언급하진 않았지만, 1950년대에 주택 소유는 분명 대중의 취향과 공공 정책 전반에서 선호되는 주거 방식으로 자리 잡았다.

그러나 재니스 존슨에게 내 집 마련은 아메리칸드림의 실현이 아니라 미국적 악몽의 시작이었다. 새집으로 이사한 지 불과 며칠 만에 하수관이 고장 나면서 쏟아져 나온 폐수로 지하실 전체가 물바다가 됐다. 전기는 들어왔다 나갔다 제멋대로였다. 건물 기초에는 구멍이 뚫려 있는 등 고르지 못한 부분이 군데군데 눈에 띄었다. 모든 창문엔 못이 박혀 있어 여닫기가 불가능했다. 다이닝룸 마룻바닥은 어찌나 심하게 썩었는지 식탁이 바닥을 뚫고 꺼져내릴까 봐 걱정스러울 지경이었다. 집 곳곳이 제 구실을 못하는 상태였지만 최악은 그게 아니었다. 핼러윈 날 밤, 존슨의 아들 에드워드(Edward)가 잠에서 깨어나 침대에서 쥐를 한 마리 발견했다. 존슨은 부엌과 욕실을 포함해 집 안 여기저기에서 쥐를 목격했다. 지하실에 난 구멍에 쥐가 둥지를 틀고 수시로 집 안을 들락거리는 게 분명했다. 존슨은 제이드 씨에게 전화를 걸어 집 상태에 대해 불만을 토로했다. 그가 두어 차례 인부들을 보냈고, 그들은 시원치 않은 다이닝룸의 석고 부분을 때워주었다. 하지만 얼마 지나지 않아 부동산 중개인은 존슨의 집에서 발생하는 문제는 이제 그녀 책임이라고 오금을 박았다. 그건 '주택 소유자의 몫'이라는 것이다.

《이윤을 향한 질주》는 미국 주택 정책의 주요 전환점인 1970년대를,

즉 주택도시개발부 산하 연방주택청이 유구한 레드라이닝 정책을 중단하고 그 대신 저소득층 아프리카계 미국인이 주택을 소유할 수 있도록 장려하는 새로운 정책으로 방향을 튼 시점을 집중적으로 살펴본다. 수년 동안 주택 구입을 위한 전통적 자금 조달 수단에 접근하기 어려웠던 흑인은 1960년대에 사회적 격변과 도시 반란을 이끌었다. 어떻게든 그 문제를 해결해야 했던 연방 정부는 급기야 레드라이닝 정책을 포기할 수밖에 없었다. 최초의 저소득층 주택 소유 프로그램은 연방 보조금, 긴 상환 기간, 모기지 보험 보증을 활용해 부동산업계의 참여를 유도함과 동시에 가난한 노동 계급 아프리카계 미국인이 저렴하고 수월하게 주택을 소유할 수 있도록 거들었다. 이러한 프로그램을 통해 미국 전역의 흑인 도시 공동체에서 전례 없는 부동산 거래가 활발하게 이루어졌다. 그러나 이 새로운 전환, 즉 주택도시개발부-연방주택청의 **배제**(exclusion) 정책에서 도시 부동산 매매 세계로의 **포용**(inclusion)은 온갖 문제로 가득 차 있었다.

나는 《이윤을 향한 질주》에서 저소득층 주택 공급을 위한 유례없는 공공-민간 파트너십이 주택도시개발부-연방주택청을 부동산 중개인, 모기지 은행업자, 주택 건설업자와 한통속이 되게끔 내몰았다고 주장한다. 이러한 공공-민간 파트너십은 아프리카계 미국인을 부적합한 주택 소유자이자 부동산 가치에 해악을 끼치는 존재로 악마화하고, 그들에 대한 인종차별을 일삼아온 부동산업계의 유구한 역사로 인해 초장부터 어려움을 겪었다. 정부의 관대한 재정 지원과 백인의 주택 소유가 거의 포화 상태에 이른 점 때문에, 부동산업계는 종전에는 부동산 시장 내에서의 가치 창출에 위험 및 위협으로 작용할 소지가 있다며 배격해온 아프리카계 미국인을 끌어안기에 이르렀다. 연방주택청의 정책 변화가 부동산업계 또는 연방주택청 소속 직원들 사이의 관행이나 그에 동기를 부여하는 신념을 즉각 바꿔놓지는 못했다. 그러나 이러한 변화는 도시 주택 시장 전체에 신규 자금 수십억 달러를 순환시키는 폭넓은 네트워크에 포함된 부동산 중개인과 대출 기관의 참여를 촉진하기는 했다.

1960년대와 1970년대의 도시 연구에서 '도심'과 '도시 위기'라는 개념 틀은 도시 주택 시장을 개발하기 위해 생성된 역동적이고 혁신적인 자금 조달 방식과 모순된다. 폭동 이후의 도시를 황폐화와 인구 이탈, 시간 경과에 따른 불가피한 쇠락에 갇힌 것으로 보려는 경향에 빠지면, 우리는 어떻게 1960년대 후반과 1970년대가 변화하는 정치적·사회적·경제적 역학에 의해 정의되었는지, 그리고 도심이 어떻게 이러한 과정의 중심에 자리 잡고 있었는지를 보지 못한다. 모기지 담보 증권(mortgage-backed securities) 같은 새로운 금융 상품은 더 많은 주택 소유자, 그리고 주택 융자에 소용되는 더 많은 자금을 향한 거센 수요를 불러일으켰다. 그런가 하면 느슨한 감독과 규제는 도시 공동체에 대한 부도덕하고 약탈적인 표적화를 부채질했다. 부동산업계 및 은행업계에 도심은 다 허물어져가는 황폐하고 정적인 장소가 아니라, 경제적 투자 및 추출을 위한 새로운 개척지이자 비할 데 없는 기회를 지닌 매력적 장소로 비치고 있었다. 1970년대에 펼쳐진 이윤 경쟁은 쇠락해가는 도시 공간을, 한 미국 상원의원의 말마따나 "황금 게토(golden ghetto)"로 탈바꿈시켰다.[7] 즉, 은행과 부동산 중개업자의 이윤은 끝이 없는 반면, 거기서 살아가는 아프리카계 미국인에게는 오직 박살 난 신용과 쑥대밭된 동네만 남아 있는 곳으로 말이다.[8]

역사가들은 1970년대의 커다란 경제적 변화에 대해 글을 쓸 때면,

이러한 부동산 시장의 변화와 그것이 어떻게 아프리카계 미국인에게 불균형하다 할 만큼 크게 영향을 미쳤는지 거의 고려하지 않는다. 1960년대 말과 1970년대 초 금리가 급상승함에 따라 기존 주택 시장의 주택 착공 속도가 둔화하자, 정부 보조금을 받는 저소득층 주택 시장의 판매는 그 어느 때보다 매력 있게 다가왔다. 부동산 중개인과 모기지 대출 기관이 중산층의 직업과 소득을 가진 여성을 차별하는 와중에도, 재니스 존슨처럼 가장 노릇을 떠안고 복지 수급에 기대 살아가는 가난한 여성들은 저소득층 주택 소유 프로그램의 참여자로서 인기를 누렸다.[9]

이러한 저소득층 주택 소유 프로그램에 수천 명의 가난한 흑인 여성이 포함되면서 인종적·성별 규범이 온통 무너졌다. 그러나 부동산 및 모기지 은행가는 이러한 여성들이 납부금을 제때 내지 못해 주택을 압류당할 **가능성** 때문에 그들을 더욱 중요하게 여겼다. 재니스 존슨 같은 흑인 여성은 가난하고 절망적이며 납부금을 연체할 가능성이 높았기 **때문에** 바람직한 고객이었던 것이다. 과거의 프로그램과 달리 압류된 주택의 모기지에 대해 대출 기관에 전액 지불을 보장해주는 주택도시개발부–연방주택청의 보증은 위험을 배제의 사유에서 포용의 인센티브로 뒤집어놓았다. 가난한 흑인 여성의 투쟁은 중첩된 인종차별 및 성차별 패턴이 새로운 포용적 주택 시장을 형성하는 방식에 특별한 통찰을 제공한다. 역사학자 론다 윌리엄스(Rhonda Williams)는 "저소득층 흑인 여성의 …… 민권 투쟁은 전후 도시 주거에 영향을 끼치는 사안들과 자유주의 국가 및 미국 민주주의의 성격에 주목한다"고 지적했다.[10]

나는 부동산업계가 도시 주택 시장에서 사업을 수행하는 이 같은 새로운 조건 및 기타 조건을 기술하기 위해 '약탈적 포용'(predatory inclusion)'이라는 개념을 사용한다. 약탈적 포용이란 아프리카계 미국인 주택 매수자가 기존의 부동산 관행과 모기지 금융에 대한 접근 기회를 더 비싸고 상대적으로 불평등한 조건으로 부여받았음을 의미한다. 이러한 조건은 수년에 걸친 공공 기관 및 민간 기관의 방치로 상처 입은 도시가 드러낸 극심한 빈곤과 쇠락 탓에 정당화되었다. 레드라이닝 종료 시점에 이러한 빈곤과 곤궁 상태는 교외 지역 거주자에게 제공하는 조건보다 더 비싸고 불리한 조건으로 기존 시장에 진입하도록 내모는 구실이 되었다. 예컨대 도시 거주민은 이제 연방주택청이 지원하는 대출을 이용할 수 있게 되었지만, 대형 예금 은행들은 더 규모가 큰 대출과 더 비싼 백인 교외 지역의 주택에서 얻는 더 높은 금리 수익 쪽에 치중하면서 도시 시장의 예비 주택 소유자에 대한 대출을 계속 거부했다. 따라서 대다수 아프리카계 미국인 도시 주택 매수자는 규제받지 않는 모기지 은행을 이용해야 했다. 종종 흑인 공동체에서 대출을 거부한 예금 기관의 자회사들이 박리다매에 기반한 수익을 노리며 무차별적으로 대출을 제공했다. 모기지 은행 대출은 비싼 융자 개시 수수료와 특정 서비스에 대한 기타 비용들에 의존했다. 주로 흑인 주택의 물리적 조건, 지리 및 위치의 차이는 인종의 대리물로 떠올랐다. 공정주택법 도입과 함께 인종을 노골적으로 들먹이는 일이 더는 허용되지 않았기 때문이다. 도시 시장에 오랫동안 존재해온 이러한 차이는 흑인 주택 소유자에 대한 차별 대우를 정당화함과 동시에 그들이 약탈적 부동산 관행에 시종 취약해지도록 내몰았다. 주택 시장에서의 차별을 뿌리 뽑고자 도입된 연방의 공정주택법은 아프리카계 미국인이 방해받지 않고 주택 매매에 참여할 수 있도록 하겠노라고 약속했다. 그러나 주택도시개발부는 그 민권 법률의 집행을 꺼렸고, 결국 역사적으로 흑인 동네에서 표준 이하(substandard) 부동산의 가격을 끌어올린 차별적 관행과 패턴은 고스란히 유지되었다. 주택도시개발부가 부동산업계 전반에 걸친 차별적 충동을 확실하게 뿌리 뽑는 데 실패함에 따라, 연방 정부의 레드라이닝이 인기를 잃고 폐지된 뒤에도 이러한 착취적 관행이 널리 만연했다. 역사학자 낸시 곽(Nancy Kwak)은 연방의 레드라이닝에서 포용으로 정책이 전환됨에 따라 민권 지지자들의 우선순위가 "신용에 공정하게 접근하기"에서 "공정한 신용에 접근하기"로 바뀌었다고 설명한다.[11] 연방의 레드라이닝 폐지와 연방의 공정주택법 통과 뒤에도 주거 분리가 이어지면서 약탈적 포용을 위한 조건이 마련되었다.

나는 이 책에서 부동산업계의 차별적 '모범 사례들(best practices)'이 새로운 공정주택법 준수와 관련한 변화에 저항하도록 이끌었다고 주장한다. 선의를 담은 '공공-민간 파트너십'이라는 표현은 연방 정부가 실은 주거 분리와 인종차별을 조장하는 민간 부문의 관행과 결탁했다는 사실을 슬그머니 가려주었다. 재니스 존슨처럼 수리비를 감당할 수 없는 가난한 여성에게 다 쓰러져가는 집을 떠안기는 관행은 흑인 주택 소유자가 동네 질에 위협을 가한다는 인식을 한층 부채질했다. 연방 정부가 존슨의 모기지를 보증했는데, 이는 뜻하지 않게도 저소득층 도시 거주자의 절박함을 이용해 이익을 챙기는 데 골몰하는 민간 부동산업자의 부당한 사업 관행을 되레 거들어주었다. 인종차별적 부동산 관행은 변화에 둔감하고 구태의연한 업계의 행동이 아니었다. 인종차별은 오히려 좋은 돈벌이이기 때문에 새로운 시장에서도 집요하게 버티고 있었던 것이다.

연방 정책을 민간 부동산업계의 관행과 한데 엮어놓은 결과, 연방 관리들이 새로운 주택 소유 프로그램의 관리를 규제할 수 있는 능력은 크게 약화되었다. 백인 주택 소유자의 재산 가치를 보존하기 위해 흑인 인구를 저지하거나 분리해야 한다는 믿음을 확고히 고수하는 주택 시장에 대한 감독 소홀, 그리고 미국 역사상 그 어느 때보다 많은 주택을 건설하라는 명령과 전례 없을 정도로 불어난 연방 자금, 이 두 가지가 한 덩어리로 어우러진 결과 부도덕한 사업 관행이 활개를 치기 시작했다. 레드라이닝 종식과 흑인 도시 시장에 전통적인 부동산 관행이 도입되면서, 토지 할부 계약(LIC)에 의거한 주택 판매 같은 약탈적 관행이 사라졌다. 하지만 애초 이러한 관행을 낳은 조건이 완전히 해소된 것은 아니었다. 그 결과 미국 주택 시장에서 아프리카계 미국인을 상대로 한 완전히 새로운 경제적 착취 수단의 발명과 더불어 오래된 약탈적 관행이 내내 이어졌다. 당시의 순간순간이 역사를 무겁게 짓누르고 있다. 과거는 새로 창조된 세상에서 말끔하게 지워질 수 없었다. 그보다 과거는 새로운 정책과 관행이 구현되는 방식을 형성하는 데 기여했다.

1970년대는 연방 정부가 빈곤층과 저소득층에 주택을 제공하는 방식에서 커다란 변화를 겪었다. 어느 저술가가 말했다시피, "자유 시장에 기반을 둔 새로운 정책 패러다임이 출현함으로써 집단적인 공공 주택의 공급을 대체했다".[12] 저소득층의 공공 주택에서 주택 소유로의 전환은, 정부 또는 자유 시장 중 어느 쪽이 적정가 주택과 관련해 미국에서 계속되는 위기에 대응하는 데 더 적합한지 고심한 결과가 아니었다. 1970년대의 주택 정책은 그보다 공공 부문과 민간 부문의 **결탁** 관계에 좌우되었다. 나는 이러한 관계로 인해 인종차별을 사업 원칙으로 삼으면서 만족을 모르고 탐욕스럽게 이윤을 추구하는 부동산업계를 확실히 규제해야 하는 연방 정부의 능력이 약화했다고 주장한다. 주택도시개발부-연방주택청의 주택 위기를 연구한 몇 안 되는 학자 중 한 명인 사회학자 크리스토퍼 보나스티아(Christopher Bonastia)는 올바르게도 주택도시개발부의 "다루기 벅찬" 관료적 비효율성과 그 책임자들 간의 상충하는 정치 어젠다에 주목했다.[13] 그러나 이것만으로는 부동산업계가 공공이 아니라 제 업계에 유리하게끔 정책을 형성 및 실행하도록 막강한 영향력을 발휘하는 관행을 온전히 설명할 수 없다. 도시 부동산 시장에서의 착취 지속 현상이 차라리 과거의 배제가 더 낫다는 걸 말해주지는 않는다. 그보다 이는 포용을 비롯해 부동산 시장의 여러 관행을 더욱 면밀하게 살펴보도록 우리 등을 떠민다. 부동산 시장에서의 흑인 평등은 주택 차별을 공식적으로 종식시킴으로써 달성할 수 있다는 주장도 제기되었으나, 이러한 주장은 미국의 부동산 매매 시스템에 인종 불평등이 구조화·내재화하는 방식을 고려하지 못했다. 따라서 심지어 인종차별 정책의 공식 폐지 뒤에도, 인종차별이 배타적인 교외 지역에 내내 가치를 더해주는 방식에 힘입어 경제적 착취와 주거 분리에 대한 충동은 변함없이 계속되었다. 미국의 주택 시장은 그것이 작동하는 더 큰 사회에 만연한 인종차별 의식을 되비추는 거울이었다. 사회과학자 돌턴 콘리(Dalton Conley)가 언급했다시피, "백인 주택이 더 가치 있는 것은 다름 아니라 흑인 주택이 아니기 때문이다".[14] 일반적으로 인종차별은 부동산업계에 계속해서 쏠쏠한 돈벌이로 남아 있었다.

약탈적 포용 개념은 인종자유주의(racial liberalism)는 실패했다는 것, 그리고 민권, 법률, 자유 시장 자본주의라는 매개를 통해 흑인 시민을 미국 민주주의로 끌어안으면 그들이 마침내 공정과 평등을 누릴 수 있다는 전제 역시 잘못이라는 것을 말해준다.[15] 아프리카계 미국인은 공식적으로는 그러한 미국의 민주주의 도구에 접근할 수 있었지만, 그들의 기능과 능력은 인종차별주의로 인해 **근본적으로** 왜곡을 겪었다. 공정 주택을 추구하는 과정에서 아프리카계 미국인이 지속적으로 부딪히는 장애물은, 미국에서는 시간이 지나면서 궁극적으로 진보가 이루어졌다는 내러티브에 도전을 제기한다. 부동산에서의 인종차별은 여전히 완강하고 뿌리 깊게 버티고 있었다. 공정 주택(즉, 개방 주택)에 대한 법적 장애물이 제거되고 한참이 지난 뒤까지도 차별·착취·약탈이 계속되었는데, 이는 포용이 한계를 지니고 있다는 것을 말해주었다.

1970년대 주택도시개발부-연방주택청의 주택 위기 이야기는 복잡하기 이를 데 없다. 그 영향력을 제대로 파악하려면 이어지는 지면에서 몇 가지 사안을 고려해야 한다. 여기에는 위험의 형성, 저소득층 주택 소유 프로그램의 역학, 도시 주택 정책에서 교외 지역이 차지하는 역할, 연방 지원 저소득층 주택 소유 프로그램에서 발생한 위기가 1970년대 말까지 '도시 위기'와 '최하층 계급' 개념을 위시한 정치 담론에 영향을 끼친 방식 따위가 포함된다.

위 험 한   사 업

수십 년 동안 아프리카계 미국인, 또는 그들 인근에 거주하는 사람들의 모기지 보증을 거부해온 연방주택청은 새로운 방안을 모색했다. 1968년 주택도시개발법의 통과로 저소득층의 주택 소유를 장려하기 위한 새로운 조항이 마련되었다. 린든 존슨(Lyndon Johnson) 대통령은 공공 주택 프로그램의 고안·배치·관리를 둘러싸고 수년간 당파 싸움을 벌인 끝에, 적어도 제2차 세계대전 이후 미국 도시를 괴롭혀온 고질적인 '주택 위기'를 해결하기 위해 시장으로 눈을 돌렸다. 민간 시장은 더 안전하고 저렴한 주택이라는 반복적인 요구를 거의 무시해왔다. 하지만 연방 정부가 전액 보증하는 저금리 모기지 대출의 출현은 부동산업계의 관심을 불러일으켰다. 수십 년 동안 연방주택청이 주장해온 바에 따르면, 위험 회피적인 부동산업계 및 은행업계는 주택 공급량 악화와 미국 도시 내 여러 인종 집단 간의 '부조화' 탓에 그들을 무척 위험하게 여겼다. 새로운 법안은 이러한 위험을 제거함으로써 민간 부문의 참여를 유도했다.

그러나 사업하기 좋은 위험 없는 환경이 조성된 결과, 잠재적인 저소득층 주택 소유자에게는 새로운 위험이 생겨났다. 주택 소유 옹호론자들은 그것의 장점을 설파했다. 그리고 빠르고 효율적으로 주택을 생산하는 사업은 만성적인 양질의 도시 주택 부족 현상을 해소할 수 있을 거라고 주장했다. 이어서 사유 재산은 주택 위기의 해결책이자 좀더 광범위하게는 1960년대 내내 연례적 폭동과 반란으로 번진 '도시 위기'의 완화책으로 제시되었다. 시장은 자본 및 신용에 의해 차이를 줄이거나 근절하는 중립적 공간으로 간주되었다. 시장은 위대한 평등화 장치였다. 그러나 아프리카계 미국인이 소비자로서 경험한 바는 그와 퍽 다른 양상을 띠었다.

미국 주택 시장의 생존력은 처음부터 '좋은 주택'과 '좋은 동네'라는 투기적 요소에 대한 통찰을 담은 인종차별적 지식의 토대 위에 세워졌으며, 자산 가치의 상승을 통해 현실화될 수 있었다. 그 부동산이 주택으로, 그리고 다시 재정적 자산으로 변신하는 것은 매수 대중의 인식, 인종, 장소의 연금술에 달려 있었다. 다시 말해 "부동산 가치는 문화와 경제가 만나는 지점에서 결정되었다".[16] 부동산 감정 평가 분야의 창시

자로 여겨지는 프레더릭 배브콕(Frederick M. Babcock)은 그의 중요한 저서 《부동산 감정 평가(The Appraisal of Real Estate)》에서 "분명 부동산 가치를 계산하는 확고한 방법은 없다. ……왜냐하면 가치는 인간 행동에 의해 좌우되는 사회적 현상이기 때문이다"라고 썼다.[17] 부동산이나 동네의 가치를 결정하는 지극히 주관적인 과정, 즉 유사(類似) 과학적 부동산 감정 평가는 본질적으로 아프리카계 미국인의 존재 또는 부재에 영향을 받았다.[18] 미국부동산감정평가사협회(AIREA)는 자체 발간 자료에서 그와 마찬가지 주장을 펼쳤다. "문화가 서로 다른 국적들 간의 충돌은 …… 가치 파괴에 기여한다. 인종·피부색·국적·문화가 제각각인 새로운 계층 사람들이 어느 동네로 이사 오면 …… 전부터 거기 살고 있던 주민들은 그 동네의 호감도가 떨어지고 있다고 느낀다."[19]

아프리카계 미국인을 낙후된 도시 지역으로 분리시킨 뒤 해당 지역 사회에 자원 및 기타 투자의 제공을 차단하자, 그들은 급여가 더 나은 일자리와 자원이 넉넉한 공립 학교에 접근하기 어려워졌으며 기준 미달 주택으로 밀려났다.[20] 빈곤과 분리는 흑인 주택의 과밀화로 이어졌고, 이는 주택의 악화를 부채질했다. 이러한 상황은 아프리카계 미국인이 잠재적 주택 소유자로서 부적합하고, 주택 시장에서 부동산 가치에 해악을 끼치는 존재임을 말해주는 증거로 받아들여졌다. 또한 더 큰 주택 시장을 '감염'시켜서는 안 되므로 아프리카계 미국인의 거주를 흑인 전용 동네로 제한하자는 주장을 정당화하는 근거로 활용되었다. 개발 중인 흑인 동네의 망가진 외관은 아프리카계 미국인을 백인 거주 공동체에서 배제하는 조치가 합당하다는 것을 말해주는 물리적 증거였다. 배브콕이 말했다시피, "서로 다른 인종이 섞여 있으면 인구가 급속도로 감소할 수 있다. 일반적으로 이러한 감소는 인종 분리를 통해 얼마간 피할 수 있다.

이 같은 장치는 백인과 흑인 인구를 분리한 남부에서 흔히 쓰여왔다."[21]

부동산 시장에 스며든 이 같은 인종차별적 논리는 연방주택청이 생각해낸 게 아니었다. 비록 그 기관이 기꺼이 그 유산을 떠안기는 했지만 말이다. 연방주택청 설립 훨씬 이전부터 부동산 중개업자들은 이미 아프리카계 미국인을 백인이 거주하는 동네로부터 물리적으로 격리하도록 장려하는 규칙을 제정해놓았다. 1924년 전미부동산협회[NAREB: 나중에 NAR(National Association of Realtors)로 개칭─옮긴이]는 특정 블록이나 동네에서 인종 동질성 패턴을 깨뜨리는 회원에 대해서는 엄벌에 처하고 회원 자격을 박탈하겠다고 으박질렀다.[22] 이러한 발상과 관행은 이후 연방주택청이 도입한 정책에서 성문화되었다. 일례로 프레더릭 배브콕은 1920년대 시카고에서 부동산 중개인으로 일하며 부동산 감정 평가 이론을 개발했다. 그는 이어 연방 모기지 보험 프로그램 내에서 보험의 적용 범위를 결정하는 연방주택청의 인수 기준(underwriting criteria: underwriting은 대출 기관이 해당 대출에 대한 승인 여부를 결정하기 위해 모기지 신청자의 신용도와 대출 위험도를 따지는 절차를 말하며, '인수'로 옮기기도 한다. 이 책에서는 underwriting criteria를 '인수 기준'으로 옮기는 등 '언더라이팅'과 '인수'를 혼용했다─옮긴이)을 작성하기도 했다. 리처드 로스스타인(Richard Rothstein)이 최근 주장한 바와 같이, 연방 정부가 1930년대에 주택 정책을 마련하면서 주거 분리의 논리와 관행을 확대하는 데 결정적 역할을 한 것은 분명한 사실이다. 하지만 정부 관리들은 진공 상태에서 행동한 것도, 단독으로 행동한 것도 아니었다.[23]

미국 주택 시장에서 공익이 사익이라는 정반대 목표와 결합함에 따라, 이러한 정책은 부동산 시장의 수요를 충족시키는 쪽으로 선회했다. 단순히 모기지를 통해 주택을 확보하려 애쓰는 개인 주택 소유자의 영향력과 비교해볼 때, 민간 부문 행위자들의 정치적·재정적 영향력은 몰라보게 커졌다. 부동산 이해 집단의 존재는 필연적으로 부동산 및 모기지 대출 관행의 핵심에 놓인 인종차별적 관행이 공공 정책과 접목된다는 것을 뜻했다. 부동산업계가 자신들의 수익성을 꾀하기 위해 인종 분리를 요구한다면, 피치 못하게 주택 정책에도 그와 동일한 우선권이 반영될 수밖에 없을 것이다.

미국의 주택 정책에 영향을 미친 것은 비단 공공 기관 내 민간 부문 종사자들의 영향력만이 아니었다. 공공-민간 파트너십도 공공의 필요 충족과 민간 기업의 경제적 이익 보존 사이에서 균형을 잡고 있는 긴장감 가득한 주택 정책을 낳는 데 기여했다. 이러한 긴장감은 **교환 가치**와 **사용 가치**, 즉 좀더 알아듣기 쉽게 말하자면 부동산(real estate)과 집(home) 간의 갈등에서 비롯되었다.[24] 이 두 가지 가치는 양립 불가능한 건 아니지만, 종종 서로 불화하는 방식으로 작용한다. 이처럼 부동산과 집의 상충된 목표—즉, 하나는 상품이고, 다른 하나는 소속감을 주는 장소로서 의미를 지닌다—는 반동적이고 인종차별적인 규범을 강화했으며, 이중적 목적을 위해 작동하는 이중적 주택 시장에 대한 인식을 심화시켰다. 교외 지역 기반의 핵가족 개념으로 구체화된 규범적 백인성(whiteness)과 관련한 세기 중반의 내러티브는 백인 공동체 내에서 **사용 가치**의 표현인 **집**에 대한 인식에 영향을 끼쳤다. 그와 반대로 비규범적 가족 구조나 빈곤, 낡아빠진 주거 구조물 등 흑인 생활권 내에서 인식되는 가정의 역기능에 주목하며 전개되는 내러티브는 흑인 거주지를 **집**의 지위를 지닐 수 없는 것으로 간주했으며, 따라서 그것을 그저 **교환 가치**로서만 바라보았다. 백인 주택은 포용과 주변 부동산의 가격 상승 가능성에 힘입은 자산으로 여겨진 반면, 흑인 주택은 고통과 고립으로 점철되었을뿐더러 가치를 더해가는 게 아니라 오히려 잃어갔다. 가족, 지역 사회, (자연환경과 대비되는—옮긴이) 인공 환경에 대한 이 같은 인종차별적 내러티브는 부동산 중개인, 모기지 은행가, 백인 대중 사이에서 분리적 관행을 도입하고 강화했다.[25] 실제로 차이는 혈통·인종·문화의 영속성에 젖어 있어 극복하기 불가능하다는 이 같은 인식이 누구를 배제하고 누구를 포함시킬지 결정하는 인수 기준을 구성했다.

인종차별적 부동산 관행은 주거 분리에서 야기된 국가경제학의 전형으로 떠올랐다. 부동산업계는 인종적으로 양분된 주택 시장에서 인종을 수익으로 전환하는 마술적 능력을 유감없이 발휘했다. 주거 분리의 유지와 공간적 온전성도, 민권 규칙 및 규정에 대한 명백한 둔감성도 모두 수익성에서 비롯한 것이었다. 물론 백인 공동체와 아프리카계 미국인 공동체에서 그에 따른 결과는 극적으로 달랐지만 말이다. 기이하고 인종차별적인 부동산 셈법 탓에, 흑인은 더 열악한 주거 환경임에도 더 많은 비용을 치렀다. 그들은 이처럼 대가가 큰 차등을 '인종세(race tax)'라고 불렀다. 부동산 중개업자는 백인 독점이라는 매력을 유지함과 동시에 아프리카계 미국인의 주택 수요를 충족시키기 위해 두 집단을 각기 고유의 단일 주택 시장으로만 한정 지었다. 이는 미국의 주택 시장이 이중적이라기보다 단일한 것임을 말해주는 증거였다. 그 단일 주택 시장은 인종을 위험과 결부시켜 부동산 가치의 상승 및 하락과 연관 짓고, 그럼으로써 그 모든 것을 한데 아우르는 구심인 수익을 창출했다. 아널드 허시(Arnold Hirsch)는 "전후에 '제2의 게토' 부상과 교외 지역 개발 붐은 …… 서로 유기적으로 연결되어 있었다"고 주장했다.[26] 우리는 흑인 주택 시장이 없었다면 '백인 주택 시장'을 제대로 이해하지 못했을 것이다. 즉, 두 시장은 상대에 비추어보아야만 비로소 그 의미가 온전히 드러났다.

빈곤층을 위한 주택 소유

1960년대 말, 일명 커너 위원회(Kerner Commission)로 알려진 '시민 소요에 관한 국가자문위원회(National Advisory Commission on Civil Disorders)'는 매년 되풀이해 미국 도시를 뒤흔드는 폭동의 발생 원인이 불량 주택 때문이라는 사실을 분명히 밝혀냈다. 분노로 들끓는 흑인 공동체의 기저에 인종차별이 드리워 있음을 확인한 커너 위원회의 조사 결과는 미국 주택 정책이 역사에 남을 만한 변화를 꾀해야 한다고 촉구했다. 커너 위원회가 최종 보고서를 발표한 후인 1968년 봄과 여름에 연방 공정 주거 관련법이 통과되었으며, '존스 대 메이어(Jones v. Mayer)' 사건에서 획기적인 대법원 판결이 내려지면서 주택 차별이 불법이라는 데는 의심의 여지가 없어졌다. 대법관들은 1866년의 민권법과 수정헌법 제13조를 상기시키면서, "인종차별이 사람들을 게토로 몰아넣고 피부색에 따라 부동산 구매 능력이 좌우되도록 만든다면 …… 그것은 …… 노예제의 유물이다"라고 판시했다.[27] 1968년 8월의 주택도시개발법 통과는 10년 내에 신규 및 재건축 주택 1000만 호를 건설하라는 명령을 통해 차별 금지 칙령에 힘을 실어주었다. 이러한 법안과 사법부 판결은 각각 흑인의 주거 기회를 제한하던 두 가지 중요한 문제—즉, 주거 분리와 저렴한 주택—에 대한 대응책이었다. 연방 공정 주거 관련법은 분리된 게토 밖에서 주택을 선택할 수 있도록 돕는 것이었고, 주택도시개발법은 제2차 세계대전 이후 역사적으로 부족한 주택을 기록적으로 다량 공급하기 위한 것이었다. 그러나 이 프로그램은 존슨 행정부의 너그러움을 보여주는 전형적 정책으로 간주되지 않았다. 대신 주택도시개발법은 빈곤층과 저소득층을 위한 주택 공급에서 새로운 방향을 제시했다.

수십 년 동안 연방 관리들은 빈곤층과 저소득층을 보호하기 위해 공공 주택에 의존해왔다. 그러나 1960년대 말에 공공 주택은 유지 관리, 입지, 거주자 문제를 둘러싸고 끝없는 입씨름에 휘말리면서 정치적으로 더 이상 옹호받을 수 없는 상태로 전락했다. 민간 부동산업계는 공공 주택을 맹렬히 공격하는 과정에서 사회주의라는 비난과 낭비이자 방탕이라는 비난 사이를 오갔다. 그리고 주택 시장에서 민간 기업과 경쟁하겠다고 밝힌 정부 프로그램에 반대했다. 빈곤층은 어떻게든 버텨야 하는 열악한 거주 조건과 최빈층 세입자 외에는 모두 배제해야 한다는 끝없는 압력 탓에 정부의 방치와 임차 물건 감소로 고통받고 있었으며, 그들을 위한 주택 정책에는 공백이 발생했다. 주택도시개발법은 빈곤층과 저소득층이 주택을 소유할 수 있는 수단을 마련함으로써 이러한 상황을 변화시켰다.

사유 재산 쪽으로 방향을 튼 연방 관리들은 지출이 더 적은 저렴한 프로그램을 바랐으며, 부동산 소유가 사회적 안정성을 제공할 거라고 강변했다. 모든 파트너십이 그러하듯 민간 부문은 주택 시장이 불안정한 시기에 보조금을 투입하고 연방 정부가 모기지를 보증하는 조치 등에 그 나름의 기대를 품고 있었다. 민간 부문 행위자들은 새로운 도시 주택 시장에서 위험 부담 없는 모험에 뛰어들기 위해 주택도시개발부와 연방주택청이 선구적인 역할을 해주길 기대했다. 거기엔 다른 기대들도 있었다.

주택 소유를 국가가 실시하는 저소득층 주택 정책의 핵심으로 삼은 결과, 불균형하다 할 만큼 많은 수의 아프리카계 미국인 주택을 좌지우지할 수 있는 영향력과 통제권이 부동산업계로 넘어갔다. 이러한 정책 변화가 지니는 함의는 부동산업계의 적극적 참여로 인해 아프리카계 미국인이 주로 인종차별을 통해 부를 창출하는 그 업계의 관행에 취약해질 수 있다는 것이었다. 부동산업계의 수익성은 인종차별을 적극적으로 부추기는 '모범 사례들'에 달려 있었으며, 부동산 감정평가사, 중개인, 은행가, 연방 정책 입안자 간의 협력 관계를 통해 마련된 공공 정책은 주택 시장의 논리를 고스란히 반영했다. 1960년대에도 그랬듯이, 주택 정책은 장기간에 걸친 사회적 저항에 대한 대응책으로 모색되었음에도 불구하고, 여전히 민간 부문 주역들에게 유리한 결과로 이어졌다. 역사적으로 아프리카계 미국인은 민간 부문의 억제되지 않은 인종차별에 대응하기 위한 법적 제도를 개발하는 데서 연방 정부가 자신들을 대신해 '……**에 대한 권리**'와 '…**로부터의 권리**'를 명시하는 데 개입하도록 요구해왔다. 주택 소유 프로그램의 경우에서 보듯, 국가가 재화와 서비스의 제공 책임을 민간 기업에 양도한다면, 민간 영역에서 아프리카계 미국인을 인종차별로부터 보호한다는 게 과연 어떤 의미일까?

교 외 지 역 잠 금 해 제 하 기

흑인의 주택 불평등은 주거 분리를 통해 공간에 제약을 가하고, 공간적 고립을 통해 열등감을 심어주고, 부동산 소유주가 표준 이하의 유지 보수 및 관리에 그치도록 부추김과 동시에, 그들이 더 나은 주택 선택지가 있는 백인 거주자에 비해 상대적으로 더 많은 비용을 부담하도록 내몬 결과였다. 공정주택법이 통과되고 그와 동시에 인종차별을 금지하는 우호적인 법원 판결이 나왔음에도 민간 부문 주역들이 공정 주택을 주택 생산 수행 지시(housing production mandate)로부터 분리해야 한다고 내내 우겨댔기 때문에, 이들 법안이며 판결은 제대로 실행되지 않았다. 다시 말해, 부동산업계는 주택도시개발법의 통과를 축하했음에도, '공정 주택'을 '강제 통합(forced integration)'이라고 맹비난하는 일을 잊지 않았다. 분명 민간 부문 전체가 이런 태도를 고수한 건 아니었다. 이 주택 생산 수행 지시로 재정적 이득을 누리고 싶어 한 주택 건설업체와 모기지 대출 기관은 아프리카계 미국인의 주택 선택 폭을 교외 지역으로까지 넓히고, 그와 더불어 도시 주택 시장의 확장을 활용하는 조치를 열렬히 반겼다. 하지만 주택 소유 보조금을 이용하려는 아프리카계 미국인이 가장 먼저 접촉하는 것은 부동산 중개인이었고, 공정 주택을 가장 단호하게 반대하는 이들도 바로 부동산 중개인이었다. 그레고리 스콰이어스(Gregory Squires), 케빈 폭스 고섬(Kevin Fox Gotham) 등이 "사유주의(privatism)" 또는 "민간 부문의 성장과 번영을 돕기 위한 정부의 근본적 약속"이라고 묘사한 것은 사회과학 분야에서 활발한 연구 영역으로 떠오르고 있다. 하지만 이 같은 공공—민간 파트너십의 중심에 놓인 이해상충은 주택역사학에서 좀더 깊이 들여다볼 가치가 있는 주제다. 그렇게 해야 우리가 그것이 아프리카계 미국인 소비자에게 어떤 결과를 낳았는지 이해하고, 공정주택법이 왜 먹히지 않았을까라는 까다로운 질문을 다룰 수 있기 때문이다.[28]

저소득층 아프리카계 미국인의 주거 기회를 개선하기 위해서는 부동산업계의 관행을 뜯어고쳐야 했다. 부동산업계 내 여러 부문의 상반된 목표를 고려할 때, 공정주택법(1968년 민권법(Civil Rights Act of 1968)으로 알려졌다)에 의해 새롭게 이 역할을 떠안은 주택도시개발부 내의 연방 규제 당국은 그 새로운 법률을 책임지고 공정·공평하게 이행해야 했다.

하지만 1968년 연방 정부 및 지방 정부의 공정주택법 집행 실적은 저조하기 이를 데 없었다.

1960년 초 이미 전국 여러 도시에서 수십 개의 공정 주택 관련 조례가 통과되었지만, 주택 차별을 막는 데 눈에 띄게 기여한 것은 전무하다시피 했다. 존 케네디(John F. Kennedy) 대통령이 서명한 1962년 행정명령은 연방 보조금을 받는 신규 주택에서 인종차별을 금지하도록 지시했다. 이는 "한 번의 펜 놀림으로" 주택 차별을 없애겠다는 선거 운동의 오래된 공약을 이행한 것이었다. 하지만 이 행정명령은 소급 적용되지 않아서 실제 그 효력이 일부 주택 시장에만 국한되었다. 심지어 이 제한적인 범위 내에서조차 그 행정명령의 집행 메커니즘은 효과적이지 않았다. "개인, 기업, 주 또는 지방 기관의 위반 사항을 시정하고자 규정 준수, 분쟁 조정 및 설득을 위한 …… 공개 또는 비공개 청문회"를 촉구하는 데 그쳤기 때문이다.[29] 1964년 민권법은 연방 보조금을 받는 **모든** 주택에 대한 차별을 금지했지만, 연방주택청 지원 대출로 매수한 주택은 예외로 두었다는 점이 중요했다. 연방주택청을 연방 인종차별 규제 기관의 조사 대상에서 제외한 조치는 부동산업계의 막강한 영향력뿐 아니라 주택 시장의 인종차별에 진지하게 맞서길 꺼리는 정부 관리들의 굴종적 태도를 여실히 드러내주었다. 1964년 민권법에는 연방 공무원이 차별을 일삼는 지방자치단체에 대한 한 가지 처벌 형태로서 연방 지원 자금을 회수할 수 있도록 허락하는 타이틀(Title) VI도 포함되어 있었다. 이것은 행동을 장려하는 구체적 집행 요건을 갖추지 않고도 반차별적 진보를 이룰 수 있다는 환상을 심어준 또 다른 도구였다.

그러나 연방 정부가 차별과 관련한 무능력을 자진해서 드러낸 가장 지독한 사례는 주택이 아니라 교육 부문에서였다. 1954년 '브라운 대

교육위원회(Brown v. Board of Education: 흑백 아동에 대한 분리 교육은 불법이라는 판결을 이끌어냈다—옮긴이)' 대법원 판결에 대해 연방 정부가 취한 반응은, 주 정부가 그 자체의 차별 금지법을 시행할 경우 연방 정부가 그다지 달가워하지 않는다는 것을 똑똑히 보여주었다. 그 판결 이후 수년 동안 법원과 지역 관리는 남부 주 관리들이 대법원 판결을 노골적으로 무시하고 오직 백인으로만 구성된 '분리 아카데미(segregation academies)'를 설립하기까지 그저 뒷짐만 진 채 수수방관했다. 1968년에야 대법원은 '그린 대 뉴켄트 카운티 학교위원회(Green v. County School Board of New Kent County)' 소송 사건에서 "주 정부는 '철저히(root and branch)' 분리 정책을 해체해야 한다"고 판시했다. 연방 정부가 압도적 권한을 쥔 공공 부문 영역에서 인종차별에 맞서고 그걸 바로잡을 의지를 제대로 보여주지 못한다면, 정치적으로 영향력 있고 재정적으로 서로 연결된 부동산 및 모기지 대출의 세계, 즉 민간 영역에서 적극적으로 인종차별적 관행에 맞설 가능성이 과연 얼마나 되겠는가. 연방 정부는 무기력 상태에 빠져 있지도 악의적 의도를 품고 있지도 않았지만, 느려터지게 반응함으로써 정부의 사업 문제 개입을 거부하는 시장 정서에 대한 존중과 정치적 고려를 드러냈다.

연방 정부는 그 자체의 차별 금지 규정을 시행하는 데서 속 터질 정도로 꾸물거렸지만, 법안의 공식적 변화는 아프리카계 미국인이 전통적인 주택 시장에 참여할 수 있는 권리를 인정한다는 의미이기도 했다. 인종차별에 대한 정책적 요구에 따라 적어도 공식적으로는 진화하는 주택 시장에 참여할 것으로 기대되는 사람들 범위가 넓어졌다. 이처럼 개방이 이루어진 것은 위로부터 압박과 아래로부터 압박이 어우러진 결과였다. 위로부터 압박은 이러했다. 즉, 연방의 법률, 사법부의 판결, 행정부의 직접적 개입은 연방 정부 정책에서 인종차별적 배제 표현을 공식적으로 삭제했다. 사업 영역에서는 새로운 시장의 가능성을 모색하는 한편 위험 노출 최소화를 추구하는 민간 기업 주체들이 이러한 개혁적 관점을 공유했다. 아래로부터 압박은 다음과 같았다. 즉, 흑인 시위는 부동산업계의 다양한 부문을 표적 삼아 그들에게 흑인 참여를 허용하도록 압력을 가했다. 조직화한 아프리카계 미국인 및 다른 인종 집단의 행동주의와 기타 형태의 시민적 압력은 그들 자신을 '풍요로운 사회'로 포용할 것을 요구했다. 극심한 주택 차별로 대표되는 여러 열등감 지표는 그들이 도무지 2등 시민 지위에서 벗어날 기미가 없음을 입증한다. 이런 상황은 시위와 항의를 불러일으켰고, 결국에는 도시 봉기로 치달았다. 아프리카계 미국인이 농촌에서 도시로 이주한 결과, 그들의 소득이 증가했으며 주택 소유가 전례 없이 많은 수의 흑인에게 실현 가능한 일로 다가왔다. 주로 아프리카계 미국인이 주도한 시위에 자극받은 일련의 정치적 행동으로서, 주택 차별에 맞선 법적 보호 장치가 대거 도입되었다.

주택 소유 정책의 도시 중심 전환은 주택 시장에서 정부 관리와 민간 행위자 사이에 의제가 서로 충돌했음을 보여주었다. 새로운 공공 정책은 주택 소유를 장려했지만, 까다로운 **공정** 주택 요구와 관련한 집행은 느슨했다. 실제로 전미부동산협회는 공정주택법은 비난한 반면, 그 법을 시행하고 4개월 뒤 통과된 주택도시개발법은 적극 지지했다. 다만 부동산 중개업자들은 그 포괄적 법안이 제공하는 경제적 기회는 환영하면서도 백인 주택 소유자의 특권인 인종차별은 유지해야 한다고 촉구했다. 공정주택법과 주택 생산 수행 지시 법안이 몇 달 간격으로 통과되었지만, 두 법안은 각기 상이한 영역에서 작동했다.

새로운 공정주택법을 주택 생산 수행 지시 법안을 향한 흥분에 대항하는 수단으로 이용하길 달가워하지 않는 태도는 정치적 우선순위가 바뀌어가고 있음을 말해준다. 두 법안은 존슨 행정부 말기에 통과되었지만, 결국 리처드 닉슨(Richard M. Nixon) 대통령 행정부에서 시행 및 관리할 정책이었다. 닉슨은 전직 미시간 주지사이자 유명한 인종자유주의자 조지 롬니(George Romney)를 주택도시개발부 장관으로 임명했다. 그러나 그는 백인 교외 지역 공동체의 인종적 배타성을 지켜주겠다는 약속을 내세우면서, 줄곧 (자신이 '침묵하는 다수'에 포함시킨) 백인 교외 지역 유권자의 인종차별적 분노를 자극하는 선거 운동을 펼쳐나갔다. 닉슨 행정부는 '공정 주택'에 대한 입법적 요구를 '강제 통합'이라는 혐의로 왜곡하는 한편, 행정부의 조치가 백인과 아프리카계 미국인이 각자의 동네와 공동체를 고를 때 그들의 **선택**을 존중해준다고 평가함으로써 대통령의 입장에 대한 비판을 비껴갔다. 닉슨은 흑인 자본주의(Black capitalism)를 옹호하고 흑인 사업 벤처에 자금을 지원하겠다고 약속함으로써 일부 아프리카계 미국인에게 호소했는데, 이는 흑인을 게토에 가두는 게 아니라 "게토에 금칠을 하겠다"는 약속이나 다름없었다. 닉슨은 아프리카계 미국인 공동체에서 입지가 그리 탄탄하지 못했다. 하지만 아프리카계 미국인과 관련해 인종차별 철폐가 달성하기 어렵거나 심지어 바람직하지 않은 것처럼 보였던지라, 그의 약속은 "분리되어 있으되 평등하다(separate but equal)"는 켕기는 정치를 다시금 합법화하려는 재정적 유인책이었다.[30]

약 탈 적   포 용

연방주택청의 배제 관행이 흑인 공동체의 열악한 상황을 설명해주는 핵심 요소로 꼽혔으므로, 그에 따른 논리적 해결책은 **포용**이었다. 이 논리는 시장이 백인 주택 소유자에게 중산층 지위를 부여한 방식에서 비롯되었다. 1960년대에 걸쳐 도시적 삶의 중심을 차지하던 소요를 감안하건대, 부동산 소유가 미국 전역의 도시를 휘젓고 있는 흑인 반란을 잠재울 수 있으리라는 희망이 고개를 들었다. 또한 아프리카계 미국인이 도시에서 주택을 소유할 수 있는 가능성을 열어주면, 백인 교외 지역 공동체로 진입하고자 하는 그들의 요구가 줄어들 거라는 계산도 있었다. 전후 인종자유주의의 고전적 공식에 따르면, 백인 미국인의 삶을 지배하는 정상화한 제도로부터의 배제는 아프리카계 미국인에게 핵심 문제로 떠올랐다. 인종자유주의는 배제가 낳은 위기에 대한 해독제로서 포용을 제시했다.[31] 이 '미국의 딜레마(American dilemma)'는 마침내 미국의 신조(American creed) 또는 미국예외주의(American exceptionalism)에 대한 약속을 이행하는 단계로서, 아프리카계 미국인이 아메리칸드림에 다가갈 수 있도록 이끄는 방법이었다. 미국예외주의는 자유 시장과 결합했는데, 이 두 가지에 대한 접근은 아프리카계 미국인이 마주한 문제에 대한 해결책으로서 추진되었다. 아프리카계 미국인을 포용하면 사회 안정과 중산층 지위를 창출하고 개인적 부의 축적을 촉진하는 진정한 시장 잠재력이 드러날 수 있었다. 이것이 바로 재니스 존슨이 더 이상 임대를 구할 수 없는 상황에서 주택을 매수하기로 결정했을 때 기대한 바였다.

그러나 이러한 포용은 조건부적이고 일시적이며 단계적인 방식을 취할 예정이었다. 아프리카계 미국인에 대한 경제적 착취와 인종차별은 미국 주택 시장을 대동단결시키는 접착제였는데, 흑인 매수자를 부동산 시장에 완전히 포용하기 위해 반드시 넘어서야 할 문제이기도 했다. 그러나 포용은 약탈적 관행을 끝장내기는커녕 되레 강화했다. 연방 정부의 레드라이닝 종식을 예로 들어보자. 연방주택청은 심지어 공정주택법이 통과되기도 전에 레드라이닝 관행을 중단했는데, 이는 그것이 반드시 연방 정부가 도입한 주택 시장에서의 인종차별 금지와 관련되어 있었던 건 아님을 의미했다. 실제로 연방주택청의 레드라이닝은 인종(race)이 아니라 위치(location) 문제로 간단히 치부되었다. 연방주택청은 보증 대상에서 도시 지역을 제외하기로 결정했는데, 이는 해당 지역 건축물의 연식과 상태 때문이라고 주장했다. 물론 연방주택청 관리들은 모기지 보험의 가입 자격을 결정하는 인수 기준의 일부로서 인종을 참조하는 것은 고려하지 않았다. 그러나 아프리카계 미국인과 기타 자격 없는 인종·민족 집단이 잘못된 시기에 잘못된 장소에 있었던 건 아니지만, 해당 공동체에 드리운 고통과 쇠락은 그곳에 사는 이들의 인종 및 민족에서 비롯된 것이었다. 연방주택청 초기에는 우생학 이론과 인종적 열등감이 흑인 관련 정책을 입안하는 데 영향을 끼쳤다. 아프리카계 미국인은 주변의 가치를 떨어뜨릴지도 모른다는 두려움 때문에 격리나 봉쇄가 필요한 악성 전염병 또는 역병으로 간주되었다.

과거의 연방 관행에 내재한 인종차별과 타협하는 것은 구제, 배상 또는 복구와 관련된 게 아니다. 그보다 우리는 아프리카계 미국인 공동체에서 발견되는 상황을 맥락에 비추어 이해할 필요가 있다. 또한 흑인의 주택 기회를 개방 및 개선하고자 열망하는 새로운 정책을 시행하기 위해서는 레드라이닝 같은 이전 시대의 인종차별적 정책을 들여다보는 것도 중요했다. 그러지 않고 인종을 제쳐둔 채 포용을 촉진하려는 새로운 관행은 기존의 불평등과 차별 유형을 한층 강화했다. 예컨대 초기 연방주택청 정책에서 비롯된 열악한 주택 및 동네 조건은—연방주택청의 인종차별 철폐와 레드라이닝 종식으로 특징지어지는 새 시대가 펼쳐지고 있음에도—새로운 대출 기관이 잠재적 흑인 주택 소유자를 여전히 다르게 대할 수 있는 근거로 떠올랐다. 아프리카계 미국인이 거주하는 동네에는 인종적으로 중립적인 '서브프라임(subprime, 비우량)'이라는 명칭이 붙었다. 이러한 구분 짓기는 특정 종류의 대출 기관을 고려함과 동시에 그 외 다른 대출 기관의 지속적 무활동(inactivity)을 정당화했다. 분명 인종은 더 이상 요인이 아니었지만, 그로 인한 누적 효과는 진즉부터 흑인 동네에 영향을 주어 그곳을 새로운 형태의 금융 조작에 취약한, 다른 곳과 쉽게 구별되는 곳으로 만들었다. 포용은 가능했으되 약탈적이고 착취적인 방식으로 이루어졌다.

새로운 연방주택청의 지원으로 모기지 은행이 주도하는 시장이 조성되었다. 모기지 은행은 일반 예금 은행과 달리, 대출 진행비와 유지 보수비, 대량 판매에 의존해 수익을 창출하는 규제받지 않는 기관이었다. 모기지 은행은 대출 제공 지역에 대한 지분이나 이해관계가 없었으며, 그저 매매를 성사시키기만 바랐다. 연방주택청이 보증하는 모기지, 정부 보조금의 금리, 분리된 주택 시장으로 인해 시장 참여자들은 흑인 도시 거주자, 특히 흑인 여성의 빈곤과 절박함이 그들을 저소득층 주택 소유 시장으로 내몰 거라고 추측했다. 이전 시대에는 위험이 잠재적 흑인 주택 소유자를 배제하는 구실이 되었지만, 1960년대 후반에는 그 위험이 흑인 구매자를 매력적으로 만들어주었다. 실상 매수자의 위험이 클수록 한층 유리했다. 재니스 존슨은 모기지 납부금을 제때제때 상환하지 못할 가능성이 농후했기에 바람직한 주택 소유자로 간주되었다. 모기지 은행과 기타 대출 기관은 흑인 거주 지역에서 연방주택청이 보증하는 새로운 주택 모기지를 통해 주택 압류를 활용함으로써 수익을 챙겼다. 그 주택들은 다시 시장에 나왔고, 그러한 과정이 끝없이 되풀이되었다.

주택도시개발법의 일환으로 민간 기관이 된 연방국가모기지협회(FNMA: 연방 정부가 보증한 주택 채권을 구입해 투자자에게 판매하는 민간 기구—옮긴이), 일명 패니메이(Fannie Mae)는 모든 연방주택청 대출을 액면가로 매입하겠노라고 약속함으로써 그 거래를 한층 더 솔깃하게 만들어주었다. 연방국가모기지협회가 매입한 대출은 패키지화를 거쳐 장기 투자자에게 판매되었고, 대출 기관은 이 돈을 이용해 발달 중인 주택 시장을 맹공격했다. 또한 존슨 같은 가난한 주택 소유자들이 '좀비 부동산', 즉 경제적으로 성장 불가능한 주택을 수익성 있는 사업으로 되살려놓을 수 있다는 추가적 이점도 있었다. 존슨이 새로 매수한 집은 부적격 판정을 받아야 마땅했다. 하지만 그러는 대신 주택을 향한 그녀의 절박함과 모기지 대출이 손잡은 결과 화려하게 소생했다. 이 소생 행위로 인해 많은 이들이 혜택을 누렸다. 재니스 존슨에게 집을 매도한 사람, 그녀에게 대출금을 확대해준 모기지 대출 기관, 그녀가 끝없는 주택 결함을 손보기 위해 불러들인 서비스업체 일꾼 등을 포함한 일련의 거래에서 보듯, 재니스 존슨이 그러잖아도 쥐꼬리만 한 돈을 박박 긁어모아 그 낡아빠진 집에 쏟아부으면 부을수록 **다른** 사람들은 그녀의 투자를 통해 더 많은 이득을 거둬들였다. 폐기된 부동산, 저렴한 모기지 대출, 주행 중인 차량에서 실시하는(drive-by, 겉만 보고 설렁설렁하는) 주택 감정 평가, 빠른 주택 판매, 채무 불이행, 빠른 압류, 이윤을 향한 질주,

이 모든 것이 약탈적 포용이라는 바퀴가 잘 굴러가도록 기름칠을 해주었다. 약탈적 포용은 비단 은행과 부동산에만 국한된 게 아니었다. 그것은 시간 경과에 따른 미국의 점진적 변화에서 더없이 중요한 인종자유주의 담론의 일부인 진보와 승리주의(triumphalism)에 한층 더 깊은 의문을 제기했다.

도 시   위 기

연방 정부가 아프리카계 미국인 도시 거주자에게 제공하는 주택 소유 보조금은 한 세대 전에 추진된 주택 소유 프로그램과는 확연히 다른 결과를 가져왔다. 1960년대와 1970년대의 도시 주택 소유 프로그램은—1950년대의 내 집 마련 붐이 평범한 백인의 경우에서처럼 중산층 번영의 기반을 조성했던 것과 달리—도시 위기의 풍경을 강화함과 동시에 그 위기를 영속화하는 데서 아프리카계 미국인이 맡은 역할을 분명하게 확인해주는 듯 보였다. 풍요로운 미국에서의 기회와 포용을 주장한 존슨식 복지 국가의 상당 부분에 활력을 불어넣은 '인종자유주의'는 결국에 가서 닉슨 행정부의 기치로 떠오른 '인종무관보편주의(colorblind universalism)'에 자리를 내주었다. 보수주의에 기반을 둔 인종무관(colorblindness) 담론과 그에 따른 '인종 언급(race talk)'의 삭제는 변화하는 1970년대의 사회적·경제적·정치적 맥락을 이해할 수 있는 인종 소환(invocation)을 실제로 뿌리 뽑지는 못했다. 그것은 그저 인종을 소환하는 방식만 바꿔놓았을 뿐이다.[32]

　1960년대 초 인공 환경의 인프라 및 복잡한 정책 문제를 기술하는 용어인 '도시 위기'는 낙후한 도시 공동체 거주민을 묘사하기 위해 쓰이는 암호화된(coded) 연설 유형에 흡수되었다.[33] 물론 암호화된 연설은 더 이상 자기 생각대로 자유롭게 말할 수 없는 아이디어를 전달하기 위한 방식이었다. '도시 위기'의 새로운 쓰임새는 인종을 촉매로 사용하지 않고도 미국 도시의 위기에 대한 인식을 명확히 표현할 수 있는 수단으로서였다. 인종 언급을 끝내는 게 중요했던 까닭은 1960년대의 '권리 혁명(rights revolution)'으로 인해 명시적 차별 행위를 다룰 법적 권한을 부여받은 규제 기관과 새로운 규칙이 도입되었기 때문이다. 이러한 새로운 법적 도구는 1970년대 내내 차별 반대 소송이 빗발치도록 하는 데 도움을 주었다. 일반 시민은 다양한 소송을 통해 새로운 권리를 이해하게 되었다. 공공 기관 및 민간 기관은 인종 언급을 제거해야만 소송의 위협으로부터 스스로를 보호할 수 있었다. 인종 언급의 제거는 가두시위의 강압적 힘보다 소송의 위력에 더 익숙한 민권 단체의 대응을 누그러뜨리는 데도 기여했다. 실제로 1970년대까지 줄곧 인종 불평등이 이어지자, 소송이나 선거 정치에의 깊숙한 개입과 비교해볼 때 계속되는 집회와 시위가 차별에 맞서는 한층 효과적인 수단이라는 기대가 약화했다. 비슷한 맥락에서, 닉슨 행정부는 분리된 도시 개발에 대한 자금 지원 기회를 모색하던 중 노골적으로 인종차별에 호소했는데, 이 같은 위협은 흑인에게 공화당 행정부의 제안을 거부하거나 인종차별에 대한 활동가들의 대응을 공개적으로 지지하도록 압력을 가했다. 아마도 가장 중요한 성과는 인종 무관 수사(修辭)가 인종자유주의에 대한 비판을 확인해준 점일 것이다. '인종무관보편주의'는 인종차별적 표현을 없애는 것이야말로 포용의 증거라고 주장하는 인종자유주의자의 꿈을 실현해주었다. 인종자유주의자는 이전에 배제된 사람들의 대표성과 존재성을 변화의 증거로 삼았다.[34] 따라서 급진주의자들은 인종 평등 또는 인종 회복의 명확한 척도인 대표성과 존재성이 불충분하다는 점을 비판하고자 '제도적 인종차별주의(institutional racism)'라는 문구를 만들어 냈다.[35]

1970년대의 신세계는 새로운 권리와 높아진 기대감으로 무장한 아프리카계 미국인, 선거 보수주의의 등장, 전후 경제 체제의 느닷없는 붕괴로 인해 복잡해졌다. 정치 의제가 충돌하는 이러한 논쟁적 환경은 급변하는 경제 세계를 설명해야 하는 이데올로기적 압력을 한층 가중시켰다. 미국을 이끄는 공화당은 정부에 대한 대중적 기대를 크게 부풀려 놓은 사회 복지 구조를 무효화하기 위해 안간힘을 썼다. 그 일은 다양한 방식으로 시도되었다. 일례로 공화당은 분개한 백인 대중이 변화하는 세상에 대한 우려를 연방 원조 수혜자인, 불균형하다 할 만큼 많은 수의 아프리카계 미국인에게 집중하도록 유도했다. 또한 공화당 정치인은 공공 프로그램의 불충분함, 격차, 감독 및 기타 문제를 냉큼 정부 개입이 낳은 문제로 뒤집어씌우는 데도 능란했다. 이것이 특히 주효했던 까닭은 베트남 전쟁의 격화 등 정부의 조작 및 부정행위를 말해주는 증거가 속속 드러나면서 정부의 역할과 기능에 대한 대중의 냉소주의가 커지기 시작했기 때문이다.

비교적 새로운 이러한 동학은 빈곤층에게 자격이 있는지 없는지, 누가 사회 복지 혜택을 누려야 마땅한지에 대한 한층 더 오래되고 지속적인 논의와 중첩되었다.[36] 주택도시개발부–연방주택청의 저소득층 주택 소유 위기는 이러한 격앙된 분위기 속에서 펼쳐졌다. 주택도시개발부의 위기는 두 가지 진실을 확인시켜주었다. 첫 번째 진실은 정부 아닌 시장만이 미국 도시가 맞닥뜨린 거대한 문제들을 해결할 수 있다는 것이었다. 존슨의 복지 국가는 '빈곤과의 전쟁(War on Poverty)'에도 불구하고 빈곤이 여전히 뿌리 뽑히지 않았기에 실패로 선언되었다. 관료적 형식주의, 끝없는 지연, 기타 수많은 비효율성에 대한 불만이 터져 나오면서 정부 **자체가** 문제라는 이야기가 나돌았다. 국가에 대한 이러한 비판은 도시 문제를 점차 악화하고 있는 데다 결코 손댈 수 없는 문제라고 맹비난하는, 인종적으로 동기화한 냉소주의로 귀결되었다.

국가를 불신하는 이 같은 운명론적 담론이 주택도시개발부-연방주택청 위기로 인해 촉발된 것은 아니었다. 하지만 그들이 실시한 일련의 프로그램이 이러한 내러티브에 입김을 불어넣은 것은 어김없는 사실이었다. 주택도시개발부의 주택 소유 문제는 상대적으로 소수 도시에 집중되었지만, 이 위기를 다룬 언론 보도는 그걸 전국적인 중대 사안으로 침소봉대했다. 탐사 저널리즘의 시대이니만큼 주택도시개발부-연방주택청은 사기, 뇌물 수수, 부정부패와 연루된 지역 이야기를 까발릴 수 있는 절호의 기회를 제공했다. 1970년대 초 주택도시개발부-연방주택청 위기는 미국 전역에서 쏟아지는 출판물의 1면 뉴스를 장식했다. 1975년 〈시카고 트리뷴(Chicago Tribune)〉은 관련 기사를 보도한 공로로 퓰리처상을 수상하기까지 했다. 이러한 프로그램을 검토하는 과정에서, 민간 기업의 역할과 저소득층 및 가난한 아프리카계 미국인에게 주택을 제공하려는 중요한 노력에 시장 원리를 적용하는 데 따른 잠재적 불일치 문제는 크게 주목받지 못했다. 프로그램 참여자와 주택 소유자로서 그들의 적합성에 한층 치중하는 선정적 보도에 밀린 결과였다. 언론 보도는 인종에 대해서는 거의 언급하지 않았지만, 거의 하나같이 복지 수급자인 가난한 흑인 여성의 처지를 집중 조명했다.

닉슨 행정부에서 활약한 정치인들은 이러한 이야기를 정말이지 정부가 문제임을 보여주는 증거로 삼았다. 이 같은 주장은 미국의 도시 위기가 심화하는 상황을 파고들었다. 범죄율 증가, 새롭게 부상하는 마약 위기, 그리고 빈곤 증가는 존슨이 약속한 '위대한 사회(Great Society)'가 실패했다는 증거로 회자되었으며, 이로써 도시 문제에 대한 시장 지향적 해결책을 옹호하는 분위기가 조성되었다. 자격 미달로 추정되는 아프리카계 미국인에게 사회 복지 혜택이 흘러 들어가는 데 반대하는 이 같은 주장은 비단 주택도시개발부의 문제에만 국한한 게 아니라 취약한 미국식 복지 국가 전반으로까지 확대되었다. 주택 영역에서 이러한 공격은 1973년 닉슨 행정부가 **모든** 정부 보조금 지원 주택에 대한 모라토리엄(지불 유예)을 선언하면서 극에 달했다. 텅 빈 집, 다 허물어져가는 부동산, 방치된 건물(이제 주택도시개발부가 수만 채를 떠안았다)이 전국적으로 흑인 도시 동네를 뒤덮음에 따라, 주택도시개발부-연방주택청의 주택 소유 위기는 끝없는 도시 위기를 생생하게 보여주는 강력한 시각적 요소로 떠올랐다.

결국 미국 도시들이 방치되자 가난한 흑인 노동 계급이 백인 부동산 소유자의 재산 가치에 위협을 가한다는 고정 관념이 한층 더 정당화되었다. 도시 위기가 1980년대 마약 전쟁의 서막인 도시 문제에 섞여들자 그 고정 관념은 굳이 따로 언급할 필요가 없을 정도로 자명해 보였다. 1970년대와 1980년대에 보수주의자들은 툭하면 빈곤 퇴치 프로그램과 사회 복지가 애초 그 위기를 초래한 장본인이라는 주장을 펼치곤 했다. 하지만 주택도시개발부-연방주택청의 주택 소유 프로그램은 엄밀히 말해 사회 복지 프로그램이 아니었다. 그것을 이용하는 수천 명의 사람들이 생활 보호(공공 부조) 대상자이긴 했지만 말이다.

정부 관리들이 저지르는 부정행위에 대한 비판은 분명 정당했다. 하지만 주택도시개발부–연방주택청 프로그램에서 민간 부문이 어떤 중요한 역할을 맡았는지에 대해서는 전해지지 않았다. 공공–민간 파트너십을 장려하고, 실제로 둘 중 민간 부문이 모든 업무를 수행하며 온갖 서비스를 제공하는 데 더욱 앞장서야 한다고 수시로 권고하는 게 당연시되었다. 상황이 이러했으므로, 우리는 당연히 저소득층 주택 소유 프로그램에 만연한 사기와 부정부패를 폭로하는 데서 가난한 흑인 여성들(그 대다수는 복지 수급자다)이 어떤 역할을 맡았는지 이해할 수 있어야 한다.[37] 이들은 공청회에서 선출직 공무원과 기타 국가 기관의 관리뿐 아니라 자신들을 '어수룩한 매수자(unsophisticated buyers)'로 치부하는 언론 매체에 의해 개인적 삶과 가정 관리 능력을 샅샅이 조사받아야 하는 굴욕을 꿋꿋이 견뎌냈다. (가난한 이들에 대한) 법률 구조(Legal Aid) 서비스를 활용하고 집단 소송의 위험에 따를 게 틀림없는 스트레스와 불확실성을 기꺼이 이겨낸 가난한 노동 계급 여성들은 1970년대의 권리 쟁취 투쟁에서 활용할 수 있는 또 하나의 도구를 발견했다. 이러한 투쟁을 그저 '보이지 않는 투쟁(hidden struggles)'이라고만 표현하고 말기에는 미진함이 남는다. 그들은 그보다 더 심각하게 하찮은 존재로 취급받았고 철저히 잊혔다. 어느 면에서 그들이 잊힌 까닭은 미국이 집요한 주거 차별 유산을 해소하는 데 실패했다는 더 큰 내러티브에 가려진 탓이었다. 안전히고 긴전하며 서럼한 주택을 추구해온 수십 년에 걸친 노력은 '진보'의 필연성과 관련한 미국의 승리주의에 귀 기울이지 않았다. 그러나 1970년대 내내 수십 명의 흑인 여성은 주택도시개발부, 연방주택청 및 기타 유관 기관을 상대로 민사 소송을 제기한 원고 자격으로 자신들과 같은 처지에 놓인 수만 명의 여성을 대변하면서 제대로 된 집에 대한 권리를 주장했다. 아프리카계 미국인의 주택 소유 기반을 뒤흔

듦으로써 그들이 미국인의 부동산 가치를 끌어내린다는 인종차별적 생각을 부추겨온 은행 및 부동산 업계의 두드러진 역할은 이 여성들을 들여다보지 않고서는 명확하게 파악할 수 없다. 흑인 공동체와 흑인 주택 소유자를 상대로 벌인 사기 행각은 계속해서 경제적 결과를 왜곡하고 인종차별적 주택 정책에 입김을 불어넣었다. 이 여성들은 그에 맞서 싸웠으며, 언론과의 인터뷰 및 소송을 통해 제게 어떤 일이 일어났는지 폭로했다. 그 같은 노력에 힘입어 오늘의 우리는 그들의 이야기를 들을 수 있게 되었다.

1

불공정한 주택 공급

오늘날 흑인 혁명 와중에 놓인 게토는
난공불락의 토대로서 버티고 서 있다.
흑인의 삶과 흑백 관계의 거의 모든 단계에 퍼져 있고
그에 활력을 불어넣는 차별적인 생활 패턴을 떠받치는 토대로서 말이다.

– '모든 미국인을 위한 주택 프로그램' 중에서, 전국주택차별반대위원회(National Committee
Against Discrimination in Housing) 10개년 계획, 1964년 10월 6일

쥐가 내 누이 넬(Nell)을 깨물었네 (흰둥이가 달에 가 있는 와중에)
누이 얼굴과 팔이 부어오르기 시작했고 (흰둥이는 달에 가 있어)
난 병원비를 낼 수 없어 (하지만 흰둥이는 달에 가 있어)
10년 후에도 난 여전히 돈을 내고 있겠지 (흰둥이가 달에 가 있는 동안에도)
집주인이 어젯밤 집세를 올렸어 (흰둥이는 달에 가 있으니까)
온수도, 변기도, 전등도 없어 (하지만 흰둥이는 달에 가 있어)
그런데 왜 돈을 올리는 건데? (흰둥이가 달에 가 있어서?)
난 이미 매주 50파운드씩 지불해왔는데 (흰둥이가 달에 가 있는 와중에)

– 길 스콧헤론(Gil Scott-Heron), 〈달에 사는 흰둥이(Whitey on the Moon)〉,* 1969년

1967년 8월, 디트로이트에서 일어난 폭동 때문에 남북전쟁 이후 처음
으로 미국 도시에 연방군이 배치된 지 약 2주 뒤, 시위대 수십 명이 "쥐
는 폭동을 일으킨다!"고 외치며 하원 국회의사당에 들이닥쳤다.[1] 불과
며칠 전 의회는 도심의 쥐를 박멸하기 위해 2년간 4000만 달러를 지원
하는 법안을 부결시킨 바 있는데, 시위대는 이에 항의하는 뜻에서 20분

---

* 인간이 달나라를 탐사하는 개명한 시대에 어째서 게토의 삶은 여전히 비참 지경인지
묻는 사회 고발적 성격의 노래—옮긴이.

동안 의사당 갤러리에서 연좌 농성을 벌였다. 그들은 "우리는 쥐 법안을 원한다!"는 구호를 점점 더 큰 목소리로 외쳤다. 그 법안을 통과시키기 위한 과거의 노력은 그저 부결된 데 그친 게 아니라 그 과정에서 조롱을 받기까지 했다. 버지니아주 출신의 어느 공화당 의원은 "의장님, 우리가 해야 할 '현명한('rat' smart) 처신은 이 쥐 법안을 '지금 당장('rat' now) 표결하는 거라고 생각합니다"라며 그 법안을 깔보았다. 그뿐만 아니라 다른 백인 의원들은 그 쥐 법안을 "또 하나의 민권(civil 'rats') 법안"이라고 언급함으로써 의회를 웃음바다로 만들었다.[2] ('right/rights'를 써야 하는 자리에 그와 발음이 비슷한 'rat/rats(쥐/쥐들)'를 사용함으로써 쥐 법안을 희화화했음을 보여준다—옮긴이.)

하지만 도심 거주자들에게 쥐는 그냥 웃어넘길 사안이 아니었다. 쥐는 흑인에게 강요된 불평등한 생활 환경을 가장 적나라하게 보여주는 징표였다.[3] 1960년대 아프리카계 미국 언론은 쥐가 도시 흑인 가구의 가장 취약한 구성원인 어린이를 공격하는 사태를 수시로 보도했다. 아프리카계 미국인 싱글맘 로레인 맥투시(Loraine McTush)는 〈시카고 디펜더(Chicago Defender)〉 기자에게 쥐 때문에 밤잠을 설치는 날이 부지기수라고 볼멘소리를 했다. 그녀는 자기 침대에서 기어 다니는 쥐 때문에 신경과민 상태이며 아이들 침대를 들락거리는 쥐를 보고 경악했다고 토로했다. "쥐들이 …… 아이들 2층 침대에 기어 들어오기 일쑤라 뜬눈으로 밤을 지새워요. 비참하고 두렵습니다." 맥투시는 자기 이야기가 신문에 실린 직후 퇴거 통지서를 받았다.[4]

델마 얼(Thelma Earl)이 쥐에 물린 뒤 회복해 워싱턴 D.C. 소재의 어느 병원에서 퇴원하고 며칠 후, 그녀의 집주인 또한 퇴거 통지서를 날렸다. 10명의 자녀를 둔 아프리카계 미국인 싱글맘 얼은 과거에는 병원이 당국에 신고할까 봐 두려워 자신과 자녀가 쥐에 물린 사실을 신고하지 않고 버텨왔다. "전에도 쥐한테 물린 적이 있고, 우리 아이들도 마찬가지예요. 그런데도 퇴거 명령이 떨어질까 봐 신고해본 적이 없어요. 하지만 병원에 가면 선택의 여지가 없어요. 지금은 다른 살 곳을 찾을 길이 막막해요. 가끔은 집에서 제가 그냥 쥐약을 먹고 잠자코 죽었어야 했다는 생각마저 듭니다."5

〈워싱턴 포스트(Washington Post)〉의 인기 칼럼니스트 지미 브레슬린(Jimmy Breslin)은 이스트할렘을 방문해 푸에르토리코 출신인 마레로 부부(Ebro Marrero and Cathy Marrero)와 그들이 기거하는 건물의 상태에 대해 인터뷰했다. 인터뷰 도중 쥐 두 마리가 부엌에서 기어 나와 욕실로 쏜살같이 달아났다. 브레슬린이 왜 쥐약을 놓지 않느냐고 묻자 아버지가 말했다. "다 애들 때문이죠. 아기 주위에 덫이나 독약을 놓을 수는 없잖아요." 이어서 그는 아내와 함께 쥐에게서 제 아이들을 어떻게 보호하는지 들려주었다. "아기는 이제 생후 3주밖에 안 됐어요. 우리는 아기를 우리 침대에서 함께 재우고 있어요. 다른 두 아이의 경우, 유아용 침대를 높게 설치했고요. 아직까지는 쥐가 오지 않지만, 그래도 아기를 혼자 둘 수는 없죠." 브레슬린은 쥐가 부엌 벽을 긁어대는 소리를 "전국 모든 도시의 가난한 동네에서 가난한 이들이 듣는 소리"라고, "평생 뇌리에서 떠나지 않을 소리"라고 표현했다.6

타운스 부부(Rosie Townes and R. V. Townes)와 그들의 어린 두 자녀는 시카고 슬럼가의 삶을 다룬 〈시카고 디펜더〉 5부작 시리즈에 출연했다. 사우스호먼 애비뉴(South Homan Avenue) 1321번지에 자리한 타운스 부부의 집은 마틴 루서 킹 2세 박사가 슬럼의 참담한 생활상을 극적으로 부각시키기 위해 이사 온 시카고 웨스트사이드의 공동 주택에서 그리 멀지 않은 곳에 위치했다. 타운스 부부는 아이들에게 안전한 거처를 마련해주기 위해 끊임없이 이 아파트 저 아파트를 전전하는 생활에 대해 들려주었다. 첫 번째 아파트에서는 벽의 석고 바깥으로 드러난 불량 전선을 보고 어린 딸이 충격을 받았다. 가족이 도망친 두 번째 아파트의 경우는 아궁이에서 뿜어져 나오는 검은 연기 탓에 어린 아들이 밤새 숨을 헐떡이고 가르랑거렸다. 인터뷰 당시 그들이 기거하던 아파트는 온수가 나오지 않았는데, 남편을 긴장하게 만든 것은 따로 있었다. 날마다 쥐와 벌이는 전쟁이 그것이었다. 아내가 말했다. "쥐들이 다람쥐처럼 난간을 따라 앉아 있습니다. 그리고 쓰레기통을 열면 마치 파리 떼처럼 튀어나와요. 게다가 집은 난방도 되지 않아요. 겨우 다른 곳으로 이사했는데 …… 난방도 안 되고 온수도 안 나옵니다. 정말이지 집세를 내야 하는 이유를 모르겠어요."[7]

1965년 8월, 로스앤젤레스 중남부의 와츠(Watts)라는 동네에서 반란이 일어나고 며칠 뒤 마지막 불길이 여전히 타고 있을 때 한 기자가 흑인 청소년 2명과 폭동 발발 원인에 대해 인터뷰했다. 한 명이 자신과 가족이 사는 곳에 대해 말했다. "우리는 방 2개짜리 아파트에 살고 있어요. 집세는 너무 비싸고 쥐는 너무 커요. 뒷문을 열면 베란다에서 쥐 한 마리가 발 위로 뛰어오르죠. 그런데도 우리는 여전히 그곳에서 살아야 해요."[8]

1966년, 첫돌을 이틀 앞둔 어린 안드레 애덤스(Andre Adams)가 아기 침대에서 잠자던 도중 쥐한테 '물어뜯겨 숨졌다'. 이 충격적인 소식을 접한 아프리카계 미국인 1000명이 항의 시위를 벌이기 위해 시카고 웨스트사이드에 모였다. 한 활동가는 "와츠를 기억하십니까?"라고 지난여름의 치명적인 폭동을 상기시키며, 아기 유골에 대해 소름 끼칠 정도로 소상하게 묘사했다. "침대에 누워 자는 아기를 물어뜯어 생긴 구멍들을 볼 수 있었습니다. 그 애의 오른손 새끼손가락은 끈으로 동여매져 있었고요."[9] 시카고 보건 관리들은 서로 진술 내용이 엇갈렸는데, 아이가 영양실조로 숨졌다고 주장했다. 하지만 그럼에도 쥐가 아이 시체를 먹었다는 사실만큼은 시인했다. 급조된 시위에서 마이크를 잡은 민권 지도자 마틴 루서 킹 2세는 군중에게 "이것이 우리가 시카고 빈민가에 반대하며 싸우는 이유"라고 외쳤다. 킹 박사는 남부의 인종차별과 북부의 도시 게토 간 유사성을 지적하면서 "이것은 비올라 리우조 부인(Mrs. Viola Liuzzo) 살해 사건에 버금가는 민권 역사의 비극"이라고 선언했다.[10] 비올라 리우조 부인은 앨라배마주에서 민권을 쟁취하기 위해 시위하던 중 살해된 백인 주부였다.

혹인 거주 동네에서 쥐가 들끓는 문제는 정말이지 심각했다. 1960년대 말에 미국에서는, 특히 주로 도시 지역에서는 쥐가 9000만 마리 넘게 창궐한 것으로 추산되었다. 시카고의 어느 동네에 거주하는 아프리카계 미국 어린이들에게 어휘력 테스트를 실시하고 낯익은 다양한 사물을 식별하도록 요청하자 60퍼센트 넘는 아이가 쥐를 곰 인형으로 오인했다.[11] 1964년 여름 필라델피아에서 발생한 폭동의 원인을 파헤친 보고서는 시 당국이 "폭동 지역"의 주택 중 절반 이상에 대해 표준 이하 판정을 내렸다고 밝혔다. 이 보고서는 "〔해당〕 주택 중 상당수에서 지하실에 쥐가 들끓는 웅덩이가 있고, 마룻바닥이 썩거나 일부 떨어져 나갔으며, 전선이 노출되어 있었다"고 확인했다. 이 보고서는 또한 납 중독으로 인한 사망의 80퍼센트와 쥐 물림 사고의 100퍼센트가 "흑인 빈민가" 거주 어린이에게 일어났다고 밝혔다.[12] 할렘에 쥐가 득시글거리자 활동가들은 흑인이 압도적으로 많이 거주하는 공동 주택의 열악한 환경에 관심을 끌기 위해 '록펠러에게 쥐를(Rats to Rockefeller)' 캠페인에 뛰어들었다. 뉴욕시 전체적으로는 세기 전환기 전에 지은 4만 1000개 넘는 공동 주택에서 100만 명 이상의 사람들이 모여 살았다. 이 중 1만 개는 부식이 심해 "공포의 집"이라 불릴 정도였다.[13] 이 캠페인을 기획한 주택 운동가 제시 그레이(Jesse Gray)는 쥐를 내쫓기 위해 야구 방망이를 비치해두라고 부모들에게 제안했다. 그는 그 캠페인의 시급함을 강조하기 위해 이렇게 말했다. "아이들이 쥐를 쓰다듬으려 하는 걸 봤어요. 아이들은 쥐가 뭔지 몰라요. 쥐들은 점점 더 대담해지죠. 어떤 집의 거실에 앉아 있으면 바닥을 가로지르며 행진하는 쥐들을 볼 수 있어요."[14] 3년 후, 이 긴급한 문제를 풀기 위한 조치를 요구하면서 활동가들을 이끌고 의사당으로 쳐들어간 이가 바로 그레이였다.

도시를 가득 메운 이 해로운 동물에 대한 정치적 비유—그중 가장 유명한 것은 리처드 라이트(Richard Wright)가 소설 《미국의 아들(Native Son)》 앞머리에서 사용한 비유다—는 미국 도시에서의 피폐한 흑인 삶을 상징하게 되었다.[15] 아프리카계 미국 언론에 반복적으로 보도된 쥐 물림 사고는 도시에 거주하는 아프리카계 미국인의 경험을 오롯이 드러냈을 뿐 아니라, 슬럼가의 열악한 환경이 개별 가정의 청소와 위생 탓이라는 주류적 설명이 옳지 않다는 것을 입증했다. 해리 트루먼 대통령은 1949년 주택법(1949 Housing Act)이 "모든 미국 가정에 제대로 된 주택과 적절한 생활 환경을 제공할 것"이라고 선언했다. 하지만 이는 1960년대에 도시에서 살아가는 흑인의 생활 조건과는 완전히 대조적인 예측이었다. 아프리카계 미국 언론이 주로 보도하는 여러 기사와 뉴스를 종합해보면, 우리는 아메리칸드림의 핵심 개념인 사회적 이동성에 대한 철석같은 약속에서 아프리카계 미국인이 체계적으로 배제되었다는 비극적 사실을 똑똑히 확인할 수 있다.

1930년대부터 1960년대 후반까지 미국의 주택 정책은 혁신과 퇴행적인 인종차별적 태도 사이를 오락가락한 결과 공공 정책에 대한 다층적 접근법을 낳았다. 즉, 도시 재개발 관행 속에서 백인 거주자를 위해서는 주택 소유와 주택 개발을, 아프리카계 미국인을 위해서는 공공 주택 또는 추출적이고 약탈적인 임차를 추진하는 방식 말이다. 인종차별주의에 영향받은 주거 분리가 펼쳐짐에 따라 이러한 정책을 유지하기 위한 경제적 인센티브도 뒤따랐다. 흑인 고립에서 창출된 경제는 이러한 관행을 뿌리내리는 데 도움을 주었으며, 아프리카계 미국인을 위한 주택 옵션이 확대되기 시작했을 때도 그 옵션은 분리 패러다임의 제약 아래 놓였다. 이로 인해 흑인 아이들은 위험하기 그지없는 해로운 동물에 쉽게 노출되었을 뿐 아니라, 도시 빈민가 외에는 주거 옵션을 갖지 못한 그들 부모는 불량 주택에 높은 가격을 지불하도록 내몰리기 십상이었다. 아이러니하게도 수십 년 동안 쌓인 이런 상황은 마침내 흑인의 반란을 불러일으키고 그에 자양분이 됨으로써, 연방 정부로 하여금 도시에 매여 사는 아프리카계 미국인에게 주택 소유의 기회를 열어주도록 강제했다. 나는 1장에서 이 같은 미국 주택 정책의 변화상을 파헤치려한다. 특히 인종차별적 분리를 향한 연방 정부와 부동산업계의 노력이 어떻게 부단히 더 나은 주거 환경을 추구하는 숱한 흑인 주택 소유자에게 마지못해서나마 길을 터준 공공 정책의 역사적 변화를 철저히 왜곡했는지 살펴볼 참이다.

선구자로서 연방주택청

제2차 세계대전이 끝나고 15년이 지난 후, 수백만 명의 미국인이 내집 마련을 실현하고 일반적인 안정감을 누리게 되었다. 1960년에는 미국인의 60퍼센트가 자가 소유자였고, 대규모 주택 소유는 미국 경제가 성장하고 번영할 수 있는 기반으로 자리 잡았다. 목재·강철·석유가 자동차, 세탁기, 잔디 깎는 기계로 변모하는 과정이 주택(houses)을 집(homes)으로 바꾸고 미국 경제를 세계 최강으로 만든 원자재 상품들을 창출함에 따라, "제너럴 모터스에 좋은 것은 미국에도 좋다"는 오래된 비즈니스 격언이 얼마간은 유효한 듯 보였다. 그러나 주택 소유 확대에 따른 혜택은 고르게 분배되지 않았다. 교외 지역의 번영은 도시 개발을 희생한 결과였다.

1940년부터 1970년까지 500만 명 넘는 아프리카계 미국인이 남부를 떠나 북부·중서부·서부의 해안 도시로 이주했다. 아프리카계 미국인이 미국 도시로 떠나도록 부추긴 희망과 그들이 결국 거주하게 된 주택의 끔찍한 조건 사이에는 거대한 균열이 가로놓여 있었다. 그러나 흑인이 도심으로 대거 이동함에 따라 주거 불평등 같은 그들의 사회적 관심사는 선출직 공직자가 대응하지 않으면 안 되는 정치적 문제로 떠올랐다. 아프리카계 미국인이 남부 농촌을 떠나 북부 도시들로 줄곧 이주한 결과, 로버트 위버(Robert Weaver)가 기술한 대로 "더욱 체계적인 관심을 요구하는 도시 유권자 집단의 증가"를 초래했다.[16]

수백만 명의 아프리카계 미국인이 처한 실제 상황은 세계에서 가장 위대한 민주주의 국가라는 미국에 대한 한껏 부풀려진 선언과는 거리가 한참이나 멀었다. 1950년대 말, 아프리카계 미국인은 전체 인구의 10퍼센트에 달했지만, 그들의 자가 비중은 전체의 8퍼센트에 그쳤다. 한 집에 두 가족 이상이 함께 기거하는 비백인 가구 수는 "1940년 13.8퍼센트인 27만 4000가구에서 1950년 15.1퍼센트인 33만 9000가구로 증가했다".[17] 한 관찰자는 이렇게 지적했다. "분명한 사실은 미국의 도시 거주 백인들이 도시의 새로운 흑인 인구에게 그들 돈으로 살 수 있는 만큼의 주거 공간 제공을 달가워하지 않았다는 것이다. 미국 도시 및 시골의 비농업 거주자 가운데 과밀 주거 환경에서 살아가는 이들은 5.5퍼센트에 불과했지만, 흑인의 경우에는 그 수치가 18퍼센트에 달했다."[18] 주택은 과밀할 뿐만 아니라 더없이 열악한 상태였다. 흑인 주택의 경우 27퍼센트가 다 쓰러져가는 상태인 데 반해, 백인 주택에서는 그 수치가 5퍼센트에 불과했다. "하나 이상의 수도관, 개인 수세식 변기, 개인 욕조 또는 샤워 시설을 갖추지 못한 주택에 거주하는 비율은 백인보다 비백인이 2배나 높았다."[19]

확실히 20세기 중반 이후에는 도시 부동산의 낙후 상태가 그곳에 거주하는 아프리카계 미국인과 동의어로 여겨졌다. 분리된 주택 시장은 흑인 지역의 임대인이 별다른 노력을 기울이지 않도록 만들었다. 원하지 않아도 따를 수밖에 없는 임대 시장으로 인해 아프리카계 미국인에게는 주택 선택지가 거의 없었다. 주택 부족과 끝없는 세입자 공급이 어우러지자 임대인으로서는 주택을 개선해야 할 유인을 지니기 어려웠다. 집주인은 필요한 수리에 뛰어드는 대신 어떻게든 기존 주택에 더 많은 주거 공간을 확보할 계획을 세웠다. 그들은 그러잖아도 좁은 아파트를 더 좁은 아파트들로 쪼갰다. 볼티모어에서는 1950년대에 이런 극적 조치가 이루어졌다. 임대인이 임대용 방으로 개조하기 위해 실내 화장실을 없앤 주택이 4만 5000가구를 웃돌았다. 대신 그들은 뒷마당에 '뒷간(crappers)'이라고 알려진 딴채를 지었다.[20] 부동산업계는 주거 분리를 엄격하게 고수한 결과 빚어진 흑인 공동체의 열악한 조건을 백인 거주 지역에서 흑인을 내내 배제하기 위한 정당화 근거로 삼았다. 이는 추출과 투자에 필요한 조건이지 거기 사는 사람들을 위한 것은 아니었다.

이러한 환경은 흑인 세입자에게 걸림돌로 작용했을 뿐 아니라, 아프리카계 미국인이 주택 소유자로서 자질이 부족함을 말해주는 '증거'로 활용되기도 했다. 미국에서 주택 소유는 오랫동안 정치적·경제적·문화적 시민화를 향해 가는 길로 여겨졌다. 주택 옹호자이자 변호사인 찰스 에이브럼스(Charles Abrams)는 미국에서의 자가 소유에 대해 이렇게 말했다. "그것은 감정적 경험이다. ……그리고 자유와 안전을 뜻하며 자부심과 자신감의 원천이다. ……대지 800제곱피트에 방 2개짜리 주택이 즐비한 가운데 자리한 동일 조건의 주택은 우리가 미국식 생활 방식이라고 부르는 것, 그것을 말해주는 개척 시대 이후의 상징으로 떠올랐다."[21] 야심 찬 흑인 중산층에게 주택 소유는 복잡하고도 부담스러운 일이었다. 주택 소유는 '미국식 생활 방식'의 핵심을 차지함에도 그것의 가능성 여부는 사회적 이동성과 재정적 능력 그 이상의 것에 좌우되었다. 인종차별은 내 집 마련에 대한 접근성을 결정짓는 중요한 요인이었다. 20세기 전반기에 흑인의 주택 소유율은 백인에 비해 35~50퍼센트 더 낮았다. 이러한 격차는 빈곤·접근성·차별이 복합적으로 어우러진 결과였다.

흑인의 주택 소유를 가로막는 여러 장애물에도 불구하고 제2차 세계대전 이후에는 이주와 소득 향상에 힘입어 흑인 주택 소유자 수가 늘어났다. 1940~1950년에는 흑인 주택 소유 증가율이 백인 주택 소유 증가율을 앞지르기까지 했다. 1956년 〈포천(Fortune)〉이 보도했다. "흑인은 삶의 그 어떤 영역에서도 주택만큼 집요한 차별을 겪은 적이 없다. 그러나 1950년에는 도시 흑인 가정 세 가구 중 하나가 자가 보유 대열에 합류했다. 그리고 1940~1950년에 걸친 10년 동안에는 도시의 백인 주택 소유율이 84퍼센트 증가한 데 반해 흑인 주택 소유율은 137퍼센트나 증가했다."[22] 수백만 명의 미국인이 저렴하고 손쉽게 주택을 소유할 수 있도록 해준 연방주택청의 혁신적 경제 도구에서 흑인은 대부분 배제되어왔지만, 그렇다고 흑인이 주택을 구입하지 않은 건 아니었다. 인종차별주의와 배제로 인해 주택의 질은 낮아지고 비용은 더 높아진 결과 아프리카계 미국인의 주택 소유는 그 백인 동료들과는 다른 양상을 띠었다. 흑인 주택의 가치는 백인 주택과 다르게 평가되었고, 그로 인해 흑인 주택은 자산으로서 특성을 박탈당했다. 도시 지역 단독 주택의 가치는 평균 8400달러였지만, 도시 지역 흑인 소유 주택의 평균 가치는 3700달러로 그 절반에도 미치지 못했다.[23] 도시 지역에 거주하는 흑인 주택 소유자의 25퍼센트는 자신의 주택이 2000달러 이상으로는 팔리지 않을 거라고 믿었다.[24]

1960년대 도시 봉기를 부채질하는 데 도움을 준 이렇듯 열악한 흑인 거주 환경은 1930년대에 연방 정부가 실시한 정책에서 비롯되었다. 연방주택청의 배타적 정책에 대해서는 이제 주류 언론뿐 아니라 도시역사기록학도 널리 주지하고 있는 상태다. 1934년, 국민주택법(National Housing Act)과 그에 뒤이은 연방주택청 창설로 연방의 주택 정책과 관련해 새로운 시대가 펼쳐졌다. 연방주택청은 주로 모기지를 보증하고 수십 년에 걸쳐 납부금을 분할 상환함으로써 월 모기지 납부금을 감당 가능하게 만드는 식으로, 미국에서 주택 구매를 혁명적으로 변화시켰다. 연방주택청의 새로운 모기지 보험 프로그램은 대출에 따른 위험을 상당 부분 제거함으로써 일반인이 저금리를 이용해 주택을 소유할 수 있도록 해주었다.[25] 교외 주택 소유자를 위해 교외 지역 개발을 장려한 연방 정책은 향후 수십 년간 미국 대도시의 불균등한 개발을 부채질했다. 이 '불균등한 개발'의 본질은 바로 교외 지역에 대한 투자와 지원, 그리고 그와 극명한 대조를 이루는 도심 지역 사회의 배제와 악화였다.[26]

교외 지역 사회가 생겨나거나 기세 좋게 확장되는 동안, 농촌과 남부의 소도시에서 이주해온 아프리카계 미국인을 흡수한 도시 중심부는 급증하는 신규 인구를 감당하느라 허덕였다. 연방주택청 정책은 아프리카계 미국인이나 그들 인근에 거주하는 사람들의 주택 소유를 좌절시켰을 뿐 아니라, 심지어 백인 주택 소유자에게 소규모 주택 개량용 대출을 실행하는 조치도 금지했다. 도시 부동산 투자자는 최대 이익을 거두기 위해 부동산에 대한 투자는 최소화하고 임대료는 최대화했다.[27] 아프리카계 미국인이 부동산을 구매하는 경우에도, 그들은 오래된 도시 부동산에 절실하게 필요한 유지 보수 및 기타 수리 비용을 거의 남겨주지 않는 불공정하고 약탈적인 계약 조건을 감수하기 십상이었다.

도시에 매인 아프리카계 미국인을 소외시키는 연방주택청의 정책은 흑인이 열등하다는 가정과 그에 따른 그들 재산 가치의 하락 등 최악의 인종차별적 사이비 과학으로 얼룩졌다.[28] 시간이 지나면서 연방주택청 관리들은 아프리카계 미국인을 모기지 보호로부터 배제한 것은 인종차별이 아니라 그들 자체의 재정적 보수주의에서 비롯된 것이라고 주장했다. 하지만 그 기관의 모기지 보험 인수 기준은 인종을 우선적으로 고려했다. 이를테면 그 기관이 주택 모기지를 보증하는 조건에 대해 밝혀놓은 연방주택청의 〈언더라이팅 매뉴얼(Underwriting Manual)〉은 백인 학생이 "한층 낮은 사회적 수준에 놓여 있고 또는 양립하기 힘든 인종적 요소를 띤 학생이 대다수이거나 상당수인 공립 학교에 다녀야 하는 동네"에 대해 "안정성이 크게 떨어지는 달갑지 않은" 지역으로 간주했다.[29] 민간 기업과 백인 주택 소유자가 숱한 방법을 동원해 주택 소유권 확보 수단으로부터 아프리카계 미국인을 한사코 배제해온 것은 어김없는 사실이다. 하지만 이 과정에서 연방 정부가 일정 역할을 했다는 점 역시 부인하기 어렵다.[30]

연방주택청의 위력을 온전히 실감할 수 있었던 것은 1940년대와 1950년대에 전후 주택 건설 붐이 일어난 뒤부터였다. 연방주택청이 주택 소유를 밀어붙인 덕에 수백만 명에 이르는 노동 계급 및 기타 저소득층 세입자가 처음으로 주택 소유자로 전환할 수 있었다. 연방주택청이 저소득층의 주택 소유 확대에 주력하는 기관으로 출발했다는 사실은 이후 경제적 이유로 아프리카계 미국인을 배제한다는 그 기관의 주장을 공허하게 들리도록 만들었다. 그 기관 관리들은 아프리카계 미국인이 주택 소유자가 되기에는 너무 가난하다고 주장했다. 1960년대에 연방주택청 관리들은 새로운 법안이 1969년대 말까지 저소득층 아프리카계 미국인과 거래하도록 강력하게 요구했을 때, 그 기관의 중산층 지향 탓에 그에 제대로 대처하지 못했다고 주장하기도 했다. 그러나 연방주택청이 저소득층에 대한 모기지 지원을 늘 꺼렸던 것은 아니다. 1940년 연방주택청의 보험감독관 매시(M. R. Massey)는 이렇게 적었다. "저소득층 가정이 합리적 조건으로 주택을 소유할 수 있도록 하는 일은 민간 기업과 정부가 감당해야 하는 중요한 과제다. 모든 소득 계층에 속한 이들이 광범위하게 주택을 소유하는 것은 우리 경제 구조 전반을 지켜주는 보루다. 기업과 정부는 저소득층이 주택을 소유하도록 장려하는 데 큰 책임을 느껴야 한다."[31] 매시는 계속해서 이렇게 덧붙였다. "저소득층도 고소득층과 마찬가지로 상대적으로 수용 가능한 생활 수준을 누릴 권리가 있다. ……저소득층의 주택 구입을 빈민가, 보호받지 못하거나 고립된 지역에 국한해선 안 된다."[32] 대출 기관도 저소득층 가정의 주택 소유라는 방향성에 동의했다. 1940년 연방주택청 기관지 〈인슈어드 모기지 포트폴리오(Insured Mortgage Portfolio)〉는 그 기관의 계획에 따라 주택을 구입한 45만 가구 중 "거의 절반"이 소득 2500달러 미만이라고 주장하며, "저소득층 시장이 한층 더 확대될 수 있다는 믿음을 표명했다".[33] 같은 간행물에서 어느 모기지 은행가는 "대출 기관은 연방주택청이 보증하는 모기지의 도움을 받아 극저소득층에 접근함으로써 그들이 주택을 소유하도록 만들 수 있다"고 썼다. 그는 연소득 2000달러 미만인 사람들이 자동차와 냉장고를 구입하고 있다는 점을 지적한 뒤 이렇게 덧붙였다. "2000달러 이하 계층에 속한 가정이 제가 원하는 것을 위해 기꺼이 돈을 지불한다는 점은 분명하다. 그들은 저비용 주택 시장의 잠재적 참여자다. 그들은 월 지출이 월세와 같거나 그보다 조금밖에 많지 않은 주택을 새로 마련할 수 있다는 사실을 알게 되면 한시도 주저하지 않을 것이다."[34]

1940년 2월, "수많은 모기지 대출 기관, 건축업자, 부동산 회사"가 "소득이 얼마 안 되는 가정의 주택 소유를 촉진하기 위한 공동 캠페인"에 뛰어들고 있다고 발표했으며, 곧바로 연방주택청은 그 캠페인을 "전폭적으로 지지한다"고 거들었다.[35] 이 새로운 주택 소유 프로그램은 '저소득층 가족'에 호소하고자 설계되었다. 연방주택청 기관지가 자신들이 이 새로운 시장을 어떻게 공략할 것인지 설명했다. "저소득층 가정은 연방주택청의 재정 지원을 통해 적은 초기 투자금과 그 이후에는 임대료로 지불하는 데 익숙해 있는 금액과 비슷한 월 납부금으로 견고하게 지은 매력적인 주택을 구입할 수 있다. ……이 메시지는 소득이 적은 가정을 대상으로 하며, 한 달에 약 25달러의 주거비로 주택을 소유할 수 있는 …… 조건을 제시할 것이다."[36] 캘리포니아주에서 건축업자들은 75~100달러의 적은 계약금으로 방이 5개인 "소형 주택" "수천 채"를 판매했다고 으스댔다.[37] 캘리포니아주의 또 다른 사례에서는 건축업자들이 2000~3150달러에 이르는 '저렴한 주택(economy houses)'을 지었다. 또 다른 기사에서 한 은행가는 저소득층 가정이 납부금을 감당할 능력이 있는지 확신하지 못해 처음에는 소형 주택에 융자해주는 게 내키지 않았다고 썼다. 그런 다음 "저소득층 가정이 모기지 보증을 위해 지불하는 임대료와 비슷한 조건으로 주택을 짓거나 구입할 수 있다면, 연방주택청은 준비가 되어 있었다"고 덧붙였다.[38] 5퍼센트라는 낮은 계약금과 25달러라는 저렴한 월 납부금은 주택 소유자 비율을 극적으로 높여줄 것으로 기대되었다. 연방주택청은 일반인도 모기지 대출을 받을 자격이 있도록 계약금 규모를 낮추는 등 보험 조건을 꾸준히 완화함으로써 은행이 대출을 계속할 수 있도록 장려했다.

이 같은 '저소득층' 조건은 전형적인 연방주택청 사업이라는 맥락에 비추어 이해해야 한다. 역사학자 게일 래드포드(Gail Radford)에 따르면, 연방주택청이 지원하는 단독 주택의 평균 가치는 5199달러였다. 그녀는 또한 "연방주택청 토지계획부(Land Planning Department)가 분석한 2680개 분양지의 36퍼센트가 1920년대 신규 주택의 평균가보다 훨씬 낮은 4000달러 미만에 주택을 판매하고 있었다"고 지적했다.[39] 더 많은 사람을 노동 계급 대열에 밀어 넣고 주택 소유자 범주에 끌어들이려는 노력은 연방주택청이 금융 혁신을 도모하도록 이끌었다. 물론 여기서 아프리카계 미국인은 예외였다. 연방주택청에 대한 비판론자들조차 흑인 구매자에 대한 연방주택청의 적대감을 그 기관의 보수주의를 보여주는 하나의 징후라고 설명하려 했다.[40] 그러나 연방주택청의 인종차별적 정책은 주택 소유 확대라는 그 기관의 주요 목표에 심각한 해악을 끼쳤다. 인종차별적 관심은 연방주택청의 공공 정책에 처음부터 입김을 불어넣었다. 연방 정부는 주택업계의 '전문가'에게 의존해 새로운 주택 정책을 수립했다. 그에 따라 부동산 가치를 보존하려면 흑인 및 기타 비백인을 백인과 분리해야 한다는 기존 결론 등 부동산업계의 인종차별적 상식을 받아들였다.

연방주택청은 〈언더라이팅 매뉴얼〉을 발표한 1938년, 진즉부터 과거의 부동산 관행에 뿌리내리고 있던 인종 관련 가정에 젖어 있었다. 거기에는 다음과 같은 내용이 들어 있었다. "어느 동네가 안정성을 유지하려면 그곳에 동일한 사회적·인종적 계층이 계속 거주해야 한다. 이같은 사회적·인종적 점유에 변화가 생기면 일반적으로 불안정성과 가치 하락이 수반된다."[41]

이러한 인수 기준의 전제는 레드라이닝의 근거로 쓰였으며, 20세기 내내 연방주택청의 관행에 영향을 끼쳤다. 각 주로 하여금 주택 매매 시 인종차별적 계약을 시행하지 못하도록 금지한 1948년 ('셸리 대 크래머' 사건에 대한) 대법원 판결은 주택 시장에서 인종차별을 억제할 수 있는 잠재력을 지닌, 제2차 세계대전 이후 최초의 주요 법원 판결이었다. 그러나 이 결정은 좁은 의미로 해석되었고 제한적인 계약들에만 적용되었다. 즉, 주택 차별을 시행 및 집행하는 주 정부의 특정 역할만 금지했을 뿐 아프리카계 미국인이나 기타 비백인에 대한 주택 차별은 금지하지 않았다. 전미유색인종지위향상협회(NAACP)의 클래런스 미첼(Clarence Mitchell)은 모든 미국인에게 제대로 된 주택을 제공하겠다고 표방한 1949년 국민주택법에 차별 금지 문구가 포함되지 않은 데 대해 "미국 유색 인종 시민의 입장에서 볼 때 잔인하고 역겨운 사기"라고 표현했다.[42]

연방주택청, 그리고 이후 재향군인관리국(VA)의 아프리카계 미국인 배제는 사실상 완성되었다. 1949년 국민주택법을 제정하고 10년이 흐른 뒤, 연방주택청이 보증하는 부동산 가운데 비백인에게 돌아간 몫은 채 2퍼센트도 되지 않았다. 이러한 결과는 아프리카계 미국인이 자신의 주택을 업그레이드할 수 있는 능력을 망가뜨렸다. 예컨대 "디트로이트의 절반과 시카고의 3분의 1이 명령에 의거해 연방주택청 프로그램에서 철저히 배제되었으며, 12년 동안 운영된 뒤 맨해튼에는 연방주택청 보험 혜택을 받을 수 있는 주택이 단 한 채도 남지 않았다. 그러나 1930년대 중반부터 1970년대 중반까지 연방주택청은 1190억 달러의 주택 모기지를 제공했다".[43] 인종차별적 계약 금지 조치를 확고하게 시행한 후조차 연방주택청은 그들이 보증한 재산의 가치를 보존하는 방편으로서 시종 주거 분리 관행에 매달렸다. 이 같은 연방 정부 정책은 아프리카계 미국인이 겪는 도시 주거 위기를 한층 악화시켰을 뿐 아니라, 흑인 도시 거주자에 대한 인종적·대중적 인식을 조성하는 데 기여했다. 연방주택청 포트폴리오의 아프리카계 미국인 제외 사실을 공정한 시장의 힘 또는 인종 중립적인 '경제적 건전성'의 산물로 설명한 결과, 도시 빈민가 상태는 흑인 시민의 행동·적성 및 역량과 관련되어 있다는 인식이 퍼져나갔다. 이러한 인식은 아프리카계 미국인이 계속해서

월 납부금이 25달러인 '저소득층' 계획 등 주택 소유 프로그램을 광고하는 연방주택청 자료. 대출 기관을 소개하는 카운터 카드(카운터에 세워놓는 광고판—옮긴이), 접는 광고지, 포스터. (연방주택청 제공)

배제되는 사태를 정당화했으며, 수백만 명의 흑인이 도시로 연신 유입됨에 따라 그들이 머무는 지역 사회의 쇠락을 부채질했다.

어느 면에서 연방주택청의 행동은 이율배반적이었다. 이 부처는 저소득층을 주택 소유자 영역으로 끌어들이기 위한 각종 제도를 시행하는 데서 상당한 혁신성을 발휘했다. 예컨대 실현되지는 않았지만 그 기관의 경계 확장 노력을 잘 보여주는 야심 찬 아이디어의 하나로서, 연방주택청은 모기지 대출자가 어려운 상황에 몰렸을 때 매월 모기지 상환 의무를 꾸준히 이행하도록 그들을 위한 실업보험 및 건강보험 비용 지불 가능성을 타진해보고자 연구에 착수했다.[44] 이는 성급한 계획이 아니라, 전직 연방주택청 임원 필립 브라운스타인(Philip Brownstein)이 설명한 바와 같이 "기관이 한편으론 시도되지 않은 새로운 분야를 개척하며 시범을 보이기 위해 노력하고, 다른 한편으론 재정적으로 성공할 수 있는 프로젝트에 대한 모기지 언더라이팅을 추구하는지라, 항시 본질적으로 상반된 방향에 걸쳐 작동한다는 인식"을 반영한 결과였다. 즉, 그가 보기에 "연방주택청은 개척을 향한 지나친 강조와 안전책 강구에 대한 과도한 우려 사이에서 부단히 중간 지점을 모색"하고 있었다.[45]

연방주택청은 인수 기준을 지속적으로 자유화하고 상환 기간을 더 길게 허용함으로써 대출 할부 상환 기간을 20년에서 최장 40년까지 늘려주었다. 1952~1965년 주택 평균 가격이 52퍼센트 상승했음에도 평균 구매자가 지불한 계약금은 1800달러가량 감소했는데, 이는 연방주택청이 모기지 가운데 더 많은 비중을 보증해주었기 때문이다.[46] 계약금은 낮추고 소득 대비 대출 비율은 올리는 조치는 미국 주택 소유자의 수를 지속적으로 늘려가고자 하는 열망에서 비롯되었다. 이는 공공 주택이나 민간 주택 시장에서의 임대와 달리 주택 소유를 진정한 자유 시장 원칙의 표현으로서 우선시하는 이념적 관심뿐 아니라, 주택 소유 사업이 미국 경제에 미치는 부인할 수 없는 영향력이 낳은 결과이기도 했다. 주택은 "지붕널에서 욕조에 이르는 온갖 것을 위한 수십억 달러 규모의 시장 및 300만 명 넘는 근로자를 위한 일자리"와 직접적으로 연관되어 있었다.[47] 어느 논평가에 따르면, 1959년에 160만 채이던 주택 착공 건수가 1960년에 100만 채로 낮아질 경우 "100만 명 넘는 근로자가 거리에 나앉게 되는데, 이는 당시 전체 실업의 20~25퍼센트에 해당하는 적잖은 규모였다".[48]

미국 경제에서 주택 소유가 차지하는 중요성 때문에 연방주택청은 인종 분리를 유지하는 한편, 아프리카계 미국인이 주택 소유자가 될 수 있는 기회를 확대하는 양면 작전을 펼쳤다. 그뿐만 아니라 인종과 관련한 그 기관의 퇴행적 사고는 잠재적 흑인 매수자들 사이에서 도시 주택 시장이 발전하지 못하도록 방해했다. 그러나 이 모순적 입장에는 나름의 타당성이 있었다. 아프리카계 미국인 공동체가 시민적·사적 투자가 거의 부재한 상태에서 계속 인구 증가라는 무게에 짓눌리자, 이들에 대한 물리적 분리는 한층 정당화되었다. 미국 도시에서 '위기'의식이 늘어날수록 배타적인 백인 교외 지역 공동체의 가치는 높아진다는 인식이 커졌다. 반대로 교외 지역이 배타적일수록, 따라서 아프리카계 미국인의 진입이 어려워질수록, 더 나은 주택을 갈망하는 도시 흑인 임차인과 매수자에 대한 금융 착취는 한층 심화되었다. 도시 중심부에 대한 지속적인 투자 중단과 주변화는 교외화(suburbanization)와 그에 따라오는 산업을 위한 온갖 재정적 혜택을 유지하는 데 기여했다. 도시 동네들의 악화는 단순히 교외화의 부작용도 '의도치 않은 결과'도 아니었다. 둘은 논리적으로 서로 연결되어 있었다. 이러한 연관성은 '이중 시장(dual market)'이라는 설명이 오해의 소지가 있음을 뜻했다. 이중성은 마치 도시 주택 시장과 교외 지역 주택 시장이 서로 밀접하게 관련되지 않은 것처럼 차이(distinction)와 분리(separation)를 시사했다. 하지만 미국에는 인종차별적이고 계층적인 접근으로 정의되는 단 하나의 주택 시장이 존재했을 따름이며, 그 안에서 각 계층은 다른 계층을 강화하고 정당화했다.

새 로 운   흑 인   시 장

1954년 '브라운 대 교육위원회' 대법원 판결은 적어도 공교육과 관련해서는 미국 헌법의 범위 내에서 "분리되었으되 평등하다"는 논리가 적용될 수 없음을 선언한 것이었다. 이는 교육에 초점을 맞춘 좁은 범위의 사건이었지만, 미국 최고 법원이 분리의 합법성과 정당성에 일격을 가했다는 사실만큼은 분명했다. 이 판결은 연방 정부가 부동산 및 은행 업계의 분리 관행에 관여하는 데 대해 정치적으로 도전할 수 있는 길을 확실하게 열어주었다. 예컨대 1954년 주택금융국(Housing and Home Finance Agency, HHFA: 주택도시개발부의 전신으로, 1947년부터 1965년까지 미국의 주요 주택 정책을 관장했다—옮긴이)이 주최한 40여 개 주택 관련 단체 모임에서, 자유롭고 개방적인 주거(free and open housing: 여기서 open housing은 주택 매매에 있어 인종·종교에 의한 차별 금지를 뜻한다—옮긴이) 권리는 미국 민주주의의 기본적 표현으로 받아들여졌다. "국가 경제에서 정부 역할은 자유롭고 경쟁적인 시장을 지탱하는 것이다. 주택 분야에서 이러한 기능을 수행하려면 정부는 주택 프로그램을 통해 모든 종류의 연방 지원을 받는 건축업자, 대출 기관 및 기타 주체들이 인종을 이유로 임차인 또는 매수자의 주택 접근을 거부해선 안 된다는 데 동의하도록 요구해야 한다. 이 조건은 모든 연방의 주택 활동에 적용할 필요가 있다."[49]

냉전이 촉발한 인종자유주의와 흑인 시민에 대한 불평등 대우가 세계 초강대국으로서 미국의 새로운 역할을 위태롭게 한다는 생각은 아프리카계 미국인에게 새로운 주택 기회를 열어주는 모멘텀으로 작용했다. 그뿐만 아니라 아프리카계 미국인은 이주로 인해 재정적으로 한층 강력한 위치에 놓여 있었다. 사회의 상층부와 하층부에서 이루어진 이 같은 정치적 균열이 전후 주택 건설 붐과 맞물린 결과, 아프리카계 미국인이 부동산 시장에 참여할 수 있는 기회가 더욱더 크게 열렸다. 1939년에는 흑인 가정의 3.7퍼센트가 연간 3000~5000달러의 소득을 올렸지만, 1950년에는 그 수치가 17.8퍼센트 증가했다.[50] 꾸준한 소득 증가는 흑인이 제2차 세계대전 이후 성장하고 있던 소비 사회에 합류하는 데 도움을 주었다.[51] 흑인 소비를 다룬 1944년의 한 연구에 따르면, 흑인의 연간 총소득은 100억 달러였으며 그 가운데 62퍼센트가 소비재 및 서비스에 지출된 것으로 나타났다. '흑인의 소득 소비 방식'에 대한 연구는 흑인이 소득 가운데 17억 달러를 주택에 지출한다고, 이는 식비 다음으로 큰 지출 품목이었다고 밝혔다. 1955~1960년에만 흑인의 소득은 15퍼센트가량 늘어났다. 한 기업주가 말했다.

〔니그로는〕 해마다 휴스턴에서는 5억 달러 이상, 애틀랜타에서는 3억 달러 이상, 뉴올리언스에서는 2억 5000만 달러 이상을 소매로 구매하는 데 소비한다. ……이 정도 구매력을 지닌 니그로는 은행이 자신들을 정중하게 대하도록 만들 수 있으며, 백화점 판매원이 자신들에게 물건을 팔고 싶어 하도록 이끌 수 있다. 최근 데이터에 따르면, 서부 연안에 약 100만 명의 비백인이 거주하는데 그 대부분이 니그로다. ……비백인 집단의 소득 분포는 남부에 거주하는 백인 인구와 정확히 똑같다. 시카고의 경우 흑인 가정의 3분의 1이 백인 가정의 절반보다 소득이 더 높다.[52]

〈포천〉은 1956년 이와 같이 득의만면하게 선언했다. "노예 해방 이후 니그로에게 이보다 더 희망적인 순간은 없었다. ……미국 니그로의 경제적 진보를 보여주는 조짐은 분명할 뿐 아니라 인상적이기까지 하다."[53]

주택업계는 흑인 주택 시장의 발전 가능성에 매료되었다. 미국 도시들은 개발 가능성을 지닌 '새로운 개척지'로 여겨졌다. 그와 같은 맥락에서 전미주택건설업자협회(NAHB)는 1950년 3월 회원들에게 보낸 메모를 통해 "임대로든 매매로든 …… 소득 규모가 낮은 소수 인종 집단과 가족에게 주택을 공급하는 일은 …… 산업계에 독창성과 역량을 요구하는 도전이다"라고 선언했다.[54] 아이젠하워는 민간 부문이 "좋은 주택"의 재개발을 추구해야 한다고 강변했다. 그는 "시민들이 자신의 주택 수요를 충족하기 위해 연방 정부에 점점 더 의존하게 만드는 프로그램은 피해야 한다"고 주장했다.[55] 도시에서의 주택 소유가 이 문제를 풀수 있는 한 가지 수단으로 떠올랐다.

정치적으로 보수적이고 백인우월주의적인 전미부동산협회조차 "니그로는 건전한 경제적 위험"이라고 선언했다. 1944년 전미부동산협회 산하 니그로주택위원회(Negro Housing Committee)가 미국 전역의 18개 도시에서 실시한 연구에 따르면, 설문 조사에 응한 부동산 중개인 대다수는 "니그로 주택 매수자는 성실하게, 흔히 경제 수준이 동일한 다른 인종 집단들보다 더 성실하게 지불을 이행한다"고 확인해주었다.[56] 또한 이 연구는 아프리카계 미국인이 "집을 보유하기 위해 희생하려는 끈기와 의지"에서 백인을 "크게" 앞지른다고 밝혔다. 같은 부동산 중개인 집단은 "니그로가 차지한 자가 주택이나 임대 주택이 **적절한 위치에 자리 잡고** 관리되고 있다면, 이 나라의 대형 보험사들이 그런 주택에 대한 모기지를 기꺼이 매입하지 말아야 할 까닭이 있는가?"라는 질문을 받았을 때, 전체의 75퍼센트가 "아니요"라고 답했다.[57] 부동산 단체 대표들은 재빨리 자신들은 "최상의 경제적 해결책"을 모색하는 데 관심이 있다 뿐, "니그로의 주거 논의에 더러 영향을 주곤 하는 사회적·정치적 또는 인종차별적 이슈"에는 관심이 없음을 명확히 했다.[58] 전미부동산협회의 이 같은 틀 짓기는 연방이 지원하는 흑인 주택 소유 시장을 어떻게 개념화할 수 있을지에 대해 통찰을 제공해주었다. 이는 사업적 모험이었지만, 그 이행은 계속되는 인종차별적 현실에 의해 순탄 대로를 걸을 터였다. 부동산업계는 자신들은 흑인의 주택 소유에 개방적이지만, 그들의 주택이 '적절한 위치에 자리 잡고' 있어야 한다는 의견을 밝혔다. 이는 아프리카계 미국인이 주택 시장에서 영원히 배제되기야 어렵겠지만, 그들의 참여가 조건부로 이루어지리라는 점을 깨닫게 해주었다. 이 경우에는 분리적이고 인종차별적인 조건이 지속될 참이었다.

부동산업계는 제2차 세계대전 이후의 정치적 지형에 의해 촉발된 상호 모순적 긴장을 반영했다. 전미부동산협회가 아프리카계 미국인을 가치 있는 시장으로 알아차리기 바로 전 해인 1943년 발간한 《부동산 실무의 기초(Fundamentals of Real Estate Practice)》는 독자에게 다음과 같이 경고했다.

> 장래의 매수자가 이웃에게 적잖은 민폐를 끼치는 밀주업자, 콜걸을 여러 명 거느린 여자 포주, 더 나은 동네에 사는 것을 제가 행하는 떳떳지 못한 행동을 가려주는 방패막이로 삼으려는 깡패, 자녀에게 대학 교육을 제공하고 백인 속에서 살아갈 자격이 있다는 생각을 심어주는 유색 인종 재력가 따위일지 모른다. ……장래의 매수자가 어떤 동기를 가졌든 성격이 어떻든 만약 그 계약이 모종의 병폐를 조장할 소지가 있다면, 선의를 지닌 중개인은 필히 그 거래가 성사되지 못하도록 막아야 한다.[59]

아프리카계 미국인이 정치적 유권자로 성장하고 '소비자 공화국'의 구성원으로 떠오른 데다 제2차 세계대전을 '민주주의'가 파시즘에 맞서 벌이는 전쟁으로 규정한 결과, 남부 주 밖의 공무원 및 기타 평판 좋은 기관들은 자기네가 인종차별주의자로 인식되길 원치 않았다. 하지만 부동산업계는 본인들이 부동산 가치 유지에 가장 중요한 문화적 규범의 보존에 반드시 필요하다고 믿은 차별적 사업 관행을 유지해야 하는 과제, 그리고 그 관행을 인종 중립적인 시장의 요구를 반영하는 것인 양 드러내야 하는 과제 사이에서 갈팡질팡했다. 차별에 대한 공개 발언을 삼가는 정치 문화의 변화를 인식하고 있는 부동산업계는 흑인 주택 소유자를 위한 시장의 발전 가능성이 커지고 있다는 사실을 순순히 받아들였다.

흑인의 소득과 소비 증가는 그들이 주택을 소유할 능력을 갖추었음을 의미했다. 그뿐만 아니라 전후 도시 재개발 정책은 그들의 주택 소유를 필요로 하기도 했다. 관계 당국은 1949년 국민주택법에서 일련의 공공 개발 정책으로 도입한 도시 재개발에 대해 미국 도시를 살리는 종합적 계획으로 추진하겠다고 약속했다. 연방 정책이 교외 지역의 주택 소유를 우선시함으로써 대도시 개발에 대해서는 '불공평한' 접근 방식을 지속해왔으니만큼, 도시 재개발은 널리 환영받았다. 도시 재개발에는 도시 전역에서 금싸라기 땅을 차지하고 있는 이른바 슬럼 지역을 철거하는 계획을 위시해 여러 요소가 관련되어 있었다. 물론 이러한 낙후 지역은 수만 명에 이르는 사람들의 삶터였으므로 그곳을 철거하려면 거주자들을 재배치(relocation)하기 위한 신규 주택을 건설해야 했다. 철거 주택을 신규 주택으로 대체하는 데 필요한 이 같은 셈법이 늘 아귀가 맞았던 것은 아니다. '도시 재개발'이 주택 프로그램으로 개념화되지 않기 때문이다. 그렇다기보다 그것은 주로 연방 자금을 써서 도심 상업 지구에 인접한 빈민가 주택을 허물어뜨리는 도시 경제 부흥 프로그램으로 간주되었다. 그런 다음 민간 토지 개발업자는 막대한 보조금을 받은 토지를 재개발해 철거 프로그램으로 쫓겨난 이들을 위해 저렴한 주택을 공급하기로 되어 있었다. 그러나 민간 개발업자들은 도시 공동체를 재건하고 연방의 불도저에 밀려 쫓겨난 사람들의 귀환을 허용하는 대신, 그들의 주택 수요를 무시한 채 중산층 고객을 위한 콘도미니엄과 아파트를 짓고 쇼핑 구역을 새로 단장했다. 시카고에서의 빈민가 철거 효과를 다룬 어떤 연구에 따르면, "연소득 3000달러 이하인 비백인 가정의 임대료 중간값은 재배치 전에는 소득의 35퍼센트이던 것이 재배치 후에는 소득의 46퍼센트로 불어났다".[60]

1959년에는 '도시 재개발'을 위해 예산 20억 달러를 책정했는데, 이는 10년 전 본래 이 기획에 배정된 예산의 거의 3배에 달하는 금액이었다. 1961년 케네디가 도시 재개발을 대폭 확대하겠다는 공약을 내걸고 대통령에 당선되자 그 예산은 새로 20억 달러를 추가하면서 2배로 치솟았다.[61] 이 예산 대부분은 슬럼가 철거로 인해 쫓겨난 주거 빈곤층과 저소득층에게 돌아갈 몫이었다. 공공 주택 프로그램의 확대는 도시 재개발로 생활 터전을 잃은 흑인 세입자가 마지막으로 기댈 수 있는 재배치 주택 정책이었다. 아널드 허시의 저서에 따르면, 제2차 세계대전 이후 공공 주택 사용이 다시 급증한 현상은 도시 재개발 프로젝트 및 수만 명의 아프리카계 미국인이 거주 지역에서 쫓겨난 사태와 밀접한 관련이 있다.[62] 1957년까지 도시 재개발로 터전을 잃은 이들 중 흑인 가정의 경우는 25퍼센트 이상이 공공 주택으로 재배치되었으나, 백인 가정의 경우는 그 수치가 10퍼센트에 불과했다. "도시 재개발 프로젝트에 따라 공공 주택을 1만 1000호 공급했는데, 이 가운데 약 88퍼센트인 9700호는 비백인이 차지했다."[63] 공공 주택의 존재는 자신이 살던 집과 동네에서 강제로 퇴거당한 수만 명의 도시 거주자를 돕는 재배치 주택 정책이 필요했다는 사실과 직결되어 있다.

도시 재개발에 따른 저렴한 주택의 파괴는 진즉부터 존재해온 도심의 주택 부족 문제를 한층 악화시켰다. 전국도시문제위원회(National Commission on Urban Problems)는 "공적 조치에 따른 주택 철거만으로도 모든 연방 지원 프로그램을 통해 건설한 주택보다 더 많은 주택이 파괴되었다"고 불평했다.[64] 디트로이트의 경우 1956년 이후 정부 지원에 기대 최대 758호의 저소득층 주택이 건설되었지만, 1960~1967년에는 약 800호의 저소득층 주택이 헐려나갔다.[65] 뉴어크(Newark)에서는 1959년 이후 공적 지원을 받는 저소득층 주택 3700여 호가 들어섰지만, 같은 기간 신규 고속도로 건설을 포함한 도시 재개발 프로젝트로 인해 1만 2000가구 이상이 삶터를 떠났다. 1967년에는 빈민가 철거 정책으로 40만 4000호의 주택이 헐렸으며, 미국 도시에서 35만 6000호의 주택이 추가로 철거될 예정이었다. 또한 재건에 착수했거나 수리가 예정된 아파트도 26만 4000호에 달했다. 이는 도시 주택 시장이 얼마나 파괴되었는지를 어느 정도 말해준다.[66] 한 저자는 "정부의 모든 주택 활동 중에서 도시 재개발보다 소수 인종 집단의 주거 조건과 인종차별적 거주 패턴에 더 큰 영향을 미치는 요소는 없다"고 지적했다.[67]

아이러니하게도 연방 정부는 도시 재개발에 따른 전치와 공공 주택 사용 증가에 대한 정치적 관심에 힘입어, 연방주택청이 '재개발 지역'에서의 도시 기반 주택 모기지를 지원하도록 돕는 최초의 법안을 도입할 수 있었다. 수만에 달하는 흑인 가정이 재개발 관행 탓에 피해를 입었지만, 이들 전부가 공공 주택에 입주할 자격을 지닌 것은 아니었다. 일부의 경우 소득이 너무 높았다. 아프리카계 미국인의 도시 주택 수요가 증가함에 따라 연방주택청 프로그램을 혁신적으로 사용해야 할 필요성이 커졌다. "해당 지역 안팎으로부터 내쫓긴 가정을 위해 프로젝트 지역에서의 신규 주택 건설을 촉진할 목적으로 승인된 …… 연방주택청 모기지 보험의 특별 조건"이 그 한 가지 예다.[68]

　소박하지만 중대한 전환점이 되어준 1954년 주택법(1954 Housing Act)은 도시 재개발 탓에 생활 터전을 잃은 개인과 가정을 위해 실험적 주택 소유 프로그램을 창안했다. 이는 아프리카계 미국인 옹호자들의 강경한 요구, 흑인의 소득 증가, 미국 경제에서 주택 소유가 차지하는 중요성 확대, 슬럼 지구 철거로 만연해진 파괴와 전치에 따른 추가 주택 필요성 따위가 누적된 결과였다. 1954년 주택법 221항(d)(2)에 의거해 도입한 신규 주택 소유 프로그램은 "도시 재개발 지역의 주택" 및 "도시 재개발 프로그램으로 인해 쫓겨난 가족을 위한 주택"과 관련해 "현재 낙후한 도시 지역에 거주하는 많은 저소득층 가정이 더 나은 주택을 확보하는 데 기여할" 연방주택청 지원 모기지를 승인했다.[69] 백인이 계속 도시에서 이탈함에 따라, 아프리카계 미국인으로서는 자금을 확보할 수만 있다면 구매 가능한 주택이 더욱 늘어나게 되었다. 매수자가 주택 융자를 해줄 대출 기관을 구할 수 있을 경우, 연방국가모기지협회는 그 대출을 시장 가치로 매입하는 데 동의했다. 그러나 연방주택청이 보증하는 대출의 낮은 고정 금리는 전통적인 은행의 관심을 불러일으키지 못하도록 막는 장애물이었다. 221항(d)(2) 대출은 은행이 부동산 시장에서 잠재 흑인 구매자에 대한 그들 자신의 인종차별적 적대감을 이겨낼 만큼 수익성이 높지는 않았다. 이 새로운 도시 주택 소유 프로그램이 도입되고 1년 동안 221항(d)(2)를 활용한 주택 매매는 단 한 건도 이루어지지 않았다.[70]

　전국상호저축은행협회(National Association of Mutual Savings Banks)의 한 대표는 신규 법안이 도시 내 주택 신축을 촉진할 수 있을지 확신하지 못했다. 그는 "토지 비용이 높아 도심 내부 및 그 주변에 주택 생산이 가능할지 의문"이라고 밝혔다.[71] 이 프로그램은 인기를 얻기까지 진척이 더뎠지만, 1970년대 초에 이르면 도심 흑인이 주택을 구입하는 데 가장 인기 있는 수단으로 떠오르게 된다. 냉전이라는 복잡한 정치적 소용돌이 속에서는 이처럼 작고 비효율적인 프로그램도 진보의 상징으로 부상할 수 있었다. 한편 이 프로그램은 진보가 어떻게 관습에 얽매일 수 있는지를 실증적으로 보여주기도 했다. 아프리카계 미국인이 주택 소유에 더 많이 접근할 수 있는 가능성을 (흑인을 여전히 부동산 가치에 해로운 존재로 여기는 백인 교외 지역이 아니라) 기존의 도시 공동체 내로만 협소하게 국한했기 때문이다.

1960년 주택법에서 입법가들은 모기지 보험 가입 대상 지역을 더욱 확대하기 위해 235항을 추가했다.[72] 이는 1968년 주택도시개발법에 기반해 도입한 저소득층 주택 소유 법안과는 달랐지만, 더 많은 도시 주택 소유 경로를 마련하기 위한 추가적 시도라는 점에서 의의를 지녔다. 이런 오래된 동네의 부동산은 종래의 연방주택청 보험 프로그램을 적용받는 부동산과 동일한 구조적 기준에 따라 평가되지 않았다. 연방주택청은 도시 시장에 속한 부동산의 연식 및 상태를 고려해 자체 기준을 '경제적 건전성(economic soundness)'에서 '합리적 위험(reasonable risk)'으로 조정했다. 모기지 보험에 대한 이 같은 인수 기준 변화는 1960년 주택법이 연방국가모기지협회가 오래된 동네에서의 모기지를 매입할 수 있도록 2500만 달러를 승인함으로써 한층 확대되었다.[73]

그럼에도 이러한 변화를 감안할 때 업계가 태도를 바꾸는 데는 시간이 걸릴 터였다. 1954년 주택법 시행으로부터 6년 후, 건축업자들은 온갖 새로운 대출 및 건축 도구를 활용하고서도 조밀한 도시 공동체에 고작 주택 1500호를 건설하는 데 그쳤다. 또한 대출 기관들은 아프리카계 미국인에 대한 대출에 도통 관심을 기울이지 않았다. 인종차별적 편견에 휘둘렸던 데다 교외 지역 거주 백인에게 판매한 주택이 더 고가이고 전통적인 모기지 대출의 금리가 연방주택청의 인하된 금리보다 더 높았기 때문이다. 1950년대에 뉴올리언스 출신 부동산 중개인과 진행한 어느 인터뷰에 따르면, 흑인 주택 소유에 대한 경제적 개방과 임대 주택의 개선에도 불구하고 "백인을 위한 주택 시장은 여전히 양호했지만, 니그로용 주택 건설은 형편이 더 나은 그 시장(백인을 위한 주택 시장—옮긴이)이 포화 상태에 이를 때까지 기다려야 하는데, 이런 일은 몇 년이 지나도 일어나지 않을지 모른다". 주택업계는 흑인 매수자가 자격을 갖추었음에도 '백인 시장'을 선호했다. 백인 시장의 경우, "주택 수요가 더 강력하고 다양한 데다 판매 및 자금 조달의 어려움이 적고 좋은 건축 부지가 한층 더 풍부했기 때문이다".[74]

대출 기관은 주저했지만, 연방주택청은 동시에 두 가지 신호를 보내는 듯 보였다. 221항(d)(2)를 내놓은 것은 연방주택청이 흑인의 주택 소유를 지지할 수 있음을 보여주는 증거였으나, 그와 동시에 그들의 주택 소유가 계속 분리라는 조건에 좌우되리라는 걸 분명히 한 것이기도 했다. 연방주택청은 흑인 매수자에 대한 대출 금지 조치를 해제하도록 대출 기관을 설득하기 위해 자신의 적잖은 권한을 행사하려 노력하지 않았다. 이런 식으로, 그 기관의 운영은 전후 인종자유주의가 지닌 한계를 똑똑히 보여주었다. 연방주택청은 언더라이팅 매뉴얼과 운영 지침에서 인종차별적 표현을 삭제할 수도, 심지어 아프리카계 미국인의 주택 소유 기회를 확대하겠다고 약속할 수도 있었다. 하지만 인종차별적 분리를 극복하기 위한 그 기관의 약속을 제대로 이행하지 못함으로써 기본적으로 아프리카계 미국인의 주택 선택권을 내내 심각하게 제약하는 차별 구조를 유지했다. 연방 정부가 교육 분야에서 "분리되었으되 평등하다" 기조를 폐기하고 있을 때, 연방주택청은 주택 분야에 동일한 제도를 본격적으로 도입하자고 제안했다. 과거 연방주택청 프로그램은 아프리카계 미국인에게 아무것도 제공하지 않았다. 하지만 이제 그 기관은 제한적인 범위에서나마 흑인의 주택 소유를 보장하는 프로그램으로 나아가고 있었다. 그럼에도 이는 "봉쇄 정책"이었다.[75] 허시는 변화하는 연방주택청 정책이 어떻게 자격을 갖추었는지 설명하며, "그러한 프로그램의 진짜 의도는 …… 인종차별적 패턴을 바꾸는 게 아니라 도심을 적절하고 바람직한 거주지로 바꾸는 것이었다"고 밝혔다.[76] 문제는 인종차별적 분리가 아니었다. 해결해야 할 문제는 다름 아니라 게토 내의 기회 부족이었다.

자 발 적   주 택   모 기 지   신 용   프 로 그 램

1954년 공화당 대통령 드와이트 아이젠하워는 "소수 인종 집단의 대다수 구성원이 소득이나 경제적 지위와 상관없이 좋은 주택의 매수 기회를 모든 국민 중 가장 적게 누리고 있다는 점을 솔직하고 허심탄회하게 인정해야 한다"는 소견을 밝힘으로써 새로운 주택법이 제정될 수 있도록 동기를 부여했다. 그는 계속해서 "……모든 시민이 자신의 경제적 능력 내에서 잘 자리 잡은 좋은 주택을 취득할 기회를 동등하게 보장하고자 …… 행정 정책을 강화 및 확대해야 한다. ……또한 우리는 그러한 가족들을 위해 시장 자금을 충분히 조달하고 신규 주택을 건설하도

록 장려해야 한다"고 주장했다.[77]

흑인 거주와 관련한 연방 정부의 이 같은 원대한 목표는 '자발적 주택 모기지 신용 프로그램(VHMCP)'의 창설로 결실을 보았다. 이 연방 프로그램은 모기지 시장에 대한 아프리카계 미국인의 수요 증가에 대응할 목적으로 전미부동산협회, 전미주택건설업자협회, 미국생명보험협회(Life Insurance Association of America)의 협력을 거쳐 탄생했다.[78] VHMCP는 어떤 모기지 자금도 제공하지 않고 대출 거래도 성사시키지 않는다는 점에서 볼 때는 별다른 힘이 없었다. 대신 그 기관은 지방 자본이 부족한 지역이나 공동체에 주택 모기지를 제공할 수 있는 원활한 자금 유입을 정책 목표로 삼았다. VHMCP의 서비스를 누릴 자격을 갖추기까지, 장래 고객은 참여 대출 기관과 연결되기 전에 연방주택청 및 재향군인관리국에서 두 번 이상 거절당해야 했다.[79] VHMCP는 아프리카계 미국인의 강력한(overwhelming) 주택 수요에 대한 미지근한(underwhelming) 대응이었다. 이 프로그램은 주로 융자금을 확보할 수 없는 소수 인종 매수자를 도우려는 목적에서 도입되었지만, 농촌 지역 거주민이 융자를 얻는 데도 활용되었다. 부동산업계와 연방주택청에 인종차별주의가 얼마나 깊이 자리 잡고 있는지 확실하게 이해하기 위해서는, VHMCP가 주로 소수 인종 매수자를 지원하고자 고안한 제도를 통해서도 그 압도적 몫을 '비소수 인종'에게 할애했다는 사실을 떠올려보면 된다. VHMCP는 그 기관이 존속한 거의 7년 동안 고작 4만 7000건, 4억 7000만 달러의 대출만 진행했다. 1956년 대출 건수는 최대 수치인 1만 2000건에 이르렀지만, 그 가운데 '소수 인종'을 위한 것은 거의 2700건에 그쳤다.[80]

아프리카계 미국인이 겪는 불평등을 인정한 아이젠하워의 예리한 수사에 비추어볼 때, VHMCP의 시행은 참담한 실패였다. 자체 평가에 따르면, 그 기관은 예비 흑인 주택 소유자가 주택 융자에 제대로 접근하지 못하는 문제를 해결할 수 없었다. 실제로 VHMCP의 실적 부진은 연방주택청의 역사적 관행 및 아프리카계 미국인이 이용할 수 있는 주택에 그 기관이 해로운 영향을 미치고 있는 현상과 관련되었다. VHMCP의 내부 감사 보고서는 "니그로는 일반적으로 도시의 오래된 구역으로 거주가 제한되어왔으며, 많은 오래된 부동산은 재향군인관리국 대출이나 …… 연방주택청 모기지 보험에 적합지 않다"고 밝혔다. 이 보고서는 아프리카계 미국인의 분리로 인해 "이용 가능한 부동산의 가격이 연방주택청 …… 융자를 …… 사용할 수 없는 지경으로까지 부풀려졌다"고 결론 내렸다.[81] 사실상 VHMCP는 연방주택청의 차별적 관행을 확인해주었을 뿐 분명 그에 이의를 제기하지는 않았다.

연방 관리들은 미국의 주택을 책임지는 것은 민간 부문과 지방 정부라고 주장했다. 일례로 연방주택청의 상급 기관인 주택금융국의 국장 앨버트 콜(Albert Cole)은 1956년 "주택 정책에서 연방 정부 역할은 지원하고 자극하고 이끌고 더러 촉구하는 것이지 결코 지시하거나 강요하는 것도, 민간 부문 및 지방 정부의 적절한 책임 행사를 억압하는 것도 아니다"라고 주장했다.[82] 물론 은행이 연방 정부 및 지방 정부 관리의 영향력에서 벗어난 '민간' 기관에 불과하다는 개념은 살짝만 건드려도 무너질 수 있는 것이었다. 은행 및 기타 저축 금융 기관이 민간 소유였던 거야 틀림없는 사실이지만, 대공황 이후 미국 정부는 그 두 가지 모두를 강력하게 규제하고 지원했다. 미국에서 운영되는 은행 및 저축 금융 기관은 정부에 의해 그들 예금을 보장받았다. 사람들이 제 돈을 계속 거기 맡겨두도록 보장하는 유일한 방법이었기 때문이다. 연방주택 대출은행(Federal Home Loan Bank)은 전국의 은행과 저축 및 대출 협회를 규제했다. 연방국가모기지협회는 은행으로부터 수십억 달러어치의 모기지를 매입해 대출에 필요한 자금 흐름을 안정적으로 유지했다. 은행은 독립적인 민간 기관이 아니었다. 연방 정부는 은행을 규제하고 그들을 위해 보증을 서거나 대금을 지불했다. 어느 보고서는 이렇게 밝혔다. "연방 정부는 주택 시장을 관장하는 금융 기관들의 주요 후원자이자 규제자다. 연방 정부의 모기지 보험 및 모기지 보증 프로그램은 민간 주택업계에 보루 역할을 했으며, 주택 산업의 대대적 확장을 촉진하고 그 관행을 혁신해왔다."[83] 은행뿐만이 아니었다. 주택 산업 전반 역시 여러 정부 기관을 거쳤으며 보조금, 연방 정부 차원에서 정해진 금리, 업계 전반의 유동성을 유지하고자 설립된 2차 시장(secondary market: 이미 발행된 주식 등의 유가 증권을 거래하는 유통 시장—옮긴이)에 의존했다. 이러한 관계를 가장 잘 포착한 것은 윌리엄 레빗(William Levitt)이다. 미국 최대의 개발업자이자 레빗타운(Levittown)으로 알려진 1만 7000세대 규모의 택지를 조성한 인물이다. 그는 "우리는 정부에 100퍼센트 의존하고 있다. 옳든 그르든 그건 어김없는 사실이다"라는 말을 한 것으로 악명이 높다.[84]

은행업계, 더 나아가 주택 부문에서 연방 정부가 권위 있는 역할을 맡고 있음에도, 연방 규제 기관들은 결국에 가서 시장만으로 아프리카계 미국인의 주택 문제를 해결할 수 있다고 외치며 법률 집행을 거부했다. 역사학자 데이비드 프론드(David Freund)는 연방주택청이 전후 주택 소유 붐을 촉진하는 데 있어 정부 기관으로서 역할을 모호하게 하려 힘썼다고 지적했다. 그는 "연방 정부의 개입은 단순히 〔백인을 위한〕 기회를 구조화하는 데 그치지 않는다. 그것은 역설적으로 정부 개입이 백인에

게 상당한 혜택을 제공하지는 않고 있다는 생각을 대중화하는 데도 기여했다"고 밝혔다.[85]

'브라운 대 교육위원회' 판결이 적어도 교육 분야에서만큼은 인종차별을 더 이상 헌법적으로 방어할 수 없다고 분명히 선언했음에도, 주 정부 기관들은 감지 가능할 정도로 뚜렷하게 기존의 민권법 및 새로 개발 중인 민권법의 집행을 꺼렸다. 1961년 미국민권위원회(U.S. Commission on Civil Rights)는 연방주택청에 "해당 주 정부 기관 및 법원의 최종 조치가 내려질 때까지〔혐의 있는 건축업자 또는 개발업자로부터의〕 즉각적인 연방 혜택 철회 조치를 취하기 위한" 정책을 개발하라고 권고했다.[86] 연방주택청은 거부했다. 연방주택청의 닐 하디(Neal Hardy) 청장이 말했다.

> 주 정부 및 지방 정부의 차별 금지법 시행은 지역이 떠안아야 할 책무라는 게 우리 생각이다. 연방주택청은 주 정부 법 및 지방 정부 법의 집행을 위한 감시 기구여서도 진상 조사 기관이어서도 안 된다. 연방주택청은 그 같은 주 정부 및 지방 정부의 차별 금지법을 준수하지 않고 그러한 비준수의 시정을 거부하는 이들과 거래하지 말아야 할 책임이 있다. ……하지만 현재 의회나 행정부의 정책 지침 없이 연방주택청 지원 주택에 주거 개방(open occupancy: 'open housing'과 같은 표현으로, 인종·종교에 의한 주택 판매 차별의 금지—옮긴이) 요건을 부과하기 위해 연방주택청의 정책 및 관행에 더 이상의 변화를 꾀할 계획은 고려하고 있지 않다.[87]

은행이 연방 정부와 거래할 때의 차별 금지 규정을 연방주택청이 마련해야 하는지 묻는 질문에 하디 청장은 이렇게 이의를 제기했다. "우리 생각으로는 '승인'을 위한 차별 금지 요건은 추가적 입법 없이도 달성할 수 있지만, 현재 의회나 행정부의 정책 지침 없이 그러한 요건을 채택하는 조치에 대해서는 고려하고 있지 않다. ……예상되는 문제점은 없다. 일부 모기지 기관은 있을 법한 논란을 피해가려고 연방주택청 활동을 줄이거나 완전히 중단할 가능성이 있다."[88] 연방주택청이 차별 금지 조치를 취하지 않은 결과, 주택업계와 은행은 도시에 기반한 아프리카게 미국인을 계속해서 배제할 수 있었다. 그 기관이 도시 거주 아프리카게 미국인을 상대로 모기지 보증과 관련해 자체적 제한을 완화하고 있었음에도 불구하고 말이다.

전통적인 대출 기관에서 흑인을 배제시킨 결과는 연방주택청 프로그램의 경제적 이익 상실보다 한층 더 심각했다. 실질적인 주택 자유 시장의 부재는 흑인이 열악한 주택에 엄청난 비용을 지불해야 하는 **전속**시장(captive market: 선택의 여지 없이 특정 상품을 구매해야만 하는 소비자층으로 이루어진 시장—옮긴이)을 창출했다. 클래런스 미첼은 1955년 열린 연방 청문회 증언에서 주택 '자유 시장'의 위선을 이렇게 꼬집었다.

현재 주택 분야에서 시행하는 규제 정책은 전통적인 자유 기업 지지자들의 주장과 상반되는 놀라운 사례입니다. 저는 주택 분야가 제가 아는 다른 어떤 분야보다 더 빈번하게 자유 기업 기치를 내걸고 있다고 생각하기에, 자유 기업에 관한 이 표현을 포함시켰습니다. 자동차업계가 백인에게만 판매를 제한하는 사태를 상상할 수 있는지요? 냉장고를 판매하려는 사람이 단순히 백인이 아니라는 이유만으로 잠재 시장의 상당 부분을 무시하는 상황을 떠올릴 수 있는지요? 그러나 이것이 정확히 부동산 및 주택 분야에서 벌어지고 있는 일입니다.[89]

클리블랜드의 한 부동산 중개인은 국민주택법이 약속한 '제대로 된' 주택에서 아프리카계 미국인을 배제하는 담합에 대해, "니그로에 관한 한 주택 시장의 개방을 막기로 전원 합의한 건축업자, 은행가, 부동산 중개인 간의 신사협정"이라고 표현했으며, "그것은 결국 …… 다시 은행으로 돌아간다"고 밝혔다.[90] 그러나 1950년대 말 샌프란시스코에서 실시한 부동산 중개인 대상 설문 조사에서도 이러한 질서가 해체되기 어려운 까닭을 확인할 수 있었다. "대체로 대다수 부동산 중개인은 여전히 주택 분리 정책을 믿고 있으며, 자신들이 기존 주택 시장에 대한 통제력을 유지하려면 소수 인종 잠재 고객들이 백인 거주 지역에서 주택을 매수하지 못하도록 막는 방안을 찾아내야 한다고 생각한다."[91]

흑인세

백인이 미국 도시를 떠나 연방이 보조금을 지급하는 새로운 교외 지역 주택으로 이사 갔을 때, 위의 부동산 중개인 설문 조사에서 언급된 '기존 주택'은 흑인에게 새로운 주택 소유 기회를, 그러나 턱없이 비싼 조건으로 제공했다. 많은 백인은 자발적으로 교외 지역의 푸른 초원으로 떠났지만, 일부 백인은 회유당해야 했다. '패닉 페들링(panic peddling: 공포 유포. 부동산업자가 흑인 유입에 불안을 느낀 백인 주택 소유자를 대상으로 전화나 우편물로 집값 폭락 위기감을 조장해 헐값에 집을 사들인 뒤 흑인에게 비싼 값에 되파는 수법—옮긴이)' 또는 '블록버스팅(blockbusting: 지역 및 지구 단위의 '패닉 페들링'을 통해 행하는 투기—옮긴이)'이라는 관행이 대량 교외화(mass suburbanization) 시대에 널리 만연했기 때문이다. 1962년 〈새터데이 이브닝 포스트(Saturday Evening Post)〉는 시카고의 한 주택 관련 특별 보도에서, 투기꾼이 그 과정에 대해 설명한 내용과 더불어 블록버스팅 관련 폭로 기사를 게재했다.

> 제가 밥 먹고 하는 일은 인종차별적 변화가 무르익었다고 생각되는 지역(block)을 찾아내는 겁니다. 그런 다음 백인 주택 소유자로부터 부동산을 사들여 니그로에게 파는 식으로 그 지역을 '파괴합니다(bust)'. 그 지역의 나머지 부분도 마저 망가뜨려 유색 인종이 거주할 수 있도록 할 심산으로요. 저는 세 가지 방법으로 돈을—말이 나온 김에 덧붙이자면, 꽤 많은 돈을—법니다. 첫째, 백인 주택 소유자에게 지불하는 가격을 후려칩니다. 둘째, 열의를 보이는 니그로한테 부풀린 가격에 부동산을 매도합니다. 셋째, 초고금리로 구매 자금을 융자해줍니다. 이 사업에서 확실히 자리 잡은 사람치고 연간 10만 달러 이상 벌지 못하는 이는 한 명도 없습니다.[92]

블록버스팅은 두 가지 이유에서 활개를 쳤다. 하나는 흑인의 주거 이동성을 가로막는 레드라이닝 같은 인위적 장벽 때문이고, 다른 하나는 주거 공간이 절실한 흑인 인구 증가 때문이다. 모기지 차별이 만연한 상황에서도 아프리카계 미국인은 여전히 주택 소유에 투자했다. 흑인 이주 기간 내내 흑인 모기지 대출 기관은 소수에 그쳤다. 흑인 대출 기관 다수는 비교적 유대가 긴밀한 사람들 사이에서 지역적으로 운영하는 저축 및 대출 협회 지점들을 구축했다. 1930년에는 총 650만 달러의 자산을 보유한 소수 인종 소유 저축 금융 기관이 73개에 달했지만, 1950년에는 소규모 저축 금융 기관 통폐합으로 그 수치가 29개로 급락했다. 하지만 그들의 자산 보유액은 1800만 달러로 증가했다.[93] 흑인 소유의 저축 기관 및 대출 기관은 아프리카계 미국인에게 얼마간의 대출 옵션을 제공했다. 그러나 흑인 대출 기관은 흑인 주택 시장의 비용을 부풀려 갈취했으며, 흑인 고객과 약탈적 조건으로 거래를 맺었다.[94]

하지만 몇몇 도시에서는 모기지를 얻으려는 아프리카계 미국인이 부동산을 매수하기 위해 토지 할부 계약에 의지했다. 역사학자 베릴 새터(Beryl Satter)는 주택 매매에서의 계약 매수(contract buying)를 다룬 권위 있는 역사서를 집필했다. 계약 매수는 구매자가 더 높은 금리, 그리고 그로 인해 더 높아진 총비용을 지불하는 '임대 후 소유〔rent-to-own: 임대 후 매수(lease to buy)라고도 하며, 매수자가 구입을 원하는 주택에 일단 임대 형식으로 거주한 뒤 계약 만료 시 매수 권리를 우선적으로 얻게 되는 계약 방식—옮긴이〕' 방식과 흡사했다.[95] 아프리카계 미국인은 전통적인 대출 기관에서는 대출을 받기 어려웠기에 재정적으로 착취적인 관계에 놓였다.[96] 백인 주택 소유자는 적은 계약금과 낮은 이자율을 누렸지만, 계약 매수자는 그 같은 선택을 할 수 없었다. 아프리카계 미국인은 교외 지역의 주택 소유자보다 더 낡고 열악한 주택을 구입했음에도 그들보다 수천 달러를 더 지불해야 했다. 이는 토지 할부 계약이 이루어진 많은 도시에서 장기적으로 악영향을 끼쳤다. 주택 비용이 높아지면 개조나 일반적 유지 보수에 투자할 자금이 줄어들게 마련인데, 이는 이미 나빠진 흑인 도시 부동산의 상태를 한층 더 악화시켰다. 또한 계약 매수자가 부담하는 과도한 월별 납부금은 거주자가 월 주거비를 충당하기 위해 더 많은 사람을 그들 가구에 데려오도록 강요함으로써 동네의 과밀화를 초래했으며, 이는 부동산 가치에 부정적 영향을 끼쳤다.[97] 1961년 도시연맹(Urban League)은 시카고의 아프리카계 미국인 주택의 임대 및 소유에 드는 추가 비용을 감당하기 위해 7년 동안 1억 5700만 달러 이상을 지출한 것으로 추정했다. 〈애틀랜타 데일리 월드(Atlanta Daily World)〉는 이 액수면 병실 100개짜리 병원 50개를 짓고 장비를 완비할 수 있을 뿐 아니라, 2만 달러 모기지로 침실 3개짜리 목장형 주택(ranch-style house: 미국에서 시작된 건축 양식으로, 길고 지면에 밀착된 외관과 탁 트인 설계가 특징이다—옮긴이) 약 8000채를 구입할 수 있다고 추산했다.[98]

주택에 부과하는 '인종세'는 흑인 분리가 경제적 착취의 기회를 창출하는 한 가지 방법일 뿐이었다. 상원상업위원회(Senate Commerce Committee) 위원장 워런 매그너슨(Warren G. Magnuson) 상원의원은 1968년 9월호 〈에보니〉에 "게토는 어떻게 빈민층을 괴롭히는가(How the Ghetto Gets Gypped)"라는 제목의 기사를 기고했다.[99] 그의 기사는 제공받는 자원이 충분치 않은 공공 서비스(대중교통)와 어우러진 분리가 실제로 어떻게 흑인 소비 시장을 장악함으로써 그 시장을 더 높은 가격을 지불하는 데 취약하도록 만드는지 보여주는 여러 보고서에 바탕을 두었다. 매그너슨은 특히 1968년 연방통상위원회(Federal Trade Commission)가 워싱턴 D.C.에서 실시한 연구를 인용했다. 그 연구에 따르면, 게토 상점들은 동일 상품에 대해 다른 지역 상점보다 더 높은 가격을 매기는 것으로 드러났다. 이 연구는 도시 상점 판매의 92퍼센트가 착취적인 할부 판매 방식에 기반하고 있다고 밝혔는데, 이는 그 이외 지역에서 볼 수 있는 수치인 27퍼센트를 크게 웃도는 결과였다. 연방통상위원회는 도시 상점이 다른 매장들보다 동일 상품을 **평균적으로** 50퍼센트나 비싸게 판매하고 있음을 확인했다. 매그너슨은 "보스턴·필라델피아·시카고·샌프란시스코에서 이루어진 설문 조사에서도 동일한 패턴이 반복적으로 드러난다"며, "중산층이 애용하는 '윤리적' 상점에서 거래하는 상품과 비교해볼 때, 빈곤층은 저소득층 지역 상점의 상품에 보통 75~100퍼센트나 더 높은 터무니없는 가격을 치르고 있다"고 설명했다.[100]

훗날 급진주의자들이 흑인 공동체를 미국 내에 존재하는 '내부 식민지(internal colonies)'라고 묘사했을 때, 유색인종세(color tax)는 그들의 수사를 뒷받침해주었다. 도시 빈민가의 국가경제학을 다룬 〈에보니〉 기사에서 앨릭스 포인세트(Alex Poinsett)가 썼다. "경제적 인종차별주의, 그 영향은 실로 엄청나다. 게토경제학에 따르면, 흑인 소득은 절반에 불과하고 흑인 실업률은 전국 평균의 약 3배에 달할 정도다. 흑인 달러는 백인 달러보다 더 적게 구매하고, 더 힘들게 획득되며, 고리대금업 및 사기 행각에 더 빨리, 더 크게 당한다. 게토에서는 100~300퍼센트에 이르는 가격 인상도 퍽 흔한 일이다. 한마디로 미국 식민주의는 흑인을 종속적이고 열등한 지위로 끌어내리며 빈곤의 악순환으로 몰아넣는다."[101] 1966년 클리블랜드에서 폭동이 발생한 후 인터뷰한 두 흑인 남성은 흑인 공동체와 백인 사회 사이에 존재하는 착취적 역학에 대해 언급했다. 그중 한 남성이 말했다. "백인은 자기네가 무슨 일을 하는지 잘 알고 있습니다. 그들은 우리가 그들을 위해 돈을 벌길 원하지만, 우리가 뭔가를 소유하는 건 원치 않습니다." 다른 한 남성이 덧붙였다. "이 나라의 가장 큰 병폐는 백인의 권력 구조가 여전히 흑인 공동체를 대농장처럼 여긴다는 점입니다."[102] 와츠 출신인 한 흑인 청년은 그러한 착취가 결국 반란의 물결로 이어졌다며 이와 같이 설명했다. "약탈(looting)과 강도질(robbing)은 같은 게 아닙니다. 당신이 신용 상점을 약탈하는 것은 그저 그들이 당신에게 고가로 판매한 할부 상품에 대해 수년 동안 당신한테 부과한 이자의 일부, 즉 계약금 10달러와 900년 동안 지불해야 하는 매주 2달러를 돌려받는 것입니다."[103] 와츠에서 시민들은 백화점 건물에 불을 지르기 전 그곳에 남아 있던 자신들의 부채 기록을 파기하는 데 만전을 기했다.[104]

활동가 스토클리 카마이클(Stokely Carmichael)과 찰스 해밀턴(Charles Hamilton)은 게토를 그 경계 밖에 사는 사람들이 거둔 부의 원천이라고 묘사했다. "착취자들은 바깥에서 게토로 들어와 그들의 돈을 모조리 긁어가고, 게토가 더 큰 사회에 경제적으로 의존하도록 내몬다. ……백인의 권력 구조는 니그로 기업에 대한 대출과 보증의 제공을 꺼림으로써 흑인의 경제적 노예화를 위해 협력했다."[105] 그들은 이렇게 결론지었다. "그 결과 필요한 자원에 접근하고 변화를 일으킬 수 있는 능력을 갖춘 집단들은 흑인 공동체의 종속적 지위로부터 정치적·경제적 이익을 얻는다."[106] 실제로 '금융 기관과 도시 위기'에 관한 청문회에서, 미네소타주 민주당 상원의원 월터 먼데일(Walter Mondale)은 당시 흑인 혁명가들이 펼친 주장에 필적할 만큼 신랄하게 흑인 공동체를 상대로 한 착취에 대해 기술했다. "도시 게토 지역은 …… 일부 미개발 국가와 또 한 가지 특징을 공유하는데, 그것은 바로 식민지적 착취라는 점입니다. 우리 소위원회는 배우지 못하고 정보가 부족한 게토 주민을 노리는 고리대금업자와 파렴치한 대부업자의 비극적 이야기에 대해 익히 알고 있습니다."[107] 이러한 사기꾼들은 꼬집어내기 쉬웠다. 먼데일은 "게토 지역 내부나 그 인근에 위치한 저축 기관이 …… 게토 지역의 저축을 활용해 백인의 교외 지역 주택지에서 모기지에 재투자하는 것 같은 …… 좀 더 미묘한 형태의 식민주의"에 대해서도 설명했다.[108] 먼데일을 비롯한 여러 개혁가는 이런 식의 폭로를 통해, 도시 지역이 더욱 활발하게 '개발'되어야 한다고 주장했다. 그러나 착취 상황에 시달리는 사람들 자신에게 이 식민지 은유는 정치적 급진화의 토대이자 자본주의에 대한 날카로운 비판의 근거가 되어주었다.

거기에는 여러 가지 요인이 기여했다는 증거가 나왔음에도, 1960년대에 이루어진 연구와 위원회 상당수는 도심 내 상황의 원인이자 주택 분리가 지속되는 이유로서 빈곤을 시종일관 지나치게 강조했다. 그들은 흑인이 게토에 머무는 까닭은 그들이 그 경계 밖에서는 임대료를 감당할 수 없기 때문이라는 설명을 되풀이했다. 심지어 커너 위원회조차 흑인의 빈곤이 주택 분리를 가능케 하는 추동력이라는 논리를 고수했다. "많은 게토 거주민은 '제대로 된' 주택을 유지하는 데 필요한 임대료를 결코 지불할 수 없다"고 말이다.[109] 다수의 흑인 거주민이 도시 동네에서 극심한 빈곤에 허덕이며 살아간다는 건 의심할 나위 없는 사실이었다. 하지만 흑인 거주민이 피부로 실감하고 있는 점이자 연구자들이 파악하는 데 철저히 실패한 점이 있는데, 그것은 바로 대부분의 경우 아프리카계 미국인이 (백인보다 더 많지는 않다 해도) 백인과 동일한 정도의 돈을, 백인이 기거하는 것보다 더 열등한 주택에 지불하고 있었다는 사실이다. 민권운동가 휘트니 영(Whitney Young)은 뉴욕 〈암스테르담 뉴스(Amsterdam News)〉에 기고한 주간 칼럼에서 이에 대해 기술했다. "수백만에 달하는 니그로 가구의 경우, 같은 조건의 백인 가구가 하트포드 타운하우스에 지불하는 임대료보다 더 많은 돈을 내고 할렘의 슬럼가에서 살아간다는 사실을 일부 백인은 인식하지 못하고 있다. 니그로 지도자들이 '유색인종세' '빈민가 악덕 임대인(slumlord)', 많은 은행과 저축 및 대출 협회의 극심한 편견, 흑인을 한사코 게토에 가두어두려 애쓰는 그들의 부동산업계 동맹군을 맹렬히 공격할 때, 이 백인들은 그 같은 현실을 외면한다." 마틴 루서 킹 2세 역시 〈시카고 트리뷴〉과의 인터뷰에서 "내 이웃들은 교외 지역에 거주하는 백인보다 임대료를 더 많이 낸다"며 "인종세"에 대해 언급했다. "론데일(Lawndale: 로스앤젤레스 인근에 있는 도시―옮긴이)에서 흑인은 공공 인프라와 간헐 난방(intermittent heating)이 없는 아파트에 매달 90달러를 지불한다. 반면 사우스디어링 (South Deering), 게이지파크(Gage Park) 또는 벨몬트(Belmont)에 거주하는 백인은 비슷한 아파트에 매달 80달러를 낸다."[110] 아프리카계 미국인은 주택과 다양한 재화 및 서비스에 종종 터무니없는 가격을 지불하는데, 이 사실은 흑인의 빈곤이 이러한 거래의 결과가 아니라 흑인 공동체에 만연한 착취적 관행의 **원인**이라는 주장을 의심스럽게 만든다. 착취적 부동산 관행이 빈곤을 **낳았거나** 대폭 악화했을 가능성이 더 높은 것이다. 차별과 분리는 이러한 착취적 관행이 일어날 수 있는 여건을 조성했다. 시카고 도시연맹의 보고서는 이 같은 착취가 어떤 영향을 미치는지 파헤치기 위해 1960년대 초 실시한 연구의 결과를 아래와 같이 실었다.

> 니그로는 비슷한 주택에 대해 백인보다 매달 약 10달러의 유색인종세를 더 내야 했다. 1960년 월 임대료 중앙값은 니그로 가정과 백인 가정 둘 다 (예컨대) 88달러로 동일했지만, 니그로 가정이 거주하는 주택의 질은 더 열악할 가능성이 높았다. ……흑인은 비슷한 주택에 대해 백인보다 평균 1500달러나 더 많은 돈을 직접 지불하는 것으로 나타났다. 게다가 니그로 주택 매수자는 일반적으로 모기지 그리고/또는 계약 매수에 대해 더 높은 금리를 지불해야 한다. 1960년 니그로 가정은 소득이 백인 가정에 비해 3분의 1 정도 적었지만, 비슷한 주택에 대해 백인 가정보다 그들의 실수령액 가운데 더 높은 비율을 지출했다.[111]

이러한 경제적 착취 패턴은 아프리카계 미국인이 도시 인클레이브(en-clave: 폐쇄적인 소수 인종, 민족 집단 거주지—옮긴이)에 분리된 상태를 유지한 까닭이 그저 인종차별적 증오 때문만은 아니었음을 보여주는 증거였다. 아프리카계 미국인 전속 시장을 중심으로 국가경제학이 출현해 구조화되었다. 사회이론가 놀리웨 룩스(Noliwe Rooks)는 도시 공교육에서 비슷한 역학을 관찰하고, 이러한 현상을 "높은 수준의 인종적·경제적 분리를 통해 구체적으로 이익을 얻는 사업", 즉 "세그리노믹스(segrenomics: 분리를 의미하는 segregation과 경제학을 뜻하는 economics를 결합한 조어—옮긴이)"라고 규정했다.[112] 집요한 인종차별적 분리와 그에 관한 지속적 무관심 탓에 공식적 참여 장벽이 제거된 부동산 시장에 약탈적 포용을 위한 조건이 꾸려졌다. 흑인은 주택 선택권이 극도로 제한되어 있었던지라 표준 이하 주택에 최고 한도액을 지불했다. 인종과 관련한 이 같은 경제적 요청은 주택 시장 및 광범위한 소비 시장이 조성되도록 입김을 불어넣었는데, 그러한 시장은 고립과 이동 불가가 어우러져 흑인이 더 높은 가격을 지불할 수밖에 없으리라는 추측에 힘입어 가격을 한껏 부풀려놓았다. 연방주택청은 지난 수십 년 동안 아프리카계 미국인을 그 기관고유의 주택 융자 정책에서 배제해온 관행을 비로소 완화하고 있었다. 그럼에도 그 기관은 흑인 소비자를 착취하고 그들 공동체를 뜯어먹을 준비가 되어 있는 시장에서 그렇게 하고 있었던 것이다. 더욱이 주택 시장에서 아프리카계 미국인의 소비자 권리를 보호하는 데 있어 연방주택청과 그 상급 기관인 주택금융국이 드러낸 안이한 태도는 1960년대 말 흑인 주택 시장이 조성되기 시작할 무렵 다시금 막대한 위력을 발휘했다.

주택은 가격이 높았을 뿐 아니라 고가 주택으로서 이점도 거의 누리지 못했다. 높은 가격과 열악한 환경의 조합은 도시 반란의 도화선이 된 원인 중 일부였다. 1967년 디트로이트에서 폭동이 일어나고 몇 주 뒤, 〈워싱턴 포스트〉의 여론 조사는 흑인 공동체의 주거 환경 악화를 폭동과 확실하게 연결 지었다. 흑인의 무려 70퍼센트가 "폭동의 원인은 주거 환경 때문"이라고 답했다. 흑인의 59퍼센트는 쥐가 들끓는 집에서 거주하는 사람을 알고 있다고, 57퍼센트는 천장에 구멍이 뚫려 있다고, 49퍼센트는 본인의 주택이 사람들로 북적댄다고, 68퍼센트는 집에 바퀴벌레가 기어다닌다고 응답했다. 이 조사에서는 심지어 백인의 39퍼센트조차 흑인의 주거 환경이 현재 전개되고 있는 폭동의 원인이라고 믿는다는 답을 내놓았다.[113]

로스앤젤레스의 변호사 캐릴 워너(Caryl Warner)가 와츠 폭동의 원인을 규명하는 주지사 위원회와의 인터뷰에서 무엇이 소요의 이유라고 생각하느냐는 질문을 받았다. 그는 "역사가들이 장차 이 모든 문제와 관련한 내용을 다룰 때, 도대체 어떻게 그런 도발적 요소를 그토록 안일하게 받아들이고 못 본 체할 수 있었는지 의아해할 것"이라고 답했다.[114] 그가 언급한 "도발적 요소"란 바로 인종세였다.[115]

1967년 전미유색인종지위향상협회의 로이 윌킨스(Roy Wilkins) 회장은 '1967년 의회 공정 주택 청문회'에서 도시의 불만 가운데 가장 중요한 부분을 차지하는 것이 바로 주택이라고 언급했다.

솔직히 고백하자면, 게토에서의 삶에 관한 한 저는 늘 주택·취업·교육이 불가분 관계에 놓인 세 가지 요소라고 믿어왔습니다. 그런데 최근 몇 년 동안 주택에 대한 감정이 엄청나다는 사실, 심지어 취업보다 한층 더 엄청나다는 사실을 깨닫고 적잖이 놀랐습니다. 일반적으로 우리는 취업이 가장 중요한 요소라고 말하곤 합니다. 저는 개인적으로 교육을 가장 중요한 요소라고 봅니다. ……하지만 주택을 첫손에 꼽는 사람들 수가 많다는 사실을 알고 놀랐습니다. 주택에 대한 거부는 인간으로서, 시민으로서 지위에 대한 참담한 반박인지라 …… 그보다 더 굴욕적인 것은 없습니다. ……그런 의미에서 저는 주택이 [최우선적] 고려 사항이라고 생각합니다.[116]

20세기 내내 흑인 도시 주택을 정의한 쥐, 파손, 금융 착취는 인종, 시장, 대도시 개발이 충돌하는 과정에서 불거졌다. 주거 분리의 국가경제학은 도시 지역의 물리적 쇠퇴 상태를 재촉했을 뿐 아니라 그것을 영구히 지속하도록 조장했다. 지금껏 많은 이가 지적했다시피, 아프리카계 미국인이 게토로 내몰린 현상은 노동 계급 백인 주택 소유자에서부터 부동산 중개인, 은행가, 전후의 주택-산업 단지 투자자에 이르는 다양한 금융 이해 집단이 주도한 결과였다. 이러한 이해 집단들이 항상 사려 깊었던 것은 아니다. 부동산 중개인과 은행가 집단은 1940년대에 연방주택청이 주택 소유를 대대적으로 확대하는 데 핵심 역할을 담당했다. 주택 소유 확대를 위한 공공-민간 파트너십은 수백만 노동 계급 백인의 주택 소유권을 보장하는 데서만큼이나 잠재적인 수백만 흑인 주택 소유자를 배제하는 데서도 성공을 거두었다. 인종세는 주택 분야에서 현상을 유지하도록 이끄는 강력한 유인책이었다.

아프리카계 미국인에 대한 종래의 인종차별적 관념에 이끌린 채로 부동산업계에서 혁신적이고 선도적인 역할을 추구하려 한 연방주택청의 경향성은 잠재적 흑인 주택 소유자를 향한 그 기관의 태도에 내내 영향을 끼쳤다. 제2차 세계대전 이후 남부 주를 제외한 미국에서의 정치적 변화에는 연방 정부가 노골적인 인종차별 행위를 포기하는 것도 포함되어 있었다. 흑인 시민을 모호하게 대우하는 것은 미국이 글로벌 리더로 발돋움하는 데 애로 사항으로 작용했다. 이 문제는 미국 사회로의 통합 및 포용을 외치는 흑인의 목소리가 점차 커지는 점과 더불어 아프리카게 미국인의 배제를 지향하는 적대적 정책을 변화시키도록 연방주택청에 압력을 가했다. 그러나 집요한 부동산업계와 은행 대출 기관의 인종차별적 태도와 미약한 차별 금지법 및 허술한 법률 집행을 해결할 방도가 거의 없는 상황에서, 이렇듯 변화하는 연방주택청 정책이 어떻게 이행될지는 극히 불확실했다. 법을 바꾸는 것은 새로운 법 집행을 담당하는 연방 요원 및 새로운 정책을 이행할 민간 기관 종사자의 태도를 바꾸는 것과 전혀 별개임이 분명해졌다. 불확실성과 기대, 희망과 분노가 한데 뒤섞인 혼란스러운 분위기는 장차 흑인 주택 소유에 대한 연방 정부의 지원에 영향을 끼쳤다.

2

도시의 주택 위기

"우리 자유 사회의 진보와 안정성은 공공 활동과 민간 활동 간의 조화롭고 창의적인 파트너십, 그리고 공공 기관과 민간 기관 간의 건설적인 협력에 단단히 뿌리를 내리고 있습니다."

–도시 문제에 관한 정부–기업 회의(Government–Business Conference on Urban Problem)에서 행한 린든 존슨 대통령의 연설, 1966년 8월 19일

"오늘날 미국 도시는 위기에 처해 있습니다. 이 분명하고도 다급한 경고는 지난 수십 년 동안의 쇠퇴에서 비롯된 것이며, 현재의 혹독한 현실에 의해 한층 증폭되고 있습니다."[1] 1968년 2월, 린든 존슨 대통령은 전국적으로 방영된 의회 특별 연설에서, 지난여름의 반란을 미묘하게 암시하며 미국 도시의 위기에 대한 언급으로 말문을 열었다. '도시의 위기'라는 제목을 단 이 연설에서 존슨은 미국 도시의 빈곤과 퇴락한 환경을 "국가적 수치"라고 선언했다. 그리고 "우리 도시의 외관을 바꾸고 부자와 빈자 할 것 없이 도시를 고향으로 여기는 이들의 공포를 종식시키기 위해" 전례 없는 조치를 취하겠노라고 약속했다. 존슨 대통령은 '빈곤과의 전쟁', 주택도시개발부 창설 등 자신이 의회를 통해 시도한 온갖 민권 법안을 통과시켰음에도 "거의 2900만 명이 여전히 빈곤에 허덕이고 있으며" 미국 도시가 악화일로라고 밝혔다. 그는 주택도

시개발법 제안을 통해 야심 찬 입법 프로그램을 마련했다. 그러면서 이 법안을 "미국 도시에 대한 새로운 희망 헌장"이라고 규정하며, 도시 위기에 맞서 싸우는 지속적 전쟁의 새로운 방향을 제시했다.[2]

1968년 늦여름, 이 새로운 방향은 10년 내에 저소득층 주택 600만 호를 포함해 주택 2600만 호를 건설 및 재건축하는 법안을 승인하도록 의회에 촉구하는 주택도시개발법이 통과되면서 절정에 달했다. 또한 이 새로운 방향에 따라 저소득층 및 빈곤층이 주택 소유자가 될 수 있는 길을 터주는 프로그램도 승인되었다. 이 법은 그러한 역사적 목표를 달성하기 위해 은행가, 부동산 중개인, 주택 건설업자에게 급증하는 도시 위기를 막는 데 필요한 발 빠른 노력에 대대적으로 뛰어들라고 촉구했다. 존슨과 다른 민주당 정치인들은 정부가 해낼 수 있는 일에는 한계가 있다고 선언하면서, 지금껏 정부가 할 수 없었던 것을 성취하기 위해 존슨 자신이 표현한 이른바 "민간 기업의 지략(genius)"을 요청했다. 모두를 위한 적합하고 제대로 된 주택, 이 지속적인 수요를 충족하려는 민간 기업과 정부 기관 간 파트너십은 어떤 면에서 언제나 미국 주택 정책의 중심에 자리했던 공공-민간 파트너십을 계승한 것이었다.[3] 이와 같은 존슨 행정부의 유산은 큰 정부가 주도하는 프로그램 중 하나다. '빈곤과의 전쟁' 및 '위대한 사회'는 "큰 정부 자유주의(big government liberalism)"의 전형으로 간주되었다. 존슨의 주택 정책 수립에 필수적인 이 같은 공공-민간 파트너십은 "큰 정부의 시대"로서 '위대한 사회'의 역사와 그에 대한 세상의 통념을 복잡하게 만든다.[4]

존슨의 복지 국가는 보수주의 정치인은 반대하도록, 민주당은 도망가도록 내몬 빌미가 되었지만, 민간 산업은 '위대한 사회'를 구축하는 데 핵심이었다.[5] 대규모 자원 투입과 개발이 요청되는 분야에 지속적으로 투자하면서 사업 성공에 이로운 여건을 조성하려면 국가 권력이 필요했다. 이는 은행과 보험 업계가 도심을 너무 '위험'하다고 치부함으로써 빈곤층 및 노동 계급 주택의 개발이 정체된 전국 여러 도시에 특히 더 해당되었다. 보조금, 세금 감면, 정부 보증은 이러한 기관들이 방향을 전환하고 도시 위기를 막을 수 있는 분위기를 마련해주었다. 이 같은 방식으로 기업이 국가 권력을 지렛대 삼아 주택 등 새로운 사업에 뛰어들 수 있는 길이 열렸지만, 질 좋은 저렴한 주택의 부족은 정부 힘만으로 해결하기엔 너무 벅차다고 표현될 법한 고질적인 문제였다. 이 장에서는 기업이 어떻게 존슨의 주택 의제에 영향을 끼쳤는지, 특히 주택 소유가 어떻게 그 시대의 가장 중요한 주택 법안에서 핵심 위치로 떠올랐는지 살펴보려 한다.

' 공 익 파 트 너 십 '

1960년 민주당 전당 대회 보고서는 "우리 도시를 재건하고 교외 지역의 폭발적인 성장에 대처해야 하는" 과제에 대해 언급했다.[6] 1960~1966년 도시에 거주하는 백인 인구는 90만 명 감소한 반면, 교외 지역에서 살아가는 백인 인구는 1000만 명 증가했다. 전국주택차별반대위원회의 보고서는 1967년 미국인의 3분의 2가 대도시 지역에 거주하고 있다고 밝혔다. 이 가운데 백인의 57퍼센트는 교외 지역에 거주했고, 비백인의 75퍼센트는 "대도시 중심 지역"에서 살아갔다.[7]

미국 도시가 곤경에 허덕이고 도시 빈곤의 가시성이 높아지자 기업의 수익률 상승이 국가 전체의 안녕을 결정할 수 있다는 가정에 의문이 일었다. 특히 아프리카계 미국인에게 도시 상황은 미국이 풍요롭다는 전반적인 주장과 대조를 이루었다. 아프리카계 미국인은 전후 1960년 대 내내 미국 도시로 이주해왔고 민주당 선거 연합의 핵심 구성원으로 떠올랐는데, 이는 그들이 고향이라고 부르는 장소의 여건이 정치화했다 는 것을 뜻했다. 존슨이 추진한 '빈곤과의 전쟁' 및 '위대한 사회' 프로 그램은 일면 '도시 위기'의 심화와 그것이 빚어낼지도 모를 정치적 위 험에 대한 반응이었다.

존슨은 결국 이 위기를 본격적으로 다루었다는 점에서 유명세를 탔 지만, 그 위기를 처음 인식한 인물은 아니었다. 1960년 존 케네디는 리 처드 닉슨과 대통령 선거를 치르기 불과 몇 주 전, 도시 문제를 다룬 한 회의에서 작성된 보고서에 지지를 표명했다. 그 보고서는 표준 이하 주택과 슬럼 주택, 자원이 부족한 학교, 불충분한 교통수단, '소수 인종 집단'에 대한 차별 대우 등 도시 위기로 널리 알려진 문제를 포괄적으 로 다루었다. 그리고 주로 미국 도시의 열악한 주거 환경에 초점을 맞 추었다. 그 보고서는 농장보다 빈민가에서 살아가는 미국인이 더 많다 고, 미국인 4000만 명이 표준 이하 주택에 살아가고 있다고, 500만 명 의 도시 거주민이 화장실 설비가 부족한 주택에서 지내고 있다고 분명 하게 밝혔다. 그에 따르면, "이러한 주택 위기는 미국 도시의 과세 권한 이 제한적이라서 대대적 재건축 프로그램 및 노후화 방지 등 해당 시 차원의 서비스에 자금을 조달할 수 없기 때문에 빚어졌다". 아프리카계 미국인 및 기타 '소수 인종 집단'은 불균형하다 할 만큼 "동료 시민보다 더 열악한 주거 환경"에 허덕였다. 이처럼 "더 열악한 주거 환경"은 "과 도한 가격 책정, 과밀화, 부당 이득 취득" 같은 결과를 낳았으며, 이러 한 관행은 소수 인종이 부득이 거주하지 않을 수 없는 동네의 쇠퇴를 부채질했다."[8]

1972년 상무부와 국가계획협회(National Planning Association)는 1970년 대 내내 도시 재건에 매년 1910억 달러가 들 거라고 추산했다.[9] 백인 이 부단히 도시를 이탈한 결과, 미국 도시의 상태를 되돌리기 위한 비용 충당에 쓰일 과세 기반이 줄어들었다. 상황은 1960년대 중반 막대한 비용을 잡아먹는 베트남 전쟁과 국내 프로그램들이 연방 정부 예산을 확보하려고 서로 치열하게 다투면서 한층 꼬이기 시작했다.[10] 이러한 재정적 긴장으로 전례 없는 파트너십을 도모할 수 있는 토대가 마련되었다. 저소득층에 주택을 공급하기 위한 기업과 국가 간 협력이 새로운 결과 중 하나였다. 미국의 주택 정책을 근본적으로 재편하게 된 것이 다름 아닌 이 새로운 파트너십이었다.

지난 30년 동안 연방 정책은 교외 지역의 투자 및 개발에 특혜를 줌으로써 미국 도시를 위험에 빠뜨린 것으로 악명 높았다. 실제로 민간 기업은 저소득층 및 빈곤층의 주택 수요를 줄곧 무시해왔으며, 기업 리더들이 자기네 산업과 경쟁할 소지가 있다고 믿은 정책에 맞서 격렬한 투쟁을 이끌었다. 그러나 도시 폭동으로 인해 미국 도시 중심부가 초토화될 위기에 몰리자, 도시 재건은 연방 정부의 전폭적 지원을 받아 주택 산업의 새로운 개척지로 떠올랐다.

일부 사람들이 보기에 이전에는 시종 무시당해온 동네와 공동체에서의 주택 소유 장려 및 신용 접근성 개선은 사회 통제를 위한 새로운 수단으로서 호소력을 띠었다. 지푸라기라도 잡고 싶은 심정이던 연방 및 지방 정부 공무원들은 투자와 주류 사회로의 포용을 확대하면 반란과 재산 파괴의 물결을 잠재울 수 있을 거라고 믿었다. 펜실베이니아 대학 와튼 경영대학원의 산업학과장 허버트 노스럽(Herbert Northrup)이 어느 인터뷰에서 말했다. "일자리는 기적을 낳습니다. 우선, 아시잖아요, 그들도 우리처럼 저당잡힌 주택과 저당잡힌 자동차를 보유하게 됩니다. 시스템의 일부가 되는 거죠. 그러니 납부금을 치르기 위해 다른 모든 이들과 마찬가지로 자기 일자리를 끝까지 지켜야 합니다."[11]

다른 개혁가들, 특히 사업가들에게는 과거에 무시당하던 도시 시장이 특정 조건에 따라 새로운 투자 기회를 제공하는 오아시스였다. 관대한 보조금과 정부의 보증은 역사상 최초로 흑인 도시 공동체가 민간 투자 및 전통적 조건에 따른 광범위한 신용 확대를 누리도록 해주었다. 존슨 대통령은 기업 총수들과 만난 자리에서, **새로운** 기업과 정부 간 파트너십에 대한 자신의 견해를 이렇게 밝혔다.

> 우리 자유 사회의 진보와 안정성은 공공 활동과 민간 활동 간의 조화롭고 창의적인 파트너십, 그리고 공공 기관과 민간 기관 간의 건설적인 협력에 단단히 뿌리를 내리고 있습니다. ……미국 기업은 도시화 문제를 해결하는 데 상당한 이해관계를 가지고 있습니다. ……과거 우리 도시는 정부와 민간 기업 간의 파트너십을 토대로 건설되었습니다. ……이 파트너십은 최근 〈포천〉이 표현한 이른바 "새로운 상호 의존"으로서, 광범위한 상호 관심 분야를 기반으로 합니다. 이와 같은 상호 의존이 모든 미국인에게 지속적으로 이익을 안겨주려면 그 영역이 더욱 넓고 깊어져야 합니다.[12]

존슨의 특별보좌관 조지프 캘리파노(Joseph Califano)는 "큰 정부"와 연방 정부 과잉을 조장했다는 이유로 존슨 대통령을 비난하는 행위는 "그를—찍어내기 바쁘게 돈을 소비하면서 미국 학교, 도시, 개별 시민 삶에서의 변화 과정을 쥐락펴락하느라 혈안이 된—권모술수에 능한 슈거 대디[sugar daddy: (보통 성관계 대가로 자기보다 훨씬 젊은 여자에게 많은 선물과 돈을 안겨주는) 부유한 중년 남자―옮긴이〕로 오도하는 것"이라고 주장했다.[13] 1965년 〈워싱턴 포스트〉에 실린 기사는 "자유주의적이고 개혁적이며 재정 지출 규모가 큰 민주당 대통령이 어떻게 …… 테디 루스벨트[Teddy Roosevelt: 제26대 공화당 출신 대통령으로 1901~1909년 재직한 시어도어 루스벨트(Theodore Roosevelt) 대통령. 곰 인형을 뜻하는 Teddy는 그의 애칭―옮긴이〕보다 더 많은 보수주의적 지지자를 거느릴 수 있는지" 물었다.[14] 물론 그 질문에 대한 첫 번째 대답은 배리 골드워터(Barry Goldwater)의 보수주의 겸 광신주의가 기업을 존슨의 품으로 끌어들였다는 것이었다. 그러나 그것은 "존슨이 국가 분위기를 민간 기업에 더없이 우호적인 상태로 유지했기 때문"이기도 했다. "그는 기업이나 사업가를 나무라지 않았다. 이윤은 더 이상 고약한 단어가 아니다." 두 번째 설명이 더 중요했다. "린든 존슨은 기업 공동체에 이어지는 다리를 놓았으며, 기업은 행정부와 그 행정부가 과거라면 비정통적인 데다 용납 불가라고 여겼을 경제 정책들에 이어지는 다리를 놓았다."[15]

캘리파노가 설명했다시피, '위대한 사회'는 "우리 사회에서 진정으로 중요한 파트너십, 즉 민간 부문과 정부 간의 동맹"이었다.[16] 기업과 정부 사이의 파트너십은 새로운 게 아니었다. 즉, 시간이 흐름에 따라 둘 사이의 공생은 미국인의 삶에서 당연한 부분으로 받아들여졌다. 그러나 존슨 행정부 시절 캘리파노는 이러한 협업을 "민간 부문이 공적 문제 및 사회적 문제에 깊숙이 관여하면서" 탄생한 "창조적 혁명"이라고 표현했다. 1960년대 후반, 미국은 "국가의 입법 및 행정 프로그램에 영향을 미치는 과정에 민간 부문"이 참여하는 "공익 파트너십"의 시대로 접어들었다. 이러한 파트너십이 효과를 거둘 수 있었던 까닭은 "정부가 자국민에게 져야 하는 가장 기본적인 책무, 즉 사회의 생존을 이행해야 하는 긴급한 필요성과 주주의 이익이 일치했기 때문이다".[17]

이 같은 정부와의 파트너십은 비단 사업에만 도움이 되었던 게 아니다. 일부 업계 리더에게 이것은 1960년대 내내 혹독한 공격에 시달리던 미국 경제계의 이미지를 되살릴 수 있는 새로운 기회를 부여했다. 맥그로힐(McGraw-Hill: 교육 관련 콘텐츠·소프트웨어·서비스를 제공하는 미국 출판 기업—옮긴이)은 1968년 기업 리더들에게 도시 위기에 관한 특별 보고서를 발송할 때, 도시 시장 개발이 낳을 결과와 그 잠재적 이점을 이렇게 설명했다.

미국 슬럼가 거주자의 분노와 좌절에 주목한 폭동이 발생하면서 기업은 선택의 기로에 섰습니다. 그들의 분노를 그냥 내버려둘 것인가, 아니면 지금 당장 행동에 나서 그것을 해소할 것인가. 이성적인 사람에게 이는 선택의 여지가 없는 질문입니다. ……만약 당신이 이 위기를 모른 체한다면, 슬럼가는 당신의 이익을 점점 더 줄어들도록 내몰 수 있습니다. 슬럼가는 감당할 수 있는 도시가 거의 없을 사치이며, 그에 따른 비용 상당 부분은 세금과 기업이 충당해야 합니다. 치안 유지와 화재 보험까지 고려하면 비용은 크게 불어납니다. ……만약 당신이 그 위기를 무시한다면 잠재적인 거대 시장을 간과하는 꼴일지도 모릅니다. 도시는 지금껏 언제나 사업가에게 사회적·경제적 필수 요소였습니다. 오늘날의 병든 도시를 치료할 수 있다면, 즉 게토 거주민에게 더 나은 주택과 교육 그리고 무엇보다 더 나은 일자리를 제공할 수 있다면, 기업에는 새롭고 수익성 있는 시장이 열릴 겁니다. 심지어 도시를 살리는 과정조차 새로운 비즈니스 기회를 창출합니다.[18]

총, 버터 그리고 사업

존슨이 1966년 국정 연설에서 말했다. "시간은 더 많은 희생을 요구할 수 있으며, 만약 그렇게 된다면 우리는 희생을 감수할 겁니다. 하지만 이 풍요의 나라에서 불행한 자의 희망을 잔혹하게 짓밟으려는 사람들 말에는 귀 기울이지 않을 겁니다. 우리가 베트남에서 싸우는 동안에도 '위대한 사회'를 계속 이어갈 수 있다고 나는 믿습니다."[19] 그해 말까지 미국 정부는 베트남 전쟁에 거의 1조 달러를 쏟아부었다.

전쟁 지출과 국내 지출 사이의 격차는 '총과 버터(guns and butter)' 논쟁으로 널리 알려졌다. 재정 적자는 1966년 (관리 가능한 수준으로 여겨진) 37억 달러였는데, 1967년에는 82억 달러로 갑절 이상 불어났다. 1968년 존슨이 내놓은 예산안은 미국 역사상 최대 규모로 1720억 달러라는 놀라운 액수였다. 도시 반란의 강도가 거세짐에 따라 이에 대응하는 연방 정부의 지출도 덩달아 치솟았다. 복지 지출은 1963~1966년 145억 달러였던 데 반해, 1966~1967년에는 350억 달러로 크게 늘었다. 베트남 전쟁 비용도 빠르게 그 속도를 따라잡으면서 1967~1968년 400억 달러에 이르렀다. 존슨의 참모들은 1968년 말이면 그 수치가 제2차 세계대전 이후 보지 못했던 수준인 720억 달러로 치솟을 수 있다고 우려했다.[20]

예산 우선순위를 둘러싼 경제적·정치적 긴장은 민간 기업이 도시 개발에 경제적으로 참여하는 데 따른 제안을 구체화하는 과정에 영향을 끼쳤다. 민간 부문의 참여가 확대되면 존슨 대통령으로서는 여러 가지 문제를 일거에 해결할 수 있었다. 무엇보다 빈곤 퇴치 법안에 대한 지원을 줄곧 꺼려온 의회를 피해갈 수 있을 터였다. 1966년 치른 중간 선거에서 존슨은 빈곤 퇴치 프로그램, 민권 법안, 역사적인 1964년 감세안 등 자신이 염원한 법안을 가능케 한 의회 연합(congressional coalition)을 잃었다. 역사적인 1964년 민권 법안을 낳은 의회 연합은 아프리카계 미국인의 시민적·경제적 권리를 향한 끈질긴 요구로 촉발된 정치적 반목과 서서히 다가오는 인플레이션에 대한 우려 심화가 더해지면서 끝내 무너지고 말았다.

1966년 선거 후에도 민주당은 의회를 계속 장악했지만, 하원에서 47석, 상원에서 3석을 잃었다. 존슨은 더 이상 동조적인 입법 기관의 거장이 아니었다. 존슨의 선거 연합이 해체되자 '위대한 사회'라는 약속을 이행하기 위해 민간 기업에 손을 내밀어야 할 필요성은 한층 커졌다. 기업 편에서 참여는 더 간단했다. 기업 권력은 미국 내에서 고조되는 불만을 막지 못한다면, 미국식 복지 국가의 지속적 확장에 필요한 증세 가능성에 직면할 터였다. 어느 저술가의 말마따나, 기업은 미국 도시를 재건하려는 노력에 기꺼이 협조할 수 있는데, 만약 그러지 않는다면 "그 어떤 사회적 대안보다 훨씬 더 비정한 방식으로 변화하지 않을 도리 없는 스스로를 발견할 터였다".[21]

베트남 전쟁을 확대함과 동시에 '빈곤과의 전쟁'을 강화해야 하는 존슨의 이중적 과제가 낳은 압박은 그의 지지율 급락에서도 똑똑히 드러났다. 존슨의 '콘크리트 지지자' 수는 25퍼센트에서 16퍼센트로 곤두박질쳤고, 지지율은 50퍼센트를 밑돌았다. 그러잖아도 인플레이션이 심화하면서 역사적으로 낮은 실업률과 고임금에 따른 이득을 상쇄하고 있는 마당이었던지라, 더 많은 세수를 창출하기 위해 소득세를 6퍼센트 인상하자는 그의 주장은 국민들로부터 원성을 샀다.[22] 로버트 케네디(Robert F. Kennedy) 상원의원이 〈라이프(Life)〉와의 인터뷰에서 존슨 대통령이 처한 딜레마를 정확하게 꼬집었다. "베트남 전쟁 탓에 그에 필요한 연방 정부의 자금이 충분치 않습니다. ……따라서 우리는 그것이 민간 부문의 책임이기도 하다는 것을 그들에게 설득해야 합니다. 그들은 빈자를 위한 (무료 복지 물품이 아니라) 존엄성을 창출할 수 있습니다."[23] 파괴적 폭동이 정기적인 현상으로 자리 잡자 연방 정부는 더 많은 일을 해야 한다는 엄청난 압박에 시달렸다. 많은 사람 눈에 연방 정부는 충분한 일을 하고 있지 않을뿐더러 더 많은 일을 할 능력도 없는 것처럼 보였으므로, 기업에 의존하는 조치는 불가피한 듯했다.

시위가 부단히 이어지는 상황이 말해주듯 아프리카계 미국인 역시 정부 성과에 실망감을 드러냈다. (일부 사람으로서는) 도시 위기의 확실한 해결책을 모색하기 위해 정부가 기업에 의존하는 상황 역시 실망스러운 대목이었다. 케네스 클라크(Kenneth Clark)가 커너 위원회에 참석해 증언했다. "기업과 산업은 우리의 마지막 희망입니다. 그들은 우리 사회에서 가장 유력한 요소입니다. 정부·교육·종교·노동 등 우리 사회의 나머지 분야는 지금껏 니그로 문제를 다루는 데 실패해왔습니다."[24] 일부 흑인 투사조차 도심에 대한 민간 부문의 투자를 환영했다. 디트로이트에서 흑인 운동가 프랭크 디토(Frank Ditto)는 백인 기업 리더와 지역 활동가들이 모여 기업이 도시를 위해 무슨 일을 할 수 있는지 논의하는 자리를 주선했다. 그는 기업가들에게 "이 일은 여러분이 하지 않는다면 결코 이루어지지 않을 것"이라고 단언했다.[25]

미국의 도시 재건에서 기업이 모종의 역할을 맡는 데 대해 모두 환영의 뜻을 표시한 건 아니었다. 로버트 앨런(Robert Allen)은 그의 주요 저서 《자본주의 미국에서의 흑인 각성 운동(Black Awakening in Capitalist America)》에서, "기업 제국주의"를 빈민가에서 흑인 급진주의가 싹트지 못하도록 막는 수단이라고 비난했다. 학계 활동가 프랜시스 폭스 피븐(Frances Fox Piven)과 리처드 클로워드(Richard Cloward)는 기업의 영향력이 도시 재건과 관련해 민주주의의 토대를 허물 거라고 경고했다. 그들은 이런 주장을 펼쳤다. "하필 흑인이 도시를 막 장악하려는 때, 새로운 기업의 역할은 시 정부의 권력을 약화하는 데 기여할 것이다. ……이러한 새로운 행정 복합체는 대중의 통제에서 크게 벗어날 것이므로 게토 거주 흑인은 그 복합체를 통제하려는 희망을 품을 수 없다."[26]

1960년대 전반에 걸쳐 기업 역할을 향한 관심이 커짐에 따라, 자본주의 비판은 경제 체제가 도처에 존재하는 인간 욕구의 충족과 양립할 수 없다는 좀더 일반적인 결론에 도달했다. 이 같은 비판은 발전하는 학생 운동과 새롭게 부상하는 '뉴레프트(New Left)'에도 서서히 스며들었다. 이러한 인식은 흑인 도시 반란에 의해 형성되었을 뿐 아니라, 베트남에서의 확전 및 "전쟁이란 북베트남 정글에 폭격을 퍼부은 군용기와 네이팜탄을 제조한 기업들을 위한 군사적 계약을 의미하는 데다 미국 기관들을 보호하는 데 헌신하는 자본주의 성전이다"라는 생각에 영향받은 결과였다.[27] 뉴레프트 운동가 스토턴 린드(Staughton Lynd)는 "우리는 기업을 포위 공격할 방안을 모색해야 한다"고 썼다.[28] 한편 1973년 오클라호마 기독교대학(Oklahoma Christian University)이 수행한 연구에 따르면, 기업인은 윤리적 기준에서 최하위를 차지했다. 생명보험사의 전직 임원 헨리 나일스(Henry Niles)는 "많은 젊은이가 혼란에 빠져 있으며 경제 및 정치 체제에 대해 신뢰를 잃었다"고 불평했다.[29]

이런 악화하는 환멸을 가장 극명하게 드러낸 것은 1960년대 말과 1970년대에 캘리포니아주 남부의 뱅크 오브 아메리카 지점과 뉴욕의 체이스 맨해튼 뱅크를 비롯한 여러 은행이 폭탄 테러와 방화 피해를 입은 사건이었다. 15개월 동안 뱅크 오브 아메리카 지점 35개가 폭파를 당하거나 불탔다.[30] 캘리포니아주 남부의 이슬라비스타(Isla Vista) 마을에서 은행 폭탄 테러가 발생한 후, 뱅크 오브 아메리카는 미래의 아프리카계 미국인 주택 매수자가 이용할 수 있는 모기지 대출을 제공하기 위해 자금 1억 달러를 조성했다고 주장했다.[31] 로버트 트루엑스(Robert Truex) 은행장은 "우리가 기득권의 일부임을 부인하진 않는다"고 인정하면서도 "하지만 우리가 추구하는 바에 대한 잘못된 관념은 불식시켜야 한다"고 덧붙였다.[32]

1960년대 중반, 기업은 불매 운동과 시위의 단골 표적으로 떠올랐다.[33] 필라델피아에서 리언 설리번(Leon Sullivan)은 흑인이 주요 고객임에도 흑인의 고용과 승진을 거부한 기업을 처벌하기 위해 '선별적 후원(selective patronage)'을 조직했다.[34] 시카고에서는 민권 단체가 '브레드바스켓 작전(Operation Breadbasket)'을 창설하고 아프리카계 미국인을 고용하라며 기업을 압박했다.[35] 남부에 인종차별적 지점을 둔 북부 기업들은 불매 운동, 피켓 시위 등 여러 형태의 저항에 직면했다. 도시가 화염에 휩싸였을 때, 해당 지역 사회에서 평판 나쁜 기업들은 약탈의 표적으로 떠오르거나 더 험한 일을 당하기도 했다. 이러한 사건이 휩쓸고 간 뒤, 기업 리더들은 도심에서 새로운 주택을 건설하거나 직업 훈련 프로그램을 실시함으로써 기업에 대한 인식이 달라지길 바랐다. 한 은행가가 말했다. "기업은 방어적 자세에서 적극적 태세로 전환하고 공공 부문과 민간 부문 사이에 그어진 경계선을 반대쪽으로 밀어야 한다. 사회도 기업도 사회적-상업적 기업(socio-commercial enterprise)이라는 교리를 통해 이득을 누릴 것이다."[36]

1968년 미국소매업연맹(American Retail Federation) 회장 찰스 라자루스

(Charles Lazarus)가 전미소매상협회(National Retail Merchants Association) 연설에서 말했다. "오늘날 우리의 수익 시스템은 시험대에 올라 있습니다. 우리는 사회 변화를 향한 외침에 충분히 민감하지 못했습니다. 지금이라도 우리 스스로의 결점을 인식하고 그것을 바로잡기 위해 무언가 해야 합니다."[37] 기업 리더들이 그 상당수가 '사회적-상업적 기업'이라 부르는 분야에 참여하기로 결정한 것은 기업을 사회 변화의 매개로 재구성하려는 목적에서였다.

또한 도심에 대한 투자는 새로운 수익원을 활용함과 동시에 대중의 눈에 비친 기업 이미지를 쇄신할 기회를 제공했다. 아프리카계 미국인은 백인에 비해 상대적으로 빈곤했지만, 그들 다수가 도시로 이주하면서 많은 흑인 가정의 자원이 향상되었다. 도시로의 대대적인 흑인 이주와 그들의 소득 증가는 새로운 시장이 개발될 수 있는 여건을 조성했다. 〈피츠버그 쿠리어(Pittsburgh Courier)〉는 아프리카계 미국인을 240억 달러 규모의 시장으로 묘사하며, "이 시장을 무시할 까닭이 어디 있는가"라고 외쳤다.[38] 물론 이런 사정은 전후의 대부분 기간 동안 해당되었지만, 도시 개발은 1960년대 후반의 도시 반란으로 인해 한층 시급해졌다. 그에 따라 많은 기업은 아프리카계 미국인을 소비 공동체에 참여시키면 대중의 인식은 물론이거니와 그들 자신의 대차대조표도 개선할 수 있다는 사실을 깨달았다. 도시 시장으로의 전환에 대해 일부 사업가가 나머지 사업가들을 위해 작성한 어느 팸플릿은 이렇게 밝혔다. "도시 주택 수요가 엄청나다는 것은 깜짝 놀랄 만한 일이다. 기업에 이같은 규모의 수요는 거대 시장을 의미한다. 그러나 우리는 모종의 수익 창출 방법을 찾아내야만 비로소 그 시장에 뛰어들 수 있다."[39] 폭동으로 인해 기업은 1950년대보다 더 부지런히 그 방법을 모색하지 않을 수 없었다.

도시연합

1968년 주택도시개발부 차관 로버트 우드(Robert Wood)는 연설을 통해 미국 도시의 소생에 쓰이는 새로운 파트너십에 대한 존슨의 비전을 직접 기업 리더들에게 들려주었다. 우드가 말했다. "민간 기업이 도시 재개발과 신규 도시 건설 추진의 실질적 주체가 되어야 합니다. ……기업은 우리 도시 시스템의 안정성과 그것의 질서 정연한 성장에 중요한 이해관계를 지닙니다. ……기업 자체의 성장과 기업의 이익을 좌우하는 이러한 기본 조건을 보존하기 위해 우리 도시의 재건을 지원하는 일이야말로 재계의 장기적 이익에 부합합니다."[40] 미국에서 가장 성공한 기업 상당수가 도시 문제에 더 적극적으로 참여해야 한다는 요청을 받아들였고, 마침내 도시연합(Urban Coalition)을 결성했다. 1966년 겨울, 즉 "여름 폭동들 사이에 낀 비수기"[41]에 설립된 도시연합은 1967년 여름이 지난 후 워싱턴에서 비상 집회를 열었고, 그 자리에서 1200명 넘는 기업인, 지역 공무원, 노동계 지도자, 빈곤 퇴치 단체장, 비영리 단체, 소수의 아프리카계 미국인 민권운동가와 함께 도시 문제를 논의했다.[42] 미디어 대기업 타임사(Time Inc.) 회장과 아프리카계 미국인 노동조합 지도자 필립 랜돌프(A. Philip Randolph)가 도시연합의 공동 의장을 맡았다. 거기에는 그 밖에도 방위 산업 대기업 리튼 인더스트리(Litton Industries)의 최고경영자, 체이스 맨해튼 은행의 회장 데이비드 록펠러(David Rockefeller), 포드 자동차의 회장 헨리 포드 2세(Henry Ford II), 알루미늄 컴퍼니 오브 아메리카(Aluminum Company of America)의 회장 등 미국에서 가장 영향력 있는 기업을 대표하는 인물이 대거 포진해 있었다. 도시연합의 임무는 다음과 같이 명확했다. "도시 위기는 공공 부문과 민간 부문 양자가 새로운 차원의 노력에 뛰어들 것을, 그들이 도시에 일자리·주택·교육 및 기타 필요를 제공하기 위해 함께 협력할 것을 요구한다. 우리는 미국의 민간 부문이 투자, 직업 훈련 및 고용 그리고 자유 기업 체제의 온전한 향유 및 그 생존에 요구되는 온갖 것에 대한 헌신을 통해 도시 위기에 적극적으로 개입해야 한다고 믿는다."[43]

도시연합은 전국 주요 도시에 위원회를 설립했다. 이 단체가 추진한 사업 중 주목할 부분은 도심에 거주하는 '만성적 실업자'를 위해 최소 100만 개의 일자리를 제공하는 '대대적인 긴급 일자리 프로그램'이었다. 도시연합은 저소득층 주택을 매년 100만 채 이상 건설하겠다고 약속하기도 했다. 하지만 민간 기업의 역할에 대한 공적 논의 대부분에 영향을 끼친 은근한 도덕적 호소는 정복해야 할 새로운 시장으로서 도시 지역에 대해 좀더 직접적으로 논의하는 일을 어렵게 만들었다. 헨리 포드 2세가 말했다시피, "다급한 인간적 욕구를 다루는 지점에서 비용과 이윤을 따지는 게 꼴사납다고 느끼는 이도 있겠지만, 이윤 동기는 강력한 힘이다".[44] 〈라이프〉가 지적했듯이, "미국의 여러 도시에 500만 채의 표준 이하 주택을 거느린 슬럼가 재건은 잠재적으로 500억 달러에 달하는 시장을 창출할 수 있다".[45] 민간 기업과 도시 위기를 다룬 어느 회의에서 주최자들은 "오늘날 미국에서 가장 큰 미개발 시장이 도시에 존재한다는 것은 여전히 사실이다. 그것은 엄청난 규모의 경제적 기회다"라고 밝혔다.[46] 전직 국세청 청장은 미국 도시에 투자하는 과정을 다국적 기업이 개발도상국에 투자하는 방식과 비교했으며, 기업과 도심이 식민지적 관계에 놓여 있음을 다시 한번 인정했다. "정부가 기업가에게 서유럽 선진국보다 저개발 국가에 투자하도록 유인을 제공한다는 것을 잊지 말자. 사실 …… 정부는 특정 장소에 정유 공장을 유치하고자 한다면 사업가가 그 공장을 짓도록 하려고 훨씬 더 많은 인센티브를 제공한다. ……우리의 도시 빈민가에 투자를 유도하는 프로그램은 본질적으로 민간 자본이 자국의 저개발 지역으로 쏠리도록 장려하는 문제 아니겠는가?"[47] 도시 위기에 대응하기 위한 새로운 파트너십의 성패는 정부가 리스크를 제거함으로써 수익성을 담보할 수 있느냐 여부에 달려 있다. 아니면 주택도시개발부 임원의 말마따나, "솔직히 우리는 빈민가에 기업을 유치하기 위해 그들에게 뇌물을 찔러줘야 한다".[48] 자본가들은 경제 시스템의 핵심 특징인 '리스크'에 대해 논의하길 좋아했지만, 도시 개혁 사업에서만큼은 리스크 없이 거기에 투자한 데서 비롯된 이익만을 원했다.

도시문제공동위원회

1967년 여름의 위기가 닥치기 전부터 그것이 도래하리라는 건 진즉부터 예견되었다. 긴 여름을 예상한 미국 전역의 300여 개 보험사 대표들은 1966년 11월 컬럼비아 대학에서 회의를 열고, 미국 도시의 위기를 해결하기 위해 무슨 일을 할 수 있을지 논의하기 시작했다. 회의에 참석한 "생명보험업계의 지도자와 학계 및 사회학 분야의 지도자들"은 머리를 맞대고 "가중되는 도시 생활의 어려움, 도시 문제, 그리고 그것이 사회에서 살아가는 개인에게 미치는 영향"에 대해 고민했다.[49]

이러한 사안을 진지하게 고려하는 노력은 그저 지적 운동에 그치는 게 아니라 자기 보존(self-preservation)으로 받아들여졌다. 어느 임원의 말마따나, "이는 기업의 공연한 참견이 아니다. 기업이 대중의 동의를 얻으면서 계속 운영될 수 있는 사회 환경을 조성하기 위한 장기적 시도다".[50] 실제로 그 회의의 목적은 여러 도시에서 민간 부문이 주도하고 지휘할 수 있는 주택 재건 프로젝트의 방향을 정하는 한편, 추가적인 정부 프로그램이나 기관이 슬그머니 도시 문제에 개입할 가능성을 미연에 방지하는 것이었다. 에쿼터블 생명보험(Equitable Life Insurance)의 이사회 의장 제임스 오츠(James Oates)는 '사회적-상업적 기업'이라는 개념 틀을 빌려와서, 보험업계가 아프리카계 미국인을 위한 도시 투자에 대해 오랫동안 품어온 혐오를 돌려놓아야 할 이유와 그럴 수 있는 방안에 관해 설명했다. 그는 "생명보험 회사의 투자 기준에는 투자의 안전성과 건전성뿐 아니라 공익을 위한 서비스도 포함되어야 한다"고 밝혔다.[51] 컬럼비아 대학에서 진행된 회의에서 미국 생명보험 보유 자산의 92퍼센트를 차지하는 2개의 최대 보험 협회, 즉 아메리칸 라이프 컨벤션(American Life Convention)과 미국생명보험협회는 도시문제공동위원회(JCUP)를 결성했다.

푸르덴셜 보험(Prudential Insurance)과 메트로폴리탄 생명보험회사[메트라이프(MetLife)]가 최대 규모의 참가 기업이었지만, 미국 전역의 349개 생명보험 회사도 "우리 도시가 마주한 골치 아픈 문제의 해결책을 모색하는 데 더 많은 역할을 맡겠다"는 데 동의했다.[52] 1967년 9월 13일, 미국 최대 생명보험 회사 메트라이프의 사장으로 도시문제공동위원회 신임 회장에 선출된 길버트 피츠휴(Gilbert Pitzhugh)는 "도시 투자 프로그램"의 설립을 알리면서, 수백 개의 보험 회사로부터 "주거 환경을 개선하고 일자리 창출 기업에 자금을 지원하기 위해 도심 지역에 투자할 수 있도록" 총 10억 달러를 조성하겠다는 약속을 얻어냈다고 발표했다.[53]

보험 회사들은 그들의 평소 투자액 가운데 10억 달러를 미국 도시의 이 새롭고 사회적으로 동기화된 벤처에 쏟아붓겠다고 합의했다. 푸르덴셜 보험과 메트라이프는 저소득층 주택을 건설하고 도심 일자리를 창출하기 위해 각각 2억 달러에 달하는 가장 크고 중요한 약속을 내놓았다.

존슨 대통령은 이 시의적절한 개입에 크게 반색했다. 그 자금이 다 죽어가는 '임대료 보조(rent supplement)' 프로그램을 단박에 살려놓을 수 있었기 때문이다. 도시문제공동위원회는 수개월간 이어진 주택도시개발부 및 존슨과의 회의 끝에, 이미 연방주택청의 판매 승인을 받았지만 어떤 민간 투자자도 자금을 대지 않으려 한 여러 임대료 보조 건물에 자금을 지원하기로 합의했다.[54] 존슨은 보험 회사 임원들에게 "국가에 역사적 기여"를 한 데 대해 감사하며, 그들의 새로운 시도를 진심을 다해 치하했다.[55] 그러나 그 프로그램의 포괄 범위는 임대료 보조 건물에 투자하는 것보다 한층 더 넓었다. 그 도시 투자 프로그램에는 여러 가지 분명한 특징이 있었다. 프로그램은 정부의 추가 프로그램이나 관료주의와 명확히 분리되는 선을 그을 예정이었다. 도시문제공동위원회는 자체 정보 처리 기관을 두어 융자 문의와 제안을 독립적으로 심사하고, 각 기업은 자체적으로 어떤 프로젝트에 자금을 지원할지 결정할 참이었다. 중앙 집중형 자금 풀(pool)도, 자금 배분을 위한 중앙의 의사결정 기관도 없었다. 이런 식으로 각 기업은 저만의 자율성을 유지하면서 어떤 것이 자신에게 최대 이익을 안겨주는지에 따라 사업 결정을 내렸다.[56]

어떤 프로젝트에 자금을 지원할지 결정할 때는 장소도 중요했다. 융자는 보통 때 같으면 생명보험 투자가 이루어지지 않았을 '황폐한 또는 거의 황폐한' 지역에서만 이용할 수 있었다. 연방 정부는 비영리 단체 및 기타 개발업체를 위해 가격을 낮게 유지하고자 시장보다 낮은 3퍼센트 금리로 융자를 받도록 해주는 프로그램을 수년간 운영해왔는데, 보험 회사들은 그 금리로는 융자를 이용할 수 없다고 분명히 못 박기도 했다. 보험 회사들은 개발자가 아니라 대출 기관이었으므로 금리가 높을수록 수익이 더 좋았다. 도시문제공동위원회는 1967년 연방주택청의 금리인 6퍼센트 이상으로는 금리를 올리지 않겠다고 약속했다. (그 기관의 주장에 따르면) 이런 신규 지역들에서의 대출엔 리스크가 내포되어 있으므로, 그 기관은 이를 할인율로 간주했다. 그러나 이 새로운 질서에서 핵심은 앞으로 이루어질 모든 다가구 주택 및 단독 주택 모기지 대출에 대해 연방주택청이 보증을 제공한다는 것이었다.[57]

단독 주택에 대한 모기지 보험을 도심에 도입한다는 것은 1930년대부터 연방주택청이 장려해온 연방 정부의 '레드라이닝' 관행이 종식되기 시작했다는 의미였다. 가장 아이러니한 것은 좀더 일반적으로 흑인 공동체에 대한 융자와 모지기 자금 흐름을 제한하는 데서 핵심 역할을 했던 생명보험 회사가 이제 바로 그와 동일한 공동체와 동네에 경제적으로 개입하는 이 역사적 프로그램을 추진하고 있다는 점이었다. 생명보험 회사가 도시 투자 프로그램을 홍보하기 위해 발행한 소책자는 이러한 주택 정책의 전환을 다음과 같이 설명했다. "생명보험 회사가 도시에 투자하기 전까지, 대부분의 금융 기관은 도심 지역을 투자하기에 무척 위험하다고 생각했다. ······20년 동안 더 나은 지역과 교외 지역에서만 모기지를 승인해온 연방주택청이 자신들의 접근 방식을 수정했다. 이제는 도심에 거주하는 많은 사람도 생명보험 회사에서 주택 융자를 할 때 연방주택청이 보증하는 모기지 대출을 받을 수 있게 되었다. ······그리고 사회 발전이 시작되었다."[58] 도시문제공동위원회 대변인 케네스 라이트(Kenneth M. Wright)는 초기의 보험업계 대출 관행이 도시 거주민의 인종이 아니라 장소에 영향을 받았다고 주장했다. 커너 위원회에 참석한 그가 설명했다. "저는 이것을 필연적인 금융 생활의 현실로 받아들입니다. 그에 따르면 빈민가 지역이나 그 주변에서 이루어지는 많은 투자는 이런저런 심각한 위험에 노출될 수 있을 겁니다."[59] 금융 및 은행 업계 전반에 깔린 정서를 반영하듯 그는 "도심 지역" 또는 "게토"를 "이 같은 위험이 높으므로 보통 때 같으면 거들떠보지도 않는 지역"이라고 말했다. "마찬가지로 장소 문제와 관련해, 저는 여러분께서 민간 투자자는 일반적으로 부동산 가치가 하락하고 있는 데다 여차저차한 이유로 내리막길을 걷고 이례적 위험들에 노출되어 유지 관리가 제대로 되고 있지 않은 지역은 기피한다는 걸 알게 될 거라고 생각합니다."[60] 오래되고 낙후한 도시 지역의 가치 하락에 대한 우려가 불거질 수 있으리라는 것은 의심할 여지가 없었다. 하지만 인종을 추가적 결격 요인으로 바라보지 않게 되면서 빈곤과 장소가 흑인 거주민을 주변화하는 요인이라는 인식이 강화되었다.

커너 위원회가 활동하는 동안 라이트는 보험업계의 인종차별적 관행을 인종차별과 무관하며(colorblind) 분별력 있는 사업적 결정으로서 재조명하려 했다. 1960년대 중반에 시카고 연방주택청의 어니스트 스티븐스(Ernest Stevens) 청장은 "지금껏 레드라이닝이 적용된 지역은 없었다. 시카고에서 제지당한 지역은 없었다"고 말하기까지 했다. 대신 그는 "우리가 보증하는 모기지 대출 제공 프로그램을 확대하기 시작한" 게 다름 아니라 생명보험 회사의 사업 감각 덕이었다고 인정하며 이렇게 덧붙였다. "이것이 바로 그 지역에서 연방주택청의 모기지가 확대된 계기였다."[61]

차별의 역사

하지만 메트라이프는 쉽게 잊히지 않을 역사를 보유하고 있었다. 도시 문제공동위원회 참여 기업 가운데 최대 규모인 메트라이프는 흑인 임차인과 주택 매수자에게 적대감을 드러낸 결과 20년 넘게 피켓 시위, 불매 운동, 소송의 대상이 되어왔다. 도시문제공동위원회의 도시 투자 프로그램은 메트라이프가 도시 개발에 뛰어든 최초의 시도가 아니었다. 메트라이프는 이미 1943년에 "미국 최대 규모의 도시 재개발 주택 프로젝트"인 스티버선트 타운(Stuyvesant Town)을 조성하기 위해 뉴욕시와 계약을 체결한 적이 있다.[62] 스티버선트 타운 조성은 전형적인 공공-민간 벤처였다. 뉴욕시는 빈민가 정비를 구실 삼아 건물을 철거했으며, 결국 메트라이프는 뉴욕시와의 계약에 따라 25년 동안 세금 5300만 달러를 면제받았다. 스티버선트 타운을 건설하는 데 막대한 공공 자원을 투입했음에도 메트라이프는 세입자 배정에 대한 독점적 통제권을 요구했으며, 여기에는 흑인 세입자를 차별할 수 있는 권리도 포함되었다. 메트라이프 사장 프레더릭 에커(Frederick Ecker)는 "니그로와 백인은 섞일 수 없다"며 이렇게 주장했다. "……만약 우리가 그들을 개발에 끌어들인다면 주변 부동산 가치를 죄다 떨어뜨릴 테니, 그 도시 자체에도 해가 될 것이다."[63]

흑인 인권을 향한 요구가 드높아지는 전후 분위기 속에서 스티버선트 타운은 '정의, 공정 그리고 민주주의'를 쟁취하기 위한 전국적 투쟁의 장으로 떠올랐다. 메트라이프는 흑인 세입자를 차별할 수 있는 권리를 주장하며 대법원까지 투쟁을 이어갔다. 결국 미국 대법원은 이 사건을 심리하지 않았다. 하지만 1947년 뉴욕주 대법원은 메트라이프의 손을 들어주며, 스티버선트 타운은 민간 개발이므로 그 소유주가 원하는 사람에게 임대할 수 있다고 판결했다. 그 판결의 핵심은 "흑인 납세자와 보험 가입자의 달러가 흑인이 거주할 수 없는 주택에 보조금을 지급하는 데 쓰이게 될 것"이라는 점이었다.[64] 스티버선트 타운을 둘러싼 분쟁이 촉발되고 1년이 지난 1944년 메트라이프는 할렘에 리버튼 하우스(Riverton Houses)라는 흑인 전용 주택 단지를 조성하겠다고 발표했다. 전미유색인종지위향상협회가 리버튼 하우스를 '짐 크로(Jim Crow: 미국의 흑인 차별 정책을 일컫는 말. '짐 크로법'은 1876년부터 1965년까지 시행된 미국 주법으로, 과거 남부연맹에 속한 모든 공공 기관은 이에 따라 인종 분리를 합법화했으며, 미국 흑인이 "분리되어 있으되 평등하다"는 지위를 갖도록 했다—옮긴이)' 주택이라며 들고 일어났지만, 메트라이프는 그 단지를 개발하는 과정에서 흑인 세입자가 백인 세입자와 더불어 사는 데 반대했을 뿐 흑인 세입자에게 문제는 없다는 걸 보여주었다. 역사학자 마사 비온디(Martha Biondi)는 스티버선트 타운을 통합시키기 위한 투쟁이 "1950년 전국적으로 공정 주택 캠페인을 펼친 전국주택차별반대위원회의 설립을 비롯해 현대의 공정 주택 운동이 싹트는 데 기여했다"고 평가한다.[65]

인종차별을 둘러싼 메트라이프의 악명은 1950년대에 끝나지 않고 그 이후에도 수년 동안 이어졌다. 1960년대 초 메트라이프는 동부 및 서부 연안에 주택 단지 3만 4170세대를 거느린 미국 최대의 임대 회사였다.[66] 1963년 뉴욕시 전미유색인종지위향상협회의 대학 구성원들은 메트라이프 사장 프레더릭 에커에게 항의 서한을 보내 그 회사가 "뉴욕시의 특정 지역에서 인종 분리된 생활 패턴을 강화하는 데 실질적으로 기여했을 뿐 아니라, 수천 명이 민주적이고 다양한 지역 사회에서 살아갈 수 있는 기회를 박탈한 인종차별적이고 인종 제약적인 정책을 고수해왔다"고 비난했다.[67] 메트라이프는 자사가 흑인 임대인을 차별했다는 사실을 극구 부인하면서, "특히 아파트 개발과 관련해 …… 인종, 종교적 신념 또는 피부색 때문에 선의의 신청자가 그곳 입주를 거부당한 사례는 없다"고 잘라 말했다.[68] 이는 믿기 힘든 말이었다. 뉴욕 브롱크스에 위치한 메트라이프의 파크체스터(Parkchester) 주택 단지에는 3만 8000명의 임차인이 있었지만, 그 가운데 흑인 가족이나 개인은 단 하나도 없었기 때문이다. 합쳐서 1만 1250명의 주민에게 삶터를 제공한 스티버선트 타운과 피터 쿠퍼 빌리지(Peter Cooper Village)에는 입주 흑인 가정이 고작 11가구에 불과했다.[69] 전미유색인종지위향상협회 소속 학생들은 흑인 임차인에게 임대하도록 그 조직을 압박하기 위해 메트라이프 사무실에서 피켓을 들고 시위를 벌일 계획이었다. 마틴 루서 킹 2세가 주도한 워싱턴 행진이 일어나기 몇 주 전, 메트라이프 임원들은 뉴욕에서 전미유색인종지위향상협회 대표들을 만났는데, 주택 투쟁에 대해 모호한 답변만 내놓았다. 메트라이프는 미국에서 가장 다양한 인종이 거주하는 도시 가운데 하나인 뉴욕에서 주택 재개발이 순전히 백인 위주로 진행되고 있음에도 그 어떤 인종차별적 관행도 없다고 강력하게 부인했다. 관계자들은 외려 "메트로폴리탄(메트라이프―옮긴이)은 시대의 흐름을 충분히 인식하고 있으며, 최근 몇 달 동안 [차별 금지] 정책이 제대로 이행되는지 확인하기 위해 운영 실태를 재검토하고 있다"고 단언했다.[70]

1965년 뉴욕의 메트라이프 주택은 흑인 세입자가 거의 없었던지라 계속해서 차별에 대한 불만의 대상으로 떠올랐다. 메트라이프는 시카고의 흑인 모기지 은행가들이 "니그로가 차별 없이 모기지 자금을 이용하도록 하기 위해" 주도한 운동의 표적이었다.[71] 시카고의 선구적인 흑인 모기지 대출 은행가로서 유나이티드 모기지은행가협회(UMBA)라는 흑인 모기지 은행가 단체를 이끈 뎀시 트래비스(Dempsey Travis)는 1963년 처음 메트라이프에 대해 우려를 제기하며, 이 거대 보험사를 상대로 불매운동을 진행하려 했다.[72] 모기지 은행은 전통적인 은행과는 구조가 달랐다. 모기지 은행가는 일반 대중에게 대출해준 후 그것을 재빨리 투자자에게 판매하는 중개자였다. 그들은 그 판매가 완료되기 전에는 대출을 처리하고 대출자에게 수수료를 받고 추심 및 기타 조정 작업을 수행하지만, 일단 대출을 완료하고 나면 그 일에서 완전히 손을 떼고 다음 업무로 넘어갔다.

트래비스는 메트라이프가 아프리카계 미국인으로부터 보험료 형식으로 수천만 달러를 계속 거둬들이면서도 흑인 공동체가 금융 및 모기지 대출을 이용하도록 하는 데 여전히 거의 기여하는 게 없다고 불만을 토해냈다. 트래비스와 유나이티드 모기지은행가협회는 1965년 겨울 메트라이프의 대출 관행을 겨냥한 캠페인에 뛰어들었다.[73] 역시나 흑인을 주택 융자 자금에서 배제하는 것으로 악명 높은 은행, 저축 및 대출 협회가 아니라 보험업계를 표적으로 삼은 까닭에 대해 언론이 질문하자 트래비스는 이렇게 답변했다. "생명보험 회사가 가장 노골적인 위반자라는 것을 우리가 확인했기 때문이자, 그들의 자산 규모가 더 크기 때문이다." 그리고 이렇게 덧붙였다. "이는 특히 니그로 회사를 포함해 다른 모든 보험 회사를 합친 것보다 더 많은 니그로 보험 계약자를 거느린 메트로폴리탄 생명보험회사에 해당하는 말이다."[74]

늦봄에 (전국에서 가장 큰 지부인) 시카고 전미유색인종지위향상협회는 시카고 인종평등위원회(Chicago Congress of Racial Equality) 및 도살·도축업자연합(Amalgamated Meat Cutters and Butcher Workmen)과 함께 보이콧을 지지하고, 메트라이프 시카고 사무소의 피켓 시위에 동참하기로 합의했다.[75] 1960년대 중엽 긴장감으로 팽팽한 정치적 분위기 속에서 메드라이프는 1963년 뉴욕의 경우보다 훨씬 발 빠르게 인종차별 비난에 대응했다. 시카고 보이콧 발표 직후 메트라이프의 길버트 피츠휴 사장은 시카고에서 기자 회견을 열고 이런 주장을 펼쳤다. "우리는 어디서도 니그로의 매수를 막는 정책을 펴지 않습니다. 또한 차별 금지 정책을 발표하고 선언했으며 그에 적극 부응하고 있습니다." 그는 자사의 차별 금지 정책이 "주택·투자·고용 부분에서 1959년부터 시행되어왔다"고 설명했다. 피츠휴는 그 어떤 차별도 없다고 완강히 부인했다. 그리고 자사의 해당 지역 거래처인 오대호 모기지 컴퍼니(Great Lakes Mortgage Company)가 "흑인 소유 주택에 대한 대출을 상당액 보유하고 있다"며 "이는 아마 보험 회사 중 가장 높은 비율일 텐데, 이러한 대출은 백인 동네에서도 니그로 동네에서도 이루어졌다"고 주장했다.[76] 피츠휴의 주장에도 불구하고 메트라이프는 그 회사로부터 대출받은 이들의 인종을 식별할 수 있는 그 어떤 기록도 보관하지 않은 것으로 나타났다. 그 회사는 단독 주택 및 다가구 주택에 대한 대출금을 50억 달러 넘게 보유하고 있었지만, 그중 몇 퍼센트가 아프리카계 미국인에게 돌아갔는지는 밝힐 수 없었다. 메트라이프가 차별 금지 정책을 기록해놓은 문서를 갖고 있었는지 여부는 중요하지 않았다. 차별 금지를 보여주는 증거는 실제 모기지 대출이 이루어진 건수로 드러날 테니 말이다.

오대호 모기지 컴퍼니의 사장 하워드 그린(Howard Green)은 그 지역 계열사가 대출 관행에서 차별하지 않는다는 메트라이프의 주장에 대해 그 증거를 보여달라는 언론의 요청을 받았는데, 이때 아프리카계 미국인의 수용을 둘러싼 진실이 도마 위에 올랐다. 그린은 당황한 듯 보였지만 이내 메트라이프의 자회사 오대호 모기지 컴퍼니가 시카고 남부의 흑인 거주 지역에 모기지를 "소수만" 제공했다며 피츠휴와 모순되는 주장을 펼쳤다. 오대호 모기지 컴퍼니에 흑인 직원이 있느냐는 질문에 대해 그는 기자 회견에서 피츠휴가 주장한 것과 마찬가지로 이렇게 답변했다. "현재 우리 회사에는 흑인이 한 명도 없습니다. ……저는 흑인이라는 이유만으로 누군가를 고용하지는 않을 겁니다. 마찬가지로 그 이유만으로 흑인의 채용을 거부하지도 않을 겁니다."[77] 어쨌거나 그는 오대호 모기지 컴퍼니가 아프리카계 미국인을 고용한 적이 없다고 분명하게 확인해주었다.

메트라이프의 방어적 태도는 빠른 속도로 약화했다. 1965년 봄과 여름에는 분위기가 뉴욕에서 메트라이프의 인종 분리적 주택 관행을 둘러싼 전미유색인종지위향상협회와의 갈등이 완만한 합의와 더불어 마무리된 1963년과 사뭇 달랐기 때문이다. 로스앤젤레스에서 와츠 반란이 발생하고 한 달 만에 메트라이프는 주택 모기지 기금 배분과 관련해 전미유색인종지위향상협회, 유나이티드 모기지은행가협회, 전미흑인부동산중개인협회(all-Black National Association of Real Estate Brokers)와 한층 내실 있는 합의를 체결했다. 메트라이프와 전미유색인종지위향상협회는 합의의 의미를 담은 공동 성명을 발표했다. "주택 자유 시장의 달성은 기회 평등을 쟁취하기 위한 지난한 투쟁에서 가장 어려운 단계 중 하나였으며, 지금도 여전히 그런 상태로 남아 있다. 흑인 거주에 대한 인종차별적 편견과 완고한 신화가 장벽의 밑바탕에 깔려 있지만, 많은 대출 기관의 인종차별적 정책이 그 장벽을 그토록 견고하게 만든 탄탄한 배경이 되었다. 이런 점이 가장 분명하게 드러나는 경우는 니그로가 백인 거주 지역에서 주거용 부동산을 구입하고자 할 때다."[78] 메트라이프는 처음으로 차별 금지 정책을 자사의 감독을 보장하기 위한 정레적 '규정 준수 제어(compliance control)' 틀에 포함하기로 합의했다. 또한 메트라이프는 둘 사이의 관계를 발전시키는 방법으로 부동산업계에 종사하는 아프리카계 미국인을 자사 내의 다양한 대표자에게 소개하는 계획에도 동의했다. 1960년대 후반에는 백인이 주축인 기존 부동산업계에서 독자적인 조직, 중개인, 대출 기관을 둔 흑인 부동산업계 종사자 네트워크가 철저히 분리되어 있었다. 유나이티드 모기지은행가협회가 주도한 보이콧의 목적은 이 같은 흑인 부동산 세계를 백인 자본과 통합하려는 데 있었다. 그 목적을 달성하기 위한 노력은 성공한 것처럼 보였다. 메트라이프는 트래비스 및 유나이티드 모기지은행가협회의 핵심 요구를 받아들였다. 즉, 그들은 "니그로 시장에서 모기지 펀드의 입지를 더욱 강화하기 위해" 누구나 탐내는 자사의 "거래처(correspondent)" 지위를 유나이티드 모기지은행가협회 소속 은행가에게 부여하기로 합의했다.[79]

이 합의는 시카고에서 촉발된 보이콧을 종식시켰을 뿐 아니라, 메트라이프에 얼마간의 통찰을 제공함으로써 그 회사가 '컬럼비아 대학 회의'의 다른 참석자들과 함께 도시문제공동위원회를 조직하고자 하는 동기를 갖도록 돕기도 했다. 분명 민간이 자금을 대는 대규모 도시 프로그램은 보험업계 전반뿐 아니라, 특히 메트라이프의 평판을 되살리는 데 유용했을 것이다. 25년 동안 인종차별적 관행에 젖어 있었다는 이유로 공세에 시달려온 메트라이프에는 자사 이미지를 쇄신하기 위해 '사회적 책임'으로 방향을 전환할 필요성이 그 어느 때보다 절실했다.

1963년과 1965년의 시위 및 보이콧 위협은 확실한 성과를 거두지 못했다. 하지만 길고 뜨거웠던 1960년대의 10년 동안 시위가 지속될수록 더 극적이고 아마 비용도 더 많이 드는 대립으로 치달을 가능성은 한층 커졌다. 기업의 계산된 개입은 바로 이러한 생각을 염두에 두고 이뤄졌다. 그러나 메트라이프의 노력에도 불구하고, 그 회사의 인종 및 주택 문제는 도시문제공동위원회 설립 때까지 줄곧 이어졌다. 1968년 5월, 스티버선트 타운 투쟁이 한창이던 1940년대에 결성된 뉴욕시 인권위원회(New York City Commission on Human Rights)는 네 차례의 대규모 주택 개발에서 인종차별을 일삼았다는 이유로 메트라이프를 비난했다. 그 위원회는 메트라이프가 자사의 뉴욕시 주택 개발에서 니그로와 푸에르토리코인을 "고의적이고 의도적이며 체계적으로" 배제하는 데 관여했다고 주장했다.[80] 또한 할렘 소재 리버튼 하우스를 '흑인 건물'로 취급함으로써 아프리카계 미국인이 백인이 거주하는 메트라이프의 다른 아파트 건물에 입주 신청을 하지 못하도록 막았다는 이유로 메트라이프를 비난하기도 했다. 메트라이프는 다시 한번 자사의 공식적 차별 금지 정책을 재확인하며 최선의 노력을 다하겠노라고 약속했다.

하지만 어떤 기업도 오직 좋은 홍보만을 위해 수억 달러를 투자하지는 않는다. 메트라이프에 맞선 시카고의 반대 운동은 그 기업 경영진 및 그 업계 전반에 몸담은 사람들이 흑인 주택 시장의 성공 가능성에 눈을 뜨도록 도왔다. 아프리카계 미국인의 꾸준한 소득 증가와 백인의 지속적 인구 유출이 어우러진 결과, 새로운 계층의 흑인 주택 매수자로서는 새로운 주택을 사들일 수 있는 기회가 열렸다. 뎀시 트래비스가 대형 모기지 대출 기관과 논쟁을 벌인 까닭은 부분적으로 시카고의 흑인 거주 지역 주택 시장에 모기지 대출 기관이 거의 존재하지 않았기 때문이다. 실제로 유나이티드 모기지은행가협회에 속한 흑인 모기지 대출 기관은 저마다 시카고에서 "약 1억 2000만 달러에 이르는 1~4건의 주택 모기지를 보유 및 관리하고 있다"고 밝혔다. 트래비스는 전국적으

로 모기지에 투자된 1940억 달러 가운데 3퍼센트만이 "흑인 소유 부동산"에 해당한다고 추정했다.[81]

흑인 매수자의 수요와 가용 자금 부족에 따른 금융 공백은 (악명 높은 계약 판매자 같은) 약탈적 대출 기관들이 잠재적 흑인 주택 소유자를 먹이로 삼을 수 있음을 의미했다.[82] 시카고의 흑인 주택 시장이 '미개발 상태'였던 것은 아니다. 외려 그것은 착취적 경제 거래에 힘입어 흑인 공동체에서 자본을 추출할 수 있는 위치에 놓인 이들에게 더없이 수익성 높은 시장이었다. 메트라이프에조차 흑인 주택은 백인 주택과 분리되어 있는 한 바람직한 투자로 보였다.

레드라이닝에서 '수용 가능한 위험'으로의 전환

1968년 여름, 도시문제공동위원회는 도심에서 펼치는 사업에 대한 자기 조직의 새로운 태도를 알리기 위해 〈에보니〉에 전면 광고를 실었다. 이 광고는 "생명보험 회사들은 왜 그렇게 우려하는가?"라는 질문을 던지고, "도시 문제를 해결하지 못하면 우리는 더 큰 개인적 비극과 경제적 난관에 빠지리라는 전망에 놀라게 될 것"이라고 답했다.[83] 도시 투자 프로그램이 시작된 지 1년이 지났고, 대다수 사람들은 그것이 1968년 말까지 거의 10억 달러가 배정 및 할당된 성공작이라고 여겼다. 몇 달 동안 도시문제공동위원회는 전국 여러 도시에 수천만 달러를 대출해주었다. 그 프로그램 진행 초기에 가장 많은 액수를 대출받은 주를 몇 개만 꼽자면, 캘리포니아주(8000만 달러 이상), 뉴욕주(4600만 달러), 일리노이주(5600만 달러), 그리고 텍사스주(6700만 달러)를 들 수 있다.[84] 다시 한번 10억 달러를 대출해주기로 약속하면서 도시문제공동위원회는 "이것은

복지 프로그램이 아니라, 도시의 건강과 복지라는 사업적 문제에 대한 사업적 대응"이라고 강조했다.[85]

도시문제공동위원회가 주택 및 일자리 프로그램에 20억 달러를 투자한 조치는 존슨 행정부가 이행하고자 노력한 의무를 다하기 위한 것이었다. 20억 달러는 결코 적은 액수가 아니었다. 1967년 의회가 모델 도시(Model Cities) 프로그램에 할당한 6억 달러를 보잘것없어 보이도록 만들 정도였다. 실제로 그것은 1964년 의회가 경제기회법(Economic Opportunity Act)이나 '빈곤과의 전쟁' 원안에 배정한 규모의 갑절에 이르는 금액이었다. 1969년 봄, 도시문제공동위원회는 자신들에게 4개 주 227개 도시에서 자그마치 9억 달러에 달하는 주택 개발 자금을 조달할 책임이 있다고 주장했다. 노스웨스턴 뮤추얼(Northwestern Mutual)의 사장 프랜시스 퍼거슨(Francis Ferguson)은 그 프로그램 시행 첫해에 "상당 규모의 임대료 보조 주택 프로젝트에서부터 도심의 저소득층 및 중간 소득층 가정을 위한 단독 주택에 이르기까지" 저소득층 주택 6만 3000호에 자금을 조달하기 위해 6억 3100만 달러가 사용되었다는 세부 정보를 제공했다.[86]

1965년 의회는 자본이 미국 도시로 유입되도록 돕기 위해 최초로 연방 정부의 레드라이닝 관행을 완화하기 시작했다. 연방주택청 내부 메모는 그 기관이 수년 동안 추진해온 레드라이닝 정책의 영향을 다음과 같이 소상히 밝혔다.

일부 경우에 보험 회사 측이 오래된 동네들에 연방주택청 프로그램을 제공하길 꺼리는 사례가 있었다. 단지 오래된 지역이라는 이유만으로 해당 지역을 자동적으로 배제하면, 이들 지역에 대한 자본 투자가 중단될 수 있다. 자본을 이용하지 못하면 쇠락이 가속화한다. ……이사들은 제 관할권에 속한 주거 지역의 변화 패턴이 어떤 특성을 띠는지 시종 인식하고 있어야 한다. 또한 오래된 주거 지역에 자본이 유입되어 가치를 안정시키고 부동산을 업그레이드할 수 있는 상황에 주의를 기울여야 한다. 그리고 그러한 지역이 모기지 자본의 혜택에서 배제되지 않도록 만전을 기함으로써 이러한 일이 실현되게끔 도와야 한다.[87]

1965년은 주택도시개발부를 설립하기 위한 법안이 통과되었을 뿐 아니라, 정부 주택 프로그램에 대한 민간 기관 참여를 확대하기 위한 구체적 프로그램이 도입된 해이기도 했다. 이들 프로그램에는 민간 기관이 도시 지역에 더 많은 주택을 개발하도록 유도하기 위한 금리 인하, 그리고 공공 주택 세입자에게 공공 주택 판매를 촉진하기 위한 최초의 계획도 담겨 있었다. 1966년에는 비영리 단체가 3퍼센트 금리로 부동산 매수 자금을 조달함으로써 저소득층 구매자의 기존 주택 재건축 및 매도를 촉진하고자 221항(h)를 신설했다.[88] 존슨 대통령은 이러한 종류의 파트너십이 '위대한 사회'를 건설하는 데 일정 역할을 담당하도록 민간 부문을 설득할 수 있길 희망했다.

그러나 국가가 주택 공급의 주요 생산자로서 기업에 의존하자 파트너십의 의미가 왜곡되었다. 사실 기업은 국가가 제 역할을 다하지 못할 때 정부 서비스를 수행하기 위해 뛰어들었고, 따라서 자신의 의제를 밀어붙일 수 있는 저만의 이유를 갖게 되었다. 기업의 목표와 국가의 목표가 충돌하면 무슨 일이 벌어질까? 푸르덴셜 보험 사장 오빌 빌(Orville Beale)은 도시문제공동위원회가 주택도시개발부를 상대하면서 어떻게 관료주의와 레드테이프(redtape: 관공서의 불필요한 요식―옮긴이)를 사라지게 만들 수 있는지 논의하며 이러한 갈등을 조명했다. 빌은 매끄러워 보이는 도시문제공동위원회의 운영에 당황한 국회의원들에게 "연방주택청의 대출과 관련해 절차적 문제에 부딪힐 때마다 우리는 국가 차원에서 연방주택청 관계자들과 그에 대해 논의해왔으며, 그들은 여러 가지 규정을 변경하는 데 즉각 협조해주었다"고 확실하게 밝혔다.[89] 연방주택청의 기본 입장은 설사 기업의 행동을 감시하거나 규제하려는 의도가 있는 경우라 하더라도 '레드테이프'를 비롯한 여러 인지된 장애물을 제거함으로써 기업의 의견을 수용하는 쪽이었다. 또한 1960년대 후반 연방 정부는 민간 기업의 자원과 문제 있는 지역에 대한 그들의 잠재적 투자를 두 팔 벌려 환영했으며 거기에 거의 문제를 제기하지 않았다. 휴버트 험프리(Hubert Humphrey) 부통령은 "공공의 필요"가 "민간 기업을 위한 수익 창출 벤처"로 전환할 경우 그것을 어떻게 충족할 수 있는지 설명했다. 그는 이어서 "기업들이 자동차나 텔레비전을 설계하는 경우와 마찬가지로 이러한 필요를 충족하기 위해 서로 경쟁하는 시장을 창출해야 한다"고 밝혔다.[90]

존슨은 대규모 주택 프로그램에 필요한 자금의 확보 능력을 제약하는 정치적으로 취약한 입장에 놓여 있던 결정적 순간에, 도시문제공동위원회가 연방의 보조금과 보증의 도움을 받아 자체 자금을 투자하도록 허용함으로써 논란의 여지가 있는 사안을 무난하게 해결했다. 도시문제공동위원회는 그들의 자금을 분배하는 데 있어 통제나 개입은 없다고 광고했다. 빌은 "대출이 중앙의 펀드나 공동 이용 자금을 통하지 않고 참여 기업의 개별적 노력을 통해 이루어졌다"고 강조했다. 그러면서 다음과 같이 더 자세한 설명을 덧붙였다. "각 생명보험 회사는 자사가 제공한 대출의 금리 및 기타 대출 조건에 대해 전적으로 책임을 진다. ……또한 이들 기업은 자사의 자금을 투자할 도시와 도심 대출 유형을 선택하는 데서 전적인 통제권을 발휘한다."[91] 이 프로그램은 탈중앙화를 표방했음에도 자체 모기지 대출에 대한 연방 정부의 보호에 전적으로 의존했다. 정부는 지난 몇 년 동안 도시 지역을 포기하고 교외 지역 개발에 방점을 찍어왔는데, 이제 도심에 대한 민간 자본의 투자를 보호하기 위해 국가의 권한과 자원을 사용할 참이었다. 주택 투자에 대한 보증에 기반을 둔 파트너십은 적자를 크게 불리지 않으면서도 도시 지역에 자본을 끌어들일 수 있었다. 그리고 채무 불이행과 압류가 증가하기 시작할 때만 연방 정부가 책임을 떠안을 예정이었다. 도시문제공동위원회의 도시 투자 프로그램은 1968년 주택도시개발법이 통과되면서 표준으로 떠오른 저소득층 주택에 대한 좀더 일반적인 접근 방식을 예고하는 것이었다. 연방 정부는 흑인 도시 공동체에 대출 기관을 유치하기 위해 차별 금지 규정의 시행 등 저소득층 주택 프로그램의 주요 부분에 대한 통제권을 본질적으로 포기했다. 그에 따라 연방 공무원이 민간 부문의 참여 편의를 위해 공정 주택 원칙을 기꺼이 저버리는 위험한 선례가 확립되었다.

인 종 분 리 보 장 하 기

그러나 1960년대에는 주택과 관련해 자금 조달과 융자만이 유일한 관심사가 아니었다. 계층화하고 인종 분리된 주택 시장을 도시 주택 악화의 근본 원인으로 지목하는 목소리가 커지고 있었다. 대도시 주택 시장에 대한 접근을 개방하지 않고도 주택 노후화를 막을 수 있을까?[92] 도시문제공동위원회의 개입은 도시를 어떻게 재건해야 하는지에 대해 격렬한 논쟁이 벌어지는 와중에 이루어지고 있었다. 재건축에 초점을 맞춰야 할까, 아니면 신축에 주목해야 할까? 주택 재건은 도심에 국한하고 신축은 다른 곳에서 이루어져야 할까? 아마도 가장 중요한 질문은 아프리카계 미국인이 어디에 거주할 수 있는지와 관련한 것이었으리라.

　이 같은 논쟁은 아프리카계 미국인뿐 아니라 백인 선출직 공무원 및 주민들 사이에서도 불거졌다. 아프리카계 미국인을 제가 사는 동네에서 쫓아내기 위한 백인의 폭력과 인종차별이 장기화하자 백인 교외 지역으로 이주하려던 많은 흑인의 열의가 시들해졌다. 더 중요한 점으로, 아프리카계 미국인이 대다수를 차지하는 지역 사회에서 그들을 위한 정치적 기회가 확대되자 다시 소수 인종 집단 신분으로 전락할 가능성이 있는 지역으로 이주하길 꺼리는 흑인도 일부 나타나기 시작했다. 이러한 분위기는 디트로이트 출신 급진주의자 제임스 보그스(James Boggs)와 그레이스 리 보그스(Grace Lee Boggs)가 쓴 영향력 있는 에세이 〈도시는 흑인의 땅이다(The City Is the Black Man's Land)〉에 잘 담겨 있다.[93] 두 저자는 아프리카계 미국인은 자기네가 대다수를 차지하는 미국 도시에서 거의 모든 것에 필요한 자금을 대고 있음에도 그 도시가 어떻게 운영되는지와 관련해 거의 통제권이 없다고 꼬집었다. 이러한 역학이 변화하기 시작한 것은 1960년대 후반과 1970년대에 백인 인구 유출과 흑인 인구 유입이 이어지고 최초의 아프리카계 미국인 시장(市長)들이 선출되면서부터였다.[94] 흑인의 도시 집중화 현상은 흑인이 정치를 통제할 수 있는 가능성을 제공했다. 많은 사람은 그 가능성이 설사 평등은 아니라 하더라도 더 큰 경제적, 심지어 사회적 기회를 누릴 수 있는 길을 터주리라 믿었다.

통합할 것인지 분리 상태를 유지할 것인지에 대한 흑인 공동체 내부의 논쟁은 자금 지원을 어디에 몰아줄 것인지와 관련해 의회에서 펼쳐진 논의에 힘입어 더욱 거세게 불붙었다. 리처드 닉슨과 로버트 케네디만큼이나 서로 다른 백인 정치인들이 흑인 봉기의 분노를 잠재워야 할 필요성뿐 아니라, 도심 개발의 중요성에 대해 정치적으로 의견 일치를 보았다. 만약 도시가 살기 좋은 곳이 된다면 교외 지역의 인종차별적 장벽을 무너뜨리는 '공정 주택' 논의도 저지할 수 있을 터였다. 물론 이것은 닉슨의 '흑인 자본주의'에 대한 지원 및 인종 분리 지역에 남아 있는 주택 선택권에 대한 그의 지지보다 더 중요했다.[95] 닉슨은 흑인 기업의 개발을 육성하고 흑인 주택 시장의 창출을 지원하고 흑인 학교를 장려함으로써 인종 분리된 조건 아래서 흑인 자본주의를 포용했다. 그가 도시문제공동위원회를 적극적으로 밀어준 까닭은 다름 아니라 그 조직이 출세 지향적인 흑인 비즈니스 계급 중심의 흑인 도시 개발에 대한 그 자신의 비전을 구체화했기 때문이다. 도시문제공동위원회는 주택 자금을 조달했을 뿐 아니라 병원 및 의료 시설, 식료품점, 양로원, 은행 그리고 도시 상업 지구에 들어선 다수의 흑인 사업체를 개발할 수 있도록 자금을 제공했다.[96] 도시문제공동위원회가 도시 재투자를 위해 추가로 10억 달러를 사용하고 있다고 발표했을 때, 닉슨은 "더 많은 일자리와 더 나은 주택을 요구하는 수많은 미국인에게 그것을 제공할 수 있는 효과적인 방법"을 보유했다며 보험 회사들을 칭찬했다. 그는 이어서 민간 기업과 정부 간 "협력"을 "창조적 파트너십"이라고 말하며, 도시문제공동위원회의 "선견지명과 책임감"에 감사를 표했다.[97]

이처럼 "분리되어 있으되 평등하다"는 도시 개발 접근법을 옹호한 민주당 정치인은 자신들의 지지를 도시 위기에 대한 '긴급한' 대응이라고 표현했다. 그들은 도시의 절박한 주택 문제에 비하면 흑인의 백인 교외 지역 공동체에 대한 접근 및 통합을 다루는 '추상적' 논쟁은 별것 아니라고 주장했다. 1966년 공정 주택에 관한 청문회에서 로버트 케네디 상원의원은 공정 주택 및 교외 지역에 대한 접근이 아니라 빈민가 재건 전략에 찬성론을 폈다. 그가 설명했다.

> 도시 빈민가의 재건을 모색하는 것은 통합이라는 목표에 등을 돌리자는 게 아닙니다. 저는 그저 주거 개방법만으로는 충분치 않으며, 지금 사는 동네에서 저만의 고유한 공동체를 구축하고 '제대로 된' 주택에 거주하고 싶어 하는 니그로 및 기타 비백인의 열망에 민감하게 반응해야 한다고 말하려는 것뿐입니다. 그리고 도심의 황폐화 문제를 해결하려는 이 같은 의지는 길게 보았을 때 우리를 열린사회(open society)로 안내할 것입니다. 주거 평등과 완전 고용이야말로 자유로운 이동 및 모두가 누구를 이웃으로 둘지 선택할 수 있는 진정한 기회를 누리는 사회의 구축에 가장 중요한 요소이기 때문입니다.[98]

케네디는 '열린사회'로 나아갈 준비가 되어 있음을 보여주는 증거로서 백인의 주택에 필적하는 주택을 개발해야 할 뿐 아니라 "저만의 고유한 공동체를 구축"하려는 "니그로의 열망"에 주목해야 한다고 주장했다. 하지만 많은 아프리카계 미국인은 실제로 어디서든 주택을 구할 수 있길 바랐다. 이러한 이유로 1960년대 내내 아프리카계 미국인은 도시 주택의 상태에 대해서뿐 아니라 일반적인 주택 차별의 만연에 대해서도 우려를 표했다. 1967년 〈제트(Jet)〉는 30개 도시에 거주하는 민주당 지도자 700명을 대상으로 설문 조사를 실시했다.[99] 유권자의 기대에 가장 부합하지 못한 존슨 행정부의 문제를 묻는 질문에 응답자들은 주택 차별이라고 답했다. 할렘에서 이루어진 또 다른 주택 관련 설문 조사는 주민들에게 주택 문제를 할렘을 떠남으로써 해결할 것인지, 아니면 그곳에 남아서 해결할 것인지 물었다. 그에 대해 응답자의 17퍼센트만이 할렘에 머무는 쪽을 택하겠다고 답했다. 디트로이트와 뉴어크 봉기가 일어나고 몇 주 뒤 실시한 해리스 여론 조사(Harris poll)에 따르면, 흑인의 84퍼센트가 게토를 "철거해야 한다"고 믿었다.[100]

이들 여론 조사는 아프리카계 미국인이 어디 살아야 하는지에 대한 논쟁을 전적으로 대변해주지는 않았지만, 흑인이 오직 분리된 흑인 공동체에 머무는 데에만 관심을 둔다고 가정해서는 안 된다는 것을 말해준다. 게다가 거주 지역 선택의 문제를 인종 분리와 뒤섞으면 현실을 올바로 보기 어려웠다. 남부에서 흑인의 인권에 대한 거센 반대가 가라앉기 시작하자, 북부에서 주거 통합의 위협이 감지되면서 아프리카계 미국인 가정을 겨냥한 백인의 폭력이 새로운 물결을 이루었다. 1966년 말, 백인 인종차별주의자들은 클리블랜드와 인접한 백인 교외 지역 클리블랜드 하이츠(Cleveland Heights)에 사는 세 흑인 가족의 주택을 폭파했다. 지역 신문이 보도한 바에 따르면, 이 폭탄 테러는 "통합과 관계가 있는 것으로 여겨졌다".[101]

마틴 루서 킹 2세 목사는 시카고에서 주택 분리에 반대하는 운동을 펼칠 때, 자신이 남부 지역 캠페인에서 경험한 것만큼 심각한 폭력에 직면했다. 분리된 백인 거주 지역을 행진하는 동안 게이지 파크(Gage Park), 킹 그리고 다른 활동가들은 "백인의 힘" "노예제여 분발하라" "깜둥이를 죽여라" 등을 외치는 수백 명의 백인과 맞닥뜨렸다. 이 백인 폭도는 흑인 활동가들을 공격했다. 난동이 끝날 무렵 차량 44대가 불타고 50명이 부상당했다.[102] 1967년에는 한 흑인 부부가 얼마 전 백인들이 주로 사는 시카고 남서쪽에 구입한 주택이 방화 피해를 입는 사고가 터졌다.[103] 같은 해 12월에는 뉴욕주 롱아일랜드에서 청소년 3명이 조잡한 파이프 폭탄을 사용해 흑인 부동산 중개인의 집을 파괴하려 했다.[104] 뉴욕 지역에서는 아프리카계 미국인이 사용하는 시립 수영장과 "전적으로 니그로로만 구성된 아파트 건물"에서 두 건의 폭탄 테러가 일어났다. 브루클린의 이스트플랫부시(East Flatbush) 동네에서는 한 흑인 가족이 "백인이 주로 거주하는 지역에 있는 집에서 폭발 사고를 당했다".[105] 1967년 여름, 디트로이트에서 폭동이 일어나고 몇 주 뒤 백인들은 미시간주 플린트(Flint)에서 공정 주택 조례를 부결시킴으로써 인종 간 긴장에 기름을 끼얹었었다. 그러한 긴장은 조례가 무산된 후 흑인 거주 지역에서 화염병 3개가 터지자 한층 끓어올랐다.[106] 주거 분리가 유지되는 수단은 '선택'과 전혀 관련이 없었다. 그것은 흑인이 부동산 가치를 떨어뜨리는 데다 열등한 지위를 나타내는 물리적 표식이라는 인종차별적 시각에서 비롯된 폭력 및 증오와 깊은 관련성을 띠었다. 인종 분리 유지는 흑인 거주자가 어디서 살아야 하는지를 규정하는 백인 기관 및 백인 거주자들의 권력과 연관되어 있었다. 이 점은 애초 주택 차별 금지법을 제정하는 데 그토록 오랜 시간이 걸린 데서 여실히 드러난다. 1966년에, 그리고 다시 1967년에 연방의 주택 차별 금지법은 의회를 통과하지 못했다. 주택업계, 특히 부동산업계가 강력한 로비를 펼친데다 법안에 찬성표를 던진 상원의원 및 하원의원들이 정치적 보복을 당할지도 모른다는 두려움이 커진 결과였다.

생명보험업계는 연방의 주택 차별 금지 규정을 그냥 무시함으로써 이러한 골치 아픈 사안을 그럭저럭 피해갈 수 있었다. 도시문제공동위원회는 도시 및 흑인 공동체에 대한 자신들의 투자를 통제하기로 결정했다. 연방 정부가 감독하지 않는다면, 새로운 차별 금지 대출 규정을 준수해야 할 특별한 의무는 없을 터였다. 사실 도시문제공동위원회 소속 대출 기관의 경우 모기지 채무자[mortgagor: 모기지 협약에서 돈을 빌린 사람으로, 돈을 빌려준 모기지 채권자(mortgagee)의 상대어—옮긴이]를 차별하지 않을 것이며, 이 점이 그 프로그램의 취지였다. 그러나 대출 기관은 그들의 거주지와 매수할 주택 및 건물이 '도심'에 있어야 한다는 요건에 기반해 대출을 제한할 수 있었다. 주택 차별을 철폐하고자 일평생 애써온 로버트 위버 휘하 연방 주택 규제 기관은 이러한 규정을 생명보험업계에 적용하는 데 특별한 관심을 기울이지 않았다. 도시문제공동위원회 대표들은 인종차별과 도시 재개발을 마치 서로 아무 연관이 없는 양 병렬적 사안으로 바라보았다. 그들은 과거 생명보험 회사들이 도시 및 흑인 공동체에 대한 대출을 무시해온 원인을 설명할 때 인종에 대해서는 언급하지 않았다.

실제로 도시문제공동위원회는 1969년 10억 달러 규모의 두 번째 투자를 발표하면서 다시 한번 〈에보니〉에 또 하나의 전면 광고를 실었다. 이 광고에서 그 업계는 도시 문제와 관련해 자신들이 맡은 역사적 역할에 면죄부를 주면서 스스로의 업적을 내세웠다. 글자로 빽빽한 이 광고는 보험업계의 "새롭고 특별한 투자 사례"를 한껏 추켜세우고, 이렇게 말을 이었다. "보험업계는 리스크와 입지 탓에 자본을 합리적 조건으로 쉽사리 이용하기 어려운 …… 도심에 …… 뛰어들었다. 우리는 이러한 노력이 반드시 필요하다고 생각했다. ……도시가 무너지면 사람들도 무너지고 …… 그리고 그와 더불어 비즈니스도 함께 무너지기 십상이다."[107] 그런가 하면 이 이니셔티브는 자기네가 새로 추진하는 프로젝트를 "주로 현재 도심 지역에 거주하는 저소득층 및 중간 소득층 가정의 이익을 위해 설계된 …… 주택 투자"라고 표현함으로써 인종에 대한 온갖 논의를 피해가기도 했다.[108] 보험업계는 자신들이 흑인 시민을 차별적으로 대해온 역사를 삭제하고, 인종차별이 작금의 도시 상황을 낳는 데 어떤 역할을 했는지 부인함으로써 '공정 주택'의 원칙과 필요성을 약화시켰다. 은행 및 기타 대출 기관이 인종 때문에 아프리카계 미국인과 거래하길 거부한 게 아니라면, 공정 주택이 대체 왜 필요하겠는가?

도시문제공동위원회는 이를 비롯한 그 어떤 질문에도 답할 필요가 없었다. 연방 정부가 수억 달러의 모기지 자금을 그들 재량껏 대출해주는 것 말고는 아무 요구도 하지 않았기 때문이다. 이 과정에서 도시문제공동위원회는 기실 자체 규정을 두고 있었을 뿐 아니라, 연방 정부가 모든 투자를 보호하고 민권법 준수 등 그에 따른 어떤 대가도 요구하지 않는다는 보장을 확실하게 얻어낸 '그림자 주택도시개발부(shadow HUD)'를 창설했다. 이로 인해 현장의 실상은 연방 정부가 공언한 의도와 정면으로 배치되었다. 1967년, 주택도시개발부는 기존 정책을 명확히 하고 연방 정부가 지원하는 주택 프로그램에서 인종차별을 금지하는 새로운 정책을 수립하는 과정에 놓여 있었다. 위버는 주택도시개발부 차관보들에게 보낸 '기밀'이라고 표시된 메모에서, 그들에게 30일의 말미를 주며 "관할하는 모든 프로그램과 작업이 주택도시개발부의 기회균등 정책에 부합하도록 어떤 조치를 취했는지 보고하라"고 지시했다. 이 메모는 차별 금지 조치에 대한 명확한 지지를 보여주려는 의도에서

도시문제공동위원회가 〈에보니〉에 게재한 생명보험 회사 투자 관련 광고. (*Ebony*, 1968년 6월; Institute of Life Insurance)

작성되었다. 예컨대 위버는 다음과 같이 분명하게 밝혔다. "상상력 없는 부지 선정이나 잘못된 재배치 관행으로 인해 …… 니그로 또는 기타

도시문제공동위원회가 20억 달러의 자금을 사용한 후 생명보험 회사의 투자 성과를 극찬하기 위해 〈에보니〉에 게재한 광고. (*Ebony*, 1969년 8월)

소수 민족에게 더 많은 불이익을 안겨주는 결과가 초래된다면 …… 우리는 그 해당 지역이 실상 연방 기금을 차별하는 데 쓰고 있다고 주장할 수 있다."[109] 위버는 "주택도시개발부 지원 프로그램 및 활동에서의 포용적 참여 패턴이라는 그 기관의 기회 균등 목표를 촉진함으로써 소수 인종 집단 구성원이 제가 속한 소수 인종 집단 집중 지역 '밖에' 삶터를 마련할 수 있는 기회와 선택권을 제공해줄" 새로운 정책을 시행하고 싶어 했다.[110] 이를테면 위버의 보좌관이 작성한 서한은 주택의 "기회 균등"에 관한 주택도시개발부의 규정을 명확히 하면서 "인종 집중 지역에만 주택을 배치하겠다는 제안은 결단코 받아들일 수 없다"고 밝혔다.[111] 그것은 도시문제공동위원회가 새로운 프로그램을 시작하기 위해 주택도시개발부와 협력하던 시기에 작성되었으며, '민권에 관한 리더십 콘퍼런스(Leadership Conference on Civil Rights)' 대표에게 발송한 편지였다.

인종 분리된 주택에 대한 자금 조달 승인은 주택도시개발부 자체의 규정에 위배되었다. 하지만 그 기관은 지역 주택 당국이 이러한 프로젝트에 돈을 대려고 도시문제공동위원회에 자금 조달을 요청하는 사태를 못 본 체했다. 주택도시개발부가 분리된 개발에 대한 융자를 승인하지 않고 그런 개발은 원칙적으로 허용할 수 없다고 선언하자, 일부 지역 주택 당국은 자금 조달을 위해 직접 도시문제공동위원회와 접촉하기도 했다. 지역 주택 당국은 1964년 및 1968년 민권법이 요구하는 차별 금지에 따른 법적 책임을 피해갈 수 있었다. 예컨대 도시문제공동위원회는 뉴올리언스의 "도심"에서 "저소득층 소수 인종 가정"을 위한 프로젝트에 자금 46만 3000달러를 지원한다고 선전했다.[112] 또한 "낙후된 윈스턴-세일럼(Winston-Salem) 지역에 거주하는 소수 인종 거주자를 대상으로 다가구 주택 100채"를 건설하기 위해 66만 달러 규모의 대출이 이루어지기도 했다. 이 프로젝트는 지역 윈스턴-세일럼 주택 당국에 임대하고 나서 다시 각 가정에 재임대하는 방식을 취할 예정이었다.[113] 도시문제공동위원회는 흑인 대출 기관과 부동산 중개인에게 상대적으로 큰 규모의 대출을 제공함으로써, 그들의 차별적인 생명보험 대출에 대한 비판을 선제적으로 차단했다. 도시문제공동위원회는 뉴욕시 흑인 동네의 단독 주택 및 다가구 주택에 자금을 지원하기 위해 60건의 대출에 75만 달러를 제공했다.[114] 이 대출은 한 흑인 저축 및 대출 협회에서 시작되었으며, 계약의 일환으로 그 주택들은 "소수 인종 집단" 구성원이 소유할 예정이었다.[115] 로스앤젤레스 도심의 소수 인종 집단에 대출하겠다는 약속에 의거해 대출금 550만 달러가 흑인 은행에 전달되었다.[116] 미국민권위원회가 연방주택청 대표와 아프리카게 미국인 부동산 중개인을 모아 도시문제공동위원회에 대해 논의하려고 인디애나폴리스에서 개최한 어느 회의에서, 흑인 부동산 중개인들은 새로운 도시문제공동위원회 프로그램이 "통합을 촉진"할 것인지 여부를 물었다. 그리고 "프로그램이 구체적으로 그러한 목적을 위해 설계된 것은 아니지만 얼마간 긍정적 효과를 볼 수도 있다"는 답변을 들었다.[117] 그 프로그램이 **전적으로** '도심' 지역과 그 인근에서**만** 시행될 때 그러한 긍정적 효과가 어떻게 시작될지에 대한 자세한 설명은 없었다.

도시문제공동위원회의 활동은 인종 분리를 강화했으며, 연방 정부가 인종차별적 관행에서 그들과 공범 관계임을 다시 한번 보여주었다. 그뿐만 아니라 도시문제공동위원회의 거래는 향후 몇 년 동안 한층 더 큰 규모로 재등장한 골치 아픈 선례를 확립하는 데 기여했다. 오빌 빌이 떠벌린 바에 따르면, 연방주택청은 대출 기관이 부동산을 압류했을 때 해당 부동산이 다시 매각될 때까지 그것을 유지 관리하는 책임을 떠안아야 한다는 규정을 삭제했다. 사실 그 규정은 대출 기관으로 하여

늄 어떻게든 부동산 소유주가 유지 관리 비용을 추가로 들이지 않게 돕도록 강제하는 내용을 담고 있었다. 중요한 점으로, 그것은 대출 기관이 부동산을 압류하지 못하게끔 막았다. 도시문제공동위원회가 연방주택청에 이 요건을 빼달라고 요청했을 때, 이는 "더 이상은 대출 기관이 연방의 보증 자격을 얻기 위해 아파트를 양호한 상태로 되돌려놓을 필요가 없다"는 걸 의미했다.[118]

생명보험업계의 금융 투자는 널리 환영받았지만, 이러한 개입이 지니는 전체적 의미를 살펴볼 필요가 있다.[119] 보험업계는 과거 '도심'을 배제함으로써 그곳의 악화에 기여한 장본인이다. 그러니만큼 그에 비하면 그들이 도시 개발에 투자하는 것은 크지 않은 대가를 치르는 셈이었다. 그러나 보험 회사에 대한 맹목적 칭찬은 도시를 복구하는 조치가 시급한지, 아니면 아프리카계 미국인을 위한 주택 선택권을 도심 밖으로까지 확대하는 조치가 시급한지 선택해야 한다는 논리를 받아들였다. 이는 둘 중 하나만 가능하다는 사회 기득권층의 사고를 수용한 잘못된 선택이었다. 이러한 그릇된 이분법은 부동산 시장에서 지속되는 인종 분리에 힘입어 아프리카계 미국인을 표적 삼은 착취적 부동산 관행이 이어질 수 있다는 점을 간과했다. 그것은 아프리카계 미국인이 계층과 상관없이 백인 전용 지역의 부동산보다 영구히 가치가 낮게 평가되는 열등 주택을 보유한 상태로 부동산 시장에 내내 갇혀 있어야 한다는 뜻이기도 했다. 수십억 달러 규모의 생명보험업계로서는 이러한 투자가 아프리카계 미국인을 위한 자산 창출이 아니라 위기 관리였다.

인종차별의 척결은 '공정 주택' 법안이 표방한 공식 목표이긴 했으나, 결코 도시문제공동위원회가 추구한 목표는 아니었다. 그 단체는 흑인이 어디 살아야 하는지에 관한 논쟁을 애써 피했다. 이는 인종차별을 도시

위기의 원인으로 보지 않는 사회적-상업적 기업 개혁에 드리운 광범위한 추세를 반영한 결과였다. 〈포브스〉는 사업과 도시 위기를 다룬 특별판 사설에서 이러한 관점을 직접 건드리며, "흔히 인종적 편견으로 여겨지는 것은 상당 부분 인종보다 계급과 더욱 관련이 깊으며, 사람들을 향해 표출되는 적대감은 주로 직업, 언어 사용법, 옷차림 방식 때문이다"라고 주장했다.[120] 그 특별판이 발간된 1968년 당시에는 계급에 관계없이 모든 아프리카계 미국인이 심각하고도 광범위하게 인종차별을 겪고 있다는 사실이 커너 위원회 보고서 등 그 문제를 다룬 정부 위탁 연구뿐 아니라 의회 보고서에도 잘 정리되어 있었다. 그러니만큼 그들의 설명은 터무니없는 주장에 가까웠다. 가족이 미시간주 전역에서 백화점 체인을 소유하고 있던, 디트로이트 도시연합의 지도자 조지프 허드슨(Joseph Hudson)은 아프리카계 미국인을 배제한 컨트리클럽에서 본인의 멤버십을 탈퇴할지 여부에 대한 질문을 받았다. 그의 대답은 도시 위기의 핵심 특징인 인종차별을 본격적으로 다루지 않은 채 "도시 위기 해결"을 외치는 것은 이율배반임을 보여주었다. "나는 이 같은 컨트리클럽의 회원이 되고 싶다고 요청하거나 그것을 중요시하는 니그로를 만나본 적이 없다."[121]

1965년 국제여성의류노동조합(International Ladies' Garment Workers' Union)의 활동은 다른 방식의 가능성을 잘 드러내주었다. 이 노동조합은 남부와 중서부에 거주하는 흑인 가정에 저렴한 주택을 제공하기 위해 765만 달러를 대출해주겠노라고 약속했다. 그들은 "이 돈은 비분리 동네의 니그로 가족용 단독 주택을 건설하는 데만 쓰여야 한다"고 못 박았다.[122] 그 노동조합의 모기지 자금은 차질 없이 흑인 채무자에게 전달되도록 유나이티드 모기지은행가협회 소속 회사를 포함한 흑인 모기지 은행을 통해 분배되었다. 데이비드 두빈스키(David Dubinsky) 조합장은 대출의 주된 목적이 "인종 통합 거주 지역의 개발을 촉진하고, …… 추가적인 니그로 게토 창설을 피하는 것"이라고 밝혔다.[123] 이들의 노력은 확실히 도시문제공동위원회보다는 규모가 작았으나, 구체적으로 도시 재개발을 옹호함과 동시에 비분리 지역 사회에서 저소득층 주택을 추진할 수는 없다는 생각에 도전장을 던졌다.

그 10억 달러 규모의 프로젝트는 재빠르게 20억 달러 규모의 프로젝트로 커졌고, 그에 따라 오랫동안 이어져온 자금 조달의 어려움이 해소된 것처럼 보였다. 도시문제공동위원회는 다양한 프로젝트에 발 빠르게 자금을 배분함으로써 도시 재개발에서는 국가가 아니라 민간 자본이 한층 효율적인 주체라는 인식을 강화했다. 사업의 우월성은 다른 방식으로도 명확해졌다. 정치인들이 내세운 동기가 무엇이든, 레드라이닝의 종식은 사람이 아니라 자본의 침투 및 이동성을 키우기 위한 것이었음이 이내 분명해졌다. 오빌 빌은 도시문제공동위원회에 관한 의회 청문회에서 이렇게 밝혔다. "민간 기업이 특별한 손실 위험 없이 합리적 수익을 거둘 수 있으리라는 기대 아래 도심 지역의 새로운 벤처에 자원 및 에너지를 투입하는 것이 이상적입니다." 빌은 계속해서 연방 정부가 뒷받침하는 이 같은 명확한 수익 동기가 없다면 민간 기획자를 더 수익성 높은 "도심 바깥의 벤처"가 아니라 "도심" 건설 쪽으로 유도할 유인이 거의 없다고 덧붙였다.[124] 이는 부분적으로 과거의 비보증 지역에서 연방주택청이 보증하는 주택 수가 늘어나는 현상으로 입증되었다. 1967년 8월, 연방주택청은 "폭동 위협 지역"에서 일주일에 최대 주택 200채를 보증했지만, 1968년 6월에는 "황폐한 도심 지역"에서 일주일에 주택 1600~2000채를 보증해주고 있었다".[125] 브라운스타인은 "근자에 우리는 저소득층 및 중간 소득층 가구용 주택 공급을 연방주택청의 주요 역할로 삼아왔다"고 밝혔다.[126]

점차 커지는 공감대

한편 주택 소유는 민영화 및 사적 소유를 향한 추세와 맞물리며 국가의 주택 정책에서 점차 우선순위가 높아졌다. 이는 공공 주택에 치우친 과거에서 벗어나 저소득층 주택의 사적 소유에 더욱 중점을 두는 흐름과 궤를 같이했다. 도심 지역에서의 흑인 주택 소유는 매해 여름마다 발생하는 폭동에 대한 사회적 완화책으로 여겨지기도 했다. 몇몇 정치인은 주택의 필요성을 역설함과 동시에 주택 소유의 사회적 이점을 강력하게 피력했다. 일리노이주의 초선 공화당 상원의원 찰스 퍼시(Charles Percy)는 당시 흔히 회자되던 말을 다음과 같이 되풀이했다. "가난한 이들에게 주택 소유권을 제공하면 우리 도시의 상황이 악화하는 사태를 막을 수 있다. ……수백만 미국 가정에는 내 집 마련에 대한 열망이 자리 잡고 있다. 이 문제를 해결하기 위해서는 민간 기업과 민간 자금이 은행과 저축 및 대출 협회를 통해 참여하도록 이끌어야 한다."[127]

1967년 입법 시즌에는 민주당, 공화당 할 것 없이 도심에서의 주택 소유 관련 법안을 35여 개 마련했다.[128] 퍼시 자신도 1967년 봄 알맞은 이름이 붙은 전국주택소유재단법(National Homeownership Foundation Act)을 발의한 바 있다. 그해 4월 20일의 상원 연설에서, 그는 이 법안을 공포하는 것으로 말문을 열며, 그에 대해 단순한 또 하나의 주택 법안이 아니라 도덕적 소명이라고 표현했다. 퍼시는 주택 소유를 "인간의 존엄성, 자존감, 성취동기, 안정감과 뿌리 의식, 개인 및 공동체의 책무, ……〔그리고〕 공동체 활동 참여와 거기서의 리더십 발휘" 같은 도덕적 의무를 낳는 요소로 규정했다.[129] 이 법안은 도시 주택 소유를 위한 기금을 마련할 목적에서 '주택소유대출기금(Homeownership Loan Fund)'이라는 민간 재단의 설립을 승인할 예정이었다. 이 재단은 미 재무부가 보증하는 채무 증서를 발행하는 식으로 민간 자금에 의존하게 된다. 퍼시의 법안은 고결한 표현을 사용하긴 했으나 주로 교회 및 기타 소규모 비영리 단체를 통해 비교적 작은 규모의 주택 소유 기회를 촉구했다. 세인트루이스는 1966년 제한적 규모로 저소득층의 주택 소유를 위해 엇비슷한 시범 프로그램을 시도한 바 있는데, 비록 주택 2000채를 보증하는 데 그쳤지만 성공작으로 널리 알려졌다.

퍼시의 법안은 질병이나 실직 발생 시의 모기지 납부를 보장하기 위해 주택 소유자의 보험 가입을 촉구하기도 했다. 이 법안은 주택 소유자가 본인 재산을 복구하고자 노력하는 경우 비용을 절감할 수 있도록 거드는 '땀의 지분〔sweat equity: 주택 소유자가 집을 개조하거나 수리하는 데 들인 노력(땀)의 가치에 대한 보상—옮긴이〕' 규정을 담고 있었다. 마지막으로, 이 법안에는 비영리 단체가 잠재적 주택 소유자에게 그들 자체의 엄격한 주택 소유 관련 법규 적용에 대해 조언해줄 도구를 제공하는 내용도 담겨 있었다. 이 법안은 3년 동안 비교적 적은 수의 주택인 20만 채에 대해 (그 프로그램의 혜택을 볼 수 있는 인원을 제한하고자 계산된) 최대 금리 3퍼센트까지 보조금을 지급하는 식으로 주택 소유를 촉구하려는 목적을 지녔다.[130] 퍼시의 법안에 대해서는 39명의 상원 공동 발의자와 112명의 하원 공동 발의자를 위시해 초당적 지지가 광범위하게 이루어졌다. 퍼시는 남부기독교지도자회의(Southern Christian Leadership Conference)에서 킹 박사의 보좌관 앤드루 영(Andrew Young)과 함께 이 제안을 검토하기도 했다. 그러나 모두가 이 새로운 제안에 열광한 것은 아니었다.

주택도시개발부 장관 위버는 도시 빈민의 주택 소유가 탁월한 잠재력을 지닐 거라는 추정에 의구심을 표했다. 그는 주택 소유의 장점에 대해서는 동의했으나, 빈곤층이 과연 주택 소유와 관련한 재정적 부담을 감당할 수 있을지에 대해서는 우려를 제기했다.

준비가 부족하거나 잘못된 조언을 듣거나 실패로 점철된 사람들로서는 참여가 좌절과 환멸을 안겨주는 경험입니다. 만약 저소득층 가정이 일시적 실직이나 심각한 질병이 닥쳐 집을 잃고 빚 부담만 떠안는다면, 그들의 상실감은 크고 실망감은 이루 말할 수 없을 겁니다. 가장의 실직 탓에 다른 지역으로 이사해야 하는 경우에도, 시장에서 집을 구입할 수 있는 금액보다 더 많은 빚을 지고 있다는 사실을 알게 된 경우에도, 저소득층 가정의 상실감과 실망감은 덜하지 않을 겁니다. 이는 부동산 자산이 부족하거나 낙후된 거주 지역 상태 때문일 수 있습니다. 실효성 없는 정부 프로그램을 둘러싼 오도된 약속을 믿고 주택 소유라는 불안정 상태에 빠진 상당수 저소득층 가정이 이러한 손실을 입을 경우, 그들의 쓰라린 환멸은 국가에 해악을 안겨줄 겁니다.[131]

위버의 우려에도 불구하고 존슨은 그의 정치적 라이벌 다수가 추진하고 있는 저소득층 주택 소유에 대한 정치적 인기를 의식했으며, 도시 주택 소유를 확대하고자 하는 그 나름의 비전을 제시했다. 존슨은 '도시의 위기' 연설에서 10만에 이르는 저소득층 가구에 자가를 매수하거나 본인 집을 재건하라고 촉구했다. 그는 주택 소유를 "대다수 미국인이 소중하게 간직하는 꿈이자 성취"라고 표현했다. "……집을 소유하면 책임감이 커지며 지역 사회에서 그 자신의 입장을 분명하게 표명할 수 있다. 주택을 소유한 사람은 자부심을 품을 수 있으며, 그것을 보호하고 보존할 충분한 이유가 있다."[132] 상원 금융통화위원회(Senate Banking and Currency Committee)는 다양한 주택 법안에 담긴 여러 요소를 결합해 1968년 주택도시개발법에 통합될 정부 보조 저소득층 주택 소유 계획을 수립했다.

'도시를 위한 마그나 카르타'

8월의 어느 따뜻한 날, 2000만 달러를 들여 새로 지은 주택도시개발부 청사 정원에서 야외 행사가 열렸다. 존슨은 그 자리에서 서명을 통해 주택도시개발법을 공식 승인했다. 그보다 더 유명한 공정주택법('1968년 민권법'으로 알려졌다)이 통과되고 약 4개월이 지난 뒤였지만, 존슨은 자신이 막 새로 서명한 이 법안을 "도시를 위한 마그나 카르타"라고 추켜세웠다. 그는 계속해서 이 새로운 법안에 대해 다음과 같이 말했다. "내가 진정으로 미국 역사상 가장 선견지명 있고 가장 포괄적이며 가장 대대적인 주택 프로그램이라고 믿는 것, 우리는 오늘 그것을 미국 법전에 기록하게 될 겁니다."[133]

주택도시개발법 제정은 미국 주택 정책의 분수령이 된 사건이었다. 존슨은 이전의 노력에 대해 "중간 소득층 가정에 '제대로 된' 주택을 공급하기 위한 정부 역할의 확대"라고 표현했다.[134] 주택도시개발법은 그것들과 다를 터였다. 그는 저소득층 및 중간 소득층 주택 공급에 대한 "정부 역할"을 내내 확대하는 대신, "연방이 인가한 민간 영리 주택 파트너십을 설립함으로써 저소득층 가구에 주택을 공급하는 데 민간 기업의 재능과 에너지를 투입하도록" 촉구했다.[135] 존슨은 해묵은 도시 주택 위기를 해결하기 위해 민간 기관과 정부가 함께 손잡고 노력할 수 있는 다각적 방안에 대해 설명했다. 그는 도시 주택 위기를 종식시키려면 "기업과 정부 간 새로운 파트너십"이 필요하다고 선언하면서, "주택 건설업자, 모기지 은행가, 도급업자, 비영리 후원자, 기업가"에게 "미국 도시가 지닌 새로운 사업 기회를 인식하라"고 촉구했다.

이 새로운 법안의 핵심은 저소득층 및 빈곤층의 주택 소유를 위한 프로그램이었다. 주택법 235항은 미국 주택 정책의 역사에서 일대 전환점이었다. '도심'에서의 모기지 보험은 최초로 아프리카계 미국인이 전통적인 저렴한 수단을 통해 주택을 소유할 수 있는 가능성을 열어주었다. 연소득 3000~7000달러인 가정은 고작 200달러의 계약금과 본인 소득의 20퍼센트에 해당하는 월 납부금을 지급하는 조건으로 주택을 매수할 수 있었다. 연방 정부는 추가 비용을 지불하고, 1퍼센트를 초과하는 이자 지불에는 보조금을 지급했다.[136] 당시 금리가 대개 6~7퍼센트에 달했던 만큼, 연방 정부가 참여 주택 소유자에게 1퍼센트를 제외한 모든 이자를 보조해준 것은 더할 나위 없이 관대한 조치였다. 최저 금리 보조금 덕분에 3퍼센트 이자 보조금을 약속한 원안보다 수십만 명이나 더 많은 사람이 이 프로그램에 참여할 수 있었다. 주택 가격이 2만 달러까지 늘어나는 고소득 지역에 살지 않는다면, 각 가정은 1만 5000달러 미만에 주택을 구입할 수 있었다.[137]

일반적으로 이 법안은 진정한 초당파적 협력의 결과로서, 새로운 주택 개발을 꾀하는 그 법안의 강조점을 높이 평가한 전미주택건설업자협회의 업계 리더들뿐 아니라 의회로부터도 광범위한 지지를 받았다.

전미주택건설업자협회 회장은 주택도시개발법을 "더 나은 주거 여건 및 생활 여건을 둘러싼 빈곤층의 불안 증가에 대한 최초의 실질적 대응"이라고 추켜세웠다. 이 같은 긍정적 반응은 향후 10년 내에 수백만 채의 신규 주택을 건설해야 한다는 법안의 명령을 고려할 때 놀라울 게 없는 일이었다.[138] 이 법안의 추진력은 궁극적으로 개인이 소유하게 될 부동산과 관련해 민간 건축업자, 민간 부동산 중개인 및 민간 금융업자에 의존하는 데서 잘 알 수 있듯이, '최대 민간 이익 집단 투입'을 우선시한 것이었다. 이 법안은 이어진 10년간 보조금 지급 주택 600만 호를 포함해 총 2600만 호의 신규 주택을 건설하도록 요구했다. 이 계획이 성공한다면 주택 생산은 전례 없는 극적 증가세를 띨 터였다. 보조금 지급 주택이 1966년에는 4만 9000호밖에 건설되지 않았지만, 1967년에는 5만 7000호, 1968년에는 12만 8000호로 늘어났다. 존슨은 이 수치를 연간 60만 호로 대폭 늘리라고 촉구했다. 주택 착공 건수 증가 예상치는 생산량을 주요 목표로 삼은 주택도시개발부의 새로운 주안점을 반영한 결과였다.

대부분의 아프리카계 미국인 공동체는 이 법안을 꿈의 실현으로서 환영했다. 전미유색인종지위향상협회 기관지 〈위기(Crisis)〉는 사설에서 "니그로에게 이 새로운 법안은 이제 약 50만 가구한테 주택 소유가 꿈이 아니라 현실이 될 수 있음을 뜻한다"고 적었다.[139] 재계와 정계에서 활약하는 흑인은 이 역사적 법안의 통과를 주택 법안의 확보뿐 아니라, 일자리 창출 및 사업 개발의 기회로 여겼다. 전미유색인종지위향상협회는 "주택 분야의 니그로 기업" 활성화를 목적으로 "니그로 건축업자, 건축가, 중개인, 기획자, 금융 대리인, 보험업자 및 주택 전문가"를 위한 전국주택생산자협회(National Housing Producers Association)를 조직하는 데

박차를 가했다.[140] 윌리엄 모리스(William R. Morris)가 이러한 노력을 주도했다. 전직 개발업자이자 부동산 중개인이던 모리스는 주택도시개발법 통과 후 전미유색인종지위향상협회의 주택 담당 이사로 새로 임명되었다. 그가 맡은 임무는 아프리카계 미국인을 위한 새로운 주택 및 사업 기회를 개발할 목적으로 주택도시개발법이 마련한 새로운 도구를 활용할 수 있다는 희망을 갖고 여러 주택 산업 부문을 서로 연결해 주는 것이었다. 전미유색인종지위향상협회는 조직 내에서 이러한 관계를 촉진하고자 통합된 주택 조직을 설립했다. 모리스가 전미유색인종지위향상협회의 전략에 대해 설명했다. "우리는 일정한 몫을 하길 원한다. ……흑인 공동체에서 주택 및 기타 개선 사항을 개발하지만 그 이익을 비롯해 여러 경제적 혜택이 우리 지역을 떠나는 경우가 너무 빈번하게 일어나고 있다. ……우리는 이러한 추세를 되돌리고, 돈의 흐름 및 장기적 혜택이 우리 지역 사회로 다시 유입되도록 활성화시키고 싶다."[141] 조만간 주택도시개발부 장관직에 오를 조지 롬니는 언론과의 인터뷰에서 "모든 사람에게 좋은 주택과 좋은 일자리를 제공한다는 이번 정부의 목표를 달성하는 데는 흑인 기업이 필수적이다"라고 분명히 밝혔다.[142] 이 특별한 접근 방식은 전미유색인종지위향상협회를 문자 그대로 부동산 사업에 뛰어들게 했을 뿐 아니라, 통합을 향한 그 조직의 오랜 헌신에 잠재적 도전을 가했다. 이는 전미유색인종지위향상협회는 물론 인종적으로 분리된 도시와 교외 지역 건설에 직면해 있거나 배타적 백인 교외 지역으로의 접근을 쟁취하고자 싸우는 모든 흑인 조직이 떠안은 딜레마였다.

또한 주택도시개발법은 연방국가모기지협회를 민영화하고 그 자리에 정부국가모기지협회(GNMA)를 설립했다. 존슨 행정부는 특히 저소득층에게까지 대대적으로 주택 소유를 확대할 채비를 서두르고 있었으므로 연방국가모기지협회의 부채를 장부에서 덜어내고 싶어 했다. 연방국가모기지협회 민영화는 눈덩이처럼 불어나는 연방 재정 적자를 어떻게 통제할지에 관한 여러 논쟁에서 정점을 찍은 결정이었다. 민영화는 연방 예산에서 연방국가모기지협회의 부채를 순식간에 사라지도록 해줄 테니 말이다. 연방 정부는 여전히 그 조직의 이사회를 구성하고 재무부로부터 거기에 자금을 대출해줘 2차 시장으로서 구매력을 고스란히 유지하는 식으로 연방국가모기지협회에 영향을 미치겠지만, 그 대차 계정은 더 이상 부채로 드러나지 않을 터였다. 정부국가모기지협회는 그 자금이 저소득층 연방주택청 모기지를 구매하는 데 쓰인다는 점을 제외하면, 종래의 연방국가모기지협회가 행하던 것과 유사한 역할을 담당할 판이었다. 특히 주택 프로그램에 책정한 연방 예산이 초래하는 정기적 위험을 고려할 때, 저소득층 모기지를 위한 2차 시장은 주요 수입원이 될 터였다. 그것은 또한 저소득층 주택 소유를 위해 제공되는 자금에 증식 효과를 안겨주기도 할 것이다. '모기지 담보 증권'은 주택도시개발법이 새로 개발되는 도시 주택 시장으로의 모기지 신용 흐름을 늘리는 방편으로서 도입했다. 소비자(이 경우에는 모기지 채무자) 부채는 증권화(securitization)를 통해 월가 등에서 사고팔 수 있는 투자자 채권으로 전환되었다.[143] 부채를 유동성 현금으로 전환함으로써 그 시장은 건설업자·중개인·은행가의 이해관계로부터 안전성을 보장받을 수 있었다. 모기지는 부족하지 않을 테고, 그 업계는 주택을 생산해야 했다. 〈위기〉가 지적했다시피, "〔235항 프로그램이라고 알려진〕 그 프로그램은 워싱턴에서 만들어졌지만, 그에 자금을 댄 것은 월가였다".[144]

이윤과 공공복지라는 두 가지 목표 사이에 불거진 모순은 빠르게 수면 위로 떠올랐다. 부동산 중개업자들은 이 법안이 신규 주택을 강조한다는 사실에는 코웃음을 쳤지만, 그 법안을 시행하는 처음 3년 동안 170만 호의 주택 및 아파트를 재건축하도록 촉구한 점에는 만족감을 드러냈다. 캘리포니아 부동산협회(California Real Estate Association)는 더 많은 신규 주택 건설을 촉구함으로써 그 업계 전반에 새로운 사업 기회를 제공하도록 한 주택도시개발법에 열렬히 지지를 보냈다. 그 협회 회장은 새로운 주택도시개발법에 대해 언급하면서, "우리는 이 〔저소득층 주택〕 문제를 해결하기 위해 시 및 카운티 정부, 시민 단체, 민간 기업 대부분과 협력할 것"이라고 밝혔다. 이 단체는 주택도시개발법에 따라 새로운 부동산 사업이 활성화하는 것을 환영하면서도 캘리포니아에서 공정 주택에 반대하는 캠페인을 지속하기로 결정했다. 그러면서 "우리 회원사 내에는 차별 문제가 없다. ……우리는 항상 평등권 문제를 자발적으로 해결하는 데 역점을 두고 있다"고 주장했다.[145]

주택도시개발법은 생명보험업계의 도시 투자 프로그램이 처음에 일구어낸 성공을 한층 키워갈 태세를 갖추고 있었다. 그러나 정부의 레드라이닝 금지는 정책 변화를 의미하긴 했지만, 애초에 이 정책으로 인해 빚어진 주거 분리 문제는 제대로 다루지 못했다. 실제로 도시문제공동위원회 같은 금융업체, 그리고 연방주택청하고 함께 일한 모기지 은행과 저축 및 대출 협회는 자신들이 주택 융자에서 흑인 공동체를 제외하기로 결정했을 때 인종차별이 일정 역할을 한 적은 없노라고 부인했다. 이제 이들은 연방주택청의 전폭적 지원을 등에 업은 채 게이트키퍼 노릇을 떠안았다. 부동산업계가 흑인 공동체에 더욱 광범위하게 진출하도록 허용하는 한편, 흑인이 변함없이 게토 안에 갇힌 채 살아가도록 보장한 것이다. 주택도시개발부의 다채로운 주택 소유 프로그램—221항

(d)(2), 221항(h), 223항(e), 235항―이 단단히 자리 잡기 시작한 결과, 흑인은 자유롭게 이동할 수 없는 데 반해 자본은 그렇게 하도록 허용하면서 약탈적 포용을 위한 조건이 마련되었다. 이 도시 투자 계획은 주택도시개발법으로 정점을 이룬 주택 정책 개편의 핵심으로서 자본과 연방 기관 간의 파트너십이 불균형하다는 사실을 똑똑히 보여주었다. 아프리카계 미국인은 마침내 주택 시장에서 인종차별을 당하지 않을 권리를 보장받았지만, 정부는 미국인에게 '제대로 된 집'을 제공하겠다는 목표의 달성 책임을 민간 기업의 '지략'에 떠넘겼다. 그럼에도 흑인과 백인을 구분하는 인종적 경계를 위반한 아프리카계 미국인 주택 소유자에 대한 폭탄 테러가 이어지는 상황에서 알 수 있듯이, 주택 통합은 여전히 불안하게 들끓는 사안이었다. 주택 위기에 개입하겠다는 사업이 주장한 것은 인종 분리를 해결하고 아프리카계 미국인의 주택 선택권을 확대하자는 게 아니었다. 배타적 백인 교외 지역에 저소득층 및 노동 계급 흑인 가정이 저렴하게 이용할 수 있는 주택을 새로 지으면서 동시에 도시 주택을 신규로 건설하거나 재건하지 못할 이유는 없었을 것이다. 새로운 연방 공정 주택 규칙을 엄격하게 시행함과 더불어 흑인 주거 환경을 변화시킬 수도 있었을 터다. 하지만 기업들은 흑인을 도시에 (다만 그들 자신의 집을 소유한 상태로) 가두어두느라 수십억 달러를 사용했다. 3장에서는 공정 주택을 도시 및 교외 지역 개발 노력에 기여하는 도구로 활용하는 데 실패한 까닭을 파헤치고자 한다.

3

강제 통합

"연방 정부는 경제적 통합을 강요하지 않을 것입니다."

—리처드 닉슨 대통령, 1971년 6월 11일

1968년 대통령 선거의 배경에는 도시 위기라는 거대한 유령이 어른거리고 있었다. 닉슨은 1967년부터 1968년에 걸친 오랜 선거 기간 동안 널리 만연한 도시 위기를 거의 입에 올리지 않았다. 미국 역사상 가장 큰 사회적 불안이 발생한 가운데 선거 시즌이 시작되었음에도 불구하고 말이다. 릭 펄스타인〔Rick Perlstein: 미국의 역사가이자 언론인으로 2008년 5월 《닉슨랜드: 어느 대통령의 부상과 미국의 분열(Nixonland: The Rise of a President and the Fracturing of America)》을 출간했다—옮긴이〕은 "인종은 닉슨의 이데올로기라는 기묘한 장치에서 항상 가장 기름칠이 잘되어 있는 경첩이었다"면서, 인종 및 민권에 대한 그의 태도가 얼마든지 유동적일 수 있음을 시사했다.[1] 닉슨은 존 케네디의 민권 법안은 지지했지만 곧바로 그것을 시행하려는 노력은 비난했다. 그는 마틴 루서 킹 2세의 암살로 더 이상 반대가 불가능해진 연후에야 공정 주택을 주된 내용으로 하는

1968년 민권법을 지지했다. 도시 위기를 종식시키는 효과적 방법이 무엇일지, 즉 정부 프로그램의 확대와 민간 부문 개입의 확대 가운데 어느 쪽이 더 나을지에 대해서는 여전히 깊은 의문이 남아 있었다. 닉슨은 마침내 당의 대통령 후보로 지명되자 이 논쟁에 깊숙이 뛰어들었다. 1968년 공화당 전당 대회 연설에서 그는 지난 행정부의 여러 사회 프로그램을 표적으로 삼았다. "지난 5년 동안 우리는 실업자를 위한 정부 프로그램, 도시를 위한 프로그램, 빈곤층을 위한 프로그램 등에 허덕여 왔습니다. 그런데도 이러한 프로그램을 통해 전국적으로 좌절·폭력·실패라는 추악한 수확만 거두었을 따름입니다. 하지만 저들은 정부 일자리, 정부 주택, 정부 복지를 위해 전과 동일한, 아니 그보다 수십억 달러나 더 많은 예산을 쏟아부으려고 합니다. 나는 이제 미국에서 실패한 프로그램들에 수십억 달러를 쏟아붓는 일은 그만둘 때라고 말하겠습니다."[2]

그러나 여전히 의문은 남는다. 선거철에는 으레 신랄한 수사가 등장하니만큼 그 점을 감안할 때, 닉슨 행정부는 닉슨 자신이 '위대한 사회'를 "미국에 실패를 안겨준 프로그램"이라고 적대적으로 묘사한 상황에서 어떻게 무절제한 존슨식 복지 국가를 관리할 수 있을까 하는 의문이다. 저소득층 주택을 옹호하는 이들은 특히 닉슨이 주택도시개발부를 완전히 없애버릴 거라는 소문에 우려를 표했다. 닉슨이 대통령에 선출되고 3년쯤 지났을 때, 주택도시개발부는 일관된 정부 기관이라기보다 여러 조직과 이해관계가 뒤범벅된 무질서한 집합체 같은 모습을 띠었다.

닉슨이 자신의 정치적 라이벌이던 미시간 주지사 조지 롬니를 주택도시개발부의 새 장관으로 지명한 것은 충격으로 다가왔다. 롬니는 민권 운동을 지지하는 것으로 잘 알려진 온건한 공화당원으로, 주지사 재임 기간에 주 차원의 공정 주택 법안을 옹호했다. 닉슨이 자신의 국내 정책 의제를 내내 통제하길 원했다면 롬니는 흥미로운 선택이었다. 일례로 롬니는 디트로이트 폭동 사태의 참혹함에 진정으로 영향을 받은 듯 보였으며, 그 일이 일어난 뒤 전국의 흑인 도시 공동체를 순방했다. 이때 롬니가 내놓은 발언은 주택도시개발부 장관으로서 그의 행보를 미리 선보인 것이었다. 어느 곳에선가 그가 말했다.

> 과거에 우리가 쏟아부은 가장 광범위한 최선의 노력은 치료책이 아니라 완화 조치에 불과했습니다. 원인 치료가 아니라 증상 대처에만 급급했던 것입니다. 그 같은 노력은 문제의 근원인 미국 사회의 구조적 결함을 파헤치는 데 실패했습니다. ……새로운 미국을 위한 전략은 우리에게 슬럼가 주민을 사회의 발목을 잡는 존재로 바라보는 시선을 거두고, 그들을 미개발 자산이라 여기도록 요청합니다. 슬럼가에는 교외 지역만큼이나 많은 재능과 리더십이 있습니다. 그곳을 개발하면 새로운 미국이 창출될 겁니다. 우리는 게토 사업에 뛰어들고 그것을 확대하기 위해 자본 가용성에 따른 제한을 없애야 합니다. 오늘날 대체로 게토 지역에서는 달러가 일회적 효용에 그칩니다. 따라서 달러가 승수 효과(multiplier effect)를 거두려면 금융계는 게토 기업가에게 기꺼이 운전 자본과 위험 자본을 제공해야 합니다.[3]

롬니의 발언은 민간 부문이 도심 변화의 중추 역할을 맡아야 한다는 생각을 떠오르게 했을 뿐 아니라, 구조적 불평등을 도시의 장애물로 꼽은 커너 위원회의 조사 결과와도 일맥상통했다. 어쨌거나 롬니의 발언은 그가 정력적인 주택도시개발부 장관으로 활약하리라는 것을 암시했다.

이러한 활동주의는 롬니가 그 부처 장관으로 재임한 첫 2년 동안 기본적인 기조가 될 터였다.

저소득층 주택 정책은 존슨에서 닉슨으로의 정치적 전환과 이후 롬니가 이끈 주택도시개발부의 임무 변화에 크게 영향을 받았다. 이러한 정치적 변화는 닉슨이 이른바 '신연방주의(New Federalism)'라고 표현한 것에 의해 정치적으로 구체화되었다. 신연방주의란 한편으로 연방 정부의 권한 제한 방안을 모색하고, 다른 한편으로 연방 자금의 사용 및 분배에 대한 지방의 통제권 강화를 보장했다. 그러나 새로운 주택 정책을 시행하는 데서 가장 큰 난관은 자금 조달이 아니라, 주택이 어디 들어서야 하는지에 대한 끊임없는 논쟁이었다. 로버트 위버의 도움으로 아프리카계 미국인이 직면한 주택 차별을 극복하고자 개발된 새로운 법적 도구인 주택도시개발법은 외딴 교외 지역에 신규 주택을 건설하려는 취지에서 추진되었다. 교외 지역에서의 신규 주택 건설은 그 자체로 정치적 함의를 지닐 뿐 아니라 건설 비용을 낮추고 주택을 저렴하게 공급하는 데 기여할 터였다.

이 장에서는 인종과 빈곤이 긴밀하게 연관되는 상황에서 정책 논쟁이 어떻게 민권 운동에 영향을 받은 결과, 인종·계급·주거권에 관한 논쟁의 대리물로 떠올랐는지 살펴보려 한다. 1960년대 미국 거리에서 펼쳐진 치열한 정치 투쟁을 계기로 미 의회는 마침내 주택에서의 인종 차별을 금지하는 법안을 마련했다. 하지만 이렇듯 강력한 외부 압력이 인종에서 계급으로 논의를 전환하기 위한 공동의 노력과 결부되지 못함으로써 그 사안은 한층 더 큰 혼란에 휩싸였다. 그 결과 닉슨 행정부 내에서 정치색 짙은 싸움이 빚어졌고, 주택도시개발부는 정치적 셈법에 휘둘리는 행정부와 대척점에 놓였다. 백인 주도의 선거 연합을 유지하려는 닉슨의 목표는 '주거 통합'이라는 의제를 밀어붙이려는 주택도시개발부의 법적 명령을 크게 약화시켰다. 닉슨과 그의 최측근 보좌관들이 인종 평등 및 주택 평등이 아니라 '경제적 통합'의 장점에 초점을 맞추는 쪽으로 논의를 선회함에 따라 '주거 통합'은 더욱 요원해졌다. 이처럼 둔감한 '인종 무관' 담론이 등장하면서 도시의 주택 위기를 본격적으로 다루는 구체적인 주택 정책이 필요하다는 생각은 혼란에 빠졌다. 한층 더 중요한 것은, 흑인 매수자와 임차인에게 교외 지역 주택을 개방하지 않는 데 그치지 않고 인종이 타당한 변수일지도 모를 가능성마저 부인한 결과, 기존 도시 시장에서 약탈적 포용이 활개 칠 수 있는 조건이 무르익었다는 점이다. '경제적 통합'과 '인종 분리'를 규명하고자 애쓰는 가짜 철학 논쟁은 흑인이 내내 도시에 갇혀 지내는 현실을 온전히 다룰 수 없었다. 1970년대까지 인종차별적 거주지 경계를 유지한다는 명목으로 백인 주민이 저지른 테러가 이어질 때, 흑인은 그저 수동적 피해자에만 그치지 않았으며 그 다수가 그들 도시 거주지와 화해를 모색했다. 그러나 닉슨 대통령이 지방 당국으로 하여금 차별 금지 의무를 준수하도록 강제하는 연방 정부의 권한을 행사하지 않겠다고 약속함에 따라, 분명 이 같은 논의에 입김을 불어넣는 주 정부 권한은 불균형할 정도로 커졌다. 저소득층 주택의 위치 선정을 둘러싼 정치 공방은 공정주택법 이후 미국 주택 정책과 관련한 핵심적 투쟁이었다.

조 지 롬 니

리처드 닉슨은 미국의 제38대 대통령으로 취임하고 며칠 만에 내각에 자신을 소개하면서 "나는 '예스맨'으로만 구성된 내각은 원치 않는다"고 밝혔다.[4] 닉슨이 갈등을 원한 거였다면 조지 롬니 전 미시간 주지사는 정확히 그 소임에 충실한 것처럼 보였다. 〈뉴욕타임스〉는 그에 대해 "예상치 못한" "대담한" "직설적인"이라는 표현을 사용했다.[5] 〈비즈니스 위크(Business Week)〉는 롬니가 가장 좋아하는 역할이 "기획자-전도사"로서 역할이라고 말했다.[6] 롬니와 닉슨은 공화당 예비 선거 기간 내내 여러 이슈를 놓고 티격태격했지만, 롬니로서는 피하기 힘든 미국 도시의 위기만큼은 예외였다. 롬니는 자신의 고향 미시간주에서 '공정 주택'을 주창하면서 그 주의 정치에 첫발을 내디뎠으며, 이에 힘입어 자신이 출마한 주지사 선거에서 흑인 득표율 30퍼센트라는 전례 없는 지지를 얻었다.[7] 롬니는 임명 청문회에 제출한 약력에서 디트로이트의 도시 문제에 뛰어든 자신의 전력을 "시 정부, 도시 생활 및 도시 거주자와 관련한 여러 가지 일을 강화하고 개선한 괄목할 만한 성과"라고 강조했다.[8]

롬니는 오랜 주지사 재임기 이전부터 '기회 균등'과 민권에 지지를 표명해온 전형적인 전후 인종자유주의자였다. 그는 제2차 세계대전 기간의 전시 주택뿐 아니라 디트로이트 공공 주택에서의 인종 분리에 반대해왔다. 롬니는 아메리칸 모터스(American Motors) 사장으로서 공정고용관행법(Fair Employment Practices Act)을 지지했다. 그리고 대부분의 인종차별에 반대했지만, 특히 주택 차별 문제에 관심이 많았다. 주지사가 된 직후 열린 주거 개방 회의 연설에서, 그는 "자유롭고 개방된 주택 시장은 공공의 책임이자 민간 기업의 목표"라고 선언했다.[9] 롬니는 '주지사 시정 방침' 연설에서 주택 차별을 미시간주의 "가장 중요하고도 시급한 문제"로 꼽았다.[10] 그는 아메리칸드림의 약속을 믿었으며, 그 약속은 공정·평등·기회를 통해 실현될 수 있다고 보았다. 무엇보다 자유 시장 경제가 자유 사회를 건설하는 데 결정적 요소라고 생각했다. 어쨌든 롬니가 별 볼 일 없는 모르몬교도에서 기업체 임원이라는 기업 영향력과 권력의 정점까지 오른 사실이야말로 미국 자본주의의 위력을 유감없이 보여주는 증거였다. 아프리카계 미국인은 그런 시스템에 대한 접근과 그걸 실현할 수 있는 기회를 필요로 했다. 그리고 만약 미국이 그 이상에 부응하지 않고 주류 사회의 약속으로부터 아프리카계 미국인을 내내 내친다면, 그들은 좀더 극단적인 정치에 뛰어들 판이었다.

1968년 3월 롬니는 치열한 공화당 대통령 예비 선거에서 탈락했지만, 계속 전국을 순회하면서 스스로를 도시 상황에 관한 전문가이자 미국 도시를 괴롭히는 문제의 해결을 열정적으로 옹호하는 인물로 자리매김했다. 롬니는 인종 평등을 '기회 균등'이라는 도덕적 이슈를 넘어서는 가치로 보았으며, 도시 위기 해결을 미국의 생존에 반드시 필요한 요소로 여겼다. 롬니와 다른 관리들은 도시 반란이 일어날 때마다 진정으로 그 광경에 충격을 받았다. 특히 디트로이트 폭동은 미국 내에서 과거 겪어본 유례가 없는 규모였다. 게다가 디트로이트에서 폭동이 발생했다는 사실은 정치권을 당혹스럽게 만들었다. 자동차 산업에 따른 양질의 일자리 덕에 디트로이트 흑인이 다른 지역 흑인보다 훨씬 더 잘 살고 있었기 때문이다.

롬니는 도시 순회를 마친 후 분노를 담은 길 스콧헤론의 노래 〈달에 사는 횐둥이〉에 빗대어 이렇게 외쳤다. "지구상에서 살아가는 수백만 명의 사람이 10년 내로 달에 사람을 보내는 일보다 더 중요하다면, 우주가 아니라 인간에게 투자하자. 할렘에 더 많이 투자하고, 고요의 바다(Sea of Tranquility: 달 앞면에 위치한 물 없는 바다—옮긴이)에 덜 투자하자."[11]

그는 미국 도시에서 게릴라전이 일어날 확률을 따져보고 적절한 정책을 시행하지 않을 경우 혁명이 발생할 가능성을 추측하는 등 해결되지 않은 도시 문제를 재앙적 용어를 동원해 기술하기 시작했다. 어느 공개 석상에서 그가 밝혔다. "오늘날 우리 도시의 핵심 문제는 이것입니다. 즉, 인종차별과 인간적 불의의 철폐는 평화적이고 질서 정연한 변화를 통해 이룩해야 하는가, 아니면 폭력·파괴·유혈을 통해 강제해야 하는가?"[12] 다른 곳에서는 이렇게 말했다. "일부 시민은 폭력, 폭동, 시민 게릴라전에 뛰어들기 위해 조직에 가입하고 훈련하고 무장합니다. 그들은 쿠바, 중국, 동남아시아에서 개발된 최신 방법과 수단을 써먹습니다. 그들은 꾸준히 신병을 모집하고 더 많은 신병을 확보하고 있습니다."[13]

롬니는 임무를 수행하기 위해 워싱턴 D.C.로 향했다. 실제로 그는 장관에 임명되고 몇 주밖에 지나지 않았을 때, "닉슨 대통령 내각에서 미국의 게토 지역에 가장 직접적으로 관심을 기울인 인물"로 선정되어 민권상을 수상했다.[14] 워싱턴 D.C.로 떠나는 그는 미시간주에서 공식적인 공정 주택 정책을 위해 싸운 기억을 생생하게 간직한 상태였다. 그뿐만 아니라 미국은 도시 문제를 해결하지 않으면 이내 혁명으로 치달을 거라는 절박한 신념도 품고 있었다. 이전 행정부에서 공정주택법이 통과되었음에도 저소득층 주택 정책과 관련해서는 여전히 커다란 의문이 남아 있었다. 만약 닉슨이 도시의 주택 위기를 '긴급한 과제'로 꼽고 해결하려 한 존슨의 원대한 야망에서 조용한 방치로 슬그머니 선회하길 원했다면, 롬니는 도무지 그에 적합한 인물이 아니었다. 롬니는 주택도시개발부 장관으로서 큰일을 해내려는 열의에 불탔다.

전 환

1968년 공화당 역시 아이젠하워 이래 최초로 대통령직을 탈환할 절호의 기회를 맞아 큰일을 해내려는 열의에 불탔다. 그해에 공화당 전당대회(민주당 전당 대회보다 훨씬 덜 알려졌다)에서 공화당은 도시 이슈를 구체적으로 다룬 새로운 항목을 공약에 담았다. 그리고 주택에서 대중교통, 실업에서 대기 오염 및 수질 오염에 이르는 온갖 문제를 해결하기 위해 새롭게 노력하겠다고 약속했다. 또한 공화당은 "도시 위기를 해결하기 위해" 기업과 정부 간 파트너십을 추구한 존슨의 기조를 계승했다. 자유주의적인 공화당원들은 "폭력의 원인을 제거해줄 공정 사회"를 촉구하는 공약 수정안을 통과시켰다.[15]

닉슨은 당이 새로 채택한 공약에 반영된 국내 정책에는 거의 주목하지 않았지만, 도시 문제는 도시 내 폭력의 위협으로 미국 정치의 최전선에 놓였다. 닉슨은 정부의 첫 번째 공식 활동으로 도시문제위원회(Council for Urban Affairs), 일명 도시위원회(Urban Council)를 설립함으로써 그에 대응했다.[16] 이 조직은 외교 정책을 관장하는 국가안보위원회(National Security Council)와 짝을 이루는 국내 위원회였다. 도시위원회는 민주당 출신이자 존슨 행정부를 이어받은 대니얼 패트릭 모이니핸(Daniel Patrick Moynihan)이 이끌었다. 그는 수년 전 노동부를 위한 연구를 진행해 흔히 '모이니핸 보고서(Moynihan Report)'라고 부르는 〈니그로 가족: 행동 촉구(The Negro Family: A Call to Action)〉를 발간하면서 국내 정치계에 잘 알려진 인물이었다. 모이니핸은 자유주의자로 간주되었지만, 공화당 정치인들은 흑인 과격파와 좌파에 대한 공격을 일삼았다는 이유로 그를 좋아했다.

도시위원회의 창설은 닉슨이 도시 문제를 도외시한 게 아니라 중심 의제로 삼았음을 보여주었다.[17] 실제로 도시위원회를 구성하는 데 닉슨 내각의 절반이 참여했으며, 닉슨은 창설 첫해에 친히 대부분의 회의에 참석함으로써 그 위원회의 중요성을 부각시켰다. 실제로 초기 회의 중 하나에서 위원회는 "도심에 거주하는 소수 인종 집단의 빈곤과 사회적 고립은 미국 도시가 당면한 가장 심각한 문제"라고 선언했다.[18] 1969년 미국 도시가 마주한 문제들이 무엇인지는 쉽사리 파악할 수 있었다. 하지만 이를 제대로 다룰 도시 정책을 수립하는 것은 그보다 한층 더 어려웠다. 닉슨 대통령이 자신의 행정부가 이제 감독 책임을 맡게 된 빈곤 퇴치 프로그램에 대해, 그리고 여러 정부 기관 및 부처가 점점 더 복잡하게 뒤엉키는 사태에 대해 이념적 반대를 표시하고 있다는 점을 고려하면 더욱 그랬다. 닉슨도 롬니도 새로운 프로그램을 실시하고 연방 지출을 늘리겠다는 끊임없는 약속으로 인해 흑인의 기대치가 터무니없을 정도로 높아졌고, 그에 따라 전국 도시에 불안이 들끓고 있다고 믿었다. 롬니는 존슨이 실시한 프로그램들을 평가하면서 "재원(財源)을 훌쩍 뛰어넘는 너무 너무 너무 버거운 약속이었다"고 토로했다.[19]

　그럼에도 닉슨 행정부는 그 프로그램들을 유지해야 한다는 정치적 압력을 받고 있었다. 마틴 루서 킹 목사가 암살된 뒤 워싱턴 D.C.를 강타한 도시 반란이 1주년을 맞은 날, 닉슨과 롬니는 폭동으로 피해를 입었지만 자금이 부족한 20여 개 도시에 재건 비용으로 2억 달러를 지원하겠다고 발표했다. 또한 닉슨은 좀더 제한적인 정부를 지향하는 자신의 비전을 명확히 표명하기 시작했음에도, 자신의 첫 대통령 임기 내내 존슨의 '위대한 사회' 프로그램을 전면 계승해나갔다. 그는 미래 정치가 신연방주의로 나아가야 하는 이유로 도시 위기를 꼽았다. 닉슨 대통령은 신연방주의의 의미를 알리고자 제작한 작은 팸플릿에서 이렇게 말했다. "우리는 도시 위기, 사회 위기, 그리고 그와 더불어 정부의 업무 수행 능력에 대한 신뢰 위기에 직면해 있다. ……워싱턴으로 권력과 책임을 집중한 30여 년 동안 거추장스럽고 무책임하고 둔감하고 괴물 같은 관료주의가 출현했다. 30여 년에 걸친 사회적 실험은 그 시대를 지나서까지 살아남았거나 본래 목적을 상실한 채 단단히 자리 잡은 프로그램들이라는 유산을 우리에게 남겨주었다."[20] 신연방주의는 "워싱턴에서 주 정부와 국민에게로" "권력·자금·책임"이 흘러가는 것으로 묘사되었다.[21] 닉슨은 존슨을 격렬하게 비판했지만, 그럼에도 그의 신연방주의는 빈곤 퇴치를 위한 주요 도구로서 시장 경제를 향한 존슨의 이념적 헌신을 이어나갔다. 롬니는 이러한 원칙에 동의하며, 다른 곳에서 "정부의 가장 큰 역할은 미국 공동체의 자발적이고 독립적인 민간 부문 에너지를 방출하는 데 도움을 주는 촉진자, 정보 처리 기관 및 촉매제가 되는 것이어야 한다. ……정부는 국민이 정부로부터 답을 구하도록 장려할 게 아니라 국민 스스로가 답을 찾도록 자극해야 한다"고 말했다.[22]

그러나 존슨이 내놓은 프로그램은, 미국 도시가 폭력에 휩싸일 거라는 두려움 때문에 즉시 종료되지는 못할 터였다. 모이니핸과 닉슨은 "전문적인 복지 국가 신봉자"에 대한 혐오를 공유했을 가능성이 크지만, 빈곤 퇴치 프로그램을 폐지할 경우 도시가 재차 폭동에 휘말릴 수도 있음을 간파했다.[23] 닉슨 집권기에 폭동 재발 가능성이 있느냐는 질문에 모이니핸이 답했다. "사실 미국의 이 지역(도시—옮긴이)에서 살아가는 이들은 정부가 대책을 내놓을 거라는, 즉 사회가 뭔가 시도하려고 노력할 거라는 기대감을 가질 자격이 있습니다. 우리는 아직 성공하진 못했지만 애쓰고 있습니다."[24] 닉슨이 이끄는 신연방주의자들은 국가의 역할이 없다고 생각한 게 아니라, 존슨 이후의 국가 역할을 재규명해야 한다고 보았다. 주택도시개발부의 새로운 주택 프로그램은 정부가 이미 시행 중인 자유 시장 원칙을 적용함과 동시에 그 원칙의 시행과 관련해 신연방주의적 접근법을 실험할 기회를 제공했다. 이를 위해서 롬니는 신연방주의 원칙에 입각해 워싱턴으로부터 분권화한 권한을 위임받아 "연방 정부의 검토 없이 지방 및 주 당국에 부여"하는 식으로 제 부서를 재편하고자 했다.

1969년 초봄 닉슨 행정부가 마침내 정권을 장악했을 때, 롬니는 극적이고 광범위한 조직 개편을 단행하기 위해 한 달간 주택도시개발부 활동을 전면 중단했다. 1970년 9월 롬니는 보스턴·캔자스시티·시애틀·덴버 등을 비롯한 여러 지역에서 사무소 수를 늘리기 위한 노력을 주도했다. 롬니가 이끄는 주택도시개발부는 주택 정책의 적용과 관련한 의사 결정 과정에 대한 지역적 통제를 한층 강화하고자 '구역 사무소 (area office)' 제도를 새로 도입하기도 했다. 지역 사무소 및 구역 사무소 수는 7개에서 33개로 확대되었다.[25] 이들 가운데 좀더 지역성을 띠는 사무소는 저소득층 주택 개발지 배치를 위시해 주택도시개발부 정책을 시행하는 데서 가장 직접적인 권한을 행사했다. 게다가 주택도시개발부의 주택 소유 프로그램을 이행하는 데서도 핵심 역할을 담당했다. 지역의 주택도시개발부-연방주택청 직원들은 부동산을 감정 평가하고 모기지 대출 기관으로 하여금 235항 이자 보조금과 관련한 계약을 신청자에게 승인하도록 안내하는 업무를 떠안았다. 또한 전국 차원의 주택도시개발부 사무소는 주택 판매 및 임대에서 차별을 금지하는 새로운 법률을 시행하고 추적 관찰하는 일을 맡기도 했다. 이 모든 새로운 업무를 처리하기란 최상의 상황에서도 버거운 노릇이었을 것이다. 그러나 주택도시개발부는 지역 사무소 수가 대폭 확대되긴 했으나 예산은 빠듯하고 직원 증원 계획도 없는 상태에서 역사적인 새 프로그램을 시행하려 애썼다. 시카고의 연방주택청 사무소에서는 직원들이 신규 법안이 야기한 새로운 압박과 제약에 불만을 터뜨렸다. 시카고 주택도시개발부의 책임자는 "지난 18개월 동안 업무량은 5배나 불어났지만 직원은 10퍼센트밖에 늘지 않았다"고 투덜댔다.[26]

인 플 레 이 션 과   위 기

주택도시개발부에서 일어난 정치적 변화는 단순히 닉슨과 존슨의 이념적 기조가 달라진 데 따른 결과만이 아니었다. 그것은 전후 미국의 호황이 오랫동안 이어지는 데 영향을 미친 세계 경제의 변화와 궤를 나란히 한 일이었다. 1966년 신용 경색으로 금리가 급상승하고 모기지 대출 비용이 높아지면서 주택 시장이 혼란에 빠졌다. 모기지 자금이 감소하면서 제2차 세계대전 이후 가장 심각한 주택 품귀 현상이 빚어졌다. 전미주택건설업자협회가 이 위기에 대해 설명했다. "주택 생산을 계속 침체로 내모는 인플레이션 상황이 날로 악화하고 있다. 연말까지 연간 생산량이 110만 채 이하로 떨어질 것으로 예상한다. 구제책을 마련하지 않는다면 이는 우리 국민의 주거와 업계 모두에 재앙으로 떠오를 것이다."[27] 미국 경제의 인플레이션 증가는 세계 경제와 연관되어 있었다. 1939년 제2차 세계대전이 발발했을 당시 미국의 경제 규모는 유럽·일본·소련을 모두 합한 것의 절반에 불과했다. 그 전쟁이 끝날 무렵 미국은 전 세계 제조업 생산량의 절반을 담당하고 있었다.[28] 전후 세계에서는 지구상의 대부분 국가가 미국의 제품뿐 아니라 그것을 구입하는 데 기여하는 미국 통화에 의존했다. 그런데 미국 경제가 냉전(Cold War)의 군비 지출과 한국 및 베트남에서의 열전(hot war: 본격적인 무력 전쟁—옮긴이)에 정신이 팔려 있는 사이, 제2차 세계대전으로 파괴된 국가들은 자국 경제의 재건에 주력했다. 1960년대 말 미국은 냉전 이전과 같은 난공불락의 경제 요새가 아니었으며, 1968년에는 수출하는 자동차보다 수입하는 자동차가 더 많았다. 1960년대 내내 수입은 일반적으로 수출의 2배 속도로 증가했다.[29]

한편, 미국이 지배적 경제 강국으로서 위상을 잃어가고 있었음에도 세계 통화는 계속 미국 달러에 고정되었다. 금에 고정된 달러는 세계에서 가장 안정적인 통화로 여겨졌다. 이 모든 이유 때문에 미국은 닉슨이 말한 대로 고금리, 대대적 지출 삭감, 예산 적자 감소 등을 통해 자국의 경제 체질을 개선해야 한다는 냉혹한 현실과 마주했다. 예산 적자는 부분적으로 인플레이션이 지속되는 원인으로 작용했다. 연방 정부와 지방 정부 둘 다 장부상의 재원을 초과해 지출했기 때문이다. 그뿐만 아니라 국내적으로도 국제적으로도 달러가 급증하면서 통화 가치가 하락했다. 이러한 악순환에서 벗어날 수 있는 유일한 방법은 지출을 줄이거나 세금을 인상해 더 많은 세수를 창출하는 것이었지만, 둘 다 정치적으로 인기 없는 정책이었다.

닉슨 행정부는 주택이 미국 경제의 경기 부양책으로서 여전히 특권적 지위를 누리리라는 것, 그리고 연방 정부가 그 지위를 유지하기 위해 적극적으로 노력하리라는 것을 분명히 밝혔다. 롬니는 주택 시장 침체가 안겨줄 더 큰 경제적·정치적 혼란에 대해 설명하며 이렇게 덧붙였다. "우리는 심각한 경제적·사회적·정치적 피해가 초래될 가능성을 인식해야 한다. ……주택 건축 착공이 줄어들면 일자리가 감소하고 실업이 만연하고, ……수많은 소규모 사업체가 쓰러지는 결과로 이어질 것이다. '제대로 된' 주택을 제공하지 못하면 게토 지역에서뿐 아니라 미국 중산층(Middle America: 특히 전통적인 사회적·정치적 가치관을 지니고 있으며, 대도시가 아니라 중소 도시의 교외 지역에서 살아가는 이들을 일컫는다—옮긴이)이 거주하는 교외 지역에서도 불만이 터져 나온다. 기대의 좌절은 거리에서뿐 아니라 투표를 통해서도 폭발할 수 있다."[30] 게다가 시장은 약세였다. 어느 뉴저지주 건축업자 말마따나, "단독 주택은 이제 사치품 범주에 들어가고 있다".[31] 1만 5000달러 이하 주택은 5년 전에는 신규 단독 주택 시장의 29퍼센트를 차지했지만, 1968년에는 그 수치가 8퍼센트로 줄어들었다. 1968년에는 신규 주택의 70퍼센트가 2만 달러 이상이었으며, 사상 최초로 기존 주택의 중간 가격이 2만 달러를 웃돌았다.[32] 노동통계국(Bureau of Labor Statistics)에 따르면, 1968년 1월부터 5월까지 소비자 물가는 전반적으로 6.9퍼센트 상승한 데 반해, 주택 가격은 그보다 높은 수치인 7.6퍼센트가량 치솟았다. 이러한 물가 상승을 견인한 주된 원인은 '극적인' 건설비 상승이었다. 건설비는 목재 및 판재(板材) 비용까지 고려에 넣으면 9.1퍼센트로 치솟았다. 목재 비용은 24퍼센트 늘었고, 합판 같은 일부 판재는 가격이 자그마치 53퍼센트나 껑충 뛰었다. 생산비 증가로 건축 붐이 잦아들자 그에 따라 목재 판매량과 가격도 하락했다.[33]

부풀려진 땅값도 주택 가격을 끌어올렸다. 전국도시문제위원회에 따르면, 땅값은 제2차 세계대전이 끝난 이후 줄곧 상승했다. 평균적으로 땅값은 전체 주택 비용의 20퍼센트를 차지했지만, 급성장 중인 일부 주요. 대도시 지역에서는 1950~1965년 '미개발 토지(raw land)' 가격이 2배로 올랐다.[34] 마지막으로 인건비도 주택 가격 폭등에 결정타를 날렸다. 인건비 상승은 닉슨의 필라델피아 계획(Philadelphia Plan)에 영감을 불어넣었는데, 그 계획은 '소수 인종 우대 정책(affirmative action)'을 지지하는 진보적 제스처로서 과대 포장되었다. 닉슨은 소수 인종 우대 정책이나 직장 내 흑인 평등보다 임금 전반에 인플레이션을 유발한다고 여겨지는 목수의 임금 테이블을 재설정하는 데 더욱 관심이 높았다. 실제로 필라델피아 계획은 연방 도급업체에 소수 인종 출신 직원을 고용할 때 특정 목표를 충족하도록 요구하는 행정명령을 통해 시행되었는데, 클로즈드 숍(closed shop: 노동조합원만을 고용하는 사업장—옮긴이) 및 흑인 노동자 배제에 힘입어 고임금을 유지하는 건설업계 전반의 노동자 임금을 낮추려는 의도를 띠고 있었다.[35]

주택 시장 자체에서 각축을 벌이는 여러 이해 집단은 그들 자신이 몸담은 특정 부문에 이로운 방식으로 연방 정책의 방향에 입김을 불어넣으려 애썼다. "주택 산업"은 "상당히 분권화한 일련의 도급업자, 개발업자, 토지 소유자, 부동산 중개인, 금융 기관으로 구성되어 있었으며, 그들은 대부분 규모가 작았다".[36] 예컨대 건설업자들은 신규 건설을 옹호했으며 1968년 주택도시개발법 작성에 도움을 주기까지 했지만, 부동산 중개업자들은 주택 생산에 중점을 두는 데 반대하고 대신 기존 주택 재고의 활용도를 높이는 편을 선호했다. 전미부동산협회 회장 프레드 터커(Fred Tucker)는 의회 증언에서 주택 생산 강조에 실망감을 드러냈다. "우리는 왜 기존 주택을 더 광범위하게 활용할 수 없는지 이해하기 어렵습니다. ……행정부는 이 프로그램의 주요 목적을 저가 주택의 공급을 늘리는 것으로 보는 것 같습니다. ……우리는 불행하게도 한층 광범위한 기존 주택 활용을 가로막는 현재 그 법안의 제약으로 인해 저소득층 가정에 '제대로 된' 주택을 제공한다는 그 프로그램의 최우선 목표를 달성하는 작업이 늦추어질 거라고 봅니다."[37] 주택 건설업자들이 노린 목표는 그와 달랐다. 1950년대 이후 전미주택건설업자협회는 공공 주택을 저지하려고 로비를 펼치는 방향에서 도시 및 교외 지역에서의 저소득층 주택 건설을 적극 옹호하는 쪽으로 정치적 목표를 선회했다. 그 단체는 "소외된 저소득층과 소수 인종 시장을 위한 신규 주택"의 필요성을 역설한 최초의 전문적 주택 단체 중 하나였다.[38] 전미주택건설업자협회는 린든 존슨이 미국의 주택 정책을 도심 재건이 아니라 신규 주택 건설 쪽으로 이끌었을 때 그와 긴밀히 협력했다. 그 단체는 존슨 대통령 치하의 백악관에서 '그림자 내각'의 위상을 지닌 채 연방의 공정 주택 등 다양한 주택 법안을 추진하기 위한 로비를 통해 그를 측면 지원했다.

존슨 행정부가 닉슨 행정부로 넘어가는 과정에서 전미주택건설업자협회는 닉슨 대통령에게 주택 시장과 관련한 조치를 제안했다. 그 단체 회장 유진 걸리지(Eugene Gulledge)는 1969년 주택 건설 착공을 가로막고 있던 금리 상승을 완화하기 위해 신용을 통제하려는 노력을 적극 지지했다. 걸리지는 주택 판매 재활성화에 필요한 자본 흐름을 늘리기 위해 '모기지 담보 증권'을 사용하는 데 찬성했다.[39] 또한 연방주택청 및 재향군인관리국이 지원하는 대출이 일반 대출과 경쟁력을 갖추도록 하기 위해, 고금리가 정작 그들이 지원하고자 하는 저소득층을 제외할 소지가 있음에도 불구하고, 연방주택청 및 재향군인관리국이 제공하는 대출의 금리 상한을 인상하려는 닉슨과 롬니의 노력을 지지했다. 걸리지는 주택 판매 증가를 목표로 삼았다. 그런데 그가 1970년 주택도시개발부 차관 겸 연방주택청 청장으로 임명되었을 때, 그 연방 기관은 이러한 업계의 목표를 받아들였다. 이는 궁극적으로 공공 정책을 주무르는 막후 논쟁에서 민간 부문과 공무원이 밀월 관계를 즐기고 있음을 분명하게 보여주는 사례였다. 걸리지의 임명은 주택도시개발부가 신규 주택 생산에 집중할 것임을 확인시켜주었다.[40]

'돌파 작전'

조지 롬니는 3선의 미시간 주지사가 되기 전, 자동차 제조업 분야에서 성공적인 사업 이력을 쌓은 것으로 알려져 있었다. 롬니가 주택도시개발부 장관으로서 주력한 임무는 그 자신이 자동차 제조업 분야에서 획기적으로 추진한 것과 동일한 대량 생산 기술을 개발하고 그것을 주택의 대량 생산에 도입하는 것이었다. 그 부처 내부에서는 주택도시개발법에 명시되어 있는 주택 목표가 과연 달성 가능한지 여부를 놓고 의문이 퍼져나갔다. 롬니가 이 문제를 명확하게 밝혔다. "이 정부에는 …… 심각한 문제가 있다. 의회는 10년 동안 주택 2600만 호를 건설하고, 그 가운데 600만 호는 연방 정부가 지원한다는 국가 차원의 목표를 수립했다. 이를 달성하기 위해서는 매년 평균 150만 호에 불과한 생산량을 수십만 호의 이동식 주택을 포함해 매년 평균 약 280만 호 수준으로 빠르게 끌어올려야 한다. 정부가 지원하는 주택의 생산량을 연간 20만 호에서 60만 호로 늘릴 필요가 있다."[41] 롬니는 대량 생산을 통해 매년 신규 주택 20만~30만 호를 공급할 수 있다고 믿었다. 그는 인플레이션이 초래한 한계로 전통적인 주택 건설 비용이 엄청나게 치솟았으므로 이런 방법을 통해서만 미국의 신규 주택 수를 획기적으로 늘릴 수 있다고 생각했다. 1969년 봄, 롬니는 조립식 주택의 생산을 늘리기 위해 '돌파 작전(Operation Breakthrough)'이라 부르는 새로운 이니셔티브에 돌입하겠다고 선언했다.[42] 롬니는 이 프로그램을 "연방·주·지방 정부와 산업계, 노동계, 금융계, 주택 건설업자, 소비자 간의 좋은 관계, 즉 창조적 파트너십"이라고 설명했다. 그러면서 "우리가 조립 라인 시스템을 비롯한 여러 대량 생산 기술을 활용해 수익을 내면서 전국에 양질의 저렴한 주택 수십만 호를 건설하면 안 될 까닭이 뭔가?"라고 물었다.[43]

빈곤층 및 노동 계급 주택은 20세기의 대부분 기간 동안에, 특히 실질적 수요에 비해 미국 도시에서 저렴한 주택의 공급이 부족한 상태였던 1960년대 말에, 연방 정부 및 지방 정부의 논쟁과 토론의 주제였다. 주택 소유와 더불어 새롭게 주택 생산에 초점을 맞춘 시기가 공공 주택의 정치적 몰락이라고 표현할 수 있는 시기와 일치한 것은 결코 우연이 아니었다. 1960년대 후반 시카고와 세인트루이스에서의 공공 주택 개발은 그 개념의 붕괴를 똑똑히 보여주는 지표로 떠올랐다. 게다가 도시 생활비가 증가하자 저렴한 주택은 그것을 필요로 하는 도시 거주자의 손에서 점점 더 멀어져갔다. 연방 정부 지원 보조금의 도입은 수요와 공급 간의 간극을 메우기 위한 것이었다. 실제로 1960년대 후반까지 건설업자들은 저소득층 주택의 수익성을 높이기 위해 연방 정부에 기대를 걸었다.[44]

롬니는 '돌파 작전'의 야심 찬 목표를 이렇게 제시했다.

- 주거비를 낮춘다.

- 모든 소득 계층을 위한 양질의 주택을 대량으로 생산한다.

- 저소득층 및 중간 소득층의 주거비를 절감한다.

- 도시의 긴장을 줄인다.

- 도시에서 교외 지역으로의 이주를 역전시켜 안정적이고 균형 잡힌 공동 체가 구축되도록 돕는다.

- 연중 고용이 가능한 주택 산업을 창출한다.

- 소수 인종 집단을 위한 일자리와 사업의 기회를 늘린다.

- 지속적 혁신을 장려하고 경제를 지원한다.[45]

문제는 그 프로그램에 참여하도록 기업을 설득하는 일이었다. 주택도시 개발부는 전국의 개발업자를 대상으로 경연 대회를 열어 대량 생산이 가능한 값싼 자재를 활용해 저렴하게 설계된 주택 모델을 만들어달라 고 요청했다. 그 부처는 성공적 방법을 개발한 기업들에 고비용의 공정 지연을 해결해주겠다고 보장했다. 그리고 쓸모없게 여겨지는 데다 건축 과정을 지연시키는 기존 건축 법규를 폐지하겠다고 약속했다. 제정된 지 수십 년이 지났고, 지역에 따라 제각각이며, 신축을 (때로는 무한정) 지연시키기도 하는 건축 법규가 숱하게 많았다. 그러나 주택도시개발부도 건축업자도 그저 속도감 있는 건축을 열망한 나머지, 안전과 거주 적합 성을 보장하고자 시행 중인 건축 법규를 약화시킴과 동시에 더 저렴한 자재를 쓰는 새로운 건축 공법을 도입할 경우 발생할지도 모를 잠재적 결과에 대해서는 진지하게 고려하지 않았다.

'돌파 작전'을 둘러싸고는 숱한 의문이 제기되었지만, 그에 참여하고 자 하는 관심 역시 드높았다. 이 프로그램의 궁극 목표는 전국 10개 도 시에서 "혁신적 주택 시제품"을 설계 및 건설할 22개 기업을 발굴하는 것이었다. 우승자들은 소정의 예산(3000만 달러)을 배정받아 "설계도를 건물로 구현"하고 신규 주택을 2000호 공급할 예정이었다. 이 경연 대회의 가장 큰 보상은 유명 정부 프로그램에 참여함으로써 세간의 관심을 끌 기회를 얻는 것이었다. 여기에 참가하기 위해 266개 업체가 제안서를 제출했다.[46] 전통적 시장이 고금리와 주택 건설 및 주택 구매의 침체로 고전하고 있을 때였던 만큼, 정부 보조금을 받는 새로운 주택 시장은 일반적인 경우보다 더 큰 관심을 모았다. 제너럴 일렉트릭(General Electric), 리퍼블릭 스틸(Republic Steel), 레빗 브라더스(Levitt Brothers) 등 잘 알려진 미국 기업들이 수상의 영예를 안았다.[47]

'돌파 작전'은 혁신적이고 획기적인 접근 방식으로 유명했지만, 수천 세대 건설이라는 소박한 목표를 지닌 소규모 시범 프로그램이었다. 이는 주택법에 명시된 엄청난 저소득층 주택 수치와도 1970년대 내내 주거비가 급등하기 시작하면서 계속 증가일로인 수요와도 커다란 불일치를 드러냈다. 롬니는 '돌파 작전'에 힘입어 주택 생산이 성공을 거두면 산업 주택의 대량 생산 방식이 정당성을 얻을 거라고 믿었다. 그가 자유주의적 성향을 담아 자신의 정책을 옹호했다. "달 착륙에 이어 우주에 또 하나의 우선적 목표를 세우는 데 만족하기보다 1970년대에 모든 미국인에게 '제대로 된' 주택과 적합한 주거 환경을 제공한다는 20년간 이어온 우리 목표를 달성한다면 그 얼마나 의미 있는 성취일 것인가."[48]

도시 재건?

그러나 1970년 초 주택 공급은 신규 주택이든 재건 주택이든 할 것 없이 거의 아무런 진척을 보지 못했다. '돌파 작전'은 "롬니가 주로 그 자신의 프로젝트와 관련한 계약을 확정하는 데 어려움을 겪으면서 예정보다 6개월 정도 늦어지고 있었다". 연방 정부와 지방 당국 간의 복잡한 계약에 따른 전형적 현상으로서 지연이 발생하기도 했지만, 다른 한편 저소득층 주택에 대한 지역의 반대 탓에 계획이 늘어지기도 했다. '돌파 작전'은 주택을 대체 어느 곳에 신규로 대량 생산해야 하느냐라는 골치 아픈 문제 탓에 돌파하는(breakthrough) 데 어려움을 겪었다. 이는 폭발력을 지닐 소지가 있는 사안이었다. 닉슨의 정치적 지지 기반인 백인 교외 지역 거주민은 자신들의 새로운 공동체와 그들 다수가 떠나온 도시 사이의 거리에 적이 만족하고 있었기 때문이다. 주택도시개발부는 거주 분산 및 저소득층 주택에 초점을 맞추었는데, 이는 다가오는 1972년 선거철을 맞은 대통령의 정치적 셈법 및 목표와 완전히 상충되었다. 닉슨의 1968년 대통령 선거전은 논조며 정책 제안이 중도적이었다. 하지만 그가 선거에서 주력한 집단은 도시에서 쫓겨났다고 느끼는, 이른바 침묵하는 다수의 백인 교외 지역 거주민이었다.[49] 아프리카계 미국인을 교외 지역으로까지 분산시킨다는 모이니핸의 발상은 국가의 장기적 안정성에 토대를 둔 판단이었지만, 닉슨은 좀더 즉각적인 정치적 고려 사항을 만지작거리고 있었다. 실제로 저소득층 주택 배치라는 드라마에서 배경을 이룬 것은 미국 대도시 지역의 인구 구조 변화였다. 1960년부터 1970년까지 210만 명의 백인이 미국 도시를 떠나 교외 지역에 둥지를 틀었다. 한편 같은 기간에 260만 명의 아프리카계 미국인이 미국 도시로 이주해 거기에 뿌리 내림으로써 도시 인구에서 불균형하다 할 정도로 높은 비율을 차지했다.

또한 도시 공동체에서는 많은 비용이 발생하기 때문에, 사실 대규모의 저소득층 신규 주택이 건설되지 않을 터였다. 주택도시개발부 내부 메모는 신규 주택의 입지 선정에 따른 복잡성을 이렇게 설명했다. "향후 10년간 계획된 정부 지원 주택 600만 호는 도심 지역에는 결코 들어설 수 없다. 빈터가 충분치 않기 때문이다. 도시 재개발을 통해서나 모델 도시들에서는 얼마간 빈터가 제공될 수 있을지 몰라도 말이다. 교외 지역 토지를 합리적 가격에 구할 수 없는 현실은 종종 저소득층 및 중간 소득층 주택 건설의 장애물로 언급되곤 한다. 그러나 '도시 밖' 토지가 재개발 과정을 통해서만 얻을 수 있는 토지를 포함하는 '도시 안' 토지보다 훨씬 더 저렴하다는 사실에는 변함이 없다."[50] 신축 비용이 날이 갈수록 상승했을 뿐 아니라 도시 재개발로 인해 흑인 가정이 쫓겨날 소지가 계속 커지면서 더 심한 저항이 촉발될 듯 보였다. 실제로 1960년대 말 연방 정부의 '재개발' 정책으로 5만 1000호 넘는 주택이 자취를 감추었다.[51] 사라진 주택 재고를 대체하기 위해 무엇을 지을지에 대한 딱 부러진 구상 없이 새로운 도시 철거 계획을 발표하는 것은 위험했다.

'프로젝트 재건(Project Rehab)'은 롬니가 주택도시개발부 장관으로 확정된 직후인 1969년 겨울에 시작되었다. 이 프로젝트는 국가의 주택 목표 달성 방법을 둘러싸고 논쟁이 계속되며 불거진 딜레마를 해소하기 위한 부분적 해결책이었다.[52] 또한 필라델피아·볼티모어·버펄로·엘패소·시애틀·피츠버그 등 미국 전역의 여러 도시에서 주택 3만 7000호를 재건하는 소박한 계획이기도 했다.[53] 이는 전미부동산협회가 도시의 기존 주택 시장을 더욱 발전시키기 위해 로비를 펼친 프로그램이었다. '프로젝트 재건'은 비영리 단체와 지역 주택 당국이 "부재 지주로부터 다 쓰러져가는 부동산"을 사들인 뒤 정부 보조금을 받아 그 재건 비용을 치르도록 허용했다.[54] 도심의 재건은 가령 그들 공동체에서 살아가는 아프리카계 미국인에게 사업 기회를 열어주는 경우에서 보듯, 주택이외 영역에도 이익을 안겨주었다. 이는 도심에서 정치적·경제적 기득권을 누리는 흑인 사업가 계층을 육성하려는 닉슨의 목표에도 잘 들어맞았다. 이 프로그램에 대해 더없이 폭넓은 시각을 갖춘 롬니는 "그것은 해당 지역 주민, 특히 소수 인종에게 절실히 필요한 일자리와 사업 기회를 부여할 것"이라고 장담했다.[55] 흑인 상업 개발 계획은 흑인 주택의 배치를 둘러싼 폭넓은 논쟁에서 핵심을 이루었다. 백인 교외 지역으로 흑인 주택을 분산하는 게 아니라 도심 재건에 주력하는 것은 흑인 기업에 대한 비용 부담 동의 필요성을 믿는다는 증거였다.

'프로젝트 재건'은 교외 지역에 저소득층 주택을 배치하는 문제를 피해가기 위해 미국 도시를 재건하려는 목적에서 추진되었지만, 종국에는 부적절한 것으로 판명되었다. 이 프로그램이 도시 거주민을 내쫓기 시작하면서 의도치 않은 결과가 드러났다. 원래 프로젝트는 버려진 부동산을 재건하려는 취지였는데, 일부 개발업자가 정부 자금을 써서 사람들이 거주하고 있는 주택을 수리한 것이다. 이들 부동산에 거주하던 세입자는 쫓겨난 데다, 일반적으로 도시 재개발 프로젝트로 피해 입은 이들에게 제공해온 재배치 자금 수령 자격을 잃었다. 이 프로그램은 엉성하게 시행된 결과 일부 사람에게는 신규 주택을 제공했지만, 또 다른 사람에게는 새로운 주거 문제를 안겨주었다. 앞으로 일어날 사태를 예고하는 것으로, '프로젝트 재건'의 더 큰 문제는 주택도시개발부가 '비영리' 개발업자에게 낡은 건물을 매입해 재건하도록 요청함으로써 부동산 투기꾼이 재건 자금으로 제공하는 정부 보조금을 통해 이익 볼 기회를 제공했다는 점이다. 워싱턴 D.C.의 뉴스 미디어는 본인 부동산에서 법규 위반으로 8000건 넘는 소환 처분을 받은 지역 슬럼가의 악덕 임대인이 연방 정부로부터 900만 달러 이상을 얻어내 시가 부적합 판정을 내린 부동산의 재건 비용으로 썼다는 사실을 밝혀냈다.[56]

저소득층 주택을 교외 지역으로 이전하길 꺼리는 경향은 고용 시장 변화로 인해 한층 심해졌다. 1920년부터 1970년까지 미국 40개 대도시에서는 일자리가 500만 개 넘게 증가했는데, 그중 85퍼센트가 교외 지역에서 생겨났다.[57] 이 수치에 포함된 200만 개 이상의 제조업 일자리 가운데 3만 개를 제외한 모든 일자리가 교외 지역에서 창출되었다. 닉슨 행정부의 수석 도시 전문가 대니얼 패트릭 모이니핸도 연방 기관이 교외 지역으로 이전하며 생겨난 일자리 등 도시 바깥에서 창출되는 일자리가 늘고 있다고 밝혔다. 이는 아프리카계 미국인이 가장 많이 이용할 수 있는 일자리가 흑인이 거의 살지 않는 지역에 존재한다는 것을 뜻했다. 게다가 전후 미국 전역에서 교외 지역은 엄청나게 성장했지만 실상 전부 백인 거주 지역으로 남아 있었다. 1960년과 1970년에 실시한 인구 조사에 따르면, 교외 지역 거주 인구 중 흑인 비율은 4.2퍼센트에서 4.5퍼센트로 거의 변화가 없었다. 1960년대 내내 76만 2000명의 비백인이 교외 지역으로 이주했는데, 이는 이전 10년보다 42퍼센트 늘어난 수치이긴 하나, 같은 지역에 유입된 백인 수가 1250만 명이었던 점에 비추어보면 여전히 미미한 수치다.[58] 거의 100만 명의 비백인이 교외 지역으로 이주한 것은 맹아적 형태의 통합을 보여주는 게 아니었다. 그보다 흑인 도시 공동체가 새로 개발된 교외 지역으로까지 확장되고 있음을 말해주었다. 즉, 흑인의 교외화는 드물게 발생했고 새로운 흑인 교외 지역을 형성했으며, 흑인이 백인 교외 지역 공동체로 흡수되었다는 걸 시사하지는 않았다.[59]

　나중에 드러났다시피, 이러한 조건이 사업에 늘 좋은 것은 아니었다. 교외 지역에 기반을 둔 기업들은 도시에 매여 사는 저임금 노동력에 접근할 수 있어야 했다. 임금 인상은 기업 수익에 막대한 영향을 미쳤으므로, 고용주들은 숙련도 낮은 도시 노동자를 고용하는 등 인건비 절감 방안을 다각도로 모색했다. 흑인이 교외 지역에서 일자리를 구했을 때, 이러한 근로자들이 출근에 어려움을 겪음에 따라 잦은 결근과 실적 부진 같은 문제가 불거질 수밖에 없었다. 점점 더 많은 교외 지역의 고용주들이 이러한 역학을 인식했고, 그를 바탕으로 교외 지역에 저소득층 주택을 건설하는 조치를 옹호했다. 210명의 기업 최고경영자를 대상으로 회사 인근 교외 지역의 저소득층 주택 공급 가능 여부에 대한 태도를 조사한 결과, 응답자의 45퍼센트가 "교외 지역이 적절한 정도의 주택을 제공하려는 의향이 있는지를 공장 입지의 한 가지 고려 요소로 삼는다"고 답했다. 또한 응답자의 64퍼센트는 "기업이 근무지 인근에 직원용 주택을 더 많이 확보하는 데서 일정 역할을 해야 한다"고 답했다.[60]

　일부 정치 전략가들은 고용과 도시 노동력에 대한 접근성 이슈 외에도 아프리카계 미국인을 백인 중심의 교외 지역으로 분산하는 조치가 미국의 정치적 병폐에 대한 해결책이라고 굳게 믿었다. 디트로이트의 지역 주택도시개발부 책임자는 거주 분산을 지지하는 메모에서 "이것은 도심에 모여 있는 흑인 권력을 깨는 또 한 가지 방법"이라고 언급하기도 했다.[61] 이러한 태도가 반드시 저소득층 주택의 입지를 둘러싼 교착 상태를 '돌파'하는 데 필요한 조치로 이어진 것은 아니었다. 어쨌거나 그런 태도는 주택 문제를 해결하는 일이 더없이 까다롭다는 것을 분명하게 보여준다.

모이니핸은 〈국가 도시 정책을 향하여(Toward a National Urban Policy)〉에서 이러한 주장을 펼쳤고, 아프리카계 미국인의 도시 집중이 위기를 낳는다고 말했다. "도심에 살아가는 소수 인종 집단의 사회적 고립과 빈곤은 오늘날 단일 사안으로는 가장 심각한 미국 도시 문제다. …… 슬럼가 인구를 대도시 전역으로 분산하려면 정부의 적극적 개입이 필요하다."⁶² 또 다른 글에서 그는 교외 지역에 저소득층 주택을 건설하는 데 따른 심각한 걸림돌로서 용도지역제와 교외 지역의 정치 문제를 꼽았다. 그는 보조금 지원 주택에 대한 교외 지역 주민의 반대에 직면해 소극적 태도를 보인다며 연방 공무원들을 질책했다. 모이니핸은 연방 정부가 아프리카계 미국인이 교외 지역으로 이주하도록 돕는 데 실패함으로써 빚어진 결과에 대해 글을 써 논란에 휩싸이기도 했다. "실패에 대한 처벌은 거의 없다. ……연방 정부는 공공 프로그램에 시장 경쟁을 도입해야 한다. ……연방 지원은 그 프로그램의 소비자에게 직접적으로 제공해야 한다. ……그 경쟁에서 살아남은 공급자가 가장 큰 보상을 누려야 한다. ……주택은 개방〔open: '인종 및 종교 등에 의한 주택 판매 차별의 금지'를 의미하는 '주거 개방(open housing)'과 동일한 맥락으로 쓰였다—옮긴이〕되어야 할뿐더러 **이용 가능**해야 한다. 교외 지역으로의 침투성이 …… 충분히 커져야만 밀집된 도심 슬럼가로부터의 여과 과정이 일어날 수 있다."⁶³

아프리카계 미국인 공동체 내에서 도시 흑인 주택의 재건에 대한 열망이 커진 것은 인종 분리를 포용한 결과가 아니었다. 그것은 오히려

주택 기회를 가로막는 여러 장애물로 인해 '공정 주택'이 가능하지도 심지어 바람직하지도 않게 느껴지는 데 따른 피로감이 낳은 결과였다. 이 같은 좌절 속에서 지속되는 도시 주택 위기의 해결법을 둘러싸고 정치 전략을 수립하기 위한 논쟁이 불거졌다. 아프리카계 미국인이 다수인 도시 지역에서 재개발을 꾀해 "게토에 금칠을 할〔gild the ghetto: 어느 미국 상원의원이 표현한 '황금 게토(golden ghetto)'에 빗댄 표현—옮긴이〕" 것인지, 아니면 배타적인 교외 지역에서 끈덕지게 '공정 주택'을 추구할 것인지를 두고 의견이 분분했다. 교외 지역 관리들이 저소득층 주택의 유입에 동의하지 않고 닉슨 행정부가 연방 정부의 개입을 무력화하면서 논쟁은 한층 격화되었다. 전미유색인종지위향상협회와 도시연맹 같은 조직은 아프리카계 미국인에 대한 주택 차별에 맞서 지속적으로 법적 문제를 제기하는 한편, 주택도시개발법이 통과된 후 두 조직이 각각 설립한 주택 법인을 통해 도시 주택을 공급하고자 노력하는 식으로 양면 작전을 펼쳤다.

일부 흑인 선출직 공무원과 아프리카계 미국인 부동산업자는 '공정 주택'과 주거 통합을 주택이 절실한 아프리카계 미국인으로서는 결코 다가가지 못할 호사라고 표현했다. 흔히 흑인 부동산업자 및 정치인은 흑인 주택 시장의 개발과 그에 따를 것으로 기대되는 사업 기회에 유독 관심 많은 '중개자' 역할을 했다. 사회학자 메리 패틸로(Mary Pattillo)는 이런 유의 행위자에 대해 본질적으로 "타협, 협상 그리고 간계 간의 균형을 강조하는 브로커"라고 묘사했다. 그들이 아프리카계 미국인 공동체에서 이 같은 기능적 역할을 수행함과 동시에 스스로의 배를 채우기 위해 노력했기 때문이다. 아프리카계 미국인을 위한 모기지 자금 조달 노력에서 초기에 중요한 역할을 담당했던 뎀시 트래비스는 수백만 달러 규모의 모기지 중개 회사를 소유하기까지 했다. 그는 도시 주택 시장과 그 안에서의 제 역할을 유지하기 위해 전력투구했다. 이 시기는 아프리카계 미국인이 정치적 아웃사이더에서 빠르게 자기네가 다수가 되어가는 도시의 청지기로 변모하는 정치적 전환기이기도 했다. 그런데 만약 그들이 여러 백인 교외 지역 공동체로 분산된다면, 흑인의 정치 조직을 구축하는 것도, 하다못해 기본적인 정치적 대표성을 확보하는 것도 어려워질 판이었다.[64]

아프리카계 미국인은 교외 지역 관리들이 빚어낸 정치적 장애물과 마주했다. 그 관리들은 자신의 공동체를 오로지 백인으로만 유지하고자 애쓰는 한편, 백인 주택 소유자들의 물리적 폭력 및 기타 협박 행위에 시달리고 있었다. 분위기가 험악했던 만큼 주거 통합은 시대착오적이거나 달성하기가 무척이나 버거운 목표로 묘사되었다. 그런가 하면 한 동정적인 매체는 이렇게 언급했다. "백인 자유주의자에게는 우울하게 들리는 소리일 수도 있지만, 우리는 진실을 직시해야만 한다. 인종 통합을 주택 개선의 필수 요건으로 강변하는 것은 백인과 흑인을 막론한 수백만 미국 가정을 그들이 현재 처해 있는 슬럼가 환경에 다가오는 수년 동안 계속해서 내모는 꼴이다."[65] 흑인 도시 공동체가 무너지고 주거지로서 제 구실을 못하는 상황이었던지라 공정 주택은 비현실적이거나 심지어 불필요한 것으로 보였다. 기존 흑인 거주 지역에 더 나은 주택, 더 나은 서비스, 일자리, 그리고 '공동체 통제'를 요구하는 편이 아프리카계 미국인을 달가워하지 않는 게 분명한 거주 지역에 진입하려 애쓰는 것보다 실현 가능할뿐더러 한층 바람직해 보이기까지 했다. 미국 전역의 도심에 아프리카계 미국인 수가 증가함에 따라, 도시를 기반으로 한 흑인 정치 계급 및 경제 계급이 발전하면서 공동체 통제와 자치를 구현할 수 있는 가능성이 커졌다. 이 같은 흑인 공동체의 변화는 외부에서 강요된 **인종 분리**의 결과가 아니라 내부에서 자발적으로 조성된 **공동체**처럼 보였다. 아프리카계 미국인 공동체가 빚어낸 사회적·정치적·문화적 산물은 '흑인 공동체'가 지니는 의미를 실제로 보여주었다.[66] 그러나 인종 분리에 의거해 형성된 이 공동체를 다른 잠재적 생활 방식보다 우월한 것으로 낭만화해선 안 된다. 실제로 '게토'가 고충을 겪고 있다는 사실은 1960년대 내내 이어진 일련의 도시 봉기에서 잘 드러났다.

주거 분리에 맞선 도전은 일부 사람에게는 주거 통합에 대한 도덕적 헌신을 의미했지만, 아프리카계 미국인이 주택 시장의 단 한 부분에 갇혀 있는 한 그들이 안전하고 건전하고 저렴한 주택을 확보하기란 불가능했다. 게토에 금칠을 하자는 제안이 상당 수준의 주거 조건 개선으로 이어졌다면, 그것은 실행 가능한 대안으로 지속될 수 있었을 것이다. 그러나 새로 개발되는 흑인 지역의 행정부는 예산 축소, 과세 표준 감소, 열악한 주거 환경에 대한 책임을 아프리카계 미국인에게 떠넘기는 정치적 담론에 직면했다. 오래된 흑인 도시 주택의 황폐화는 여러 이유에서 시행된 주거 분리로 인해 한층 가속화했다. 더 많은 고용주와 일자리가 교외 지역으로 빠져나감에 따라 도시에 갇힌 흑인은 더 수익성 높은 고용 기회로부터 점차 멀어져갔다. 저소득과 빈곤은 흑인의 삶에서 연쇄 효과를 낳았는데, 특히 주택과 연관되었을 때 그 영향이 컸다. 흑인 거주자로서는 주거비와 자신들의 높은 빈곤 수준을 상쇄하기 위해 방 한 칸당 더 많은 이가 거주할 공산이 컸다. 흑인 주택 소유자는 본인 주택의 유지 관리에 필요한 자유재량 기금을 가지고 있지 않았다. 그들의 주택은 교외 지역에 새로 지은 주택에 비해 오래되고 낡아 상태가 좋지 않다는 점을 고려할 때 거기 소요되는 자금은 적잖은 액수이기 십상이었다. 이러한 요인들이 일관성 없는 도시 서비스와 어우러진 결과 아프리카계 미국인 공동체는 물리적 곤궁의 징후를 드러냈다. 그리고 이는 백인 입법자와 주택 소유자 눈에 흑인의 지속적 고립을 정당화하고 인종 분리된 백인 동네의 가치 상승을 부추기는 요소로 비쳤다. 결함을 지녔다는 이유로 오랫동안 비난받아온 흑인 주택은 그 결함을 구현하고 반영하는 것처럼 보였다. 공정 주택과 '공정 대출'은 아프리카계 미국인을 낡은 주택, 저임금 고용, 자금력이 열악한 공공 서비스 상태로 고립시키는 공간적 교살(strangulation, 絞殺) 문제를 풀어줄 열쇠였다.[67]

과거에도 그랬다시피, 주택 시장이 침체함에 따라 정치적으로 위험한 보조금 주택의 인기가 날로 높아지자 건축업계는 거주 분산과 보조금 주택의 생산 증가 쪽에 목소리를 보탰다. 〈타임(Time)〉과 〈하우스 앤드 홈(House and Home)〉의 발행인이자 전미주택건설업자협회 이사인 페리 프렌티스(Perry Prentice)는 어느 연설에서 "그 어떤 정부보다 우리 업계를 돕기 위해 훨씬 더 많은 일을 했다"며 닉슨 행정부에 감사를 표했다. 그가 닉슨 행정부의 업적을 나열했다.

닉슨 행정부 덕분에 우리는 사상 처음으로 채권 시장을 대규모로 활용할 수 있었습니다. 그들은 160억 달러 넘는 돈을 기업 면세 및 비과세 채권 발행으로부터 주택 모기지로 전환했습니다. ……닉슨 행정부는 160억 달러를 채권 시장에서 모기지로 전환했을 뿐 아니라, 진즉에 연방 정부로 하여금 루스벨트 행정부, 트루먼 행정부, 아이젠하워 행정부, 케네디 행정부, 그리고 존슨 행정부의 절반을 몽땅 합한 것보다 더 많은 금액을 주택 보조

금으로 지출하도록 하겠노라고 약속한 바 있습니다.[68]

　프렌티스는 보조금 주택의 배치를 둘러싸고 닉슨 행정부 내에 긴장감이 감돌았음에도, 그 행정부가 이미 전례 없는 액수의 연방 지출을 보조금 주택의 건설에 쓰겠다고 약속했다는 중요한 언급을 했다. 건설업자들은 교외 지역 개방에 대한 자신들의 관심을 차별 반대라는 명분으로 홍보하기 시작했으며, 저소득층 주택에 대한 자신들의 지지를 교외 지역에 공정 주택을 건설해야 한다는 요구와 마찬가지로 민권 이슈로 새롭게 부각시켰다. 1971년 미국민권위원회 공청회에서 전미주택건설업자협회는 교외 지역에서의 저소득층 주택 건설 지연에 사용되는 용도지역제 조례의 부정적 효과를 이렇게 설명했다. "용도지역제는 너무나 많은 경우 지역 사회 및 국가 전반의 건강·안전·복지를 고려하지 않은 채 특정 지역 사회의 협소한 이기심을 보호하는 데 쓰이고 있다."[69] 그러나 전미주택건설업자협회는 비공개적으로는 용도지역제의 목적에 대해 다음과 같이 한층 직설적으로 표현했다. "우리의 동기는 더없이 간단하다. 온갖 유형의 주택을 짓게 된다면 더 많은 돈을 벌 수 있다는 것이다."[70]

인 종 ,　계 급 ,　지 역　사 회　개 방

1969년 가을에 설립된 대통령 직속 저소득층주택대책위원회(Task Force on Low Income Housing)는 도시 주택 위기를 해결하려면 미국의 교외 지역을 저소득층 주택에 개방해야 한다고 제안했다. 이 대책위원회는 연방 정부에 "자체 역량을 총동원해 주택 프로그램의 장애물인 인종적·경제적 차별을 극복하고, 그를 위해 연방의 주택 지원 및 지역 사회 지원 프로그램에 참여할 수 있는 자격을 적극 활용하라"고 촉구했다.[71] 이는 롬니가 한결같이 추구해온 목표였다. 그는 이렇게 주장한 바 있다. "교외 지역으로 이주한 다음 경제적·사회적으로 동일한 계층끼리만 살아가려는 발상을 그만두어야 한다. 흑인은 백인을 알아야 하고, 백인도 이 나라에서 살아가는 흑인을 알아야 한다. 그렇지 않으면 이 나라의 미래는 없다."[72] 롬니가 표명한 이 같은 철학은 그의 인종자유주의를 반영하고 있을 뿐 아니라, 저렴한 주택에 대한 최대 수요층은 표준 이하의 도시 주택에 내내 묶여 사는 아프리카계 미국인이라는 사실을 인정하는 것처럼 보였다.

1969년 주택도시개발부 내부 보고서는 제 부처의 임무를 "모든 경제적·인종적 집단에 속한 시민이 이질적인 지역 사회에서 '제대로 된 주택'의 확보 기회를 누리는 개방적인 지역 사회를 촉진하는 것"이라고 밝혔다.[73] 앞서 언급했다시피, '개방적인 지역 사회'를 조성할 권한은 1964년 민권법과 1962년 케네디 행정명령의 집행 권한에 포함되어 있었다. 이 두 가지는 연방의 차별 금지 명령을 준수하도록 강제하는 수단으로서 연방의 지원 및 연방 프로그램을 중단할 수 있는 권한을 지녔다.[74] 롬니는 소수 인종 저소득층 주택을 건설할 수 있도록 교외 지역을 개방하기 위한 지속적 노력을 '지역 사회 개방(Open Communities)'이라고 불렀다. 도시위원회 위원들은 1969년 가을 이 정책의 특징을 개괄적으로 들려주기 시작했다. 그들은 이 프로그램의 목표에 대해 "인종이나 빈곤 탓에 도심 게토에 갇혀 사는 이들에게 교외 지역에서 살아갈 기회와 생활 편의 시설—즉, 좋은 학교, 안전한 거리, 충분한 주거 공간, 공공 및 민간 소유의 녹지, 더 넓은 고용 기회 접근성, 선택권을 지닌 이들이 선택함으로써 긍정적인 자기 인식을 강화해주는 주택—을 제공하는 것"이라고 설명했다.[75] 주택도시개발부 내에서 '지역 사회 개방' 업무에 종사한 이들은 교외 지역을 개방하면 '소외 계층'의 사회적 이동성이 향상되어 "그들에게 자기네가 미국 주류의 일부이며 삶이 순조롭다는 느낌"을 안겨줄 수 있다고 믿었다.[76] '지역 사회 개방'은 공정 주택 정책의 수립과 주택도시개발법의 주택 목표 달성이라는 두 마리 토끼를 잡을 수 있는 잠재력을 지녔다. 내부적으로 주택도시개발부 관리들은 그네들 전략이 공정주택법에 의해 확립된 새로운 법적 지형에 뿌리를 두고 있다고 보았다. 공정주택법에는 주거 통합을 추구하는 식으로 프로그램을 관리할 책임에 대해 언급한 내용이 담겼다.

그러나 정치적·제도적 장애물이 버티고 있었다. 먼저 정치적으로는 롬니가 교외 지역 분리 정책에 연신 도전장을 던지자 닉슨 행정부에 속한 다른 각료들이 발끈했다. 롬니가 이 전략을 공개적으로 알렸을 때 다른 닉슨 행정부 인사들은 롬니와 대통령 사이가 틀어지길 내심 기대했다. 주택도시개발부 차관보 해럴드 핑거(Harold Finger)는 "우리는 그 문제에 대해 이야기를 나누고 있지 않다. 어떤 당근과 채찍을 쓸지 아직 결정하지 못했다"고 밝혔다. 주택도시개발부 대변인 조지 크릴(George Creel)은 언론과의 인터뷰에서 "우리 정책은 교외 지역에서 인종을 통합하지 않는 것"이라고 확실하게 못 박았다.[77]

교외 지역의 시 당국은 그 못지않게 불길한 제도적 장애물로 작용했다. 그들은 용도지역제 조례, 필지 분할(subdivision) 규정 및 기타 법적 도구를 동원해 주거 분리를 강화하고 저소득층 주택과 거기 거주하는 흑인의 유입을 저지했다.[78] 용도지역제 조례를 통해 도시의 인구 유출입을 통제하는 조치는 차별을 금지하는 새로운 연방법을 제정하기 전인 20세기 초에 완성되었다. 공정주택법 통과 후, 이른바 인종차별과 무관하다는 용도지역제 관행은 숱한 교외 지역 공동체의 '인종적 동질성'을 유지하는 데 한층 더 중요해졌다. 민권 옹호자들은 '속물적 용도지역제(snob zoning)'에 대해 부동산 시장이 도입한 최신식 차별법일 따름이라고 폄훼했다. 여러 지방 정부 조례는 경제적 분리를 근거로 '저소득층' 임차인과 매수자를 배제했는데, 이런 식의 자격 지정은 흑인과 라틴계 미국인도 제외시키는 방향으로 작용했다.[79] 일리노이주 시서로(Cicero)의 재용도지역제(rezoning) 사례를 예로 들어보자. 시카고 교외 지역에 위치한 시서로가 세계적으로 널리 알려진 계기는 1966년 마틴 루서 킹 2세가 주도한 주거 개방 시위가 성난 백인 시위대와 비폭력 가두행진 참가자의 대치로 인해 폭동으로 번질 뻔한 사건이었다. 4년 후, 어느 비영리 종교 단체가 타운하우스(townhouse: 일종의 연립 주택—옮긴이)를 짓기 위해 허가를 신청했다. 그들은 신청서에 "타운하우스는 잘 설계되고 동네와 융화할 수 있는 주택이겠지만, 입주자가 저소득층과 중간 소득층 가족일 테고, 그들 중 일부는 소수 인종 가족일 게 분명하다"고 적었다. 인근의 고가 주택 소유주들은 그 개발에 반대했지만, 여느 때와 마찬가지로 인종은 절대 입에 담지 않았으며, 가난한 사람이 들어오도록 허락하면 본인들 재산 가치를 떨어뜨릴 수 있다고만 강조했다.[80] 다른 교외 지역에서는 정치인들이 '밀집도' '천문학적 세금', 지역의 학교·교통·경찰 및 소방 서비스가 떠안게 되는 과도한 '부담' 등에 대해 불만을 토로했다. 이러한 사안이 전혀 문제 되지 않는다는 말은 아니지만, 인종과 계층을 분리하는 것은 불가능했다. 아프리카계 미국인이 백인에 비해 빈곤층과 저소득층에 지나치리만큼 높은 비율로 포진해 있다는 것은 주지의 사실이었다. 가난한 이들의 배제에 대해 고뇌하며 수다를 떠는 것은 인종에 대해 논의하는 것이나 마찬가지였다. 시서로의 한 정치인이 지적했다. "그들 중 누구도 흑인이 그곳으로 이주해오는 데 대해 아무 말 하지 않았다. ……그들 중 누구도 가난한 이들이 그곳으로 이주해오는 데 대해 아무 말 하지 않았다. 하지만 그게 바로 무언의 이유였다."[81]

'지역 사회 개방'이 효과를 거두려면 교외 지역 조례를 문제 삼아야 할 것이다. 주택도시개발부 관계자가 어느 메모에서 직설적으로 말했다. "주택도시개발부는 공정 주택을 촉진하는 방식으로 프로그램 자원을 사용해야 하고, 만약 이러한 자원의 사용이 지속적인 분리 확대를 촉진하는 경우 그것을 보류해야 한다."[82] 도시위원회 위원들은 내부 토론에서 자원 사용을 보류해야 하는 조건에 대해 다음과 같이 명확히 못 박았다. "공정 주택에 대한 공동체의 노력을 가장 잘 보여주는 지표는 모든 인종 구성원이 실제로 어느 정도 그 공동체에 거주하느냐다. 공동체가 통합되어 있다면 평등한 주거 기회를 향한 주택도시개발부의 당초 기대를 충족했다고 볼 수 있다. 어느 공동체가 온통 백인이거나 주거 분리되어 있다면, 주택도시개발부는 해당 공동체가 평등한 주거 기회를 제공하는지 여부에 의구심을 품을 것이다. ……주택도시개발부는 공정 주택 정책에 대한 공동체의 헌신을 입증해줄 모종의 증거를 요구해야 한다."[83] 1970년대 초 민권 단체들은 저소득층 주택의 건설 노력을 저지하는 교외 지역 정부를 처벌하는 것만이 국가의 민권법 준수를 강제하는 유일한 방법이라는 주장에 널리 동의했다. 대통령 직속 도시재개발대책위원회(Task Force on Urban Renewal)는 그 문제를 한층 더 직접적으로 진단하면서 이렇게 선언했다. "부유층과 백인이 교외 지역에 더 몰려들고 도심이 흑인과 빈곤층을 위한 보류지로 전환되면 도시가 망가질 가능성이 높은데, 우리 민주주의의 미래에 이보다 더 큰 위험은 없을 것이다." 이 위기에 대한 처방은 자명했다. "대책위원회는 각 지역 사회가 그 경계 안에서 저소득층 및 중간 소득층 주택을 확장하는 프로그램을 수행하지 않으면 모든 종류의 연방 지원을 철회하도록 촉구하고 있다."[84]

저소득층 주택이라는 주제는 교외 지역과 도시 간 분열만큼이나 교외 지역 공동체를 편 가르는 인종 및 계급의 분열을 드러냈다. 롬니가 거주한 미시간주 블룸필드힐스(Bloomfield Hills)처럼 부유층이 살아가는 배타적인 교외 지역은 결코 저소득층 주택이나 저소득층 시민과 다투어야 할 위협이 크지 않았다.[85] 주택도시개발부는 노동 계급의 교외 지역을 표적으로 삼았다. 상하수도를 개선하려면 연방 자금에 의존해야 하는데, 그것을 위한 보조금 접근에 제약이 따르는 지역 말이다. 이런 곳은 주택도시개발부의 제재가 거의 또는 전혀 먹혀들지 않는 부유한 교외 지역과는 대조적이었다. 그들이 노동 계급 교외 지역을 선호한 또 다른 이유는 건축 비용과 주택 가격이 전반적으로 더 저렴했기 때문이다. 이들 교외 지역 공동체를 구성하는 백인은 최근 도시에서 이주해온 사람들이었고, 더러는 저소득층 도시 흑인이 새로 조성된 제 공동체로 유입되는 사태를 (적대시하진 않더라도) 상당히 껄끄러워했다. 그중 일부는 반사적인 반흑인 인종차별이었고, 일부는 경제적 불안으로 촉발된 두려움에 근거한 것이었다. 학교 과밀화와 공적 서비스 압박을 둘러싼 우려는 그것을 지원하는 연방 자금이 추가로 제공되지 않을 경우 **당연한 일이었다.**

미시간주 서부에는 플린트 외곽에 비처 타운십(Beecher Township)이라는 교외 지역이 조성되어 있었다. 그곳은 아프리카계 미국인이 30퍼센트를 차지했지만, 디트로이트에서 경험한 것 같은 인종차별적 폭력이 거의 일어나지 않았다. 비처의 상황은 보조금 주택에 대한 건설업자의 광적인 접근이 어떻게 이전에는 드물었던 지역 사회의 혼란과 분노를 부추길 수 있는지 보여주었다. 저소득층 주택 건설의 수익성은 물량에 따라 정해졌고, 건설업체로서는 적극적인 생산 일정을 정당화하기 위해 주택을 채울 인력이 필요했다. 플린트나 디트로이트보다는 비처에서 주택을 건설하는 편이 훨씬 싸게 먹혔다. 비처에서 개발업자들은 5제곱마일 면적에 플린트의 다른 교외 지역들을 모두 합친 것보다 더 많은 저소득층 주택 716세대를 새로 지었다.[86] 건설업자들은 더 비싸다는 이유로 더 큰 주택을 짓기로 했고, 디트로이트의 공공 주택에서 복지 수급자이며 대가족을 거느린 흑인 어머니들을 모집하는 식으로 그 주택 크기를 정당화했다.[87] 비처의 235항 주택은 평균 자녀 수가 4명으로 비보조금 주택의 가족 평균보다 2배나 많았다. 과하게 열성적인 건축업자들은 235항 주택을 한 블록에 30채 짓고, 다음 블록에 8채, 그다음 블록에 12채 지었다. 특히 어떤 개발업자는 날림 주택을 부지런히 지어대는 세태를 두둔하며 이렇게 외쳤다. "이 사람들에게는 집이 필요하다. 그들은 모두 혈기 왕성한 미국인이다. 가난한 사람들은 도처에 있다. 우리〔개발업자들〕에게 중요한 것은 시장의 존재다."[88] 지역의 어느 주택 소유자는 그곳 주택을 "연방 정부 지원으로 지어진 게토"라고 묘사했다.[89] 이들 주택은 값싼 재료로 부실하게 건설되었다. 입주 가족들은 너무 가난한 나머지 집을 쉽게 수리할 수 없었다. 이들 주택에 사는 가난한 여성들도 마찬가지였다. 어린 자녀를 둘 둔 어느 어머니는 "잘못된 부분

을 고쳐주고 약속한 것만 제공해준다면 과거에 살던 집보다는 낫다"는 의견을 내놓았다.[90]

　흑인 공동체 구성원들은 공립 학교의 과밀과 환경 악화에 대해서도 우려를 표명했다. 신규 주택이 건설된 첫해 가을에(미국 학제는 가을에 시작된다—옮긴이), 비처의 공립 학교 등록률은 16퍼센트가량 증가했다. 학군 내 '소외 계층' 학생 비율은 거의 하룻밤 사이 8퍼센트에서 28퍼센트로 치솟았다. 학급당 학생 수가 20명에서 30명으로 불어나자 그곳 교육구는 이부제 수업에 착수할지 여부를 저울질했다. 플린트 도시연맹의 윌리 휘튼(Willie Wheaton)이 비처의 상황에 대해 설명했다. "처음 이 일에 뛰어들었을 때 나는 비처의 반대가 인종차별 때문이라고 생각했다. 하지만 그렇지 않았다. 사실 연방주택청은 지역 사회를 희생시키면서 건설업자의 이익을 위해 프로그램을 운영하고 있었다."[91] 비처 시위가 세상에 알려지자 주택도시개발부는 슬그머니 노동 계급 교외 지역에 더 이상의 건설이 이루어지지 않도록 막았으나, 그것은 이미 피해가 발생하고 난 뒤였다.[92] 비처는 1960년대의 인종적 혼란을 이기고 살아남았지만, 그 이후 부주의한 주택도시개발부 주택의 도입으로 백인의 대량 탈출이 진행되고 있었다. 그곳 교육구 교육감의 발언은 이 시기에 인구 통계학적 변화와 공공 정책이 서로 뒤얽힌 복잡한 정황을 보여준다. 그의 통찰력은 백인 이탈을 한층 다면적으로 이해하도록 돕는다. "그 지역 사회는 여러 인종이 함께 어우러져 살아가는 지점에 도달했으며, 3~5년 동안 그렇게 지내왔다. 학교 과밀화가 가장 큰 우려 사항이다. 우리는 인종차별적 시각을 지니고 있지 않다. 235항 주택 프로그램이나 236항 아파트 프로그램에 반대하지도 않는다. 도심에 사는 이들에게 주택이 필요하다는 것은 알지만, 주택이 공급되는 방식에는 반대한다. 우리는 미시간에서 모범적인 인종 통합 학교 시스템 중 하나에 속해 있었는데, 지금은 그 시스템이 망가져가고 있다."[93] 비처 주민들도 다를 바 없는 상황이었다. 70퍼센트가 평균 연봉 8000달러인 그들은 자기 지역 사회에는 수백 채의 저소득층 보조금 주택이 건설된 반면, 인근의 부유한 교외 지역에는 건설된 보조금 주택이 6채도 되지 않는다는 사실에 불만을 터뜨렸다.[94] 한 관리는 비처에 대해 "이곳은 부유한 공동체가 아니다"라고 말했다.[95]

비처는 교외화와 저소득층 주택 논쟁을 긴장감으로 뒤덮은 일련의 문제를 보여주었다.[96] 보편적인 백인 교외 지역의 경험은 존재하지 않았다. 1970년대 초, 백인 노동 계급 교외 지역은 도시로부터의 탈출로 인해 꾸준히 발달했다. 이들 탈출자 중 상당수는 '블록버스팅'을 통해 제가 살던 집에서 쫓겨났고, 이는 분명 인종적 분노와 반감을 불러일으켰다. 그에 따른 필연적 결과로 연방 정부 정책이 저소득층 주택을 장려하되 추가적 재정 지원을 제공하지 않을 뿐 아니라, 부유한 교외 지역을 저소득 주택 부지에서 제외함으로써 백인 노동 계급 공동체의 가치를 더욱 떨어뜨릴 거라는 (불신받긴 하나) 타당한 확신이 퍼져나갔다. 부동산 가치의 상승과 하락, 공공시설에 대한 과도한 세금 부과, 저소득 주택의 유치 조건에 동의하지 않을 경우 연방 정부로부터 받게 될 처벌 위협 등은 해당 지역 사회에 거주하는 백인의 분노에 불을 지폈다. 이는 그저 시시껄렁한 소리에 그치는 게 아니었다. 인플레이션, 새롭게 부상하는 경제 위기, 미 제국의 쇠락, 진정한 복지 국가의 부재라는 더욱 넓은 맥락에 비추어 살펴보아야 할 문제였다. 가치가 상승하는 주택의 소유 여부에 따라 자녀를 대학에 보내고, 은퇴하고, 노부모를 부양할 수 있느냐 없느냐가 판가름 났다. 평범한 미국인의 삶에서 주택은 첫손에 꼽히는 자산이었다. 이 사실은 특히 백인 노동 계급 교외 지역에서 대다수 백인 주택 소유자가 저소득층 주택에 대해 극단적인 반응을 보인 이유를 일부 설명해준다. 또한 이러한 사회적 혜택에 다가가기 위한 아프리카계 미국인의 애타는 노력도 얼마간 설명해준다.

물론 인종 역시 한 가지 요소로 작용했다. 미국 전역에서 아프리카계 미국인이 부동산 가치에 해악을 끼친다는 인식이 여전히 파다하게 퍼져 있었기 때문이다. 이러한 인식은 백인 주택 소유자의 개인적 신념일 뿐 아니라 부동산업계 및 주택업계 전반에서 내내 위세를 떨친 가정이기도 했다. 아프리카계 미국인의 존재와 부동산 가치의 자동적 하락 사이에 '자연스러운' 연관성은 없었다. 하지만 과거 수십 년 동안 주택 산업과 관련한 민간의 관행과 공적 정책이 어우러진 결과 '인종과 위험'의 관련성은 대중의 뇌리에 영구히 자리 잡았다. 그러나 백인 거주자의 태도나 이념적 요인에 초점을 맞춘다고 해서 미국 사회에서 주택 소유 및 주택 전반의 국가경제학이 모호해져선 안 된다. 경제적 설명이 인종적 태도보다 더 중요한 것은 아니다. 이 두 가지는 40년 가까이 연방의 주택 정책에서 떼려야 뗄 수 없는 관계에 놓여 있었다. 닉슨은 이러한 분노를 이용해먹고 싶어 했다.

강 제   통 합

주택도시개발부는 '당근과 채찍' 접근법을 구사함으로써 초기에 어느 정도 성공을 거두었으며, 지속적인 자금 지원을 위한 조건을 받아들이도록 소수의 교외 지역을 설득했다. 1970년 그 부처는 새로운 정책을 시행하고자 노력하는 과정에서 볼티모어 카운티가 보조금 주택을 받아들이지 않는다는 이유로 100만 달러의 하수도 보조금 지급을 철회했다. 오하이오주 톨레도(Toledo) 시의회가 세입자 400명을 위한 주택 프로젝트 3건에 대해 계약을 취소하자 주택도시개발부는 그에 도시 재개발, 녹지, 상하수도 용도의 지원금 1500만 달러를 지급하지 않는 식으로 대응했다.[97] 특히 주 정부 및 지방 정부의 경제난이 가중되는 상황에서 연방 기금의 철회라는 '채찍'은 연방의 비효율적인 민권법 집행이라는 해묵은 문제를 해결할 수 있는 잠재력을 지녔다. 그보다 덜 알려지긴 했으나, 소형(초소형은 아니라 해도) 시 당국이 주택도시개발부의 조건에 동의하도록 설득하는 데 성공한 사례도 몇 건 있었다. 오하이오주 페어본(Fairborn)에서는 주택도시개발부가 "시 당국이 흑인에게 주택을 개방하겠다고 약속할 때까지" "수질 개선" 보조금의 지급을 보류했다. 아이오와주 워털루(Waterloo)에서도 "지역 사회 개방" 조치를 취할 때까지 비슷한 사태가 펼쳐졌다.[98]

성공의 기운을 감지한 롬니는 자신에게 더없이 친숙한 교외 지역을 공략했다. 1967년 미시간주 디트로이트 교외 지역에 위치한 워런(Warren)에서 당시 주지사이던 롬니는 성난 백인 군중이 폭동을 일으키고 최근 이 지역으로 이사 온 흑인 부부의 집 앞 잔디밭에서 십자가를 불사른 뒤, 주 방위군을 동원해 질서를 회복해야 했다. 1970년에는 수만 명의 아프리카계 미국인이 워런에서 일하고 있었다. 하지만 이 교외 지역에 거주하는 흑인 가정은 28가구에 불과했으며, 그 가운데 22가구는 군 기지에서 살았다.[99] 1970년 봄, 주택도시개발부는 연방 기금을 신청한 워런 교외 지역에 "기회 균등 문제를 제대로 다루지 못하는 것으로 보인다는 우려"를 드러내며, 그 도시의 재개발 기금을 삭감하겠다고 윽박질렀다. 시의회는 동네 주민들이 항의하자 저소득층 주택 100채를 짓지 않겠다고 거부했었다. 주택도시개발부는 저소득층 주택에 대한 거부 결정을 번복하고 공정 주택의 사회적 혜택에 대한 교육 캠페인을 실시하는 방법에 대해 전미유색인종지위향상협회와 협의하는 등 워런이 자금 전체를 재차 확보할 수 있는 다양한 방안을 제시했다.

주지사를 포함한 미시간주 공무원들과 주택도시개발부 사이에 회람된 메모에 따르면, 워런의 상황에 대한 이 같은 접근법에 관해서는 거의 이견이 없었다. 그러나 그러고 몇 주 만에 누군가 워런 전략을 논의한 주택도시개발부 내부 메모를 〈디트로이트 뉴스(Detroit News)〉에 흘렸다.[100] 1970년 7월 21일자 신문 1면에 "미국, 모든 교외 지역의 인종 통합 움직임에서 워런을 주요 타깃으로 삼다"라는 표제가 실리면서 재앙이 닥쳤다. 그 신문은 다음과 같이 특별히 메모 일부를 인용했다. "디트로이트와 그 교외 지역은 공정 주택 전략을 적용할 수 있는 유례없는 기회를 제공한다. 디트로이트에서, 거대 도심의 경우 상당수 흑인 인구가 거주하고 있으며 경제적 중산층 이하 가정의 주택이 다수 존재하는 데 반해, 교외 지역의 경우 수많은 주택도시개발부 프로그램의 혜택을 누리는 백인이 주로 거주하며 광범위한 흑인 고용이 이루어지고 있다. 경제적 배제보다 인종적 배제를 시사하는 이런 조합의 도시는 …… 미국에 달리 없다."[101] 이는 정치계, 특히 대선 출마를 준비하는 공화당 행정부에 상당한 악재였지만, 메모에 담긴 다음의 마지막 두 문장은 가히 정치적 다이너마이트라 할 만했다. "우리는 대도시 지역의 인종 통합이 점진적 진전을 이루길 희망한다. 하다못해 디트로이트 내부와 그 주변에서의 인종 집중 및 인종 분리 증가세만이라도 늦출 수 있길 바란다."[102]

이 전략이 공개되자 막후에서 기꺼이 눈감아주던 정치인들이 갑자기 도전적 자세를 취하기 시작했다. 1970년 당시 워런 시장이던 테드 베이츠(Ted Bates)는 "워런이 인종 통합 실험의 기니피그로 이용되는 노릇을 좌시하지 않겠다"는 선동적 발언을 했다. 롬니가 이 시비 논란을 잠재우기 위해 워런을 찾아갔을 때, 수백 명의 군중이 회의장에 몰려들어 신변이 위태로워 보였으므로 롬니로서는 추가 경호 특무대가 필요했다.[103] 결국 워런 시민들은 투표를 통해 연방이 보조금을 지급하는 주택의 건설을 허용하는 대신 주택도시개발부 기금 1000만 달러를 받지 않기로 결정했다.[104]

롬니로서는 조짐이 불길했다. 그는 닉슨 행정부를 위한 주택 정책을 수립하는 데서 너무나 많은 자율성을 행사해왔기 때문이다. 행정부의 여러 구성원은 롬니가 사퇴해야 한다고 결론지었다. 1970년 가을, 닉슨의 비서실장은 자신의 일기에 이렇게 적었다. "조지는 순순히 떠나지 않을 테니 아마 해고해야 마땅할 것이다. 따라서 우리는 주택에서의 인종 통합 사안으로 그를 엮은 다음, 그걸 빌미로 그를 쫓아냄으로써 확실하게 신뢰를 회복해야 한다."[105] 닉슨의 변호사이자 보좌관 존 얼리히먼(John Ehrlichman)은 대통령에게 "롬니 문제의 심각성"에 대해 경고하면서 "〔교외 지역의 인종 통합과 관련해〕 승인된 프로그램이 없으며, 백악관도 그러한 정책을 승인한 적이 없습니다. 그런데 우리가 그의 입을 다물게 하려고 노력함에도 그는 계속해서 거기에 대해 큰소리로 떠들어대고 있습니다"라고 지적했다. 닉슨은 "그 이야기는 관두라"고 답장을 보냈다. 얼마 지나지 않아 닉슨은 "만약 우리가 롬니를 대신할 훌륭한 흑인을 찾을 수 있다면 …… 롬니는 제 발로 물러날 것이다"라고 다독였다.[106]

1970년 11월, 롬니와 주택도시개발부는 닉슨 행정부가 또 하나의 인종 통합 논란에 휘말리게끔 위협하고 있었다. 그해 중간 선거가 끝날 때까지 기다린 롬니는 법무부에 세인트루이스의 작은 교외 지역 블랙잭(Black Jack)에 대한 조사를 시작하라고 제안했다. 롬니는 블랙잭이 인종적으로 동기화된 용도지역제를 활용해 논란의 프루잇아이고(Pruitt-Igoe) 아파트 단지가 들어선 동네에 가난한 흑인을 수용하게 될 저소득층 주택의 개발을 막았다고 비난했다.[107] 워런 사태 직후 격분한 법무장관 존 미첼(John N. Mitchell)은 롬니의 사임을 강력하게 촉구했다. 닉슨은 멕시코 주재 대사직을 제의하면서 롬니에게 사임을 요청했다. 멕시코는 롬니의 부모가 모르몬교 박해를 피해 망명 생활을 한 나라였다. 롬니는 그 제의를 거절했고, 자신이 이끌어가는 주택도시개발부의 정책 방향이 마음에 들지 않는다면 행정부가 독자적으로 정책을 마련해야 한다고 맞섰다. 대사직 제의를 거부하며 닉슨에게 보낸 편지에서, 롬니는 대통령과 접견하는 데 상당한 어려움을 겪고 있다는 점을 분명히 했다.[108] 그는 백악관과 주택도시개발부 간의 협력 부족으로 "미시간주 워런에서 발생한 것 같은 홍보 문제"를 포함해 "행정 결정에서 불가피한 차질"이 빚어졌다고 썼다. 그는 공정 주택을 구현하기 위한 국가 차원의 접근법 개발을 목표 삼는 실제 프로그램을 마지막으로 간청하면서, "대통령님과 개인적으로 의견을 주고받을 수 있는 기회"를 요구했다. 결국 롬니는 행정부가 시급히 공정 주택 시행과 관련한 결정을 내려야 한다고 강조했다. 그는 닉슨에게 띄운 편지에서 이렇게 특유의 과장법을 써가며 자기 생각을 표현했다. "광범위한 혁명 없이는 저소득층, 중간 소득층, 빈곤층, 백인·흑인·황인 가정이 낙후된 도심에서 계속 고립된 채 살아가기 어렵다는 사실이 점차 분명해지고 있습니다. 이 같은 고립은 우리의 헌법 원칙과 현행법적 요건의 정직한 준수에 기반을 둔 개혁이 이루어지리라는 진정한 희망을 제공함으로써만 피해갈 수 있습니다. 이제 저는 우리가 충돌로 귀결될 수 있는 서로 다른 기본 견해를 지녔을지도 모른다는 사실을 깨달았습니다."[109] 롬니는 잠자코 물러나지 않았다. 닉슨은 중간 선거 기간 동안 행정부 내에서 정치적 격변이 불거지길 원치 않았다. 그래서 롬니를 소외시키고, 이제 주택 정책까지 아우르는 국내문제위원회(Council on Domestic Affairs)를 얼리히먼에게 맡기기로 결정했다.

민 권 에 서   경 제 적   차 별 로

얼리히먼은 닉슨의 가치와 정치적 관심사를 한층 더 반영한 주택 정책을 개발하기 위해 신속하게 팀을 꾸렸다.[110] 롬니를 포함한 주택도시개발부 직원 전원은 새로 조직된 이 국내 정책 팀에서 제외되었다. 얼리히먼은 분리 반대와 관련해 연방법이 모호한데, 정의되지 않은 법의 의미를 서둘러 해석해선 안 된다고 둘러댔다. 그리고 국내문제위원회 위원들에게 나누어준 논문에서 가능한 한 일을 적게 하도록 만드는 새로운 주택도시개발부 전략을 제시했다. 그가 썼다.

때로 주택도시개발부와 법무부는 학교 분리 반대 사건에서의 보건교육복지부(Department of Health, Education and Welfare)와 법무부처럼, 연방 주택 자금을 지원함에 있어 자기네가 "법이 되어야 한다"고 생각하는 바를 빠르게 발전시키고, 그러한 기준을 적용하고 있다. ……그럼에도 그 법을 얼마나 엄밀하게 해석할 수 있는지, 그리고 저소득층 및 중간 소득층 주택의 계획 또는 건설을 공동체가 주택도시개발부 자금을 따낼 수 있는 전제 조건으로 요구함에 있어 우리가 주택도시개발부에 얼마나 많은 소수 인종 우대 정책을 실시하도록 허용할 것인지, 이에 대한 선택은 여전히 열려 있다.[111]

얼리히먼의 접근 방식은 국내 문제에 대한 닉슨의 전반적 태도와 일치했다. 닉슨은 특정 국내 정책에 얽매이지 않으려 노력했으며, 대부분의 관심을 외교 정책에 집중하기로 결정했다. 그는 당시 가장 시급한 민권 및 사회 문제였던 주택 분리 반대와 학교 분리 반대에 대해 확고한 입장을 취하고 싶어 하지 않았다. 하지만 점점 더 많은 흑인 시민이 자신들의 고충에 대해 명확한 판결을 얻어내려고 소송을 제기하고 있었다.

닉슨은 입법을 통해 개입할 것이냐, 아니면 법원이 행정부를 위해 결정을 내리도록 가만 놔두는 위험을 감수할 것이냐, 이 두 가지 선택의 기로에 섰다. 1970년대 초 법원 판결은 이미 닉슨 행정부의 의도와는 무관하게 '지역 사회 개방'을 이 땅의 법으로 확립하겠다며 위협하고 있었다. 1970년 필라델피아에서 민권 변호사들은 그 도시 북동부 흑인 거주 지역에서의 보조금 주택 개발에 대해 주택도시개발부 지역 지점이 자금을 지원하지 못하도록 막는 법원 명령을 요청했다. 소송에 참여한 흑인 지역 주민들은 주택도시개발부 보조금 건물이 추가되면 "그러지 않아도 높은 저소득층 흑인 거주자 집중도가 더욱 악화하는 결과로 이어질 것"이라고 주장했다.[112] 다시 말해, 저소득층 흑인을 이 동네에 배치하기로 한 주택도시개발부의 결정은 진즉부터 존재해온 그 공동체에 인종 분리를 한층 심화시킬 가능성이 크다는 것이었다.

19/1년 1월, 항소 법원은 원고 승소 판결을 내렸다. 이 과정에서 법원은 공정주택법의 문구를 따서 주택도시개발부가 이제 "공정 주택을 긍정적으로(affirmatively) 홍보"해야 한다고 설명했다. 서면 판결문에서 법원은 "인종 집중의 유지 또는 증가는 **일단 보기에**(prima facie: 법률 용어로 '반증이 없는 한 그것으로 충분하다'는 의미—옮긴이) 도시 황폐화로 귀결될 가능성이 높고, 그에 따라 **일단 보기에** 국가 주택 정책과 상충된다"고 판시했다.[113] 이 필라델피아 소송은 아프리카계 미국인이 인종적으로 분리된 동네를 지지한다는 주장에 이의를 제기하기도 했다. 이러한 믿음은 아프리카계 미국인 사이에서 빚어지고 있는 계급 갈등을 과소평가한 결과였다. 경제 상황이 개선되고 있어 저소득층 및 빈곤층 흑인의 존재를 배제하거나 소외시킴으로써 자신들의 주택 가치가 상승하길 바라는 일부 아프리카계 미국인과 나머지 아프리카계 미국인 간의 계급 갈등을 말이다. 롱아일랜드 헴스테드(Hempstead)에 사는 한 아프리카계 미국인 주택 소유자는 제 집에 마틴 루서 킹 2세의 초상화를 걸어놓았음에도, 가난한 아프리카계 미국인에 영합하는 저소득층 주택 개발에 대한 반대 의사를 똑똑히 밝혔다. "집에 세 들어 사는 사람은 집을 관리하지 않는다. ……내가 하려는 말은 킹 박사가 하려는 말과 상반될 수도 있다. 하지만 이게 내 의견이다."[114] 역사학자 로빈 켈리(Robin Kelley)는 "시공을 초월해 존재해온 돈독하고 조화로운 흑인 공동체라는 가정"에 이의를 제기했다. 그는 더 나아가 "흑인 공동체의 황금기, 즉 어른이 말썽부리는 아이를 때릴 수 있고, 흑인 중산층이 빈민층과 스스럼없이 어울리며 '롤 모델' 역할을 자청하고, 흑인 전문직 종사자가 자신의 은행 계좌보다 탄압받는 자기 인종에 더 관심을 기울인 시대"라는 개념을 비난하기까지 했다. "그것은 솔직하지 못할뿐더러 흑인 공동체 내의 계

급 관계에 대한 진지한 역사적 연구 결과와도 배치되는 개념"이라는 것
이다.[115]

1971년 4월 26일, 미국 대법원은 유권자들이 지역 사회에서 저소득
층 보조금 주택을 저지하도록 허용하는 주 국민투표에 대해 합헌이라
며 지지를 표명했다. 캘리포니아주 유권자들은 이 국민투표법을 써서
그 주를 위해 제안된 저가 임대 주택의 절반가량을 건설하지 못하도
록 막았다. 1968년 새너제이(San Jose: 캘리포니아주에 있는 도시—옮긴이) 유
권자들이 저가 임대 아파트 1000호를 건설하도록 승인한 시의회 결정
을 뒤집은 후 그 도시의 41개 복지 수급 가정이 이 법에 이의를 제기했
다.[116] 아니타 발티에라(Anita Valtierra)와 그녀의 일곱 자녀는 저렴한 주
택의 부족 사태 탓에 작고 비좁은 아파트에서 살아갔다. 그녀의 가족
은 "10.5×11.5피트 규모의 욕실에서 교대로 먹고 씻고 잤다".[117] 그러나
새너제이 유권자들은 지역 주택 수요를 충족하려면 저소득층 주택이
11만 8000호 더 필요하다는 연구 결과가 나왔음에도, 6만 8000표 대
5만 8000표로 그 주택 건설에 대한 반대를 관철시켰다. 휴고 블랙(Hugo
Black) 판사는 그 국민투표에 대해 "편향·차별·편견이 아니라 민주주의
에 대한 헌신"이라고 표현했다.[118] 해당 가족들은 저소득층 주택 거부가
수정헌법 제14조와 평등 보호권을 위반한 것이라고 주장했다. 그러나
법원은 기본적으로 '빈곤층'은 보호 대상 계급이 아니라고, '인종'을 주
택 거부 사유로서 명시적으로 내세우지 않는 한 주택 거부는 합법이라
고 판결했다. 가난한 사람들이 자기가 선택한 공동체에서 살아갈 권리
를 주장한 법적 판례는 없었다.

1971년 뉴욕주 버펄로 교외 지역에 위치한 래커워너(Lackawanna)에
서 일어난 사건의 경우, 시 관리들은 버펄로 대교구가 저소득층 주택을

선설하려는 어느 단체에 토지 30에이커를 매각한다는 사실이 밝혀지자 백인이 주로 거주하는 동네의 토지를 공원 조성용으로 변경할 채비를 했다.[119] 시 당국은 하수 시스템을 확장할 수 없기에 해당 토지는 주거용이 못 된다고 주장하며 개발업체를 저지하려 했다. 연방 항소 법원은 이러한 설명을 거부하고, 저소득층 주택 개발업자의 손을 들어주었다. 인종이 긴급 용도지역제 결정을 위한 이유로 언급된 적은 없지만, 법원은 저소득층 주택이 들어서지 못하도록 막으려는 그들의 의도를 간파했다. 그럼에도 차별과 관련한 법원 판결들의 서로 다른 방향성은 혼란만 안겨주었으며, 주택에서의 인종차별을 어떻게 뿌리 뽑을 것인지 명확하게 보여주지 못했다.

연방 법은 '인종적' 차별에 힘입어 비백인의 접근을 제한하는 프로젝트나 프로그램에 자금을 지원할 수 없도록 규정하고 있었다. 따라서 '경제적' 조건에 의거해 보조금 주택을 배제하는 방향이 이내 닉슨 행정부 주택 정책의 핵심으로 떠올랐다. 주택과 관련해 법원에서 확립된 (상호 모순적이긴 하지만) 빠르게 쌓여가는 법적 판례도 닉슨 행정부의 정책 개발 과정에 입김을 불어넣었다. 국내문제위원회는 명확한 정부 지침이 마련되지 않은 상황에서 법원이 스스로의 재산 가치를 보호하고자 "전통적인 경제적 용도지역제"를 사용할 수 있는 교외 지역의 권리를 침해할 소지가 있다고 우려했다.[120]

국내문제위원회로서는 다행스럽게도 존 얼리히먼과 닉슨의 정치 고문 렌 가먼트(Len Garment)에게는 계획이 있었다. 얼리히먼은 닉슨의 법률 고문이 되기 전에 18년 동안 시애틀에서 용도지역제 담당 변호사로 일했다. 얼리히먼과 가먼트는 개발 소송 판례의 안내에 따라 재산 가치 보존을 근거로 교외 지역 공동체의 배제 권리를 옹호했다. 가먼트는 용도지역제 권리를 잃게 되면 "정치적·사회적으로 파괴적인 결과로 치달을 것"이라고 주장했다.[121] 그는 "연방 정부가 모든 자금 지원을 중단하겠다고 위협함으로써 마지못해서나마 지역 사회나 동네들이 저소득층 또는 중간 소득층 주택을 제공하도록 강제할 수 있다"는 발상을 거부했다.[122] 대신 "인센티브와 재정 지원"을 기반으로 하는 자발적 프로그램을 제안함으로써 "정치적으로 유리한 주택 기조"를 행정부에 제공했다. 마지막으로, 가먼트와 국내문제위원회는 교외 지역 저소득층의 주택 수요를 충족하기 위한, 그들이 표현한 이른바 '강제' 통합 등의 '사회공학적' 접근을 거부했다. 대신 명백한 인종차별 행위와 "정당한 경제적 차별에 근거를 둔 관행"을 구분해달라고 행정부에 제안했다. 가먼트는 만약 행정부가 "인종차별적 용도지역제를 …… 적극적으로 공격"하기 위한 법적 조치를 취한다면, "의도찮게 차별적 효과를 낳는 경제적·전통적·합법적 고려 사항에 주목한 배타적인 용도지역제의 정당성을 방어"할 수 있는 한층 더 강력한 입장에 놓일 거라고 밝혔다.[123]

1970년 크리스마스를 몇 주 앞두었을 때, 닉슨은 '지역 사회 개방'과 미시간주 워런 사태에 대해 처음 공개적으로 발언하면서 롬니 및 주택도시개발부의 정책과 자신 사이에 차별의 선을 그었다. 그는 기자 회견에서 미국 주택 정책의 방향 전환을 꾀하겠다고 발표하면서 이렇게 덧붙였다. "교외 지역의 강제 통합을 위해 법이 요구하지 않는 방식으로 연방 정부 권한 및 연방 기금을 사용하는 것은 이 정부가 추구하는 정책이 아닙니다. ……나는 교외 지역의 강제 통합이 국익에 도움이 되지 않는다고 생각합니다."[124] 이 발언은 롬니가 주택도시개발부 및 미국 교외 지역의 통합과 관련해 세워둔 계획을 모조리 좌절시켰을 뿐 아니라 1960년대 민권법의 핵심 전제를 충격적인 수준으로 후퇴시켰다. 케네니 대통령의 1962년 행정명령, 1964년 민권법, 1968년 공정주택법 시행은 "연방 정부가 자신의 권한을 사용해서" 시 당국으로 하여금 아프리카계 미국인이 특히 주택·교육·고용과 관련해 헌법이 보장하는 권리를 사용하도록 강제할 수 있는지 여부에 달려 있었다. 이것은 툭하면 민권에 관한 연방 정부의 명령을 무시하는 지방 관리들의 횡포로부터 흑인의 권리를 보호하기 위해 특히나 필요했다. 닉슨은 이러한 연방 정부의 책임을 포기하고 사실상 아프리카계 미국인을 인종차별적인 지방 통치의 폭압 속으로 도로 내던졌다.

당초 연방 정부는 교외 지역에 미국의 차별 금지법을 준수해야 한다고 요구했는데, 닉슨은 공정 주택 및 주택 개방에 대한 행정부의 접근 방식을 설명하고자 발표한 정책 강령에서 그 요구를 확실하게 털어냈다. 1971년 6월 11일, 닉슨 대통령은 8000단어로 이루어진 포괄적인 성명서를 발표하면서 이와 같이 인정했다. "연방 정부가 주택 부족과 소수계 미국인의 평등한 주거 기회 저해에 기여한 잘못이 없지는 않다. ……하지만 최근 몇 년간의 노력과 강조에도 불구하고, 인종에 따른 주거 분리와 불평등한 주거 기회라는 광범위한 패턴은 부단히 지속되고 있다."[125] 이 성명서는 논란의 여지가 없었지만, 그 후 펼쳐진 상황은 그렇지 않았다.

닉슨은 "불평등한 주거" 현실을 순순히 인정하면서도, 인종차별을 "다수 인종 사회와 소수 인종 사회 양자에서 개인과 가족이 자유롭게 선택한" 결과로 기술하는 작업을 끈질기게 이어갔다. 그는 개인이 동네나 지역 사회를 결정할 수 있는 "선택권"이 자유 개념의 "핵심"이라고 설명했다. "자유에는 선택할 수 있는 권리와 선택할 수 있는 능력, 이렇게 두 가지 요소가 필수적이다. ……그와 마찬가지로 '열린'사회는 열린 선택이 가능한 사회이자, 개인이 이러한 선택권을 활용하는 이동성을 지닌 사회다. 열린사회는 동질적일 필요도, 심지어 완전히 인종적으로 통합될 필요도 없다." 그의 말인즉슨, 주거 분리도 그 반대인 주거 통합도 선택의 결과라는 것이다. 이는 자연스럽게 성명서의 핵심인 경제적 배제와 인종적 배제 간의 구분으로 넘어갔다.

> 저소득층과 중간 소득층을 위한 '공정 주택' 문제에 접근할 때, 우리는 상당히 애매한 용어와 두 가지 별개의 문제를 다루고 있다는 점을 기억해야 한다. 하나는 주택에서의 인종차별 철폐다. 이를 다룬 헌법과 법률은 명확하고 분명하다. 즉, 주택에서 인종차별은 용납되지 않을 것이다. 그러나 '공정 주택' 또는 '열린 주택(주택 개방—옮긴이)'에 대한 공개적 논의에서는 종종 또 하나의 문제가 인종차별 문제와 혼동을 일으키곤 한다. 우리는 그 문제를 흔히 '경제적 통합'이라 부른다. '경제적 통합'은 가난한 이들을 도심 밖으로 이주시키는 수단으로서 보조금을 받는 저가 공공 임대 주택을 교외 지역에 배치해야 하느냐 여부, 만약 그래야 한다면 어디에, 어느 정도로, 어떤 방식으로 배치해야 하느냐를 둘러싼 논쟁에 수시로 등장한다.[126]

닉슨은 저소득층의 교외 지역 배치를 둘러싼 반대는 인종차별적인 것이라기보다 주로 경제적 관심에서 빚어진 결과라고 주장하는 데까지 나아갔다. 그는 빈곤은 인종에 근거를 둔 게 아니며 누구에게나 닥칠 수 있는 문제라며 다음과 같은 논지를 폈다.

> '가난'을 '흑인'과 동일시하면 진실에서 멀어진다. ……미국에는 가난한 흑

인보다 가난한 백인이 훨씬 더 많다. 미국에서 가장 열악한 주택 대부분에는 흑인이, 그리고 백인이 살아간다. 최악의 슬럼가 상당수는 흑인, 그리고 백인의 차지다. 마찬가지로 숙련 기술자, 사업가, 전문직 종사자 가운데 부유한 흑인이 차지하는 비중은 날로 늘고 있다. 그들의 자녀는 최고의 학교와 대학에 진학하며, 그들 자신은 도심 지역뿐 아니라 미국 전역의 도시, 교외 지역, 농촌 공동체에서 그들이 응당 누려야 할 지도적 위치를 차지해왔다.[127]

이어서 닉슨은 자신의 새로운 정책을 발표했다.

그 핵심은 모든 시민이 자신의 경제적 능력 내에서 합리적인 입지 대안 가운데 선택할 수 있어야 하며, 인종차별 금지를 꼼꼼하고 엄격하게 시행해야 한다는 것이다. 우리는 기존의 지방 관할권에 경제적 통합을 강요하지 않을 것이며, 아울러 경제적 조치를 인종차별을 위한 구실로 써먹는 여하한 사태도 용납하지 않을 것이다. ……이번 행정부는 그 어떤 지역 사회에도 연방 지원 주택을 강요하지 않을 것이다.[128]

이는 국가 정책으로서 공정 주택을 추진하기 위한 연방 정부의 소수 인종 우대 정책 의무와 관련해 어떤 의미를 띨까? 닉슨이 썼다. "나는 1968년 민권법에 명시된 소수 인종 우대 정책 의무란 주택 프로그램 관리자가 과거의 주택 차별 영향을 줄이는 데 기여할 새로운 비분리 주택 기회를 열어주어야 한다는 뜻이라고 해석한다."[129]

닉슨은 자신의 정치적 목적을 달성하기 위해 현실을 왜곡하는, 유효성이 입증된 정치 계략을 사용했다. 수년 동안 주택 정책에서 가장 논쟁적인 이슈는 아프리카계 미국인이 전체 주택 시장에 접근할 수 있는 지 여부였다. 공공 주택의 입지와 세입자 배치에 관한 논의는 '저소득층 주택'에 관한 논쟁으로 해석될 수 있지만, 인종이 우선적 관심사였던 것은 분명했다. 이 대목에서 닉슨은 정책 논의를 인종에 대한 분명한 고려 없는 저소득층 주택 배치 논의로 전환했다. 물론 문제는 1968년 봄과 여름에 주택 정책이 빠르게 펼쳐지면서 이러한 이슈들을 한데 뭉뚱그렸다는 점이다. 존슨 행정부는 공정주택법, 이어 주택도시개발법을 통과시킴으로써 저소득층 주택 확대 의무와 공정 주택에 명시된 차별 금지 의무를 연결 지었다. 닉슨이 '경제적 통합'에 관심을 표명한 것은 저소득층 주택을 외곽 지역에 배치하는 주택도시개발법의 핵심 전략에 사실상 반대하는 것이었다. 문제를 왜곡하려는 닉슨의 시도는 모두가 알고 있는 사실, 즉 저소득층 주택에 대한 유일한 논란은 그것이 흑인과 라틴계 주민을 위한 주택이라는 사실을 뒤바꿀 수 없었다.

어떻게든 인종을 계급 및 빈곤으로부터 떼어내려는 닉슨의 안간힘은 신뢰를 얻지 못했다. 가난한 백인이 가난한 흑인보다 더 많은 거야 어김없는 사실이지만, 성난 백인 군중이 가난한 백인용 주택에 맞서 들고일어난 역사나 기록은 없었다. 백인 공동체에 빈곤층이나 저소득층 백인이 거주하는 사태에 대해 체계적이고 조직적인 반대가 펼쳐졌다는 역사나 기록 역시 없었다. 노동 계급 백인 공동체에서도 백인 주택 프로젝트를 실시했지만, 그럴 경우 백인 주거 지역에 흑인이 존재한다는 이유로 촉발된 그런 유의 폭력과 저항은 결코 불거지지 않았다. 교외 지역에 저소득층 주택을 허용하도록 '장려'하면서 '기회'니 '선택' 같은 공허한 수사를 주워섬기는 것은 더 많은 무대책을 낳는 비결이었다. 닉슨의 개입으로 연방 정부의 의무는 사라졌다. 대신 주거 분리의 벽을 허물어야 하는 부담은 개인에게 떠넘겨졌다. 저소득층 주택 논쟁에 뛰어든 닉슨은 결국 물만 더 흐려놓은 셈이다. 닉슨은 민권법을 엄격하게 집행하겠다는 제스처를 취했지만, 그럼에도 인종적 진보를 드러내는 객관적 지표들은 그와 정반대 방향을 가리키고 있었다. 이번 정부는 인종차별에 반대한다는 주장에도 불구하고, 닉슨은 '문화적 다양성'이라는 미명 아래 인종 분리 또는 민족 분리를 옹호했다.

> 열린사회는 동질적일 필요도, 심지어 완전히 인종적으로 통합될 필요도 없다. 그 안에는 다양한 공동체를 위한 공간이 있다. 특히 미국 같은 나라에서 공통의 유산을 지닌 이들이 특별한 유대감을 보유하는 것은 당연하다. 우리에게 이탈리아계, 아일랜드계, 니그로계, 노르웨이계 동네가 존재한다는 것은 당연하고도 옳다. 이러한 공동체의 구성원들이 집단적 정체성과 집단적 자부심을 느끼는 것 역시 당연하고도 옳다. 열린사회에서 중요한 것은 이동성이다. 즉, 모든 개인이 어디서 어떻게 살기를 원하는지, 배타적인 소수 인종 거주지에서 살 것인지, 아니면 더 큰 사회로 나아가서 살 것인지, 아니면 많은 이들이 그러하듯 그 두 가지 생활을 넘나들 것인지를 스스로 결정할 수 있는 권리와 능력 말이다. ……우리는 문화적 다양성으로 인해 한층 더 풍요롭다.[130]

미국민권위원회는 닉슨이 주택에 관한 성명을 발표할 무렵, 그의 휘하에 있는 주택도시개발부가 "민권법을 집행하려는 적극성을 서서히 잃어갔다"고 보고했다.[131] 미국민권위원회는 그 부서를 평가하면서 다음과 같이 덧붙였다. "1971년 4월 …… 주택도시개발부는 기존 입장에서 후퇴했으며, 이제 연방 정부가 경제적 통합을 촉진하기 위해 영향력을 행사하는 데 반대한다고 밝혔다. 하지만 주택 경제의 냉혹한 현실은 **경제적** 통합이 이루어지지 않으면 **인종적** 통합도 달성할 수 없음을 시사한다." 이 보고서는 절제된 표현을 사용했지만, "닉슨의 성명이 연방 정부가 주거 차별 철폐 노력의 적극적 참여로부터 물러선 도화선"이라고 결론지었다.[132] 롬니 장관에게 띄운 서한에서 미국민권위원회 회장은 "유감스럽게도 귀 부서는 지원자 관할 구역이 저소득층 및 소수 인종을 배제하는 행동을 저질렀다는 점을 들어 보조금 지급을 거부할 수 있도록 확실한 대비책을 마련해두지는 않은 듯하다"고 꼬집었다.[133] 2년 만에 연방 정부는 스스로의 인종차별과 인종 분리 역사를 외면하고 현 상태를 고스란히 놔둔 위장된 '인종 무관' 수사에 몸을 맡겼다.

오랫동안 기다려온 닉슨의 발언은 다채로운 반응을 불러일으켰다. 대부분의 민권 및 주택 정의 옹호자들은 닉슨의 혼합된 메시지를 거부했다. 연설이 있고 며칠 뒤 소집된 미국 시장(市長) 회의에서 참석 관리들은 교외 지역에 비해 도시 지역이 불균형하다 할 정도로 많은 부담에 내내 시달릴 거라고 주장하며 닉슨의 성명에 분노를 표시했다. 리처드 데일리(Richard Daley) 시카고 시장은 닉슨의 발언이 미칠 파장에 대해 이렇게 설명했다. "이슈가 되는 것은 국가 정책이 하나냐, 아니면 도시를 위한 정책과 나머지 국가를 위한 정책, 이렇게 두 가지로 이루어져 있느냐 하는 것이다. 우리는 모순된 두 가지 연방 정책에 진정성 있게 대응할 수 없다. 따라서 모든 시민에게 공평하게 적용되는 단 하나의 국가 정책을 요구한다. ……우리는 도시화의 현실을 한사코 무시하려 드는 이중 잣대를 단호히 거부할 것이다."[134] 대부분의 대도시 시장들을 대변한 데일리는 저소득층 주택에 대한 교외 지역의 저항에 분노했는데, 그 분노는 진보적 의도를 지녔다고 인정받긴 했으나 주로 그들의 저항이 도시 빈곤층에 대한 경제적 책임을 도시에만 떠넘긴다는 이유에서였다. 클리블랜드 시장 칼 스토크스(Carl Stokes)는 닉슨이 새로 제시한 인종 무관 프레임에 깔린 냉소주의를 포착했다. 그는 미국 교외 지역에서는 "더 이상 스픽(spic: 남미 에스파냐어권 출신 미국인을 가리키는 대단히 모욕적인 말—옮긴이), 왑(wop: 남부 유럽, 특히 이탈리아인을 지칭하는 매우 모욕적인 말—옮긴이), 니거(nigger: 흑인의 멸칭—옮긴이)를 들먹이지 않고, 같은 목적을 달성하기 위해 인구 밀도, 학교 과밀화를 논한다"고 꼬집었다.[135]

닉슨은 롬니 장관 등 행정부의 여러 인사를 동원해 자신의 성명서에 대한 비판에 대응했다. 롬니는 기자 회견에서 질문을 받아넘기는 동안 그 성명의 반대자들을 이렇게 질책했다. "나는 전면적인 연방 세력 투입이라는 발상에 매료된 사람은 '해야 할 일'뿐 아니라 '할 수 있는 일'까지 막아서는 위험을 감수하고 있다고 굳게 믿습니다. ……우리가 지지해야 하는 것은 현재 달성할 수 있는 모든 진전을 이루게 해줄 정책입니다."[136] 연방법을 준수하지 않을 경우 연방 보조금을 철회하는 프로그램을 추진하던 롬니는 이제 연방 정부에 그럴 권한이 없다고 핏대를 올리는 쪽으로 돌변했다. 그는 백인 교외 지역 주민에게 "연방 정부가 과장된 몸짓으로 온갖 장벽을 무너뜨리고, 모든 잘못을 바로잡고, 우리 대도시 지역의 말도 안 되는 누비 지도(quilt map)를 다시 그리는 전지전능한 영웅 역할을 떠안지는 않을 것"이라고 분명하게 못 박았다. 롬니는 실용적이기도 했다. 주거 분리 정책에 도전하려던 그의 시도는 지역적으로도, 그 자신의 업무 내에서도 좌절을 겪었다. 아마 이 문제를 "선택"에 맡기면 "해야 할 일"이 아니라 "할 수 있는 일"을 만들어내는 게 가능할 것이다.[137]

닉슨의 성명이 발표되기 전, 국내문제위원회에서 논의한 바에 따라 인종차별적 용도지역제 사례를 막기 위해 선제적 조치를 취하겠다는 약속을 이행하고 있던 법무부는 닉슨의 성명이 발표된 다음 주에 마침내 미주리주 블랙잭을 상대로 민권 소송을 제기했다. 배타적인 인종차별적 용도지역제를 실시했다는 죄로 그 도시를 기소한 것이다.[138] 몇 달 동안 이 소송을 지켜본 존 미첼은 그것을 구실 삼아 롬니에게 사퇴를 종용했다. 하지만 이제 그 소송을 제기하는 데서 닉슨의 법무부는 적극적으로 차별을 추구하겠다는 스스로의 의지를 천명할 수 있었다. 다가구 주택, 저소득층 주택의 건설 허가 요청에 대한 응답으로, 블랙잭은 정확히 거기에 명시된 종류의 주택을 금지하는 새로운 용도지역제 조례를 통과시켰다. 이 새로운 조례는 세인트루이스에 거주하는 아프리카계 미국인의 85퍼센트를 블랙잭으로 이주할 수 없도록 막았다. 하지만 인종은 결코 언급되지 않았다. 롬니도 미첼도 인종에 대한 직접적 언급은 삼갔지만 자기네가 인종차별이 문제 된 다른 사례들이 아니라, 다름 아닌 블랙잭을 상대로 소송을 제기한 까닭을 드러내놓고 밝힐 수는 없었다. 이는 주택도시개발부의 새로운 방향이 자의적이라는 것, 그리고 그 부처가 위반 혐의를 어떻게 인식하는지에 대한 공무원의 재량권을 새롭게 강조했다는 것을 말해주었다.[139]

새로운 주택 정책 전환을 향한 닉슨의 가장 극적인 도전은 그의 성명이 발표되기 하루 전날 이루어졌다. 미국민권위원회가 공정 주택을 촉진하고 흑인 주택 수요를 완화하는 데서 주택도시개발부의 새로운 주택 소유 프로그램이 어떤 효과를 발휘하는지 조사한 여러 도시 대상 연구의 결과를 발표한 것이다.[140] 주택도시개발부의 주택 소유 프로그램은 존슨 행정부 말기에 운영에 들어갔지만, 닉슨 행정부에서 본격적으로 시행되었다. 미국민권위원회가 보고서를 발표할 무렵, 그 프로그램은 이미 2년간 운영된 상태였다. 위원회의 결론은 행정부가 내놓은, 주택에서 인종차별을 뿌리 뽑고 있다는 주장을 뒤엎는 것이었다. 그들이 제출한 보고서는 이렇게 적고 있다. "새로운 프로그램은 공정 주택을 촉진하지 못했다. 그뿐만 아니라 다수 인종 가족과 소수 인종 가족이 분리된 불평등한 주택 시장을 형성해온 전통적 패턴이 235항 운영에서 되풀이되고 있었다."[141] 인종차별 문제는 잦아들기는커녕 (확산된다고 보긴 어렵지만) 끈질기게 이어지고 있었다. 주택도시개발부의 주택 소유 프로그램이 부적절하다는 그 밖의 주장들을 살펴본 의회 보고서가 몇 달 전 발표되었다. 그 보고서는 존슨 행정부 때부터 이어진 문제인 민권법의 느슨한 집행 탓에 프로그램 운영에 심각한 문제가 불거졌다고 지적했다. 두 보고서 모두 공정주택법이 낳은 새로운 차별 금지법의 준수 여부를 확인하는 집행 절차가 허술해서 흑인 매수자와 임차인의 '선택'이 역사적 패턴에 의해 내내 제약받고 있음을 확인했다.[142] 닉슨은 '선택'을 강조함으로써 과거의 정책 및 관행이 구체적으로 흑인의 주택 선택에 미친 역사적이고도 강력한 효과를 희석시켰다. 미국의 동네 인구 통계가 매수인과 매도인 또는 임차인과 임대인의 개인적 결정이나 선택에 의해 전적으로 결정되는 경우란 거의 없었다. 게다가 선택자가 흑인일 때는 그 선택이 적잖은 제약을 받았다. 법학자 레너드 루비노위츠(Leonard Rubinowitz)가 설명했다. "사실 …… 주택 차별의 지속은 단순히 선택에서만 비롯된 게 아니라, 이전의 인종차별 시기에 기원을 둔 과정 및 인식의 영속성에 기인하기도 한다. 따라서 이러한 배경상의 차별이 존재하므로 선택에 제약이 따르는 것이다."[143] 이러한 관행을 금지하는 새로운 법률을 시행한다고 해서 애초에 시장을 구성하는 데 기여한 조건을 무효화할 수는 없다. 전직 클리블랜드 시장 칼 스토크스가 말했다시피, "이 나라의 파괴적인 경제적 차별, 그리고 만연한 백인의 인종 차별 및 우리나라의 여러 문제를 서로 분리할 수는 없다. 그 두 가지는 함께 그것이 백인 지역이든 흑인 지역이든 도심 주변에 일종의 교외 지역이 유지되도록 관리한다".[144]

새로 개발된 교외 지역에 영향력을 미치기 위해 상하수도 보조금을 사용함으로써 인종차별적 용도지역제 및 기타 차별 행동을 막으려던 조지 롬니의 시도는 단명한 데다 효과도 미미했다. 롬니의 인종자유주의 비전―즉, 아프리카계 미국인이 원하는 거주지를 선택할 수 있도록 허용하는 자유로운 주택 시장을 실현하려던 그의 결연한 노력―은 닉슨 행정부 내의 인종차별적 현실이라는 무게에 짓눌려 붕괴하고 말았다. 닉슨은 인종적 분노를 자극하는 데 자신의 정치 이력을 걸었다. 그는 '강제 통합' 같은 선동적 문구를 사용함으로써 백인 교외 지역 유권자한테 자신이 국가 권력을 동원해 달가워하지 않는 백인 대중에게 '민권 의제'를 밀어붙인 전임자 린든 존슨과는 차별적이라는 점을 확실하게 주지시키고자 했다. 또한 본인의 주택 평등 반대를 '경제적 통합' 반대로 틀 지움으로써 유구한 인종차별주의의 끔찍함을 고려 대상에서 제외했다. 그러나 그것은 아프리카계 미국인에게는 다른 이야기, 혹은 새로운 방식으로 표현된 똑같은 유구한 이야기일 따름이었다.

닉슨은 공정 주택을 조성하거나 주택 차별을 종식시키기 위해 **소수인종 우대 정책**을 실시하도록 연방 정부에 요구한 공정주택법 의무를 지방 당국이 준수하게 만들고자 연방 정부 권한을 행사하지 않겠다고 공개적으로 약속했다. 그는 그렇게 함으로써 흑인 매수자와 임차인을 주택 시장에서 열등한 지위로 몰아넣었다. 1970년대 초 여러 건의 보도, 연구 및 위원회 보고서를 통해 주거 분리와 주택 차별이 아프리카계 미국인을 위한 의미 있는 주택 선택권의 부족을 낳은 근본 원인이라는 사실이 밝혀졌다. 좋은 주택을 선택할 수 없게 된 아프리카계 미국인은 표준 이하의 열악한 주택, 가치가 낮은 동네, 자원이 부족한 지역사회에 갇혀 살았다. 무엇이 '블랙 파워(Black Power: 흑인의 인권 및 정치력 신장을 꾀하는 운동―옮긴이)'를 이룰 수 있는지에 대한 논쟁이 맹렬히 이어졌지만, 현실에서는 주택 시장 개방만이 아프리카계 미국인에게 시장에서의 공평한 기회를 보장할 수 있었다. 그것이 없다면 공정주택법 이전에 시장을 지배하던 것과 동일한 역학, 즉 품질에 대한 하방 압력과 가격에 대한 상방 압력이 우세해질 것이다.

주택도시개발법의 일부로 통과되었을 때만 해도 그토록 유망해 보였던 주택 소유 프로그램은 주택 시장 전체에 대한 접근성 부족으로 인해 이내 무력화되었다. 과연 과거의 차별을 되풀이하지 않으면서 새로운 기회를 열어줄지를 두고 의문이 고개를 들었다.

매수자가 유의할 사항

4

"게토에서는 중산층 프로그램을 운영할 수 없다."
―토머스 애슐리(Thomas L. Ashley), 오하이오주 하원의원, 1972년

1970년 필라델피아에서 한 아프리카계 미국인 어머니는 드디어 공공
주택 프로젝트에서 벗어나 자신의 '새집'으로 이사한 일을 기념했다. 전
후 미국 전역에서 볼 수 있었던 수백만 명의 부모들처럼 그녀 역시 좋
은 동네에서 자녀를 키우고 자신이 어렸을 적에 다니던 학교보다 더 좋
은 학교에 자녀를 보내겠다는 기대감을 품은 채 주택 소유와 아메리칸
드림에 투자했다. 하지만 그녀의 집은 전후 주택 붐이 일었던 교외 지
역의 넓고 전원적인 공간에 들어선 게 아니었다. 그녀는 도시에 자리한
주택, 즉 만성적으로 지붕이 새고 지하실이 침수되는 등 건축법 위반
사항이 수두룩한 주택을 1만 2000달러에 매수한 것이다.[1]

  뉴저지주 패터슨(Paterson)의 아치 스트리트(Arch Street) 78번지가 주소
지이고 자녀 8명을 둔 아프리카계 미국인 어머니는 "전기 결함"이 있고
"석고 벽에 커다란 구멍이 뚫린" 주택을 1만 7500달러에 사들였다.[2] 복

지 수급자인 그녀는 월 모기지 납부금을 충당하기 위해 집 1층을 다른 가난한 가족에게 세주었다. 두 가족이 "손잡이가 죄다 떨어져나가고 문짝이 경첩 하나로 간신히 고정되어 있는 낡은 요리용 난로"를 같이 사용했다.[3]

뉴저지주 패터슨의 그레이엄 애비뉴(Graham Avenue) 471번지에 자리한 어느 선술집은 시로부터 부적합 판정을 받아 철거를 앞두고 있었는데도 주거 공간으로 둔갑했다. 사람이 거주하기에 부적합하다는 판정을 받은 때로부터 한 달 뒤, 어느 부동산 투기꾼이 그 건물을 1800달러에 매수했다. 그는 450달러를 들여 전기를 수리한 다음 4개월 뒤 아무 낌새도 채지 못한 흑인 가족에게 2만 달러에 그 집을 되팔았다. 가족이 입주한 후 집을 점검해보니 사정이 이러했다. "집에 들어가려면 …… 전에 선술집 탁자가 놓여 있던 공간으로 계단 두 칸을 올라가야 한다. 거칠고 고르지 않은 벽은 제대로 준비하지도 않은 채 오래된 페인트 위에 새 페인트를 대충 덧칠한 상태였다. 침실 바닥은 뒤틀리고 휘어져 있다. 현관문은 집 중앙에서 측면으로 옮겨졌고, 본래 현관문이 있던 자리에는 욕실에서나 볼 수 있는 작은 창문이 달렸다."[4] 시카고에 사는 에디 애그뉴(Eddie Agnew)의 사정도 별반 다를 게 없었다. 시카고에서 235항 주택을 사들인 아프리카계 미국인 애그뉴가 회상했다. "우리가 이사 들어오고 며칠 뒤 보일러가 고장 났어요. 날씨가 추울 때라 아이들이 침실에서 와들와들 떨고 있었죠. 나는 재차 지하실로 내려가 점화용 불을 켜야 했어요. 보일러에서 열이 전혀 나오지 않아 …… 아이들이 추위에 떨었어요."[5] 그는 보일러가 고장 나고 며칠 후, 가족이 텔레비전을 보고 있는데, 화장실이 와장창 무너져 내렸다고 덧붙였다. 애그뉴는 마루의 장선(floor joists, 長線: 마루 밑에 가로 대어서 마루청을 받치는 나무판들—옮긴이)이 까맣게 그을린 것을 알아차렸고, 집을 매수하기 몇 주 전 불이 났다는 사실을 나중에야 알았다. 그는 "부당한 대우를 받았다"고 탄식했다.[6] 캘리포니아주 버클리(Berkeley)와 오클랜드(Oakland)에서 실시한 조사에 따르면, 다 쓰러져가는 주택이 저소득층 가정에 실제 가치보다 서너 배 부풀려진 가격에 팔려나간 것으로 드러났다. 이 주택들은 "대체로 연방주택청의 정직한 검사를 통과할 수 없었으며, 당연히 최소한의 연방주택청 기준도 충족하지 못했다".[7]

연방 관리와 부동산업계 대표들이 '기존' 도시 주택 시장에 더 중점을 둘 필요가 있다고 외쳤을 때, 거기에는 이러한 주택들도 포함되었다. 1967년 연방주택청 정책의 변화는 이듬해 주택도시개발법에 의해 뒷받침되면서 미국 도심의 부동산 시장에 활력을 불어넣었다. 교외 지역에 저소득층 주택을 배치할 가능성에 관한 논쟁은 그러한 개발이 여전히 안전하고 건전하고 저렴한 주택을 필사적으로 찾고 있는 이들에게 과연 어떤 결과를 안겨줄지에 대해서는 제대로 다루지 않았다. 이 장에서 나는 1970년대에 교외 지역이 빈곤층과 노동 계급 흑인 주택 소유자 및 세입자에 맞서 극력 저항한 역사로 인해 가려진 그 이야기를 수면 위로 끌어올리려 한다. 그러기 위해서는 연방주택청이 흑인 도시 공동체에 대한 레드라이닝을 중단한 뒤 제 부처의 역할을 어떻게 자리매김했는지 살펴볼 필요가 있다. 연방주택청의 역사 관련 저술은 거의 대부분 교외 지역 신규 주택에 대한 모기지 보증을 주요 역할로 삼은 그 기관의 첫 33년에 기반을 두고 있었다. 그러나 연방주택청은 저소득층 임차인을 저소득층 주택 소유자로 전환하려는 목적을 지닌 연방 정부 프로그램에서 중심 역할을 담당했다.

저소득층 주택을 매년 60만 호씩 건설하라는 연방 정부 명령을 준수하기 위한 노력으로 연방주택청 관리들은 복지 수급자를 포함하도록 프로그램 참여자의 포괄 범위를 확대했다. 이런 변화 과정에서 모순이 드러났는데, 그것은 역사적으로 자유로운 선택, 시장의 욕구, 재정적 책임 따위의 표현을 써가며 인종차별적 관행을 옹호해온 부동산 중개인과 은행가 등 민간 행위자 및 민간 기관들이 난데없이 새로운 주택도시개발부의 주택 소유 프로그램에서 중추 역할을 담당할 것으로 예상되면서부터였다. 그러나 은밀하게 인종차별을 자행하던 최고 악당에서 공정 주택의 슈퍼히어로로 변신하는 것은 말처럼 쉬운 일이 아니었다. 주택도시개발부의 주택 소유 프로그램을 괴롭힌 문제는 연방 정부가 민간 기관 네트워크에 의존하고, 그 네트워크는 다시 자신들의 이익을 보장받기 위해 인종차별에 의존하는 사태에서 비롯되었다.

새 로 운   성 전

저는 새로운 성전(聖戰)에 동참할 것을 연방주택청의 전 직원에게 요청합니다. 이는 우리의 주택 프로그램을 이용해 도심 전역의 부동산을 매수, 매도 및 개량하는 것을 의미합니다. 우리는 우리 앞에 놓인 일의 중요성을 인식하겠다는 절실함과 필요한 조치를 취하고 결정을 내리고 요구되는 희생을 감수하겠다는 결단력을 갖추어야 합니다. 저는 여러 가지 이유에서 연방주택청이 저소득층 및 중간 소득층 가정에 기여하고 도심을 부흥 및 재건할 수 있는 우리 프로그램을 널리 활용하고 가속화하기 위해 대대적인 노력을 기울여야 한다고 믿습니다. 한 가지 이유를 더 말씀드리겠습니다. 여러분은 본인 직업이 거기에 달려 있다는 마음으로 그 일에 임해야 합니다. 왜냐하면 정말로 그럴지도 모르기 때문입니다![8]

필립 브라운스타인은 1967년 가을 워싱턴 D.C.에서 열린 회의에서 미국 전역의 70개 도시를 대표하는 지역 및 지방 연방주택청 사무소의 직원과 이사들을 모아놓고 이러한 권고를 담은 연설을 했다. 주택도시개발부는 연방주택청을 미국 도심에서 주택 소유를 위한 길을 닦아주는 기관으로 탈바꿈시키기로 결심했다. 필립 멀로니(Philip Maloney) 연방주택청 차관은 같은 감독관 집단에게 연설해야 하는 자기 차례가 되자 브라운스타인의 날카로운 발언에 본인의 의견을 보탰다. 그가 그들에게 촉구했다. "연방주택청 내의 주택 및 고용 기회 균등이라는 대의에 여러분의 충심과 열정을 쏟아주십시오. ……연방주택청이 추구하는 정책의 최우선 취지는 저소득층 가정을 위한 주택 공급과 도심의 재건이어야 합니다. 현재로서는 이 두 가지 목표를 실현하는 게 우리 기관의 사명입니다."[9] 그는 "연방주택청 내의 주택 및 고용 기회 균등에 대해 논의할 것"이라고 밝히면서 "엄살 부리지 마시라"[10]며 청중을 나무랐다. 멀로니는 계속해서 다음과 같이 책임자들을 꾸짖었다. "평가가 이루어졌는데, 여러분에게는 부족 판정이 내려졌다고 말해야 공정할 것 같습니다." 멀로니가 연방주택청의 대표자들에게 말했다. "슬럼가에 실제로 거주하면서 소수 인종 집단, 빈곤층 집단, 빈곤층과 도심 거주자를 위한 주택 프로젝트를 후원할 수 있는 사람들 집단을 만나야 합니다. ……더러운 거리, 쥐가 들끓는 주택과 아파트 건물을 샅샅이 뒤지고 다녀야 합니다. 바로 여기가 여러분이 계셨으면 하는 장소입니다. 여기가 바로 문제가 있는 곳이고 해야 할 일이 있는 곳입니다. 이것이 바로 오늘날 우리가 원하는 연방주택청 금융의 모습입니다."[11]

밀로니는 연방주택청 건설업체들이 연방 지원 주택을 판매할 때 인종차별을 금지한 1962년 케네디 대통령 행정명령의 기준을 준수하지 않았다는 증거로서 그들 대상의 내부 설문 조사를 지목했다. 그 조사에 따르면, 케네디의 인종차별 금지 행정명령 실시 이후 건설된 주택 수십만 채 가운데 아프리카계 미국인에게 팔린 주택은 고작 3퍼센트에 불과했다. 1962년 이후 연방주택청 지원 대출을 받은 주택 41만 574호가 판매되었는데, 이 중 비백인에게 팔린 것은 3만 5000호에 그쳤다. 이것을 더 세분화하면 "흑인 1만 3832호, 에스파냐계 1만 2765호, 동양인 8784호, 아메리칸 인디언 687호"였다.[12] 그는 주택 위기 해결의 핵심으로 정부의 차별 금지법을 강력하게 시행해달라고 촉구했다. 여기에는 교외 지역으로의 흑인 진출도 담겨 있었는데, 그것은 "대도시의 다른 모든 동네들이 그곳에 거주하고 싶어 하고 거주할 수 있는 모든 이에게 자유롭게 개방되지 않으면, 〔도심의〕 압박을 효과적으로 해소하고 도심을 복구할 수 없기 때문이다".[13]

밀로니는 더 나아가 아프리카계 미국인을 위한 '기회 균등'의 진전 부족을 연방 정부 내 흑인 공무원의 부족과 연결 지었다. 그는 흑인을 더 많이 고용하면 아프리카계 미국인의 연방주택청 서비스 접근성을 높이고자 하는 목표를 촉진할 수 있다고 주장했다. 연방주택청은 아프리카계 미국인을 고용하지 않은 결과, 차별 금지라는 법적 의무를 이행하지 못했다. 전반적으로 연방주택청 직원의 11퍼센트가 아프리카계 미국인이었지만, 그들 가운데 관리직을 비롯해 권한 있는 직책에 오른 이는 단 한 명도 없었다. 또한 워싱턴 D.C.와 전국의 다른 지사들 간에는 흑인 직원의 분포에서 커다란 불균형이 존재했다. 연방주택청 본사에서는 직원의 30퍼센트가 아프리카계 미국인인 반면, 전국의 지사들에서는 그 수치가 5퍼센트에 그쳤다. 이에 대한 해결책으로 멀로니는 다양한 소수 인종 우대 정책을 제안했다. 그와 브라운스타인은 그 정책을 시행함으로써 흑인 고용을 늘리고, 차별 금지 정책 시행에 중점을 두면서 도심에서 흑인을 위한 연방주택청 서비스를 더 많이 이용하도록 장려하려고 했다. 멀로니는 브라운스타인과 마찬가지로 연방주택청의 새로운 방향에 따라오지 못하는 직원은 해고하겠다고 위협했다. 그는 평등에 헌신하지 않는 사람은 "이 분야에서 리더십을 발휘할 수 있는 이들을 위해 물러나야 한다"고 주장했다.[14]

　브라운스타인과 멀로니가 연방주택청의 지역 책임자들에게 미국 도시를 구하기 위한 성전에 동참해달라고 호소했을 때만 해도 연방주택청은 여전히 독립적인 기관이었다. 그러나 1969년 주택도시개발부의 수장이 되어 조직 개편을 단행하기 시작한 롬니는 연방주택청을 자신이 이끄는 기관(주택도시개발부—옮긴이)의 산하 조직으로 전환시켰다. 연방주택청이 과거에는 연방 정부 내에서 독립적인 기관으로 운영되었지만 더 이상은 그렇지 않게 된 것이다. 분명 초창기 멤버들 눈에 자랑스럽고 독립적이었던 그 기관의 영광은 몰라보게 달라지고 있었다. (백인) 미국 중산층을 형성하는 데 기여했다는 이유로 높게 평가받던 그 기관이 저소득층 (흑인) 거주민을 위한 '또 다른' 정부 프로그램으로 변신 중이었다. 이 시기 이후 저소득층 주택 소유 프로그램의 상태를 평가한 보고서들에서 눈에 띄는 점이 있는데, 그것은 하나같이 "그 프로그램의 사회경제적 측면과 관련해 관리자·감독자 및 일선 작업자를 포함한 연방주택청–주택도시개발부 직원들" 사이에 절망감, 사기 저하 및 분노가 널리 퍼져 있었다고 밝힌 대목이다.[15]

　여러 주택 정책 유관 연방 조직 및 기관 상당수는 진즉부터 주택도시개발부로 흡수되었지만, 연방주택청만큼은 대개 내내 독자적으로 운영하도록 남겨져 있었다. 그러나 조직 내부의 침체가 제대로 해소되지 않은 데다 인력 이동만으로는 문제의 심각성을 파악할 수 없었던 것 같다. 롬니는 연방주택청의 자율성을 없애고 그 기관을 주택도시개발부 산하로 만들라는 '명령'을 고집했다. 주택도시개발부 차관보 셔먼 웅거(Sherman Unger)는 연방주택청에 대한 롬니의 지침이 낳은 긴장감을 이렇게 언급했다. "우리는 발로 차고 비명을 지르면서 그 기관을 끌고 가야 할지도 모른다."[16]

주택도시개발부 내부에서는 이동성 높은 교외 지역 거주 주택 소유자를 거느린 연방주택청과 증가하는 저소득층 주택 소유 및 임대 프로그램을 계속 분리하는 조치에 대해 얼마간 논쟁이 일었다. 롬니는 교외 지역에서 연방주택청이 효율적이라는 점을 고려할 때 뚜렷하게 구분되는 그 두 프로그램에 대한 수요가 크게 다름에도 모든 주택 프로그램을 연방주택청을 통해 처리해야 한다고 우겼다. 이 같은 새로운 질서 속에서 주택도시개발부-연방주택청은 모든 고객에 대해 동일한 접근 방식을 이어갈 계획이었다. 하지만 주택도시개발부에 속한 일부 대표자들은 계속해서 이와 같이 우려를 표명했다. "빈곤층, 저소득층 및 중간 소득층의 주택을 촉진하는 책무까지 연방주택청에 추가하려 한다면, 우리는 그 기관과 더없이 성공적인 관계를 유지해온 집단을 다루는 능력을 약화시킴과 동시에 불우한 이들을 위한 촉진 활동도 저해할 수 있다."[17] 롬니는 자신의 조치를 두둔하면서 부유층은 공공 세금을 통해 주택 부문에서 혜택을 받아왔으므로, 빈곤층과 저소득층도 그와 동일한 권리를 누려야 한다는 중대 발언을 했다. 그는 "국가 주택 정책의 혜택을 받은 이들은 대체로 자신이 공적 자금의 도움을 받았다는 사실을 인식조차 못한다. ……따라서 자기 세금이 …… 소수 인종 집단의 주택 수요를 충족하는 데 쓰이고 있다는 …… 생각에 분개하는 경향을 보인다"고 주장했다.[18]

롬니는 주택 생산량을 늘리고 싶어 했으며, 주택도시개발부의 지역 및 지방 지부에 다양한 주택도시개발부–연방주택청 주택 프로그램을 적극 활용하도록 지시했다. 인플레이션율과 금리가 상승하자 주택 산업은 위협받았지만, 새로운 저소득층 주택 프로그램은 유독 매력적으로 다가왔다. 특히 주택 소유를 가능케 하는 235항 및 221항(d)(2)는 저소득층이 주택을 쉽게 구입할 수 있도록 거들었다. 235항은 1968년 주택도시개발법에 의거해 도입된 비교적 새로운 프로그램이었다. 반면 221항(d)(2)는 1954년 주택법에 따른 오래된 프로그램이었지만, 사문화되어 있다가 연방주택청이 레드라이닝을 종식하면서 되살아났다. 이들 프로그램의 사용을 늘리는 조치는 두 가지 이유에서 도움이 되었다. 첫째, 그 프로그램들이 과거의 레드라이닝 관행으로 인해 주택 소유율이 낮고 그에 따라 다른 시장이 포화 상태에 이르렀을 때 주택 매수에 대한 갈증이 존재했던 신규 시장을 공략했기 때문이다. 둘째, 정부가 지원하는 주택 소유 프로그램은 낮은 계약금을 요구했고, 235항의 경우 막대한 금리 보조금을 지급해 프로그램 참여자의 월 비용을 크게 낮춰주었기 때문이다. 221항 주택 소유자 역시 이 프로그램이 대출 기간을 40년으로 허용해줘 월 모기지 상환액이 더 낮았다. 전통적 조건으로 모기지를 빌릴 수밖에 없었던 이들로서는 치러야 하는 비용이 막대했다. 이 역사적 전환점에서 저소득 흑인 주택 구매자는 매력적이고 환영받는 고객층으로 떠올랐다. 이제는 그들이 매수할 주택을 공급하기만 하면 됐다.

미국이 빈곤층을 위한 주택 공급에 착수한 이후 30여 년간 건설된 보조금 지원 주택은 60만 호를 결코 넘기지 못했다. 하지만 1969년에는 저소득층 주택 생산량이 전례 없는 규모인 20만 호로 증가했다. 롬니는 자신이 이끄는 부처의 계획에 대해 이렇게 밝혔다. "이 나라가 공공 주택 프로그램을 시행한 이래 33년 동안 우리는 보조금 지원 주택을 100만 호도 공급하지 못했다. 앞으로 1년 반 동안 그 공급량을 100퍼센트가량 늘릴 생각이다."[19] 그 프로그램을 시행하고 처음 7개월 동안 3000호 넘는 주택을 연방주택청 보조금을 받아 구입했으며, 추가로 7500호에 대해서는 '융자 확약(firm commitment: 빌린 측에 대해 일정 조건의 융자 약속을 일정 기간 동안 변동하지 않는 것—옮긴이)'이 이루어졌다.[20] 1970년 말까지 주택도시개발부는 8만 호 넘는 주택의 저소득층 모기지에 보조금을 지급했으며, 1971년 말에는 20만 4000명의 모기지 채무자가 235항에 따라 제공하는 금리 보조금 혜택을 누렸다.[21] 금융통화위원회 보고서는 235항에 대해 "전국의 많은 지역에서 부동산 시장의 견인차 노릇을 한다"고 기술했다.[22] 모기지은행가협회(MBA)도 그 연방 프로그램의 중요성에 대해 "235항 및 236항의 보조금 프로그램을 통한 연방 정부의 주택 지원은 주택 산업을 지탱하는 원동력"이라고 표현했다.[23] 어느 저자는 그 프로그램이 부동산업계에 안겨주는 혜택을 이렇게 정확히 포착했다. "1971년 연방 보조금 프로그램은 부동산업계에 연간 14억 달러를 지급하고 신규 주택의 25퍼센트에 자금을 지원했다."[24] 그러나 주택도시개발부가 제시한 매력적 조건에도 불구하고 이 새로운 프로그램은 연간 저소득층 주택 60만 호 공급이라는 국가 목표 달성에 요구되는 속도를 따라잡을 수 없었다. 새로운 주택 소유 보조금의 사용량이 매년 증가하고 있음에도 그 프로그램의 영향은 거의 미미한 것처럼 보였다. 의회가 책정한 예산 부족, 주택 관료주의와 상대하는 데서 비롯된 끊임없는 지연, 만성적인 인력 이슈 등의 문제에는 여러 이유가 있었다. 하지만 주택도시개발부가 그 기관의 주택 의무를 이행하는 데서 가장 큰 걸림돌은 아마 주택 건설 비용 및 주택이 들어설 토지에 지불해야 할 비용의 상승이었을 것이다.

1960년대 말 주택도시개발부가 인수 기준을 자유화하면서 주택 시장에 극적인 변화가 일었다. 주택도시개발부가 실시한 연구에 따르면, 신규 주택과 기존 주택 모두에서 10년간 비용이 크게 상승한 것으로 확인되었다. 이 연구에서는 두 시장의 남성 구매자를 기준으로 분석이 이루어졌다. 10년간 신규 주택을 매수한 소비자의 소득은 49퍼센트 증가했다. 하지만 1969년에 주택 가격도 40퍼센트 올랐고 주택이 들어설 토지 가격 역시 74퍼센트 상승했다.[25] 기존 주택의 경우, 매수자의 소득은 42퍼센트 증가한 반면, 주택 가격은 27퍼센트, 토지 가격은 57퍼센트 늘어났다. 1968년과 1969년 두 해 동안 신규 주택 가격은 5퍼센트, 기존 주택 가격은 4퍼센트 상승했다.[26]

1968년 주택도시개발법의 성공 여부는 공급되는 주택의 수량뿐 아니라 그들 주택의 위치에 의해 결정될 터였다. 그 법이 허용하는 저소득층 주택 가운데 '기존' 주택의 비율은 원래 전체 보조금 지원 주택의 25퍼센트에 불과했으며, 그 수치를 2년 내에 10퍼센트 미만으로 낮출 계획이었다. 교외 지역에 신규 주택을 공급하는 데 역점을 두어야 했다. 그러나 기존 도시 시장에서 거둘 수 있는 즉각적 수익은 무시하기에는 너무 유혹적이었다. 1970년 235항 주택의 30퍼센트가 '기존' 주택이었고, 1971년이 되자 그 수치는 53퍼센트로 껑충 뛰었다.[27] 주택도시개발부의 235항 예산 중 5퍼센트가 부실 부동산의 재건에 할애되었지만, 그 법안은 결코 오래된 도시 부동산 시장을 개발하기 위한 게 아니었다. 세 가지 요인이 애초 목표를 망가뜨리는 데 기여했다. 첫 번째는 도시 지역에서 더 많은 주택을 요구하는 긴급한 수요였다. 도시 반란으로 흑인이 도시에서 표준 이하 주택에 거주하고 있는 현실이 드러났다. 1968년은 수십 건의 폭동이 집중적으로 발생한 마지막 해였지만, 1970년대 초반에는 공무원들이 그 사실을 알 도리가 없었다. 폭력의 위협으로 도시 주택 위기에 대한 즉각적 해결책을 모색해야 한다는 압박이 이어졌다. 공공 주택만으로는 그 공백을 메울 수 없다는 인식이 널리 퍼지면서 도시 주택 소유가 실행 가능한 대안으로 떠올랐다.

두 번째 요인은 단독 주택을 위시한 모든 형태의 저소득층 주택이 존재하는 데 대한 교외 지역 관리들의 지속적 저항이었다. 3장에서 논의했듯 이러한 적대감은 용도지역제 조례 및 교외 지역 건축에 영향을 미치는 까다로운 요건—즉, 사용 가능한 자재, 부지의 크기를 비롯해 주택 가격을 상승시킬 수 있는 기타 사안들—의 확산을 통해 잘 드러났다. 연방주택청의 주택 소유 프로그램이 주택 및 모기지 비용에 상한선을 두었으므로 저소득층 주택을 건설하지 못하도록 막으려는 교외 지역 주민의 노력은 대체로 효과를 거두었다. 마지막이자 가장 중요하다 싶은 요인은 도심의 기존 주택을 활용하기 위한 주택업계 종사자들의 강력한 로비 활동이었다. 전미부동산협회 회장은 롬니 후보에게 보낸 서한에서 다음과 같이 분명하게 밝혔다. "우리는 이 프로그램에 따라 기존 주택의 모기지 보험 가입 자격을 제한하는 조치가 적절치 않다고 생각합니다. 235항의 주요 목표는 저소득층이 주택 소유자가 되게끔 지원하는 것인데, 만약 기존 주택이 이자 보조금을 받을 수 있다면 이러한 목표를 한층 더 잘 달성할 수 있을 겁니다."[28] 연방준비제도이사회도 기존 주택에 대한 지원에 무게를 실으면서 이와 같이 말했다. "우리가 이용할 수 있는 가장 저렴하고 효율적인 주택은 기존 주택에서 나올 가능성이 높다. 235항에 따른 대출이 주로 신규 주택으로 제한되는 이유는 명확하지 않다. 이는 기존 주택에 대한 홀대를 드러내는 한 가지 단면인 듯하다."[29]

주택업계의 강력한 주역들이 펼친 이러한 노력은 빈곤층을 위한 프로그램들 간의 우선순위에 영향을 미쳤고, 결국 이 장 앞머리에 소개한 주택 소유의 재앙으로 이어졌다. 그런가 하면 업계는 새로운 연방 정부의 지원을 등에 업고 수익 기회를 확대할 수 있었다.

프 로 피 토 폴 리 스 *[30]

미국 연방주택청의 레드라이닝이 종료되고 미국 도시에 주택 금융이 도입되자 느닷없다시피 새로운 도시 주택 시장이 형성되었다. 비어 있던 낡고 오래된 도시 부지의 주택들이 연방 정부 보증을 받으며 갑자기 판매되기 시작했다. 거의 즉시, 정부 프로그램을 통해 판매되던 이 도심 주택의 상태에 대한 불만이 여기저기서 터져 나왔다. 그러한 불만은 주택도시개발법이 통과된 지 불과 2년 만에 의회 조사를 요청할 정도로 심각했다. 유관 의회 위원회를 이끌던 민주당 의원들은 이제 공화당 행정부가 운영하고 있는 새로운 프로그램에 대한 조사에 착수할 기회

---

*   profitopolis: 이윤을 뜻하는 'profit'과 도시를 뜻하는 '-polis'로 이루어진 조어―옮긴이.

를 얻은 데 기쁨을 표시했다. 금융통화위원회 위원장인 위스콘신주 하원의원 라이트 팻맨(Wright Patman)은 그 프로그램에 대한 여러 불만 사항을 검토한 뒤 이렇게 논평했다. "이 프로그램은 저소득층과 중간 소득층에게 '안전하며 위생적이고 제대로 된' 주택을 제공하지 못했다. 많은 주택 소유자가 슬럼과 다를 바 없는 주택을 소유하는 불행한 사태에 내몰렸다."[31] 팻맨의 편지는 주택의 끔찍한 품질과 의심스러운 판매 정황에 대한 세부 사항을 담은 보고서에 첨부되었다. 연방주택청은 "모기지 대출 기간보다 더 오래 버티거나 재산 가치를 유지할 가능성이 거의 또는 전혀 없을 정도로 품질이 형편없는 기존 주택을 보증해주었다는 비난을 받았다".[32] 미국민권위원회는 이러한 평가에 동의하면서, 235항 주택을 괴롭히는 문제에는 "배관 결함, 지붕 누수, 석고 균열, 망가졌거나 부적절한 배선, 바닥·계단·현관의 썩은 목재, 단열재 부족 및 난방 장치 고장" 따위의 공통점이 존재한다고 지적했다. 위원회의 조사를 주도한 의회 직원들은 '기존' 주택 상당수가 "슬럼과 다를 바 없다"고 표현했다.[33] 예컨대 필라델피아 북동부의 베일리 스트리트(Bailey Street) 2827번지에서는 연방주택청이 보증한 주택이 6500달러에 팔렸다. 조사관들은 벽이 꺼지고 지하실에 오수가 가득 차 있으며 지붕이 새고 주방 화로에 연료를 대주는 가스관이 끊어지고 뒤틀린 것을 발견했다.[34] 의회 조사 결과가 발표되자 〈필라델피아 인콰이어러(Philadelphia Inquirer)〉 기자들은 200쪽에 달하는 그 보고서 거의 맨 끝부분에 실린 충격적인 세부 사항에 관한 이야기를 직접 듣기 위해 목록에 실린 주택의 거주자들을 찾아갔다.[35]

빌헬미나 가우스(Wilhelmina Gause)는 세 자녀를 둔 스물일곱 살의 흑인 싱글맘이었다. 그녀는 남편과 별거한 지 1년이 넘었는데, 공과금을 납부하거나 자녀를 돌보는 것과 관련해 그로부터 그 어떤 지원도 받지 못하고 있었다. 가우스는 임대 아파트를 구하던 중 집을 매수해야 한다는 압박을 받았다. 부동산 중개인이 임대용 주택은 없고 매매용 주택만 있다고 말한 것이다. 집을 살 형편이 못 되는 그녀가 난감해하자 부동산 중개인은 "집을 매수할 방법이 있다"고 꼬드겼다.[36] 입주하는 데는 500달러가 필요했다. 해당 주택은 235항 주택이 아니라 1954년 주택법에 의해 만들어진 저소득층 주택 소유 프로그램인 221항(d)(2)에 따른 주택이라 보조금 지급 대상이 아니었다. 가우스가 말했다. "저는 할 수 있는 한 푼돈까지 아껴가며 절약해왔어요. ……어머니가 조금 도와주셨죠. 그리고 남은 100달러는 고리대금업자에게 빌렸어요. 아직도 그 가운데 16달러가 남아 있어요."[37]

가우스는 집에 입주하자마자 여러 문제에 부딪혔다. "뒷벽을 타고 빗물이 스며들었어요. ……〔그리고〕 뒷마당의 배수구가 막혔고요. 지하실의 주 배수관이 터져 그곳이 30센티미터 깊이까지 오수로 가득 찼어요."[38] 가우스가 자신에게 집을 판 부동산 중개인한테 전화를 걸어 이러한 문제에 대해 따지자 그는 할 수 있는 일이 아무것도 없다며 나앉았다. 그 후 그녀는 신장염에 걸려 결근하게 되었고 결국 직장을 잃었다. 가우스는 지역 법률 서비스 회사의 무료 변호사를 고용했는데, 그 덕분에 연방 당국이 그녀 집에 대해 알게 되었고 보고서에 그에 관한 내용이 실린 것이다. 부동산 중개인은 가우스가 변호사를 선임했다는 사실을 알고 수리공을 보내기 시작했다. 하지만 그들은 처음의 재앙에다 자신들의 부실 작업을 더함으로써 엎친 데 덮친 꼴을 만들어놓았다. 실제로 가우스는 기자들에게 더 이상 수리를 원하지 않는다며, "그들은 어떤 식으로든 고쳐서 몇 달 안에 다시 고장 나게 할 테고, 나는 원래 상

태로 이내 돌아올 것"이라고 체념조로 말했다.[39]

가우스의 노후 주택을 보면 그 유명한 연방 정부의 저소득층 주택 소유 프로그램에 대한 골치 아픈 질문이 떠오른다. 어떻게 다 쓰러져가는 듯 보이는 집이 연방주택청에 의해 가치 있는 주택으로 평가되어 모기지 보조금 승인을 받을 수 있었을까, 하는 질문이다. 조지 롬니 장관은 그 연구 결과의 중요성을 깎아내리면서 "문제 사례들에 대한 분석을 …… 전형적인 사례에 대한 분석과 뒤섞어서는 안 된다"고 변명했다.[40] 그가 강조하려던 점은 그 프로그램이 발전 중이며 보고서에서 조명한 사례들은 예외적일 뿐 일반적인 문제를 보여주지 않는다는 것이었다. 롬니는 그것들에 대해 애초 주택도시개발부가 저소득층 주택 소유로 전환하겠다고 결정했을 때 충분히 겪을 것으로 예상한 문제라고 주장하면서, 자신이 이끄는 기관을 두둔했다. 그가 말했다. "1964년까지 …… 우리는 레드라이닝 정책을 실시해왔고, 그것이 …… 우리 부처의 주된 관심사였다. 따라서 이 새로운 고객층을 상대할 때 …… 아마 능력에 부칠지도 모른다. 과거에는 소득이 중간 정도이고 주택 소유의 책임성에 대해 중산층적 반응을 보이는 이들만 상대해왔으니 말이다."[41]

연방주택청 보증 '기존' 주택과 관련해 점점 더 늘어나는 문제를 조사하고자 의회 청문회가 소집되었는데, 그 자리에 참석한 롬니는 자신과 제 부처를 옹호하기 위해 주택도시개발부-연방주택청이 자체적으로 처리하기에는 그 프로그램의 포괄 범위가 너무 넓다고 호소했다. 롬니는 "이러한 잘못의 주된 원인은 다름 아니라 연방주택청이 이 프로그램의 운영을 통해 도달하려 애쓴 목표가 너무 야심 찬 데 있다"고 밝혔다.[42] 그럼에도 모든 주택도시개발부의 주택 프로그램이 연방주택청을 통해 이루어져야 하며 전례 없는 생산율을 유지해야 한다고 고집했다.

롬니의 증언은 그의 재임 기간 동안 지속적인 주택도시개발부 조사에 대응해 전개될 패턴이 어떠할지를 예고하는 것이었다. 그는 235항을 조사한 상원위원회에 참석했을 때 그 프로그램의 관리자 문제보다 그 프로그램의 참여자 문제가 더 심각하다는 인식으로 끊임없이 되돌아갔다. 가령 롬니는 증언하는 동안 이렇게 강변했다. "저소득층 매수자를 다룰 때 주택도시개발부가 제아무리 주의 깊게 '검사하고 평가'해도, 제아무리 샅샅이 '확인하고 상담'해도, 우리가 결국 최소 생계 수준 혹은 그 근처에서 근근이 살아가는 이들이 지닌 근본적 문제들을 다루고 있다는 점은 '명백'합니다."[43]

주택 소유의 이점을 추켜세우기란 쉬웠지만, 부유하지 않은 이들에게 주택 소유 현실은 어렵고도 예측 불가능한 일이었다. 소득과 주택 상태가 악화할수록 그 어려움과 예측 불가능함의 정도는 한층 가중되었다. 물론 이 점은 연방주택청이 1970년까지 "황폐한 도심 지역"에서 9000호를 보증하기로 한 기존 주택 시장에서 유독 두드러졌다.[44] 이것은 부분적으로 그 프로그램의 우선순위 때문이었다. 연방주택청의 주택 소유 프로그램에 참가할 수 있는 자격을 지닌 극빈층은 가장 열악한, 흔히 표준 이하 상태인 주택에서 살았다. 실제로 주택도시개발법은 장관에게 "……모기지 보험 신청서를 승인할 때 공공 주택에 거주하는 가족, 특히 소득이 규정된 최대 소득 이상으로 올라서 공공 주택을 떠나야 하는 가족, 연방 지원 도시 재개발 지역에서 쫓겨난 가족에게 **우선권**을 부여하라"고 지시했다.[45]

이런 주택에 거주하는 사람들은 저소득층이거나 공공 부조 및 공공 복지를 통해 고정 수입을 얻었다. 하지만 두 경우 모두 거주자들은 자신의 주택에서 수시로 발생하는 문제에 주의를 기울이도록 해주는 재량 소득이나 유연한 소득이 없었다. 이는 입법자들이 일상적으로 무시하는 명확한 딜레마였다. 그러나 더 큰 문제는 이것이 제대로 준비되지 않은 가난한 이가 집을 소유하도록 허용한 결과인지, 아니면 감정평가사와 부동산 중개업자의 약탈적 관행이 낳은 결과인지 여부였다. 실제로 조사 보고서에 소개된 빌헬미나 가우스 등의 수십 가지 사례는 롬니가 비판의 근거로 삼고 있는 가난한 사람들 자체의 '근본적 문제'보다 한층 심각한 사안이 존재한다는 사실을 보여주었다.

빈곤에 시달리는 흑인 주택 소유자는 지역 부동산업계 관계자의 조작질에 유독 취약했다. 실제로 팻맨은 롬니에게 보낸 최초 서한에서 "쉽게 돈을 벌려는 투기꾼"이 이들 낡디낡은 주택을 10배나 부풀린 가격에 떠넘기고 있다고 지적했다.[46] 롬니는 이에 대해 과장이라고 손사래를 쳤지만, 이익을 얻기 위해 진즉에 "죽은 목숨이던" 부동산을 소생시키고 있다는 사실은 누가 봐도 분명했다. 흑인 어머니들이 이렇게 허름한 주택을 선택했다는 사실은 그들의 주거 선택이 지닌 한계를 여실히 드러냈다. 다른 선택지를 이용할 수 있었다면 부모 입장에서 결단코 바퀴벌레나 쥐가 들끓는 집을 선택하지는 않았을 것이기 때문이다. 그러나 그들은 제공된 주택 중에서만 고를 수 있었다. 이러한 선택상의 제약 문제는 그 프로그램이 주택업계—즉, 인종차별을 이윤과 어찌나 단단히 얽어매놓았던지 이것이 그 업계 관행으로 만연하지 않은 순간이 단 한 차례도 없었던—에 의존하고 있다는 사실로 인해 한층 더 악화했다. 이러한 접근 방식에 대해서는 저소득층 주택 소유 프로그램의 진척 상황을 다룬 많은 보고서 중 하나에 잘 요약되어 있다. "저소득층 가정의 주택 수요를 충족하는 프로그램을 포함해 모든 연방주택청 프로그램은 민간 대출 기관, 민간 건설업자 및 민간 중개인 같은 민간 주택 시장의 여러 구성 요소를 활용한다."[47] 그 프로그램 참가자는 부동산 중개인의 필터링을 거쳐 주택도시개발부–연방주택청의 보조금 및 보험 제도를 포함한 주택 시장 전반에 대해 이해했다.

235항 및 221항(d)(2)에 해당하는 예비 주택 소유자들은 **결코** 공무원이나 직원을 만난 적도 심지어 그들과 연락을 취한 적도 없었다. 그들이 그 프로그램과 관련해 처음 접촉한 이는 부동산 중개인이나 모기지 은행가였다. 전체 주택 소유 프로그램이 특별히 도시 거주자에게 초점을 맞춘 것은 아니었다. 하지만 그 프로그램에서 기존 주택 및 재건 주택 부문은 저소득층과 가난한 아프리카계 미국인을 대상으로 한 게 분명했다. 공무원이 한편의 부동산 중개인 및 금융업자와 다른 한편의 최초 주택 구입 빈곤층 사이를 조정하는 목적은 아마 개인의 이익과 그러한 부동산을 보증해주는 정부의 이익을 보호하는 것이었으리라. 어느 관찰자의 말마따나, "예비 주택 소유자는 온통 수수료에만 관심이 있고 도심에서는 십중팔구 투기꾼이기 십상인 부동산 중개인에게 의존할 수밖에 없다".[48] 주택도시개발법 실시 이후 가난한 주택 소유자는 제 스스로를 보호해야 하는 처지에 놓였다.

값싼 부동산을 사들인 뒤 가능한 한 많은 돈을 받고 재빨리 되팔려는 꼼수를 부리는 사람이라는 '투기꾼'의 정의는 당시에도 지금과 크게 다를 바 없었다. 부동산 투기꾼은 무에서 유를 창조할 수 있는 자기 능력에 베팅해 수십 채의 부동산을 헐값에 사들인 뒤 서둘러 팔아치우는 식으로 차익을 챙겼다. 어느 투기꾼은 부동산 매매에 대한 자신의 접근 방식을 이렇게 요약했다. "사람들이 홍콩까지 달려가도 우리는 상관하지 않아요. ……제가 돈이 있는 곳으로 가면 되니까요. 우리는 돈을 중심에 두고 생각합니다. 그들이 겁에 질려 있는 순간이 우리에게는 절호의 사업 기회죠."[49] 시카고의 부동산 사기를 파헤친 탐사 언론 시리즈에서 취재 대상인 또 다른 부동산 중개인은 이렇게 으스댔다. "제 임무는 판매하는 거예요. 판매하는 게 제 일이죠. 사람들에게 경고하는 건 제 일이 아닙니다. ……어디까지나 **매수자 위험 부담 원칙**(caveat emptor: 구매 물품의 하자 유무를 확인할 책임이 매수자에게 있다는 원칙—옮긴이)에 따르는 거죠. 매수자가 알아서 조심해야 하는 겁니다."[50] 실제로 팻맨 상원의원이 조지 롬니에게 보낸 서한에 따르면, "연방주택청 235항 매수자 가운데 상당수가 단기간에 엄청난 수익을 거머쥔 비양심적 부동산 투기꾼에 의해 피해를 당했다".[51] 세인트루이스에서는 투기꾼이 연방주택청으로부터 지원 또는 보조금을 받은 주택의 29퍼센트를 판매했으며, "다른 연방주택청 프로그램에서 거부당한 주택이 235항 프로그램에 의거해 승인받은 경우도 더러 있었다".[52]

참고할 만한 모범이 없었던 주택도시개발부-연방주택청은 교외 지역 중심의 기존 203항 모기지 보험 프로그램에서 쓰인 것과 동일한 방법, 즉 부동산 승인과 구매자 승인으로 구성된 2단계 절차를 사용했다. 신규 주택 또는 중고 단독 주택에 대해 보조금을 받기 위해 한 모기지 대출 기관은 연방주택청의 감정 평가를 기반으로 승인을 얻어야 했다. 그런 다음 연방주택청은 모기지 대출 기관이 제출한 구매자의 재정 자격에 따라 '조건부 약정'을 '확정 약정'으로 전환했다. 부동산 및 모기지 대출 기관은 연방주택청의 단독 주택 모기지 보험 프로그램의 "주요 참가자"였다.[53] 1970년 4월 모기지은행가협회는 235항 대출이 모기지 대출 사업의 75퍼센트를 차지했다고 밝혔다.[54]

롬니는 라이트 팻맨이 주도한 의회 조사를 "오해의 소지가 있고 무책임하며 불완전하다"고 헐뜯었다.[55] 하지만 몇 주 뒤에는 팻맨의 조사에서 밝혀진 문제가 "과거에 드러난 것보다 더욱 만연하고 광범위하다"고 인정했다.[56] 이러한 논란을 감안해 롬니는 이듬해인 1971년 주택도시개발부에 저소득층 주택 소유 프로그램에 대해 자체 조사를 시작하라고 명령했다. 주택도시개발부 직원들은 52개 연방주택청 관할 구역에서 주택 1281호를 직접 조사하도록 지시하고 2000건의 서면 불만 사항을 검토했다.[57] 그 결과 조사 대상 주택의 25퍼센트에서 결함을 발견했다. 연방주택청의 보조금을 받는 **신규** 주택 약 1만 6000호 가운데 11퍼센트에서 "안전, 건강 및 거주 적합성"에 영향을 주는 "중대 결함"이 드러났다.[58] **기존** 주택의 결함은 한층 더 심각했다. 그중 25퍼센트가 너무 열악한 상태라 조사관들이 보증을 절대 해주지 말았어야 했다고 결론 내렸을 정도다. 기존 주택의 절반 이상이 "안전, 건강 및 거주 적합성에 영향을 주는 중대 결함"을 지니고 있었다. 기존 주택은 88퍼센트가 심각한 문제를 드러낸 반면, 보조금을 받은 신규 주택의 경우 그 수치는 43퍼센트였다.[59] 표준 이하의 신규 주택 수는 분명 너무 많았지만, 기존 주택 시장에서 그 대부분은 도심에 위치해 있었고 상황은 재앙에 가까웠다.

열악한 주거 환경은 오랫동안 도시 생활과 긴밀한 요소였다. 결국 많은 주택 재고의 물리적 상태는 신규 주택의 수요를 촉발했다. 신규 주택 건설에 대한 지나친 집중이 문제를 악화시킨 것일까? 주택도시개발부의 자체 조사는 "너무 많은 …… 기존 주택이 …… 최종 승인에 앞서 수리했어야 마땅한 결함을 지닌 채로 보증을 받았다. ……우리는 이러한 일반적 상태가 여러 요인이 복합적으로 작용한 결과라고 생각한다. ……생산 목표와 품질 평가 및 검사가 문제시될 때 그것이 흔히 생산 측면과 관련되어 있다는 점이 그중 한 가지 요인이었다".[60] '돌파 작전'이 요구한 진례 없는 생산 목표는 양질의 주택을 희생하면서 달성되고 있었다. 235항 신규 주택은 저렴한 자재와 공법을 써서 삽시간에 대량 생산되었고, 그 결과 교외 지역에 결함 있는 주택이 들어섰다. 도심 부동산은 재건될 필요가 있었지만, 연방주택청 감정평가사들 간의 일관성 부족은 부동산 중개인이 전문적 기준에 얽매이지 않아도 된다는 것을 의미했다. 신규 구매자가 복잡한 주택 구매 절차에 익숙지 않은 것은 사실이었다. 하지만 하자 보수를 요청할 경우 그들의 요청이 묵살되는 경우도 허다했다. 감정평가사의 업무에서 중요한 부분은 각 주택에 적절한 수리가 이루어졌음을 증명하는 것이었다. 이러한 결정을 내리려면 부동산을 면밀히 살펴보아야 했지만, 부동산업계 내에서 두루 좋은 관계를 유지함과 동시에 요구되는 주택 생산 목표를 달성해야 한다는 압박감으로 인해 연방주택청 소속 감정평가사의 경계심은 마냥 느슨해졌다. 며칠 또는 몇 주 전에 철거 선고를 받은 부동산이 되살아나서 물정 모르는 예비 주택 소유자에게 팔려나갔다. 연방 의회 산하 회계감사원(General Accounting Office, GAO)은 주택도시개발부의 내부 회계 감사와 더불어 그 부처 프로그램에 대한 검토를 시행했다. 회계감사원은 전국 10개 도시를 조사한 결과, 기존 주택 프로그램 내에서 주택도시개발법에 따른 또 다른 결과물인 223항(e) 주택의 54퍼센트와 235항 주택의 36퍼센트가 보증해주지 말았어야 할 정도로 "심각한 결함"을 지녔다는 것을 확인했다.[61]

주택도시개발부의 저소득층 주택 소유 프로그램은 린든 존슨 전 대통령이 공약한 것처럼 미국의 도시를 해방시키기는커녕 애초 주택 위기를 일으킨 숱한 문제를 고스란히 답습했다. 아직 보조금 프로그램 시행 초기였건만, 여전히 도시 주택 시장에 매몰되어 있는 아프리카계 미국인으로서는 주택도시개발법에서 새로운 점을 찾아보기 어려웠다. 표준 이하의 주택 상태와 불공정한 구매 조건은 딱히 새로운 게 아니었다. 하지만 그에 수반하는 온갖 금융 조작을 동원해 주택 시장의 인종 분리를 부추기는 사태는 한층 심각해졌다. 연방주택청 보험의 도입으로 흑인 주택 소유자는 과거의 계약 판매(contract sales) 시스템에서보다 훨씬 더 많은 자금 조달원을 활용할 수 있었다. 예전에는 계약 판매자들이 저축 및 대출 협회가 합법적으로 응찰할 수 있는 대출 금액에 따라 제약을 받았었다. 하지만 정부국가모기지협회를 통해 패키지화된 모기지 담보 증권은 도시 시장에서 유통되는 모기지 자금을 크게 늘려주었다. 또한 연방주택청의 모기지 보험은 새로운 행위자들이 장래의 흑인 주택 소유자를 착취할 수 있는 여건을 조성해주었다. 흑인 주택 시장 환경에 익숙한 부동산 중개인과 투기꾼이 감정평가사, 모기지 은행가, 그리고 당연히 (흑인 매수자 및 도시 주택 시장과 관련해 경험이 부족한) 연방주택청과 새로 손을 잡았다. 이러한 조건이 약탈적 포용을 이루는 조건이었다. 약탈적 포용에 따르면, 흑인은 더 이상 배제되지는 않지만(포용), 그 업계에 가장 유리한(약탈적) 조건으로 주택 시장에 진입했다. 이것은 부동산 운영에 대한 일반적 설명일 수도 있다. 하지만 신흥 도시 주택 시장이 교외 지역 주택 시장과 다른 점은 그 시장의 경우 주택을 자산으로 보지 않고 이윤을 뽑아낼 수 있는 요소로 간주했다는 것이다.

가 치   판 단

그러나 부동산 시장은 부동산이 가치를 지닐 때만 존속할 수 있다. 미국 대도시의 인종적 계층화와 기형화에 부동산업계가 일정 역할을 했다는 것은 널리 알려져 있다. 그러나 주택 시장에서 사회적 '가치'를 구성하는 데 있어 감정 평가 산업이 미친 영향은 그저 일정 역할에 그치지 않았다. 부동산 중개와 감정 평가라는 인위적 과학은 생물학·인종·민족을 운명론적 가정과 연결 짓는 우생학적 사이비 과학의 영향을 받으며 발전해왔다. 그런 다음 이 유독한 조합은 '리스크'와 재산 가치로까지 마수를 뻗쳤다. 특히 아프리카계 미국인과의 근접성이 주택 가치의 상승 또는 하락 가능성을 결정한다는 믿음은 널리 받아들여졌다. '동질적 동네'가 가장 가치 있다는 통념은 20세기 대부분 기간 동안 지속되었으며, 가치 창출의 출발점으로 작용했다. 이러한 관행들은 그 어느 것도 각각으로는 대단치 않았지만, 모두 한데 어우러지면서 주택뿐 아니라 동네·도시·주민까지 재구성하기에 이르렀다.

가치 창출 과정은 여러 기관과 개인에 걸쳐 다층적으로 이루어지며 여러 주체를 아우른다. 하지만 감정평가사는 주택에 가치를 부여하는 데서 결정적 역할을 담당했다. 그런데 주택의 가치를 추론하는 정확한 방법은 따로 없었다. 부동산감정평가사협회(Society of Real Estate Appraisers)의 대표가 설명했다. "가치는 마음의 함수다. 감정평가사의 임무는 시장을 반영하는 것이다. ……시장 가치란 정보에 밝은 전형적인 매수자 전체가 합의한 결과다."[62] 그런데 가치를 결정할 때는 해당 부동산만이 아니라 매수자도 함께 평가받는다. "이 부동산은 어떤 유형의 개인에게 호소력을 지닐 수 있을까? 매수자의 경제적·사회적·인구통계학적 특성은 무엇인가? 감정평가사는 평가 대상의 시장 가치에 대한 적절한 추정에 뛰어들기 앞서, 이러한 요소들을 확인해야 한다." 이러한 질문들에 "관계자의 98퍼센트가 백인이고, 98퍼센트가 남성이며,

98퍼센트가 부동산을 지향하는" 업계가 과연 어떤 영향을 미치는지는 확실하게 따져보아야 할 문제였다.[63]

감정 평가 작업이 주관적 특성을 띠는 것은 통일된 기준이며 일반적 인허가 요건이 부재한 데 따른 결과였다. 물론 잠재적 가치의 평가와 건물 및 구조의 건전성을 따지는 지침은 존재했다. 하지만 이 분야에서는 대다수 것이 감정평가사의 주관적 판단, 그리고 그들이 '좋은' 주택, '좋은' 이웃, '좋은' 주택 소유자로서 요건에 대해 파악하고 있다는 믿음에 좌우되었다. 명확한 기준이 없었음에도 감정평가사들은 업계가 만든 '좋은' 주택에 대한 측정 기준에 바탕을 둔 감정 평가라는 부정확한 '학문'을 익히고자 코스를 밟았다.[64] 미국부동산감정평가사협회(AIREA)는 전국의 감정평가사에게 교육을 실시하고 자격증을 부여하는 등 전미부동산협회와 흡사한 방식으로 기능했다. 또한 전미부동산협회와 마찬가지로 미국부동산감정평가사협회의 교육 매뉴얼 역시 주택 및 동네의 가치를 비백인 및 아프리카게 미국인과의 근접성이랑 노골적으로 연결 짓는 인종차별적 고정 관념에 푹 절어 있었다. 미국부동산감정평가사협회가 1930년대에 발표한 초기 감정 평가 기준은 1년 전 내놓은 연방주택청의 인수 기준과 마찬가지로 인종과 부동산 가치가 연관되어 있을지 모른다는 가정을 의식했다. 미국부동산감정평가사협회가 1937년 발표한 최초 문서도 "조화롭지 못한 인종 집단의 침투"가 부동산 가치에 미치는 악영향을 경고했다.[65] 이러한 우려는 여러 연방 훈령이 인종에 대한 그 같은 노골적인 경고를 금지한 후에도 그 기관의 문서에 꾸준히 등장했다. 예컨대 1967년 미국부동산감정평가사협회 교과서는 여전히 동네 "침투"의 결과에 대해 이렇게 경고했다. "인종적·종교적 갈등은 감정평가사의 책임이 아니다. 그러나 감정평가사는 현재 어느 지역을 점유한 이들과 상이한 사람들이 그 동네로 진출 및 침투하면 그곳 가치가 변한다는 사실을 인식해야 한다."[66] 연방의 공정주택법이 통과되고 나서도 미국부동산감정평가사협회의 1973년 학습 지침서는 이렇게 조언했다. "부동산 분석에서는 인종 정보도 중요하다. 일반적으로 인구 동질성은 부동산 가치의 안정성에 기여한다. ……토종 백인, 외국에서 유입된 백인, 비백인 인구의 비율에 대한 정보는 중요하며, 이러한 인구 구성의 변화 역시 중요하다. 일반적으로 소수 인종 집단은 사회경제적 사다리의 맨 밑바닥에 위치하는데, 그들과 얽힌 문제들은 지역 사회의 성장을 저해할 수 있다."[67]

이는 그저 부동산의 과거에 집착하는 시대착오적 단체의 발상에 그치는 게 아니라, 주거 분리를 엄격하게 고수함으로써 시장 가치를 창출하고 정당화하며 보존하는 데 주로 관심을 두는 업계의 표준적 본능이기도 했다. 실제로 1970년대 초에는 심지어 주택도시개발부조차 인종적 동질성과 부동산 가치 상승이라는 뿌리 깊은 논리에 편승했다. 그 부처는 전미부동산협회의 조사 기관인 부동산연구공사(Real Estate Research Corporation)에 동네 변화를 다룬 보고서 작성을 의뢰했다. 〈동네 변화의 역학(The Dynamics of Neighborhood Change)〉이라는 제목의 보고서는 동네 건강의 여러 단계를 "소수 인종"의 존재 유무와 연결 지었다. 따라서 "건강한" 시장은 "중간 소득에서 상위 소득"에 걸쳐 있으며 "인종적 동질성"을 지닌 것으로 묘사되었다. "쇠퇴기 초입"에 접어든 동네는 "노후화하는 기존 주택"과 "중간 소득 소수 인종의 유입"이라는 특징을 공유했다. 마지막으로, "명백히 쇠퇴하고 있는" 동네는 "백인 전입자 감소"와 "학교 내 소수 인종 아동의 증가"라는 특색을 띠었다.[68] 주택도시개발부가 의뢰한 이 보고서는 흑인 및 백인 인구의 이동이 특정 동네의 건강 여부를 나타내는 지표로 쓰이는 동네 쇠퇴 이론을 되풀이하고 증폭시켰다. 연방 정부의 주택 규제 기관인 주택도시개발부는 동네 안정성에 관한 이 같은 유의 '상식'을 발표함으로써 주거 분리와 기존 모기지 대출 기관에 의한 지속적인 아프리카계 미국인 배제를 정당화했다. 실제로 1976년 말에 이르러서도 캘리포니아주가 발행한 〈부동산 연구 및 가이드(The Real Estate Study and Guide)〉는 일부분을 할애해 이렇게 적었다. "동네 가치는 주로 거주자의 사회적 특성에 영향을 받는다. ……동질성 부족은 동네의 현재 및 미래 가치를 좌우할 수 있다."[69]

도시 주택 시장이 연방주택청의 모기지 보험이라는 보호막 아래 놓이자, 감정평가사들은 주택 재고, 동네, 그리고 가장 중요한 것으로 그런 동네 거주자에 대한 이렇듯 꽤나 주관적인 인식에 영향을 미쳤다. 그럼에도 주택도시개발부–연방주택청 내에서 감정 평가는 주로 다른 감정평가사들이 일하는 모습을 관찰하는 것으로 이루어진 9개월간의 간단한 교육만 받으면 되는 초급 직책으로 가볍게 여겨졌다.[70] 감정평가사는 그 조직 내 또는 민간 주택업계에서 더 나은 전망으로 나아가기 위한 디딤돌쯤으로 간주되었다. 이러한 태도는 즉각적으로 몇 가지 문제를 야기했다. 도시 주택이 이미 자연적으로 쇠락하고 있다는 인식이 팽배해지면서, 결함이나 더 큰 구조적 문제를 발견하는 데 필요한 경계심이 헐거워졌다. 이러한 인식이 최소에 그치는 교육 기준과 결합한 결과 연방주택청 감정평가사들은 자기네가 가치를 결정해야 할 임무를 띤 부동산을 제대로 평가할 채비가 되어 있지 않았다. 주택도시개발부–연방주택청 감정평가사들은 도심 주택의 건전성을 제대로 이해하거나 판단할 수 있을 만큼 숙련되기는커녕 충분히 준비되어 있지도 않았다.

　많은 감정평가사들은 주택 가격을 낮출 수 있는 명백한 문제조차 무시하고자 하는 유인을 지녔는데, 이는 호가의 일정 비율을 수수료로 챙기는 부동산 중개인이나 모기지 대출 기관의 비위를 맞추기 위한 것이었다. 초급 직원인 감정평가사는 중개인으로서든 대출 기관의 대리인으로서든 수익성 높은 사업 내에서 더 나은 기회를 노리고 있었다. 이 직책의 낮은 급여 또한 남용 가능성을 낳았다. 좀더 신랄하게 말하자면, 새로운 기준이 수립되고 있는 데다 가치가 모호한 시장에서 낮은 급여는 감정평가사가 뇌물에 취약하도록 내모는 요인이었던 것이다. 그 업계에서는 적이 아니라 친구를 두는 게 감정평가사 자신의 이익에 부합하는 일이었다. 문제는 부동산 중개인과 모기지 대출 기관이 지역 연방주택청 보험 사무소의 고정 선수들이라는 사실로 인해 한층 복잡해졌다. 이들은 연방주택청 내에 사무실을 두고 있지는 않았지만, 그들 모두와 상시적으로 연락을 주고받았다. 이 세 기관은 서로 짬짜미하여 그 프로그램의 과중한 수요를 충족하는 한편 쏠쏠한 수익을 챙기기 위해 노력했다. 결국 민간 기업은 이타적 이유로 연방주택청의 보조금 프로그램에 참여한 것이 아니었다. 자신들 잇속을 챙기기 위해 새로운 시장 기회를 활용하고 있었을 뿐이다.

　인종, 리스크, 부동산 가치 결정 간의 역동적 상호 작용은 주택이 감정 평가를 받기도 전부터 착착 진행 중이었다. 〈연방주택청 감정평가사 매뉴얼(FHA Appraiser's Manual)〉은 "가치"를 "전형적인 매수자가 충분한 정보를 가지고 똑똑하게, 강요 없이 자발적으로 행동할 경우 장기적 필요를 위해 부동산을 구매할 때 지불할 용의가 있는 가격"이라고 정의했다.[71] 연방주택청이 수십 년 동안 레드라이닝을 실시해왔기에, 누가

"전형적인 매수자"인지, "충분한 정보"란 무엇을 뜻하는지, 과거에 레드라이닝을 적용한 지역에서 주택 가치가 어떻게 결정되었는지는 분명치 않았다. 롬니조차 "비교 사례(comparables)에서 연방주택청 가치가 아니라 과거 가격이 쓰이고 있으므로 연방주택청 가치는 …… 오해를 불러일으킬 수 있다"고 인정했다.[72] 그렇다면 '비교 사례'란 무엇이었을까? 비교 사례는 최근 판매된 같은 동네의 유사한 주택으로, 어느 주택의 가치를 결정하기 위한 기준선을 정하는 데 쓰인 것들을 말한다. 비교 사례를 사용하는 것은 주택도시개발부의 정책이었지만, 그 관행은 레드라이닝 시장에서는 의심스러웠다.[73] 비교 가격은 레드라이닝 시대에 투기꾼과 계약 판매자가 정한 착취적이고 약탈적인 가격을 기반으로 했다. 도시 주택 시장에서는 부동산 투기가 활개 치고 있었다.

　내부적으로 주택도시개발부-연방주택청 관리들은 감정 평가의 일관성 부족을 레드라이닝의 종식과 연방주택청의 인수 기준 자유화 탓이라고 몰아붙였다.[74] 물론 그 기관의 인수 기준을 자유화하는 그 어느 지침도 구조적 건전성을 포기하라고 요구하지는 않았다. 다만 다른 여러 요소들이 연방주택청 감정평가사의 비효율성에 기여했다. 주택도시개발부-연방주택청은 1970년대 초 예산 삭감과 그에 따른 인력 공백으로 고전하고 있었는데, 그럼에도 기관의 책무는 배가되었다. 롬니는 야심 찬 조직 개편 노력에 뛰어들었을 뿐 아니라, 각 정부 기관의 인력을 5퍼센트 감축하라는 닉슨의 요구를 수용하면서 그렇게 했다. 그는 주택도시개발부를 장악했을 때 의회에 가서 신규 직원 700명을 충원하기 위한 자금을 요청했지만, 1년 만에 방침을 바꿨다. 더 적은 인원으로 더 많은 일을 해내라는 닉슨의 요구에 따라, 주택도시개발부-연방주택청 보조금 주택 프로그램의 문제들이 속속 수면 위로 떠오르고 있는데도, 주택도시개발부 직원의 7.5퍼센트인 무려 1200명을 감축하자고 제안한 것이다.[75] 게다가 이것은 시작에 불과했다. 실제로 롬니는 지역 감독관들에게 "각자의 조직에서 직원을 20퍼센트, 30퍼센트, 40퍼센트 줄일 수 있는 세 가지 대안을 모색하라"고 지시했다.[76] 닉슨은 신연방주의 원칙을 이행하기 위한 첫 번째 조치로 국내 사회 복지 지출을 겨냥했는데, 이것은 주택도시개발부 직원에게 더 많은 책임이 부과되는 사태와 첨예하게 충돌했다. 예산 제약으로 이 전례 없는 프로그램에 대한 감독이 큰 폭으로 줄어들었고, 이는 결국 일반적으로 공무원 몫이어야 할 업무를 부동산 관계자들에게 대거 떠넘기는 상황으로 이어졌다. 주택도시개발부 내에서 이는 '수수료 감정평가사(fee appraiser)'에 대한 의존 심화를 뜻했다.

수 수 료   감 정 평 가 사

수수료 감정평가사는 인력 부족을 보완하면서 수요에 부응하려는 노력으로 연방주택청이 하청을 준 시간제 감정평가사였다. 수수료 감정평가사는 일반적으로 특정 지역의 주택에 대해 잘 아는 부동산 중개인이었다. 이들은 감정 평가 건당 보수를 받았는데, 이 때문에 제가 수행하는 감정 평가 건수에 중점을 두었다. 또한 수수료 감정평가사는 새로운 도시 시장에서 감정 평가를 수행하는 데 불균형하다 할 만큼 높은 비율로 고용되었다. 가장 어려운 일에 가장 경험이 미미한 이를 고용하는 것은 말이 되지 않았으며, 이는 수요는 급증하는데 인력은 부족한 상황에서는 관리하기가 어렵다는 것을 말해주었다.[77] 롬니의 주택도시개발부 내부 회계 감사에 따르면, 수수료 감정평가사는 하루에 일정 수를 해결해야 하는 쿼터제에 따라 근무하고 있었다.[78]

필라델피아의 어느 신문사 조사에 따르면, 연방주택청은 자기 부처 프로그램을 통한 주택 판매에 종사하는 부동산 중개업자이기도 한 수수료 감정평가사를 고용한 것으로 나타났다. 이 조사는 연방주택청이 수수료 감정평가사로 뽑은 이들 상당수가 인종차별을 저질렀다는 이유로 그 도시의 인권위원회(Human Rights Commission)로부터 징계받은 부동산 회사에 몸담고 있기도 했다고 밝혔다.[79] 실제로 수수료 감정평가사 대다수는 주택 판매 관련 일감을 찾는 시간제 부동산 중개인이었다. 필라델피아 사례가 잘 보여주듯, 자신이 감정 평가하는 시장에서 부동산 중개인으로 활동하는 수수료 감정평가사를 고용하는 사태는 윤리적 지뢰밭을 야기했다. 동시에 특정 지역에 대한 친밀도는 그것이 어떻게 형성되었는지와 관계없이 수수료 감정평가사에게 자산으로 간주되었다.[80]

수수료 감정평가사는 건당 25~35달러 사이의 보수를 받았기 때문에 가능한 한 감정 평가를 여러 건 처리하고자 하는 유인을 가졌다. 주택도시개발부의 주택 소유 프로그램에 대한 수요가 급증하자 일부 수수료 감정평가사는 감정 평가를 15분당 하나씩 하루에 다섯 건이나 해치웠다. 업계 기준은 한 건에 최소 2시간은 들여야 한다고 제안하고 있는데도 말이다. 그러나 도심에서는 "앞유리 검사〔windshield inspection: 앞에서 '주행 중인 차량에서 실시하는(drive-by, 겉만 보고 설렁설렁하는) 주택 감정 평가'라는 표현이 나오는데 그와 같은 의미다―옮긴이〕"가 "예외보다 규칙이 되는 경우가 더 많았다".[81] 이러한 감정평가사 중 상당수가 자신의 '본업'을 행하는 동안 같은 주택을 판매하려 애쓰는 부동산 중개인이기도 하다는 사

실은 '과대평가' 문제를 한층 악화시켰으며 표준 이하 주택의 가치를
고평가하는 결과로 이어졌다. 수수료 감정평가사가 이런 종류의 활동에
관여하지 않을 때도, 그들은 리베이트를 받을 심산으로 주택 가치를 부
풀리고자 하는 유혹에 넘어가곤 했다.[82]

당연한 일이지만, 주택 프로그램의 문제점이 늘어나기 시작하면서
의심스러운 감정 평가가 주목을 받았다. 실제로 1971년 여름, 필라델피
아 연방주택청 지역 사무소의 부정부패를 다룬 기사가 신문에 폭로되
어 세간의 이목을 끌었다. 그에 따라 주택도시개발부 동북부 지역 책임
자 시어도어 롭(Theodore Robb)은 조사 결과를 기다리는 동안 연방주택
청의 수수료 감정평가사 160명 전원을 정직시켰다.[83] 필라델피아는 하
원위원회가 보조금 프로그램에 대해 조사를 실시한 최초 대상지였다.
연방 조사관들은 빌헬미나 가우스의 낡은 집을 포함해 주택 13채를 조
사한 뒤 보고서를 작성했다. 롬니는 필라델피아 주택도시개발부-연방
주택청 사무소가 하원위원회 보고서에 실린 것과 동일한 13채의 주택
을 재조사하도록 허용했다. 재조사 후, 필라델피아 지역 조사관들은
13채의 주택이 실제로 양호한 상태라고 보고했으며 연방 조사를 거부
했다.[84] 상반된 보고서를 놓고 불붙은 논쟁은 주택도시개발부-연방주택
청의 전국 본부와 지역 계열사 사이에 긴장이 존재한다는 걸 보여주었
다. 롬니는 보조금 사용을 늘리고 2년간의 수요 폭증으로 자금이 부족
해진 프로그램에 더 많은 예산을 확보하길 원했다. 그러나 전국의 지역
신문들이 쓰레기 주택을 정부 승인에 힘입어 거주 가능한 주택으로 둔
갑시키는 사태를 다룬 기사로 도배되는 상황에서, 더 많은 자금을 요청
하기란 어려웠다.

거 저 먹 다 시 피   하 는   돈

감정 평가는 주택도시개발부 보조금으로 저소득층 주택을 구입하는 일련의 거래에서 핵심적 연결 고리였지만, 모기지가 없으면 그 매매는 성사될 수 없었다. 레드라이닝 역시 과거에 제외했던 지역에 사는 사람들에게까지 기꺼이 신용을 확대하는 대출 기관이 존재할 때에야 비로소 종식될 수 있었다. 앞서 논의한 바와 같이 생명보험업계는 1967년 처음 대대적으로 이 작업에 착수했다. 그러나 연방주택청 모기지 보험을 사용한다고 해서 전통적인 은행들이 과거의 레드라이닝 지역에서 신용을 확대해주리라고 보장할 수는 없었다. 연방주택청 보험이 모든 은행에 매력적으로 다가간 것은 아니었다. 그것은 기존에 대출 자격이 없었던 주택 매수자를 위한 대안이었다. 연방주택청 대출은 전통적인 모기지에 비해 저금리와 고정 금리를 적용받았다. 또한 전통적인 모기지보다 요구하는 계약금도 더 낮았다. 연방 정부의 레드라이닝 폐지는 전통적인 대출 기관을 도시 공동체로 끌어들이고 부동산 투기꾼을 비롯한 기타 사기꾼들의 약탈적 활동을 뿌리 뽑으려는 의도를 지녔다. 그러나 저렴한 대출 조건으로 인해 전통적인 대출 기관들이 얼씬거리지 않게 되었고, 대신 모기지 은행가들이 그 빈자리를 채우는 새로운 기회를 얻었다.

연방주택청 지원 주택 시장의 국가경제학에서 중요한 부분은 전통적인 대출 기관 대신 모기지 은행을 이용하게 되었다는 점이다. 모기지 은행은 여느 은행과 달랐다. 그들은 예금을 받지 않고 대신 시중 은행에서 받은 고금리 대출을 통해 자금을 조달했다. 또한 연방 정부의 규제를 받지 않았다. 모기지 은행은 예금을 받지 않았으므로 연방주택청 대출의 저금리는 중요하지 않았다. 그들은 대출을 일으키고, 그런 다음 그 대출금을 서비스함으로써 수익의 일부를 챙겼다. 그러나 연방주택 청 시장에서 모기지 은행가는 모기지 대출에 대해 '할인 포인트(discount points: 모기지 채무자가 모기지 금리를 낮추기 위해 대출 기관에 선불로 내는 돈—옮긴이)'를 사용함으로써 돈을 벌기도 했다.[85] 연방주택청의 대출은 금리 가 낮았으므로 그 기관은 규정을 통해 대출 기관이 **판매자**에게 '포인트' 를 청구할 수 있도록 허락했다. 본질적으로 은행가가 전통적인 금리와 연방주택청 금리 간의 차액을 회수할 수 있도록 허용하기 위해서였다. 1포인트는 모기지 대출의 1퍼센트에 해당하는 금액으로, 포인트 제도 는 만약 그것이 없었다면 더 높은 금리 수익을 노리며 도시 시장을 무 시했을 대출 기관에 유인을 제공하기 위한 목적에서 도입되었다. 그러 나 전통적인 대출 기관들은 대체로 도시 시장을 도외시했다. 연방주택 청은 판매자에게 추가 포인트, 즉 실제 지불금을 부과할 수 있도록 허 용하자고 고집을 피웠다. 이것은 모기지 은행에 이익을 안겨주었다. 어 느 분석가가 밝힌 대로, "이 포인트는 모기지 진행 절차의 모든 시점을 통틀어 가장 규모가 큰 단일 지불금이었다".[86] 모기지 은행은 포인트 외 에도 대출이 2차 시장에서 정부국가모기지협회에 판매될 때 대출의 전 체 가치를 보장받았다. 이것은 연방주택청 대출의 재정적 혜택 중 일부 에 불과했다.

부분적으로 할인 포인트와 기타 여러 수수료의 조합에 힘입어 일부 모기지 대출 기관은 모기지 대출을 압류하는 편이 애초의 대출을 연장 하는 것만큼 이득이라고 판단했다. 대출이 압류당했을 때 선불금 수수 료와 할인 포인트는 이미 현금으로 지불된 상태였다. 실제 돈이 오가 는 것은 모기지 대출의 만기 때가 아니라 대출 개시 시점과 클로징 비용(closing costs: 집을 살 때 최초 계약금 외에 들어가는 여러 수수료를 지칭. 이런 부대 비용은 보통 대출을 받아 잔금을 치르는 날 발생한다—옮긴이)으로 돈을 벌 때였다. 이러한 현상을 '빠른 압류'라고 하는데, 이것은 은행들이 모기지 채무자의 주택 유지를 우선시해야 하는 의무를 저버린 결과였다. 또한 주택이 압류되면 은행은 다시 팔릴 때까지 그 부동산을 유지하는 데 드는 비용으로 주택도시개발부–연방주택청이 지급하는 수수료를 받기도 했다. 많은 모기지 은행이 자신들의 주택 유지 책임을 저버리고 수수료를 챙겼지만, 주택도시개발부는 사업을 과도하게 확장한 나머지 자체 프로그램을 제대로 단속할 수 없었다. 결국 주택 압류가 빨리 진행될수록 모기지 대출 기관은 더 많은 돈을 거머쥘 수 있었다.

또한 모기지 은행은 여러 모기지를 패키지화해 투자자나 정부국가모기지협회에 되팔 수 있는 자체 능력을 통해 적잖은 수익을 올리기도 했다. 그들은 이러한 판매에 힘입어 자신들 본래의 고금리 대출을 상환함과 동시에 더 많은 모기지를 신규 발행하는 데 필요한 자본을 조달할 수 있었다. 그들의 애초 대출은 고금리였으므로 모기지 은행은 이러한 대출을 오래 붙잡아두고 싶어 하지 않았다. 더 중요한 점으로, 그 대출은 대규모 투자자에게 대량으로만 판매할 수 있었다. 즉, 모기지 은행가는 대출을 다른 사람들에게 떠넘기기 전에 대출 패키지를 만들어야 했고, 이 때문에 무분별하게 대출해주고자 하는 유인이 생겨났다. 연방주택청 시장에서 또 하나의 유인은 정부국가모기지협회와의 계약이었다. 그 계약은 연방주택청이 보증하는 대출을 액면가의 100퍼센트로 "건전성에 대한 그 어떤 평가도 없이" 매입하도록 정부국가모기지협회에 요구했다.[87] 이들 대출은 정부국가모기지협회와 연방국가모기지협회가 전적으로 보증했으므로, 장기 투자자는 도시 시장을 뒤흔들고 있는 압류에 대해 조금도 걱정할 필요가 없었다.

1972년 주택도시개발부-연방주택청의 주택 문제가 극에 달했을 때 모기지 은행은 연방주택청이 보증하는 대출의 73퍼센트를 감당했다. 한 관찰자는 모기지 금융을 "연방주택청 모기지 보험 프로그램이 낳은 중요한 자식"이라고 표현했다.[88] 작동하고 있는 또 하나의 역학은 전국 도시에서 파괴적 피해가 속출하고 있는데도 저소득층 프로그램을 추진하는 데 기여한 235항 보조금이었다. 1969년과 1970년 전반적으로 금리가 상승하면서 높은 대출 비용으로 인해 일반인이 주택 시장에 진입하길 꺼리는 '금융 긴축' 여건이 조성되었다. 1970년 롬니가 연방주택청 금리를 사상 최고치인 8.5퍼센트로 인상하면서 금융 긴축이라는 난제는 더욱 악화했다. 롬니는 금리가 9퍼센트에 육박하고 있던 전통적인 은행 대출과 비교해 연방주택청 대출의 경쟁력을 유지하고자 했다. 부동산업계의 다양한 이해 집단은 이러한 조치를 비난했다.[89] 연방주택청이 보증하는 모기지는 일반적으로 전통적인 대출이 요구하는 높은 계약금과 높은 금리를 감당할 수 없는 경제 수준이 낮은 매수자를 위한 것이었다. 새로운 연방주택청의 금리 탓에 심지어 그들의 대출조차 그들이 의도한 시장에 엄두도 못 낼 정도로 버겁게 다가갔다. 물론 그 대출에 보조금이 지급되지 않는다면 말이다. 235항 보조금 주택은 금리가 1퍼센트까지 낮아졌고, 그 결과 그들이 주택 시장에 훨씬 더 저렴하게 진입할 수 있도록 도왔다.

한편, 연방 정부는 보조금 지급 시장으로 확실하게 방향을 틀었다. 이것은 주택을 매수하려는 저소득층에 대한 대출을 더욱 장려하기 위해 정부국가모기지협회에 수억 달러를 쏟아부은 조치를 보면 알 수 있다. 실제로 모기지은행가협회는 공개 발언을 통해 1968년 주택도시개

발법의 '기존 주택' 부분에 더 많은 공적 자금을 투입하도록 주택도시
개발부에 압력을 가했다. 모기지 은행 관계자들은 '도시' 시장, 즉 아프
리카계 미국인 시장이 전통적인 대출 기관의 바람인 높은 계약금을 지
불할 수 있을 것 같지 않다는 사실을 간파했다. 그리고 전통적인 대출
기관이 도심 주택 시장을 거의 포기했다는 사실도 충분히 인식하고 있
었다. 이들의 대표자들은 기존 주택의 활용 확대를 옹호하면서 보조금
의 불공평한 분배에 우려를 제기했다. 모기지 은행가들은 보조금 프로
그램이 훨씬 더 많은 사람을 포괄하도록 확대되길 원했다. 모기지은행
가협회는 청문회에서 "소득이 비보조금 주택 매수자와 비슷하거나 그들
보다 더 높은 사람들이 연방 보조금을 받고 더 나은 주택을 구입할 수
있었다"고 투덜거렸다.[90]

　1970년 의회는 긴급주택금융법(Emergency Home Finance Act)을 통과시
켰는데, 그 법은 무엇보다 구체적으로 저소득층 주택에 더 많은 자금을
지원하고자 조성된 2차 시장인 정부국가모기지협회에 15억 달러를 할
당했다.[91] 그 자금은 대부분 다가구 아파트 구입 관련 모기지를 사들이
는 데 쓰일 계획이었지만, 2억 5000만 달러는 단독 주택 모기지를 구입
하기 위해 따로 책정되었다.[92] 저소득층 주택 및 아파트에 투자된 수십
억 달러는 성과를 거두었다. 1971년 연방이 지원하는 저소득층 및 중간
소득층 주택 50여 만 호가 착공되었다. 닉슨 행정부 시절 주택도시개
발부 차관보였던 리처드 반 더슨(Richard Van Dusen)은 "닉슨 행정부 첫
3년 동안 이전 30년간의 보조금 주택 프로그램 역사 전체보다 더 많은
보조금 주택이 건설되었다"고 밝혔다.[93] 2차 시장의 자금력과 연방주택
청이 보증하는 저소득층 주택 소유 시장에 대한 모기지 은행가들의 독
점으로 미루어, 우리는 주택의 품질을 둘러싸고 의문이 제기되기 시작

했을 때 그들이 현금을 두둑이 쥐고 있었으며 대출에 혈안이 되어 있었다는 사실을 짐작할 수 있다.

나쁜 태도

주택도시개발부-연방주택청 보조금 제도의 인기 증가와 만성적 인력 부족은 분명 두 기관의 업무 질에 영향을 미치는 문제들이었다. 하지만 두 기관의 관료 조직 내에 깊이 똬리 틀고 있는 아프리카계 미국인에 대한 인종차별은 초장부터 공정 주택 시도에 적대적 분위기를 부여했다. 일부 백인 연방주택청 직원들은 고객의 변화에 대해 드러내놓고 불만을 토로했다. 또 다른 대표자들은 235항을 비롯한 저소득층 주택 소유자에 대해 "자격도 없으면서" 상태와 상관없이 제공되는 주택을 얻을 수 있다니 "억세게 운이 좋다"고 못마땅해했다. 한 모기지 중개인은 "부동산을 소유하는 것은 특권이며 앞으로도 내내 특권으로 남아 있어야 한다. 그런데 235항 매수자 대부분은 [그와 같은 특권을 누릴] 자격이 없다"고 간단명료하게 말했다.[94] 필라델피아의 어느 중개인은 "235항 매수자에게 집을 보여줬는데 거절당한 뒤 이튿날 같은 집을 보조금을 받지 않는 일반 매수자에게 팔았다"고 투덜댔다.[95] 전국 도시의 기존 주택 시장에서 '235항'은 가난한 아프리카계 미국인 잠재 매수자를 말해주는 부호로 떠올랐다. 1970년대 초 빈곤층과 저소득층 가정이 도심 주택을 구입할 수 있도록 허용하는 여러 프로그램이 주택도시개발법에 의해 시행되었다. 그중 단연 인기를 누린 프로그램이 235항과 보조금을 받지 않는 221항(d)(2)였다. 이들 프로그램은 낙인이 찍혔으며 거기 참가한 이들은 그에 걸맞은 대우를 받았다. 어느 인터뷰에서 연방주택청 직원은 "그 프로그램에 참여하는 사람들 유형" 탓에 압류 비율이 높으리라고 예측했다.[96] 실제로 235항 해당자 가운데 복지 수급자이고 공공 주택 출신인 이들도 있었으므로 많은 연방주택청 직원은 주택 상태 따윈 중요하지 않다며 이렇게 말했다. "그들이 익숙해 있는 상태보다 더 나은 주택을 얻는 한 프로그램의 목표는 달성되고 있었다."[97] 콜로라도주 덴버의 한 중개인은 일부 235항 매수자가 "아무 집이나 구입할 수 있다고 생각한다"고 볼멘소리를 했다.[98]

이러한 태도는 연방주택청에 널리 퍼져 있었다. 롬니가 그 프로그램들에 대한 초기 조사와 관련해 라이트 팻맨에게 보낸 편지에서 시인했다. "지난 5년 동안 연방주택청은 도심 거래 참여를 칭찬받을 수 있을 만큼 늘려왔습니다. 그럼에도 귀하와 다른 사람들이 우리에게 제기한 폐해에 기여했다 싶은 모종의 행정적 태도를 확인했습니다."[99] 다른 관계자도 동의하면서 이렇게 꼬집었다. "태도도 좋지 않고 사기도 저하되어 있었다. 태만한 업무 태도는 집무실 내 경영진의 태도가 반영된 결과다."[100] 프로그램 참여자들이 그들 자신의 자격에 어울리는 주택을 매수하고 있다고 판단한 감독관 및 대표자들 공히 업무에 대해 "뒷짐 진" 접근법을 취했으며, "부동산이 본인의 필요를 충족할지, 그리고 스스로가 부동산 상태에 만족할 수 있는지 판단하는 것은 어디까지나 매수자의 책임"이라고 주장함으로써 자신들과 손잡은 부동산 중개인이 견지하는 매수자 위험 부담 원칙을 고스란히 되풀이했다.[101] 이러한 태도는 그 출처가 어디든 표준 이하의 낡은 부동산을 출발점으로 삼은 프로그램에서 완전히 비현실적인 접근법이었다. 게다가 기저에 깔린 이러한 분노는 그 기관이 밀고 나아가야 하는 규범을 깡그리 무너뜨리는 결과를 낳았다. 주택도시개발부의 도시 임무가 새롭고 복잡하다는 점을 고려할 때 유독 안타까운 것은 훈련과 감독에서 허점을 드러냈다는 사실이다. 이는 롬니를 위시한 주택도시개발부 관리들은 방향성 부재를 얼마간 반영하는 것이기도 했다. 생산 목표와 많은 참여자 수가 성공의 핵심 지표로 떠오르면서 그들은 프로그램이 실제로 어떻게 시행 및 관리되고 있는지에 대해서는 거의 관심을 기울이지 않았다. 조직으로서 주택도시개발부의 방향성 부재는 일상적 업무 악화 및 그에 따른 평판 저하와 더불어 사기에도 부정적 영향을 끼쳤을 것이다. 그러나 양자가 초래한 결과는 프로그램 참여자, 특히 '정부 승인'을 받았다고 확신한 주택에서 상상도 못할 상태를 견뎌야 하는 기존 주택 구매자에게 가장 치명적이었다. 직원의 사기와 태도 악화는 주택 재고, 주택도시개발부–연방주택청의 가치 평가, 프로그램 참여자가 대출을 조달하는 과정 등에서 빚어진 구조적 장애로 인해 한층 심화되었다. 이 모든 것이 어우러진 결과, 애초에 전직 연방주택청 임원 브라운스타인과 멀로니가 표현한 '새로운 성전'은 점차 빛을 잃어갔다.

　주택도시개발부–연방주택청 직원들의 미온적인 신규 고객 지원도 그 기관이 부동산업계와 맺고 있는 종속적 관계와 따로 떼어서 볼 수 없다. 연방주택청 모기지 보험은 주택 소유자에게 혜택을 주거나 그들을 보호하는 게 아니라 대출 기관을 보호했다. 모기지 보험은 대공황 기간에 막대한 손실을 입은 은행이 다시 대출해주도록 유도하고자 도입되었다. 연방 정부의 모기지 보험 가입자들이 납부한 보험료는 대출 기관의 이익 보호에 기여하는 일반 기금으로 지급되었다. 다시 말해, 연방주택청은 부동산업계, 특히 은행가의 관점에서 부동산, 동네, 그리고 잠재 매수자를 평가했다. 그들이 이러한 여러 거래 관계에서 실질적 고객이었기 때문이다. 예상한 대로 연방주택청은 인종, 리스크, 그리고 부동산에 대한 업계의 반동적인 생각을 비판 없이 받아들였다.

이 장 앞부분에서 언급한 브라운스타인과 멀로니의 지침은 주택도시개발법과 함께 연방주택청에 영향을 미치는 기본 규칙을 실제로 바꾸지 않은 채 그 기관의 내부 문화를 변경하고자 시도했다. 그 규칙에는 주택과 잠재 매수자가 상당히 다름에도 연방주택청이 교외 지역 신규 주택을 다룬 것과 동일한 방식으로 235항 및 221항(d)(2)를 취급한다는 내용이 담겨 있었다. 그러나 가장 중요한 점으로, 거기에는 부동산업계에 도도하게 흐르는 만연한 불평등으로부터 내내 이익을 얻고 있는 민간 기관 및 민간 행위자를 통해 작업을 추진한다는 내용이 실려 있었다.

미국민권위원회는 1970년 주택도시개발부가 시행한 차별 금지 조치의 진척 상황을 조사한 결과, 공정주택법 통과 이래 그 기관이 외려 "퇴보"했다는 사실을 발견했다.[102] 위원회 조사는 연방 정부가 1964년과 1968년 시작된 차별 금지 정책을 어떻게 시행하고 있는지 평가하기 위한 폭넓은 노력의 일환이었다. 결론은 비관적이었다. 위원회는 보고서를 통해 이 분야에서 연방 정부의 진척을 "대대적인 실패"라고 평가했다.[103] 공정 주택 규칙을 집행하는 데서 결함들이 일관되게 드러난 이유 중 하나는 차별 행위가 확인되었을 때 그것을 바로잡을 메커니즘이 부족했기 때문이다. 민간 부문 및 공공 부문 전반에 걸쳐 인종차별 및 차별 일반이 어떻게 존재했는지 보여주는 사례는 차고 넘쳤다. 하지만 법원 소송을 제외하고는 차별을 체계적으로 뿌리 뽑기 위한 조치가 거의 이루어지지 않았다. 정부가 실패했다는 게 일반적 의견이었음에도, 이 보고서는 주택도시개발부에 대한 날카로운 비판을 삼갔다. 다만 롬니와 주택도시개발부가 크게 선전하던 '지역 사회 개방' 프로그램을 포기한 사실을 지적하면서 이런 의견을 내놓았다. "주택도시개발부가 추진하던 '지역 사회 개방' 정책의 변화는 공정 주택 책임에 대한 해당 기관의 견해가 축소되었음을 나타낼 뿐 아니라 연방 정부가 주거 차별을 없애려는 적극적 노력에서 발을 빼기 시작했음을 말해준다."[104]

롬니는 닉슨 행정부에서 가장 진보적인 인물로 묘사되곤 한다. 비록 단명하긴 했으나 저소득층 아프리카계 미국인이 교외 지역에 거주할 수 있도록 하려는 '지역 사회 개방' 프로그램을 추진했다는 이유에서다. 그러나 롬니에 대한 이 같은 평가는 주택도시개발부가 자체 프로그램을 보급하는 데서 인종차별에 맞서기 위해 진지하게 노력하지 않았다는 점을 고려할 때 얼마간 수정되어야 한다. 이것을 말해주는 가장 두드러진 예는 주택도시개발부가 프로그램 전반에 걸쳐 인종차별 데이터를 수집하지 않으려고 집요하게 버텼다는 사실이다. 프로그램 참가자의 인종 및 민족을 알아낼 방법 없이는 주택도시개발부의 주택 프로그램 및 그와 상호 작용하는 다른 기관들의 프로그램이 인종에 미치는 영향을 파악할 수 없었다. 주택도시개발부는 모기지 대출 기관 및 기타 민간 파트너에게는 이러한 정보를 요구했지만, 정작 자체 데이터 수집 계획을 실행하는 데는 더없이 소극적이었다. 1970년 전미유색인종지위향상협회의 지도자 새뮤얼 시먼스(Samuel Simmons)는 닉슨에 의해 주택도시개발부의 첫 번째 주택기회균등 담당 차관보로 임명되었다.[105] 당시 의회는 이 부서의 책임 수행을 위해 예산 600만 달러를 배정했다. 그중 500만 달러는 직원 급여를 위한 몫이었지만, 그 부서는 사무 직원 19명을 포함해 120명이라는 최소 인원만 두고 있었다. 120명으로는 전국의 주택 프로그램 내에서 차별을 감시하기가 불가능했고, 주택도시개발부

는 주택 차별에 대처하기 위한 주요 수단으로서 "회의, 조정 및 설득"에 의존할 수밖에 없었다.[106]

주택 시장에서 인종차별을 근절하지 못한 주택도시개발부의 무능은 비단 연방주택청에만 국한되지 않았다. 인종차별을 뿌리 뽑으려는 엄격한 일상 활동의 부재는 은행업계 및 주택업계 전반의 모든 규제 기관에 영향을 끼쳤다. 또한 주택도시개발부를 비롯한 이들 기관은 데이터 수집 부족을 이유로 들면서, 정확히 어떻게 흑인 소비자가 헌법상 보호되는 서비스를 거부당하는지 잘 모른다고 발뺌했다. 1971년 6월, 연방주택금융은행이사회(Federal Home Loan Bank Board)는 미국민권위원회로부터 대출 기관의 대출 관행을 파악하기 위해 설문 조사를 실시하라는 거센 압박을 받았다. 이 설문 조사를 통해 수백만 명의 아프리카계 미국인은 진즉부터 알고 있던 사실, 즉 은행업계 전반에 차별이 만연하다는 사실이 드러났다. 수천 개의 은행이 설문에 응하지 않은 탓에 그 조사는 참여율이 높았다면 가능했을 확실한 결론에 이르지는 못했다. 조사 대상 은행 5000개 가운데 단 74개만이 조사지를 주택도시개발부에 반환하는 데 동의했다.[107] 설문 조사를 완료한 대출 기관 중 '일부'만이 대출 여부를 판단하고 대출 조건을 설정할 때 인종을 참고한다고 인정했다. 이 설문 조사는 대출 여부를 결정할 때 배우자의 소득을 고려하지 않는 것 같은 덜 명백한 다른 차별의 증거들도 확인했다. 흑인 가정의 경우 불균형할 정도로 많은 비율의 아내가 집 밖에서 일했기에, 이 정책은 아프리카계 미국인 대출자에게 명백한 불이익을 안겨주었다.[108] 은행의 30퍼센트가 흑인 거주지를 위험 지역으로 보고 레드라이닝을 추진해왔다고 확인해주었다. 레드라이닝 행위는 1968년 민권법에 의해 금지되었지만, 주택에서 계속되는 신분 차별에 맞서기 위한 분명한 열망, 메커니즘, 일손 등의 부족 탓에 법적 변화는 실제로는 ('전혀'라고까지 말할 수는 없지만) 거의 반향을 불러일으키지 못했다.

주택도시개발부 – 연방주택청의 흑인 직원

인종차별에 대한 주의 부족은 비단 주택도시개발부가 추적 관찰하는 기관들의 '외부적' 문제에만 그치지 않았다. '내부적'으로도 주택도시 개발부의 흑인 직원들은 인종차별에 거센 불만을 쏟아냈다. 주택도시개발부–연방주택청에 몸담은 아프리카계 미국인 직원들은 그들 대다수가 고향이라고 부르는 도시의 재건 임무를 맡은 그 기관 내에 '조직적 인종차별'이 널리 퍼져 있다고 성토했다. 1970년 9월 워싱턴 도시연맹의 소식지 〈어번 액션(Urban Action)〉에 실린 어느 기사는 주택도시개발부의 흑인 직원에 대해 다루었다.[109] "주택도시개발부에 만연한 조직적 인종차별"이라는 제목을 단 그 기사는 일반직(General Schedule) 1부터 일반직 5까지의 초급 직급에서는 아프리카계 미국인 비율이 75퍼센트인 반면, 일반직 14부터 일반직 18에 걸친 감독 직급에서는 그 수치가 5퍼센트밖에 되지 않는다는 사실을 비롯해, 그 기관에 속한 흑인 직원의 고충 사항을 나열했다.[110] 어느 보건교육복지부 소속 흑인의 말에 따르면, 흑인 공무원의 연봉은 백인 직원보다 3400달러나 낮다고 했다. 그 도시연맹은 1968년부터 주택도시개발부의 흑인 직원, 특히 "가장 만연하고 파괴적인 종류의 인종차별을 자행하는" 연방주택청의 흑인 직원 400명을 대신해 불만 사항을 문서화해서 보관해왔다.[111] 또한 주택도시개발부의 흑인 직원들은 자기네와 동일한 교육을 받았음에도 더 높은 급여와 직급으로 조직에 들어온 백인 직원들을 보면서 굴욕감을 느낀다고 불평했다. 그 도시연맹의 조사는 21년간 주택도시개발부-연방주택청에서 잔뼈가 굵은 흑인 여성 얼라인 팁스(Earline Tibbs)의 요청으로 이루어졌는데, 조사 결과 흑인 근로자들이 연방 시스템 내에서 가장 낮은 직급인 일반직 1 직책의 75퍼센트를 차지하고 있는 것으로 드러났다.[112] 연방 정부 관료 사회에 소속된 흑인 근로자들은 자기네가 낮은 직급에 압도적 비율로 배치된 현상을 자조적으로 "지하실 점령"이라고 표현했다.[113]

유진 콜(Eugene Cole)은 흑인 근로자들이 주요 연방 정부 직책에서 경력 이동성이 거의 없음을 보여주는 단적인 사례다. 콜은 38년 동안 연방 정부 내 여러 기관에서 일했으며, 은퇴를 2년 앞둔 1971년에도 주택도시개발부에서 일반직 5로 연봉 1만 달러를 받고 있었다. 〈어번 액션〉 기사가 나간 직후, 콜은 다른 흑인 주택도시개발부 직원들과 함께 'HUD 인종차별반대대책위원회(HUD Task Force Against Racism)'를 결성했다. 이 대책위원회는 첫 조치로 주택도시개발부 내에서 일자리 및 승진 기회를 늘리기 위해 14가지 불만 사항을 정리해 청원서를 작성했다.[114] 또한 연방주택청에 대한 구체적 불만 사항도 확보했다. 이들은 주택도시개발부-연방주택청 부서 내에서의 채용 및 승진 관행에 관한 표적 조사를 요구했다. 서면 청원서에 대한 응답이 없자 1970년 10월 13일, 300명의 아프리카계 미국인 주택도시개발부 직원이 그 기관의 행정실로 쳐들어가 조지 롬니와의 면담을 요청했다.[115] 한 보고서에 따르면 롬니는 "근로자들의 고용 평등 요구를 피해 10개 층의 계단을 뛰어내려 줄행랑쳤다".[116] 롬니는 근로자들과 대화하기 위해 잠시 멈춰 섰고, 소심하게 이와 같이 동의했다. "불만 품을 만한 이유가 없지 않음을 인정합니다만 …… 우리는 진정한 기회 균등 프로그램이 확립될 수 있도록 조치를 취해왔습니다. 그러나 우리는 오로지 질서 정연한 방식으로만 그 일을 추진할 수 있습니다."[117] 그들의 탄원서는 "흑인 및 기타 소수 인종 직원을 대상으로 주택도시개발부와 연방주택청에서 일상적으로 자행되는 제도적 인종차별과 기타 차별들에 대한 종식"을 촉구했다. 또한 "승진 및 교육과 감독직에 대한 고려에서 그들을 동등하게 대우하라"고 요구했다.[118] 몇 주 뒤 주택도시개발부는 흑인 직원 42명을 승진시킨다고, 그리고 다음 달에 200명을 추가로 승진시키겠다고 발표했다.[119]

주택도시개발부가 흑인 근로자들이 직장에서 동등한 대우를 받도록 보장하는 소수 인종 우대 정책을 시행하지 않고 꾸물거리자, 흑인들은 다시금 들고일어났다. 1971년 5월 13일, 그 기관에 종사하는 300명의 흑인 직원이 근무 환경에 항의하는 시위를 벌이기 위해 작업을 중단했다. 주택도시개발부 관리들은 이에 대한 보복으로 이들 중 156명을 하루 동안 정직시키고 급여 지급을 거부했다.[120] 결국 인종차별 및 그 밖의 차별 관행을 다시 고발한 것은 중앙인사위원회(Civil Service Commission)였다. 이 사건을 맡은 것은 고용기회평등(Equal Employment Opportunity) 항소심의 심사관 줄리아 쿠퍼(Julia Cooper)였는데, 그녀는 88명의 증인을 심문하고 110개의 진술서를 검토하고 65개의 문서 증거를 훑어본 뒤 흑인 직원의 손을 들어주었다.[121] 1971년 10월 16일, 쿠퍼가 판결을 언도했다. 그녀는 21쪽 분량의 판결문에서 연방주택청의 차별 역사를 흑인 근로자에 대한 적대적 근무 환경과 연결 지으며 "역사적으로 인종차별의 패턴이나 관행이 연방주택청에 존재했다는 것은 의심의 여지도, 심각한 논쟁의 여지도 없다"고 말했다.[122] 그녀는 "백인이 앞으로 나아가는 동안 흑인은 최하위 등급에서 옴짝달싹 못 하도록 만드는 체계적인 인종차별 패턴이 주택도시개발부에 존재한다"는 사실을 발견했다. 이러한 '패턴'에는 "훈련 기회 제공하지 않기, 때에 따라 이용 가능한 훈련 기회에 관한 정보 숨기기, 인종차별적 백인 상사가 이러한 관행을 유지하는 데 기여하는 직책에 수년 동안 머물도록 허용하기, 차별에 불만을 제기하는 이들에게 불이익 안겨주기" 따위가 포함되어 있었다.[123] 쿠퍼는 주택도시개발부 내 흑인 인력의 이동성 부재를 조명하면서 18년이 지나도록 겨우 일반직 4 직급으로밖에 승진하지 못한 어느 아프리카계 미국인 여성의 이야기를 부각시켰다. 이 여성은 일반직 5로 승진하기까지 그로부터 10년이 더 걸렸는데, 그 기간 동안 자신이 훈련시킨 백인 남성들이 제 상사가 되는 수모를 겪었다. 다른 흑인 직원들도 비슷한 불만을 토해냈다. 어느 직원은 24년 동안 "내가 훈련시킨 백인이 내 상사로 바뀌는 일을 세 차례나 겪었다"고 호소했다. 또 다른 흑인 남성은 일반직 2에서 일반직 3으로 승진하는 데 자그마치 20년이나 걸렸다. 그가 탄식조로 말했다. "나는 1969년까지 일반직 2에 머물렀다. 이게 차별이 아니라면 대체 뭐가 차별이란 말인가."[124]

쿠퍼는 주택도시개발부의 관행이 "현행법의 추세와 도무지 맞지 않는다"고 결론지었다. 이것은 주택도시개발부의 흑인 근로자에게 역사적인 결과였다. 〈뉴욕타임스〉는 "정부 기관 전체가 차별 혐의로 유죄 판결을 받은 건 전례가 없는 일"이라고 논평했다.[125] 중앙인사위원회는 차별에 대한 개인의 불만 사항을 처리하는 데 익숙했지만, 'HUD 인종차별반대대책위원회'는 그 기관의 만연한 인종차별에 대해 기소할 당시 흑인 직원 500명의 불만 사항을 수집했기에 그 문제를 훨씬 더 광범위하게 다룰 수 있었다. 롬니는 쿠퍼가 내린 결론에 대해 "이해하기 어렵다"며 펄쩍 뛰었다. 쿠퍼는 롬니만 비난한 게 아니었다. 그녀는 '차별 패턴'이 로버트 위버나 조지 롬니의 재임 이전에 시작되었다고 지적했다. 그러나 롬니가 그 기관의 장관을 역임한 20개월 동안 그 패턴을 바꾸기 위해 아무 일도 하지 않았다는 점을 빠뜨리지 않고 꼬집었다.[126]

연 속 성

1971년 봄, 미국민권위원회는 곤경에 처한 주택도시개발부를 향해 새로운 비판을 퍼부었다. 위원회는 235항 주택 프로그램을 평가한 결과, 그 주택 소유 프로그램이 주택도시개발부에 새로운 방향성을 부여한게 아니라 애초 그것을 탄생시킨 차별 패턴을 고스란히 답습하고 있음을 확인했다. 위원회에 따르면, 주택도시개발부-연방주택청은 "자신의 책무를 저버렸으며, 인종적으로 분리된 주택 시장을 유지하려는 재정적 이해관계와 흑인 매수자 및 임차인에 대한 뿌리 깊은 반감을 지닌 민간 주택업계와 주택 금융업계 구성원에게 사실상 그 책무를 떠넘겼다". 보고서 발간을 알리는 기자 회견에서 그 위원회의 책임자 하워드 글릭스타인(Howard Glickstein)은 이번 조사를 통해 "이중(dual) 마케팅 시스템이 너무 만연하고 견고하고 흔해빠진 나머지 대다수 부동산 중개인이 아무런 범법 의식 없이 위원회 직원들에게 그에 대해 공개적으로 언급하는 것을 확인한다".[127] 위원회가 지적한 한 가지 사례는 그와 관련한 딜레마를 잘 보여주었다. 어떤 사람이 235항 프로그램 관련 정보를 얻기 위해 이를테면 필라델피아 연방주택청 사무소에 문의했을 때, 그는 이런 말을 들었다. "거기에 관해서는 부동산 중개인과 이야기하셔야 해요.

······선생님이 사시는 동네에서 '부동산'이라고 적힌 유리창을 보신 적 있죠? 맞아요. 부동산 중개인이죠. 거기 가서 물어보면 그가 모든 정보를 알고 있을 거예요. 그분이 선생님께서 알아야 할 모든 걸 알려줄 거예요."[128]

〈워싱턴 포스트〉는 이렇게 결론 내렸다. "백인 매수자는 ······ 백인 교외 지역에서 새로운 235항 주택을 구입하는 데 반해, 흑인 235항 주택 매수자는 중개인, 개발업자, 은행가, 연방주택청 관리들에 의해 ······ 다음과 같이 차별당하고 있다. 즉, 그들은 이미 흑인 거주 지역에 들어서 있는 기존 주택으로 내몰리거나 진즉에 통합된 '변화 중인 동네들'로 안내받는다."[129] 미국민권위원회는 주택 차별에 대응하는 데서 "지역 연방주택청 공무원에게 소수 인종 우대 정책 지침을 제공하지 않았다"는 이유로 주택도시개발부 지도부, 특히 조지 롬니를 비난했다.[130] 민간 부문 기관 및 방법론에 대한 의존은 주택도시개발부로 하여금 부동산업계가 그들 거래에서 고려하는 인종차별에 취약해지도록 내몰았다.

실제로 부동산업계에 만연한 인종차별은 연방 정부의 자원과 결합하면서 더한층 증폭되었다. 롬니는 이 보고서에 대해 늘 그렇듯 분노를 쏟아내면서 "선정적이다" "근거가 거의 없다" "시대에 뒤떨어졌다"고 몰아붙였다. 다만 235항이 대도시 주택 시장에서 인종차별적 분리를 영속화하는 데 쓰이고 있다는 점에는 대체로 동의했다. 그는 연방의 주택 프로그램이 "민간 부동산 시장의 틀 안에서 운영되다 보니 인종차별적 분리라는 지배적 패턴을 바꾸는 데 실패했다"고 실토했다. 롬니는 이렇게 소상히 설명했다. "연방주택청은 전통적으로 민간 시장에 대응하기 위해 구조화되고 운영되었다. ······이 기관은 독자적으로 주택 부지 선정, 주택 소비자 선호, 중개인의 선벡 또는 중개인이 연방주택청 보증 부동산을 거래하려는 의향을 지니는지 여부 따위를 통제하지 않는다."[131]

이는 롬니가 주택도시개발부 내에서 기능하고, 그 기관이 추진하는 저소득층 주택 프로그램의 실행을 책임지라고 강요하면서 떠안긴 사회 지향적 역할에 연방주택청이 얼마나 대비되어 있지 않았는지를 어리둥절할 정도로 솔직하게 토로한 것이었다. 위원회의 조사 결과 발표 후 롬니는 연방 차별 금지법을 더욱 잘 준수할 목적으로 몇 가지 새로운 규칙을 발표했다. 주요 변경 사항 중 하나는 '소수 인종 우대 마케팅(affirmative marketing)' 관행의 요건으로, 여기에는 주택도시개발부-연방주택청의 민간 파트너를 위한 여러 변경 사항이 포함되었다. 주택 산업의 다양한 구성 요소는 차별 없는 방식으로 아프리카계 미국인에게 그들 서비스를 광고해야 할 뿐 아니라, 부동산 입지와 관계없이 아프리카계 미국인에게도 백인에게도 부동산을 광고하도록 요구받을 것이다. 기업들도 아프리카계 미국인을 고용하고 부동산 판매에서든, 주택 융자에서든, 신규 주택 착공에서든 "기회가 균등하다"는 걸 보여주는 사례를 만들어내야 할 터였다.

그러나 훨씬 더 많은 규칙을 새로 내놓은 것은 부적절한 노력이었다. 위원회의 압도적 결론에는 이미 존재하는 규칙의 집행 부족이 담겨 있었다. 롬니는 위원회 조사 결과 발표 3일 뒤 열린 청문회에서 어떻게 공정 주택 규칙을 더욱 잘 준수하도록 보장할 것인지 질문받았을 때, "현장 점검과 불만 처리를 통해서"라고 답했다.[132] 이러한 메커니즘(또는 그것의 결여)은 애초 인종차별에 대한 주의 부족을 초래한 접근법과 다르지 않았다. 게다가 차별에 대한 개별적 불만을 처리하는 것은 뿌리 깊으며 제도적 특성을 띠는 주택 차별을 발본색원하는 데 효과적 전략이 아니었다. 주거 차별은 개인 차원에서 끝나지 않을 것이기 때문이다. 부동산 시장의 작동 방식, 은행의 자금 대출 방식, 건축업자의 개발 구상 방식에 근본적 변화가 따라야 했다. 롬니는 엄포를 놓았음에도 그런 급진적 변화에 (아니, 그 어떤 변화에도) 참여하길 달가워하지 않는 것처럼 보였다.

이 문제를 해결하려는 행정부의 의지 부족을 가장 극명하게 드러낸 것은 아마 기존 주택에 대한 롬니의 입장이었을 것이다. 글릭스타인이 (미국 주택 시장의 대부분을 차지하는) 기존 주택에도 새로운 '소수 인종 우대 마케팅' 규정이 적용되는지 묻자 롬니는 조용히 그렇지 않다고 대답했다.[133] 보아하니 롬니는 규정의 적용 확대와 관련해 (설사 시행한다 하더라도) 불균일한 시행이 최선이라고 생각한 듯하다. 얼마 지나지 않아 프랭키 뮤즈 프리먼(Frankie Muse Freeman)이 롬니를 향한 질문을 이어받았다. 세인트루이스 출신인 프리먼은 1964년 이 위원회에 임명된 최초의 흑인 여성이었다. 그녀가 주택도시개발부-연방주택청이 과거의 관행을 벗어던지는 데서 고전하고 있다는 점을 부각하려 애쓰면서 질문을 던졌다. "연방주택청의 임원 및 직원 중 애초 배제에 책임 있는 부동산업계에 속했던 사람들이 있다면, 그들은 애초 배제에 책임이 있는 이들과 동일인인가요? 만약 그렇다면 그들은 여전히 연방주택청에 몸담고 있나요?" 롬니는 "연방주택청의 모든 직원이 하룻밤 사이에 물갈이되었느냐고 물으시는 거라면, 아닙니다"라고 답했다. 그런 다음 "사람은 지구상에 존재하는 거의 모든 존재보다 더 천천히 변합니다"라고 덧붙였다.[134]

5

어수룩한 매수자

"문제는 우리가 주택 소유에 대한 책임감이 결여된 가족에게 주택을 제공해왔다는 겁니다. 그 프로그램의 이와 같은 본질적 문제가 지금껏 말썽을 일으켜온 겁니다. 그렇지 않습니까? ……우리는 복지 수급 어머니들의 경우 부양 자녀 지원금과 그 지위에서 비롯된 다른 몇 가지 보조금이 유일한 수입원이라는 사실을 발견했습니다. 그리고 그들이 추정컨대 소유주로서 주택을 치지했음에도, 고장 난 수도꼭지조차 고칠 여력이 없다는 것을 확인했습니다. 우리가 주택 매수자 지위에 올려서는 안 되는 이들도 더러 있다는 결론을 내린 적이 있었던가요? 우리는 주택을 소유하는 데 따른 책임감이나 주택을 소유할 만한 경제적 수입도 없는 이들이 간혹 있다는 결론에 도달할 수는 없는 겁니까?"

– 벤 블랙번(Ben Blackburn), 조지아주 공화당 의원

주택도시개발부와 연방주택청이 보증하는 불량 주택에 대한 정보는 조금씩 새어나오더니, 필라델피아와 시카고 언론인들이 제 소재 도시의 주택 소유 프로그램을 다룬 폭로성 기사를 다투어 발표하면서 서서히 눈덩이처럼 불어났다. 연방주택청과 부동산 투기꾼, 수상한 은행가 사이의 부정부패와 결탁을 다룬 1면 톱기사들이 지면을 장식하면서 주택도시개발부는 엄청난 혼란에 휩싸였다. 그 기관은 집중적으로 보도되는 뉴스의 초점으로 떠올랐지만, 숨은 의도는 따로 있었다. 뉴스는 이 정부 지원의 수혜자들에 대해서도 관심을 기울였는데, 그중 불균형하다 할 정도로 높은 비율이 연방 정부의 지원을 받아 노후화하거나 심하게 파손된 주택을 구입한 빈곤층 노동 계급 혹인 여성이었다. 스포트라이트의 열기가 뜨거워지면서 범인, 즉 비난받아 마땅한 책임자를 색출하기 위한 노력도 거세졌다. 언론, 선출직 공무원, 주택도시개발부 기관

대표들은 도시 주택 시장의 갈등을 설명해주는 일련의 문제를 확인했다. 정치적 당파성에 물든 의회 질의는 직원 채용 수준, 열악한 감정 평가 기법, 연방주택청 전반의 열악한 태도, 그리고 4장에서 논의한 주택 프로그램의 부실한 관리에 의문을 제기했다.

주택도시개발부 내에서 롬니를 위시한 관리들은 다른 문제점을 강조했다. 롬니는 미국 도시에서 레드라이닝을 종식시키고 주택 소유 기회를 창출한 법안에 안타까움을 표시했다. 그는 가난한 여성의 가사 및 가정 관리 능력에 공개적으로 의문을 표시하면서 그들에게 '어수룩하다'는 꼬리표를 달아주었다. 주택 스캔들에 대한 조사가 확대되면서 부적절 행위가 주택법 235항을 훨씬 넘어선 것으로 드러났다. 주택법에는 잠재적 주택 소유자의 포괄 범위를 한층 더 넓게 허용하는 2개 항이 추가되었다. 223항(e)는 과거에 '폭동이 발생하기 쉽다'고 여겨지던 도시의 오래된 구역에서 연방주택청 보험을 이용할 수 있도록 허용했다. 주택법 237항은 포괄 범위가 한층 더 넓어서 신용 기록이 불량하거나 소득이 일정치 않아 정규 연방주택청 프로그램에는 자격을 갖추지 못한 빈곤 가정에까지 모기지 보험을 승인했다. 이 빈곤 가정들에 대해 주택도시개발부 장관은 신용 위험이 "상당히 만족할 만하며" "장관이 제공하는 예산 및 부채 관리와 관련 상담 같은 지원책"을 통해 주택 소유가 가능하다고 판단했다.[1]

237항은 부양 자녀 보조금 수령 여성을 포함해 복지 수급 빈곤 가정에 주택 소유로 향하는 길을 터주었다. 237항에 규정된 법률적 권한에도 불구하고 예산 및 부채 관리와 '관련 상담'은 의회로부터 예산을 배정받지 못했으므로 주택도시개발부가 제공하는 서비스에 들어 있지 않았다. 여러 조사가 주택 소유 프로그램에 만연한 위기를 불러일으킨 한 가지 요인으로서 상담 가용성에 주목하기 시작하자, 지속적인 인종차별과 도시 주택 시장의 구조적 부적절성 문제에 대한 관심은 슬그머니 뒷전으로 밀려났다. 또한 흑인 여성의 행실과 가정생활이 저소득층 주택 소유 프로그램 운영에 따른 핵심 사안으로 떠오르면서, 상담에 주력하는 경향성은 복지 수급 가족이 주택 소유자로서 적합한지를 따지는 공격적인 조사로 귀결되었다.

당시 주택도시개발부–연방주택청이 자체 프로그램과 관련한 인종 및 성별 데이터의 수집을 꺼렸던지라 정확한 참여율은 확인할 도리가 없다. 하지만 주택도시개발부의 프로그램을 거쳐 주택을 매수한 수천 명의 흑인 여성이 의회 및 언론의 집중 조사 대상으로 떠올랐다. 이 여성들은 자기네가 소유한 주택의 간단한 유지 관리에도 어려움을 겪는 것으로 드러나면서, '어수룩하고' 가정적으로 제 기능을 못하는 얼띤 존재로 묘사되었다. 빈곤층 및 노동 계급 흑인 여성, 특히 복지 수급 여성에 대한 이 같은 묘사는 그들의 생활 방식과 습성에 대한 경험을 토대로 한 것이었다. 이러한 인식이나 생각은 시간이 지나면서 형성되었으며, 분명 법안이 통과될 무렵 흑인 여성 복지 수급자의 특성에 관한 빈정대는 논쟁으로부터 영향을 받았다. 역사학자 프레밀라 네이드슨 (Premilla Nadasen)이 쓴 바와 같이, "1950년대와 1960년대 초의 복지를 향한 정치적 공격은 인종적 관점에서 이루어졌으며, 흑인 여성에 대한 고정 관념에 단단히 뿌리 내리고 있었다".[2]

235항을 비롯한 기타 저소득층 주택 소유 프로그램은 복지와는 거리가 멀었다. 실제로 프로그램 참가자들은 본인 주택의 모기지 보험을 위해 연방 정부에 다달이 보험료를 납부했다. 이 여성들은 주택에 대한 월 납부금이야 자신의 예산 내에서 어찌어찌 충당할 수 있었다. 하지만 주택, 특히 오래된 기존 주택을 소유하는 동안 수시로 발생하는 수리 비용을 사전 계획 없이 지불할 수 있는 가처분 소득은 불충분했다. 사실 이러한 비용은 얼마든지 '예측 가능'했기에 기존 주택을 매수한 여성 및 기타 사람들은 관리가 제대로 안 된 주택을 사들인 데 대해 '무지하고' '어리석은' 존재로 멸시당했다. 어느 인터뷰에서 시카고 부동산 위원회의 한 위원은 "투기꾼과 부동산업자들"이 자신에게 유리하게끔 시장을 악용해 이익을 취하고 있다고 인정했으며, "사람들이 대접받는 방식에 대해 우려한다"고 덧붙였다. 그러면서도 위원회가 할 수 있는 일은 "거의" 없다며 이렇게 말했다. "우리가 무지한 사람들이 우리 위원회에 속하지 않은 부동산업자에게 당하지 않도록 보호할 수는 없는 노릇이다."[3] 이는 그 시카고 중개인의 생각에만 그치는 게 아니었다. 주택도시개발부를 둘러싸고 활발하게 논의되고 있는 숱한 이야기를 바라보는 언론의 시각을 대변하는 것이기도 했다.

이 장은 주택도시개발부의 기존 주택 시장 위기가 프로그램 참여자의 문제 탓으로 해석되고 있음을 보여준다. 흑인 여성, 경우에 따라 다양한 형태의 공공 부조 또는 복지 혜택을 받고 있는 흑인 여성의 비율이 불균형하다 할 정도로 높은 프로그램 참가자들 말이다. 기존 주택은 교외 지역의 신규 주택보다 주택 소유 프로그램에서 차지하는 비중이 더 적었다. 하지만 주택도시개발부의 채무 불이행과 압류가 기존 주택 시장에서 집중적으로 발생했던지라 그 프로그램 참여자들은 서서히 전개되는 이야기의 주역으로 떠올랐다. 이 가운데 빈곤층의 주택 소유가 빈곤 퇴치 프로그램으로서 의미가 있다고 말해주는 것은 전혀 없다. 쇠락하는 낡은 주택을 소유하기 위해 수천 달러를 빚지는 한편 고용 시장이 살아날 기미가 거의 없는 지역 사회에 매여 살라는 것은 최선의 상황에서도 무리한 주문이었다. 그것은 가난한 사람들이 빈곤층으로 몰락하는 사태를 더욱 부채질하고 심화시키는 일이었다. 그러나 주택 소유는 아메리칸드림의 주춧돌로서 굳건하게 자리 잡고 있었으므로 그 대열에 합류하려는 열망을 품는 것 자체는 문제가 되지 않았다. 대신 질문은 누가 주택 소유를 감당할 능력과 책임감을 지닌 사람인가로 달라졌다. 여성이 가장인 경우가 압도적으로 많은 가난한 흑인 가정은 이 시나리오에서 비난의 표적으로 떠오르기 십상이었다. 그러나 그들 또한 비난을 고분고분 감수하고만 있지는 않았다. 가난한 흑인 여성들은 주택도시개발부가 프로그램을 시행할 때 인종차별이 어떤 영향을 미쳤는지 규명하는 데서 중차대한 역할을 떠안았다.[4] 그들은 불만 토로, 사회적 운동, 고충 사항을 공개적으로 드러내고자 기꺼이 소송에 뛰어들려는 의지 등에 힘입어 심화하는 주택도시개발부의 위기를 점점 더 분명하게 드러내주었다. 그리고 그들이 그저 '어수룩한 매수자'에 불과하다는 부단한 암시가 거짓말이라는 것을 폭로했다.

실 패 의   해 부

1972년 그 프로그램의 기존 주택 부문에서 압류 건수가 증가하자 주택도시개발부 내에서는 실패감이 계속 분위기를 짓눌렀다. 롬니는 전국적으로 1971년 말까지 주택도시개발부의 압류 주택 재고가 3만 6000호로 늘어날 거라고 예측했다.[5] 1968년부터 1971년까지 3년 동안 연방주택청의 압류 건수는 월 96건에서 381건으로 증가했다.[6] 하지만 이것은 연방주택청이 역사상 가장 많은 수의 주택을 관리한 사례가 아니었다.

1964년에 사상 죄대인 주택 5만 4000호를 압류한 바 있으니 말이다.[7] 그러나 1970년대 초에 달라진 점이라면, 저소득층 주택 소유 프로그램의 압류 **속도**가 놀라우리만치 빨라졌다는 것이다. 1966년부터 1969년까지 감소세를 이어가던 압류 건수는 도로 증가하기 시작했으며, 그 대부분은 저소득층 주택 소유 프로그램과 관련되어 있었다. 1972년 연방주택청이 실시한 전통적인 교외 지역 프로그램의 압류 비율은 1.9퍼센트였다. 그에 반해 압류 비율이 235항은 4.45퍼센트, 221항(d)(2)는 2.54퍼센트에 달했다.[8]

압류 전 연체 단계인 모기지 채무 불이행의 급속한 증가도 큰 우려를 자아냈다. 채무 불이행은 모기지 납부가 30일 넘게 연체되어 부동산이 압류 직전에 놓이는 상황을 일컬었다. 1972년 중반 주택 24만 4000호가 채무 불이행 상태였는데, 이는 한 번 내지 두 번만 더 모기지 납부를 연체하면 압류 단계로 넘어간다는 뜻이었다.[9] 디트로이트의 윌리엄 휘트벡(William Whitbeck) 연방주택청 지부장은 "많은 도시에서 '프로젝트 재건' 프로그램에 의해 자금을 지원받아 개발된 모기지의 (전부는 아니라 하더라도) 대부분이 막대한 마케팅 및 관리 문제로 채무 불이행 상태에 빠질 것"이라고 경고했다.[10]

이 수치는 비례적으로 더 높았을 뿐 아니라 저소득층 프로그램을 위해 마련한 특별 보험 기금을 고갈 위험으로 내몰았다.[11] 언론과 선출직 공무원들이 감지할 수 있을 정도로 위기감이 감돌았는데, 그 위기감은 연방 정부가 보증하는 모기지 보험 청구를 커버하는 데 수천만 달러를 할애해야 할지도 모른다는 의견이 나오면서 한층 고조되었다. 이는 1970년대 초 복지 수급자의 자격을 둘러싸고 불붙은 대중적 논쟁에 기름을 부은 것과 같은 효과를 낳았다.

필라델피아와 디트로이트는 주택도시개발부 문제의 진원지로 떠올랐다. 디트로이트는 이미 전국에서 주택 소유율이 가장 높은 도시였고, 1967년 반란 이후 시 및 연방 관리들은 빈곤층과 노동 계급 아프리카계 미국인의 주택 소유를 획기적으로 늘리기 위해 노력했다. 디트로이트의 주택도시개발부–연방주택청 지부는 너무나 빠른 속도로 보조금 및 비보조금 주택 소유 프로그램에 사람들을 등록시킨 점 때문에 "영광을 누리고 박수갈채를 받았다". 1972년 4월까지 주택도시개발부는 디트로이트에서 그 기관 전체 재고의 17퍼센트에 해당하는 주택 7574호를 보유하고 있었다.[12] 회계감사원(GAO)은 주택도시개발부가 머잖아 디트로이트에서만 2만 채의 압류 주택을 거느림으로써, 연방주택청 보험금 지급액으로 연방 정부에 2억 달러를 요구하게 될 거라고 추산했다.[13] 1973년 자신의 저서 《현금을 위해 파괴된 도시들(Cities Destroyed for Cash)》에서 주택도시개발부의 위기를 파헤친 〈디트로이트 프리 프레스(Detroit Free Press)〉의 탐사 언론인 브라이언 보이어(Brian Boyer)는 이를 보수적인 추정치라고 주장했다. 그에 따르면, 회계감사원은 디트로이트의 압류 각각에 대한 보험 지급액을 1만 달러로 과소평가한 반면, 지역 주택도시개발부 지부들은 주택 각각의 모기지 가치 실제 비용이 1만 5000달러라고 밝혔다. 이렇게 되면 그 프로그램을 시행하는 짧은 몇 년 동안 총 보험 손실액이 4억 5000만 달러에 이르게 된다.[14] 의회 조사위원회의 어느 직원이 불길하게 경고했다. "우리가 디트로이트에서 발견한 현상이 다른 곳에서도 어느 정도 관찰된다면, 여러 대도시의 주거 지역이 심각한 문제에 휩싸이고 연방주택청 보험 기금도 막대한 손실에 직면할 것이다."[15]

필라델피아에서는 주택 소유 프로그램의 쇠퇴가 그다지 주목받지 못했지만 그에 따른 결과는 디트로이트만큼이나 참담했다. 그 도시에서는 1972년 연방주택청 보험 가입 주택이 13채 중 1채꼴로 압류당했다. 1968년에서 1972년 사이 주택도시개발부-연방주택청이 자기네가 보증한 주택 가운데 압류한 건수는 그 기관의 과거 30년 수치를 모두 합한 것보다 많았다.[16] 이 위기는 단일 프로그램을 훌쩍 뛰어넘어까지 번져나가, 레드라이닝이 종료되고 대출이 풀리면서 활성화한 거의 모든 주택 소유 프로그램을 집어삼켰다. 필라델피아와 디트로이트에서는 221항(d)(2)를 통해 구입한 주택의 채무 불이행과 압류 건수가 다른 모든 프로그램의 동일 건수를 앞질렀다.[17] 다른 지역에서는 향후 몇 달 동안 235항 압류 건수가 20~50퍼센트 늘어날 거라는 예측이 나왔다.[18] 조지 롬니는 문제 많은 '기존' 주택 프로그램에 대해 "실패를 인정해야 한다고 생각한다"고 말했다.[19]

주택도시개발부는 압류 부동산이 그 연방 기관으로 속속 넘어감에 따라 미국 최대의 "빈민가 악덕 임대인"이라는 오명을 뒤집어썼다.[20] 전국적 뉴스로 떠오른 주택도시개발부 문제는 미국 전역에서 발행되는 신문들의 1면을 장식했다. 뉴스 프로그램 〈60분(60 Minutes)〉도 그 기관의 주택 소유 프로그램에 대해 다루었다. 주택도시개발부의 문제가 전국적으로 퍼져나가자 일부 도시는 그 뉴스 보도가 자기 지역에 얼마나 크게 영향을 미치는지에 주목했다. 〈필라델피아 인콰이어러〉의 탐사 담당 기자 도널드 바렛(Donald Barlett)과 제임스 스틸(James Steele)은 필라델피아 지역 연방주택청 사무소의 사기 및 부정부패를 폭로함으로써, 저소득층 주택 소유 프로그램에 대해 최초의 의회 조사가 이루어지는 데 기여했다. 필라델피아의 보도는 〈시카고 트리뷴〉이 주도한 특별 조사와 더불어 부동산 중개인, 투기꾼, 모기지 은행 대출 기관, 연방주택청 대표자 모두가 프로그램 참가자를 희생하면서 서로 손잡고 자기 배를 채운 공모 관계를 파헤쳤다. 이 같은 조사들은 특정 도시에서 주택 프로그램이 어떤 영향을 미치는지에 대해 추가 조사가 시행될 수 있는 토대를 마련했다. 그 결과 국가 전체에서 보조금 주택이 어떤 역할을 하는지에 관한 보다 일반적인 질문이 제기되었다. 전국의 여러 신문은 명백한 연방 정부의 축복이 쓰레기 부동산을 매수하도록 가난한 이들을 꼬드기는 데 쓰이는 기만적 속임수를 다룬 기사로 도배되다시피 했다.[21]

주택도시개발부의 주택 프로그램을 괴롭히는 문제에서는 뒤가 구린 모기지 대출 기관, 스리슬쩍 뇌물을 챙기는 감정평가사, 사기성 짙은 부동산 중개인 등 부도덕한 행위자 집단이 지속적인 도시 주택 위기를 다룬 드라마의 주연 배우로 등장했다. 그러나 사기꾼에 초점을 맞추다 보니 저소득층 주택 소유 프로그램의 문제점을 좀더 체계적으로 파헤치는 데 필요한 조사가 이루어지지 못했다. 그 문제점에는 주거 분리의 지속, 전체 시장에 대한 흑인 매수자의 접근 불가 따위가 포함되어 있었다. 또한 그와 관련해 고가의 수리 및 유지 보수가 필요한 낡은 기존 주택을 대상으로 빈곤층 및 저소득층의 주택 소유를 촉진하는 문제점도 들어 있었다. 고정 수입의 제약을 감안할 때, 어떻게 그들이 이러한 비용을 감당하리라고 기대할 수 있겠는가? 이와 같은 질문은 저소득층 주택 소유를 가능케 한 법안을 지지한 주택도시개발부의 관리자 및 선출직 공무원들이 공공 정책 실패로 인해 만연해진 참상과 거리를 두기 위해 기울인 노력 아래 조용히 묻히고 말았다.

1970년 연방의 주택 소유 프로그램에 대한 첫 조사는 닉슨이 '강제 통합'에 반대한다고 선언하고 백인 교외 지역 공동체를 아프리카계 미국인에게 개방하기 위해 연방 권한을 사용하지 않겠다는 성명을 발표한 시기와 맞물려 이루어졌다. 롬니는 특히 닉슨이 1972년 선거철을 맞아 선거 운동 체제로 전환하자 닉슨 행정부 내에서 사실상 고립무원의 처지에 몰려 있었다. 그는 주택 프로그램의 실패에 대한 분석 결과를 내놓는 데 어려움을 겪었지만, 결국에는 효과적인 주택 정책 개발을 지속적으로 가로막는 네 가지 문제를 파악해냈다. 첫 번째는 "도시 주택 위기"를 미국 도시에 존재하는 "사회적·경제적·물리적 문제"와 따로 떼어볼 수 없다는 것이었다. 두 번째 문제는 저소득층 주택과 관련해 교외 지역에 대한 포괄적 정책의 개발을 방해하는 "다수의 지방자치단체 정부들"이었다. 세 번째는 각 주가 지방 정부에 "대도시" 주택 건설을 책임지도록 지시하길 달가워하지 않았다는 점이다. 마지막으로, 롬니는 민간 기업의 미국 도시 "포기가 광범위하게" 이어짐으로써 미국 도시를 재개발하는 데 필요한 자본이 부족해졌다고 지적했다.[22] 물론 프로그램의 실행에 따른 구체적 문제도 있었지만, 그것은 '도시 재개발'이 폐쇄적인 많은 백인 교외 지역의 경제적 활력과 궤를 같이하는 전략으로 추진되는 데 시종 실패해온 상황에서 빚어지고 있었다.

롬니와 주택도시개발부 직원들은 도시의 기존 주택 시장과 관련해 그 프로그램의 개혁안을 몇 가지 제안했다. 여기에는 감정평가사에게 엄중한 경계심을 요구하는 조치부터 불법 행위가 의심되는 자를 미국 연방수사국(FBI)에 송치하는 조치까지 온갖 것이 담겼다.[23] 이 주택 시장 부문을 악용하려 드는 부동산 투기꾼의 탐욕을 억제하려는 노력도 이루어졌다. 질 낮은 주택의 가치를 부풀릴 목적으로 사기와 속임수를 동원한 불법적 관행이 버젓이 자행되기도 했지만, 기존 도시 주택 시장 내의 관행은 대부분 합법적이었다. 사실 부동산 투기는 더없이 합법적이었으며 사유 재산 추구의 주요 원동력이었다. "싸게 사서 비싸게 파는" 능력은 주택 시장에서의 능란함을 나타내는 지표였을 뿐 분명 범죄는 아니었다.

이러한 역학, 그리고 중개인과 공무원이 부동산업계에서 담당하는 중추적 역할을 고려할 때, 불평등을 일소하기란 어려웠다. 롬니가 열거한 문제는 닉슨 행정부가—특히 대선을 앞둔 상황에서—진지한 방식으로 다루기 거의 불가능에 가까운 것이었다. 닉슨은 이미 교외 지역 주택의 해결책에 대한 롬니의 바람을 일축한 바 있으며, 그에 따라 '공정 주택'을 적극적으로 추진하려는 주택도시개발부의 노력에 재를 뿌렸다. 그러나 주택도시개발부 소속 흑인 직원들의 도전은 그 기관이 여러 주택 형평성 관련 위기는 고사하고, 조직 자체의 인종차별 위기에 대처하는 데서조차 한계를 드러내고 있음을 유감없이 보여주었다. 그들로서는 그렇게 하는 것보다 기존 시장의 중추인 이른바 '어수룩한 매수자'에 주목하는 편이 한결 손쉬웠다. 개인에 초점을 맞추려는 노력은 인종차별적 색조가 뚜렷이 가미됨으로써 복지 수급 여성을 비난하는 공화당 내의 레토릭 확산 분위기와도 잘 맞아떨어졌다.[24] 주택도시개발부–연방 주택청이 도시 주택 시장에 개입하면서 빚어진 여러 문제점의 책임 소재를 밝히는 데는 많은 게 걸려 있었다. 닉슨이 자기가 국가를 계속 이끌기에 최적임자라고 외치고 있었기에 더욱 그러했다.

상 이 한   소 비 자 ,   상 이 한   가 치

1972년 〈월스트리트 저널〉과의 인터뷰에서 주택도시개발부 차관보 노먼 왓슨(Norman Watson)은 도심 농네와 거기서 살아가는 사람들에게 주택도시개발부-연방주택청의 서비스를 제공한다는 개념에 의문을 제기했다. 그가 말했다. "우리는 실수에 적응할 수 있는 자원을 지닌 교외 지역용으로 설계된 프로그램을 …… 소비자도 **다르고** 자원도 **다르고** 가치도 **다른** 도심에서 밀어붙였다."[25] 왓슨은 더 자세히 파고들면서 미국 도시를 연방 지원 대상에서 완전히 배제해야 할지 여부를 저울질했다. "연방 정부의 개입이 구원의 길일까, 아니면 그저 문제를 자연의 힘에 내맡겨야 할까?" 이 논쟁은 주택 시장 그 자체만큼이나 유구한 것이었다. 교외 지역 주택 시장과 도시 주택 시장 간 차이는 '자연스러운' 현상이었다. 즉, 전자의 경우에는 가치를 유기적으로 인정받은 반면, 후자에서는 가치가 저절로 하락한 것이다. 그 기사는 더 나아가 이런 주장을 펼쳤다. "그 대화의 기저에는 단순한 진실이 깔려 있다. 가치가 상승하는 교외 지역 공동체와 달리, 노후화한 도시 동네에 대한 연방 정부의 투자는 고전할 수밖에 없다. 거기서 진행되는 주택 프로젝트가 신규 건설이든 재건이든 그 주변 지역이 꾸준히 쇠락의 길을 걷고 있기 때문이다."[26]

교외 지역에서 아메리칸드림을 추구하는 일부 백인 노동자 및 중산층과 달리 도시에 갇혀 사는 아프리카계 미국인은 미국의 악몽과 마주하고 있었다. 빈약한 투자와 열악한 인프라 및 공공 서비스로 인해 도시 주택 소유자의 주택 가치는 점차 하락했으며, 잠재적 흑인 매수자에게 제공되는 주택의 질도 서서히 나빠졌다. 아프리카계 미국인의 상대적 빈곤은 그들이 떠안은 주택의 상태를 더욱 악화시켰다. 1971년 흑인 가정의 소득 중앙값 6279달러는 백인 가정의 1만 236달러를 크게 하회했다. 또한 빈곤층 비율이 흑인 가정의 경우에는 28퍼센트였던 데 반해 백인 가정은 7퍼센트에 그쳤다.[27] 세인트루이스의 리어노어 설리번(Leonore Sullivan) 하원의원은 도시 내 보조금 지원 주택 소유 시장을 "60, 70, 80년 된 주택"이 주종인 시장이라고 표현했다.[28] 흑인 매수자 집단에 제공되는 도시 주택의 물리적 특성은 도시 시장 및 교외 시장 양자에서 가치를 확립하는 데 기여했다. 도시 주택과 교외 주택 사이의 물리적 거리는 이상화한 '백인 동네'와 멸시받는 '흑인 게토'에 대한 사회적 통념이 발달함에 따라 더욱 멀어져만 갔다. 한쪽에 속하고 다른 한쪽에서 멀어지려는 욕구는 해당 부동산의 가치를 더해주기도 떨어뜨리기도 했다.

그러나 저소득층 주택 소유 프로그램은 만약 그런 게 없었다면 내 집 마련은 엄두조차 내지 못했을 사람들에게 그렇게 할 수 있는 기회를 제공했음에도, 주택 유지에 드는 예측 불가 비용은 전혀 고려에 넣지 않았다. 이것은 결국 지속 불가능한 모델이었음이 밝혀졌다. 고정적인 모기지 가격을 넘어서는 유지 보수 등의 비용은 꾸준히 변동하는 데다, 특히 노후 주택이나 부실 주택의 경우 매달 변동 폭이 컸던 것이다. 더욱 중요한 점은 높은 재산세 부담이었다. 그 부담은 "(열악한 공공 서비스에 대해) 백인보다 더 과중한 세금 부담을 떠안아야 할 뿐 아니라 제 주택의 시장 가치를 한층 더 떨어뜨리는, 서로를 강화하는 이중적 불이익을 흑인 주택 소유자에게 안겨주었다".[29]

심지어 동정적인 관리들조차 1940년대에 일찌감치 조성된 저소득층 백인 주택 소유자 시장과 그로부터 30년 뒤 저소득층 아프리카계 미국인을 위해 구축된 시장 간의 진정한 차이에 주목하지 못했다. 이것은 미국 사회 전체가 인종 및 지역이 주택 소유의 결과에 어떤 영향을 미치는지와 관련한 세부 사항에 주의를 기울이지 않았음을 말해준다. 또한 이것은 레드라이닝의 종식을 지지하고 폐쇄적인 교외 지역이 새로운 민권법을 따르도록 강제하면서 롬니 및 여타 주택도시개발부 관리들이 표방한 인종자유주의의 한계에 주목하도록 해주었다. 인종자유주의와 전후 자유주의 전반은 미국의 여러 체제와 제도가 열심히 일하려는 의지가 있고 더 나은 미래를 도모하는 데 헌신하는 모든 이에게 자국의 정치적·경제적·사회적 부를 부여할 수 있을 만큼 충분히 강력하다는 것을 전제로 했다. 흑인 부동산 소유자를 포함하도록 주택 소유를 확대하려 애쓰는 과정에서 인종자유주의자들은 '시장'을 인종에 영향을 받지 않는 공간으로, 무엇보다 경제적 능력이 우세한 공간으로 옹호했다. 하지만 이른바 인종차별과 무관하다는 시장은 계속해서 백인과 흑인에게 다른 경험과 결과를 선사했다. 프로그램 비판론자들은 저소득층 주택 소유가 낳은 다양한 문제를 좀더 체계적으로 다루었어야 했음에도, 그런 요구를 피해가기 위해 흑인 가정, 특히 도시 기존 주택 프로그램의 중심인 흑인 여성에 초점을 맞추었다.

공적 담론은 주택 보조금에 대한 공공연한 우려와 그것을 이용하는 이들에 대한 그에 따른 가정을 중심으로 펼쳐지고 있었다. 프로그램 비판론자들은 자신의 발언을 미국에서 진행 중인 빈곤 및 저소득층에 대한 폭넓은 논의와 연결 지었지만, 그 안에 인종차별적 함의가 담겨 있다는 데는 이론의 여지가 없었다. 예컨대 1960년대 말과 1970년대 내내 커너 위원회에서 활약했고 주택도시개발부의 컨설턴트를 역임했던 유명한 부동산 분석가 앤서니 다운스(Anthony Downs)의 논평을 살펴보자. 다운스는 주택도시개발부의 주택 소유 프로그램이 지닌 문제가 늘어나는 데 대해 〈시카고 트리뷴〉과 진행한 인터뷰에서 이렇게 설명했다. "도시 빈민가가 조성되는 근본 원인은 주민들이 너무 가난해서 주택의 적절한 유지 관리에 드는 비용을 감당할 수 없기 때문이다. ……
또한 이러한 거주자 중 상당수는 주택의 유지 관리 비용을 키우는 파괴
적 행동 패턴을 보이기도 한다. ……진짜 문제는 우리의 주거 기준은
부단히 높아지는데 이 사람들은 그 기준을 따라잡을 능력을 갖추지 못
했다는 것이다."[30] 이 발언은 인종을 언급하지는 않았지만 분명 아프리
카계 미국인 도시 거주자를 떠오르게 했다. 다운스는 공공 주택을 둘러
싼 낯익은 문제와 주택 소유 프로그램으로 인해 부상하는 문제를 한데
뒤섞어놓은 듯했다.

1970년대 초, 미국의 공공 주택 재고와 관련한 난제를 다룬 폭넓은
논의는 주택의 상태, 특히 유지 관리 사안을 가장 중점적으로 조명하기
시작했다. 임대료 비용, 그리고 그 비용과 정기적인 건물 유지 관리의
연관성을 놓고 공공 주택 세입자와 주택 당국 간에 심각한 충돌이 오랫
동안 빚어졌다.[31] 1970년대 초 부실시공한 주택 개발지는 상태가 줄곧
악화했는데, 연방 정부는 그런 곳의 쇠락을 저지하기 위한 예산액 책정
에서 인색함을 드러냈다. 그 결과 공공 주택은 벼랑 끝으로 내몰렸다.
1972년 4월 세인트루이스에서 프루잇아이고 아파트 단지의 철거는 인
종, 장소, 주택, 연방 정부의 개입을 둘러싸고 내내 이어진 논쟁에 짙은
암운을 드리웠다. 다운스는 전부터 있어온 공공 주택에 대한 대중의 반
감을 자극하고 서로 판이한 두 프로그램에 대해 마치 그들을 서로 맞바
꿀 수 있는 양 언급하면서 저소득층 주택 소유 프로그램을 냉소적으로
끌어내렸다. 다운스의 말은 명료함이 부족하긴 했지만, 연방 보조금을
받는 도시 주택 소유의 문제에서 누가 잘못인지, 또는 뭐가 잘못인지에
대한 모호함을 완전히 제거한 듯 보였다. 분명 다운스의 말에 따르면,
"기준을 따라잡을 능력"이 부족한 흑인 주택 소유자는 비난받아 마땅했

다. 다운스는 "능력이 부족한" 흑인 주택 소유자가 주택도시개발부 문제의 근본 원인이라는 비난의 목소리가 점차 커지는 분위기에 어물쩍 편승했다.

아프리카계 미국인의 주택 선택권은 기껏해야 제한적일 뿐이었다. 그들을 인종적으로 분리된 도시 또는 교외 지역의 주택 시장으로 내모는 현상은 역사적으로 지금껏 그래온 것처럼, 주택의 질에 계속 하방 압력을 가했다. 한 아프리카계 미국인 옹호자가 공청회에서 말했다. "매수자는 선택권이 없습니다. ……많은 매수자가 디트로이트에서 235항 프로그램 주택의 특정한 결함을 알아차렸습니다. ……우리는 특정한 결함이 있다는 것을 인식했지만, 다른 선택지도 없고 딱히 갈 곳도 없습니다. 만약 여러분이 이처럼 달리 어쩔 도리가 없는 인구 집단을 두고 있다면, 이 같은 프로그램은 악용되지 않을 재간이 없습니다."[32] 세인트루이스의 한 상담사는 진실에 거의 다가갔다. "물론 사람들은 자신이 속고 있다는 걸 압니다. 그들은 어렴풋이 속임수를 당할 거라 예상하고 있지만, 그래도 공짜로 받은 선물에 대해 흠을 잡지는 않습니다. 어차피 모든 것은 상대적인지라, 당신이 가진 게 없는데 같은 가격에 뭔가를 얻게 된다거나 거의 아무것도 얻지 못하게 된다 해도 그저 수용하는 거죠."[33]

약 속 위 반

디트로이트 지역 신문에 실린 부동산 광고들은 부양 자녀 가정 보조금〔AFDC: 과거의 부양 자녀 보조금(ADC)〕을 수령하는 여성에게 호소하며 "ADC

어머님들, 계약금 없습니다"라고 외쳤다. 다른 광고들은 '임대 후 소유'를 매력적 옵션으로 내세웠다. 1972년 1월호 〈디트로이트 프리 프레스〉에 게재된 광고는 "임대 후 매수 옵션"이라는 제목으로 복지 수급자인 가난한 여성들의 주목을 끌었다.

> ADC 매수자/임대 후 매수(Rent While Buying)
> ADC 어머니/안정적 직장인/낮은 계약금
> ADC 직장인/왜 임대인가? 낮은 계약금으로 새로 꾸민 침실 2, 3, 4개짜리 주택에 거주/신용 문제 없음.[34]

다른 도시의 지역 신문에서도 비슷한 광고를 볼 수 있었다. 기존 주택 시장으로 제한을 둔 프로그램 참가자가 한목소리로 토로하는 불만은 본래는 임대를 원했던 많은 이들이 매수 압박을 받았다는 것이다. 〈필라델피아 인콰이어러〉가 썼다. "대다수 가족은 …… 정말로 매수보다 임대를 원했지만 그들의 선택 폭은 제한되어 있었다. 그들 대부분은 흑인이거나 푸에르토리코계다. 게다가 그 상당수는 혼자 아이들을 키우고 있는, 별거 중이거나 이혼했거나 사별한 여성들이다."[35] 필라델피아에서 온 스물여섯 살의 세 아이 엄마 프란체타 젠킨스(Francetta Jenkins)는 "실은 임대할 집을 구하고 있었는데", 결국 4330달러에 주택을 매수하게 되었다고 구시렁거렸다. 집 상태는 엉망이었지만 그녀는 "연방주택청이 승인한" 주택이라서 "걱정할 것 없다"며 마음을 놓았다. 랠프 리비에라(Ralph Riviera) 역시 "임대를 알아보고 있었다". 그가 말했다. "집을 구하러 다닐 때만 해도 임대하려고 했어요. 임대 물건이 여럿 나와 있을 거라 생각하고 부동산 중개인을 찾아갔더니 '임대는 없고 매매 물건만 있다'고 그러더라고요."[36]

그러나 빈곤 가족은 공간·사생활·독립성이 안겨주는 매력에 굴복해 정작 자신들이 주택을 유지할 경제력이 있는지 확신하지 못하는 처지이면서도 속는 셈 치고 주택 소유에 뛰어들었다. 이는 특히 복지 수급자이며 어떻게든 악화일로인 공공 주택 개발지에서 벗어나려 애쓰는 흑인 싱글맘에게 딱 들어맞는 말이었다. 전국적으로 주택 소유 프로그램을 통해 기존 시장에서 거래된 주택의 44퍼센트는 여성이 구입했는데, 그중 불균형하다 할 정도로 많은 비율이 아프리카계 미국인이었다. 기존 시장 주택 소유자의 15퍼센트는 복지 수급자였다.[37] 〈디트로이트 뉴스〉는 "복지 수급 어머니는 221항(d)(2) 프로그램에 의거해 자동적으로 연방주택청이 보증하는 모기지 해당자로서 자격을 지니게 되었으며, 그중 5만 명 가까이가 이 프로그램을 통해 이곳〔디트로이트〕에서 주택을 매수했다"고 보도했다.[38]

아메리칸드림의 주춧돌인 내 집 마련 가능성은 더 나은 동네에 거주하기, 장기적으로 투자하기, 공공 주택 관리의 경멸적인 감시 시선에서 벗어나 저만의 자율적 삶 영위하기 같은 새로운 기회를 의미했다. 많은 아프리카계 미국인 여성에게 주택도시개발부-연방주택청 프로그램은 다수가 믿고 있는 '제대로 된' 주택을 구할 전례 없는 기회를 제공하는 듯 보였다. 필라델피아의 어느 부양 자녀 가정 보조금 상담원은 이렇게 설명했다. "235항 주택은 사람들이 더 나은 동네로 이사할 수 있는 방편이다. ……그들은 갱단을 두려워했다. 그리고 자신들이 사는 오래된 동네에서 벗어나고 싶어 했다."[39] 세인트루이스 법률구조협회(Legal Aid Society) 소속 변호사는 무너져가던 프루잇아이고 아파트 단지에서 탈출한 복지 수급 여성들이 결국 235항 프로그램에 참여하게 된 경위를 이렇게 말했다. "그들은 벗어나길 간절히 원했다. 그렇기에 이용 가능한 모든 걸 받아들일 것이다. 그런데 그런 사람들에게 임대 가능성은 존재하지 않는다."[40]

많은 이들에게 주택 소유는 사회적으로 점점 더 나빠지고 있는 동네의 위험에서 빠져나갈 가능성을 부여하는 듯 보였다. 1967년 부양 자녀 가정 보조금 수급 가정의 경우, 24퍼센트는 수돗물이 나오지 않았고, 30퍼센트는 가족이 쓸 수 있는 침대가 부족했으며, 46퍼센트는 지난 6개월 동안 적어도 한 번 이상 우유가 떨어진 적이 있었다.[41] 흑인 부양 자녀 가정 보조금 수령 어머니의 주거 실태를 다룬 1969년 보고서는 어째서 그토록 많은 이들이 새로운 주거 기회만 생기면 물불 안 가리고 뛰어드는지 설명한다. 복지 수급자 절반이 "노후화하거나 허물어져가는, 안전하지 않거나 과밀한 주택"에 거주하는 것으로 추정되었다. 또한 부양 자녀 가정 보조금 수령자의 60퍼센트가 그와 다를 바 없는 조건에서 살아가는 것으로 추산되었는데, 특히 복지 수급 어머니의 경우 상황은 훨씬 더 열악했다. 어느 조사는 "다른 공공 부조 범주들에 비해 부양 자녀 가정 보조금 가족의 주택 결함 비율이 더 높다"고 밝히기도 했다.

1968년 주택도시개발법 102항은 구체적으로 빈곤 가정이 주택을 소유할 수 있도록 돕고자 고안되었다. 같은 해 4월, 주택도시개발부-연방 주택청은 내부 회람용 문서에서 부양 자녀 가정 보조금 "소득"에 대해, "자녀들이 어리고 영구적 프로그램에 따라 정부 기관으로부터 수령받는 경우 유효 소득에 포함될 수 있는 충분한 안정성을 제공한다"고 분명히 말했다.[42] 주택도시개발부가 복지 수급 어머니의 주택 구매를 승인해준 조치는 투기꾼과 모기지 은행가가 주택 소유 프로그램에 포함시키기 위해 같은 어머니들을 공략할 수 있는 우호적 여건을 조성해주었다. 세인트루이스에서는 어느 중개인이 잠재적 235항 매수자들에게 1만 2000장의 엽서를 띄우기도 했다.[43] 불균형하다 할 정도로 높은 비율의 엽서가 프루잇아이고 아파트 단지에 거주하는 부양 자녀 가정 보조금 어머니들에게 발송되었다. 실제로 세인트루이스에서는 235항 매수자의 25퍼센트가 이전에 공공 주택에 거주한 경험이 있었다.[44] 필라델피아와 세인트루이스에서는 235항 매수자의 절반이 복지 수급자였으며, 그들 대대수가 부양 자녀 가정 보조금 수령자였다.[45] 일단 매수자가 부동산 중개인 사무실에 도착하면, 중개인은 "이용 가능한 주택 사진을 보여주는데, 그러면 매수자는 주택이 개조되었으며 연방주택청의 승인을 받았다는 확신을 갖게 되었다".[46] 세인트루이스의 연방주택청 매수자를 대상으로 한 연구에 의하면, 판매자들은 그 프로젝트 추진에 따른 후속 조치를 취하고, "좋은 주택이라는 것, 그리고 연방주택청이 승인한 거래라는 것을 보장한다".[47] 모 부동산 회사는 신규 고객을 적극적으로 유치하기 위해 복지부의 주(州) 담당 부서 출신인 사회 복지사를 고용해 매수자를 모집하기까지 했다. 이것이 말해주는 바는 명확했다. "이 사회 복지사는 복지 수급 고객들의 재무 정보에 쉽게 접근 가능한지라 235항 지원 자격이 있는 잠재적 매수자 목록을 확보할 수 있었다. 또한 그 고객들에게 영향을 끼쳐 그들을 그의 새로운 고용주[즉, 부동산 회사]에게 몰아줄 수 있었다."[48]

프루잇아이고가 철거되고 다른 공공 주택 개발지들도 무너지자 주택 소유 가능성은 감수할 가치가 있는 위험으로 떠올랐다. 주택도시개발부의 활약상과 성공을 보여주는 증거로서 통계 수치가 점차 강조되면서, 그 부처의 전국 사무소들은 의도치 않게 부양 자녀 가정 보조금 수령자 모집을 적극 장려하기에 이르렀다. 실제로 주택도시개발부는 자기 기관의 새로운 보조금 프로그램에 가장 많은 참가자를 확보한 지역 사무소에 매년 조지 롬니 생산상(George Romney Production Award)을 수여했다.[49] 한 관찰자가 기술한 바와 같이, "주택도시개발부는 3년 넘게 기존 주택 재고에 대한 관리 책임은 도외시한 채 심지어 '생산'을 추켜세우는 상을 '생산'할 정도로 자기 기관의 생산 목표와 생산 통계를 강조해왔다".[50]

그러나 이런 비판이 제기되기 전, 디트로이트 사무소는 보조금 프로그램 이용자 수가 많은 것으로 알려져 있었는데, 이것은 집중적으로 모집한 부양 자녀 가정 보조금 수령 어머니들이 가세한 결과였다. 주택도시개발부-연방주택청은 그 도시에서 연간 3만 호나 되는 보조금 주택 또는 계약금 낮은 주택을 판매했다. 디트로이트의 한 광고가 "부양 자녀 가정 보조금 수령 어머니들께 알립니다-계약금 없음"이라고 외치자 5000명 넘는 여성이 그에 화답했다. 이것은 특히 "많은 자녀를 두고 복지 소득만으로 적절한 주택을 임대하는 데 어려움을 겪는 이들에게 …… 솔깃한 호소였다".[51] 디트로이트에서는 처음 3년 동안 1만 1000호 이상의 주택이 앨리스 먼디(Alice Mundy) 같은 부양 자녀 가정 보조금 수령 여성에게 팔려나갔다.[52] 부동산 회사 이스트 에디스 코퍼레이션(East Edith Corporation)은 디트로이트 동쪽에 들어선 "쇠락해가는 작은 주택"을 3000달러에 매입하고 1년 뒤 연방주택청 승인 대출을 끼고 먼디에게 9750달러에 팔아넘겼다. 집이 "쥐가 들끓고 천장에 구멍이 뚫려 있는 등" 끔찍한 상태였으므로 먼디는 시 당국에 전화를 걸어 불만을 토로했다. 그런데 그들은 그 부동산 회사를 제재하는 대신 먼디에게 벌금을 부과했다. 소유주인 그녀가 주택의 상태에 책임이 있다는 이유에서였다. 결국 먼디는 시의 주택 법규 위반으로 발생한 벌금을 감당할 수 없었고, 끝내 그 집을 잃고 말았다.[53]

이런 일을 겪은 것은 먼디만이 아니었다. 디트로이트에서 애니 제민슨(Annie Jeminson)이 거주한 공공 주택의 낡은 아파트는 "악취도 심하고 느낌도 안 좋았다". 그녀는 내 집 마련에 도전하기로 마음먹은 이유에 대해 "디트로이트에서 주택에 살아본 기회가 없어 그 광고를 보고 전화를 걸기로 결심했다"고 설명했다.[54] 몽고메리 부동산 회사(Montgomery Real Estate Company) 소속의 부동산 중개인이 제민슨에게 집을 한 채 보여주었고, 그녀가 다른 집들도 보여달라고 청하자 물건이 그것뿐이라고 주장했다. 제민슨이 말했다. "좋은 집처럼 보였어요. ……저는 집에 관해서는 아무것도 모르지만 벽이 멋졌죠. 새로 페인트칠을 했어요. 그는 저를 지하실로 데려갔죠. 전원이 꺼져 있었고, 그래서 그가 성냥을 켜고 보일러가 구석에 있다고 했어요. 그가 하는 말을 곧이들었죠." 제민슨은 여러 서류에 서명했지만, 무료 법률 지원 상담소로부터 주택 매수에 대한 조언을 구했다. 변호사들은 집 상태가 양호하다며 그녀를 안심시켰다. 하지만 신중한 성격의 제민슨은 부동산 중개인에게 집의 모든 결함 목록을 작성해달라고 요청했고, 이사 들어가기 전에 고쳐주겠다는 약속을 받아냈다. 부동산 중개인 도널드 워런(Donald Warren)은 서명한 결함 목록을 그녀에게 건네주었지만, 수리는 어느 것 하나 이루어지지 않았다. 결국 제민슨은 1만 1800달러에 집을 매수했는데, 나중에 부동산 회사가 그 두 달 전 5000달러에 그 집을 사들였다는 사실을 알게 되었다. 제민슨이 세 자녀와 함께 해당 집으로 이사하자, 그 부동산 회사는 이제 집은 그녀 책임이라며 슬그머니 꽁무니를 뺐다.[55]

애니 제민슨은 저축해둔 375달러를 몽땅 클로징 비용에 쏟아부었다.

가난했기에 그 돈을 모으기까지 수년이 걸린 터였다. 집을 거주에 적합하도록 만드는 데 필요한 대대적인 수리 작업에 쓸 돈은 남아 있지 않았다. 워런의 말과 달리 집에는 보일러가 없었으므로 난방도 못하고 온수도 없이 디트로이트의 겨울을 견뎌야 했다. 지하실에서는 쥐가 여러 개의 굴을 파고 제 세상이라는 듯 살고 있었다. 출입문은 여닫기가 어려웠고 창문은 전혀 열리지 않았다. 제민슨에 따르면, 거실 "한쪽 벽은 …… 눅눅했고 이끼가 꼈으며 물기가 어려 있거나 성에가 생겼다". 상태가 엉망인 애니 제민슨의 집은 세 살배기 막내딸 샌드라(Sandra)에게 심각한 건강 문제를 안겨주었고, 샌드라는 결국 병원 신세를 져야 했다. 하지만 상태가 열악했음에도 디트로이트 연방주택청은 그 집에 대해 모기지 보험을 승인했다. 다시 한번 법률 지원 상담소 소속 변호사들을 찾아간 애니 제민슨은 모기지 상환을 중단하라는 조언을 들었다. 그녀가 집에서 나갈 수 있도록 압류 절차를 강행하기 위한 것이었다. 제민슨은 날씨가 추워지기 전인 1972년 10월 자녀들과 함께 그 집을 떠났다. 가족은 전 재산을 날리고 집이 압류되면서 발생한 빚만 떠안은 채 다시 비좁은 아파트로 이사했다. 그럼에도 그녀는 주택 소유자로 지낸 짧은 시간을 완전히 부정적인 경험으로만 떠올리지는 않았다. 그녀는 자신이 사들인 집이 위치한 동네를 그리워했다. "이웃들이 정말이지 친절했어요. 어딘가에 속해 있다는 느낌이 좋았죠. 그 집에 계속 눌러 살았을 거예요. 계속 모기지를 냈을 거예요. 난방이 되고 온수만 나왔다면 말이죠."[56]

역시나 디트로이트의 샐리 포덤(Sally Fordham)도 지역 신문에서 몽고메리 부동산 회사의 서비스 광고를 접했다. 그녀는 과감하게 주택 매수에 뛰어들기로 결심했다. 샐리 포덤은 애니 제민슨과 달리 두 블록 반경 내에 모여 있는 집 세 채를 구경할 수 있었다. 그녀는 관리하기 가장 쉬울 거라는 생각에 세 집 중 가장 작은 집을 골랐다. 그녀가 "앙증맞은 인형 집처럼 작고 이쁘다"고 표현한 집이었다. 포덤은 자기 담당 사회 복지사에게 연락했고, 그는 모든 서류에 서명하기 전 집의 수압을 확인하라고 귀띔했다. 하지만 포덤은 더 넓은 생활 공간이 절실히 필요했다. "남편과는 1964년부터 별거에 들어갔고 아이는 9명"이라고 그녀가 말했다.[57] 애니 제민슨한테 그랬던 것과 마찬가지로 부동산 중개인은 그녀에게 서류를 들이밀며 그 자리에서 서명하라고 재촉했고, 샐리 포덤은 몇 분 만에 자가 소유자가 되었다.

그녀는 이사 들어오자마자 곧바로 집에 전등 스위치가 없고 배관에 심각한 결함이 있다는 사실을 알아차렸다. 변기와 하수구를 잇는 파이프가 없어 오물이 고스란히 지하실로 흘러 들어갔다. 그녀는 몽고메리 부동산 회사가 같은 날 몇 시간 전 그 집을 9000달러에 사들였다는 사실을 까맣게 모른 채 거기에 1만 2500달러를 지불했다.[58] 겨울이 닥쳤을 때 그녀는 석유 보일러가 작동하지 않는다는 사실을 발견했다. 너무 오래된 제품이라 수리에 필요한 부품이 더는 생산되지 않았다. 포덤은 가스레인지를 써서 집을 난방했는데, 어느 날 밤 가스레인지가 폭발하면서 집 안이 연기와 검은 그을음으로 가득 찼다. 그녀가 안도의 한숨을 내쉬며 말했다. "천우신조로 우리는 깨어났어요. 틀림없이 질식사했을 수도 있었거든요." 난방이 부족하고 추위가 이어지다 보니 가장 어린 두 아이는 걸핏하면 병이 났고 한 번에 며칠씩 학교를 결석하기도 했다. 하지만 여름이라고 해서 크게 나을 것도 없었다. 지하실에 미처리 하수가 고여 집 전체에 악취가 진동했다. "작년 여름 라이솔(Lysol: 소독 살균제 상품명—옮긴이) 뭐 그런 것들을 사다가 지하실에 부어봤는데, 하나도 도움이 안 되는 것 같더라고요. 공공 주택 프로젝트에 입주 신청을 해놓았어요. 달리 어떻게 해야 할지 모르겠어서." 제민슨과 마찬가지로 포덤도 법률 구조 상담소의 변호사들 조언을 듣고 주택에 대한 지불을 중단했다. 역시 제민슨과 마찬가지로 포덤도 요구 사항이 많지 않았다. "제가 원하는 건 오래되었어도 표준적인 좋은 집이에요. 고급스럽거나 화려할 필요 없어요. 그저 난방이 되는 좋은 집, 그게 다예요."[59]

제민슨과 포덤의 이야기는 결코 이례적인 게 아니었다. 〈디트로이트 프리 프레스〉는 부양 자녀 가정 보조금 수령 어머니에게 판매된 8000~1만 1000호의 주택 가운데 41퍼센트가 결국 채무 불이행으로, 이어 압류로 귀결되었다고 밝혔다.[60] 이 수치는 디트로이트에서 가장 활발한 11개 모기지 회사만을 대상으로 시행한 연구에 근거한 것이었다. 대다수 연방주택청의 실패 사례에서와 마찬가지로 상세한 내용은 빠져 있다.[61] 그럼에도 그 프로그램 내의 악성 대출 집중 현상은 롬니가 가난한 이들에게 더 이상 연방주택청 대출 자격을 부여할 수 없다고 선언한 근거가 되었다. 다시 한번, 모기지 회사가 형편없는 주택 상태 탓에 압류당할 가능성이 높은 부양 자녀 가정 보조금 수령 어머니를 표적으로 삼는 것처럼 보였음에도 불구하고, 가장 큰 대가를 치른 것은 바로 그 어머니들이었다. 디트로이트에서 21개 모기지 회사는 채무 불이행 상태인 모기지를 1000건 이상 보유하고 있었다. 그중 일부 회사에서는 모기지의 절반 이상이 채무 불이행 상태였다.[62] 〈디트로이트 프리 프레스〉가 연방 보조금 프로그램에 따라 부양 자녀 가정 보조금 수령 어머니에게 판매된 그 도시 주택 10채를 대상으로 비공식 조사를 실시한 결과, 그들은 새로운 주택도시개발부 프로그램에 대한 전국 차원의 조사와 다르지 않은 결과를 얻었다. 부동산 투기꾼들은 주택을 날림으로 개조하고 연방주택청 보험 등 그 기관의 유리한 주택 프로그램 조건을 이용해 "엄청난 수익"을 거머쥐고 있었다.[63] 투자 대비 수익은 59~69퍼센트에 달할 정도로 어마어마했다.[64] 이것은 확실히 그 프로그램의 국가경제학 및 타산의 일부였다.

부양 자녀 가정 보조금 수령 어머니는 심지어 파손된 본인 집을 수리하려 애쓰거나 파손 사실을 알리려 노력했을 때조차, 주택 상태를 우려해 주택 사무소에 전화를 건 뒤 주택 법규 위반으로 법원에 소환되었다. 부양 자녀 가정 보조금 수령 여성의 압류 비율은 3.5퍼센트로 일반 모기지의 압류 비율보다 자그마치 150배나 높았다. 하지만 이것은 그 프로그램 참여자 중에서는 여전히 적은 비율이었다.[65] 이처럼 도시에서 압류로 집을 잃은 복지 수급 여성은 전체 프로그램에서 낮은 비율을 차지했음에도 불균형하다 할 만큼 집중적으로 언론의 조명을 받았다. 언론 보도는 복지 수급자들이 주택 소유자가 되는 데서 주택도시개발부 지원의 주요 수혜자라는 인상을 풍겼다. 이러한 인식은 복지 예산 사용과 관련해 더 많은 조사가 이루어지던 시기와 맞물리면서 그 프로그램에 대한 의혹을 불러일으키는 데 일조했다.[66] 전문가들이 뭐라고 떠들어대든, 사실 디트로이트의 흑인 어머니들이 직면한 문제는 그들의 어수룩함보다는 부동산 중개인, 모기지 대출 기관 및 연방주택청 감정평가사의 윤리의식 결여와 더욱 관련이 깊었다.

밀 워 키 방 식

디트로이트의 주택도시개발부-연방주택청 사무소들이 저소득층 주택 소유 프로그램을 적극적으로 밀어붙임으로써 환호받고 있을 때, 9년 동안 위스콘신주 밀워키(Milwaukee) 연방주택청을 지휘한 로런스 카츠(Lawrence Katz)는 제 관할 지역이 저소득층을 연방주택청 보증 주택에 상대적으로 느리게 배치했다는 이유로 해고당했다. 카츠는 주택도시개발부의 저소득층 주택 소유 프로그램이 막 시작된 1968년에 이미 자신은 그 프로그램의 실패를 내다보았다고 말했다. "문제가 불거질 것이다. 그럴 수밖에 없다. 우리는 전국 회의에서 …… 논의한 바 있다. 주택 상태가 제아무리 양호하다 해도 그 집이 복지 수급 어머니에게 돌아갈 경우 외부에서 조달되는 돈에 의한 수리 프로그램이 포함되지 않는 한 효과를 보지 못할 거라고 말이다."[67] 이 프로그램 지지자들은 성공적인 듯 보이는 접근법을 고안했다는 이유로 카츠를 칭찬했다. 그러나 그는 프로그램에 참여한 흑인 여성의 자유를 침해하는 고압적 방식으로 그 사안에 접근했다. 아마 그만큼이나 중요한 점일 텐데, 카츠는 박수갈채를 받았음에도 밀워키의 빈민층을 위한 주택 소유에 엄청난 자원을 쏟아부은 결과 주택 분리에 도전하기는커녕 오히려 그것의 유지에 힘을 보탰다. 게토의 강화는 단기적 해결책이었지만 궁극적으로 빈곤층과 노동 계급 흑인 여성의 주거 선택권을 약화시킬 소지가 컸던 것이다.

그러나 1971년 주택도시개발부에서 해고되기 전, 1962년부터 위스콘신주 연방주택청 사무소를 이끌어온 카츠는 결국 위스콘신주, 특히 밀워키를 기존 주택 시장을 괴롭히는 문제의 해결책을 제시해준 전국적 모델로 키웠다. 카츠의 느리지만 끈덕진 접근법은 투기꾼을 시장에서 몰아냈다. 게다가 주 복지 담당 기관과의 틀에 박히지 않은 협력 덕에 위스콘신주는 비록 소규모이기는 하나 미국에서 가장 독특하고 성공적이며 참신한 235항 보조금 사용 방식을 채택할 수 있었다. 카츠는 주택 시장이 침체된 상황에서 주택을 구입하는 빈곤층은 수리 비용을 지불하기 위한 추가 자금이 필요하다는 분명한 사실을 인식하는 데서 출발했다. 그는 고정 수입이 턱없이 적은 여성이 낡은 주택을 유지 보수하는 데 필요한 비용을 감당할 다른 방법은 없다는 사실을 기꺼이 받아들이고 그에 맞추어 행동에 나섰다. 실제로 밀워키에서 아프리카계 미국인이 이용할 수 있는 주택의 연식은 40~70년에 걸쳐 있었다.[68]

주택도시개발부–연방주택청은 위스콘신주 복지부 관리들과 만나 그 기관이 예상치 못한 유지 보수 비용을 부담해야 하는 매수자의 재정적 안정성을 보장할 가능성이 있는지 타진했다. 위스콘신주 13개 카운티 중 9개는 주택 소유 보조금을 활용해 부양 자녀 가정 보조금 수령 어머니의 주택 수리 비용을 상쇄하기 위한 기금을 내놓는 데 동의했으며, 부양 자녀 가정 보조금 수령 가족당 최소 500달러를 연간 추가 배정하기로 했다.[69] 그에 반해 미시간주에서는 부양 자녀 가정 보조금 수령 어머니가 주택 수리 비용으로 매월 5달러밖에 받지 못했다.[70] 카츠에 따르면 밀워키에서 핵심적인 것은 "도심에 '신중한 매수자'가 없다"는 가정이었다.[71] 도시 주택 시장은 "신중한 매수자와 풍부한 정보를 가진 매도자가 도심에 존재할 때 주택의 가치 및 가격이 결정된다"는 연방주택청의 "역사적 가정"을 뒤엎었다.[72] 대신 카츠가 주장했듯, 도시 매수자는 "정보가 없고 숙련되지 않은 경우가 허다했다".[73]

아마도 이러한 특성 때문이었겠지만, 카츠는 복지 수급 주택 소유자의 경우 부동산 시장의 사기꾼으로부터 스스로를 보호하기 위해 한층 더 많은 자원이 필요하다고 판단했다. 중요한 점으로, 위스콘신주는 주택 소유를 위해 주택도시개발부 서비스를 이용하는 빈곤층 대상의 부채 관리 교육 및 주택 소유 상담을 의무화하는 주택도시개발법 조항을 준수하는 몇 안 되는 주 가운데 하나였다. 카츠는 그렇게 함으로써 연방주택청의 매수자 위험 부담 원칙이라는 전제를 단호히 거부했으며, 대신 다양한 주택도시개발부–연방주택청의 자원을 활용해 주택 매수자와 주택도시개발부의 이익을 보호했다. 밀워키의 부양 자녀 가정 보조금 수령 어머니에게 필요한 상담 요법은 그 어떤 것과도 달랐다. 각 예비 주택 소유자는 주택 구입 전에 재산세, 보험, 상환, 기본적 주택 수리 지침 등 주택 소유자의 책무를 다루는 수업에 참가해야 했다.[74] 주택 소유자는 주택 구입 후 마룻바닥에 니스 칠하는 방법, 창유리 수리하는 방법, 수도꼭지 와셔(washer: 볼트나 너트 밑에 끼우는 나사받이—옮긴이) 교체하는 방법 등을 소개하는 수업을 추가로 수강했다. 여성들은 8주 동안 그 수업에 참여한 대가로 106달러를 받았다. 이들은 보육비도 제공받았으며, 위스콘신 대학에서 열리는 수업을 듣기 위해 오가는 교통편도 무료로 이용했다. 어머니들은 수업을 모두 끝내면 정부 보조금을 통해 65달러 상당의 연장(tools)도 받았다.[75]

여성들이 주택 소유 수업을 마치고 내 집 마련에 뛰어들면, 별도의 절차가 뒤따랐다. 연방주택청이 감정 평가를 수행하기 전에 주 복지 기관은 밀워키 카운티 복지부가 고용한 일군의 '주택 조사관'을 파견해 부동산을 점검했다. 10명으로 구성된 주택 조사관 팀은 "집의 물리적 상태를 살펴본 뒤 …… 가족이 적절한 생활 공간과 기본적인 편의 시설을 누리고 있는지 확인"했다. 그중 5명은 이전에 부양 자녀 가정 보조금을 수령한 적이 있지만 재정적으로 과거보다 안정된 여성들이었다. 이들은 수리가 필요한지 여부를 판단하고 필요한 경우 주 복지 기금을 요청할 수 있도록 도움을 주었다. 과거의 부양 자녀 가정 보조금 수령자들은 그 일에 대한 보수로 시간당 3달러를 받았고, 더 중요한 점으로 부양 자녀 가정 보조금 수령자와 복지 기관을 연결해주는 가교 역할을 했다.[76] 관건은 문제가 발생했을 때 누구에게 곧바로 전화해야 하는지 알 수 있도록 해당 어머니들과 소통하고 연락을 유지하는 것이었다. 이를 위해 카츠는 밀워키 전미유색인종지위향상협회의 지역 청년부인 '특공대(Commandos)'라는 이름의 블랙파워 지역 조직과 접촉하기까지 했다. 1960년대 후반, 이들은 백인 가톨릭 신부 제임스 그로피(James Groppi)와 함께 밀워키의 지역 주거 개방 운동을 선두에서 이끌었다.[77] 카츠가 지휘하는 밀워키 연방주택청은 복지 수급자와 소통하는 사회적 통로로서 특공대를 활용할 수 있었으면 했다. 복지 수급자들은 본인이 주택 소유자가 된 뒤에도 복지부가 자신들 삶에서 계속 일정 역할을 하리라는 생각에 반감을 품었던 것이다.[78]

연방주택청은 복지부 직원이 주택을 살펴본 후에야 자체 감정평가사를 파견해 그 부동산을 조사했다. 또한 주택은 판매되고 나면 1년에 네 차례 이상 상태를 점검받았으며, 수리가 필요하다고 판단될 경우 주 복지 기관 소속 직원이 신속하게 개입했다. 밀워키 버전의 연방주택청 저소득층 프로그램에서 주택 구입 과정은 다른 경우(보조금을 지급받든 그렇지 않든)와 극명한 대조를 이루었다. 지역 교회가 235항에 필요한 계약금 200달러를 제공했다. 점검이 끝나고 해당 어머니가 주택을 구매할 채비가 되면, 경제기회국(Office of Economic Opportunity) 소속 변호사 자원 봉사 집단이 클로징 단계에서 그 매수자를 대변했다.[79] 클로징 닷새 전에 위스콘신주의 주택도시개발부–연방주택청은 매수자에게 최종적으로 주택을 살펴보고 필요한 수리 사항을 샅샅이 기록하도록 요청했다. 이러한 모든 단계를 거친 후 마침내 매수자가 주택을 구매하면, 주

복지부는 가족이 그 주택에 내내 거주하는 데 필요한 크고 작은 수리 경비 일체를 부담하는 데 동의했다. 모든 절차가 완료되고 나면 경제기회국은 부양 자녀 가정 보조금 주택 소유 프로그램 비용의 55퍼센트를 부담했다. 27퍼센트는 주 정부가 맡고, 7.5퍼센트는 어머니 자신이 내고, 나머지는 보조금을 통해 충당했다.[80]

복지를 향한 국가 차원의 공격이 기승을 부리는 상황에서 위스콘신 주가 부양 자녀 가정 보조금을 받는 가난한 흑인 어머니를 위해 기꺼이 주택 소유에 투자한 까닭은 무엇일까? 알고 보니 주 정부로서는 싱글맘의 이사 비용을 되풀이해서 대는 쪽보다 오래된 도심 주택을 수리하는 데 투자하는 편이 더 적게 먹혔던 것이다. 부양 자녀 가정 보조금 수령 가정이 이사할 때 주 복지 기관이 치러야 하는 비용은 하루 1000달러였다. 부양 자녀 가정 보조금 수령 가정은 평균적으로 1년에 두 번 이사하는데, 주 정부는 그에 따르면 총비용이 연간 35만 달러에 이른다고 추산했다.[81] 게다가 235항 이자 보조금 덕에 그 가정은 복지 수급 가정의 평균 규모를 감안할 때 일반적인 임대료 수당보다 더 저렴한 월 모기지 납부금을 낼 수 있었다. 복지부는 임대료 수당으로 예산 135달러를 책정한 반면, 235항 보조금 수령 가정은 월 모기지 납부금을 100달러 지불했던 것이다.[82]

카츠의 접근법이 명백히 성공적이었음에도, 디트로이트 주택도시개발부 사무소는 그의 방식을 질책했다. 카츠가 말했다. "우리는 시카고 지역 사무소로부터 디트로이트를 비롯한 우리나라 여러 도시가 주택 소유를 위한 부양 자녀 가정 보조금 수령 어머니 대상의 대규모 언더라이팅을 잘하고 있다는 메모를 받았다. ……그들은 디트로이트가 우리보다 훨씬 더 잘하고 있다고 평가했다."[83] 디트로이트에서는 투기꾼과 부동산 중개인이 자기네가 주택을 팔 대상으로 공략하는 저소득층과 빈곤층에게 계약금을 제공하고 있었는데, 그것은 불법이었다. 위스콘신주 주택도시개발부-연방주택청이 온갖 주의를 기울인 결과 밀워키의 압류율이 유독 낮았음에도, 카츠는 "괴팍한 사람"으로 간주되었다.[84] 밀워키에서 그 프로그램의 추진 속도는 유독 더뎠는데, 이것은 생산을 주요 목표로 삼은 롬니의 재임 초기에 단연 도드라졌다. 카츠는 1971년 보조금 지원 주택 수가 치솟고 있을 때 해고되었다. 아직 주택도시개발부-연방주택청 스캔들이 전국적 뉴스로 떠오르기 전이었다. 1년 뒤 그의 운명은 바뀌었다. 주택 소유 프로그램 옹호자들이 한마음으로 카츠를 역성들고 밀워키 사례를 저소득층 주택 소유가 성공할 수 있음을 보여주는 증거라고 추켜세웠던 것이다. 밀워키 프로그램에 대한 모기지은행가협회의 연구를 다룬 〈워싱턴 포스트〉 기사는 이렇게 적고 있다. "양질의 상담이 어떤 기능을 하는지를 위스콘신주에서 거둔 235항 프로그램의 극적인 성공보다 더 분명하게 보여주는 것은 없다. 주택도시개발부가 모범적 프로그램을 원한다면, 다른 주의 보험 사무소들로 하여금 위스콘신주의 전직 연방주택청 수장 로런스 카츠가 개발한 상담 및 지원 프로그램을 채택하도록 권고하는 편이 좋을 것이다."[85]

의회 청문회, 신문, 저소득층 주택 소유를 옹호하는 민간단체 사이에서 밀워키는 빈곤층 주택 소유 프로그램 운영의 모범 사례로 칭송받았다. 그들은 밀워키가 그 프로그램이 효과를 발휘할 수 있음을 보여주는 증거라고 말했지만, 그 프로그램은 밀착 관리와 주택 소유자 상담, 더 많은 재정 자원을 필요로 한다고 덧붙였다. 그러나 위스콘신주에서 주택도시개발부-연방주택청이 제공한 엄청난 종류의 서비스를 살펴보면,

그 주는 예외적 사례로서 심각한 문제가 산적한 도시들이 모방할 수 있는 기능적 모델이 아니라는 게 더없이 분명했다. 막대한 필요성에 비해 속도가 지나치게 더뎠기 때문이다. 밀워키에서는 지역 공무원들이 '상담' 서비스만 제공한 게 아니었다. 그들은 소수 사람에게 긍정적 성과를 안겨주기 위해 수업을 진행하고 강좌를 실시했을 뿐 아니라 수많은 조직과 공공 기관으로부터 동의를 구하기도 했다. 밀워키에서 주택도시개발부-연방주택청은 선정된 어머니들에게 보육 서비스를 제공하고 각종 행사 참여에 따른 비용을 지불하기까지 했다. 이렇게 막대한 인적·물적 자원을 투입했음에도 결국 카츠가 효과적인 주택을 제공한 수치는 고작 부양 자녀 가정 보조금 수령 여성 650명에 그친 것으로 밝혀졌다.

밀워키는 빈곤과 인종 분리가 이어진 결과 도움이 절실한 이들이 거주하고, 주택 시장이 크게 양분되어 있으며, 도시 주택 위기가 만연한 도시였다. 카츠의 프로그램은 커다란 감동을 안겨주었지만, 도움이 간절한 숱한 가정의 극히 일부만을 수용했다. 1972년까지 밀워키에는 복지 수급 가구가 2만 8000개 있었는데, 그중 90퍼센트가 부양 자녀 가정 보조금 수령자였다.[86] 주택도시개발부-연방주택청 프로그램 운영 속도는 양호한 주택이 절실하게 필요한 많은 이들에게 효율적 서비스를 제공하기에는 턱없이 느렸다. 또한 이 프로그램 및 그와 맞물린 온갖 구성 요소가 빈곤 가정 및 부양 자녀 가정 보조금 수령 여성의 수가 훨씬 더 많은 디트로이트, 필라델피아 또는 시카고로 확장될 수 있었을지도 의문이다.

밀워키에서 가난한 흑인 여성의 주택 소유는 백인의 주택 소유와 정반대되는 일이었다. 클로징 이후에도 되풀이되는 주택 점검 등 그 프로그램의 강압적 성격은 공공 주택 임대와 흡사했다. 가난한 흑인 여성에게 주택 소유는 독립, 안전, 투자가 아니라 주 정부의 감시 강화, 지속적인 경제적 주변화, 부채 부담 떠안기로의 초대였다. 이 여성들이 소유한 주택이 가치를 축적하고 중산층 생활 방식의 기반으로 자리 잡을 가능성은 요원했다.

카츠는 나중에 이들 여성 대부분이 차라리 임차인이 되었더라면 더 좋았을 거라고 주장했다. 하지만 대부분의 임대용 부동산은 대가족을 거부했고 임대료 또한 지나치게 높은 경우가 허다했다. 그가 말했다. "현재 도심에서 주택을 구입하는 저소득층 중 상당수가 대안이 주어진다면 임대를 선호하리라고 나는 확신한다. 많은 이들이 선택의 여지가 없어서 주택을 구입하고 있다."[87] 이 여성들에게 주택 소유를 강요하는 것은 자녀를 둔 빈곤층 여성의 주거 문제를 공공 주택이나 민간 임대 시장에서 그들 개인 주택의 사적 영역으로 이전하는 꼴이며, 시간이 흐름에 따라 그들에게 수천 달러의 부채를 떠안기는 노릇이기도 하다. 한마디로 그것은 결단코 빈곤 퇴치 프로그램이라고 할 수 없다.

마지막으로, 이 여성들로 하여금 '흑인 공동체' 내에 집을 마련하게 하는 조치는 밀워키 주택도시개발부가 인종적으로 분리된 주택 시장에 도전하는 게 아니라 시종 그것을 전제로 운영되고 있음을 보여주는 증거였다. 물론 한편으로 도시 내 주택 기회 창출의 시급성, 다른 한편으로 교외 지역에서 흑인 여성에게 거주 개방 기회 허용하기, 이 두 가지를 놓고 논쟁이 벌어지기도 했다. 밀워키 교외 지역에도 235항 보조금을 받을 수 있는 기존 주택이 없지는 않았지만, 그런 주택들은 제공되지 않았던 것 같다. 메릴랜드주 몽고메리 카운티 복지권리단체(Montgomery County Welfare Rights Organization) 회장 마거릿 랭커스터

(Margaret Lancaster)는 또 다른 곳에서 이렇게 주장했다. "일부 부양 자녀 가정 보조금 수령 어머니는 교외 지역에 거주하는 편을 선호했지만, 공정주택법이 버젓이 있음에도 결코 그러한 주택을 이용할 수 없었다." 그녀가 좋은 주택을 구하고자 한 본인의 경험을 들려주었다. "이사를 가고 싶거나 더 좋은 집으로 갈아타길 원할 때, 자녀가 있는 경우, 그리고 교통편이 적절할 경우 교외 지역 어딘가에 살았으면 좋겠다는 생각이 자동적으로 들게 된다." 랭커스터는 부양 자녀 가정 보조금 수령 어머니가 교외 지역 주택에 접근하기 어렵도록 만드는 다른 요인들에 대해서도 알아냈다. "당신이 교외 지역에서 집을 구하면 …… 그곳 사람들은 흑인이고 가난한 데다 동네 수준을 떨어뜨릴 거라 여기는지라 당신을 원하지 않는다."[88]

인종 역학에 무신경한 태도는 카츠를 비롯한 주택도시개발부–연방주택청 관리들이 사회적 실험의 중심에 놓인 여성을 두고 논의하는 방식에서도 똑똑히 드러났다. 그들은 프로그램 참가자를 무지한 존재로 묘사함으로써 빈곤층 및 노동 계급 아프리카계 미국인에 대한 공무원의 개입주의적(paternalistic) 태도를 한층 강화했다. 카츠는 흑인 남녀에 대해 거의 어린아이처럼 뭘 모른다고 기술했다. 그는 국민주택법 시행과 관련한 자신의 접근 방식에서 상담이 더없이 중요하다고 강조하며 이렇게 물었다. "우리 백인들이 당연시하는 '스스로 하기(do-it-yourself)' 기술을 흑인들은 대체 어디서 배울 수 있는가?"[89] 설상가상으로 모기지은행가협회는 일부 부양 자녀 가정 보조금 수령 가정에 "사생아"가 존재할 경우 그들이 어떠한 "위험성"을 지닐지 따지면서 저소득층 프로그램의 모기지 채권자 역할을 하는 보험 회사의 우려를 전달했다.[90] 카츠는 그들의 우려에 동감했지만, 보험 회사와 모기지 은행가에게 더 큰 문제가 있음을 상기시키면서 이렇게 주장했다.

> 현재 너저분한 상황이 심각하게 드러나고 있다면, 사례별 사회 복지사들이
> 그렇다고 보고할 겁니다. 이것은 본 기관의 언더라이팅을 방해하는 요인
> 이 될 수 있습니다. 반면, 가구에 사생아가 있다 해도 모기지 보험 언더라
> 이팅을 방해하지 않을 테고, 희망컨대 모기지 채권자가 그 점을 수용할 수
> 있을 겁니다. 본 기관은 이러한 유형의 모기지 채무자를 수락해줄 것을 강
> 력히 촉구합니다. 우리의 언더라이팅, 그리고 대출 기관과 복지부 간의 협
> 력은 관련 어머니뿐 아니라 특히 중요한 점으로 그런 가정에서 자라는 아
> 이들―몇 년 뒤 열악한 지역 사회에서 청년으로 성장할 아이들―을 위해
> 상승 이동을 독려하는 도구로 기여할 겁니다. 이제는 지역 사회 전체가 자
> 신의 관심을 말뿐이 아닌 가시적 행동으로 드러내야 할 때입니다.[91]

카츠의 접근 방식은 당시의 '사회적-상업적 기업'에 부합하는 것이었
다. 하지만 그것의 개입주의적 특성은 흑인 여성에 대한 인종차별적이
고 성차별적인 묘사를 지속시켰으며, 이는 흑인 여성의 상태를 완화해
주기는커녕 외려 악화시켰다. 카츠와 모기지은행가협회의 교류는 당시
일어나고 있던 논의, 즉 흑인 가정의 '적합성'과 복지 및 인종을 연결
짓는 좀더 광범위한 논의와 절묘하게 맞아떨어졌다. 이 논의에서 카츠
는 모기지 은행가와 보험 회사 임원들에게 복지 수급 어머니의 '의심스
러운' 행동과 부도덕성은 상담을 통해 극복될 수 있다고 설득했다.

1971년 카츠의 해고로 상담에 대한 그의 혁신적 접근법은 끝이 났다.
밀워키 연방주택청은 사전 상담 프로그램을 전체적으로 종료하고, 복지
부는 수리 서비스 자금 제공 계약을 중단했다.[92] 위스콘신주 프로그램

의 시행이 성공을 거두면서, 상담은 저소득층 주택 소유에 따른 문제의 해결책으로서 전국적인 논의 대상으로 떠올랐다. 즉, 이제 상담 부재는 주택 소유 프로그램의 실패를 낳는 주요 원인으로 간주되어 상담 활용을 일종의 완화제로 내놓게 되었다. 1972년 봄, 롬니는 카츠를 주택도시개발부의 전국적 운영을 책임지는 "특별 컨설턴트"로 임명했다.[93]

훌 륭 한   가 정   관 리

원하는 주택 매수자에게 상담을 제공해야 한다는 법적 의무에도 불구하고, 1968년부터 1972년까지 의회는 상담 이용에 소요되는 예산을 책정하지 않았다.[94] 롬니는 상담이 주택도시개발부의 주택 위기를 끝장내기 위해 중요하다고 생각했지만, 실제로 그것을 구현하는 데 필요한 예산을 따내려고 의회에서 싸우지는 않은 것 같다. 주택도시개발부는 1969년과 1970년 자체 예산과 관련해 상담을 위한 책정액을 요청하지 않았다.[95] 1971년 그 부처는 마침내 상담 비용으로 300만 달러를 요구했는데, 이번에는 의회가 거부했다. 1972년에는 다시 한번 주택도시개발부가 상담 예산을 책정해달라고 요청하지 않았다. 위기가 극에 달한 1972년, 의회는 주택도시개발부의 요구가 없었음에도 급기야 300만 달러 넘는 상담 예산을 책정했다.[96] 그러나 주택도시개발부는 상담에 비용을 지불하는 대신 상담의 효과성에 관한 연구를 진행하고 상담 기관을 위한 훈련 프로그램을 수행하는 데 그 예산을 썼다.[97] 이 무렵 주택도시개발부는 이미 자발적인 상담 기관들로 이루어진 느슨한 네트워크를 구축해놓은 상태였다.

전국적으로 압류 건수가 증가하기 시작하고 밀워키에서 카츠가 성공을 거둔 후, 주택도시개발부 관리들은 상담을 새로운 시선으로 바라보게 되었다. 그들은 그것을 하나의 해결책으로, 더 정확히 말해 **유일한** 해결책으로 제시했다. 심지어 조지 롬니 장관은 느닷없이 이렇게 선언하기까지 했다. "235항 주택 매수자에게 주택 소유 상담 서비스를 제공하는 것이 그 프로그램의 성공적 운영에 가장 중요한 요소라고 생각한다."[98] 분명 위스콘신에서 제공한 것과 같은 상담은 빈곤층을 열악한 주택으로 이사하도록 준비시키는 데 크게 기여했다. 하지만 그들은 상담을 성공의 이유이자 실패의 해결책으로 내놓음으로써 저소득층 주택 소유가 직면한 더 큰 문제를 계속 모른 체했다. 주택 소유 상담의 효과성을 밝히는 주택도시개발부 자체의 광범위한 연구조차 "신규 주택이 아닌 기존 주택을 매수한 가정은 배관, 난방 및 전기 시스템의 부적절함 같은 주택 상태 문제를 더 많이 겪었으며, 연방주택청의 행정적 안전장치는 그런 문제에 아무런 효과가 없었다"고 밝혔다.[99] 상담에 대한 강조는 지식이 풍부한 소비자라면 기존 도시 주택 시장의 제도적이거나 체제적인 문제를 극복할 수 있다는 그릇된 생각을 영속화시켰다. 이러한 논리는 가난한 사람들이 이사 들어가는 주택의 상태에 대한 한층 더 중요한 논의를 뒷전으로 밀어냈다. 예산을 짜는 기술, 집 안 청소, 자잘한 수리를 할 수 있는 능력은 중요하지 않은 건 아니지만, 그것을 통해 60년 된 낡은 주택으로 이사하는 가난한 가정이 마주친 숱한 구조적 문제를 극복할 수는 없었다.

세인트루이스에서는 저소득층 및 빈곤층 가정에 팔린 주택에 "개조가 거의 또는 전혀 이루어지지 않았다고 암시할 정도로 근본적 결함이 가득했다".[100] 주택도시개발부의 압류 주택 283채 중 101채는 "수리할 가치가 없다는 판정을 받았다". 이러한 결정은 간단한 산수에 근거한 결과였다. 주택을 연방주택청 기준에 맞게 수리하려면 "명시된 재판매 가격"의 50퍼센트 넘는 비용이 소요되었던 것이다. 221항(d)(2) 주택의 경우, 반환 주택 259채 중 84채가 철거되었다. 그 84채 가운데 27채는 주택 소유자가 압류 및 철거 전 해당 주택에 거주한 기간이 채 1년도 되지 않았다. 주택도시개발부 압류 주택의 철거 비율은 열악한 주택 상태가 관리를 제대로 하지 않은 결과라는 지역 주택도시개발부 관계자들의 주장에 반하는 증거였다. 이 연구의 저자가 밝힌 바와 같이, "압류 후 문서에서 드러난 가장 놀라운 사실은 주택도시개발부가 압류 후 취득한 주택의 3분의 1 이상을 철거하기로 결정했다는 점이다".[101] 이것은 청소나 위생이 아니라 주택의 심각한 구조적 결함이 문제였음을 말해주는 증거였다. 이 연구의 저자 해리 윌슨(Harry Wilson)이 말했다. "주택 소유자들이 주택의 결함에 대해 이야기를 지어냈다는 주장은 주택도시개발부가 주택의 3분의 1에서 확인한 상태를 고려해볼 때 웃기는 소리인 것 같다. 가정 관리 기술에 대한 무지가 결함의 원인이라는 반응도 터무니없기는 매일반이다."[102]

세인트루이스 주요 일간지의 전직 기자였던 윌슨은 자신의 노트에서 주택도시개발부 직원들로부터 "비공식적으로" "그 사람들은 집을 관리하는 법을 모른다"는 말을 "수시로" 들었다고 주장했다.[103] 그는 이런 진술은 대부분 "과거에 주택 건설업계, 부동산업계 또는 모기지업계에 종사했던 주택도시개발부 직원들" 입에서 나왔다고 밝혔다. 실제로 235항에 대한 첫 번째 의회 조사에서 조사관들은 "모기지 채권자, 부동산 중개인, 모기지 은행가, 그리고 연방주택청이 이구동성으로" 235항 주택은 상태가 양호했지만, "단기간에 거주가 불가능해질 정도

로 부동산을 막 사용하는" 잘못된 "유형의 사람들"에게 매도되었다고 보고했다.[104]

이러한 정서는 비단 주택도시개발부 직원들에게만 국한한 게 아니었다. 위스콘신주의 헨리 리우스(Henry Reuse) 민주당 상원의원은 "이들의 주택 관리 기술을 개발할 수 있는 유일한 방법"이라며 유지 보수 기금을 직설적으로 찬성했다.[105] 또 다른 하원의원은 "가족들이 너무 게으르거나 너무 무관심해서 페인트 붓을 들지도, 충분히 제가 감당할 수 있는 평범한 수리도 나 몰라라 하는 듯 보이는 현상을 관찰했다"고 말했다.[106] 이러한 의견은 주택도시개발부-연방주택청 저소득층 주택 소유에 대한 조사를 처음 시작할 때 롬니가 내놓은 발언과 완전히 일치했다. 1970년의 어느 청문회에서 롬니는 "저소득층 가정의 경우 과거에 주택 소유에 대한 책임을 져본 일이 없는 …… 이들이 많아서 …… 주택을 유지 관리하는 데 필요한 작업을 수행하지 않는 경향이 보통보다 더 크다"고 주장했다.[107] 모기지은행가협회는 모든 죄를 새로운 주택 소유자의 나쁜 습성 탓으로 돌렸다. "쓸 만한 주택인데도 버려지는 이유는 사람들이 관리를 똑바로 하지 않는 탓인데, 상당수 경우 그들이 어떻게 관리해야 하는지 모르기 때문이다. ……수년 동안 농촌진흥청(Agriculture Extension Service)은 가정 관리 기술 및 가사 기술을 제공하는 식으로 농가를 지원함으로써 성공을 거두어왔다. 도시 생활의 질을 개선하기 위해서도 정부 기관 및 민간 기관은 반드시 그와 동일한 방법을 도입해야 한다."[108] 롬니 장관, 청문회에 참석한 의원들, 그리고 모기지은행가협회 대표자들은 흑인 가정에 주택을 팔아넘김으로써 점점 더 제 배를 불리면서도 주택의 불량한 상태에 대해 흑인 가정을 탓하는 부동산 투기꾼이나 은행가와 크게 다를 바 없는 목소리를 냈다. 이 부도덕한 부동산 주역들은 스캔들과 거리를 두기 위해 아프리카계 미국인의 주거 및 그들 동네의 열악한 환경이 그들 자체 탓이라고 단정하는 기존 생각에 편승하려 했다. 흑인 임차인 및 주택 소유자가 파괴적이고 부주의하다는 생각은 대중의 의식 속에 깊이 똬리 틀고 있어서 거기에 슬그머니 올라타기란 식은 죽 먹기였다. 주택도시개발부는 심지어 보조금 수령 주택에 거주하는 여성들에게 집 청소 방법을 알려주기 위해 15센트짜리 팸플릿 〈주부를 위한 간략한 가사 지침〉을 제작하기까지 했다. 이 팸플릿에는 "가구 먼지 제거법"과 "쓰레기통 청결 유지법" 등에 대한 시각적 지침이 담겨 있었다.[109] 그러나 235항 프로그램에 대한 회계 감사 보고서는 다음과 같은 이유를 대면서 이러한 독단적 견해에 맞섰다. "어떤 주택 소유자도 부실시공, 기초 균열, 부적절한 배선, 현지의 고용 및 유지 관리 요건을 충족하지 못하는 계약 업체의 전반적 실패에 대처할 수 있으리라고 기대하기 어렵다. 4~5명의 자녀를 둔 복지 수급 어머니는 완벽한 것과는 거리가 먼 주택을 소유하기 십상인데, 집 전체에 전기 콘센트가 하나밖에 없고 2층 침실이 난방도 되지 않고 난방 통풍구조차 없다는 이유로 그들을 책망할 수는 없다."[110]

필라델피아의 아프리카계 미국인 어머니 빌헬미나 가우스의 경우, 그녀의 주택은 연방주택청 지원 대출을 받아 구입했다는 이유로 연방으로부터 조사를 받았다. 그런데 주택도시개발부 필라델피아 사무소는 그 집을 사도록 가우스를 압박한 부동산 중개인보다 그녀를 더욱 이 잡듯 추궁했다. 1971년 가우스 주택의 상태에 대한 의회 차원의 초기 조사가 진행된 뒤, 그 지역 주택도시개발부 사무소는 자체적으로 조사를 시행했다. 최초 조사와 달리 널리 알려지지 않은 어느 기사에서 가우스 및 그녀와 같은 처지에 놓인 이들은 비난을 받았다. 가우스의 집 상태

주부를 위한 간략한 가사 지침

예비 주부를 위한 가사 작업표

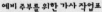

비누·세제협회 산하 청결국이
순회 교육 가정 담당자, 가정학자 및
기타 전문가의 도움을 받아 마련했다.

집 안 청결을 유지하기 위한 계획 세우기
레인지 깨끗하게 유지하는 방법
냉장고 청결하게 유지하는 방법
욕실 청소 방법
바닥 청소 방법
청소 용구 깨끗하게 보관하는 방법
가구에 쌓인 먼지 치우는 법
쓰레기통 청결하게 유지하는 방법
목재 제품 세척하는 방법
가정에서 안전하게 생활하는 방법

해서는 안 되는 행동!

주택도시개발부
미국정부인쇄실(U.S. Government Printing Office),
워싱턴 D.C. 20402의 문서 감독관 판매. 가격 15센트.

〈주부를 위한 간략한 가사 지침〉. (Urban Archives, Housing Association of Delaware Valley, box 37, Temple University, Philadelphia, Pa.)

를 보고 사람들은 즉각 연방주택청이 어떻게 그 부동산을 보증해줄 수 있었는지 질문을 던졌다. 연방주택청의 유관 대표자들에게 답변은 비교적 간단해 보였다. 집이 팔렸을 당시는 주택 상태가 양호했는데, 가

레인지
깨끗하게
유지하는
방법

| **준비물** | 뜨거운 비눗물을 담은 냄비
헹굼용 물을 담은 냄비
세척용 천이나 스펀지 | 뻣뻣한 작은 솔
파이프 클리너 또는 철사 조각
암모니아
비누 또는 세제 |

깨끗한 레인지는 보기에도 좋고 수명도 깁니다. 청결한 레인지는 요리도 더 잘될 뿐 아니라 가스나 전기를 낭비하지 않으므로 비용도 절감됩니다. 버너가 타닥타닥 소리를 내거나 오븐이 연기를 내뿜는 것은 연료가 낭비되고 있음을 보여주는 확실한 신호입니다.

상부 버너에서 요리할 때와 오븐에서 음식을 익히거나 구울 때는 중불을 사용하세요. 그러면 음식이 끓어 넘치거나 튀는 것을 막을 수 있습니다.

레인지에 음식물을 흘린 경우, 즉시 마른 천이나 종이 타월로 닦아 얼룩이 지지 않도록 하세요. 레인지가 식으면 세제 푼 물에 스펀지나 천을 적셔 그 자리를 다시 닦아주세요.

오븐 속 그릴을 다 사용하고 난 뒤에는 매번 따뜻할 때 기름기를 완전히 제거하세요. 그릴이 식으면 팬과 받침대를 뜨거운 비눗물에 담가두세요. 그런 다음 뻣뻣한 솔로 문지릅니다. 마지막으로 물로 헹구고 물기를 닦아주세요.

레인지 상단, 그리고 하단의 풀아웃 트레이를 닦아주세요. 적어도 일주일에 한 번은 레인지를 구석구석 청소하세요.

1. 준비하기—냄비 하나에 뜨거운 물을 담으세요. 비누나 세제를 푼 뒤 손으로 저어 거품을 일으킵니다. 다른 냄비에는 깨끗한 뜨거운 물을 준비해두세요.

   레인지를 청소하기 전에, 신문지를 깔아 바닥이 젖지 않도록 해주세요.

2. 레인지 세척 방법

   레인지를 식히세요. 그런 다음 트레이와 선반을 모두 꺼내세요. 그것들을 뜨거운 비눗물이 담긴 싱크대나 욕조에 집어넣으세요.

   모든 부품을 꺼낸 뒤 레인지 전체를 청소하세요. 스펀지나 천을 뜨거운 비눗물에 적셔 레인지 상단과 옆쪽, 그리고 오븐 안쪽과 그릴, 서랍을 닦아주세요.

   오븐이나 그릴에 기름기가 유독 많을 경우, 뜨거운 비눗물 사발에 암모니아 3큰 술을 섞은 뒤 식은 오븐에 넣어 문을 닫고 하룻밤 놔두세요. 그러면 기름기가 덜해집니다. 이튿날 아침 뜨거운 비눗물을 묻힌 천으로 그 오븐이나 그릴을 닦아주세요.

   비눗물에 적신 스펀지나 천으로 문 안팎을 닦아주세요. 분리 가능한 문이라면, 싱크대에서 뜨거운 비눗물로 씻어주세요.

우스가 입주한 뒤 사정이 바뀌었다는 취지로 답변하면 되었던 것이다. "이 주택은 최근에 매우 험하게 사용되었으며 …… 적절한 유지 보수가 거의 또는 전혀 이루어지지 않은 듯 보인다."[111] 지역 사무소의 조사는 이렇게 결론지었다. "우리 감정평가사들이 수리가 필요한 항목을 간혹 놓쳤을 가능성도 상당히 높지만 …… 우리는 주택특별위원회(House Select Committee)가 인용한 주택 상태 대부분은 감정 평가 이후의 부적절한 유지 관리 탓이라고 믿는다."[112]

가난한 사람들을 향한 비난은 주효했다. 주택도시개발부 관리들은 이런 내러티브를 통해 자신들이 형법상 결함 있는 주택을 승인하는 것으로 비추어지는 사태를 어떻게든 막고 싶었는데, 그 일은 부주의하고 게으른 빈곤층이 기본적인 유지 보수를 소홀히 했다는 이야기를 너무나 쉽게 이용할 수 있었던지라 한층 더 손쉬워졌다. 가난한 흑인을 고의적인 범인으로 묘사하는 시도가 적합지 않은 경우에는 대신 그들을 주택 구매 관련 상식이 부족하고 무지하며 주택을 감당하기 벅찬 존재로 그리는 노력이 동원되었다. 조지 롬니는 의회 청문회에 증인으로 참석한 자리에서 뉴저지주 뉴어크에서 발생한 특정 사건에 대해 질문을 받았다. 그 사건은 매수자가 수상쩍은 부동산 투기꾼에게 속아 넘어갔다는 점에서 다른 여느 사건들과 다를 바 없었다. 롬니는 질문자의 말을 끊고 이렇게 내뱉었다. "저기, 의원님. 놀라운 일이 벌어지고 있습니다. 그 사람들 중 일부는 …… 그러니까 집을 매수하는 사람들 중 일부는 결코 집을 살펴보려 들어가지도 않았습니다. ……저는 개인적으로 이런 상황에 처한 이들이 어떻게 과거에 하던 행동을 되풀이할 수 있는지 이해를 못 하겠습니다. 집에 들어가 살펴보지 않고서 집을 매수하는 건 생각하기 어렵지 않습니까?"[113]

의회 청문회에서 증언하거나 모기지은행가협회 저널에 사설을 싣는 백인 남성들로서는 어떻게 지붕이 새거나 지하실이 침수되는 등 법규 위반으로 가득 찬 집을 1만 2000달러에 살 수 있는지 도통 납득하기 어려웠다. 그들은 **그 어떤 것보다 못한** 조건에서 살아간다는 게 뭔지 이해할 수 없었다. 그들은 교육받아야 하는 사람들은 '어수룩한' 저소득층 흑인 주택 소유자가 아니라 실제로 **그들 자신**이라는 사실을 결코 알아차리지 못했다. 인종차별이 너무 심해서 백인들은 흑인 주택 시장의 실상을 제대로 **보기** 어려웠다. 그들은 자기 자신이야 흑인 주택 시장의 형편을 알고 있다 하더라도 수 세기에 걸쳐 인종차별에 젖어온 데다 분열의 반대편에서 서 있는 백인 유권자 대다수는 그렇지 않다는 사실을 십분 이용해먹을 수 있었다.

필라델피아에 거주하며 일곱 자녀를 둔 메리 심스(Mary Sims)가 말했다. "연방주택청 235항 프로그램에 대해 처음 들었을 때 믿기지 않을 정도로 좋은 프로그램이라고 생각했어요. 정부가 흑인에게 공짜로 뭔가를 주는 법이 없다는 거야 알았지만, 더는 제대로 된 아파트를 구할 수 없으니까 희망을 품었죠."[114] 메리 심스는 주택 소유 프로그램에서 과잉 대표되는 가난한 여성들과 기타 배우자 없는 흑인 어머니들이 직면한 딜레마를 지적했다. 이 여성들은 표준 이하에다 망가진 주택이 넘쳐나는 임대 시장에서 주택을 구해야 하는 절박함에 몰려 있는지라 정부 프로그램에 만연한 주택 사기에 취약할 수밖에 없었다. 복지 수급자인 흑인 여성에게 더 나은 주택을 구입할 수 있는 좋은 선택지가 많다고 주장하는 것은 완전 잘못이었다. 버지니아주에서 사회 복지 관련 회의에서 10명의 자녀를 둔 한 어머니가 임대 아파트에서 자신이 겪은 절망적인 생활 환경에 대해 들려주었다. 그녀는 자녀들을 이끌고 친정어머니의 집 건너편에 자리한 방 4개짜리 아파트로 이사했다. 그녀는 "자녀가 10명이라 비좁긴 했지만 그게 최악의 문제는 아니었다"고 말했다. 그리고 이렇게 말을 이었다. "수도관이 항상 고장 나서 물이 새고 물을 사용할 수 없었어요. 변기 주변 바닥은 물에 젖어 썩어갔고요. 물이 너무 자주 새서 맨틀 피스(mantle piece: 벽난로 앞을 장식하는 나무 구조물―옮긴이)가 통째로 거실 바닥에 떨어졌어요. 제 아기가 그 자리에 있었다면 아마 맞아 죽었을 겁니다. 그때부터 이사 나가야겠다는 생각이 들기 시작했어요. 집주인에게 계속 이런 것들을 고쳐달라고 부탁했어요. 집주인은 항상 제가 집세를 주면 고쳐주겠다고 했지만, 한 번도 그런 적이 없어요."[115] 이러한 딱한 주거 환경과 빈곤층(특히 흑인) 여성을 향한 모욕적 공격에 대해 아무 반응도 관심도 없었던 것은 아니었다. 아프리카계 미국인 하원의원 셜리 치점(Shirley Chisholm)은 매사추세츠주 앤도버(Andover)에서 열린 전미유색인종지위향상협회 행사에서 1000명의 청중에게 연설하며 연방주택청을 이와 같이 강도 높게 비판했다.

> 연방주택청은 이전 주택 프로그램을 운영하는 데서 인종차별과 부당 이득 추구(profiteering)라는 유산으로 점철되어 있으며, 연방 재정 지원을 받는 슬럼의 개발, 인종 분리된 주택 패턴의 영속화 및 가속화, 하나같이 연방 법률을 위반하면서 연방 달러를 챙기는 투기꾼, 건설업자 및 은행가에 의한 빈곤층 수탈을 다 알고도 눈감아왔다. 연방주택청은 블록버스팅과 부당 이득 추구의 피해자들에게 등을 돌렸고, 그 부처 소속 공무원의 부패를 용인했으며, 보조금 프로그램을 관리하는 데서 '분리되어 있는 데다 불평등한〔separate and unequal: 줄곧 분리되어 있으되 평등하다(separate but equal)고 강변해오던 노선이 아예 노골적으로 변질된 상황을 조롱한 표현―옮긴이〕' 정책을 승인했다. 이는 강력한 표현으로 사실들이 그것을 뒷받침한다. 연방주택청은 업계 지향적이자 업계에 의해 통제받는 기관이다.[116]

최근 결성된 의회흑인이익단체(Congressional Black Caucus)에 몸담은 익명의 대표가 어느 회의에 참가해 성명서를 발표했다. "빈곤층 가정을 위한 보조금 주택이 기만적이게도 주택 거주자의 성격에서 기인한 사회학적·재정적 재앙으로 미국 대중에게 제시되고 있다." 이 문서는 이러한 공격을 더욱 일반적으로 주택 보조금에 대한 대중의 지지를 뒤집으려는 더 큰 정치적 의제와 연결 지었다. 그는 기본적으로 주택 보조금을 사회 복지의 한 형태로 비판한 〈포천〉의 글을 인용했다. 그 글의 저자는 로버트 위버 전 주택도시개발부 수장이 "연방 주택 정책의 주안점을 민간 시장 강화에서 더 많은 이들에게 보조금을 지급하는 쪽으로 선회했다"고 비판했다.[117] 이는 보조금의 압도적 수혜자가 도시 시장에 참여하는 다양한 방식을 통해 보조금을 지급받는 민간 부문 세력이라는 점을 고려하면, 정당성이 결여된 주장이었다. 또한 221항(d)(2)와 같은 비보조금 주택 프로그램에서 가장 많은 압류가 발생하고 있는 것도 사실이었다. 의회흑인이익단체가 인정한 바와 같이 "보조금은 인종과 계급을 떠오르게 하는 더러운 단어로 전락했다".[118]

돌이켜보면, 주택의 유지 관리, 상담 및 가난한 어머니의 도덕성에 초점을 맞추는 것은 연방주택청이 부동산업계 및 은행업계의 민간 파트너들과 관계 맺으면서 빚어진 더 크고 체계적인 문제로부터 관심을 돌리기 위한 의식적 노력이었다. 〈뉴욕타임스〉의 존 허버스(John Herbers)가 말했다. "연방주택청은 유관 민간 이해 집단에 관대하게 굴었고, 많은 경우 그들이 소비자를 이용해먹도록 허용해왔다. ……주택 산업이 방위 산업처럼 변해간다, 즉, 정부 지원에 의존함으로써 민간 경쟁이 이루어지는 다른 산업들보다 효율성이 떨어지고 있다는 비판이 들려오기 시작했다."[119]

범 죄 의 급 증

연방 공무원, 부동산업자, 은행 및 금융 업계 종사자 등이 연루된 형
사 기소 및 연방 조사는 주택도시개발부의 기존 주택 위기를 다룰 때
부양 자녀 가정 보조금 수령 어머니를 비롯한 여타 빈곤층에 주력했어
야 했다는 제안에 사람들이 관심을 기울이도록 만들었다. 1971년부터
1972년 가을까지 감찰관실(Inspector General's Office), 연방수사국, 법무부
는 연방주택청의 지원을 받은 저소득층 주택 소유자들이 제기한 혐의
에 대해 4000건 이상의 조사에 착수했다.[120]

　이러한 사건에는 하위 직급의 연방주택청 직원뿐 아니라 고위급 관
리도 연루되어 있었다. 마이애미·세인트루이스·뉴올리언스에서도 책
임자들을 둘러싼 사기 혐의가 제기되었다. 뉴올리언스와 마이애미에
서는 책임자들이 자신의 주택에 대한 대출 조건에서 특혜를 누렸다
는 이유로 무급 30일 정직 처분을 받았다.[121] 심지어 1972년 대통령 선
거가 끝날 때까지 300건의 기소가 보류 중이라는 소문도 나돌았다.[122]
1972년 말 주택 소유 프로그램 관련 범죄로 48명이 수감되었고 84명이
보호 관찰 중이었다. 이 수치만으로는 문제의 심각성을 짐작할 수 없었
다. '회계 감사 보고 사무소(office of audit reports)' 소속의 여러 연방 수
사관은 지역 및 지방 사무소들이 범죄 수사가 필요한 사건을 항상 의
뢰하는 것은 아니라고 폭로하기도 했다. 한 보고서가 밝혔다. "워싱턴
D.C., 버지니아주의 리치먼드, 펜실베이니아주의 필라델피아와 피츠버
그를 검토한 결과 우리는 48건의 보험 거래에 연루된 85명의 조사 대
상자에 대해 후속 조치가 이루어져야 한다는 것을 확인했다." 이 사건
들은 연방수사국으로 송환되어야 했다. 하지만 그 회계 감사 보고 사무

소는 3개월이 지났음에도 "운영 담당 공무원들이 그 조사 대상자 중 누구 하나 수사 조치에 회부하지 않았다"는 사실을 확인했다.[123] 전국 각지에서 이루어진 형사 기소는 가난한 사람을 희생시키면서 이익을 취하는 행위나 주택 투기가 사기꾼과 "한탕주의식" 도둑이 저지르는 저급한 범죄라고 보고 무시할 일이 아니라는 것, 그렇다기보다 "하급 감정평가사와 저명한 연방주택청 수장, 부유한 부동산업자와 중간급 관료"를 포함하는 정교한 인적 네트워크와 연결되어 있다는 것을 보여주었다.[124]

〈워싱턴 포스트〉는 주택도시개발부-연방주택청을 괴롭히는 스캔들에 대해 이렇게 설명했다. "20개 도시에서 연방주택청 사기에 대한 법무부 수사가 진행 중이었는데, 이것은 역사상 가장 큰 규모의 화이트칼라 기소 중 하나였다."[125] 1973년 말, 대배심이 '주택도시개발부 도심 프로그램 관련자' 317명에 대한 180건의 기소장을 제출했다. 1974년까지 필라델피아, 뉴욕주 롱아일랜드의 헴스테드(Hempstead), 플로리다의 코럴게이블즈(Coral Gables), 이렇게 세 곳의 대도시 연방주택청 보험 사무소 책임자들이 기소되었다. 필라델피아에서는 연방주택청 최고위 관리가 투옥되었다.[126]

부동산 투기 및 사기와 관련한 주택도시개발부 문제가 지역 사기꾼들을 훌쩍 넘어섰음을 보여주는 첫 번째 징후는 뉴욕시의 강력한 신용 조사 기관 '던 앤드 브래드스트리트(Dun & Bradstreet)'에 대한 연방의 기소와 함께 드러났다. 1972년에 이 기관은 뇌물 수수, 사기, 공모 등 24건에 이르는 죄목으로 기소되었다. 던 앤드 브래드스트리트는 "부동산 투기꾼이 저소득층 흑인과 푸에르토리코 사람들에게 (그들이 머잖아 대출 상환을 불이행할 거라고 기대하면서) 불황 지역의 주택을 팔아넘긴" 광범위한 공모 사건에서 중추적 역할을 했다.[127] 몇 달 후 어느 주택 소유자가 압류를 당할 때 같은 주택이 또 하나의 순진한 가족에게 똑같이 수상쩍은 조건으로 잽싸게 재판매되는 일이 드물지 않게 일어났다. 연방주택청 보험 기금에 2억 달러의 손실을 입힌, 2500채의 압류 주택 관련 뇌물 수수 및 사기 혐의로 연방주택청 직원 7명, 공무원 1명, 기업인 10명을 포함해 총 40명이 기소되었다.

던 앤드 브래드스트리트 사건은 다른 도시들에서 발생한 주택 사기와 흡사한 방식으로 이뤄졌다. 즉, 투기꾼들은 부풀려진 가격의 부동산을 구입할 수 있도록 거액의 대출을 받기 위해 백지 신용 보고서에 서명하도록 예비 주택 소유자를 설득한 다음 그 보고서를 모기지 은행에 가져갔다. 이 음모에 가담한 모기지 은행원은 그 백지 보고서를 던 앤드 브래드스트리트의 직원에게 전달했고, 그 직원은 훨씬 더 많은 대출을 받을 수 있도록 유리한 신용 보고서를 그 예비 주택 소유자에게 제공했다. 그런 다음 모기지 회사는 판매용 부동산의 가치를 부풀리고 그것이 양호한 상태임을 확실히 하고자 연방주택청 직원을 뇌물로 구워삶았다. 주택이 명백하게 파손되었음이 드러나면 사기 계약자는 주택 수리가 마무리되었다고 주장하는 허위 서류에 서명했다.[128] 이 사기의 복잡성으로 인해 뉴욕 주택업계 전반에 걸쳐 여러 당사자를 상대로 500건의 기소가 이루어졌다. 그 결과 주택도시개발부는 던 앤드 브래드스트리트의 사무소 87곳을 영업 중지시키고, 밝혀지지 않은 기간 동안 그들과 더 이상 거래하지 않았다. 앤서니 액세타(Anthony Accetta) 연방검사는 이 같은 사기가 장기적으로 어떤 영향을 미칠지 간파했다. "흑인이나 푸에르토리코인이 이렇게 탈탈 털리고 두 달 후 집을 잃은 다음 어떻게 백인 시스템에 믿음을 가질 수 있을지 모를 일이다."[129]

필라델피아에서 모기지 회사들은 어떤 부도덕한 방법을 쓰든 신규 고객을 유치한 투기꾼에게 보상을 제공했다. 그중 하나인 유나이티드 브로커스 모기지 컴퍼니(UBMC)는 모기지 은행이 정한, 멋모르는 빈곤층 주택 소유자 모집 할당량을 채운 부동산 투기꾼에게 모든 경비를 부담하는 유람선 여행을 제공했다.[130] 유나이티드 브로커스 모기지 컴퍼니는 부동산 중개인들이 미리 정해놓은 판매 건수의 달성 여부에 좌우되는 유람선 자리를 놓고 서로 경쟁하도록 부추겼다. 그 회사는 이런 편지를 보내 중개인들을 독려했다. "이제 바베이도스 여행 경연 대회가 거의 끝나갑니다. 이번 휴가 때 우리와 함께할 수 있도록 이 행렬에 동참해 마지막 노력을 기울여주십시오."[131]

한번은 부동산 중개인에 대한 불만을 조사하는 펜실베이니아주 사무소의 관리자인 흑인 여성 들로레스 터커(Delores Tucker)가 40명의 부동산 투기꾼 및 공무원과 함께 여드레 동안의 카리브해 유람선 여행에 동행하기도 했다.[132] 규제자 역할을 맡고 있던 그녀는 면허를 딴 부동산 중개인이자 유나이티드 브로커스 모기지 컴퍼니의 주주이기도 했다. 놀랄 것도 없이 필라델피아에서 그 기업은 악명이 높았고, "필라델피아의 다른 어떤 대출 기관보다 결함 있는 도심 주택에 대한 모기지(모두 연방주택청이나 재향군인관리국이 보증한)를 더 많이 처리했다"는 이유로 비난받았다.[133] 실제로 터커의 남편 윌리엄 터커(William Tucker)는 유람선 여행에 초대받을 정도로 유나이티드 브로커스 모기지 컴퍼니로부터 모기지를 받은 부동산을 다량 판매한 연줄 좋은 부동산 투기꾼이었다. 유람선 여행이 시작되기 몇 달 전, 〈필라델피아 인콰이어러〉는 필라델피아 북부에서 터커 부동산 중개소가 불과 6개월 뒤 뒷벽 전체가 무너진 주택을 팔았다는 사실을 폭로했다. 그 집은 위반 사항으로 범벅되어 있었음

에도 연방주택청 보증 모기지를 받아 매입되었다.[134]

필라델피아에서는 부정부패가 연방주택청의 정상적인 업무와 어찌나 잘 어우러져 있었던지 선출직 공무원인 펜실베이니아주의 지역 사회 담당 비서관 윌리엄 월콕스(William Wilcox)조차 "마치 정부 세력이 투기꾼과 작당해서 …… 가난한 이들을 희생시키는 것처럼 보인다"고 불평했을 정도다.[135] 월콕스는 부유한 백인 및 그들이 거주하는 동네의 공공 개발지에 대한 대우와 필라델피아의 가난한 아프리카계 미국인에 대한 대우를 비교했다. 그는 필라델피아의 부유한 동네 워싱턴스퀘어(Washington Square)에서는 시 당국이 재건 중인 주택이 기준에 부합하는지 확인하기 위해 컨설턴트를 고용했다고 밝혔다. 반면 "대부분의 경우 가난한 흑인 남성과 여성에게는 사기 및 남용을 막아줄 실질적인 보호막을 제공하지 않고 있었다".[136] 1972년 여름, 부동산 중개인 80명, 연방주택청 지역 책임자 등 연방주택청 직원 12명, 도급업자 11명을 포함해 133명이 기소되었다. 기소된 부동산 투기꾼 중 일부는 유나이티드 브로커스 모기지 컴퍼니를 위해 일했으며 과거 유람선 여행에 초대받은 적이 있었다.

디트로이트에서는 대배심이 100명 이상의 공무원, 부동산 투기꾼, 수리 도급업자를 기소했다. 정부 측 증인으로 출석한 어느 부동산 투기꾼은 3년 동안 디트로이트 연방주택청의 '수석 부감정평가사'에게 10만 달러 넘는 뇌물을 찔러주었다고 진술했다.[137] 연방 정부는 디트로이트의 부정부패에 대응해 주택도시개발부–연방주택청과 함께 일하는 공무원 4명을 기소했다. 이들은 "디트로이트 연방주택청 사무소가 실시한 감정 평가 전체의 절반 이상을 담당했다".[138] 이들과 함께 가난한 흑인 구매자를 속이기 위해 입을 맞춘 부동산 투기꾼들도 기소당했다. 디트로이트 당국은 3개월 동안 주택도시개발부 디트로이트 사무소의 활동을 조사한 끝에 25개 주택 수리업체로 하여금 시와 협력하지 못하도록 금지했다.[139] 주택도시개발부는 주택 수요에 좀더 발 빠르게 대처하고자 연방주택청 감정평가사들이 수리가 완료되었는지 확인하기 위해 직접 가서 점검해야 하는 의무를 면제해준 바 있었다. 당시 상황을 고려할 때 놀랍게도 주택도시개발부–연방주택청은 도급업체의 긍정적 진술에 근거한 자율 시행 제도(honor system: 구성원들이 서로 믿고 규칙을 지키기로 하는 제도—옮긴이)를 사용하기로 결정했다. 조사관들은 25여 개 업체가 수행하지도 않은 작업에 대해 대금을 수령한 사실을 캐냈다.[140] 확인된 25개 업체는 12개월 동안 800만 달러에 상당하는 연방주택청 주문 작업의 20퍼센트를 처리했다. 연방주택청 감정 평가 사무소 부소장 에밋 뉴얼(Emmitt Newell)은 "디트로이트 빈곤층에게 건물 가격을 부풀려 판매했다"는 죄목으로 기소되었다. 그는 36건의 뇌물을 수수한 혐의도 받았다.[141]

롬니는 자신에 대한 조사 압박이 커지자 주택도시개발부–연방주택청의 직원과 대표들에게 메모를 보내 다음과 같이 선언했다. "나는 언론·의회·법무부·감찰관실에서 알려오는 온갖 사건에 정말이지 진절머리가 납니다. 우리 직원 가운데 일부가 우리 프로그램에 참여하는 이들로부터 식사, 선물, 향응, 사업 거래상의 특혜 및 기타 사례금 형태로 이익을 취했다고 말해주는 사건들 말입니다. 이런 종류의 쩨쩨한 갈취와 경우에 따라 불거지는 노골적인 뇌물 수수에 대해서는 어떤 변명도 용납되지 않습니다."[142]

물론 주택도시개발부–연방주택청 직원들만 이런 상황을 이용해먹은 건 아니었다. 심지어 플로리다주 공화당 상원의원 에드워드 거니

(Edward Gurney)조차 공모와 사기, 대배심에 대한 거짓 진술 혐의로 기소되었다.[143] 거니는 상원 워터게이트 위원회(Senate Watergate committee)에서 활약한 닉슨의 충직한 지지자였기에 그의 법적 문제는 대통령의 법적 문제와 서로 뒤엉켰다. 거니는 상원의원 가운데 50년 만에 최초로 범죄 혐의를 받고 기소된 사례였다. 그는 건설업자와 개발업자에게서 받은 뇌물 23만 3000달러로 비자금을 조성해 재선 운동 비용 및 기타 사적 경비를 충당했다는 혐의를 받았다. 235항 보조금 수령 주택의 계약을 확보하고자 혈안이 된 개발업자 및 건설업자는 거니에게 뇌물을 찔러줌으로써 보조금 수령 개발지 건설 기회를 기다리는 이들을 새치기할 수 있었다. 결국 그는 일곱 가지 혐의 중 다섯 가지에 대해 무죄를 선고받았다. 나머지 두 가지 혐의에 대해서는 배심원단이 교착 상태에 빠졌다. 그럼에도 그는 1974년 재선 운동을 포기하고 사임해야 했다. 급기야 그는 자신의 보좌관을 비난했으며, 자신의 유일한 죄는 "조심성 없고 부주의하고 너무나 사람을 믿은 것뿐"이라고 발뺌했다.[144]

닉슨의 정치팀으로서는 안타깝게도, 주택 이슈를 둘러싼 끊임없는 혼란은 선거를 치러야 할 해에 심각한 방해 요소로 작용했다. 스캔들·사기·기소에 대한 수군거림은 닉슨의 최측근 보좌관들이 영구적으로 차단했으면 하고 바랄 정도로 예기치 못한 골칫거리로 부상했다. 주택도시개발부의 주택 스캔들이 선거 이슈로 떠오른 적은 거의 없었지만, 어쩌다 그렇게 되었을 때는 잠재적인 정치적 위협으로 작용했다. 민주당 대통령 후보로 출마한 조지 맥거번(George McGovern)은 이 문제를 다룬 이례적인 성명서에서 닉슨 행정부를 다음과 같이 적절하게 꼬집었다. "빈곤층과 중산층 가정이 주택을 구입할 수 있도록 하기 위해 의회가 통과시킨 연방주택청 프로그램은 4년 동안 …… 디트로이트, 시카고, 세인트루이스 …… 그리고 뉴욕에서 파괴의 엔진 역할을 했다. 정치꾼과 호의를 추구하는 자들(favor-seekers)이 꾸려가는 연방주택청은 부패한 공무원, 부동산 투기꾼, 뒤가 구린 모기지 저격병들이 득실거리는 뇌물 수수 및 사기의 수렁으로 전락했다. 탐욕스러운 중개업자들이 연방주택청으로부터 단물을 모조리 빨아먹은 결과, 미국 도시에는 버려진 집들이 즐비하고 수많은 노숙자 가정이 탄생했다."[145]

주 택 소 유 자 의 권 리

1970년 8월 4일, 워싱턴주 시애틀에 거주하는 리자 매 페리(Liza Mae Perry), 이다 매 포스터(Ida Mae Foster), 에이다 콜먼(Ada Coleman), 샌드라 폭스(Sandra Fox)는 그들의 변호사에게 의뢰해 연방주택청에 보낼 항의 서한을 작성했다.[146] 이들은 모두 235항 보조금을 이용해 시애틀에서 주택을 구입했지만, 새로운 주택을 소유한 데 따른 기쁨을 맛보지 못했다. 변호사는 다음과 같이 적었다. "그들은 235항 프로그램이 애초 그러리라고 기대한 것과 전혀 달랐음을 깨달았다. 그들은 제대로 된 위생적인 집에서 평화와 안전을 누리기는커녕 마치 눈 뜨고 꾸는 악몽처럼 누수, 배관 고장, 전기 스위치를 작동할 때 발생하는 불똥, 지하실 침수를 비롯한 갖가지 결함에 시달리는 자신의 모습을 발견했다."[147]

페리, 포스터, 콜먼, 폭스는 자신들이 구매한 망가진 주택에 대해 도움을 청하고자 법률 서비스 사무실을 찾았다. 주택도시개발부를 상대로 제기된 여러 건의 221항(d)(2) 및 235항 소송에서와 마찬가지로, 이 여성들도 주택 수리에 지출한 비용의 환급을 요구하고 주택도시개발부가 기존 주택 프로_1램에 대한 접근 방식을 변경하도록 하는 집단 소송의 주 원고였다. 네 여성 모두 "마침내 자가가 생긴 데 기쁨과 흥분을 느낀" 부양 자녀 가정 보조금 수령자였다.[148] 그들 전원은 자신의 주택이 '연방주택청의 승인'을 받았다고 들었지만, 입주한 뒤 집은 이내 무너지기 시작했다.

소송의 근거는 간단했다. 이것은 억세게 운 나쁜 '매수자 위험 부담 원칙' 사례가 아니었다. 실제로 의회는 235항 보조금을 받고 판매된 '기존' 주택에 대해, "해당 주택은 …… 모든 주법 또는 공중 보건, 공공 안전, 용도지역제 또는 그에 부수되는 적용 가능한 지역 조례 및 규정의 요구 사항을 충족해야 한다"는 조항을 마련해둔 바 있었다.[149] 즉, 이처럼 심하게 훼손된 주택을 판매하는 것은 법이 명시한 바에 따르면 법률 위반이었다. 이는 부분적으로 주택도시개발부 및 그 프로그램과 관련한 다른 공무원들이 그 프로그램 참가자를 비난하는 데 그렇게나 많은 시간과 노력을 기울인 이유를 설명해준다. 이 소송은 그토록 심하게 파손된 주택들이 어떻게 연방주택청으로부터 긍정적인 감정 평가를 받고 판매될 수 있었는지 갖가지 의문을 제기했다. 시애틀 집단 소송에서 문제가 된 4개 주택은 모두 구입하고 몇 주 뒤 시애틀 시 당국이 점검을 실시한 결과 거주 부적합, 뒤이어 안정 부적합 판정을 받았다.[150]

물론 부동산 투기꾼의 표적이 되어 불량 주택을 떠안은 여성에 대해 법적으로 문서화된 사례는 이것뿐만이 아니었다. 덴버에서 캐럴 커리 (Carol Currie), 캐럴 바버(Carol Barber), 바버라 브라운(Barbara Brown), 버지니아 로버츠(Virginia Roberts), 조이스 리처드슨(Joyce Richardson)도 "연방주택청이 승인한" 주택을 구입했다가 얼마 지나지 않아 심각한 결함이 있음을 알게 된 비슷한 사례에 대해 들려주었다.[151] 워싱턴주의 시애틀·스포케인(Spokane)·에버렛(Everett), 미주리주의 세인트루이스, 콜로라도주의 덴버, 펜실베이니아주의 필라델피아, 뉴저지주의 패터슨, 미네소타주의 세인트폴 등 전국 각지에서 법률 구조 변호사들의 편지가 빗발치고 있었다. 캔자스시티에서 텔마 헤링(Thelma Herring), 레노라 리처즈(Lenora Richards), 퀸 톰슨(Queen Thompson), 매디 트로터(Maddie Trotter), 에놀라 본(Enola Vaughn)은 복지 수급을 받는 가난한 235항 주택 소유자였다.[152] 이들 역시 형편없는 주택 상태 때문에 법률 구조의 도움을 받아 주택도시개발부-연방주택청을 고소하겠다고 위협하고 있었다.

1968년 주택도시개발법이 시행된 지 불과 1년도 지나지 않아 지역 신문과 여러 의원의 책상에 불만을 담은 사연들이 쌓여갔다. 필라델피아에서 가난한 여성 집단을 대변하는 변호사 조지 굴드(George Gould)는 하원 소위원회에서 주택도시개발부 주택 소유 프로그램에 관한 연설을 하도록 초대받았다. 그는 다음과 같이 많은 이들의 고통을 대변했다. "현재 필라델피아에서는 수천 가구가 연방주택청 보증 주택에 거주하고 있는데, 필라델피아 면허검사국(Philadelphia Department of Licenses and Inspection)은 그 주택에 대해 '사람이 거주하기에 부적합하다'고 적절하게 묘사하고 있습니다. ……이들 주택에 대한 연방주택청의 점검은 형편없었습니다. 온갖 수준에서 이해 상충이 만연했습니다. 매수자는 무시당했지만, 그럼에도 연방주택청은 투기꾼과 모기지 회사의 경제적 이익을 적극 비호했습니다."[153] 소송 위협으로 압박에 시달린 주택도시개발부는 결국 기존 주택 프로그램을 실시하는 데서 제 부처가 결함 있는 부동산의 판매 촉진에 기여했다는 사실을 인정해야 했다. 1970년 주택법에서 의회는 518항(b)라는 새로운 조항을 삽입했다.

235항 보소금 수령 주택 소유자가 집을 수리하기 위해 지불한 금액만큼을 손해 배상액으로 변제받도록 허용한 조항이었다.[154] 이것은 더 나은 주택에서 살고자 하는 간절함 탓에 손상된 주택을 억지로 떠안아야 했던 수천 명의 가난한 여성, 대부분 복지 수급자였던 그 여성들이 거둔 승리였다.

주택 소유자들은 1972년 연말까지 이미 지불한 수리 비용의 배상 또는 주택 복구를 위한 지급금을 청구할 수 있었다. 시간 제약 탓에 주택도시개발부는 235항 주택 소유자에게 이 새로운 프로그램의 존재를 알리는 데 거의 노력을 기울이지 못했다. 대신 그 부처는 프로그램 참여자에게 대출을 제공한 모기지 회사가 그들 고객에게 주택 수리비를 돌려받을 수 있다는 사실을 알리도록 촉구했다.[155] 상당수의 모기지 회사가 가난한 주택 소유자에게 결함 있는 부동산을 판매하도록 조장하는 데서 중대 역할을 했다는 점을 고려할 때, 주택 소유자의 새로운 권리에 대해 알리는 일을 모기지 회사에 맡긴 조치는 당연히 그 법안의 배상적 성격을 제대로 살리지 못하는 결과로 이어졌다. 이러한 매가리 없는 노력의 결과, 1971년 10월 단단히 못 박은 청구 신청 마감일을 몇 달밖에 남기지 않은 상황에서 주택도시개발부는 주택 소유자에게 이미 지불한 수리비를 변제하거나 주택 수리를 위한 보조금을 제공하는 데 전국적으로 고작 5만 1000달러를 지출했을 따름이다.[156]

보상 청구를 평가하는 과정도 이와 같은 저조한 수치에 영향을 끼쳤다. 예컨대 필라델피아에서는 1971년 10월 159가구가 518항(b)에 의거해 보상을 청구했으나, 필라델피아 연방주택청 청장이 그 프로그램의 전제를 거부하면서 모두 허락받지 못했다.[157] 필라델피아 연방주택청의 한 대표는 235항 주택 소유자들이 필라델피아 연방주택청 사무실 앞에 피켓을 설치하자 가두시위에 "신물이 난다"고 발언함으로써 가난한 주택 소유자를 한층 더 자극했다.[158] 주택도시개발부-연방주택청은 235항 주택 소유자를 향한 자신들의 새로운 법적 책임에 나쁜 태도로 느릿느릿 임했는데, 이로 인해 풀뿌리 운동과 새로운 법적 행동이 촉발되었다.

235항 주택 소유자는 '우려하는 235항 주택 소유자들(Concerned Section 235 Homeowners)'이라는 단체를 결성했다. 이 단체는 경제기회국에서 자금을 지원받는 조지 굴드 변호사의 지역사회법률서비스(Community Legal Services) 사무실에서 모임을 가졌다. 이 단체는 환급받기 위해 주택도시개발부-연방주택청을 상대로 소송을 제기하고, 518항(b)를 영구화하고, 확장된 법률에 221항(d)(2) 주택 소유자를 포함시키려는 목적에서 결성되었다. 518항(b)는 오직 235항 주택의 결함만을 다루었다. 그에 따라 필라델피아에서 정부 지원을 통해 빈곤층에게 판매한 주택 대부분을 차지하는 221항(d)(2) 프로그램은 전혀 손대지 않은 채로 남았다. 필라델피아는 저소득층 주택 소유 프로그램에서 압류로 인해 회수된 주택 수가 디트로이트 다음으로 많은 도시였다. 1968년에는 주택도시개발부-연방주택청의 필라델피아 재고 목록에 주택이 한 채도 없었지만, 1974년에는 그 수치가 4176채로 늘어났다.[159] 이 주택 가운데 수천 채가 221항(d)(2) 프로그램에 의거해 매입되었지만, 그 소유주에게는 아무런 법적 구제책도 남아 있지 않았다.

네 아이의 엄마이자 '우려하는 235항 주택 소유자들'의 공동 대표인 세라 포처(Sarah Porcher)는 필라델피아의 연방주택청 사무실 앞에서 열린 집회에 참석해 연설하며, 많은 이들의 감정을 이렇게 간추려 설명했다. "연방주택청의 남용 사례는 거듭 이어져왔습니다. ……우리는 법에 따라 우리 집을 수리할 권리를 얻었지만, 실제로 수리받은 집이 과연 얼마나 될까요? 우리 중 어느 정도가 애초 저들이 약속한 '제대로 된 집'에 살고 있을까요? 우리 235항 주택 소유자 수백 명은 여전히 쇠락한 판잣집에서 기껏해야 조잡하고 부정직한 수리나 받으며 살아가고 있습니다."[160] 포처의 집은 27가지 결함을 지니고 있었는데, 만약 그녀가 518항(b)에 대해 몰랐다면 그걸 수리하느라 제 돈 1000달러를 고스란히 날려야 했을 것이다. 필라델피아의 주요 흑인 일간지 〈필라델피아 트리뷴〉에는 '우려하는 235항 주택 소유자들'이 주택도시개발부에 보내는 공개서한이 실렸는데, 거기에서 그들은 필라델피아 전역에 있는 다른 수천 명의 가난한 주택 소유자가 느끼는 좌절감을 이렇게 대변했다.

주택도시개발부 관료제의 하급 직원들은 …… 235항 주택 소유자의 주택 수리 요구를 충족시키는 데 실패했습니다. ……그들은 일이 진행되도록 하거나 주택 소유자에게 수리비를 변제하는 것과 관련해 수도 없이 약속을 어겼습니다. 무슨 일이 일어나고 있는지에 대한 설명은 전혀 없으며, 모든 게 나아질 테고 '그들이 처리할 것'이라는 두루뭉술한 약속만 내놓았을 따름입니다. 사람들은 이런 참기 힘든 상황에서는 살아갈 수 없습니다. 현재까지 주택도시개발부는 235항 프로그램의 남용을 바로잡기 위해 거의 아무 일도 하지 않았습니다. 어떤 형태로든 우리가 필요하다고 판단하는 추가 조치가 이루어져야 한다는 게 우리 '우려하는 235항 주택 소유자들'의 입장입니다.[161]

1972년 카멀 맥크루든(Carmel McCrudden)은 수백 명의 221항(d)(2)

주택 소유자와 함께 '우려하는 221항(d)(2) 주택 소유자들(Concerned 221(d)(2) Homeowners)'이라는 단체를 꾸렸고, 결국에 가서는 221항과 235항 주택 소유자를 모두 포괄하는 '우려하는 시 전역 주택 소유자들(Concerned City-Wide Homeowners)'을 결성했다.[162] 그녀는 "이들 가족이 그렇게 열악한 조건의 주택을 구입하는 이유가 대체 뭐냐"는 모욕적인 질문에 답하는 공개 성명을 통해 많은 221항 및 235항 매수자의 경험을 분명하게 밝히는 데 기여했다. 맥크루든은 주택도시개발법이 통과된 직후 9000달러에 자신의 집을 구입했다. 그녀는 집을 보러 갔을 때 다른 가족이 여전히 그 집에 살고 있었고, 카펫과 가구들이 집 안의 구멍 및 기타 심각한 결함을 덮고 있었다고 전했다. 하지만 맥크루든은 자신이 면허를 소지한 전기 기술자나 배관공·목수가 아니었고, 자신을 비롯한 여타 일반인이 집 내부의 심각한 구조적 문제를 파악할 수 있을 거라는 기대는 애초에 비현실적이라는 점도 지적했다. 그럼에도 맥크루든과 그녀의 남편은 집 상태에 대해 불만을 털어놓았는데, 부동산 중개인은 입주 전에 수리가 마무리될 거라며 부부를 안심시켰다. 나중에 중개인은 부부가 요청한 작업이 완료되었음을 증명하는 통지서를 작성해 건네주기까지 했다. 이내 만족한 맥크루든 부부는 이사를 들어갔는데, 약속한 작업이 단 한 가지도 이루어지지 않았다는 사실을 깨달았다. 하지만 이미 너무 늦은 때였다.[163] 맥크루든은 정부 수택의 범죄 행위에 대해 의회 청문회에 참석해 연설해달라는 요청을 받았을 때, 기존 주택 프로그램 문제의 중심으로 떠오른 가난한 흑인 여성을 대표하여 열정적으로 제 의견을 피력했다. 그녀가 말했다. "1년 후, 주택 소유자는 그것이 그만한 가치가 있었는지 궁금해합니다. 그녀는 짓다가 만 것 같은 데다 다 허물어져가는 주택에 사는 게 지긋지긋합니다. 더러 처음부터 여기에 발을 들이시 않은 편이 너 나았을 거라고 후회하기도 합니다. ……필라델피아의 '우려하는 221항(d)(2) 및 235항 주택 소유자'로서, 우리는 과거로, 여타 프로젝트로, 슬럼가 아파트로 돌아가고 싶지 않습니다. 그저 저소득층 및 중간 소득층 가정을 위한 주택 소유 정책이 제대로 작동하길 바랄 따름입니다."[164]

주택 소유자의 조직화와 저항은 또 하나의 집단 소송을 중심으로 집결하기 시작했다. 필라델피아 전역의 235항 및 221항(d)(2) 주택 소유자들은 수개월 동안 지역사회법률서비스의 상근 변호사 조지 굴드에게 자기 주택에 대한 불만을 쏟아냈다. 굴드는 의회 조사관들과 연락을 취한 변호사 중 한 명이었던지라 필라델피아 사례가 그들의 첫 번째 보고서에 담길 수 있었다. 이 보고서가 이후 〈필라델피아 인콰이어러〉의 기자 도널드 바렛과 제임스 스틸에게 유출되었고, 그들의 조사는 결국 필라델피아의 사업가, 은행가, 연방주택청 직원에 대한 수십 건의 기소를 이끌어내는 데 기여했다.[165]

1970년 의회 조사가 완료되고 몇 달 뒤, 굴드는 루빌리 데이비스(Rubylee Davis), 재니 반스(Janie Barnes), 마리아 피게로아(Maria Figueroa), 재니스 존슨, 맥신 루이스(Maxine Lewis)를 대신해 집단 소송을 제기했다. 이 필라델피아 소송은 페리·포스터·콜먼·폭스가 제기한 시애틀 소송과 동일한 사안을 다루었으며, 현지에서 연방주택청에 대한 책임성 요구가 커지는 데 도움을 주었다. 필라델피아 소송이 제기되고 몇 개월이 지났을 때, 연방주택청 관리들은 '펜실베이니아 동부'에만 적용되는 보조금 및 비보조금 저소득층 주택 소유자 대상의 새로운 규정을 발표했다. 풀뿌리 주택 소유 운동가의 압력, 지역 신문의 끈질긴 보도, 지역사회법률서비스가 제기한 소송으로 인해 주택도시개발부-연방주택청은 (비록 지역적으로만 적용되는 것이긴 했으나) 규정을 손볼 수밖에 없었다. 필라델피아를 위한 새로운 연방주택청 규정은 모기지 보험을 통해 판매된 부실 주택에 대해 모기지 회사가 재정적 책임을 지도록 했다.[166] 모기지 회사가 부실 주택에 대한 모기지를 승인한 경우, 연방주택청이 아니라 해당 회사가 주택 소유자에게 배상하거나 수리비로 쓸 보조금을 제공하는 책임을 떠안아야 했다. 즉, 계약 업체가 인증한 수리 완료 여부를 확인하는 것은 모기지 회사의 몫이라는 게 골자였다. 이 새로운 규정은 모든 부동산에 대해 매수 전에 결함 여부를 철저히 점검하도록 요구했으며, 이는 모기지 회사가 정당한 불만 사항을 시정하고 계약 업체가 자신들이 책임져야 할 작업을 완료했는지 확인할 의무를 지닌다는 뜻이었다. 또한 판매자는 최종 정산 전에 주택의 모든 하자가 어떻게 수리되었는지 설명하고 문서화할 책무가 있었다.

지역사회법률서비스의 조지 굴드는 새로운 규정의 방향성은 마음에 들었으나 몇 가지 의구심이 남았다. "그것은 연방주택청이 모기지 회사에 맞설 힘과 배짱을 추구하고 있음을 확실히 보여준다. ……하지만 나는 그게 정답은 아니라고 생각한다." 그가 덧붙였다. "그것은 연방주택청을 바로잡지 못한다. 관건은 점검을 제대로 실시하는 것이다. 나는 연방주택청이 그에 대해 책임을 져야 한다고 생각한다. 모기지 회사에 모든 책임을 떠넘기는 것은 공정하지 않다." 굴드가 보기에, 연방주택청은 여전히 뒷짐 진 접근 방식을 고집함으로써 공공 기관으로서 책무를 회피하고 있었다. 그는 "이러한 일에 대해 책임이 있음을 인정하지 않는 태도야말로 연방주택청의 전형적 모습"이라고 꼬집었다.[167]

공개적으로 나선 여성 중에서도 단연 용감한 이는 조니 브라운(Johnnie D. Brown)이었다. 여섯 자녀를 둔 부양 자녀 가정 보조금 수령 어머니

Inquirer Photo by MICHAEL VIOLA

TROUBLED — Mrs. Gladys Harris,
who still has contractor's paraphernalia
in her living room, says of her $8,000 job:
"My daddy was a contractor and a builder
but I never seen my father do this botched-
up work. I never seen nothing like this
done before in my life."

글래디스 해리스 여사(Mrs. Gladys Harris)가 본인의 집 상태에 대해 좌절감을 표현
하고 있다. (*Philadelphia Inquirer*, 1972년 3월 5일. 마이클 비올라(Michael Viola)
사진. *Philadelphia Inquirer* Copyright ⓒ 2019의 허락을 받아 게재. 복제 불허.)

인 그녀는 병에 걸려 일주일 동안 병원 신세를 져야 했다. 이 사실은 복지 수표 수령이 늦어진다는 것, 그에 따라 모기지 상환을 놓치게 된다는 것을 의미했다. 브라운은 빚을 다 갚았다고 믿을 때까지 몇 달 동안 부분 지불금을 송부했지만, 결국 변호사 비용 625달러를 내라는 청구서를 받았다. 그녀는 그에 대한 지불을 거부했다. 이 시점에서 그녀의 모기지 대출 기관이 압류 절차에 돌입했다.[168] 브라운은 지역 변호사를 찾아가 불만을 토로했고, 그들은 그녀와 수백 명의 다른 주택 소유자를 대신해 집단 소송을 제기했다. 소송의 근거는 마치 기다렸다는 듯한 모기지 회사의 '빠른 압류'가 주택도시개발부의 정책을 위반한 것이라는 내용이었다. 235항 보조금을 수락하는 요건으로 "은행은 최후의 수단일 뿐인 압류를 첫 번째 옵션으로 사용해서는 안 된다"고 명시한 정책 말이다. 그러나 브라운의 변호사들은 보조금 주택 소유자가 그들의 부동산에 대한 빠른 압류 절차가 시작될 때 다른 주택 소유자들과 차별적인 대우를 받고 있었던지라 주택도시개발부와 모기지 대출 기관의 행동이 수정헌법 제14조 평등 보호 조항을 위반한 거라고 주장하기도 했다. 연방주택청 대출 기관들은 클로징 비용으로 지불된 추가 포인트를 현금화하려 했다. 이는 압류 절차가 끝날 때 모기지 전액 외에 추가로 회수할 수 있는 금액이었다. 전통적인 대출을 받은 주택 소유자에게는 추가 포인트가 없었으므로 '빠르게 압류해야 할' 유인이 없었다.

주택도시개발부는 즉시 합당한 주장이 아니라는 이유로 소송을 기각하려 애썼지만, 연방 판사는 그에 동의하지 않았다. 휴버트 윌(Hubert Will) 판사는 다음과 같은 파격적인 판결을 내림으로써 그 소송이 계속 진행되도록 허용했다. "모기지 채권자가 빠른 압류를 요청하는 편이 재정적으로 유리하도록 주택도시개발부가 이러한 프로그램을 짰다는 원고들 주장으로 인해 상황이 한층 의심스러워졌다."[169] 그의 판결문은 계속 이어졌다. "주택도시개발부는 이러한 모기지를 추적 관리하거나 심각한 경제 위기에 몰린 모기지 채무자를 지원하는 조치를 취하기보다, 시카고 지역에서 버려진 슬럼가 건물의 최대 소유자가 되는 쪽을 선호한 게 분명해 보인다. ……그 부처는 압류를 방지하기 위한 조치를 취하기는커녕 되레 압류를 밀어붙였다. 주택도시개발부가 의도적으로 의회의 목적을 좌절시키고 그 프로그램의 시행을 방해하려 나선 거라면, 더할 나위 없이 효과적으로 그 일에 임한 셈이다. 그 부처는 모기지 회사에 영합하기 위해 존재한다."[170] 이 사건은 엄청난 반향을 불러일으켰다. 모기지 은행에 대한 주택도시개발부의 예우에 이의를 제기하고 둘 간의 이문 쏠쏠한 결탁 관계를 무너뜨릴 듯 위협했기 때문이다. 월 판사는 "가난한 가정이 모기지를 취득하는 데 도움을 주는 것만으로 자신들 책무를 국한하고, 어쩐 일인지 몰라도 그 이후에는 그 책무가 사라진다고 믿고 있는 게 분명하다"며 주택도시개발부를 질타했다.[171] 실제로 주택도시개발부-연방주택청은 은행이 주택 소유자가 주택에 계속 거주할 수 있도록 납부금 연체를 허용하거나 장기 상환을 허락하는 계약을 작성하는 등 갖은 노력을 다하도록 지침에 명시했다. 그러나 모기지 은행가들은 의무 사항도 법도 아니라고 외치면서 이 지침을 무시했다. 브라운 사건 판결 이후 그 지침을 법적 구속력을 지닌 규정으로 바꾸려는 움직임이 일었다. 브라운 소송이 성공하면 모기지 은행이 종전과 같은 규모로 연방주택청 시장에 계속 참여하고자 하는 재정적 유인이 사라질 터였다. 어느 은행가가 말했다. "우리에게는 고객을 공정하게 대하고 그들에게 문제가 발생했을 때 합리적으로 응대해야 할 의무가 있다. 그러나 그들을 집에 내내 머물게 하기 위해 가능한 모든 것을 해야 할 사회 복지적 의무는 없다."[172]

1974년 시애틀 출신의 네 여성이 겪은 일은 주택도시개발부-연방주택청에 대한 불만과 그들에 맞선 법적 소송이 증가하면서 수도 없이 반복되었다. 미국 전역의 저소득층 주택 소유자(주로 여성) 이야기는 여러 가지 이유에서 중요했다. 무엇보다 페리, 포스터, 콜먼, 폭스 그리고 이들과 처지가 같은 수많은 사람이 자신의 개탄스러운 주거 상황을 공개적으로 알리려는 의지는 주택도시개발부-연방주택청의 보조금 및 비보조금, 기존 주택 및 신규 주택 프로그램 거래에 만연한 불법 행위, 부정부패, 사기를 폭로하는 데 촉매제 역할을 했다는 점이 가장 컸다. 불균형하다 할 만큼 아프리카계 미국인 비중이 높은 데다 거의 항상 가난한 여성인 이들의 공개적 선언은 주택의 열악한 상태에 대한 책임이 궁극적으로 주택 소유자에게 있다는 주택도시개발부 및 조지 롬니의 대중적 주장에 맞서는 대응 논리를 제공했다. 역사학자 론다 윌리엄스가 적었다. "저소득층 흑인 여성은 후기 산업자본주의의 '게토' 상태, 격렬한 투쟁의 전개, 사회적 불명예에 대응해 권력 획득, 인간적 존엄성, 기타 인간 존재의 기본적 필수 요소에 기반한 민권을 얻기 위해 그들만의 싸움을 전개했다."[173] 가난한 흑인 여성이 주택 소유자로서 권리를 쟁취하기 위해 기꺼이 소송을 제기하고 싸움에 뛰어들었는데, 이러한 요구는 그 여성들이 자격 없고 준비되지 않았으며 어수룩하다는 선입견을 뒤엎을 것처럼 위협적이었다. 이들이 처한 상황은 주택도시개발부의 주택 소유 프로그램에 희생된 여성의 전형이었다. 연방 기관인 주택도시개발부-연방주택청은 그들 자신의 이익과 공익을 동시에 보호하기 위해 어느 정도 책임을 다할 것이라는 기대가 있었다. 그러나 주택 보조금을 과분한 복지 형태라고 공격하는 것은 공공 프로그램과 공공 서비스를 정부의 책무에서 떼어내려는 리밴치즘(revanchism: 영토를 되찾기 위해 취하는 보복 정책. 여기서는 일반적 '보복주의'를 뜻함―옮긴이) 전략의 일환이었다.[174] 이 전략은 빈곤층과 노동 계급 아프리카계 미국인을 자격이 없을 뿐만 아니라 가정 관리 능력이 결여되어 있고 폭력적이며 범죄적이라고 묘사함으로써 합리화되었다. 도시 폭력의 집단적 위협이 서서히 약화하자 존슨의 복지 국가에 가장 적대적인 세력들이 공세를 취하기 시작했다.

6

도시 위기는 끝났다

미국의 흑인과 빈곤층은
뉴딜, 공정 정책, 뉴프런티어 그리고 '위대한 사회'를 두루 겪어왔지만,
끝내 아무것도 얻지 못했다.

―아미리 바라카(Amiri Baraka), 1973년

1973년 3월, 리처드 닉슨 대통령은 '도시 위기'의 종식을 선언했다. 민주당의 조지 맥거번 후보를 상대로 낙승을 거두고 미국의 최고 통수권자로서 두 번째 임기를 시작한 지 약 4개월 만이었다. 그는 방송 연설에서 자신의 첫 임기 동안 범죄가 감소하고 공기가 깨끗해졌으며 저소득층 주택 건설이 기록적 수준으로 증가했음을 보여주는 수많은 통계를 인용했다. 그의 표현에 따르면, 이 모든 것은 다음과 같은 사실을 암시했다. "오늘날 미국은 더 이상 분열되어 있지 않다. ……위기의 시간은 지났다. 국가라는 배는 다시 평평한 용골 위에 바로 섰으며, 우리는 배가 뒤집힐지도 모른다는 두려움을 급기야 떨쳐버릴 수 있게 되었다."[1] 닉슨이 활용한 지표 중 단연 눈에 띄는 것은 "시민 소요의 감소"였다. 그는 1968년 대통령 선거에 출마할 무렵, 정부가 사회적 지원 및 사회 복지 분배에서 중요한 역할을 담당해야 한다는 발상과 '위대한 사

회'에 반대했다. 그러나 당선되고 나서 그의 행정부는 '위대한 사회'를 안락사시키는 대신 도시 반란의 원심력에 의해 그것을 관리하는 역할로 내몰렸다.

닉슨의 발목을 잡은 것은 미국 도시가 자칫하면 소요에 휩싸일지도 모른다는 두려움이었다. 물론 민주당이 여전히 의회를 장악하고 있었지만, 1960년대 후반을 장식한 5년간의 폭력적 격변은 양당의 선출직 공무원들을 얼마간 길들였다. 그 결과 이들은 반란이 일어날 때마다 늘어나는 국내 지출을 끊어내는 게 아니라 봉합하려고 했다. 1970년대 초 폭력의 위협은 전국에 걸친 흑인 공동체에서의 공직 선거 운동에 자리를 내주었다. 심지어 흑표범당(Black Panther Party: 미국의 극좌익 흑인 과격파―옮긴이)의 보비 실(Bobby Seale)은 오클랜드 시장 선거에 출마하기 위해 모든 에너지를 쏟아붓기까지 했다. 1967년 미국에서 가장 큰 규모의 반란이 일어났던 뉴어크는 1970년 최초의 흑인 시장을 선출했다. 흑인의 정치적 대표성이 작지만 눈에 띄게 성장하면서 그들은 이제 더 이상 집단이나 활동으로부터 배제된 존재가 아니었다.[2] 흑인 세입자 및 주택 소유자 조직이 발전한 데서 볼 수 있듯 이것은 흑인 공동체가 침체에서 벗어났다는 의미였지만, 대대적인 격변과 대규모 봉기의 시기가 지났다는 뜻이기도 했다.

지난 20여 년 동안 도시 생활과 '도시 위기'를 둘러싼 다양한 개념은 정치 지형에 활력을 불어넣었으며 미국의 국내 정치를 지배해왔다.[3] 이러한 정치적·입법적 관심은 1960년대의 '위대한 사회' 및 '빈곤과의 전쟁' 프로그램에서 정점을 이루었다. 물론 이러한 프로그램은 이전에 무시당하고 버려진 농촌 지역 거주민을 비롯해 광범위한 미국 대중을 아울렀지만, 1960년대 대부분을 지배한 도시 반란과 봉기 발발로 인해 도시의 운명은 정치적 강박의 대상으로 떠올랐다. 닉슨은 자신이 맥거번을 상대로 결정적 승리를 거둔 점과 교외 지역 백인 투표권을 공고히 할 수 있었던 점을 도시 지배 구조에서 벗어나라는 명령으로 해석했다.

그럼에도 닉슨이 재선 후 도시 위기가 끝났다고 공식 선언하기까지는 얼마간 시간이 걸렸다. 격동의 4개월이었다. 조지 롬니는 1972년 11월 닉슨 재선 직후 주택도시개발부를 사직하겠다는 의사를 밝혔다. 그는 대중에게 공개한 사직서에서 공직을 떠나는 이유로 정직성과 진실성이 결여된 정쟁을 꼽았다. 롬니는 "이 같은 정치 과정에 내재한 한계로 인해 근본적 개혁의 성취가 지나치게 위기에 의존하게 되었다"고 불평했다.[4] 그가 이 대목에서 미국의 도시 주택 위기를 해결하기 위해 도시와 교외 지역을 아우르는 해결책이 필요하다고 행정부(또는 국가)를 설득하지 못한 자신의 무능에 대해 이야기하고 있다는 것은 의심의 여지가 없었다. 실제로 롬니가 닉슨 행정부와 맺고 있던 정치적 관계는 그가 초기에 '지역 사회 개방'을 주창하고 정치적 영향력과 지방자치단체 차원의 처벌 위협을 동원해 (일부) 교외 지역이 그들 공동체를 빈곤층 및 노동 계급 흑인 가정용 주택 건설에 개방하도록 유도하는 전략을 실시한 데 따른 후유증에서 결코 회복되지 못했다. 이러한 긴장 관계는 해소되지 않고 끝끝내 이어졌다. 저소득층 주택 배치를 둘러싼 갈등 이후, 롬니가 닉슨의 주택 접근법과 관련한 온갖 세부 사항을 보증하는 충직한 열성 당원 노릇을 했음에도 불구하고 말이다.

롬니가 사직서를 제출하고 몇 주 뒤, 주택도시개발부가 이듬해에 모든 저소득층 주택 보조금에 대해 모라토리엄을 선언할 거라는 소문이 파다하게 퍼졌다. 닉슨 행정부가 모라토리엄이라는 역사적이고 과감한 조치를 취할 태세임이 분명해지자, 주택도시개발부의 지역 사무소들은 저마다 늘수록 많은 신규 건설 요청을 처리하기 위해 동분서주했다. 1973년 1월 8일 롬니는 장관으로서 마지막 업무 중 하나로, 주택도시개발부는 전국의 저소득층 주택에 대한 모든 자금 지원과 건설을 즉시 중단한다고 발표했다. 운 좋게도 사전에 모라토리엄이 임박했다는 경고를 들은 건설업자들은 그에 앞서 새로운 건설 프로젝트에 대한 제안서를 제출할 수 있었다. "주택도시개발부 현장 사무소는 모라토리엄 최종 기한을 앞두고 새해 주말 내내 신청서를 처리했다"는 보도가 적어도 한 건 있었다.[5] 그러나 그 밖의 다른 사람들로서는 대처가 한발 늦었다.

롬니가 전미주택건설업자협회 전국 모임에서 위와 같이 발표한 것은 적절했다.[6] 모라토리엄 일정은 '무기한'으로 표현되었으며, 여기에는 주택도시개발법에 의해 만들어진 프로그램뿐 아니라 그 이전부터 시행해 온 공공 주택 제도도 포함되었다. 게다가 이것은 시작에 불과했다. 닉슨 행정부는 "상하수도 개선, 녹지 보존, 신도시 프로젝트"를 포함한 지역 사회 개발 프로그램의 폐지를 촉구하기도 했다.[7] 그들은 그것만으로는 충분하지 않다는 듯 1973년 7월 1일부로 도시 재개발 및 모델 도시 프로그램을 종료하겠다고 발표했다. 롬니는 당시 공화당원, 그것도 충성스러운 공화당의 일원이었지만, 그의 퇴임은 '위대한 사회'의 종말을 알리는 신호탄이었다.

닉슨은 맥거번을 상대로 크게 승리함으로써 도시에 대한 연방 정부의 개입에서 벗어날 수 있는 정치적 명분을 얻었다. 닉슨은 자신의 승리를 신연방주의 원칙에 입각해 국내 지배 구조를 조정할 수 있는 기회로 받아들이기도 했다. 연방 정부의 권한을 주와 지방 단위로 분산하고 분권화해야 할 때였다. 닉슨이 취한 조치들은 의회가 자신의 '세수 공유(revenue-sharing: 연방 정부에서 각 주로의 세수 공유—옮긴이)' 계획을 통과시키도록 강요하기 위한 것이었다. 그 계획에는 주택 및 지역 사회 개발 프로젝트에 소요되는 연방 기금 배분과 관련해 주 차원에서 의사 결정할 때 연방의 승인을 건너뛰는 조치도 담겨 있었다. 닉슨은 이 목적을 달성하기 위해 도시의 기능 장애에 대한 인식을 부추기고 아프리카계 미국인에 대한 인종차별적 공포를 악용해 이른바 침묵하는 다수의 백인 교외 지역 유권자를 단결하게 만들었다. 주택도시개발부의 도시 기반 저소득층 주택 소유 프로그램이 낳은 위기에 부단히 초점을 맞추는 전략은 주택 모라토리엄을 정당화하는 것처럼 보였다. 그뿐만 아니라 그것은 닉슨 행정부 인사들—특히 퇴임을 몇 달 앞둔 조지 롬니—이 복지 국가가 먹히지 않는 '새로운' 도시 위기를 정의하는 데 쓰였다. 롬니는 이 '긴급한' 문제에 대해 다음과 같이 간결하게 기술했다. "우리에게는 주택 문제가 없습니다. ……사람 문제가 있을 따름입니다. 정부가 제대로 된 집을 제공할 수는 있을지 몰라도, 그렇다고 해서 적절한 거주 환경이 보장되는 건 아닙니다."[8]

이것은 이름만 바뀌었을 뿐 동일한 도시 위기였다. 저소득층에겐 자격이 없다는 유구한 이야기가 이제 지속되는 도시 문제를 도시 환경 속에서 살아가는 이들 탓으로 돌리기 위해 재소환된 것이다. 이러한 태도는 연방 정부가 저소득층 주택 소유와 주택 문제 전반에서 손을 떼고 레드라이닝 관행으로 복귀하는 사태를 정당화하는 데 일조했다. 실제로 주택 문제를 기능 장애적인 도시 거주자와 무능한 정부 관료의 합작품으로 규정하는 것은 신연방주의 기조와 일치했으며, 연방 공정 주택 법률에 구현된 민권 약속 대부분에서 후퇴하도록 길을 열어주었다. 그들은 도시 거주민을 비난하는 것, 그 이상에 새로 초점을 맞추고자 했다.

즉, 무능한 정부라는 개념은 닉슨이 취약한 사회 복지 시스템과 '복지'라고 인식되는 프로그램을 공격하는 데서 중심 주제로 떠올랐다. 린든 존슨 대통령이 '도시의 마그나 카르타'라고 의기양양하게 지칭한 주택도시개발법이 통과된 지는 5년이 흘렀으며, 연방 정부가 '모든 미국인을 위한 제대로 된 집'을 목표로 삼은 것은 그보다 훨씬 더 오래되었다. 그러나 닉슨 2기 임기 초에 발생한 중대 사건들로 인해 미국 도시에 거주하는 평범한 아프리카계 미국인의 주거 평등 전망이 어두워지자 그것들이 제시한 약속에서 멀어지는 추세가 가속화하기 시작했다.

모 라 토 리 엄

1973년 〈뉴욕타임스〉에 실린 기고문에서 칼럼니스트 존 허버스가 주택도시개발법을 오랫동안 기다려온 주택 문제의 해결책으로 삼던 1968년으로서는 영문을 알 길 없어 보이는 상황에 대해 독자에게 설명했다. "수만 건의 주택 압류, 수만 건의 모기지 채무 불이행, 폐가가 전국 곳곳의 지역 사회를 어지럽히며 증가하는 상황……. 본시 도심 위기를 해소하기 위해 도입된 연방 정책이 오히려 도심의 멸망을 앞당긴 건 아닐까?"[9] 불과 5년 만에 주택도시개발법의 약속은 가장 널리 알려진 그 부처의 프로그램이 과연 제대로 살아남을지에 대한 의구심에 자리를 내주었다.

　이러한 의구심의 기저에는 미국 대도시 지역의 개발 노력을 주도할 수 있는 기관으로서 주택도시개발부의 생존 가능성에 대한 불안이 깔려 있었다. 롬니는 그 부처 장관직을 사임하기 한 달 전, 주택 사업에서 완전히 손을 뗄 것을 연방 정부에 제안하면서 자기 기관의 대대적 개편을 촉구했다. 그는 이렇게 결론지었다. "첫 번째 대안은 주택에 대한 연방 정부의 직접적 관여를 중단하는 것이다. ……우리는 보조금 프로그램을 종료하고, 연방주택청을 민영화하고, 빈곤층을 위한 주택 수당 소득 보조금의 통합을 전환하고, 공공 주택에 대한 운영 보조금을 중단할 것이다. ……우리는 더는 1000억 달러에 상당하는 실수를 감당할 여력이 없다."[10]

1972년 12월 말, 롬니는 저소득층 주택 비영리 단체인 전국주택회의(National Housing Conference) 모임에서 닉슨 행정부가 1973년 초부터 18개월 동안 주택 보조금에 대한 모라토리엄을 실시할 거라는 정보를 흘렸다.[11] 그는 막후에서 삭감액을 최소화하기 위해 사활 건 협상을 벌이고 있었다. 모라토리엄 선언 일주일 전 닉슨에게 보낸 서한에서 롬니는 "이들 프로그램과 관련한 상당 폭의 삭감"에는 반대하지 않지만, 전면적인 모라토리엄 실시에는 명확히 반대한다고 밝혔다. "제안된 조치는 미국 국민, 특히 도심에 거주하는 이들에게 빈곤층 및 차별받는 소수 인종을 향한 완고하고 냉담한 무관심을 보여주는 또 하나의 증거로 받아들여질 따름입니다. 제가 보기에 이것은 도심을 자극하고, 결국에 가서 우리 도시의 거리들이 벨파스트〔Belfast: 북아일랜드의 도시 벨파스트를 중심으로 1968년 민권 운동이 펼쳐졌고, 이듬해 북아일랜드 폭동이 발생했다. 이는 약 30년 동안 북아일랜드를 분열시킨 '북아일랜드 분쟁(The Troubles)'의 서막이었다―옮긴이〕 꼴이 나는 데 기여할 수 있습니다."[12] 롬니의 서한은 그와 행정부 사이에 골이 깊다는 것을 잘 보여주었다. 진즉 사임 의사를 밝힌 롬니는 행정부를 대신해 공지하는 신세로 전락했다.

롬니는 모라토리엄의 심각성을 누그러뜨리기 위해서 그에 대해, 신중한 평가를 기반으로 한 일련의 자잘한 수정을 통해 결국에 가서는 프로그램 개선으로 이어질 거라고 설명했다. 롬니는 "잠시 멈춰 재평가하고 더 나은 방안을 모색할 때가 왔다"며 청중을 다독였다.[13] 그러나 닉슨의 참모들은 훨씬 더 과감한, 일종의 충격 요법을 만지작거리고 있었다. 1973년 1월 8일, 롬니는 장관으로서 마지막 행보의 하나로 전미주택건설업자협회 연설을 통해 주택도시개발부가 전국 차원에서 저소득층 주택의 건설 및 그에 대한 자금 지원을 즉시 중단한다고 발표했다.

모라토리엄의 일정은 '무기한'으로 표현되었다. 1월 5일부로 연방 정부는 더 이상 235항 및 236항 신청을 받지 않으며, 임대료 보조 프로그램, 23항 임대 주택 및 모든 공공 주택에 대한 지불을 동결할 예정이었다. 주택도시개발부는 그 부처의 일간 소식지 〈어번 어페어스(Urban Affairs)〉에서 롬니가 닉슨의 지시를 "잠정적 보류 조치"라고 표현했지만, "중단"과 "종료"라는 용어를 사용하는 편이 훨씬 정확하다고 간결하게 보도했다.[14] 이러한 프로그램들은 단순히 보류되는 데 그치는 게 아니었다. 상당수가 전면 폐기되고 있었다. 공터에 공원을 조성하도록 자금을 지원하는 '오픈 스페이스 랜드(open space land)' 프로그램, 상하수도 시설, 도시 재개발 프로그램, 도시 재건 대출, 공공시설 대출, 새로운 지역 사회 건설을 위한 보조금 등 지역 사회 개발 관련 프로그램이 모조리 폐지되었다. 닉슨 행정부는 이러한 프로그램에 대해 의회가 이미 합의한 총 160억 달러의 예산을 사실상 취소했다. 여기에는 임대료 보조금에 배정된 4800만 달러, 모델 도시에 할당된 5억 달러, 도시 재개발에 책정된 12억 달러, 주택 재건 대출에 할애된 7000만 달러, 근린 시설 보조금에 떼어놓은 4000만 달러가 포함되었다.[15]

주택도시개발부의 보조금 지원 주택 소유, 공공 주택 및 임대 지원 프로그램만큼은 즉각적 폐지를 면했다. 대신 개선 방안에 대한 연구가 이루어질 때까지 무기한 보류되었다. 이 조치의 영향권 아래 놓인 기관에는 농촌 지역에 거주하는 빈곤층이 주택을 저렴하게 소유할 수 있도록 도운 농가지원청(Farmers Home Administration)이 포함되었다. 농가지원청은 모라토리엄으로 인해 1973년 여름이 끝날 때까지 저소득층 농촌 가정에 대한 3만 건의 추가적 단독 주택 융자 승인 계획이 취소될 거라고 추산했다.[16] 이러한 정책이 농촌 흑인 가정에 불균형하다 할 정도로 심하게 영향을 미칠 거라고 예측하는 것은 어렵지 않은 일이었다.[17] 농가지원청 관리들은 모라토리엄을 실시하면 11만 7000명이 대출을 잃게 되고 그 총액은 20억 달러에 육박할 거라고 추정했는데, 그 중 7만 건은 연소득이 7000달러도 되지 않는 빈곤층을 대상으로 한 대출이었다.[18] 그러나 모라토리엄은 235항 주택 소유자에게 한층 더 심각한 영향을 미칠 것으로 예상되었다. 주택도시개발부가 제 기관이 실시하는 그 프로그램에서 사기와 부정부패를 일소하기 위해 새로 마련한 규칙이 점점 더 복잡하게 얽히고설킨 결과 보조금 주택 융자 발급 건수는 진즉부터 감소하고 있었다. 〈월스트리트 저널〉이 보도했다. "연방주택청 프로그램에 대한 감독 강화는 '가혹한 규제'로서, 결국 모기지 대출 기관이 연방주택청 지원 주택 대출을 급속도로 줄이고 다른 대출 기관들도 시장을 완전히 포기하도록 만들었다."[19] 이른바 그런 가혹한 규제 중 하나가 "대출 기관이 연방주택청 감정평가사에게 건넨 모든 진술의 정확성을 증명해야 한다"는 요구 사항이었다.[20]

이 시점에서 부동산업계가 보기에 235항은 이익보다 골칫거리에 더 가까웠고, 그 효용이 거의 끝나가고 있었다. 1972년 주택도시개발부-연방주택청은 15만 7000건의 235항 보조금 주택에 대한 대출을 승인했지만, 그 수지는 1973년에 이르면 4만 건으로 떨어질 것으로 예상되있다. 모라토리엄 발표 전인데도 의회가 일종의 처벌로서 예산을 더 적게 책정하기로 결정했기 때문이다.[21] 모라토리엄을 실시하면 결국 1975년에 보조금 주택 수가 애초 수요 예측된 225만 가구에서 55만 가구로 대폭 줄어들 것으로 점쳐졌다. 모라토리엄은 주택 보조금 77퍼센트 삭감으로 이어질 터였다.[22]

그 영향은 즉각적이었으며 전국 차원에서 체감되었다. 볼티모어에서 관리들은 저소득층 주택 1만 세대를 잃게 된 사실에 개탄했다. 뉴욕에서는 주택 수만 채가 사라질 판이었다. 그러나 신규 주택 건설의 동결은 한 가지 문제에 지나지 않았다. 신규 건축 프로젝트는 즉각적 중단으로 자금이 끊기면서 건설 도중 멈춰 섰고, 흉물스러운 미완성 건물은 흑인 도시 동네의 위기와 퇴락 이미지를 더한층 강화하는 데 기여했다.[23] 주택도시개발부 차관실 소속 직원들은 메모에서 연방주택청 지원 주택 소유 프로그램을 비방함으로써 이 전례 없는 집행력 과시에 정당성을 부여하고자 안간힘을 썼다. 그들이 모라토리엄에 대해 설명하려 노력하면서 썼다. "연방주택청 지원 대출 프로그램은 주택 소유에 대한 책임감을 망가뜨리는 경향이 있다. 235항 주택 구매자는 월 모기지 납부금의 일부만 부담하는 데다 보조금 상환 의무가 없기에 주택 소유에 따른 책임감을 거의 느끼지 못하기 십상이며, 예기치 않은 경제적 곤경에 처하면 소유 상태를 유지하기보다 주택을 포기하는 쪽으로 기운다."[24] 간결하게 작성된 이 메모는 전례 없는 연방의 주택 지원금 거부를 정당화하는 데 필요한 구체적 내용은 부족했다. 하지만 주택도시개발부의 보조금 지원 주택 프로그램이 낳은 문제에 대한 책임을 그 프로그램 참여자에게 전가하는 익히 알려진 논리를 잘도 우려먹고 있었다.

주택도시개발부는 대대적 개편의 일환으로 이제 어느 동네에서 다른 주택들의 '일반적 가치'를 뛰어넘는 모기지에 대해서는 지원을 거부했다. 이것은 진즉부터 주택도시개발부의 정책과 관행이 약화해 있던 지역 사회의 주택 소유자에게 불이익을 안겨주는 데 일조했다. 디트로이트의 제퍼슨찰머스(Jefferson Chalmers) 동네를 예로 들어보자. 디트로이트의 배타적인 백인 거주 지역 그로스포인트(Grosse Point) 교외의 외곽에 위치한 이 동네에는 주택이 4500채 있었다. 1973년까지 그중 296채가 압류당해 주택도시개발부에 반환되었다.[25] 공공 기물 파손을 일삼는 자들이 빈 상태로 방치된 그 주택들에서 쓸 만한 자재를 챙겨간 다음 나머지 건물 대부분을 파괴했다. 그 결과 주택도시개발부는 부동산 93채를 철거하고 120채를 철거 대기 목록에 올려놓았다. 1974년 말 연방 정부는 7만 8000채의 압류 주택을 유지 관리하기 위해 날마다 46만 달러 이상을 지출하고 있었다.[26] 거의 판매가 불가능할 정도로 열악한 주택이 늘어나는 데다 경기 침체까지 더해지자 상황은 더욱 악화했다. 이들 존재가 주변 동네 주택의 재산 가치에 악영향을 끼치리라는 것은 불을 보듯 뻔했다. 그러나 주택도시개발부의 새로운 정책에 따르면, 주택 소유자는 그 동네의 다른 곳에서 주택도시개발부 관행에 따라 불가피하게 낮아진 '일반적 가치'를 넘는 가격에 주택을 판매할 수 없도록 되어 있었다.

　　모라토리엄의 효과는 주택 손실뿐 아니라 고용 손실에 의해서도 측정이 가능했다. 조지아주에서 선출직 공무원들은 이 유예 조치로 인해 주택 지원금 38만 3000달러, 그리고 추가적으로 일자리 4만 4000개를 잃게 될 거라고 예측했다.[27] 전미주택건설업자협회는 보조금 손실로 인해 12개월 동안 100만 명의 고용과 160억 달러의 국민총생산(GNP)

이 감소할 것으로 내다보았다.[28] 고용에 미치는 여파는 연방 기관 자체의 임금 인하에서도 체감할 수 있었다. 사회과학자 버지니아 파크스(Virginia Parks)에 따르면, 흑인의 공공 부문 고용이 가장 두드러지게 증가한 시기는 1960년대와 1970년대였다. 이 기간 동안 공공 부문에서 흑인 고용은 백인의 갑절에 달하는 속도로 불어났다. 1970년대 중반, 공공 부문에 고용된 비율이 흑인의 경우에는 전체 남성의 25퍼센트, 전체 여성의 34퍼센트였던 데 반해, 백인의 경우에는 전체 남성의 16퍼센트, 전체 여성의 24퍼센트에 그쳤던 것이다.[29] 정부 프로그램을 폐지하고 공공 부문 일자리에서 해고를 명령하는 조치는 그러잖아도 주택 위기로 휘청이던 흑인 지역 사회를 크게 뒤흔들어놓았다. 주택도시개발부의 감축 노력은 이러한 현상에 직접적으로 타격을 가했다. 그 부처가 워싱턴 D.C.에서 아프리카계 미국인을 가장 많이 고용한 기관 중 하나였기 때문이다. 주택도시개발부 관리들은 이듬해인 1974 회계 연도를 위해 예산을 짜면서 전년도에 요청한 42억 달러의 절반에 불과한 26억 달러만을 적어냈다. 또한 백악관이 내린 지시에 따라 주택도시개발부는 정규 직원 1900명을 해고하고 추가 감원을 단행해 주택도시개발부의 인력을 1만 3000명으로 줄였다. 해고 대상자의 인종적 구성은 알려지지 않았지만, 아프리카계 미국인 공무원의 경우 감원의 예봉을 피하는 데 필요한 조건인 고위직과 숙련된 직책 종사자는 소수에 불과했다.[30]

흑인 근로자에게 부정적 영향을 안겨주는 요소는 직원 해고만이 아니었다. 주택도시개발법 제3항은 "해당 프로젝트 또는 활동으로 인해 추가 인력 고용 및 작업 계약 체결의 필요성이 제기되어 고용이나 계약 기회가 발생할 경우, 그 프로젝트가 이루어지는 지역 사회에 거주하는 소득이 낮거나 매우 낮은 개인 및 사업체에 우선권을 부여해야 한다"고 명시했다.[31] 따라서 예컨대 경제기회국의 경우 1969년에는 그들 건설 작업에서 7.4퍼센트만 흑인 도급업자를 고용했으나, 1971년에는 그 비율이 34퍼센트로 늘어났다.[32] 어느 보고서에 따르면, "91개 대도시 지역이 흑인 근로자 고용 목표를 수립하기 위해 50만 달러 이상의 연방 재정 지원 프로젝트에 도급업자를 요구하는 계획에 착수했다". 주택도시개발법이 낳은 "정부 개발 프로그램을 처리하기 위해" 거의 1000개에 달하는 서로 다른 주택 기관이 설립되었다.[33] 그런데 모라토리엄으로 인해 흑인 고용 기회의 문은 짧은 기간 동안만 열려 있다가 이내 닫히고 말았다.

주택도시개발법은 흑인 개발업자와 건설업자에게도 새로운 기회를 열어주었다. 닉슨은 '임금 통제'를 밀어붙이려는 노력의 일환으로 급상승하는 건설 부문의 인건비를 떨어뜨리기 위해 건축업에서의 소수 인종 우대 정책과 흑인 고용 위협에 대해 조롱을 실어 언급했다. 필라델피아 계획이라고 알려진 이 사업은 전면적으로 시행되지는 않았으나, 도시 지역에서 건설 프로젝트가 증가함에 따라 흑인 노동자에게 더 많은 일자리를 안겨준 바 있었다.[34] 이 모든 프로젝트가 느닷없이 종료되었다. 흑인 모기지 은행가 뎀시 트래비스는 모라토리엄이 고용에 미치는 파급력에 대해 이렇게 말했다. "이 삭감 조치는 무엇보다 일자리에 영향을 미칠 것이다. ……나는 많은 모기지 은행 및 건설 회사와 이야기를 나눠보았는데, 그들은 직원의 약 20퍼센트를 감원할 거라고 밝혔다. ……이것은 주택에 들어가는 온갖 비용에 엄청난 부담을 안겨줄 것이다."[35] 전미유색인종지위향상협회 회장 로이 윌킨스는 이러한 삭감으로 흑인 공동체는 "사면초가 상태와 거주 차별이라는 집중포화로 인해 옴짝달싹 못 하는 처지에 몰렸다"고 말했다.[36] 흑인 민족주의자이자 극작가 아미리 바라카는 정부가 뉴저지주 뉴어크의 공공 주택 건설을 위해 약속한 자금이 동결될 거라는 사실이 알려지자 닉슨 행정부를 맹비난했다. 그는 연방 정부의 약속 폐기는 "위선적인 자유 기업 시스템과 그것을 지원하는 위선적인 정부의 합작품"이라고 일갈했다.[37] 전미주택건설업자협회 회장은 모라토리엄을 "재난이자 재앙"이라고 선언했다.[38] 윌리엄 프록스마이어(William Proxmire) 상원의원은 이렇게 분노를 표시했다. "닉슨 대통령이 아시아를 폭격하는 데는 수십억 달러를 더 쓰고 주택 정책에는 수십억 달러를 덜 쓰기로 결정했다. 그 결과는 아시아와 미국 양쪽에서 주택 부족 현상이 심화하는 것이다. 이것은 너무나 극단적인 우선순위 재조정이다."[39]

지역 사회 활동가들은 주택도시개발부의 프로그램을 거세게 비판했지만, 그럼에도 프로그램이 개혁되길 바랐을 뿐 폐지되길 바랐던 건 아니었다. 게일 신코타(Gail Cincotta)가 적절한 비유를 들어 꼬집었다. "시카고에서는 가끔가다 경찰서에서 불미스러운 일이 발생한다. 그렇다 해도 경찰서를 폐지하면 그 문제가 해결될 거라고 생각하는 사람은 아무도 없다."[40] 필라델피아의 주택 운동가 카멜 맥크루든은 주택도시개발부 프로그램이 자신과 그녀 지역 사회에 거주하는 다른 여성들에게 부담을 안겨준 온갖 방법에 대해 열거하고 나서도 여전히 그것들의 폐지가 아니라 개선을 주장했다. 그녀가 말했다. "과거의 입법 개혁은 저소득층과 중간 소득층에게 더 나은 주택을 제공할 수 있는 가능성을 열어주었다. 우리는 도무지 약속이 지켜지지 않는 사태에 신물이 난다. 우리는 당신네들, 우리 손으로 뽑은 대표들이 쇠락해가는 도심을 구하기 위한 우리 투쟁에—수동적으로 반대하지만 말고—동참해주길 바란다."[41] 조지 굴드 변호사는 모라토리엄이 어떤 영향을 미치는지 의회 청문회에서 증언할 때, 프로그램의 잘못된 운영을 강조하면서 그것은 얼마든지 바로잡을 수 있다고 주장했다. 굴드는 "제대로 된 주택과 적절한 주거 환경이라는 목표"가 "그저 하나의 약속이나 슬로건에 그치지 않도록" 주택에 대한 연방 정부의 약속을 "수정 및 확장"하라고 촉구했다. 그러면서 "우리 앞에 문제들이 산적해 있지만, 우리 목표는 도심으로부터 후퇴하는 게 아니라 이들 주택 프로그램이 만족스럽고 합법적으로 시행되도록 촉구하고 그를 위해 힘쓰는 것이어야 한다"고 덧붙였다.[42] 그 지지자들은 빈곤층과 저소득층 주택 소유의 타당성을 둘러싼 이론적 논쟁에는 관심이 덜했다. 대신 가난한 이들이 주택을 확보하려 할 때 선택지가 별로 없다는 사실에 주목했다. 그들은 또 하나의 주택 프로그램이 폐지되기 일보 직전인데, 그것을 대체할 만한 진지한 제안은 이루어지지 않고 있다고 지적했다.

닉슨은 모라토리엄에 대해 공식적으로 언급하지 않고 있다가, 1973년 3월 4일 도시 위기의 종식을 선언하는 연설에서 그에 대해 입을 뗐다. "몇 년 전만 해도 우리는 미국 도시가 붕괴 일보 직전이라는 이야기를 귀가 따갑게 접했습니다. 자정을 1분 앞두고 파멸의 종소리가 울려 퍼지기 시작할 거라는 이야기도 들었습니다."[43] 닉슨은 그러고는 곧바로 도시 위기가 끝났다고 선언했다. 정책으로 빠르게 말머리를 돌린 그는 "과거에 시도된 몇 가지 방법이 …… 1970년대에는 적합지 않기에" 미국의 주택 정책을 대대적으로 손보겠다고 발표했다. 닉슨은 한 사회가 직면한 여러 문제에 대응하기 위해 정부 자원을 활용해야 한다는 발상을 부정하고 있었다. 어울리지 않는 두 주장이 기묘하게 병치되었다. 미국의 위기 시기가 지났다고 발표하면서 다른 한편 그 위기에 영향을

받아 시행한 사회 프로그램을 낭비적이고 비효율적이라고 혹평했으니
말이다. 물론 닉슨은 자신이 도시 위기가 끝났다고 판단한 근거가 되어
준 데이터를 제시하지는 않은 채 그저 그렇게 선언했을 따름이다.

1970년대를 위한 방향성을 새로 설정하면서 닉슨은 분명 더 이상
'위기'에 해당하지는 않지만 여전히 도시 개발에 관심을 기울여야 한다
는 판단은 유지했다. 그가 말했다. "과거에 저지른 한 가지 심각한 오류
는 연방 정부가 지역 사회 개발에 앞장서야 한다는 믿음이었습니다. 미
국은 졸속으로 통과된 낭비적 조치들을 시행한 수년의 세월을 회복하
고자 여전히 힘쓰고 있습니다. 그 조치들은 중앙 집권적 기획자들이 설
계하고 수십억 달러를 쏟아부었지만 이렇다 할 성과를 거두지 못했습
니다."[44] 닉슨의 이 발언은 연방 프로그램들이 '지역 사회 개발'을 촉진
하기보다 오히려 약화시켰다는 것, 따라서 자신이 취한 조치들은 지역
사회 문제에 대한 의사 결정을 지역 차원으로 되돌려 연방이라는 '방해
물'에서 벗어나게 하려는 의도였다는 것을 시사했다. 그는 연방 정부를
미국 최대의 '빈민가 악덕 임대인'으로 묘사했으며, 보조금을 받는 연
방주택청 지원 주택 소유 프로그램을 '낭비적' 실패 사례로 꼽았다. 그
는 다음과 같이 분명하게 밝혔다. "사람들이 주택을 구입하거나 개선하
는 데 도움을 주는 우리 프로그램들 일부도 역효과를 내고 있습니다.
너무 많은 소유주가 납부금을 제때 내지 못하며, 납세자들은 청구서에
파묻혀 지냅니다. 그들은 또한 주택과 그것을 돌보는 데 드는 추가 비
용에 허덕이고 있습니다." 자신의 행정부는 책임이 없음을 선언함과 동
시에 개혁 가능성을 차단하기 위한 수사를 능란하게 구사하면서 그가
주장했다. "내 말은 그 프로그램을 담당하는 이들이 부정직하거나 무능
하다는 의미가 아닙니다. 그렇다기보다 그들도 인간이라는 것, 그리고

워싱턴에 소재한 사무실만을 책임진 사람이라면 누구도 더러 수백 또는 수천 킬로미터 떨어진 지역 사회의 개발을 성공적으로 기획 및 관리할 수 없다는 뜻입니다."[45] 이것은 대담한 발언이었다. 주택 스캔들과 관련한 범죄로 주택도시개발부 공무원이 28명이나 기소되었고, 연방수사국이 1930건의 사기 관련 수사를 적극적으로 진행하고 있다는 점을 고려할 때 말이다.[46]

대통령은 위기 상황을 과장하려는 게 아니었다. 그렇다기보다 주택도시개발부-연방주택청 내부의 위기 상황을 조롱함으로써 주택 및 도시 개발 정책에 대한 연방 정부의 접근법 전반을 뜯어고치려 하고 있었다. 닉슨은 존슨 행정부를 향해 독설을 퍼붓고 개입적인 큰 정부에 대한 비판을 이어갔다. 하지만 그럼에도 불구하고 그가 취한 조치들은 존슨과 케네디가 안전하고 건전하고 저렴한 도시 내 주택 부족 문제를 해결하고자 착수한 시장으로의 전환을 계승 및 완성하려는 것이었다. 어쨌든 주택도시개발법의 포괄 범위를 정한 카이저 위원회(Kaiser Commission)는 거의 전적으로 사업가 및 업계 대표로 구성되었다. 도시 봉기와 시장의 가능성에 영향받은 존슨은 정부와 부동산업계가 협력해 전례 없는 규모로 저소득층 주택을 공급하는 계획을 구상했다. 그러나 이러한 목적은 탈출한 백인 가정들이 미친 듯이 달려간 것과 동일한 장소인 교외 지역에 빈곤층 및 노동 계급 아프리카계 미국인을 위한 신규 주택을 건설해야만 구현할 수 있었다. 닉슨은 '강제 통합 금지'와 '주거 현 상태 유지'를 선언함으로써 존슨의 계획을 수포로 돌려놓았다. 대신 교외 지역에서의 주거 통합이 아프리카계 미국인에게 주택 기회를 열어주는 열쇠라는 발상을 거부하면서 기업과의 파트너십을 강조하기에 이른다.

닉슨이 발표한 '새로운' 전환은 인종차별에 도전하는 것과는 거리가 멀 뿐 아니라 오히려 인종차별을 조장하는 쪽이었다. 도시 반란의 위협이 더 이상 국내 정책의 궤도를 좌우하지 않게 되자, 닉슨 행정부는 주거 분리를 수용했다. 기존 주택과 저소득층 및 빈곤층 주민을 위한 주택 수당은 새롭게 강조하고, 교외 지역에서의 신규 주택 건설은 덜 강조하는 방식을 통해서였다. 닉슨은 도시 위기에 대해 처음 발언한 때로부터 6개월 뒤, 한층 진전된 정책 변화 내용을 발표했다. 그는 자신이 새로 내놓은 "지역 사회 개발" 이니셔티브를 "더 나은 지역사회법(Better Communities Act)"이라고 표현했다.[47] 그 법은 포괄 보조금〔block grant: 일반 보조금(general grant)과 특별한 목적에 부여하는 '개별 보조금(categorical grant)'의 중간에 해당하는 사업군(block) 대상 보조금—옮긴이〕 형태로 세수를 공유하고자 한 닉슨의 첫 번째 시도였지만, 민주당이 장악한 의회의 격렬한 반대에 부딪혀 법안으로까지 발전하지는 못했다.[48]

이 법안의 실패에도 불구하고 닉슨의 주택 정책 변화는 여전히 극적이었다. 그는 연방주택청에 금리를 전통적인 대출 기관과 동일한 수준으로 끌어올리라고 제안했다. 아울러 연방주택청 보험 대출의 계약금을 3퍼센트(또는 235항 프로그램에서의 1퍼센트)가 아니라 5퍼센트로 인상하도록 요구했다. 이 두 가지 조치가 어우러지면서 주택도시개발법 통과 이후 자격을 갖춘 이들, 특히 아프리카계 미국인으로서는 주택 소유가 경제적으로 엄두도 내기 힘든 일로 변해버렸다. 1970년대 내내 인플레이션으로 인해 주택 가격이 크게 치솟았다. 단독 주택의 평균 가격은 1974년에 3만 3000달러를 넘어섬으로써 1971년의 2만 5000달러를 크게 웃돌 것으로 예측되었다.[49] 금리가 9~10퍼센트 부근을 맴돌아 내 집 마련 비용은 훨씬 더 높아질 터였다. 닉슨은 이 점을 고려해 연방주택

금융은행이사회에 압류를 피할 수 있도록 상환 조치를 유연하게 실시하라고 제안했다. 그리고 주택 시장의 밑바닥층에 계속해서 모기지 자금이 공급되도록 보장하기 위해, 정부국가모기지협회가 **신규** 주택에 대한 모기지를 구매할 수 있도록 30억 달러를 지원하겠다고 약속했다. 정부국가모기지협회의 저소득층 모기지 구매는 주택도시개발법에 의해 정부국가모기지협회가 창설되었을 때 도시 주택 시장에 활력을 불어넣은 바 있었다. 하지만 구매력을 신규 주택으로만 한정한 조치로 인해 그들이 도시 주택 시장 및 기존 주택 시장에 참여할 길은 근원적으로 막혀버렸다.[50]

어쨌거나 1971년 미국민권위원회가 실시한 연구는 도시에 신규 주택이 부족하다는 사실을 확인해주었다. 반면 235항 보조금을 받고 판매된 기존 주택의 70퍼센트는 대부분 흑인이 거주하는 도심에 위치해 있었다.[51] 그런 맥락에서 닉슨은 저소득층 주택 프로그램이 외곽 지역의 신규 주택 건설에 지나치게 치중한 나머지 "양호한 기존 주택을 활용할 수 있는 잠재력을 무시했다"고 주장했다. 닉슨은 신규 주택 건설은 "아껴서" 써먹어야 한다고 조언했다.[52] 그는 저소득층 주택에 대해 '주택 수당' 또는 바우처를 우선순위로 삼는 한편, 주택 소유를 대다수 노동 계급 아프리카계 미국인이 감히 가닿을 수 없는 위치로 올려놓았다. 종합하건대 닉슨의 새로운 정책들은 과거로의 회귀나 다름없었다. 즉, 배타적인 백인 교외 지역에서는 훨씬 더 많은 건설과 개발이 가능하도록 거드는 한편, 기반 시설이 무너지고 인종적으로 분리된 도시 및 교외 지역에서는 아프리카계 미국인을 소외시키겠다고 으르고 있었던 것이다. 닉슨은 주택 시장을 부양하는 데서는 정부 역할을 강화했지만, 빈곤층과 노동 계급 아프리카계 미국인의 경우 주택 바우처로 스스로 꾸녀가도록 방치하는 경향을 띠었다. 닉슨이 구상한 전환은 진공 상태에서 별안간 부상한 게 아니었다. 그것은 공공 정책을 뛰어넘어 더 심각하고 불안정한 무언가를 다루는, 성장 일로에 있는 도시의 기능 장애 내러티브와 더불어 시작되었다.

최 하 층 계 급 의 발 명

연방 주택에 대한 기대감과 투자를 고려할 때, 이들 프로그램에서 그저 손을 떼고 말기란 어려웠다. 그러나 그 일은 이 프로그램들이 그 존재 이유인 도시 문제 해결에 크게 기여하지 못했다는 주장으로 인해 확실히 더 쉬워졌다. 롬니로서는 주택도시개발부의 문제가 미국 도시들이 직면한 엄청난 규모의 문제 탓이라면, 자신의 관리 능력 부족에 대한 공격을 다소간 피해갈 수 있다는 추가적 이점도 있었다. 장관직을 사임하기 몇 달 전, 여러 일간지에 주택도시개발부-연방주택청 지원 주택 소유 프로그램에 따른 추문 및 위기 기사가 도배될 때, 롬니는 이러한 문제들을 평가하고 해명하도록 요청받았다. 그는 주택 문제를 넘어 악화일로의 도시 환경까지 포함하는 것으로 논의 범위를 넓히고자 노력했다. 어느 시점에서인가 그는 의회 조사위원회에서 이렇게 말했다. "우리는 주택이 원인인 양 굴면 이러한 문제들을 해결할 수 없습니다. 연방주택청 주택 프로그램은 블록버스팅을 시작하지 않았습니다. 일자리도 빼앗지 않았습니다. 인구 감소와도 무관합니다. 공공 서비스를 줄이지도 않았습니다. 학교 공교육의 질을 무너뜨리지도 않았습니다. 마약 중독을 초래하지도 않았습니다. 주택과는 거의 관련 없는 심각한 사회적 변화가 일어나고 있습니다. 그런데도 결과를 원인인 양 비난하기 일 쑤입니다."[53] 그러나 그의 발언은 다소간 교묘한 역사적 속임수였다. 모 기지 보험에서 도시 지역 사회를 소외시키기로 한 연방주택청의 초기 결정은 흑인 도시 지역 사회와 백인 교외 지역 사회가 불균등하게 발전 하는 데 더없이 중요한 역할을 했다. 그 같은 결정은 분명 저렴한 조건 으로 사업을 운영할 수 있는 토지와 더 낮은 세금을 찾아 나선 백인 납 세자와 사업체들이 도시를 등지고 외곽 지역으로 이동하도록 힘을 실 어주었다. 1970년대 초는 흑인 도시 공동체의 몰락에 기여한 연방 정책 의 과실을 부정하기에는 너무 늦은 때였다. 그럼에도 정확히 그러한 주 장이 제기되고 있었다.

롬니는 처음으로 도시 주택 문제를 해결할 수 있는 가능성에 의문을 제기하는 운명론적 관점을 투영하기 시작했다. 그가 말했다. "이제 우 리 문제의 실질적 차원을 직시해야 할 때라고 생각합니다. 필요한 프로 그램이나 예산이 준비되어 있으며 주택 프로그램을 투명하게 관리하기 만 하면 된다는 그릇된 희망을 품는다고 해서 그 모든 유용한 목적을 달성할 수 있다고 나는 믿지 않습니다."[54] 롬니는 계속해서 자신이 좀더 만연해 있다고 보는 문제에 대해 설명했다. "실수가 있었다는 데는 동 의합니다. 하지만 우리는 발생한 실수를 몽땅 피할 수 있었다 하더라도 여전히 더 큰 비극, 즉 우리 도시에 문제를 지닌 사람들이 임계점에 이 를 정도로 증가하는 상황과 마주했을 겁니다."[55] 이전 증언에서 롬니는 '문제를 지닌 사람들'이 작동하는 더 큰 맥락에 대해 소상히 설명했다. 그가 조언했다. "주택 프로그램만으로는 도심의 주택 문제를 해결할 수 없습니다. 우리는 빈곤, 범죄, 마약 중독, 뒤처진 교육, 열악한 보건 시 설, 불충분한 공공 서비스 …… 그리고 불균형하다 할 정도로 높은 도심 실업률 같은 다른 사회적 조건의 해결책을 강구해야 합니다. ……특히 실업률은 10대 흑인의 경우 최악인데, 그들, 즉 10대 흑인이 대부분의 범죄를 저지르고 있습니다."[56]

롬니의 발언은 주택도시개발부가 도시에서 행한 활동이 그가 지금 묘사하고 있는 도시 생활의 붕괴에 대해 기껏해야 주변적인, 어쩌면 대단치 않은 영향만 미쳤다는 인상을 풍겼다. 주택 문제'만'이 미국 도시의 열악한 환경에 책임이 있다고 주장하는 분석가는 설사 있다손 처도 드물었다. 그러나 아프리카계 미국인의 경우, 인종적으로 분리된 도시나 교외 지역 이외에서 주택을 선택할 수 있는 기회가 부족했기에, 미국 백인이라면 으레 누릴 법한 좋은 일자리, 최고의 학교 등 갖가지 기회에 대한 접근성 면에서 심한 불이익을 겪는다는 사실은 부인하기 어려웠다. 연방주택청 지원 주택 프로그램을 운영하는 과정에서 불거진 도시 아프리카계 미국인의 부정부패, 뇌물 수수, 폭리 취득은 분명 그 프로그램이 활발하게 시행되는 도시들에서 볼 수 있는 빈곤과 절망에 기여했다. 압류로 망가진 흑인 어머니들의 신용, 또는 연방주택청이 승인한 다 쓰러져가는 주택에 그들이 퍼부은 귀중한 저축액을 생각해보라. 그리고 퇴거가 현대 미국 사회에서 빈곤층과 노동 계급 임차인(그들 가운데 불균형하다 할 정도로 많은 비율이 흑인 여성이다)의 삶에 미치는 영향을 다룬 사회학자 매슈 데스먼드(Matthew Desmond)의 글을 떠올려보라. 그러면 1970년대에 살던 집을 압류당한 경험이 저소득 흑인 여성에게 어떤 영향을 미쳤는지 이해할 수 있을 것이다. "집과 재산 그리고 종종 직장을 잃게 된다, 퇴거 통지를 받고 정부 주택 지원을 거부당한다, 가난하고 위험한 동네의 주택으로 재배치된다, 물질적 어려움과 노숙 생활 그리고 우울증과 질병의 증가로 고통받는다. ……퇴거는 단순히 가난한 가족을 인생 여정에서 고달프지만 비교적 짧은 우회로인 어두운 계곡으로 떨어뜨리는 데 그치는 게 아니다. 그것은 그들의 삶을 송두리째 무너뜨리며, 그들을 종전과는 다른 한층 더 어려운 길로 내몬다. 퇴거는 빈곤의 조건이 아니라 **원인**이다."[57]

주택도시개발부의 문제는 '공정 주택' 정책을 추구하지도 일관되게 집행하지도 못한 탓에 더욱 악화했다. 1973년 미국민권위원회는 반복적으로, 그리고 여러 포럼에서 주택도시개발부가 주택 차별을 금지하는 민권 관련법을 일관성 있게 집행하지 못했다는 사실을 확인했다. 실제로는 그 반대였다. 다시 말해, 주택도시개발부의 관행은 주거 분리를 심화시키는 것으로 알려져 있었다.[58] 이를 추동한 것은 주택도시개발부가 (통제한 건 아니라 해도) 영향을 미친 게 분명한 요인들이었다. 롬니는 주택 생산 목표를 집요하게 추구했는데, 이것이 그 모든 과정을 부채질했다. 그는 주택도시개발부–연방주택청의 실패를 해명하는 과정에서 주택도시개발부의 주택 수가 탄탄한 점은 인정해야 한다고 주장하기도 했다. 그가 1972년 미국주택건설협회 모임에서 으스대며 발표했다. "1978년 주택 목표를 달성하기 위해 우리는 지금 50만 호를 계획한 속도보다 앞당겨 건설하고 있습니다. 게다가 그 모든 일을 새로운 프로그램을 시행하고 우리 부처를 조직화 및 분권화하며 공정 주택 정책을 수립하고 시행하던 시기에 해냈습니다."[59] 다른 경우들에서는, 롬니의 정책 이행 속도가 '탈중앙화'와 더불어 주택도시개발부 프로그램에 내재된 문제를 한층 더 증폭시킨 게 분명했다.

그러나 주택 시장에는 주택도시개발부에서 비롯되었다기보다 그 부처의 무활동 탓에 발생한 문제도 있었다. 좀더 구체적으로 말하자면, 주택도시개발부가 1970년대 흑인 도시 공동체를 괴롭힌 폐가 위기의 원인은 아니지만, 폐가 현상은 그 부처의 관행 탓에 더욱 악화했다. 주택도시개발부의 기존 주택은 부동산 시장에서 종종 방치되어 있었다. 사기성 짙은 감정 평가로 주택 가치가 과대평가되어 재판매하기 어려워진 탓이다. 주택도시개발부의 자체 정책에 따라 압류 절차가 이뤄지면 주택 소유자는 집을 나가야 했기에 결국 재판매될 때까지(만약 재판매가 된다면) 집은 빈 상태였다.[60] 백인들이 이사 나가면서 더 많은 도시 주택이 공급되었지만, 미국 도시가 겪고 있는 일자리 및 고용의 위기, 빈곤 증가 탓에 그런 주택들을 매도하기는 어려웠다. 게다가 1970년대 중반 금리가 상승하면서 버려진 노동 계급 동네의 재건 및 재정착 가능성은 더욱 낮아졌다. 한 보고서에 따르면, "수십만 명의 도시 거주자를 수용하는 동네 전체가 마치 전쟁이 휩쓸고 간 것과 비슷한 상태, 즉 완전한 폐허 상태로 치닫고 있었다".[61] 1970년대 중반 버려진 주택이 뉴욕에는 10만 채 이상, 필라델피아에는 3만 6000채, 디트로이트에는 1만 5000채, 세인트루이스에는 1만 채, 볼티모어에는 5000채에 이르렀다.[62]

압류당하고 그에 따라 버려진 주택의 수가 증가하는 현상이 증명하듯, 이들 지역 사회에서는 주택 소유가 실패한 것으로 드러났다. 이는 일부 지역에서는 행동주의와 개혁으로 이어졌으며 레드라이닝을 종식시킨 지혜에 대한 논의를 재점화했다. "'생존 가능성이 높다(reasonably viable)'고 여겨지지 않는다고 해서 도심 지역에서 우리 프로그램을 사용하지 못하도록 금지해야 옳을까요?" 롬니가 과장되게 물었다. 그가 결론지었다. "오늘 나더러 대도시 도심 지역 상당수의 경우 위험이 수용 가능하고, '생존 가능성이 높은지' 여부를 평가해달라고 요청한다면, ……부동산의 물리적 측면을 넘어서는 사회적 상황, 전체 환경을 고려할 때 …… 나는 그렇지 않다고 대답해야 할 듯합니다. ……끔찍한 기분이긴 하지만, 양심상 그 지역 전체를 도려내야 한다고, 그 지역은 '생존 가능성이 높지' 않으며 위험이 수용 가능하지도 않다고 말해야 할 것 같습니다."[63] 그러나 정부의 레드라이닝이 종료됨에 따라 평범한 **백인** 주택 소유자는 이제 집을 팔고 교외 지역으로 이사할 수 있었지만, 아프리카계 미국인은 인종 분리된 교외 지역으로 옮겨가지 않는 한 여전히 이동에 제약을 받고 있었다. 레드라이닝을 되살려내는 일은 도시의 기능 장애에 대한 인식을 부각함으로써 가능해졌다. 미국 도시의 문제가 심각할수록 그 도시에 거주하는 이들의 공간적 이동을 제한하기 위해 경계선을 긋는 조치는 더 많은 정당성을 누렸다. 관리들은 과거의 레드라이닝 제도를 옹호하면서, 인종이 동기 부여 요인이 아니라고, 그보다 배제는 장소 및 그 장소의 생존 가능성 결여에 근거를 두고 이루어졌다고 주장했다. 도시 공간과 관련해 새롭게 부상하는 논의는 거기 거주하는 사람들에게 초점을 맞추었다.

롬니의 셈법에서 정부가 문제의 일부에 불과하다면, 그 방정식의 나머지를 차지하는 것은 '문제를 지닌 사람들'임에 틀림없었다. 1972년 4월 디트로이트 경제클럽(Economic Club of Detroit) 연설의 초안을 작성하면서 롬니는 자신이 의회에서 증언했을 때보다 그들에 대해 한층 더 부정적으로 묘사했다. 그가 작성한 초안대로 연설했는지는 확실치 않지만, 줄을 그어 지운 구절들에서 그의 생각을 엿볼 수 있다. 그 초안에서 롬니는 도시 생활에 짙은 암운을 드리우는 디스토피아적 방식으로 마약 남용과 범죄 문제가 늘고 있다고 지적했다. "디트로이트에는 3만 명의 마약 중독자가 있는데, 그들은 그 습관적 중독에 연간 3억 달러 넘는 비용을 허비하고 있는 것으로 추산됩니다. 이는 범죄율과 디트로이트 주민의 개인적 안전에 막대한 영향을 끼치고 있습니다."[64] 롬니에 따르면, 이 중독자들은 "도시가 병들어 있음"을 단적으로 보여준다. 그는 이러한 변화를 제조업 일자리의 상실과 연결시켰지만, 백인 시민의 이탈 및 아프리카계 미국인의 유입과도 관련지었다. "디트로이트의 백인 인구는 …… 29퍼센트 줄어들었습니다. 하지만 흑인 인구는 …… 37퍼센트 늘어났습니다."[65] 롬니는 이 두 요인이 어우러진 결과 도시가 쇠퇴하고 공공 정책 및 민간 기업의 구체적 역할이 약화했다고 설명했다. 그가 실제 연설에서 말했다.

> 경제적 기능과 경제 인구의 감소, 범죄와 폭력의 증가, 그리고 불안과 헤로인 중독의 심화는 현재 도심의 저소득층 및 중간 소득층 동네에 깊고 만연한 공포를 안겨주는 데 영향을 끼쳤습니다. 또한 사람들에게 저소득 집단, 특히 소수 인종 집단이 사회적으로 위협적인 존재라는 고정 관념을 심어주는 데 기여했습니다. 버려진 주택 및 모기지 실패가 문제의 한 측면임에는 분명하지만, 우리는 거기에만 몰두함으로써 디트로이트의 진짜 골칫거리인 '문제를 지닌 사람들'이 도심에 몰려 산다는 점을 놓치고 있습니다.[66]

1972년 3월 전국주택회의 연설에서 롬니는 연방주택청 지원 주택 소유 프로그램에 대한 비판과 공공 주택을 향한 비판적 평가를 하나로 뭉뚱그렸다. 그는 공공 주택의 세입자가 이른바 공공 주택의 황금기로 여겨지던 1930년대에는 "주로 백인인 데다 신분이 상승하며 부모가 둘 다 있는 평범한 노동 계급 인구"였는데, 1960년대에 이르러 "주로 비백인인 데다 빈곤에 시달리며 신분 상승이 가로막힌 하층 인구"로 바뀌었다고 안타까움을 표시했다.[67] 그는 이러한 변화를 공공 주택의 악화와 연결 지었으며, 공공 기물 파손에서 임대료 파업에 이르는 모든 것이 바로 그 때문이라고 외쳤다. 미국 전역의 공공 주택 프로젝트에 심각한 문제가 깔려 있다는 것은 **분명한 사실**이었다. 하지만 그 문제는 거기 거주하는 가족들의 비규범성보다 훨씬 더 깊숙이 자리 잡고 있었다.[68] 공공 주택은 연방주택청 지원 주택 소유 프로그램의 기존 주택과 마찬가지로 주거 분리, 빈곤, 실업, 그리고 민간 기업의 이익을 보호하려는 의도를 지니는 공공 정책으로부터 영향을 받았다. 이 시기에 가장 잘 알려진 공공 주택 프로젝트는 세인트루이스의 프루잇아이고였다. 이는 시작과 동시에 현대 건축의 천재성을 구현한 프로젝트로 평가받았다. 개발지 면적은 57에이커에 달했고 평평한 대지에 11층 높이의 콘크리트 건물 33채가 우뚝 솟아 있었다. 그러나 1960년대 후반이 되자 프루잇아이고는 악명을 떨치기 시작했다.[69] 공공 주택 현황을 다룬 한 정부 보고서는 이 개발지를 "어느 사회학자가 그 이름을 최악의 게토 생활을 뜻하는 용어로 사용했을 만큼 사회적 무질서와 물리적 참상이 극에 달한 현장이었다"고 기술했다.[70]

1972년 여름, 아파트 33개 동 가운데 2개 동이 텔레비전 시청자가 지켜보는 가운데 철거되면서 프루잇아이고의 거주민과 그 공공 주택이 더는 수리도 불가능하고 희망도 없다는 설명이 한층 더 힘을 얻었다. 철거 당시 프루잇아이고는 미국 최대의 공공 주택 개발 프로젝트였는데, 그 규모가 건물의 유지 관리에 할당된 예산으로 감당하기에는 턱없이 컸다. 공공 주택의 유지 관리 예산은 세입자가 납부한 임대료를 기반으로 책정되었다. 그러나 그 주택 개발지는 결코 최대 임차 수용력에 도달하지 못했고, 그에 따라 지역 주택 당국이 임차인으로부터 징수할 수 있는 금액과 대규모이긴 하나 공실이 상당한 건물을 수리하는 데 드는 비용 사이에 커다란 불균형이 발생했다. 건물 유지 관리 비용이 징수한 임대료 수입을 훌쩍 초과하면서 건물은 빠른 속도로 폐허화되었다. 그러나 종종 그랬듯이 형편없는 공공 정책 결정을 위시한 구조적 문제는 아프리카게 미국인에게 덧씌운 비난의 벽에 가려 온전히 드러나지 않았다.[71]

실제로 프루잇아이고 주민은 처음부터 이 주택 단지를 쇠락하도록 내몬 장본인으로 지목되었다. 랜드 코퍼레이션(Rand Corporation)의 연구원 아이라 로리(Ira Lowry)는 1973년 한 의회 위원회를 위해 저소득층 주택에 대한 평가서를 작성했는데, 거기서 프루잇아이고의 상황을 주민 탓으로 돌렸다. 그는 흑인 도시 공동체에서 신규 주택이 아니라 기존 주택을 더 많이 사용하도록 장려하는 글을 통해 이렇게 밝혔다. "신규 주택도 기존 주택보다 더 잘 관리받을 수 있는 여건이 보장되지 않는 한 즉시 또 하나의 쇠락 사이클에 접어들 수밖에 없다. 세인트루이스의 프루잇아이고 공공 주택 프로젝트에서 알 수 있듯 잘 지은 신규 주택도 놀라울 정도로 짧은 시간에 폐허로 전락할 수 있다."[72] 프루잇아이고, 그리고 좀더 일반적으로 공공 주택의 위기는 잘못된 세입자 행동이 낳은 결과로 해석되었을 뿐 아니라 정부의 사회 복지가 사유 재산에 대한 무관심과 의존성을 조장했다는 증거로 받아들여졌다.[73]

롬니가 전국주택회의 연설에서 "빈곤, 범죄, 반사회적 행동의 결합은 이제 빈곤층이 어디 거주할 수 있는지에 대한 가장 심각한 의문을 제기했다"고 주장했을 때, 그는 보조금 주택에 대한 암울한 평가 속에 공공 주택과 저소득층 주택 소유 프로그램을 사실상 한데 뒤섞었다. 그가 말했다. "우리는 지금 이 프로그램의 실제적인 비생산적 영향과 그에 대한 실망을 크게 경험하고 있습니다."[74] 롬니의 비관적 평가는 그 프로그램뿐 아니라 그것이 지원하고자 하는 인구까지 겨냥한 것이었다. 그는 "두 부류의 가난한 사람"이 존재한다고 표현하면서, 자격 있는 빈곤층과 자격 없는 빈곤층에 대한 오랜 논쟁으로 돌아갔다. 롬니가 "근로 빈곤층"이라고 표현한 첫 번째 부류에는 "안정된 생활 패턴을 유지하며 사회에 위협 요소가 되지 않는" 사람들이 포함되었다. 그리고 그가 "복지 빈곤층"이라고 지칭한 두 번째 부류는 "헤로인 하위문화에 찌들어 있고 …… 대규모 범죄와 공공 기물 파손(vandalism)에 가담하는 등 사회 무질서의 제물이 된 훨씬 더 작은 집단"이었다. "이 두 번째 인구는 그들 주변의 더 큰 빈곤층 집단뿐 아니라 일반 인구에까지 위협을 가합니다."[75]

롬니는 복지 빈곤층이 미국 도시 악화의 핵심 촉매제라고 보았다. 그는 이렇게 분석함으로써, 빈곤 퇴치 프로그램에 의문을 제기하는 데 그치지 않고 빈곤층을 폄훼하는 식으로 그 일을 진행하는 보수주의자의 아우성 소리가 점점 더 커지는 분위기에 올라탔다. 예컨대 롬니는 자신의 주택 관련 연설에서 〈뉴스위크〉의 칼럼니스트 스튜어트 올숍(Stewart Alsop)이 사설을 통해 도시 동네들이 '병들었다'고 표현한 내용을 긍정적으로 인용했다. 올숍은 '지옥으로 가는 길(Road to Hell)'이라는 제목의 칼럼에서 사회 복지를 미국 도시 문제의 핵심으로 꼽으면서 이렇게 적었다. "〔나를 포함해〕 선의를 지녔으며 자유주의적인 사람들은 사회 복지가 사우스브롱크스를 비롯한 기타 뉴욕의 슬럼 상황을 치유하는 방법이라고 여겨왔다." 하지만 올숍은 그 발상을 공격했으며, 사회 복지 지출이 뉴욕을 "더 나쁘게—그리고 점점 더 나쁘게" 망쳐놓았다고 주장했다.[76] 그는 사회 복지 지출을 비판하는 데서 사회 복지 수급자를 공격하는 데로 나아갔다. 올숍은 '나쁜 사람들'이라는 부제를 단 섹션 바로 앞

문상에서 이렇게 썼다. "질병을 통제하려면 먼저 가난한 사람들이(특히 흑인일 경우) 착한 사람들이라는 개념을 버려야 한다. 일부 가난한 흑인은 악한 사람들이다. 애초에 그렇게 태어났거나, 아니면 훨씬 더 흔한 경우지만 헤로인 중독에 빠져 악하게 되지 않을 수 없었기 때문이다."[77]

롬니는 연설에서 다른 익명의 출판물을 인용하며 그 주제를 계속 이어나갔다. 그는 '병든' 도시를 부동산 시장과 연결시켰다. "마약 중독자, 주정뱅이, 범죄자, 폭력적 기질을 타고난 자들이 동네를 도저히 살 수 없는 곳으로 망가뜨리고 있습니다. 아파트 건물 아래층에 자리한 구멍가게들은 심심하면 '털렸습니다'. 로비에서는 툭하면 강도 사건이 발생했습니다. 가게들은 하나둘씩 문을 닫았고 아파트들도 점차 버려졌습니다. 주인은 제아무리 가격을 낮추어도 가게를 매도할 수 없었고, 은행을 비롯한 모기지 채권자 역시 그 가게의 접수를 거부했습니다. 결국 주인은 그 부동산을 버릴 수밖에 없습니다."[78] 이 구절에서 주택도시개발부, 연방주택청, "은행", "다른 모기지 채권자들"은 힘과 영향력을 휘두르는 기관에서 "마약 중독자, 주정뱅이, 범죄자, 폭력적 기질을 타고난 자들"에 의해 피해를 입는 무고한 희생자로 스리슬쩍 달라진다. 또한 롬니는 제 자신과 닉슨 대통령까지 새로운 희생자 목록에 집어넣으면서 이렇게 선언했다. "우리는 희생양—그것이 롬니 장관이든, 주택도시개발부든, 닉슨 행정부든, 혹은 기타 가능한 타깃이든—을 내세우면서 문제를 해결하지는 않을 겁니다."[79] 이것은 가난한 사람들에 대한 무분별한 공격일 뿐 아니라 더 큰 이념적·경제적·정치적 변화가 진행되고 있음을 보여주는 예였다. 롬니는 전후 자유주의에서 빈곤 퇴치에 정부가 어떤 역할을 할 수 있는지에 의문을 표시하는 방향으로 궤도를 수정했다. 그는 '큰 정부'를 수용했던 자신의 종전 입장에서 후퇴하며 이렇게 말했다. "우리는 지금껏 이러한 문제 영역들에 수십억 달러를 쏟아부었지만 아무런 성과도 거두지 못했습니다. 이제 우리가 돈을 조금만 더 쓰면 이 어려운 사안을 해결할 수 있다고 말하는 건 어리석은 일입니다."[80]

　사회지리학자 닐 스미스(Neil Smith)는 1980년대와 1990년대에 전투적인 우파가 도시 빈민 없이 도시 공간을 재구성하기 위해 1960년대와 1970년대의 자유주의를 공격한 사태를 기술하기 위해 '도시의 리밴치즘(revanchist city)'이라는 개념을 만들었다.[81] 스미스가 보기에 이것은 주로 젠트리피케이션(gentrification: 본래 낙후했거나 저소득층, 영세 기업이 주를 이루던 지역이 개발되면서 외부인과 돈이 흘러 들어오고 집값 및 임대료가 상승함에 따라 기존에 살던 사람들이 밀려나는 현상—옮긴이) 프로젝트였지만, 빈민에 대한 정치적 공격은 더 많은 대중이 도시를 재구성할 수 있도록 준비시켰다. 스미스는 뉴욕의 도시 정치 내에서 이를 관찰했지만, 그것을 좀더 일반적인 도시 거버넌스 방법으로 설명할 수 있었다. 사회이론가 조던 캠프(Jordan Camp)는 좀더 최근에 1960년대와 1970년대의 사회 운동과 정치를 역사적으로 해석한 자신의 책에서 이렇게 밝혔다. "신자유주의를 뒷받침하는 인종·성별·섹슈얼리티에 대한 통념을 통해, 그리고 노동·민권·여성·사회주의 운동을 국가의 적으로 묘사하는 방식을 통해 리밴치즘이 재생산되고 있다. ……리밴치즘은 인종과 범죄에 대한 도덕적 공황을 통해 미국 도시에서 자본이 사회적 임금[social wage: 1995년 미국 경제학자이자 사회이론가 제러미 리프킨(Jeremy Rifkin)이 주장했다. 정부가 직접 지급한다는 점에서는 기본 소득과 흡사하지만, 소득 지급의 반대급부로 공공 근로 같은 일정량의 '노동'을 전제로 한다는 점에서 그것과 구분된다—옮긴이] 을 포기하면서 촉발된 계급적 분노를 좌절시켰다. 이른바 '최하층 계급'의 행동을 폭력과 무질서의 원천으로 규정함으로써 그렇게 한 것이다."[82] 실제로 롬니의 연설과 올숩의 사설은 머잖아 도시 쇠퇴의 원인으로 지목당하는 새로운 '최하층 계급' 개념에 대한 종합적 스케치였다.

빈곤층의 한 가지 범주인 '최하층 계급' 개념은 새로운 게 아니었다. 사회과학자 고(故) 마이클 카츠(Michael Katz)가 설명했다. "최하층 계급에 대한 논평들은 빈곤 관련 문헌에서 가장 오래된 비유를 되살려낸 것이다. 그 논평들은 19세기에 이루어진 자격 없는 빈곤층에 대한 행동적·문화적 묘사를 고스란히 따라 했으며, 빈곤 문화라는 주제로 되돌아갔다."[83] 1960년대에는 나중에 '최하층 계급'으로 묘사된 그 동일한 사람들이 가망 없는 실업자로 불렸으며, '빈곤과의 전쟁' 및 '위대한 사회' 프로그램의 대상 집단이었다. 이들은 무시하기에는 너무나 폭발력 있는 도심의 "사회적 다이너마이트"로 간주되었다.[84]

모델 도시 프로그램을 평가하는 대책 위원회의 책임자로 임명된 하버드 대학의 정치학자 에드워드 밴필드(Edward Banfield)는 1970년 《쾌적하지 않은 도시(The Unheavenly City)》라는 제목의 반동적인 책을 펴냈다. 그는 '도시 위기' 따윈 존재하지 않는다고 주장했다. 대신 나쁜 도시란 없고 나쁜 사람들만 있을 뿐이라며 이렇게 외쳤다. "하층에 속한 개인들은 슬럼에서 살아가지만 불평할 까닭이 거의 또는 전혀 없다. 그들은 집 안팎이 얼마나 더럽고 낡았는지 상관하지 않는다. 학교·공원·도서관 같은 공공시설이 제대로 갖춰져 있는지도 신경 쓰지 않는다. 실제로 그런 시설이 있는 곳일 경우, 할 수만 있다면 공공 기물 파손 행위를 통해 그것을 파괴해야 직성이 풀린다. 다른 사람에게 혐오감을 안겨주는 슬럼가의 특징은 기실 그를 기쁘게 만든다."[85] 현실 안주적인 빈민가 거주자에 대한 밴필드의 주장은 롬니가 연설에서 도시 거주자에 대해 설명한 내용과 크게 다르지 않았다. 1977년 여름, 〈타임〉은 공식적으로 '최하층 계급'이라는 용어를 소개함으로써 그것을 대중에게 널리 알렸다. 하지만 그즈음 그에 관해 기술한 내용은 진즉부터 대중에게 익숙한 상태였다.

아이들이 바퀴벌레를 쫓거나 쥐를 피하는 병적 스포츠를 일삼는, 악취에 절은 게토 아파트는 가망이 없다. 목욕할 수 있는 온수도, 온수를 담을 온전한 욕조도 없고, 배관 시설도 제대로 작동하지 않는다. 이러한 환경에서는 납 중독(벗겨진 페인트를 흡입한 데 따른), 중증 인플루엔자 같은 질환이 흔하게 발생한다. 형제자매가 부모와 얇은 벽이나 담요로 분리된 침대에서 함께 자는 일도 흔하다(주변에 남자가 없는 경우가 대부분이긴 해도). 거리는 밤에 걸어 다니기에 안전하지 않으며 흔히 복도도 그러하다. 굶는 사람은 없지만, 많은 이들이 핫도그, 트윙키(속에 크림이 들어 있는 노란색 빵—옮긴이), 과자, 탄산음료, 드물게 쓰레기통을 뒤져서 구한 음식 등으로 대충 끼니를 때운 결과 영양실조에 시달리고 있다. 알코올 중독은 흔하며 헤로인은 가장 선호하는 탈출구다. 환상으로 치닫는 또 다른 길은 텔레비전이다. 텔레비전에서는 미국 중산층이 누리는 좋은 삶의 이미지가 넘쳐나면서 그들의 부러움을 사고 그들의 좌절감을 불러일으키고 있다.[86]

이 같은 끔찍한 묘사는 가뜩이나 열악한 주택과 환경에서 살아가는 가난한 성인과 어린이들을 무너뜨린다. 사람과 장소를 따로 구분하지 않고 둘 다 영구적인 것으로 간주한 결과, 가망 없으며 비참하다는 평가가 그들 관찰의 근간을 이루고 있다.

리밴치즘 개념은 20세기 사회 계약 개념을 뒷받침하던 사회 복지와 소비 측면의 케인스주의에서 과감하게 돌아섰다는 것을 말해준다.[87] 1960년대에는 부분적으로 그 사회 계약의 보호 아래 아프리카계 미국인을 포함시키기 위한 투쟁이 벌어지기도 했다. 따라서 리밴치즘은 아프리카계 미국인 등에게 혜택을 안겨주는 사회 계약을 무효화하기 위해 인종을 활용하는 전략과 밀접하게 연관되어 있다. 또한 이 용어는 1970년대 초 미국의 신자유주의로의 전환에 대한 폭넓은 이해와도 긴밀하게 연결되어 있다.[88] 신자유주의는 단지 '민영화' 또는 국가 지원의 제거로만 오해를 받아왔다. 물론 그것을 적용하는 데는 민영화 요소가 포함되지만, 민영화가 신자유주의의 의미 전체를 말해주는 것은 아니다. 신자유주의는 여러 요소를 담고 있었지만, 무엇보다 사회 복지 국가, 그리고 좀더 일반적으로 사회 계약에 대한 정치적·사회적·경제적 거부가 주축을 이룬다. 신자유주의는 기업 및 자본의 우위를 불안정하게 만드는 사회적 장애물을 약화시킴으로써 그것의 수익성 회복을 지향하는 전략적 노력이다.

보수주의의 퇴행적 정치와 신자유주의적 재구조화 프로젝트가 완전히 같은 것은 아니었지만, 미국에서 그 둘은 상대가 발전하는 데 영향을 미칠 수 있었다. 1960년대의 흑인 투쟁은 아프리카계 미국인이 불균형하다 할 정도로 심하게 경험하고 있는 빈곤에 맞서기 위해 사회 복지 국가 강화를 정당화했다. 이는 사회 복지, 공정하고 공평한 주택, 그리고 무엇보다 복리 후생이 잘 되어 있는 양질의 일자리에 대한 요구 등 값비싼 대가를 치르면서 실현되었다. 실제로 기업의 '사회적-상업적 자본주의'로의 전환은 격동하는 미국 도시를 안정시키기 위해 자본을 투자하는 결과로 이어졌다. 도시 반란군의 분노와 폭력이 그 과정을 더욱 부채질했다. 그러나 그 원동력이 잠잠해지기 시작하자, 사업 측면에서 사회 질서를 회복하려는 열망이 슬머시 고개를 들었다. 이런 일은 여러 복지 국가 측면의 후퇴뿐 아니라 노조, 특히 흑인과 유색 인종 노동자로 구성된 공공 부문 노조에 대한 공격을 통해서도 일어났다. 롬니는 전국주택회의 연설에서 빈곤층 흑인에 낙인을 찍었을 뿐 아니라 공공 부문 노동자와 그들의 임금 인상 요구를 공격했다. 그는 "도심의 재정 위기 증가"가 결정적 요인이라고 말했다. 롬니는 도시 노동자가 "점점 더 조직화하고 연봉 인상을 압박할 수 있게 되었다"며, 이것이 "우리 사회가 도심에서 마주하고 있는 도전"의 일부라고 설명했다.[89] 확실히 이율배반적인 입장이었다. 롬니와 다른 공화당원들은 빈곤을 도시 파괴의 원인으로 꼽으며 한탄했으면서도, 다른 한편으로 공공 부문 노동자들이 높은 임금과 강력한 복리 후생을 확보하고자 단체 행동에 나서는 분위기를 비난했기 때문이다. 롬니가 묘사한 감당하기 벅찬 도시 위기를 끝장내는 진정한 열쇠는 바로 보수 좋은 도시 일자리에 대한 접근성이었다.[90] 역사학자 토머스 슈그루(Thomas Sugrue)는 "빈곤의 고리를 끊고 흑인 중산층을 창출하는 데서 정부보다 더 큰 역할을 한 기관은 없다"고 지적했다.[91]

신자유주의와 신보수주의는 도시의 노동 계급과 빈곤층 흑인을 악마화함으로써 '자격 없는' 아프리카계 미국인을 우선적으로 돌본다고 인식되고 있는 복지 국가의 정당성을 흠집 내는 방식으로 서로 수렴하고 있었다. 그러나 1960년대 전반에 걸친 흑인 투쟁은 사회 복지라는 개념을 정당화했으며, 흑인도 사회 복지를 받을 자격이 있는 존재로 묘사했다. 이 때문에 인종을 거의 언급하지 않는 맹렬한 이념 운동은 국가가 빈곤을 타파해야 한다거나 '위대한 사회'를 창출해야 한다는 발상을 짓누르는 데 성공했다.[92] 1960년대에 펼쳐진 운동은 인종적 편견을 공개적으로 드러내는 것을 용납할 수 없게 만드는 식으로 아프리카계 미국인이 열등하다는 가정을 약화시켰다. 이러한 정치적 감수성의 변화는 사회적으로나 정치적으로 드러내놓고 인종차별에 호소하는 행위를 옹호할 수 없게 만들었다. 물론 그렇다고 해서 인종차별이 사라진 것은 아니지만, 이러한 역학은 인종차별이 표현되는 방식을 변화시켰다. 그에 따라 인종차별적 주장은 이제 표면상으로는 중립적 언어로 표현되었다. 민권 획득 이후 등장한 인종 무관 담론은 인종에 대한 노골적 호소 없이 법과 법률을 협소하게 해석하는 방식을 통해 나타났다. 이러한 변화는 정치에 대한 접근법에서 분명하게 드러났을 뿐 아니라, "명확하게 정의된 인종차별적 의도가 없다는 것은 인종차별적 해악이 없다는 것이나 마찬가지"라는 법적 판결에서 가장 확실하게 드러났다. 또한 인종 무관으로의 전환은 일종의 사법적·정치적 기억상실증(좀더 분명하게 말하면 일부러 모른 체하기)을 자초함으로써 "지속적 인종 계층화의 원인 및 결과에 대한 인식을 거부하도록" 내몰았다.[93]

문화, 가족 구조, '개인적 책임' 같은 주관적 개념 틀에 대한 언급을 포함하는 인종 무관 및 능력주의(meritocracy) 담론은 과거에 복지를 향한 비판에서 흔히 발견되는 특징인 적나라한 인종 공격(race-baiting)을 대체했으며, 대신 흑인의 나태함에 주목했다. 그러나 인종에 대한 직접적 언급이 사라졌다고 해서 간접적으로 표현된 인종차별적 선동마저 자취를 감춘 것은 아니다. '저소득층' '도시' '빈곤층'은 하나같이 흑인을 대신하는 단어였다. 공화당의 전략가 리 앳워터(Lee Atwater)는 이러한 변화를 다음과 같이 설명했다.

1954년에는 '깜둥이(nigger)' 운운하는 식으로 말을 시작했어요. 그런데

1968년에는 '깜둥이'라는 표현을 쓰면 피해를 입게 될 뿐 아니라 역효과가 납니다. 그래서 〔타 지역으로의—옮긴이〕 강제적 버스 통학(forced busing)', 주 정부의 권리 등등의 표현을 쓰면서 지나치게 추상적으로 이야기하게 되지요. 가령 세금 인하에 대해 이야기하고 있을 경우, 이 모든 것은 전적으로 경제적 문제이며, 흑인이 백인보다 더 큰 피해를 입는다는 것은 그에 따른 하나의 부수적 결과일 따름입니다. ……"우리는 세금을 삭감하고 싶다"는 말은 '강제적 버스 통학'보다 더 추상적이며, '깜둥이' 운운하는 것보다는 훨씬 더 추상적입니다.[94]

신자유주의 이데올로기 이면에는 성공과 실패의 요소인 만연한 개인주의가 드리워 있다. 물론 법률과 공적 담론에서 인종을 삭제한다고 해서 인종적 차이와 불평등이라는 현실이 사라지는 것은 아니다. 아프리카계 미국인은 미국 사회에서 성공을 측정하는 사회적·구조적 지표에 있어 백인에게 시종 뒤처졌다. 그러나 1960년대 다양한 사회 운동을 통해 명확하게 드러난, 흑인의 사회적 이동성을 가로막는 구조적 제약은 도시 쇠락의 책임을 체제가 아닌 개인에게 돌리는 '기능 장애 담론'이 쇄도하면서 그 아래 묻혀버렸다.

이는 복지 국가에 대한 이전의 공격처럼 반드시 자격 없는 개인을 찾아내는 데 우선순위를 두지는 않는, 신자유주의적 재구조화라는 더 큰 목표와 부합했다. 그 목표는 사회 복지를 완전히 무력화하려는 것이었지만, 자격 없다고 인식되는 개인에 대한 공격은 사회 복지 전반에 대해 더 큰 의문을 제기할 기회를 제공했다. 이것이 바로 닉슨 행정부의 관리들이 문제의 원인으로 국가 자체만큼이나 개인에게도 초점을 맞춘 이유다. 연방 정부와 거기 소속된 관료들(bureaucrats: 이는 닉슨이 그들에게 조롱조로 붙여준 이름이다)은 무능한 복지 수급자 못지않은 악당이었다. 주택도시개발부-연방주택청 위기가 심화하는 것처럼 보이자 수천만 달러의 연방주택청 보험금 지급이라는 '충격'은 국가가 저소득층 주택 보급에서 담당해온 역할을 재검토할 기회를 제공했다.[95] 닉슨의 경제고문이자 신자유주의의 이론적 설계자 밀턴 프리드먼(Milton Friedman)은 도시 쇠락에 관한 올솝의 사설과 맥락을 같이하는 반응을 보였다. 프리드먼의 에세이에는 〈무엇이 도시를 죽이고 있는가?(What Is Killing the City?)〉라는 제목이 달렸다. 그가 썼다. "정부 지출은 해결책이 아니라 문제다. 우리는 새로운 정부 프로그램을 필요로 하지 않는다. 도리어 기존 프로그램을 폐지하고 사람들이 스스로의 가치에 부합하는 자신의 돈을 쓰도록 유도해야 한다. 그러면 도시는 점점 더, 훨씬 더 좋아질 것이다."[96] 프리드먼은 다른 글에서 정치적 의제를 밀어붙이기 위해서 위기를 이용하는 것에 대해 이렇게 썼다. "실제적인 것이든 인식된 것이든 오직 위기만이 진정한 변화를 이끌어낸다. 위기가 발생했을 때 취할 수 있는 조치는 주위에 흩어져 있는 아이디어에 따라 달라진다. 나는 정치적으로 불가능한 것이 정치적으로 불가피한 것이 될 때까지 …… 기존 정책에 대한 대안을 개발하는 게 우리의 기본적 기능이 되어야 한다고 믿는다."[97]

자유주의에서 신자유주의로의 전환은 조지 롬니와 그로 대표되는 냉전 세대 및 인종자유주의 세대의 정치적 궤적을 통해 엿볼 수 있다. 본시 그들의 자유주의는 미국 민주주의 및 그 통치 기관들 속으로의 포용과 그에 대한 접근성 향상을 통해 흑인의 평등을 실현할 수 있다는 발상에 뿌리를 두고 있었다. 그러나 정치적·사회적 위기가 지속되면서 민주적일 거라고 추정한 미국의 여러 기관이 얼마나 취약한지가 여실히 드러났다. 지속되는 위기는 불평등이 **구조적**이라는 것을 시사했다. 많은 냉전자유주의자는 불평등이 지속되는 사태를 보고 통치 체제와 통치 기관에 의문을 제기한 게 아니라 일부 정부 보조금과 사회 복지 수혜자의 능력 및 자질에 의혹을 표현했다. 롬니는 갈등을 겪었는데, 닉슨 행정부에 속한 대다수 사람은 사회 복지 분배에서 국가가 담당하는 역할을 부인하는 데 동조적이었던 데 반해, 그는 그 역할을 전적으로 부인하지는 않았기 때문이다. 하지만 롬니가 '복지 빈곤층'을 범죄자나 마약 중독자와 동일시한 것은 최악의 인종차별적 고정 관념에 근거한 악의에 찬 공격이었다. 어쨌거나 시시각각 경제 위기가 닥치면서 미국 자본주의의 영광이 약화하는 상황이었음에도 그 약속을 믿는 사람들에게, 그것은 사리에 맞는 결론이었다.

신자유주의는 아프리카계 미국인에게서 아메리칸드림의 약속을 앗아갔다. 새로 출현한 억압 체제를 지탱하는 데는 막대한 지출이 이어졌지만, 미국은 빈곤 퇴치 프로그램과 관련해서는 재정 긴축 시기에 접어들고 있었다. 1970년대 경찰·교도소·군대에 대한 대대적 지출 확대가 보여주듯이 신자유주의 프로젝트가 국가 프로그램의 부재와 직접 연결되었던 것은 아니다. 정치적으로 흠집 내기 쉬운 프로그램에 대한 공격에 화력이 집중되었으며, 사회 복지라는 개념과 그 수혜자라 여겨지는 이들을 향한 공격은 한층 더 극성스러워졌다. 연방주택청 지원 기존 주택 프로그램의 위기에 대한 인식과 급증하는 주택도시개발부 주택 재고의 가격 상승에 힘입어 그 프로그램과 사회 복지 프로그램 전반에 분노하고 그것을 비난하는 분위기가 펼쳐졌다. 1974년 닉슨의 당선 후 예산안은 시애틀·필라델피아·시카고에서 저소득 흑인 여성 운동가들의 소송을 지원한 바 있는 논란 많은 경제기회국을 폐지하는 등 '빈곤과의 전쟁' 및 '위대한 사회'에 뿌리를 둔 100여 개 프로그램의 종료를 제안했다. 닉슨의 선거 압승은 맥거번을 묻어버렸을 뿐 아니라 '위대한 사회'를 무너뜨렸고 정부가 가난한 이들을 책임져야 한다는 개념을 불신하도록 만들었다.

흑인 언론인 새뮤얼 예트(Samuel Yette)가 새로 꾸려진 닉슨 행정부의 대표들과 100여 개 신문사 발행인이 모인 당선 후 회의에 대해 묘사했다. 예트는 9년 전 존슨이 대통령에 당선되고 나서도 비슷한 언론인 모임이 열렸는데 존슨이 그 자리에서 비공식적으로 '무조건적인 빈곤과의 전쟁'을 선포할 거라고 밝힌 것으로 기억했다. 1973년 회의는 분위기가 사뭇 달랐다. 흑인 언론인들이 흑인의 실업 및 빈곤, 젊은 아프리카계 미국인의 정부 프로그램 이용 가능성에 대해 질문하자, 닉슨의 수석경제고문 허버트 스타인(Herbert Stein)은 "정부는 문제의 해결책이 아니다"라고 딱 잘라 말했다. 예트는 스타인 발언의 속내에 대해 이렇게 제 의견을 밝혔다. "그가 진짜 하려던 말은 그들〔언론인들〕이 새로운 국정 운영 기조의 **본질** 및 그것이 미래에 주는 함의와 관련해 진정으로 달라진 뭔가를 알아차리지 못했다는 것이었다. 정부는 이해하지 못했던 게 아니라 신경 쓰지 않았던 것이다. 이 점이 …… 바로 닉슨의 1974년 예산안이 미국 흑인에게 건네는 메시지다."[98]

1972년 대통령 선거 기간 동안 연방 지출에 대한 공적 토론은 보수주의적 방향으로 선회했다. 닉슨은 조지 맥거번 쪽으로 기울어 있는 백인 유권자에게 호소하면서도 무소속이자 선도적 인종분리주의자인 조지 월리스(Geroge Wallace)의 선거 운동과는 차별화하기 위해 '복지 윤리 대 노동 윤리'라는 관점에 비추어 선거를 치렀다.[99] 사회적 재정 지원 혜택으로서 복지를 극력 반대한 캘리포니아 주지사 로널드 레이건

(Ronald Reagan)은 닉슨으로 하여금 그를 자신의 오른편에 선 정치 도전자로 보고 방어 태세를 취하도록 만들었다. 닉슨은 처음에 개인 복지 수당을 대신해 모든 국민에게 '국민소득' 1600달러를 지급하는 가족 지원 계획(Family Assistance Plan)을 지지했다. 그것은 프리드먼이 미는 안이었지만, 다른 보수적인 정치인들 사이에서는 의혹을 불러일으켰다. 레이건은 닉슨의 계획을 훨씬 더 복지적인 것으로 재구성해 공격적으로 반대함과 동시에 캘리포니아주의 복지 시스템에서 드러난 사기를 범죄시하는 캠페인을 주도했다.[100] 닉슨의 가족 지원 계획과 재정 지원 혜택으로서 복지를 손보려는 레이건의 노력을 둘러싸고 논쟁이 이어졌다. 전자는 혜택받을 자격이 있지만 놓치고 있는 사람이 누구인지에, 후자는 약삭빠르게 혜택을 찾아먹는 자격 없는 수급자가 누구인지에 초점을 맞추었다.

미국에서 사회 복지가 지니는 의미를 둘러싸고 보수적인 선출직 공무원과 진보적인 선출직 공무원 간에 논쟁이 불붙었는데, 그들은 인플레이션과 세금 인상 약속을 향한 대중의 우려 증가를 냉소적으로 활용하는 식으로 정치 공세를 펼쳤다. 닉슨이 대통령 선거일을 두 달 앞둔 노동절에 행한 연설에서 말했다. "노동 윤리는 '뭔가 거저 얻는 일' 따위 없으며, 인생에서 가치 있는 모든 것은 어느 정도의 노력과 희생을 필요로 함을 우리에게 말해줍니다."[101] 공화당 관리들은 베트남 전쟁에 엄청난 비용을 쏟아붓는 데 대해서는 거의 투덜대지 않으면서도, 유독 사회 복지 문제를 해결하고자 만든 프로그램에 대해서만 불평을 늘어놓았다. 여기에는 주택도시개발부의 주택 소유 보조금처럼 전혀 '복지'가 아니었음에도 불구하고 그렇게 인식되는 프로그램 또한 포함되었다. 주택도시개발부의 도시 주택 스캔들에 대한 뉴스가 내내 보도되면서 연방주택청 보험금 지급으로 인해 세금이 줄줄 새고 있다는 언급이 이어졌다. 어느 사설은 "납세자야말로 진정한 호구"라고 묘사했다.[102] 사회 복지 수혜자의 악마화는 지속되는 인종차별을 합리화하는 부수적 결과를 낳기도 했다. 미국 도시, 그리고 특히 중요한 점으로 거기 거주하는 흑인에 대한 부정적 묘사는 저소득 도시 거주자를 자기네 지역 사회에서 계속 배제하고자 하는 교외 거주자의 노력을 정당화했다. 따라서 우리는 1970년대의 주택도시개발부-연방주택청 위기를 도시 쇠락 담론 및 최하층 계급의 출현에 기여한 것으로서, 또한 미국 생활에서 특정 종류의 질서를 재건하려는 노력에 보탬이 된 정치적 도구로서 이해해야 한다.

새롭게 등장한 위기

복지 국가에 대한 공격을 주도한 것은 이데올로기와 수사만이 아니었다. 1970년대 초 여러 가지 사건이 맞물리면서 1960년대의 사회 프로그램에 대한 지지 약화에 영향을 주기도 했다. '빈곤과의 전쟁' 덕택에 공식적으로 빈곤층으로 분류되는 사람들 수가 감소한 것은 사실이지만, 공화당과 대부분의 보수주의자는 1970년대의 인플레이션율 상승이 존슨 정부가 사회 복지 프로그램을 확대한 탓이라고 보았다. 1973년 미국의 인플레이션은 남북전쟁 이후 최고치를 기록하면서 서민의 삶을 피폐하게 만들고 있었다. 소비자물가지수는 1972년의 2배에 달하는 8.7퍼센트로 확인되었다.[103] 닉슨 행정부가 '큰 정부'와 '연방 중앙 집권화'에 격렬하게 반대했음에도 닉슨은 가격을 통제함으로써 인플레이션의 흐름을 막아보려 애썼다. 하지만 그 노력은 결국 실패로 돌아갔다. 연료 가격 급등과 날씨로 인한 작황 부진이 겹치면서 1973년에는 일반 국민이 피부로 체감할 수밖에 없는 식료품 가격이 30퍼센트나 치솟았다. 곡물 도매가격은 한 달 만에 21퍼센트 오르면서 모든 식품 비용에 연쇄적으로 영향을 주었다. 1973년 1~3분기 동안 식품 가격은 24퍼센트 급등했다. 닉슨이 대통령에 취임하고 3개월 뒤, 연방 관리들은 "2월 소비자 물가지수가 1951년 이래 볼 수 없었던 속도로 상승했다"고 보고했다.[104] 1973년 봄 육류 가격이 75퍼센트나 껑충 뛰면서 서민의 생활은 다시 한번 휘청거렸다. 그해 4월에는 육류와 식품 전반의 가격 상승으로 일주일간 육류 불매 운동이 벌어지기도 했다.[105] 5월에 대두 가격이 45퍼센트, 밀 가격이 22퍼센트, 옥수수 가격이 30퍼센트 상승하자 식품 가격은 계속해서 통제 불능 상태로 치달았다.[106]

1971년 물가가 오르기 시작하자 닉슨은 이른바 '2단계 동결 조치(Phase II freeze)'를 취했다. 원자재를 제외한 물가에는 적용했지만 임금에는 적용하지 않음으로써 기업을 격분하게 만든 조치였다. 하지만 이것은 거의 실효를 거두지 못했다. 가격을 되돌려놓지 못하고 그저 엄청나게 부풀려진 수준에서 동결시키는 데 그쳤기 때문이다.[107] 이 인플레이션 위기를 가장 극명하게 보여준 것은 아마도 텍사스 부화장의 노동자들이 병아리 4만 3000마리를 통에 담아 익사시킨 사건이 저녁 뉴스에 보도되었을 때일 것이다. 그 회사 오너들은 사료 가격은 오르는데 닭고기 가격은 동결되어 병아리를 죽이는 편이 더 비용 효율적이라고 판단했거나, 아니면 오너 한 명의 말마따나 "병아리를 키우는 것보다 익사시키는 쪽이 더 싸게 먹힌다"고 판단했다.[108]

가을이 되자 물가는 도로 내려가기 시작했지만 인플레이션의 충격은 지속되었다.[109] 9월 실시된 갤럽 여론 조사에 따르면, 응답자의 89퍼센트는 '높은 생활비'가 미국이 직면한 주요 문제라고 답했다.[110] 식량 가격은 1973년 가을의 기록적 풍작에 힘입어 진정되었지만, 에너지 위기는 새로운 경제적 충격을 안겨주었다. 국내 생산 문제가 촉발한 석유 부족 사태에 국제적인 석유 생산 및 유통의 위기가 더해졌다. 산유국인 중동 국가들의 석유 금수 조치는 미국 내 유가 상승을 부추겼다. 1973~1974년 오일 쇼크(oil shock)와 관련해 가장 오래도록 기억에 남는 장면은 아마도 도시 곳곳에서 휘발유와 난방유를 사기 위해 자동차 행렬이 장사진을 이룬 모습일 것이다.

석유 금수 조치에다 인플레이션 충격이 겹치면서 전후의 긴 호황은 충격적으로 끝이 났다. 인플레이션의 원인을 둘러싸고 불꽃 튀는 논쟁이 잇따랐지만, 대다수 경제학자는 전후의 임금 상승과 높은 고용률 때문이라는 입장, 그리고 복지 국가와 식량 및 석유 부족 때문이라는 입장 사이를 오가는 것 같았다. 인플레이션과 기타 생활비의 상승 속도는 새로운 고용률 하락으로 인해 더욱 악화했다. 1974년 1월 흑인 실업률은 9.6퍼센트까지 치솟았고, 연말까지 더 상승할 거라는 예측이 나왔다.[111] 이는 6년 만에 처음으로 흑인 실업률이 상승한 결과였다. 전후 경기 침체가 절정에 달한 1975년 봄, 흑인 실업률은 14.2퍼센트까지 훌쩍 뛰었다.[112] 도시연맹은 1976년에는 흑인 실업률이 25.4퍼센트라는 놀라운 수준에 달하고, 흑인 10대의 경우 64퍼센트까지 껑충 치솟을 거라고 예상했다. 흑인 아동의 39퍼센트가 어머니와 함께 다른 친척의 가정에서 살고 있다는 통계는 아프리카계 미국인의 경제 상황이 급속도로 악화하고 있음을 말해주는 증거였다.[113]

기업인이 주도하는 공화당은 케인스식 사회 계약이 경제난의 원인이라는 주장을 받아들였으며, 그것을 기업의 수익성을 회복하기 위해 사회적 기대치를 재설정해야 하는 근거로 삼았다. 〈비즈니스 위크〉가 사설에서 주장했다. "어떤 사람들은 분명 더 적게 가지는 데 만족해야 할 것이다. ……그러나 대기업이 더 많은 것을 가지도록 하기 위해 더 적게 가져야 한다는 생각은 받아들이기 어려울 것이다."[114] 전 연방준비제도이사회 관리는 한층 더 직접적으로 인플레이션 압력이 "완전 고용이라는 목표에 대한 거의 보편적인 약속 …… 그리고 정부가 빈곤층, 병자, 노인, 만성 실업자에 대해 지속적으로 적극적 관심을 기울여야 한다는 복지 국가 개념" 탓이라고 밝혔다.[115] 작가 샤론 스미스(Sharon Smith)는 이 과정을 "고용주들의 공세"라고,[116] 즉 평범한 근로자의 기대를 짓밟으면서 자신들의 수익성을 회복하기 위해 1930년대와 1960년대의 이익금을 공격적으로 탈환하려는 기업 조직화 시기라고 표현했다. 그 회복 과정의 일부가 바로 복지 국가와 그 수혜자들에 대한 공격이었다. 베트남 전쟁에 거의 1조 달러를 쏟아부은 사실에 대해서는 침묵하면서도 사회적 지출과 임금 상승 탓에 인플레이션이 발생했다고 목소리를 높이는 것이야말로 태만죄였다. 이는 기업의 관심사가 단순히 지출을 억제하는 것뿐 아니라 노동을 규율하고 사회 계약을 뒷받침하는 아이디어를 되돌려놓는 것임을 말해주는 한 가지 징후였을 따름이다.

새 로 운   현 실

보조금 지원 주택 소유 프로그램에 대한 공격은 주택도시개발부의 업무에 대한 평가를 촉발했고, 예상치 못한 몇 가지 결론을 이끌어냈다. 원래 법안은 10년 내에 주택 2600만 호를 공급한다는 야심 찬 목표를 제시했었다. 1973년 주택도시개발부는 그 목표의 절반에 도달했다. 어느 면에서 볼 때 연방 정부가 지원하는 보조금 주택 운동은 역사적 성공 사례였다. 1934~1968년 미국에서는 보조금 주택이 100만 호가량 건설되었다. 그러던 수치가 1969~1972년에는 급속도로 불어났다. 저소득층 주택 생산량은 1970년에 22만 6000호이던 데서 1971년의 47만 2000호로, 다시 1972년의 38만 호로 급증했다.[117] 물론 이 수치는 1968년 의회가 설정한 연간 60만 호라는 야심 찬 목표에는 미치지 못했지만, 그럼에도 미국 역사상 그 어느 시점보다 높은 수준이었다. 주택도시개발법이 시행된 5년 동안 99만 5000호의 신규 공공 주택을 건설할 예정이었으나 실제 생산한 주택은 38만 6400호에 그쳤다. 특히 주택 소유 프로그램 내에서 235항은 단독 주택 69만 5000호를 공급할 계획이었는데, 결국 건설된 것은 그중 40만 883호였다. 주택도시개발법은 재건 프로젝트를 추진할 거라 예상되는 도시 지역에서 재건 대출을 연장할 수 있는 권한을 연방주택청에 부여했다. 법률 원안은 13만 5000건의 재건 대출을 예측했는데, 실제로는 그중 5만 3885건에 자금을 지원했다.[118]

조지 롬니 후임인 기업 변호사이자 전직 상무부 차관 제임스 린(James T. Lynn)은 연방 정부와 보조금 주택의 관계를 설명해달라는 요청을 받았을 때, 연방 정부의 개입이 아니라 시장이 주택도시개발부의 급속한 주택 생산에 대해 책임이 있다고 주장했다. 그는 자신의 논리에 입각해 국가 개입이 아닌 '시장 현상'이 저소득층과 빈곤층에 더 많은 주택 기회를 열어줄 거라고 밝혔다. 그는 "가정들이 표준 이하 주택에 거주하는 주된 원인은 간단히 말해, 신축이든 구축이든 주택 구입 가능소득이 부족하기 때문"이라고 설명했다.[119] 주택도시개발부 차관보 노먼 워터슨(Norman Waterson)은 연방 정부가 주택에 대한 그 어떤 구체적인 책임도 질 필요가 없다며 이렇게 말했다. "빈곤층 주택 공급의 추가적인 사회적 편익에 대해서는 잘 알려져 있지 않다. 얼마나 많은 아이들이 따뜻한 침대가 놓여 있고 학습용 전등이 달린 집으로 이사했는지 알 수 없다."[120]

린과 워터슨의 발언은 미국의 재정 상황 악화로 인해 훨씬 더 중요해진 주택의 위치, 경제성, 접근성 같은 실질적 논의에 대해서는 언급을 피했다. 주택도시개발부의 새 지도부 사이에서는 시급한 주택 차별 문제에 대한 논의가 거의 이루어지지 않았다. 조지 롬니는 미시간 주지사 시절 흑인을 위한 주거 개방과 민권을 옹호했지만, 린에게는 그런 배경도 주택 분야에서의 경험도 없었다. 린은 이들 사안과 관련해 압박을 받았을 때, 중단된 프로그램을 대체하기 위한 새로운 주택 법안에 '매우 엄격한 기회 균등 조항'을 포함시키겠다고 약속했다.

〈블랙 엔터프라이즈(Black Enterprise)〉와의 인터뷰에서 린은 새로운 프로그램이 주거 통합을 강화할 수 있을지에 관한 질문을 받았다. 린이 조심스러운 답변을 통해 1971년 닉슨이 표명한 입장을 되풀이했다. "우리는 과거 차별의 영향을 가능한 한 원상태로 돌려놓고 사람들이 거주지 선택의 자유를 누릴 수 있는 모든 기회를 열어주기 위해 …… 명확한 인종적 목표를 설정했습니다."[121] 그리고 이렇게 말을 이어갔다. "아프리카계 미국인에게 선택권이 있는가, 이 점이 중요합니다."[122] 아프리카계 미국인 여성이자 닉슨과 제럴드 포드(Gerald R. Ford) 행정부에서 기회균등 담당 차관보를 지낸 글로리아 투트(Gloria E. A. Toote)는 주택도시개발부가 (곧 주택 바우처가 될) 실험적인 '주택 수당'을 사용한다면 주거 분리를 종식시킬 수 있다고 주장했다.[123] 주택 수당 지출은 저소득층 거주민에게 소득을 보충하기 위한 돈을 일시불로 지급하는 실험적 프로그램으로, 표면상으로는 임대료를 더 지불할 수 있도록 하려는 의도였다. 이는 주택도시개발부가 관리하거나 소유하는 건물과 관련한 프로그램, 또는 주택 차별 금지를 엄격하게 집행해야 하는 프로그램을 포기하기 위한 한층 폭넓은 전략의 일환이었다.

새로운 방법에는 민간 시장에서 선택권을 창출하는 주요 방안으로서 저소득층의 소득을 보충하는 조치가 포함될 예정이었다. 주택 수당은 빈곤층의 '분산'을 촉진하는 방법으로서 홍보되기도 했다. 주택은 더 이상 특정 건물이나 동네에 국한하지 않을 테고, 사람들은 수당의 도움으로 원하는 곳을 찾을 수 있을 터였다. 투트는 보조금 주택의 종식과 '주택 수당'의 도입으로 "소수 인종들이 전국적으로 완전히 통합될 수 있을 것"이라고 밝혔다.[124] 다만 "주택도시개발부가 업무를 제대로 수행할 수 있는 인력을 확보한다면"이라는 단서를 덧붙임으로써 자신의 열정을 다소 누그러뜨렸다.[125] 전미유색인종지위향상협회의 주택 부서를 이끈 윌리엄 모리스는 앞서 언급한 것처럼 흑인 세입자 관점에서 주거 차별을 극복하는 방편으로 상담 서비스를 제안했다. 그가 말했다. "아프리카계 미국인은 상담을 받지 않는다면 그들끼리만 어울리면서 자기네가 이미 지니고 있는 문제를 더욱 악화시키는 경향이 있다. 그들은 적절한 상담을 받는다면 자신들이 이용할 수 있는 주택·일자리·교육 기회 전반에 대해 더욱 잘 알게 될 것이다."[126] 모리스는 인종차별의 책임을 배타적인 흑인 거주지 밖의 주택 기회에 대해 제대로 알지 못하는 아프리카계 미국인 탓으로 돌렸다. 좀더 일반적으로, 1970년대 중반 힘든 시기를 거치면서 큰 기대를 모은 '흑인 자본주의'는 삽시간에 빛을 잃어갔다. 흑인 실업률이 상승하자 흑인 자본가 집단의 구매력은 약화되었다. 한 흑인 정책 연구소에 따르면, 1974년 흑인 소유 기업의 18퍼센트가 도산한 것으로 드러났다. 금리 상승은 은행이 흑인 자본가의 모험적 사업 시도를 위한 대출에 인색해지고 있었다는 뜻이기도 했다.[127] 흑인 자본주의의 외관이 붕괴하는 현상은 이른바 '금박을 입힌 분리(gilded separation)'를 지지하는 주장의 허약함과 취약성을 드러내주었다.

모리스의 발언은 주거 분리의 종식이 연방 정부가 추구하는 주된 의제가 아니라는 사실을 똑똑히 확인시켰다.[128] 린이 이끄는 주택도시개발부에서 연방 정부는 명백한 인종차별 행위에 대응하는 것 외에는 주거 통합을 적극적으로 추진해야 한다는 의무를 수수방관했다. 주택도시개발부의 프로그램 운영에 따른 책임을 주와 시로 이관하려는 연방 정부의 바람은 이러한 프로그램에 대한 연방 정부의 감독을 한층 약화시킬 텐데, 이는 경우에 따라 치명적 결과를 초래할 수도 있었다. '지역 통제'로 복귀하겠다는 약속은 지방 정부 및 주 정부가 거부할 경우 연방 공무원이 나서서 국가의 법을 집행하도록 요구한, 수십 년에 걸친 아프리카계 미국인 시민들의 단합된 노력에 찬물을 끼얹는 것이었다. 실제로 1960년대 민권 투쟁의 핵심은 '주 정부의 권리'와 짐 크로의 자양분이 되어준 지역주의에 대한 거부였다. 흑인들은 지역 차원에서 활개 친 거리낌 없는 인종차별을 견제하기 위한 연방 정부의 감독 및 규제를 요청했다. 이러한 현실은 마치 식별 가능한 행위자들이 법률상의 (de juri) 차별에 연루되어 있긴 하나 사실상의(de facto) 차별에 대해서는 아무 책임도 없는 양, 사람들이 전자와 후자를 과장되고 종종 잘못된 방식으로 구분하고 있음을 보여주었다. 실제로 인종차별을 자행하는 지역 건설업자들은 흔히 일반 개인과 지역 활동가들의 정치적 활동 및 소송전에서 표적으로 떠올랐다. 다름 아니라 **그들이** 그 차별의 기원을 알고 있었기 때문이다.

3장에서 살펴본 바와 같이 지방 및 시 공무원들이 차별 금지법을 집행하는 데서 완전히 적대적으로 굴었는데도, 연방 공무원들은 진즉부터 그것을 바로잡으려는 의지가 부족한 파트너였다. 이러한 이유로 닉슨이 제안한 '주 정부의 권리' '시 정부의 권리' 또는 '개인적 선택'으로의 회귀는 주택 시장에서의 인종차별 종식을 포함해 평등한 접근과 주거 개방에 대한 약속을 거의 필연적으로, 그리고 치명적으로 손상시킬 판이었다. 시애틀 모델 도시(Seattle Model Cities) 프로그램을 이끈 월터 헌들리(Walter Hundley)가 주장했다. "나는 약자, 특히 가난한 흑인을 위한 진정한 구원은 연방 정부의 직접적 개입뿐이라고 확신한다. 지역 정치권은, 현재 특별한 효과를 노리는 연방 프로그램의 경우에서 보듯, 공적 자금의 우선권을 흑인에게 부여하는 조치에 반대하면서 압박을 가하고 있다. 그렇기에 지방 정부는 닉슨이 떠안기려는 부담을 감당할 태세가 되어 있지 않다."[129] 그럼에도 미국은 믿을 수 없을 정도로 건망증이 심했다. 주 정부의 권리와 지역 통제에 대한 호소는 연방의 민권 보호를 거부하고 지역 문제에 대한 연방 정부의 개입을 개탄하는 자들이 외친 슬로건이었다. 이는 남부의 문제였을 뿐 아니라 북부에도 중요한 사안이었다. 지역적 차이를 불문하는 이러한 긴장은 리틀록(Little Rock)에서와 마찬가지로 보스턴에서도 격렬하게 지속되고 있는 학교 통합 투쟁에서 여실히 드러났다. 닉슨은 성명을 통해 주거 '선택의 자유'보다 '강제 통합'을 앞세우는 입장을 비난하면서, 학교 통합 논쟁을 둘러싼 지역적 반감을 곧바로 교외 통합 논쟁에 불어넣었다.[130]

'브라운 대 교육위원회' 소송 사건의 여파로 남부 주 학교에는 인종 차별을 종식하라는 명령이 떨어졌다. 이에 대해 정부 소속의 남부 주 분리주의자들은 백인 부모와 흑인 부모 양자에게 자녀를 어느 학교에 보낼지 '선택할 수 있는 자유'를 제안함으로써, 분리와 학교 통합 사이에서 타협점을 모색했다.[131] 이는 '선택의 자유'가 얼마나 가식적인 수사인지를 잘 보여주는 대실패였다. 백인 부모는 분리된 학교를 선택했으며, 흑인 부모는 제 자녀를 백인 학교에 보내려고 시도하는 식으로 잘못된 선택을 할 경우 자신의 개인적 생계를 위협받는 상황으로 치달았기 때문이다. 법원은 닉슨 행정부 시절 남부의 이러한 인종 분리 유지 시도에 대응하기 시작했다. 획기적인 1968년 '그린 대 뉴켄트 카운티 학교위원회' 소송 사건은 학교 '선택의 자유'가 '이중적 학교 체제' 유지로 이어졌으며, 학교 통합을 지지하는 '브라운 대 교육위원회'의 적극적 명령에 대한 모욕이라고 선언했다. 이 판결은 의미심장하기는 했다. 하지만 남부에서의 더딘 학교 통합 속도와 그 판결로 촉발된 북부에서의 치열한 투쟁은 '지역 통제'가 안고 있는 문제를 잘 보여주었다. 1971년 대법원은 '스완 대 샬럿메클렌버그 교육위원회(Swann v. Charlotte-Mecklenburg Board of Education)' 소송 사건에서 버스 통학이 학교 분리를 바로잡을 수 있는 적절한 조치라는 하급 법원의 판결을 지지했다. 1970년대 내내 이어진 학교 통합 위기는 주거 분리 문제와 불가분의 관계에 놓여 있었다.[132]

교육에서든 주거에서든 '선택'은 연방법 준수에 관한 논의를 그와 별개인 '개인의 자유'에 관한 논의로 돌리려는 의도를 띤 진부한 용어였다. 학교에서도 주택에서와 마찬가지로 어떤 이들의 '권리'와 '선택'이 다른 이들의 '권리'와 '선택'보다 더욱 중시된다는 것을 쉽게 알 수 있었다. 닉슨은 1974년 긴축 예산을 편성하는 과정에서 부분적으로 주택 도시개발부의 예산을 몰수 및 삭감하는 식으로 거의 모든 예산 선택의 정치적 성격을 강조했다. 그러면서 자녀를 공립 학교 대신 교구 학교 (parochial schools: 종교 단체가 운영하는 학교—옮긴이)에 보내기로 선택한 부모에게 총 6억 달러의 세액 공제 혜택을 부여하겠다고 제안했다.[133] 소극적 차별, 인종 무관, 선택 등의 정치적 담론은 1974년 '밀리켄 대 브래들리(Milliken v. Bradley)' 대법원 판례에서 한층 강화되었다. 이것은 학교 분리와 관련한 또 다른 소송 사건으로, 이번에는 디트로이트였다. 여러 하급 법원 판결은 디트로이트에 공립 학교를 통합하기 위한 대도시 차원의 계획이 필요하다는 데 뜻을 모았다.

하급 법원들은 주거 분리를 장려하고 조장하는 공공 정책이 학교 분리에 책임이 있다는 데 동의했다. 그러나 1974년 닉슨이 임명한 대법관 4명이 포함된 대법원은 이에 동의하지 않았고, 5 대 4로 디트로이트 교외 지역은 공립 학교 통합 계획에 포함될 필요가 없다고 판결했다. 그러면서 1970년대에 잘 확립되어 있던 상식에 어긋나는 설명을 내놓았다. 대법관들은 이렇게 주장했다. "이 사건에서 디트로이트 학교 인구의 인종적 구성이나 디트로이트 및 그 주변 지역의 주거 패턴이 상당 정도 정부 활동에 영향받았음을 보여주는 기록은 없다. ……디트로이트에서 학교 인구 중 니그로가 압도적으로 많은 것은 인구 유입, 출생률, 경제적 변화, 또는 개인의 인종적 공포가 누적된 결과로서의 여러 행위 같은, 알려지지 않았고 아마 알 수도 없는 요인들 때문이었다."[134]

대법원으로서는 경악할 만한 배반이었다. 불과 6년 전만 해도 '존스 대 메이어' 소송 사건에서 단호히 주택 차별에 반대하는 판결을 내린 바 있었기 때문이다. 불과 6년 만에 인종 분리의 뿌리가 어디인지 따지는 대중의 논리는 "인종차별이 사람들을 게토로 몰아넣었다"[135]에서 "알수 없는 요인들이 도심을 흑인 거주지로 만들었다"로 달라졌다. 저소득층 주택의 배치를 구체적으로 다룬 다른 사례도 있었는데, 그것들은 하나같이 '인종차별적'이라고 해석할 만한 표현이 없다는 것은 제안된 법안의 의도를 결정할 수 없다는 의미임을 분명히 했다. 인종차별을 저지르는 행위가 더는 허용되지 않는 시대였던 만큼, 인종차별 피해의 증거로서 구체적인 인종차별 정황을 제시하라는 요구는 충족할 수 없는 기준이었다. 닉슨 행정부가 이끈 버스 통학 및 주거 통합에 관한 정치적 논의는 "법을 최소한도로 준수하는 인종 무관 정치, 즉 주거 인구 분포를 개인의 선택 및 인종 중립적인 경제 요인의 결과로 간주하는 정치"를 조장하는 식으로, 서로서로를 강화해주었다.[136]

주 택 에   대 한   새 로 운   접 근

제럴드 포드는 대통령직에 취임하고 13일 뒤인 1974년 8월 22일, 서명을 통해 주택·지역사회개발법(HCDA)을 법제화했다. 주택도시개발법이 통과된 때로부터 거의 6년 만의 일이었다.[137] 닉슨이 물러났음에도 주택·지역사회개발법은 신연방주의 원칙을 특징으로 삼고 있었다. 이 법안은 주택도시개발법의 여러 측면을 되돌려놓으려는 의도로 도입되었다. 포드는 서명식에서 "이 법안은 …… 환영할 만하게도 우리 도시 지역 사회의 문제를 해결하는 방식이 완전히 달라졌음을 말해준다"고 의기양양하게 밝혔다.[138] 존슨은 주택도시개발법의 제정을 통해, 저소득층과 빈곤층을 위한 주택 생산에 민간 부문의 참여를 유도하기 위한 방법으로 연방 보조금과 모기지 보험에 대한 전례 없는 접근성을 통해 공공-민간 파트너십을 강화하고자 했다. 1968년 통과된 이 법안은 미국 도시들이 불타고 있는 상황을 배경으로 논의되었지만, 주택·지역사회 개발법은 진즉부터 기록적인 인플레이션, 실업률 증가, 보수주의자의 반발이 펼쳐지는 상황에서 고려되었다.

이 새로운 법안은 정부 자원과 관련해 대규모 주택도시개발법이 제시한 지속적 확장 기조에서 벗어나 다른 방향을 겨냥했다. 포드 행정부가 도입한 법안도 여전히 상당히 큰 규모이긴 했지만, 그것의 주된 특징은 연방 정부의 권한은 제한하고 지방 권력의 요청은 수용하는 쪽이었다. 닉슨의 공화당은 모든 정부에 반대했던 건 아니었으며, 이른바 지방 정부의 직관력에는 특권을 부여했다. 포드는 이렇게 말을 이어갔다. "이 법안은 실질적으로 권력을 포토맥강 유역(banks of the Potomac: 포토맥강은 워싱턴 D.C.를 가로지르므로 연방 정부의 권력을 지칭한다—옮긴이)으로부터 각 지역 사회 주민에게 되돌려주는 데 기여할 것이다. 결정은 지역 차원에서 내려질 것이다. 실행도 지역 차원에서 이루어질 것이다. 그리고 결과에 대한 책임 역시 바로 그 지역 차원에서 떠안을 것이다."139 1972년 닉슨은 '세수 공유' 조치를 최초로 도입했을 때, 그에 대해 "멀리 위치한 워싱턴 D.C.의 관료들이 아니라 (지역 상황과 지역 유권자에 대처하는) 지역 공무원들이 …… 해야 할 일을 결정하는 과정"이라고 소개했다. 그러곤 공유되는 세수에 대해 연방 기관이 감독하지 않을 거라고 약속하면서 이렇게 다짐했다. "우리가 아무 조건이 없다고 말하면 …… 정말 아무 조건이 없는 것이다."140 포드의 주택 법안에서 핵심은 '도시 재개발'을 '지역 사회 개발'로 전환해줄 새롭고도 혁신적인 도구로 선전된 '조건 없는' 세수 공유와 포괄 보조금이었다.

주택·지역사회개발법 이전에는 지역들이 각 프로그램을 위해 개별 보조금 형태로 정부 자금을 지원받았다. 그 프로그램들이 닉슨의 모라토리엄으로 확실하게 종료되긴 했지만 말이다. 이들 프로그램에는 도시 재개발, 상하수도 보조금, 재건 대출, 복원 및 미화 보조금 따위가 들어 있었다. 그리고 프로젝트에 대한 자금 지원은 더 이상 의무 사항이 아니라 자유재량에 맡겨졌다. 과거에 이들 프로젝트에 책정했던 자금이 이제는 일괄 금액으로 수령 자격을 갖춘 각 주와 도시에 전달되었다. 자금 지원을 필요로 하는 여타 프로그램은 '특별 보조금' 지급 대상으로 지정했다. 여기에는 교육, 법 집행, 환경 보호 및 화재 안전을 위한 예산 책정이 포함되었다. 이러한 자금을 어떻게 사용할지에 대한 서면 요구 사항이 있긴 했지만, 그와 관련한 결정은 궁극적으로 지방 정부에 맡겨졌다. 주택·지역사회개발법은 포괄 보조금 지원 액수와 지원 장소를 결정하기 위한 복잡한 공식을 마련해두고 있었다. 그 계산에는 숱한 요소가 반영되었지만, 거의 모든 요소는 지역 인구와 공식적으로 빈곤층에 속하는 사람들 수를 담은 인구 조사 수치를 기반으로 했다. 하지만 인구 조사가 인구 통계를 정확하게 파악하고 자원을 적절히 배분할 능력을 지녔는지에 대해서는 얼마간 우려가 제기되었다. 예컨대 1970년 인구 조사에서는 과소 집계된 경우가 아프리카계 미국인은 7.7퍼센트, 백인은 1퍼센트였다.[141] 이처럼 대단히 난해한 공식은 낡은 정보에 의존하기도 했다. 1977년분 포괄 보조금을 결정하는 데 쓰인 데이터는 1973년의 인구 연구와 1970년의 빈곤 및 주택 통계에 의존했는데, 그로 인해 1970~1977년 인구 이동 및 빈곤 증가는 고려되지 못했다. 이것은 "자금이 가난한 도심 지역에서 부유한 교외 지역으로 이동"하는 결과를 낳았다.[142]

자금 지원 기준이 확대됨에 따라, 공유되는 자금의 액수는 늘지 않았지만 포괄 보조금을 받을 수 있는 도시 수는 증가했다. 의회는 향후 5년 동안 포괄 보조금에 배정할 금액을 책정했다. 1975년에는 25억 달러를 지급했는데, 그 금액이 1976년과 1977년에는 29억 5000만 달러로 증가했다. '면책(hold harmless)' 규정에 따라 주택·지역사회개발법 시행 첫 3년 동안은 어떤 도시도 지원금이 끊겨선 안 되었지만, 4년째에는 자금이 삭감될 수 있었다.[143] 이 독소 조항은 재난을 막기 위해 1977년에 삭제했다. 자금 지원 공식을 재조정하지 않았다면 뉴잉글랜드 도시들은 그들 지역 사회 개발 자금의 37퍼센트를 확보하지 못했을 테고, 공화당의 텃밭이기도 한 선벨트(Sunbelt: 미국 남부의 동서로 뻗은 온난 지대—옮긴이) 서부 도시들은 지원 자금이 203퍼센트나 늘어났을 것이다.[144] 공식 변경과 포괄 보조금 도입은 궁극적으로 중요한 지역 사회 개발 프로그램에 쓰이는 기금 전체가 감소한다는 것을 의미했다. 그러나 주택·지역사회개발법이 징벌 가능성을 막기 위해 노력했음에도, 가장 가난한 시민이 주택 지원에서 배제되고 있다는 사실은 근본적으로 달라지지 않았다.

새로 개정된 235항에서 입법가들은 '실행 가능한 최저 소득'을 우선시해야 한다는 이전 요건을 삭제했다. 235항은 본질적으로 중간 소득층 중심의 프로그램으로 달라졌다. 2만 5000달러까지의 모기지에 대해서는 3퍼센트, 이를 초과하는 모기지에 대해서는 5퍼센트의 계약금을 새롭게 부과할 예정이었다. 매수자는 과거 프로그램에는 없던 클로징 비용을 지불해야 할 판이었다. 연방 정부는 이제 금리에 대해서도 바닥이던 기존의 1퍼센트가 아니라 5퍼센트까지만 보조금을 지급할 계획이었다.[145] 소득 자격 수준도 중위 소득의 135퍼센트(중위 소득의 1.35배라는 뜻.

가령 중위 소득이 100만 원이라면 135만 원이다—옮긴이)에서 80퍼센트로 변경되었다. 단독 주택의 가격이 급상승한 상황을 감안할 때, 이는 곧바로 한때 그 프로그램을 통해 주택을 소유할 수 있었던 빈곤층이 더는 그렇게 하는 게 불가능해졌음을 말해준다. 마찬가지로 공공 주택과 관련해서도 "저임대료 주택은 저소득층 가족에게만 제공되어야 한다"고 못 박은 규정이 삭제되었다.[146] 주택·지역사회개발법에는 주택 지원은 지역 차원에서 조직되어야 하며 저소득층 주택을 위한 지역적 계획이 없는 경우에는 주택 기금을 몰수한다는 요건이 담겨 있었다. 한 관찰자가 말했다. "이것은 과거에 주택도시개발부가 결코 시행하거나 **옹호**한 적 없는 집행 장치이지만, 지역 사회가 지역적 계획을 고려하지 않으면 분명 개발 기금을 잃는 결과를 초래할 수 있다."[147] 다시 한번 이 요구 사항은 자금 지원 결정이 '지역적 계획'을 이행하기 위한 도시와 교외의 협력에 좌우되도록 내몰았다. 물론 이러한 형태의 연합은 과거에도 성공한 적이 없었으며, 앞으로 성공할 거라고 믿을 근거도 없었다.

이러한 역학은 8항 주택 지원의 창설을 통해 가장 잘 드러났다.[148] 8항은 이전의 두 가지 정책으로부터 발전했다. 첫 번째는 존슨 행정부 시절 시작된 23항이라 불린 주택 프로그램이었다. 이 프로그램은 지역 주택 당국이 개인 소유 주택을 대여해 공공 주택 수혜자에게 임대할 수 있도록 허용했다. 이는 정부가 건물을 소유하지 않고 개인이 소유한 기존 주택 재고를 활용한다는 점에서 긍정적 평가를 받았다. 결국 8항으로 자리 잡은 이 법안은 1970년 시작된 주택 수당 제도를 조명한 다년간의 연구로부터 영향을 받기도 했다. 이 주택도시개발부 연구는 정부의 감독과 개입에 대한 대안을 모색하려는 신연방주의적 노력의 일환으로 의뢰된 것이었다. 물론 주택 수당은 여전히 주 정부 기관의 개입을 얼마간 요청하지만, 주로 민간 주택 시장에 존재할 프로그램이었다.

8항에 대해서는 초당적 지지가 모아졌다. 보수주의자들이 보기에 8항은 연방 정부의 흔적을 최소화해주었을 뿐만 아니라 신규 주택 건설 가능성을 차단하고자 하는 백인 교외 지역의 욕구를 상당 정도 충족시켰다. 자유주의자들이 보기에 8항은 기존 주택에 의존함으로써 주택을 즉시 공급해야 한다는 오랜 염원을 만족시켰다. 세입자가 바우처를 써서 임대료를 줄일 수 있는 새로운 8항 주택 건설과 관련한 조항이 마련되었음에도, 건설은 주택·지역사회개발법 본안에서 중요하게 취급되지 않았다. 그러나 8항은 대체로 주택 바우처 사용에 의해 촉진된 프로그램이었다. 주택도시개발부가 지급하는 보조금은 세입자가 지불하는 금액(소득의 25퍼센트)과 임대료의 차액이었다. 임대인이 8항 임차인에게 임의 금액을 청구하지 못하도록 막기 위한 하나의 방안으로 주택도시개발부는 자신들이 마련해놓은 "공정 시장 임대료"를 근거로 임대료 최고 한도를 설정했다.[149] '공정 시장 임대료'를 결정하는 공식은 주택도시개발부의 재량에 달려 있었는데, 대체로 해당 지역의 평균 임대료를 기준 삼았다. 주택도시개발부는 지역적으로 일을 추진했으므로, 임대료 바우처의 가치는 하락했다. 주택 소유 비용의 증가로 많은 잠재적 매수자가 임대 시장으로 밀려났고, 그로 인해 이용 가능한 아파트 수가 줄어들면서 임대료가 상승했기 때문이다. 결국 8항 바우처는 그 사용자들이 제가 거주하던 빈민 지역에서 벗어나는 데 도움을 주기에는 너무 소액이 되고 말았다. 어느 연구는 "'공정 시장 임대료' 계산과 관련한 구조적·행정적 결함이 …… 그 프로그램의 운영을 저해했다"고 결론지었다.[150]

바우처 제도가 성공을 거둔 동네에서는 또 한 가지 동학이 드러났다.

초기 연구에 따르면, 동네 전체의 임대료가 상승하지는 않았지만 그 프로그램에 참여한 임대인들이 공정 시장 가치 공식에 따라 설정된 최고 한도까지 임대료를 끌어올린 것이다. 심지어 같은 아파트에 살지만 8항 보조금을 받기 시작한 세입자조차 임대료가 28퍼센트나 인상되는 일을 겪었다.[151] 자유주의자들은 세입자에게 더 많은 유연성을 제공하고, 가장 중요한 점으로, 빈곤층과 소수 인종의 분산을 가져올 거라고 믿으면서 8항을 지지했다. 당연히 이것은 순진하기 짝이 없는 생각이었다. 임대인이 반드시 8항 지급을 수락해야 한다거나 바우처가 백인 거주 지역으로 이사하는 데 드는 비용을 충당할 만큼 충분해야 한다는 요건이 따로 없었기 때문이다.[152] 임대인의 보조금 거부 권리와 공정 시장 임대료의 불가변성이 어우러진 결과, 8항이 저소득층 소수 인종을 그들이 살던 분리된 동네로부터 분산시키는 데 거의 힘을 쓰지 못할 가능성이 커졌다. 안드레아 길(Andrea Gill)은 주택·지역사회개발법에 대해 좀더 일반적으로 이렇게 설명했다. "1974년 주택법이 가져온 결과는 지방 정부, 민간 개발업체, 저소득층 가정에 분리 해제의 책임을 떠안기고, 경제적·인종적 통합을 주로 주택 선택의 문제로 남겨둔 것이었다."[153]

공정 주택은 수년 동안 주택도시개발부의 우선 사항이 아니었다. 실제로 주택·지역사회개발법, 특히 8항의 구조화로 인해 공정 주택은 한낱 급조된 수사로 전락했다. 물론 의무적으로나마 공정 주택의 중요성을 수긍하는 분위기는 살아 있었다. 예컨대 제럴드 포드 대통령이 법안에 서명하면서, "납세자의 돈이 사용되는 방식"에 대한 최종 결정은 지방 정부가 내릴 테지만 민권법이 제대로 준수되는지 주의 깊게 추적 관찰할 거라고 대중에게 약속한 데서 알 수 있듯이 말이다.[154] 그러나 이것은 어디까지나 입에 발린 소리에 불과했다. 그 법안의 취지는 온통 주거 분리의 보존을 겨냥했다. 신규 건축에서 기존 주택의 재건축으로 방점이 옮아감에 따라 교외 지역에 저소득층 주택을 건설해야 한다는 새로운 압력은 완전히 힘을 잃게 되었다. 이것이 불분명하다면 1976년 대선 운동 기간 동안 포드가 주로 백인 거주 지역에 저소득층 주택을 배치하는 데 대해 발언한 다음 내용을 보면 명확해진다. "인종적 유산은 이 나라의 위대한 보물이다. 나는 연방 정부의 조치가 그 보물을 파괴하는 데 쓰여서는 안 된다고 생각한다."[155]

이제 주택도시개발부는 거대한 주택 폐기 물결로 인해 저렴한 주택을 구하는 이들이 활용해야 할 도시 내 주택이 더 많아졌다고 주장했다. 이러한 움직임은 현 상태 유지를 지향할 뿐 결단코 빈곤층 및 저소득층이 더 많은 자원을 이용할 수 있도록 해주는 하나의 방편으로서 주거 통합을 추구하는 게 아니었다. 도시와 그곳 거주자들이 백인 지역 사회를 파괴할 거라는 인식이 퍼져나가면서 다방면에 걸친 주택도시개발법의 노력은 뒷걸음질 쳤고, 공정주거법의 논리도 물구나무를 섰다. 한 저자가 말했다. "워터게이트 사건이라는 먹장구름이 닉슨의 엄청난 업적을 가리는 경향이 있다. 그는 연방의 도시 개발 프로그램 보조금의 논리·정치·분배에 '위대한 사회'를 외친 모든 자유주의자만큼이나 막대한 영향을 끼쳤다. 닉슨은 7년에 걸쳐 '위대한 사회'가 낳은 새로운 기관들 대부분을 없애거나 심각하게 제한하면서 대체로 그들의 업무를 망쳐놓았다."[156]

1968년 공정주택법과 주택도시개발법이 제정된 때로부터 1974년 주택·지역사회개발법이 통과되기까지의 길지 않은 기간 동안 정치적 분위기는 급변했다. 우파에게는 1973~1974년 경제 위기의 시작과 잠잠해진 도시 반란으로 인해 사회 계약 및 사회 복지 개념, 그리고 그것들이 가장 최근에 존슨의 복지 국가 기조 아래 구현된 제도들을 포기할 수 있는 기회가 열렸다. 여기에는 미국 도시에서 저소득층의 주택 소유를 창출하기 위한 초당적 노력도 포함되어 있었다. 그러나 저소득층 주택 소유를 촉진하려던 주택도시개발부의 노력은 결국 수백 명의 공무원 및 부동산업계의 민간 업자가 연루된 사기 및 부정부패 관련 기소로 얼룩지면서 떠들썩하게 막을 내렸다. 충격적인 범죄 상황은 그 프로그램 자체에 그림자를 드리웠을 뿐만 아니라 우파가 사회 복지 개념에 대해 맘껏 의혹을 제기할 수 있도록 빌미를 제공했다. 닉슨은 미국 사회를 '노동 윤리'를 수용하는 사람들과 '복지 윤리'에 기대 빈둥거리며 살아가는 사람들로 나뉜 사회라고 묘사함으로써, 흑인 도시 공동체의 발전을 저해하는 심각한 사회적·인종적 불평등에 한층 깊이 개입하려는 노력을 등한시했다. 한편 연방 정부의 규제가 느슨해지면서 주택업계가 제멋대로 사업을 추진할 수 있는 여건이 갖춰졌으며, 그 결과 전국의 도시에서 새로운 주택 위기가 펼쳐졌다. 흑인, 흑인 공동체, 흑인 주택을 향한 인종차별적 가정이 문제의 원인이 뭔지에 대한 대중의 생각에 확실히 뿌리내린 듯 보였다. 아마 그만큼이나 중요한 것은—실패한 정부 프로그램과 그 서비스 수혜자에 대한 인식에만 단단히 초점을 맞춤으로써—그 프로그램이 탈선하는 데서 은행가·중개업자·건설업자가 맡은 역할에 대한 논의는 실종되었다는 사실이리라.

정부 역량에 대한 의문은 이들 프로그램의 수혜자로 추정되는 이들에 대한 인종차별적 가정과 밀접하게 연관되어 있었다. 아프리카계 미국인 복지 수급자의 악마화는 그들이 남부 밖 도시로 이주하면서 그러한 혜택을 누릴 자격을 얻은 이래 과연 그들에게 그럴 자격이 있는지에 대한 의문을 끈덕지게 제기하는 방식을 통해 이루어졌다. 1970년대에는 이러한 의문이 새로운 맥락에서 제기되었다. 경기 침체가 시작되자 그러잖아도 취약해진 존슨식 복지 국가의 잔재에 대한 정치적 공격이 한결 용이해졌다. 주택도시개발법에 따른 프로그램에 대해서도 마찬가지였다. 흑인 여성이 주택도시개발부 프로그램 관련 스캔들의 주역으로 등장하면서, 주택도시개발부 주택 소유 프로그램의 문제에 대한 인식과 복지 또는 공공 부조 전반에 대한 인식이 쉽사리 연결될 수 있었다. 복지 수급 흑인 여성 또는 공공 주택 거주 흑인 여성에 대한 악마화는 정치적 분위기에 영향을 미쳤고, 결국 주택 보조금 제도의 시행을 면밀히 들여다보도록 거들었다. '최하층 계급'이라는 표현은 오직 특정 사람들 탓에 특정 문제가 생긴다는 것을 강조하는 데 기여했을 뿐이다. 이는 정치적 변화가 진행되고 있음을 말해주는 결정적 증거였다.

닉슨 행정부는 경기 침체와 금리 상승으로 특징지어지는 새로운 시기에 점차 깊어지고 있는 대중의 분노를 활용했다. 닉슨은 보조금 지급 기간에 걸친 주택 프로그램 비용과 채무 불이행에 빠진 주택에 대한 보험금 지급 비용에 초점을 맞춤으로써, 아프리카계 미국인이 갖은 특혜를 받고 있다는 생각에 발끈한 백인 주택 소유자들의 분노에 불을 지폈다. 범죄를 비롯해 사회 혼란을 말해주는 여러 특징과 마찬가지로 복지 비율도 증가하고 있었다. 하지만 교외 지역 시 당국이 아프리카계 미국인을 그들 지역 사회에서 배제하고자 세워놓은 장애물로 인해 이러한 상황이 (완화된 게 아니라) 악화했다는 명백한 진실을 언급하는 이는 아무도 없었다. 대신 주택·지역사회개발법의 도입과 8항 주택의 채택은 정치적 우경화 및 주요 주택 산업 부문의 경제적 요구에 대한 굴복이었다. 주택 바우처로 전환한 결과 민간 부문이 노동 계급과 빈곤층을 위한, 선호되는 주택 공급의 대안으로 떠올랐다. 연방 정부는 바우처 사용에 더해 8항 주택용 건물 건설에 보조금을 지급했는데, 이들 건물은 민간이 소유 및 관리하기로 되어 있었다. 바우처 액수가 전체 대도시 지역의 평균 임대료를 기준으로 책정되었다는 것은 언뜻 세입자가 어디든 원하는 곳으로 이사할 수 있는 유연성을 최대한 제공한다는 의미로 보였다. 그러나 주택도시개발부 주택 대다수에서 그랬던 것처럼, 임대인에게 8항을 수용하도록 요구하는 의무 조항이 없었던 데다 공정주택법을 집행할 실질적 약속도 예산도 부재한 상황에서, 계속 진행 중인 '주택 위기'를 해결하기 위해 최근 도입한 제도들은 수십 년간 되풀이된 동일한 문제, 즉 분리와 불평등을 지속적으로 재생산할 수밖에 없었다.

주택도시개발부–연방주택청 주택 소유 프로그램은 '도시 재개발'이라는 명분을 내세웠지만 처참하게 실패한 가장 최근 프로그램일 뿐이었다. 조지 롬니를 비롯한 닉슨 행정부 대표들은 연방주택청 지원 저소득층 주택 소유 프로그램의 참패를 '큰 정부'에 대해 비난할 수 있는 호기로 삼았다. 그들의 입장은 자애로운 것과는 거리가 멀었으며, 1960년대 내내 민권 운동과 흑인 반란 운동이 결합하면서 구축된 도시 사회 복지 시스템을 약화시키기 위한 더욱 폭넓은 캠페인으로 변질되었다.

이 캠페인은 단순히 흑인 노동 계급 가정에 대한 공격에 그치는 게 아니었다. 20세기 통치 체제의 핵심 전제인 사회 계약을 무력화하기 위한 더 큰 노력의 일환이었다. 모든 시민이 도달할 수 있는 최저한도를 마련할 책임이 연방 정부한테 있다는 기대감은 1930년대와 1960년대에 대규모 시위를 거치면서 형성되었다. 이러한 압력과 이를 가능케 한 전후의 경제 성상이 부재한 상황에서 지배 엘리트들은 낮은 기대치와 낮은 생활 수준을 복구하는 방향으로 전환을 꾀했다.

이러한 후퇴를 정당화하는 닉슨의 수사는 천문학적인 식량 및 연료 가격, 베트남에서의 지속적인 전쟁, 제2차 세계대전 이후 번영기에 성인이 된 수백만 백인 노동자의 좋은 삶 와해 등 기록적인 인플레이션이 낳은 당혹스러운 분위기 속에서 호소력을 지녔다. 도시 지역의 물리적 쇠락은 수년에 걸친 제도적 방치와 공무원의 불법 행위로 인해 심화한 경제적·사회적 위기와 겹쳐졌다. 이 두 가지가 함께 어우러진 결과 끔찍한 운명의 전환에 대해 쉽게 이해할 수 있는 시각 자료 노릇을 했다. 그 전환은 도시가 사회적·경제적·도덕적으로 빈곤한 아프리카계 미국인의 손아귀에서 놀아나고 있다는 지저분한 묘사를 중심으로 이루어졌다. 이러한 묘사는 순진무구한 관찰의 결과가 아니었다. 그것은 암묵적으로 자신들 지역 사회에 저소득층 주택이 건설되는 사태를 결사반대하는 교외 지역 공무원들 손을 들어주었다. 또한 주거 분리를 조장하고 빈곤층과 노동 계급이 거주하는 도시 동네를 더욱 고립시키는 정책으로 회귀하는 연방 정부에 정당성을 부여했다.

1980년 대통령이 된 로널드 레이건은 1982년 주택도시개발부에 주택 정책특별위원회를 소집하도록 요청했다. 시민에게 제대로 된 집을 제공 하겠다고 약속한 지 30년이 지나도록 연방 정부와 그 산하의 주택 부 처는 내내 그 목표를 달성하는 데 실패해왔다. 레이건이 꾸린 위원회가 내놓은 보고서는 '국가 차원의 주택 공급(To House a Nation)'이라는 제목 을 달고 있었으며, 주택도시개발법에 대한 비판으로 말머리를 열었다. 주택도시개발법은 "정부 프로그램이 지닌 힘에 대한 믿음"을 유산으로 남겼다. 하지만 레이건의 주택정책특별위원회는 그와 정반대되는 내용 을 약속했다. "애정과 적대 사이를 두서없이 오가는 정부의 주택 정책 과 규제가 강제한 왜곡으로부터 자유로워진 시장 경제의 지략은 주택 을 제공하는 데서 연방 프로그램보다 한층 더 효과적이다."[1] 이는 주택 도시개발법의 실제 기원과 그 법이 폐기된 이유를 무시하지 않고서는 도달할 수 없는 결론이었다. 린든 존슨은 항구적 주택 위기라는 수수께 끼를 푸는 열쇠로 '민간 산업의 지략'을 내세웠다. 그러나 태만한 관리, 산만한 규제, 고질적인 인종차별이 레드라이닝의 종식 및 과거에 배제된 흑인 도시 서주민에 대한 약탈적 포용과 손잡은 결과, 부동산업계는 도심 거주자의 호주머니를 탈탈 털어갈 수 있었다.

연방주택청 지원 저소득층 주택 소유 프로그램을 주저앉힌 것은 정부의 개입이 아니라 정부의 방치였다. 그러나 공무원의 이러한 불법 행위는 단순히 동기가 부족한 인력의 문제에 그치지 않았다. 그것은 목표가 잘못 설정된 데다 불가능한 업무를 수행한 데 따른 결과였다. 주택도시개발부의 주택 소유 프로그램에서 보듯 공공 정책은 민간 기업의 목표에 따라 추진될 경우 갈등에 휩싸일 수밖에 없다. 1960년대에 '사회적-상업적 기업'을 표방한 생명보험업계와 그 밖의 여러 거물급 기업은 결국 안전하고 건전한 주택의 도입 필요성보다 그들 자신의 이윤 창출이라는 목표를 더 앞세웠다. 그 갈등의 핵심을 관통하는 한 가지 분명한 이유는 부동산 이윤이 주거 분리에 뿌리를 두고 있다는 점이다.

이 책에서 나는 1960년대 말 미국의 정책과 정치사를 들여다봄으로써 법적 변화만으로는 우리 사회를 좌지우지하는 뿌리 깊은 문화적·사회적·경제적·정치적 가정을 바로잡기가 거의 불가능하다는 걸 지적하고자 노력했다. 인종화한 정치경제 현실은 오랫동안 아프리카계 미국인을 배제해온 금융 제도와 공공 서비스로 새롭게 그들을 포용한다면 흑인 도시 공동체의 물리적·경제적 황폐화를 얼마든지 극복할 수 있다는 생각에 도전장을 던졌다. 실제로 나는 주거 분리가 낳은 더 큰 동학을 무시한 채 그러한 과정을 포용하는 조치는 도시 주택 시장 거래에서 훨씬 더 착취적이고 약탈적인 관행, 즉 약탈적 포용의 토대를 마련했다고 주장했다. 모기지 담보 증권의 사용과 연방국가모기지협회의 민영화는 새로운 것이었지만, 주택의 가치는 여전히 몹시 오래된 셈법에 기반을 두고 있었다. 미국에서 주택의 가치는 변함없이 아프리카계 미국인과의 인접성 여부에 좌우되었다. 포용으로의 전환은 다른 배제 형태들을 유지해야만 가능했다. 신용 포용은 동네 배제를 고수함으로써 가능해졌다.

이처럼 어울리지 않는 포용/배제 조합은 도시 주택 시장에 두 가지로 입김을 불어넣었다. 첫째, 새롭게 이용 가능한 모든 금융 자원은 이전에는 가치가 거의 또는 전혀 없던 표준 이하의 낡아빠진 도시 주택에서 가치를 창출했다. 여러 도시에서 부동산업자들은 235항과 221항(d)(2)에 의거해 주거지를 구하는 취약한 흑인 가정주부에게 그와 같은 주택을 판매함으로써 그것을 화려하게 소생시켜놓았다. 그러나 둘째, 만약 안 그랬다면 죽고 말았을 부동산이 이런 식으로 되살아난 것은 부동산 중개업자가 게이트키퍼로서 역할을 수용하고 백인 교외 지역 공동체에서 가난한 노동 계급 아프리카계 미국인을 시종 배제했기에 가능했다.

거주할 수는 있지만 여전히 표준에 못 미치는 이러한 주택의 가치를 높이려면 공동체 구성원이 그 주택을 감당할 수 있는 경제력을 갖추어야 했다. 따라서 고객 유치에는 주택도시개발부의 다양한 프로그램을 통해 시장성 있는 주택을 구매할 수 있도록 그들에게 신용을 제공하는 조치가 포함되었다. 그러나 가난한 노동 계급 도시 거주민이 선택할 수 있는 주택은 턱없이 부족했다. 공공 주택 개발지가 물리적으로 쇠퇴하고 공공 주택 아파트에 요구되는 소득 요건이 꾸준히 낮아진 결과 공공 주택은 '최후의 보루'로 전락했으며, 주택이 필요한 대다수 빈곤층에게 공공 주택은 더 이상 선택지가 되지 못했다. 한층 중요한 점으로, 1974년까지 계속된 도시 재개발 정책은 건설보다 파괴를 우선했던지라, 도시 지역에서 양질의 주택을 구하기가 점차 어려워졌다. 마지막으로, 백인 교외 지역에 안전하고 건전하고 저렴한 주택을 건설하는 데는 제약이 따랐으므로 주택 공급이 확대될 가능성은 희박했으며, 이는 낡은 주택으로 가득 찬 도시 시장을 조성하는 데 기여했다. 이러한 요인들로 인해 주택 공급 물량이 의심스러운 상황이었음에도 주택도시개발부의 주택 소유 프로그램은 매력적 대안으로 떠올랐다.

이 경우 포용은 개발이나 실질적 재개발이 아니라 지속적 추출을 위한 조건이 되어주었다. 물론 이는 레드라이닝을 비롯한 기타 배타적 관행을 지속하는 데 찬성하는 게 아니었다. 하지만 인종 분리 및 주거 분리는 시장의 어느 지점에서 허용되고 있었다. 한편으로 연방의 레드라이닝을 종식시키고, 다른 한편으로 연방의 공정 주택 및 민권 관련법의 집행에 대해 무심한 접근 방식을 유지하는 것은 하나같이 비효율적이었다.

연방 정부는 아프리카계 미국인을 위해 공정 주택 및 주택 개방을 적극적으로 추구하는 데 실패했는데, 그것은 근본적으로 관료주의나 잘못된 조직 관리 또는 부당 행위 탓만이 아니었다. 실제로 주택도시개발부-연방주택청의 주택 소유 프로그램이 낳은 심각한 문제를 그 기관들의 위법 행위나 잘못된 관리로만 환원하면, (인종적으로 분절된 주택 및 모기지 시장에서 기득권을 누리는 민간 기관의 중심적 역할을 포함해) 그 프로그램의 핵심에 놓인 체계적인 이해 상충을 간파하지 못하게 된다. 실제로 특히 부동산 중개업자들은 도시 주택 시장을 활성화시키고 전례 없는 자원을 끌어들일 수 있는 잠재력이 있는지라 주택도시개발법은 열렬히 지지했지만, 공정 주택에 대해서만큼은 거세게 반발했다.

공공 주택에 대한 연방 정부의 관리 및 소유가 점점 더 정치적으로 수용 불가능해지자, 주 정부는 국가의 주택 공급량을 생산·관리·소유하기 위해 민간 부문의 힘에 의존하게 되었다. 이러한 분업 구조로 인해 연방 공무원들이 주택 부문의 민권법을 제대로 그리고 적극적으로 집행하기가 사실상 불가능해졌다. 주택의 생산·매도·매수가 미국의 국가 경제에 필수불가결한 요소로 떠오르면서 주택 산업의 다양한 부문이 주택 정책에서 더 큰 입김을 발휘했다. 이들 역할이 중요해지자 연방 공무원이 그 산업을 규제하기가 한층 버거워졌고, 이는 필연적으로 집행 및 조사에 투입되는 연방 예산이 꾸준히 줄어드는 결과로 이어졌다. 주택도시개발부−연방주택청의 스캔들이 사기죄를 묻는 기소로 귀결된 사례에서처럼 조사가 성과를 거둔 경우도 없지는 않았다. 하지만 그럴 때조차 이런 상황은 개인의 탐욕이 낳은 일회적 사건으로 치부되었다.

주택 시장의 기존 질서를 유지하려는 제도적 압력에 대한 이 같은 강조는 흑인 거주자의 욕구를 줄이려는 의도가 아니었다. 아프리카계 미국인은 주택 소유자가 되길 원했고, 거주지를 선택할 때 전체 주택 시장에 접근할 수 있길 희망했다. 공공 기관 및 민간 기관의 집요한 인종차별과 백인 거주자의 반복적인 적대 행위는 흑인 거주자에게 풀 수 없는 문제로 다가갔다. 그러나 아프리카계 미국인이 자신들의 분리된 생활 공간에서 공동체를 꾸리고 의미를 만들어내기 위해 노력했음에도, 주거 분리는 국가의 행동(action) 및 고의적인 무행동(inaction)을 통해 부과된 조건이었다. 실제로 많은 아프리카계 미국인은 백인 이웃에게 특별히 호감을 느꼈다기보다 그저 인종이 뒤섞인 동네에서 살아가길 원했을 뿐이다. 백인 동네에서는 주택·학교·일자리 등을 위시해 더 많은 자원에 접근할 수 있었다. 물론 이러한 특성 때문에 백인 전용 지역은 미국에서 가장 비싼 지역으로 떠올랐다.

퇴각

전후 인종자유주의로부터의 퇴각은 그저 당파적 정치에 그치는 게 아니었다. 그것은 미국 정치 전반에 걸친 전면적 전환을 의미했다. 이를 해결하기 위해서는 막대한 인적·재정적 자원이 필요했지만, 경제 위기와 정치 양극화가 널리 만연한 상황에서 그것을 요구할 수 있는 정당은 존재하지 않았다. 1972년 대통령 선거에서 참패한 민주당은 자유주의적 정체성을 계속 수용하길 꺼렸다. 이는 지미 카터가 민주당 지도자로 부상하면서 한층 분명해졌다. 그리고 이전 시기의 사회 운동과 시위가 뒷전으로 물러나기 시작하면서 1960년대에 민주당을 역사적 역할로 이끈 압력은 더 이상 존재하지 않았다. 실제로 1976년 대통령 후보였던 카터는 주택 정책에 대한 자신의 입장을 명확히 하려고 노력했다. 그가 인종차별과 경제적 차별에 대한 닉슨의 긴장된 묘사를 앵무새처럼 되뇌면서 말했다. "나는 교외 지역의 동네나 상대적으로 비싼 주택이 들어선 그 밖의 다른 동네들에 매우 저렴한 고층 주택을 짓는 것은, 그 고층 주택에 새로 입주한 사람에게도 애초 그 교외 지역에 살던 사람에게도 최선의 결과가 되지 않을 거라고 봅니다. ⋯⋯그래서 인종적으로 동질적인 동네에서 살고 싶어 하는 사람들의 자연스러운 경향성을 일부러 거스르면서까지 연방 정부의 권한을 사용하지는 않을 생각입니다."[2] 카터는 그 발언의 의미를 좀더 명확히 해달라는 기자들 요청에 이렇게 덧붙였다. "정부가 그저 면피용으로 어느 동네에 낯선 집단을 들여보내는 그런 조치를 주요 목적으로 삼아선 안 된다는 거죠."

1970년대에 신용에 대한 접근이 자유화되었음에도, 인종에 따라 계층화한 주택 시장을 수용한 결과 이런 일이 빚어지고 있었다. 1974년 통과된 신용기회균등법(Equal Credit Opportunity Act)은 마침내 인종, 성별, 혼인 여부에 따른 신용 대출 차별을 불법으로 규정했다. 1975년에 통과된 주택모기지공개법(Home Mortgage Disclosure Act)은 은행이 어디에 모기지 대출을 제공했는지 공개하도록 강제하는 법안이었다. 이 법안은 예전에는 모기지 은행이 그 역할을 수행하도록 했던 도시 지역에서 예금 기관이 모기지를 제공하도록 압력을 주고자 고안되었다. 마지막으로, 지역사회재투자법(Community Reinvestment Act)은 상업 은행 및 기타 예금 은행 기관이 예금을 받은 지역 사회에 대출해주도록 강제하는 것을 목표로 삼는 풀뿌리 조직화의 산물이었다. 이러한 모든 입법적 성취는 지역 공동체의 활동가와 주택 소유자가 가하는 압력 및 그들이 전개한 운동 덕택이었다. 그들은 부분적으로 신용 가용성 부족이 어떻게 제 동네로부터 절실하게 요구되는 자원을 앗아가는지 인식했던 것이다. 이러한 자원은 연방 정부가 지방자치단체에 배분하는 양이 크게 줄어들면서 한층 중요해졌다. 그러나 이 같은 입법적 노력은 공정 주택과 민권 관련법을 집행하고자 하는 그에 상응하는 책임감으로 뒷받침되지 않았고, 따라서 자금 유입을 허용하긴 했으되 그 법안 수혜자의 자유로운 이동을 보장하지는 못했다. 이는 단순히 '게토에 금칠을 하는' 데 그치는 문제가 아니었다. 1970년대 말과 1980년대 초 평범한 아프리카계 미국인의 경제적 운명이 쇠락하고 주거 통합을 향한 약속이 흐지부지되면서 그들을 위한 시장이 폐쇄적으로 변했고, 그 결과 흑인은 평등하게 신용 시장에 진입할 수 없었다. 흑인 공동체의 특징인 불균형하다 할 정도로 심각한 빈곤과 저(低)고용, 그리고 개발 및 주거 재건 노력과 관련해 공공 및 민간 계획에서 그들이 배제되어온 역사가 어우러진 결과 도시 흑인 공동체는 종전보다 더 열악한 상태로 전락했다. 인종적 차별과 배제가 빚어낸 이러한 상태는 다시 한번 리스크로 표현되었다. 주택업계에서 리스크 담론이 재등장하면서, 수수료·벌금·고금리 및 기타 수탈 방식과 관련해 새로 도입한 엄격한 제도들이 정당화되었다.

주 택   소 유   반 대

연방 정부는 주거 통합이라는 정치적 지뢰밭을 피해가기 위해 빈곤층의 주택 소유를 외면했다. 그럼에도 불구하고 저소득층 가구를 위한 주택 소유라는 역할이 완전히 사라진 것은 아니었다. 물론 일부 분석가는 주택도시개발부의 주택 소유 프로그램이 실패한 것을 두고, 가난한 이들이 주택 소유에 따르는 책임을 감당할 태세가 되어 있지 않음을 보여주는 확실한 증거라고 주장했다. 좀더 깊이 추정해보면, 그것이 주는 함의는 주택 소유자가 될 자질이 없는 저소득층 아프리카계 미국인에게 한층 분명했다. 또 어떤 분석가들은 주택도시개발부가 그 프로그램을 제대로 관리하지 못했다는 명백한 사실이 그것을 실패로 내몬 진짜 이유라고 지적했다. 그러나 주택도시개발부의 실험에서 얻은 교훈은 사유 재산에 대한 헌신과 미국 경제에서 주택 소유가 차지하는 중심적 위상 같은 다른 경제적 이슈들과 뒤섞여버렸다.

　사람들은 오늘날 당연하다 싶게 주택 소유가 심지어 저소득층과 빈곤층에조차 가난에서 벗어나고 자산을 불리고 부를 축적할 수 있는 좀더 일반적인 방법이라고 생각한다. 역사적으로 아프리카계 미국인과 백인을 시종 갈라놓은 부의 불평등은 이러한 자산으로부터 흑인을 배제한 조치가 어떻게 여러 세대에 걸쳐 흑인 가정을 완전히 망가뜨렸는지 강력하게 상기시킨다. 부를 축적하는 방법으로서 내 집 마련은 공공 주택이나 정부 지원 주택보다 더 유리한 것으로 선전된다. 이는 임대보다 자가가 낫다는 가정에 영향을 끼친다. 그리고 무엇보다 가장 중요한 가정은 주택 소유가 미국에서 살기에 가장 좋은 방식이라는 것이다. 물론 이것은 잊어선 안 되는 또 한 가지 진실, 즉 주택 소유는 미국 경제를 굴러가게 하는 가장 중요한 톱니바퀴라는 사실과도 관련이 있다. 주택 소유가 경제의 지표이자 원동력이라는 중추 역할을 맡고 있다는 것은 더 많은 사람이 주택에 한층 더 쉽게 접근하도록 하려는 시도가 부단히 이어지고 있음을 뜻한다. 이는 분명 사실에 입각한 진술이지만, 자산 가치가 그 소유자의 인종이나 민족에 따라 다르게 평가되는 사회에서 "경제적 복지를 개인 소유 자산에 접합하는 것이 타당하다"고 말해주는 진술로 받아들여서는 안 된다.

배제를 포용으로 바꾸는 것만으로 수십 년간 이어진 제도적 차별을 뒤집을 수 있다는 가정은 인종과 재산을 중심으로 조직된 경제에 대한 투자를 과소평가한 결과다. 인종, 특히 인종적 열등감 개념은 주택 시장에서 '경제적 최저한도(economic floor)'를 수립하는 데 도움을 주었다. 누군가의 부동산이 지니는 가치는 그가 아프리카계 미국인 개인 및 공동체와 지리적으로 어느 정도 가까이 있느냐에 따라 달라졌다. 이것은 또 다른 현실을 드러내주었다. 시장은 (상품 교환을 촉진하는 수단 역시 그렇듯이) 진공 상태로 존재하지도 않으며, 추상적인 '수요와 공급' 개념에 의해 그 기능이 좌우되지도 않는다. 시장은 욕망, 상상력, 사회적 열망 등 여러 가변적 요소에 의해 창안 및 구성된다. 이는 시장이 실재하지 않는다는 의미가 아니다. 오히려 시장이 분명 욕구뿐만 아니라 정치적·사회적·경제적 그리고 (주택 시장의 경우) 인종적 관심사에 영향을 받는다는 뜻이다. 그리고 미국의 경우, 이러한 상황은 시장의 한 부문에 대한 접근은 줄이면서 다른 부문에서는 신용, 자본, 부실·불량 주택에 대한 무차별적 접근권을 마구 퍼부음으로써 이득을 취하는 경제 주체들에 의해 형성 및 촉발되었다.

1970년대 주택도시개발부의 주택 소유 프로그램 위기는 개인적 삶의 질을 개선하기 위한 방법으로서 주택 소유를 추구하는 데 따르는 깊고 체계적인 문제점을 드러내주었다. "미국에서 주택 소유가 미국인이 전통적으로 금융 자본을 획득하고 …… 그 소유자로 하여금 세금 혜택, 자본 축적, 부동산 가치의 상승을 통해 경제적 자산을 일굴 수 있도록 도와준 중요한 방법이었다는 점은 부인할 수 없다. ……이러한 자산은 자녀를 교육시키고, 사업 기회를 활용하고, 재정적 긴급 상황에 대처하고, 노후를 대비하는 데 쓰일 수 있다."[3] 주택 소유에 대한 투자와 그것이 개인적 자본 축적 과정에서 떠안은 역할은 미국에서의 좋은 삶을 가능케 하는 기본 요소로 자리 잡았다.

그러나 주택 소유의 혜택은 서로 다른 집단들 사이에서 불균등하게 경험되어왔다. 아프리카계 미국인이 주택 소유에 접근할 수 있는 기회는 서서히 감소했는데, 이는 흑인 불평등이 낳은 중요한 '결과'로 확인되었다. 주택에 관한 전국적 보고서에서도 이 같은 사실을 살펴볼 수 있다. 즉, "대다수 비백인 가정은 이러한 혜택을 박탈당하고 있다".[4] 백인은 70퍼센트가 주택을 소유했지만, 아프리카계 미국인은 43퍼센트만이 주택을 소유한 사실을 보면 그 격차를 분명하게 확인할 수 있다. 그러나 불평등의 근원은 비단 주택을 소유한 아프리카계 미국인과 백인의 수치 차이에만 그치는 게 아니다. 아프리카계 미국인은 설사 주택을 소유하고 있다 하더라도 백인 주택 소유자와 비교해볼 때 예상되는 혜택을 다르게 경험한다.

　인종이 부동산 가치에 위협을 가하는 요소라는 인식은 미국의 대중 문화와 부동산에 대한 통념 속으로 기세 좋게 스며들었다. 흑인의 위생 관념 및 도덕적 적합성에 대한 끈질긴 인종차별적 가정이 본인의 투자를 보호하고자 하는 백인 주택 소유자의 집착과 손을 잡았다. 사유 재산에 대한 방어와 그에 따라오는 문화적 암시 탓에 백인 주택 소유자는 혹시라도 흑인이 이웃집으로 이사 올지도 모를 사태에 병적인 거부 반응을 보였다. 1924년 초 전미부동산협회가 인종차별에 대한 자기 조직의 원칙을 위반하면 경력을 끝장내는 처벌 규정을 제정했을 때, 인종차별적 특권 및 가치와 부동산 시장을 통한 그것의 확산 간 공생이 합법화 및 재생산되었다. 이러한 관행이 지니는 함의는 더없이 구체적이었다. 즉, 흑인의 재산과 그 재산이 몰려 있는 공동체는 영구적으로 종속적 지위를 지니게 되었다. 그 결과, 현재까지도 아프리카계 미국인이 소유한 주택은 백인 소유 주택보다 가치가 덜하다. 흑인이 다수인 동네는 **지금도 여전히** 백인이 다수인 동네보다 덜 호의적으로 여겨진다. 실제로 백인 동네의 우월한 가치를 따질 때면 예나 지금이나 그곳이 흑인 공동체로부터 얼마나 멀리 떨어져 있느냐를 고려한다. 아프리카계 미국인을 악화일로의 도시 동네로 분리함과 동시에 그들이 개발에 사용할 수 있는 자원에 접근하지 못하도록 막는 것, 이는 흑인에게 극복하기 어려운 경제적 불이익을 안겨주었다.

　흑인이 부동산 가치에 위협을 안기는 요소라는 가정은—수십 년간의 정책적 방치, 부동산 착취, 일자리 약화, 산업 및 세금 자금의 유출 등으로 흑인 동네의 거주 여건이 날로 열악해짐에 따라—진짜로 현실이 되어버렸다. 주거 분리와 낮은 소득으로 인해 아프리카계 미국인은 불균형하다 할 정도로 오래되고 낡은 주택에 의존할 수밖에 없다. 그로 인해 그들의 집은 자산 가치를 제대로 인정받지 못하고 있다. 설사 집 값이 상승하더라도, 그 규모며 속도는 결코 백인 전용 동네의 백인 거주 주택과 같지 않다. 아프리카계 미국인의 높은 실업률, 저고용, 빈곤율은 주택 시장에 대한 접근성을 떨어뜨림과 동시에 그들이 퇴거나 압류로 집을 잃을 가능성을 키웠다. 따라서 아프리카계 미국인은 중산층 백인이 일반적으로 누리는 재정적 혜택이 전무한 방식으로 주택 소유를 경험한다.

미국 주택 시장에는 부동산업계, 주택업계, 은행업계의 역사적이고 지속적인 관행이 복합적으로 작용한 결과인 차별이 내재해 있다. 이는 연방 정부가 모든 역사적 시기에 걸쳐 민권법을 엄격하게 준수하는 데 실패했기 때문이다. 주택이 상품화하고, 게다가 인종차별적 의식에 의해 형성된 대중의 사회적 욕구와 기대에 좌우되는 상황에서, 시장의 명령을 뛰어넘기란 불가능했다. 이러한 현실은 여러 주택 관련 업계가 지속적으로 인종을 시장의 필수 요소로 삼아오면서 한층 두드러졌다. 인종적 차이와 반감은 시장이 의도치 않은 결과가 아니라 외려 시장을 구성하는 데 기여하는 요소다.

이러할진대, 가난한 노동 계급 아프리카계 미국인이 낡고 오래된 주택으로 이루어진 시장에 여전히 갇힌 처지에서 모기지 형태로 수천 달러의 빚을 떠안게 되는 상황을 어떻게 빈곤에서 벗어날 수 있는 현실적 수단이라고 여길 수 있겠는가? 이러한 주택은 가치가 상승하지 않을뿐더러 결국—경우에 따라서는 매우 빠르게—빚더미가 되어 그 소유주들 사이에서 가치를 높이는 게 아니라 외려 떨어뜨리는 역할을 할 것이다. 흑인 빈곤층과 노동 계급도 주택을 소유할 수 있도록 하는 조건이 갖춰졌음에도, 흑인이 거주하는 주택과 그들이 살아가는 동네의 가치가 다르게 평가된다는 사실은 변하지 않았다. 이러한 가치 차이는 인종차별이 철저히 구현된 주택 시장을 단단히 떠받치고 있다.

미국 사회에서 삶의 질은 개인적 부의 축적에 따라 좌우되며, 주택 소유는 대다수 가정이 부를 축적하기 위해 가장 많이 투자하는 단일 항목이다. 그러나 주택 시장이 철저히 인종차별에 의해 형성되면 불평등은 고질적으로 고착화한다. 지난 100년 동안 주택 시장이 인종차별 없이 공정하게 운영된 시기는 단 한순간도 없었다. 인종차별적인 용도지역제에서부터 인종차별적인 제약 계약(racially restrictive covenants: 특정 집단, 대개 아프리카계 미국인에 의한 부동산 매수·임대·점유를 금하는 계약을 말한다—옮긴이), 토지 할부 계약, 연방주택청이 보증하는 모기지, 서브프라임 모기지 대출에 이르기까지 미국 주택업계는 인종적 차이에 대한 대중의 인식을 악용하고 이를 통해 금전적 이득을 취하려고 안간힘을 써왔다. 이것이 의미하는 바는 다음과 같다. 즉, 설사 눈에 띄는 차별이 없더라도 흑인 공동체와 흑인 동네는 열등하게 인식되는데, 그 때문에 아프리카계 미국인은 삶의 질을 유지하기 위해 본질적으로 평가 절하된 '자산'에 의존할 수밖에 없는 것이다. 이는 영구적인 불이익을 초래했다. 그리고 주택 소유를 경제적 자유와 발전의 비결로 홍보함에 따라, 이러한 경제 불평등은 강화 및 정당화되고 궁극적으로 용인된다.

우리 사회는 빈곤을 극복하기 위한 수단 또는 부를 축적하는 방법으로서 주택 소유를 수시로 홍보하는데, 이는 모든 사람은 동등하게 주택 시장에 진입하며, 주택 시장 자체는 가치 중립적 중재자라는 잘못된 가정에 기초하고 있다. 국가가 주택 소유를 장려하는 것은 이러한 시장 동역학을 그저 수용하는 데 그치는 게 아니다. 주택 소유 아래 깔린 불평등이 낳는 인종적 결핍을 해소하기 위해 자원을 공평하게 제공할 책임을 방기하는 꼴이기도 하다. 공공 서비스와 공적 제도가 줄곧 약화하는 분위기 속에서 이러한 책임을 다하는 일은 정치적으로 불가능해 보일 수도 있다. 하지만 그것이 주택 소유가 아프리카계 미국인의 정치적·사회적·경제적 자유의 초석이 되리라는 마법에 대한 믿음만큼 불가능한 건 아니다.

어쨌거나 피난처가 절실한 사람을 먹잇감 삼는 식의 비도덕적 행위야 없었다 하더라도, 주택 시장의 인종차별적 인프라는 여전히 아프리카계 미국인을 불리한 위치에 두었다. 흑인과 백인 사이에 가로놓인 부의 격차는 지극히 인종차별적이고 불평등한 주택 시장에 깊이 뿌리 내리고 있으며, 따라서 그로 인한 불이익은 지금 이 순간까지도 줄기차게 지속되고 있다. 백인 주택은 변함없이 흑인 주택보다 더 높은 가치를 인정받는다. 브루킹스 연구소가 2018년 내놓은 연구 결과에 따르면, 흑인이 50퍼센트 이상 거주하는 동네의 주택 가격은 흑인 비거주 동네의 약 절반에 불과했다.[5] 백인 동네는 아프리카계 미국인 공동체에서와는 달리 바람직한 입지로 손꼽히고 있다. 그 결과 역사적으로 흑인 공동체에 대한 투자가 감소하고 그곳의 물리적 외관이 훼손되었는데, 이는 시종일관 흑인 주택 대출에 더 높은 이자율과 수수료를 부과하는 등 흑인 주택에 차별적 금융을 조달하는 데 쓰이는 구실이 되고 있다. 인종차별적 관행에 좌우되는 이러한 민간 기관과 공공 기관 간의 결탁은 지속적 불평등, 상처뿐인 포용, 불공정한 결과에 이르는 지름길이다.

지난 50여 년 동안 민간 부문은 지속적인 도시 주택 위기에 종지부를 찍을 수 있는 가장 유력한 대안으로 손꼽혀왔다. 그러나 이러한 위기는 시간이 지남에 따라 더욱 극심해졌으며, 주거 불안정성은 한층 심화하고 있다. 특히 주택 소유 영역에서 더욱 그러하다. 1990년대 말과 2000년대 초 규제 완화 분위기 속에서 기승을 부린 서브프라임 대출은 전례 없는 아프리카계 미국인의 주택 손실을 낳았다. 서브프라임 대출 관행은 주택업계와 일반 대중의 인종차별적 관행 및 가정에 휘둘렸다. 연이은 압류와 모기지 채무 불이행은 흑인 공동체의 부동산 가치를 더욱 약화시켰으며, 아프리카계 미국인의 자산으로서 주택 개념에 다시 한번 상처를 입혔다. 아프리카계 미국인의 주택이 24만 채 이상 순손실되면서 모기지 대출 기관이 잠재적 흑인 주택 소유자를 소외시키는 배타적 관행에 재차 뛰어들도록 빌미를 제공했다.[6] 그러나 이는 위기의 한 측면에 불과하다. '위험한' 흑인 매수자에 대한 인식이 반복됨에 따라 부동산 시장에서 노골적이고 약탈적인 관행이 다시 고개를 들 수 있는 여건이 마련되었다. 이것은 흑인을 임대 시장에 맡기기 위한 게 아니다. 삶의 질과 민권의 핵심이 사유 재산 소유 여부에 따라 달라지는 사회 질서에 의문을 제기하기 위한 것이다. '임대 후 소유' 제도부터 기존 모기지 대신 재등장한 토지 할부 계약에 이르기까지, 부동산은 주택 시장에서 아메리칸드림을 추구하는 아프리카계 미국인을 처음부터 끝까지 등쳐먹고 있다. 그것은 되풀이되는 역사가 아니다. 주택이 상품화하고 민권의 성취와 의미로서 부단히 홍보될 때 예측할 수 있는 결과다.

감사의 글

대학원에 재학할 때, 우리 과의 (그리 늙지 않은) 현자 고(故) 리처드 이튼 (Richard Iton) 교수는 내가 향후 10년 동안 매달려야 할 주제로 뭘 선택해야 할지 고심하고 있을 때 신중을 기하라고 조언해주셨다. 그분 말씀이 옳았다. 이 책은 2008년 봄 세미나용 논문으로 첫발을 뗐는데, 10년이 조금 지난 후에야 비로소 책 형태로 완성할 수 있었다.

여러 사람이 경험했듯 책을 집필하는 것은 외롭고 종종 고달픈 과정이긴 하지만, 결코 혼자서는 해낼 수 없는 일이다. 나는 일일이 열거할수 없을 만큼 많은 친구·동료·스승에게 빚을 졌지만, 반드시 공식적으로 감사를 표해야 하는 이들이 몇 있다.

이 책이 세상의 빛을 보기까지 긴 여정에는 한때 내 지도교수였지만 지금은 나의 좋은 친구인 마사 비온디의 가르침과 지혜가 분명 커다란 영향을 미쳤다. 마사는 나 자신만의 방식으로 생각하고 글을 쓰도록 격려해주었을 뿐 아니라, 어떻게 하면 내 작업이 역사적 방법론에 단단히 기초할 수 있는지 가르쳐주었다. 아울러 내가 저술가이자 학자로 성장할 수 있도록 든든한 밑거름이 되어주었다. 그녀의 가르침과 격려와 관대함에 언제까지나 감사할 것이다. 마사는 지난 10년 동안 항상 내게 시간을 내주었으며, 만나서 아이디어를 나누고 언제나 내 편이 되어주었다. 메리 패틸로에게도 특별히 감사드린다. 메리는 주저 없이 시간을 내줌으로써 이야기를 나누고, 무엇보다 나에게 지적 자극을 안겨주었다. 메리에게는 쉬운 답이 없고 더 많은 질문과 더 많은 자극만 있었을 뿐이다. 그녀의 지적 집념, 그리고 시간·관점·격려와 관련한 보기 드문 관대함에 감사드린다. 마지막으로 레너드 루비노위츠는 저명한 법학자가 되기 전에는 이 책이 다룬 기간 동안 주택도시개발부에서 근무했다. 그 부처의 기능과 거기 몸담은 공무원들에 대한 그의 통찰력은 숱한 혼란을 해소하는 데 도움을 주었다. 레너드는 나와 만나 이야기를 나누고 자료를 찾는 데 오랜 시간을 할애했다. 그 과정에서 그의 참을성 있는 설명과 통찰력과 전문성에 커다란 도움을 받았다. 이 시기를 비판적으로 다룬 그의 글들은 내가 인종과 주택 정책의 복잡성을 이해하는 데 소중한 토대가 되어주었다.

헤더 앤 톰슨(Heather Ann Thompson)과 론다 윌리엄스가 편집하고 노스캐롤라이나 대학 출판부가 발행하는 '정의, 권력, 그리고 정치(Justice, Power, and Politics)' 시리즈에 참여하게 된 것을 특별히 영광스럽고 감사하게 생각한다. 톰슨과 윌리엄스는 내가 학계에서 중요하게 여기는 모든 것, 즉 성실성, 지성, 진실과 정의를 추구하는 열정을 실제로 구현하고 있다. 그들은 우리 대다수의 롤 모델이다. 브랜든 프로이아(Brandon Proia)는 새롭게 알게 된 뜻밖의 존재였다. 2013년 9월 플로리다주 잭슨빌 회의에 참석한 어느 후텁지근한 날 저녁, 웨인 주립대학의 역사학자이자 절친한 친구 데이비드 골드버그(David Goldberg)가 내게 브랜든을 소개했고, 이튿날 아침 내 토론의 패널로 참석해달라고 부탁했다. 브랜든은 진짜로 그 자리에 나타났고, 우리는 그 후 지금껏 이야기를 나누어왔다. 그는 이 책 원고 초안을 되풀이 읽었으며, 그때마다 유용한 내용을 새로 추가해주었다. 그의 인내심과 격려 그리고 변함없는 선의에 진심으로 감사드린다. 원고를 읽어준 익명의 독자들에게도 특별히 감사드린다. 상세한 코멘트와 날카로운 분석 및 비평을 믿기 어려우리만큼 시기적절하게 제공해준 그들 덕분에 원고가 훨씬 더 내실 있어졌고 제대로 된 책 꼴을 갖출 수 있었다. 특히 꼼꼼하고 세심한 교정 작업을 해준 스테퍼니 래드니악 웬젤(Stephanie Ladniak Wenzel)에게 감사의 말을 전하고 싶다. 이 책이 나오기까지 제작 과정에서 열심히 일해준 출판사 편집부 직원 모두의 지칠 줄 모르는 노고에도 감사드린다.

　나는 역사가로서 이 이야기에 생명력을 불어넣기 위해 무수히 많은 사서와 기록 보존가로부터 도움을 받았다. 메릴랜드주 칼리지파크에 위치한 국립문서기록관리청, 린든 존슨 대통령 도서관, 리처드 닉슨 대통령 도서관, 후버 연구소, 제럴드 포드 대통령 도서관, 벤틀리 역사 도서관, 템플 대학의 도시기록보관소의 사서들에게 감사드린다. 연구 자금을 지원해준 여러 기관의 재정적 관대함에 대한 고마움도 빠뜨릴 수 없다. 나의 연구와 저술에 재정적 지원을 아끼지 않은 제럴드 포드 대통령 도서관, 포드 재단, 노스웨스턴 대학, 래년 재단에 특별히 감사를 표한다. 연구년을 제공해 원고 초고 수정에 필요한 값진 시간을 확보하도록 배려해준 프린스턴 대학에도 진심으로 감사드린다.

　지난 몇 년 동안 다양한 형태로 이 책에 참여해준 놀라운 친구 및 학자 그룹으로부터 커다란 도움을 받았다. 프린스턴 대학의 '아프리카계 미국인연구학과(Department of African American Studies)'에 몸담은 친구와 동료들은 이타심, 예사롭지 않은 관대함, 중요한 피드백을 통해 나를 놀

라게 했다. 이매니 페리(Imani Perry)와 나오미 무라카와(Naomi Murakawa)
의 통찰력은 인종 및 주택에 대한 이해를 한층 발전시키고 다듬도록
거들었으며, 내가 이 책 전반에서 더없이 중요한 개념인 '약탈적 포용'
에 도달할 수 있도록 안내했다. 프린스턴 대학원생 마이크 글래스(Mike
Glass)는 어느 워크숍에 나를 초대하는 아량을 베풀었는데, 그 덕분에
프린스턴 대학교의 학자이자 건축가 미치 매큐언(Mitch McEwan)의 더없
이 소상한 조언 등 여러 값진 피드백을 들을 수 있었다. 내 연구에 열
렬한 관심을 보이고, 항상 기꺼이 내 글을 읽어준 프린스턴 대학 역사
학과의 도브 와인립 그로스갈(Dov Weinryb Groshsgal)에게 각별히 감사
드린다. '프린스턴 멜론 이니셔티브 건축학·도시학·인문학(Princeton
Mellon Initiative in Architecture, Urbanism and the Humanities)' 소속 동료들은
여러 포럼을 조직해 내 연구에 대해 토론하도록 초대해주었다. 그 자리
를 통해 거기 모여든 빼어난 학자들로부터 적잖은 도움을 받았다. 격
려하고 지원해준 에런 슈쿠다(Aaron Shkuda)와 앨리슨 이센버그(Allison
Isenberg)에게 특별히 고마움을 전한다. 좀더 일반적으로 말해, 프린스턴
에서 지내는 동안 많은 이들이 내 작업에 보여준 온정·지원·열정 덕분
에 이 책을 집필하는 게 한결 수월해졌다. 그 과정에서 우정과 지원을
아끼지 않은 아프리카계 미국인학과의 다음 동료들에게 고마움을 전하
고 싶다. Anna Arabindan-Kesson, Wallace Best, Wendy Belcher,
Eddie Glaude, Tera Hunter, Kinohi Nishikawa, Reena Goldthree,
Ruha Benjamin, Chika Okeke-Agulu, Josh Guild, 그리고 Autumn
Womack이 그들이다. 각자 맡은 소임을 통해 내 집필 작업이 더욱 손
쉬워지도록 도운 우리 과의 (과거 및 현재의) 멋진 직원, Allison Bland,
Dionne Worthy, April Peters, Jana Johnson, 그리고 Elio Lleo에게

도 특별히 고마움을 전한다. 내가 이 연구에 뛰어든 초기 시카고의 부동산 관행에 관한 자료를 제공해준 컬럼비아 대학의 학자 린 새걸린(Lynne Sagalyn)에게도 감사 말씀을 전하고 싶다.

토머스 슈그루와 크리스토퍼 보나스티아는 원고를 면밀히 읽고 값진 통찰력과 비평을 제공해 책의 완성도를 높여주었다. 나의 주장 몇 가지에 기꺼이 이의를 제기한 보나스티아는 내가 원고를 수정하도록 이끌어주었는데, 그 덕분에 관련 내용이 한층 만족스러워졌다. 뉴욕 대학에서 열린 워크숍에 참여해 여전히 진행 중인 원고 일부에 대해 중요한 의견을 제시해준 네이선 코널리(Nathan Connolly)와 매슈 래스너(Matthew Lasner)에게 특히 감사드린다. 나는 인종과 주택을 다룬 캘빈 브래드포드(Calvin Bradford)의 책을 수년 동안 읽어왔는데, 이 책 집필 과정 말미에 그를 직접 만나보았다. 친절한 영혼이면서 면도날처럼 날카로운 인물인 그를 마침내 만났으니 억세게 운이 좋았다고 생각한다. 캘빈으로부터 많은 것을 배웠고, 그 결과 이 책이 더 나아졌을 것이다. 원고를 읽고 각 쪽의 모든 문장을 엄격하게 손질함으로써, 최종 원고에 꼭 필요한 노고를 베풀어준 친구이자 동료 작가 엘리자베스 테르자키스(Elizabeth Terzakis)에게 특별히 감사드린다. 본문에 남아 있는 모든 오류는 오롯이 나의 책임이다.

나는 또한 이 책을 뒷받침하는 아이디어를 명확히 하는 데 도움을 준 훨씬 더 광범위한 동료·친구·동지들과 다양한 대화를 통해 많은 도움을 받았다. Amna Akbar, Michelle Alexander, Simon Balto, Jonah Birch, Jennifer Brier, Jordan Camp, Andy Clarno, Cathy Cohen, Michael Dawson, Dan Denvir, Rory Fanning, Lilia Fernandez, Megan Ming Francis, Zinga Fraser, David Freund,

Maggie Garb, Alex Gourse, Saida Grundy, D'weston Haywood, Christina Heatherton, Jeff Hegelson, Paul Heideman, Elizabeth Hinton, Destin Jenkins, Tim Johnson, Robin D. G. Kelley, Naomi Klein, Holly Krig, Kevin Kruse, LaTasha Levy, Toussaint Losier, Nancy MacLean, Jack Macnamara, Manissa M. Maharawa, Emmanuel Martinez, Kate Masur, Dwight McBride, Mike McCarthy, Khalil Gibran Muhammad, Bill Mullen, Donna Murch, Rosemary Ndubuizu, Alice O'Connor, Jorge Ortiz, Tiana Paschel, Courtney Patterson, Kesha-Khan Perry, Dylan Penningroth, Chris Poulos, Leigh Raiford, Barbara Ransby, Leah Wright Rigeur, Noliwe Rooks, Nitasha Sharma, Brandon Terry, Micah Uetricht, Alexander Von Hoffman, Celeste Watkins-Hayes, 그리고 Alex Weheliye가 그들이다. 이 책을 집필하는 나의 접근법에 영향을 준 여러분 모두에게 많은 것을 배웠다.

항상 조언과 통찰력으로 가득 찬 사운딩 보드(sounding board: 반응을 알아보기 위해 쓰이는 사람―옮긴이)이자 더없이 좋은 친구인 여동생 엘리자베스 토드브렐런드(Elizabeth Todd-Breland)에게 특별히 감사드린다. 우리는 거의 같은 시기에 책을 집필하기 시작했는데, 나보다 앞서가는 엘리자베스를 보면서 계속 작업을 이어갈 수 있도록 자극을 받았다. 나와 1970년대의 주택 정책, 부동산, 은행업에 대한 근사한 열정을 공유한 레베카 마르시엘(Rebecca Marchiel)에게 많은 것을 배웠다. 그녀는 예나 지금이나 멋진 친구이며, 이 책에는 우리가 수년 동안 나눈 대화·이메일·문자 내용이 녹아 있다. 제인 킨스먼(Jayne Kinsman)은 언제나 무조건 내 편이었다. 그녀가 없었다면 이 책은 세상에 나올 수 없었을 거라고 단언할 수 있다. 실제로 책을 쉽게 쓸 수 있도록 전문적 조언과 지도를 베푼 더없이 좋은 친구 앤서니 아르노브(Anthony Arnove)에게 특히 감사드린다.

나는 항상 생각하고 말하길 즐기며 세상을 명석하게 꿰뚫어보는 이들과 작가들이 포진한 집안에서 태어났다. 어쩐 일인지 몰라도 아버지 헨리 루이스 테일러 2세(Henry Louis Taylor Jr.)와 나는 흑인이 거주하는 교외 지역과 도시에 대한 호기심을 공유함으로써 같은 길을 걷게 되었다. 일찌감치 아버지로부터 인종차별과 불평등 체제에 대해, 그보다 더 중요한 것으로 정의와 투쟁에 대해 배웠다. 아버지는 항상 내게 저만의 방식으로 일하라고 격려해주셨고, 나는 그의 가르침대로 살려고 나름대로 노력했다. 독자들은 이 책에서 그런 나의 면모를 설핏 엿볼 수 있을 것이다. 한 가지 아쉬운 점을 꼽자면 어머니가 이 세상에 안 계시는지라 나 좋아서 한 일의 결과물인 이 책을 읽지 못하신다는 것이다. 어머니 도리스 테일러(Doris Taylor)는 20여 년 전 갑작스레 세상을 떠나셨다. 어머니의 부재는 그저 어떻게 그걸 끌어안고 살아가야 하는지 배우고 싶을 따름인, 결코 극복할 수 없는 일이다. 어머니는 나를 자랑스러워하실 것 같다. 마지막 감사 인사는 아내이자 나의 가장 친한 친구 로런 플리어(Lauren Fleer)에게 건네려 한다. 그녀는 시카고에서 먹고살기 위해 억척을 떨던 시절부터 필라델피아에서 둘의 행복 교집합인 엘리슨 터너(Ellison Turner)를 키우기까지 함께 삶의 거친 풍파를 헤쳐왔다. 나는 견디기 힘들고 예측하기 어려운 학계를 잘 참아준 로런 덕에 잘 해낼 수 있었다. 우리의 감탄스러운 관계에 더없이 감사하다. 이 책은 여러 가지 이유로 그녀를 위한 책이다. 두말할 필요 없이 그녀의 지원과 사랑이 없었다면 이 책은 시작하지도 완성하지도 못했을 것이다. 그녀가 없었나면 이 모든 것은 상상도 하기 어렵다. 그녀에게 말로는 부족한 고마움을 전한다.

주

머리말: 흑인의 주택 소유

1. Jackson, *Crabgrass Frontier*; Rothstein, *Color of Law* (2017); Satter, *Family Properties*; Hirsch, *Making the Second Ghetto*; Freund, *Colored Property*; Gotham, *Race, Real Estate, and Uneven Development* (2002); Baradaran, *Color of Money*; Pietila, *Not in My Neighborhood*; Quadagno, *Color of Welfare*; Connolly, *World More Concrete*; Massey and Denton, *American Apartheid*; Sugrue, *Sweet Land of Liberty*.

2. "Davis v. Romney, 355 F. Supp. 29 (E.D. Pa. 1973)."

3. "Civil Rights Bill of 1866."

4. "Shelley v. Kraemer, 334 U.S. 1, 68 S. Ct. 836, 92 L. Ed. 2d 1161, 1948 U.S. LEXIS 2764—CourtListener.Com." "의심의 여지 없이 수정헌법 제14조가 차별적 국가 조치로부터 보호하고자 한 민권 가운데는 재산을 취득·향유·소유·처분할 수 있는 권리가 포함되어 있다. 수정헌법 제14조 입안자들은 재산권 향유의 평등을 그 수정헌법이 보장하려 한 다른 기본적 민권과 자유의 실현에 반드시 필요한 전제 조건으로 간주했다."

5. "Harry S. Truman."

6. "Dwight D. Eisenhower."

7. U.S. Congress, Senate, Committee on Banking and Currency, Subcommittee

on Housing and Urban Affairs, Fair Housing Act of 1967, 222에 실린 월터 민데일의 증언 내용을 참조하라.

8. Quinn, "Government Policy, Housing, and the Origins of Securitization"; Krippner, *Capitalizing on Crisis*; Hyman, *Borrow*; Hyman, "House That George Romney Built"; von Hoffman, "Calling upon the Genius of Private Enterprise."

9. 연방주택청의 중산층 흑인 및 백인 여성에 대한 차별을 좀더 전면적으로 파고든 논의로는 Thurston, *At the Boundaries of Homeownership*을 참조하라.

10. Rhonda Y. Williams, "Something's Wrong Down Here: Poor Black Women and Urban Struggles for Democracy," in Kusmer and Trotter, *African American Urban History since World War II*, 316.

11. Kwak, *World of Homeowners*, 176.

12. Jones, *Masters of the Universe*, 278.

13. Bonastia, *Knocking on the Door* (2006), 12-24.

14. Conley, *Being Black, Living in the Red*, 38.

15. '인종자유주의' 논의에 대해 더 자세히 살펴보려면, Biondi, *To Stand and Fight*; Singh, *Black Is a Country*; Sugrue, *Sweet Land of Liberty*; Myrdal, *American Dilemma*; Duneier, *Ghetto*를 참조하라.

16. Conley, *Being Black, Living in the Red*, 16.

17. Babcock, *Appraisal of Real Estate*, 2-3.

18. Jackson, "Race, Ethnicity, and Real Estate Appraisal." Looker, *Nation of Neighborhoods*, 77-78; Babcock, *Appraisal of Real Estate*를 참조하라.

19. Helper, *Racial Policies and Practices of Real Estate Brokers*, 201.

20. Massey and Denton, *American Apartheid*.

21. Helper, *Racial Policies and Practices of Real Estate Brokers*, 201에 인용된 내용.

22. Helper, *Racial Policies and Practices of Real Estate Brokers*. 부동산 중개인 윤리 강령(The Realtors Code of Ethics) 34항의 내용은 다음과 같다. "부동산 중개인은 해당 동네의 부동산 가치에 명백한 해를 끼칠 수 있는 개인, 인종 및 국적의 구성원, 재산 및 점유 형태를 그 동네에 들여오는 데 도움을 주어선 안 된다."

23. Rothstein, *Color of Law* (2017), 59-76.

24. Logan and Molotch, *Urban Fortunes*, 20-23.

25. Hayward, *How Americans Make Race*, chap. 2, "Black Places"; Harris, "Whiteness as Property," 1716을 참조하라. "미국에서 재산권의 기원은 인종차별적 지배에 뿌리를 두고 있다. 심지어 건국 초기에도 흑인과 인디언을 억압하는 데는 인종 개념만 작용한 게 아니었다. 거기서는 인종과 재산 개념 간의 상호 작용이 인종적·경제적 종속을 확립 및 유지하는 데 중요한 역할을 했다."

26. Kruse, *New Suburban History*, 35.

27. "Jones v. Alfred H. Mayer Co., 392 U.S. 409 (1968)."

28. 물론 그렇다고 해서 주택도시개발법과 그 법이 그것을 가장 많이 활용한 도시 공동체에 미친 영향을 다룬 논의가 전혀 없었다는 의미는 아니다. 여러 학문적 관점에서 진행된 연구들은 주택도시개발법의 다양한 측면과 그 효과를 파헤치고 있다. 이 책은 상당 부분 이러한 기존의 학문적 성과물을 기반으로 한다. Boyer, *Cities Destroyed for Cash*; Gotham, *Race, Real Estate, and Uneven Development* (2014); Bonastia, *Knocking on the Door* (2006); Satter, *Family Properties*; Hays, *Federal Government and Urban Housing* (2012); von Hoffman, "Calling upon the Genius of Private Enterprise"; Biles, *Fate of Cities*; Squires, *Unequal Partnerships*을 참조하라.

29. Kennedy, Executive Order 11063.

30. Baradaran, *Color of Money*, 194-267; Hill and Rabig, *Business of Black Power*; Orren, *Corporate Power and Social Change*; Kotlowski, *Nixon's Civil Rights*; Wright Rigueur, *Loneliness of the Black Republican*, 134-177; Allen, *Black Awakening in Capitalist America*; Taylor, *From #BlackLivesMatter to Black Liberation*.

31. 냉전자유주의 또는 인종자유주의에 대한 논의를 더 자세히 살펴보려면, Dudziak, *Cold War Civil Rights*; Von Eschen, *Race against Empire*; Singh, *Black Is a Country*; Biondi, *To Stand and Fight*; Sugrue, *Sweet Land of Liberty*; Myrdal, *American Dilemma*; Ferguson, *Top Down*을 참조하라.

32. '인종 무관' 정치를 다룬 논의에 대해 더 알고 싶으면, Taylor, *From #BlackLives Matter to Black Liberation*; Bonilla-Silva, *Racism without Racists*; MacLean,

Freedom Is Not Enough; Lassiter, *Silent Majority*; Kruse, *White Flight*; Alexander, *New Jim Crow*를 참조하라.

33. Pritchett, "Which Urban Crisis?"; O'Connor, "The Privatized City, the Manhattan Institute, the Urban Crisis, and the Conservative Counterrevolution in New York"; U.S. Congress, Senate, Committee on Government Operations, Subcommittee on Executive Reorganization, *Urban Crisis in America*; Taylor and Hill, *Historical Roots of the Urban Crisis*; Matlin, *On the Corner*; Sugrue, *Origins of the Urban Crisis*; Weaver, *Urban Complex*; Pritchett, *Robert Clifton Weaver and the American City*.

34. Bonilla-Silva, *Racism without Racists*, 17-60; MacLean, *Freedom Is Not Enough*, 234-238; Lassiter, *Silent Majority*, 1-2, 220-222; Taylor, *From #BlackLivesMatter to Black Liberation*; Ferguson, *Top Down*.

35. Carmichael and Hamilton, *Black Power*.

36. 그 배경에 대해 더 알고 싶으면, Katz, *Undeserving Poor*; Quadagno, *Color of Welfare*; O'Connor, *Poverty Knowledge*를 참조하라.

37. Kohler-Hausmann, *Getting Tough*; Quadagno, *Color of Welfare*; Chappell, *War on Welfare*; Neubeck and Cazenave, *Welfare Racism*; Nadasen, *Welfare Warriors*; Williams, *Politics of Public Housing*; Theoharis and Woodard, *Groundwork*.

1 불공정한 주택 공급

1. Glass, "75 Invade Capitol Hill for Rat Bill."

2. "By Lyndon B. Johnson."

3. Jackson, "Harlem's Rent Strike and Rat War"; McLaughlin, "Pied Piper of the Ghetto."

4. "Can't Sleep in 'Rat-Infested Slum.'"

5. Filson, "Woman, Children Face Loss of Rat-Ridden Home."

6. Breslin, "Rats Come Every Night."

7. Washington, "Every Morning, a War on Rats."

8. Wilson, "Why We Did It."

9. "Charge Rats Killed Baby Disputed."

10. "Slum Rats Chew Out Baby's Eye."

11. "Women Are Poverty War Force."

12. "Scientists Analyze Philly Riot."

13. "New York Slumlords Told to Fix Tenements."

14. "Rent Strike in Harlem"; Jackson, "Harlem's Rent Strike and Rat War."

15. Wright, *Native Son*.

16. "Robert Weaver, Unpublished Narrative History."

17. Woods, "Federal Home Loan Bank Board," 1048-1049에서 인용.

18. Woods, "Federal Home Loan Bank Board," 1048.

19. Woods, "Federal Home Loan Bank Board," 1048-1050.

20. Pietila, *Not in My Neighborhood*, 97.

21. Abrams, *Forbidden Neighbors,* 138.

22. Hughes, "Negro's New Economic Life," 128.

23. Tuskegee Institute, Dept. of Records and Research, *Negro Year Book*, 173.

24. Tuskegee Institute, Dept. of Records and Research, *Negro Year Book*, 172.

25. "FHA Developments in Analysis of Risk."

26. Gotham, *Race, Real Estate, and Uneven Development* (2014); Squires, *Unequal Partnerships*; Squires, *Capital and Communities in Black and White*.

27. Connolly, *World More Concrete*를 참조하라.

28. Pietila, *Not in My Neighborhood*, 63-64; Lovett, *Conceiving the Future*, 157-158을 참조하라.

29. U.S. Federal Housing Administration, *Underwriting Manual*, sec. 950-952, "Quality and Accessibility of School."

30. Rothstein, *Color of Law* (2018).

31. Abrams, *Home Ownership for the Poor*, 196; U.S. Federal Housing Administration, "New Small-Home Ownership Program," 15.

32. U.S. Federal Housing Administration, "New Small-Home Ownership Program," 19.

33. U.S. Federal Housing Administration, "New Small-Home Ownership Program," 3.

34. Roth, "Lender Looks at Title I Homes," 13.

35. U.S. Federal Housing Administration, "New Small-Home Ownership Program," 3.

36. U.S. Federal Housing Administration, "New Small-Home Ownership Program," 3.

37. Leimert, "Teamwork Solves the Small-Home Puzzle," 5.

38. Leimert, "Teamwork Solves the Small-Home Puzzle," 25.

39. Radford, *Modern Housing for America*, 193-194.

40. Hays, *Federal Government and Urban Housing* (2012), 89. "따라서 연방주택청은 대단히 중요한 의미에서 그 용어가 정의한 대로 보수적인 기관이었다." Philpot, *Conservative but Not Republican*, 78. "연방주택청은 대출 기관을 위해 채무 불이행 대출을 보증해주었으므로 위험도 낮은 동네의 모기지만 보증하는 보수적 접근법을 취했다." Leighninger, *Building Louisiana*, 111-112. "주택 건설업자들 역시 새로 창설된 연방주택청이 비판 없이 취한 모기지 은행가들의 보수적 취향에 의해 제약을 받았다." Jackson, *Crabgrass Frontier*, 213.

41. U.S. Federal Housing Administration, *Underwriting Manual*, 936-939.

42. U.S. Congress, House, Committee on the Judiciary, *Civil Rights*, 426.

43. Hirsch and Mohl, *Urban Policy*, 86.

44. U.S. Congress, Senate, Committee on Banking and Currency, Subcommittee on Housing and Urban Affairs, *FHA Mortgage Foreclosures*, 18. "실업보험의 경우, 우리는 대통령의 주택 법안에 포함된 보류(forbearance)를 다루는 개정안과 동일한 일반적 결과를 겨냥하고 있다. 연방주택청은 실업보험과 건강보험을 그 프로그램에 포함시키는 방안에 대해 연구를 진행하고 있다. 우리는 실업보험을 위한 일반적 형식을 고안했는데, 현재로선 내키지는 않지만 보험료 인상 없이는 그것을 시행할 수 없다는 결론에 도달했다."

45. U.S. Congress, Senate, Committee on Banking and Currency, Subcommittee on Housing and Urban Affairs, *FHA Mortgage Foreclosures*, 24.

46. National Commission on Urban Problems, *Building the American City*, 96.

47. Dickinson, "Changing Housing Climate."

48. Dickinson, "Changing Housing Climate."

49. U.S. Congress, House, Committee on the Judiciary, *Civil Rights*, 430.

50. Woods, "Federal Home Loan Bank Board."

51. 초기의 흑인 소비자 문화에 대해 더 많은 것을 알고 싶으면, Cohen, *Consumers' Republic*, 41-51을 참조하라.

52. Ginzberg, *Negro Challenge to the Business Community*, 11.

53. Hughes, "Negro's New Economic Life," 126-127.

54. Tuskegee Institute, Dept. of Records and Research, *Negro Year Book*, 186. NAHB Correlator, March 1950, Memorandum to the Members of the National Association of Home Builders from Frank Cortright, President에서 인용한 내용.

55. "Dwight D. Eisenhower."

56. "NAREB Encourages Negro Housing."

57. "NAREB Encourages Negro Housing," 2 (강조 추가).

58. "Negro House Need Told by NAREB."

59. "Real Estate Boards Urged …… Improve Negro Housing."

60. Gans, "Failure of Urban Renewal."

61. Dickinson, "Urban Renewal Under Fire."

62. Hirsch, *Making the Second Ghetto*, 100-134; "Renewing Inequality: F Family Displacements through Urban Renewal, 1950-1966," http://dsl.richmond.edu/panorama/renewal/#view=0/0/1&viz=cartogram.

63. McEntire, *Residence and Race*, 333-337.

64. National Commission on Urban Problems, *Building the American City*, 14에 인용된 내용.

65. National Commission on Urban Problems, *Building the American City*, 14.

66. National Commission on Urban Problems, *Building the American City*, 64-87.

67. McEntire, *Residence and Race*, 333.

68. McEntire, *Residence and Race*, 334; Kwak, *World of Homeowners*, 173-174.

69. "Insured Financing for Low-Cost Homes," 14; United States, *Recommendations on Government Housing Policies and Programs*, 44-47. DiPentima, "Abuses

in the Low Income Homeownership Programs," 466-467도 참조하라.

70. 초기의 연방주택청 지원 주택 소유 프로그램의 단점에 대해 더 자세히 살펴보려 면, Gelfand, *Nation of Cities*, 219-220을 참조하라. 연방주택청 지원 민간 주택 의 실패에 대해 더 자세히 알고 싶으면, Hirsch, "Searching for a 'Sound Negro Policy,'" 429를 참조하라.

71. "Discrimination against Minorities in the Federal Housing Programs," 515에 인 용된 내용.

72. U.S. Congress, House, Committee on Banking and Currency, Subcommittee on Housing, *Housing Act of 1960*, 5. "이 섹션은 오래된 동네의 부동산에 대한 연방주택청 모기지 보험을 승인하는 새로운 235항을 추가한다."

73. U.S. Congress, House, Committee on Banking and Currency, Subcommittee on Housing, *Housing Act of 1960*. "구도심 동네에 충분한 주택을 유지해야 한다 는 요구가 존재한다는 점과 해당 지역에서 주택을 구입 및 건설하려는 자가 다른 방법으로는 모기지 융자를 받을 수 없다는 점을 고려해 위원장이 필요하다고 판단 할 경우, 부동산 수요가 일반적인 '경제 건전성' 조항을 충족하지는 않지만 '합리적 위험'을 나타낼 따름인 경우를 제외하고는, 203항 프로그램의 모든 조항이 적용될 것이다."

74. Glazer and McEntire, *Studies in Housing and Minority Groups*, 121.

75. Arnold R. Hirsch, "Less Than *Plessy*: The Inner City, Suburbs, and State-Sanctioned Residential Segregation in the Age of *Brown*," in Kruse, *New Suburban History*, 35-36.

76. Hirsch, "'Last and Most Difficult Barrier.'"

77. Eisenhower speech quoted in McEntire, *Residence and Race*, 294.

78. Voluntary Home Mortgage Credit Program, "First Annual Report," 2.

79. Meyer, *As Long as They Don't Move Next Door*, 157; Voluntary Home Mortgage Credit Program, "First Annual Report," 5.

80. U.S. Commission on Civil Rights, *Housing*; Smith, *Racial Democracy and the Black Metropolis*, 260-264.

81. Administrator of HHFA, "Assistance to Members of Minority Groups," 30.

82. McEntire, *Residence and Race*, 294에 인용된 콜의 말.

83. U.S. Commission on Civil Rights, *Housing*, 4.

84. U.S. Commission on Civil Rights, *Housing*, 31.

85. Freund, *Colored Property*, 9.

86. U.S. Commission on Civil Rights, *Housing*, 65.

87. U.S. Commission on Civil Rights, *Housing*, 65.

88. U.S. Commission on Civil Rights, *Housing*, 67.

89. U.S. Congress, House, Committee on the Judiciary, *Civil Rights*, 427.

90. U.S. Commission on Civil Rights, *Housing*, 51.

91. Yinger, "Analysis of Discrimination by Real Estate Brokers," 16-17.

92. Alfred Balk, "Confessions of a Block-Buster," *Saturday Evening Post*, July 14, 1962, 18; Seligman, *Block by Block*, 151-153.

93. Mason, *From Building and Loans to Bail-Outs*, 166-167.

94. Smith, *Racial Democracy and the Black Metropolis*, 255-288; Connolly, *World More Concrete*, 12-14.

95. Danielson, "Installment Land Contracts"; Henson, "Installment Land Contracts in Illinois"; Nelson and Whitman, "Installment Land Contract"; Mixon, "Installment Land Contracts"; Sagalyn, "Mortgage Lending in Older Urban Neighborhoods"; Hirsch, *Making the Second Ghetto*, 29-33; Sugrue, *Origins of the Urban Crisis*, 39-47; Satter, *Family Properties*.
'계약 판매'의 경우 최종 계약금이 지불될 때까지 주택 소유권이 바뀌지 않기 때문에 그 관행은 대체로 규제를 받지 않았다. 따라서 계약 판매의 규모가 어느 정도인지 기록한 공식 기록은 거의 없다. 이러한 기록상의 제약으로 인해 필라델피아·휴스턴·신시내티·올버니·포틀랜드·로체스터·디트로이트·볼티모어 같은 도시에서 계약 판매가 널리 성행했음에도 그것이 아프리카계 미국인 공동체에 미친 영향에 관해서는 학술적 연구가 전혀 이루어지지 않은 상태다. 시카고만이 예외다. 1960년대 말 시카고에서 토지 할부 계약 사용에 반대하는 소송과 운동이 결합된 결과 계약 구매 제도의 기제와 그를 무효화하려는 풀뿌리 노력을 상세히 다룬 방대한 문서가 만들어졌다. 또한 이 운동이 1968년부터 1970년까지 지역 언론에 대대적으로 보도됨에 따라 다른 도시에서는 찾아볼 수 없는 종류의 문서들이 생겨났다. 일부 학자들은 주거 분리로 인한 착취적 조건을 다룬 일반적 논의에서 그러한 계약에 대해 설핏 언급하긴 했다. 하지만 그들 가운데 주택 투기꾼, 부동산 거물, 지역 저축 및 대출 협회 간의 결탁 관계, 그리고 흑인을 더 넓은 백인 주택 시장에 접근하지 못하도록 저지함과 동시에 토지 할부 계약을 이용해 흑인을 가난한 동네에 내내 가둬두고 빚더미에 앉히려는 그들의 집단적 노력에 대해 탐구한 이는 아무도 없었다.

96. Pietila, *Not in My Neighborhood*.

97. Satter, *Family Properties*. 새터는 1950년대와 1960년대의 시카고와 관련한 이 모든 조건에 대해 소상히 논의하고 있다.

98. Waters, "Urban League Says Chicagoans Paid Huge 'Color Tax.'"

99. Magnuson, "How the Ghetto Gets Gypped"; U.S. Federal Trade Commission, *Economic Report on Installment Credit*, xi.

100. Magnuson, "How the Ghetto Gets Gypped," 113.

101. Poinsett, "Economics of Liberation."

102. Scott, "Nation's Ghettoes Teeming with Discontent."

103. Magnuson, "How the Ghetto Gets Gypped," 121

104. Horne, *Fire This Time*.

105. Carmichael and Hamilton, *Black Power*, 17.

106. Carmichael and Hamilton, *Black Power*, 17.

107. U.S. Congress, Senate, Committee on Banking and Currency, Subcommittee on Financial Institutions, *Financial Institutions and the Urban Crisis*, 3-4.

108. U.S. Congress, Senate, Committee on Banking and Currency, Subcommittee on Financial Institutions, *Financial Institutions and the Urban Crisis*, 9-10.

109. U.S. National Advisory Commission on Civil Disorders, *Report of the National Advisory Commission on Civil Disorders*, 13.

110. Warden, "Negroes Pay Color Tax—King."

111. League of Women Voters of Illinois, "Minority Group Housing."

112. Rooks, *Cutting School*, 2017.

113. Louis Harris, "Races Agree on Ghetto Abolition and Need for WPA-Type Projects," *Washington Post, Times Herald*, August 14, 1967.

114. Magnuson, "How the Ghetto Gets Gypped," 121.

115. Tabb, *Political Economy of the Black Ghetto*; Satter, *Family Properties*; Mendenhall, "Political Economy of Black Housing"; Conley, *Being Black, Living in the Red*; Allen, *Black Awakening in Capitalist America*도 참조하라.

116. U.S. Congress, Senate, Committee on Banking and Currency, Subcommittee on Housing and Urban Affairs, *Fair Housing Act of 1967*, 119-120.

2 도시의 주택 위기

1. "Special Message to the Congress on Urban Problems."

2. "Special Message to the Congress on Urban Problems."

3. Freund, *Colored Property*, 75, 100-103.

4. Freund, *Colored Property*; von Hoffman, "Calling upon the Genius of Private Enterprise"; von Hoffman, "High Ambitions"; Humphrey, *Private Enterprise and the City*; O'Connor, *Poverty Knowledge*; "Lyndon B. Johnson: Remarks to the Members of the U.S. Chamber of Commerce"; Johnson, "Beyond Retrenchment."

5. Milkis, *Great Society and the High Tide of Liberalism*, 240.

6. "John F. Kennedy: News Release on Conference on Urban Affairs."

7. U.S. Congress, Senate, Committee on Banking and Currency, Subcommittee on Housing and Urban Affairs, *Fair Housing Act of 1967*, 216-217.

8. "John F. Kennedy: News Release on Conference on Urban Affairs."

9. Fusfeld, "Rise of the Corporate State in America," 10-11.

10. Milkis, *Great Society and the High Tide of Liberalism*; Zelizer, *Fierce Urgency of Now*; Brauer, "Kennedy, Johnson, and the War on Poverty."

11. Allen, *Guide to Black Power in America*, 196에 인용된 노스럽의 말.

12. "Lyndon B. Johnson: Remarks to the Members of the U.S. Chamber of Commerce."

13. Califano, "Public Interest Partnership," 10.

14. Drummond, "Standard Doctrine."

15. Drummond, "Standard Doctrine."

16. Califano, "Public Interest Partnership," 11-12.

17. Califano, "Public Interest Partnership," 12.

18. *Business and the Urban Crisis*.

19. "Annual Message to the Congress on the State of the Union."

20. Zelizer, *Fierce Urgency of Now*, 263-267.

21. Reuschling, "Business Institution."

22. Zelizer, *Fierce Urgency of Now*, 268.

23. Newfield, "Kennedy's Search for a New Target."

24. U.S. National Advisory Commission on Civil Disorders, *Report of the National Advisory Commission on Civil Disorders*, 313에 실린 케네스 클라크의 증언 내용.

25. "The City."

26. Cloward and Piven, *Ghetto Redevelopment*, 365-366.

27. Phillips-Fein, *Invisible Hands*, 151.

28. Phillips-Fein, *Invisible Hands*, 151.

29. Phillips-Fein, *Invisible Hands*, 154.

30. "Bank of America Hit for 35th Time"; "Bombs Found in 8 U.S. Banks."

31. Wood, "B of A Acts to Show Students 'The Establishment' Also Cares."

32. Wood, "B of A Acts to Show Students 'The Establishment' Also Cares."

33. Countryman, *Up South*.

34. U.S. Congress, Senate, Committee on Government Operations, Subcommittee on Executive Reorganization, *Urban Crisis in America*, 147; Countryman, *Up South*, 83-119.

35. Deppe, *Operation Breadbasket*. 종파를 초월한 이 경제 정의 프로그램은 제시 잭슨(Jesse Jackson: 1941~. 미국의 침례교 목사로 민권 운동 지도자이자 민주당 정치인—옮긴이)의 '푸시 작전(Operation PUSH: 오늘날의 '레인보 푸시 연합(Rainbow PUSH Coalition)')'으로 변신했다. 1966년 시카고 자유운동(Chicago

Freedom Movement) 기간에 마틴 루서 킹 2세가 시작한 '돌파 작전'을 이끈 인물
이 잭슨이었다.

36. Goldston, "New Prospects for American Business," 109.

37. "Businessman's Call to Action in the Cities."

38. "Why Ignore a Market Worth $24 Billion?," *Pittsburgh Courier*, February 20, 1965, 10.

39. *Business and the Urban Crisis*.

40. "Private Enterprise Called Key for Cities."

41. Sanders, "Industry Gives New Hope to the Negro."

42. Pilisuk, *How We Lost the War on Poverty*; Cloward and Piven, *Ghetto Redevelopment*; von Hoffman, "Calling upon the Genius of Private Enterprise"; McGuire, *Changing Nature of Business Responsibilities*.

43. Reston, "Gardner Will Head Private Campaign on Urban Poverty."

44. "Crisis in the Cities," 33.

45. "Out of Slums into Instant Homes in 48 Hours."

46. Davis, Kendall, and Stans, "Private Enterprise and the Urban Crisis."

47. "Crisis in the Cities," 34.

48. Roberts, "Slum Role Seen for Private Enterprise."

49. "Transcript of Kenneth M. Wright Testimony before Kerner Commission."

50. "Insurance Firms Continue Programs to Help Inner Cities."

51. "Lessons of Leadership Investing in People's Future."

52. "Transcript of Kenneth M. Wright Testimony before Kerner Commission."

53. "Insurance Firms Will Aid Ghettos."

54. Moeller, "Economic Implications of the Life Insurance Industry's Investment Program in the Central Cities," 101.

55. "Lyndon B. Johnson: Excerpts from Remarks"; "Billion-Dollar Slum Fund Hailed by LBJ."

56. "Transcript of Kenneth M. Wright Testimony before Kerner Commission," 6; Rankin, "Insurance Firms' Aid To Ghetto," 43; Orren, *Corporate Power and*

Social Change, 173-175.

57. U.S. Congress, Senate, Committee on Banking and Currency, Subcommittee on Financial Institutions, *Financial Institutions and the Urban Crisis*, 154-157, 160; McKnight, "Possible Agenda Items for the Meeting with Officers of the National Association of Real Estate Brokers"; "Statement to the President, Francis Ferguson."

58. "Response to the Urban Crisis."

59. "Transcript of Kenneth M. Wright Testimony before Kerner Commission," 2673.

60. "Transcript of Kenneth M. Wright Testimony before Kerner Commission," 2688.

61. "FHA Policy Aids Minority Buyers—and Panic Sellers."

62. Biondi, *To Stand and Fight*, 121.

63. Biondi, *To Stand and Fight*, 122.

64. Biondi, *To Stand and Fight*, 123-136.

65. Biondi, *To Stand and Fight*, 133.

66. "Metropolitan Life Housing Open to Non-White Tenants."

67. "Letter from Youth and College Council Members of the NAACP."

68. "Release by National Association for the Advancement of Colored People."

69. Dim, "Metropolitan Agrees to Rent to Nonwhites."

70. "Release by National Association for the Advancement of Colored People."

71. Gilbert, "Insurance Boycott Ready."

72. Satter, *Family Properties*, 141-142.

73. "Chi NAACP to Picket Metropolitan Life"; Lyons, "As New Rights Tactic, Negroes Wouldn't Pay Insurance Premiums," 5.

74. Nuccio, "Insurers Facing a Negro Boycott."

75. Gilbert, "Insurance Boycott Ready," 6.

76. "Metropolitan Life Denies Bias on Loans"; Calhoun, "Metropolitan Prexy Denies NAACP Charges."

77. Calhoun, "Metropolitan Prexy Denies NAACP Charges."

78. "NAACP and Metropolitan Life Insurance Company Agree on Mortgage Loan

Policy."

79. "NAACP and Metropolitan Life Insurance Company Agree on Mortgage Loan Policy."

80. Fried, "City Charges Bias at Three Projects."

81. Lyons, "As New Rights Tactic, Negroes Wouldn't Pay Insurance Premiums," 4.

82. Satter, *Family Properties*; Coates, "Case for Reparations."

83. Institute of Life Insurance, "Institute of Life Insurance."

84. U.S. Congress, Senate, Committee on Banking and Currency, Subcommittee on Financial Institutions, *Financial Institutions and the Urban Crisis*, 171; Moeller, "Economic Implications of the Life Insurance Industry's Investment Program in the Central Cities," 100-101.

85. "Statement to the President, Francis Ferguson."

86. "Statement to the President, Francis Ferguson"; "Response to the Urban Crisis"; Clearing-house on Corporate Social Responsibility (U.S.) and Life Insurance Joint Committee on Urban Problems, *Report on the $2 Billion Urban Investment Program*.

87. "Federal Housing Administration, Commissioner Letter Number 38, November 8, 1965," in U.S. Congress, House, Committee on Banking and Currency, Subcommittee on Housing, *Real Estate Settlement Costs*, 270-271에 실린, 연방주택청 청장 필립 브라운스타인이 보험 회사 대표들에게 보낸 메모에서 인용한 내용.

88. Abrams, *Home Ownership for the Poor*, 200.

89. U.S. Congress, Senate, Committee on Banking and Currency, Subcommittee on Financial Institutions, *Financial Institutions and the Urban Crisis*.

90. Humphrey, *Private Enterprise and the City*, 14.

91. U.S. Congress, Senate, Committee on Banking and Currency, Subcommittee on Financial Institutions, *Financial Institutions and the Urban Crisis*, 156.

92. Danielson, *Politics of Exclusion*.

93. Boggs and Boggs, "City Is the Black Man's Land."

94. 이 역사의 대부분은 Taylor, From #BlackLivesMatter to Black Liberation, 86에 실린 'Black Faces in High Places' 챕터에서 다루었다.

95. Taylor, "Back Story to the Neoliberal Moment." 이 글에서 나는 닉슨 행정부가 계약구매자연맹(Contract Buyers League)이 주택도시개발부와 연방주택청을 상대로 제기한 연방 소송을 지지한 사실에 대해 논의한다. 닉슨 행정부는 계약 구매자를 지지하는 법정 조언자 의견서(amicus brief)에 서명했다.

96. U.S. Congress, Senate, Committee on Banking and Currency, Subcommittee on Financial Institutions, *Financial Institutions and the Urban Crisis*, 169-170.

97. "Richard Nixon: Statement on the Life Insurance Industry's Pledge."

98. Kennedy quote from U.S. Commission on Civil Rights, *Sheltered Crisis*, 206.

99. U.S. Congress, Senate, Committee on Banking and Currency, Subcommittee on Housing and Urban Affairs, *Fair Housing Act of 1967*, 242.

100. U.S. Congress, Senate, Committee on Banking and Currency, Subcommittee on Housing and Urban Affairs, *Fair Housing Act of 1967*, 243.

101. Williams, "Seek Hate Combine in Heights Bombing."

102. Schanber, "Police in Chicago Clash with Whites after 3 Marches."

103. "Negro's Home Is Bombed in White Chicago Area," *Jet*, December 14, 1967, 9.

104. Haintze and Smith, "Nab 3 in Bombing of LI Negro's Home."

105. Haintze and Smith, "Nab 3 in Bombing of LI Negro's Home."

106. "Romney Urges Law Support at Flint Rally."

107. Institute of Life Insurance, "When You Invest a Billion Dollars to Help the Cities, You Learn Some Things."

108. 도시문제공동위원회는 이렇게 밝히고 있다. "도심은 재활성화가 절실하게 필요한 지역 및 지구로 정의된다. 도심은 도시 재개발 지역으로 지정될 수도 그러지 않을 수도 있지만, 황폐화 상태 또는 황폐화에 가까운 상태를 드러내는 요소를 지니고 있어야 한다. 그리고 일반적으로 생명보험 회사의 투자가 이루어지지 않는 지역이어야 한다. 대도시 지역의 경우에는 도심이 위 기준에 부합한다면 해당 시의 공동 경계 밖에 위치할 수도 있다."

109. Weaver, "Departmental Policy Governing Equal Opportunity."

110. Weaver, "Departmental Policy Governing Equal Opportunity."

111. "Letter from B. T. McGraw."

112. American Life Convention and Life Insurance Association of America, "$1 Billion Urban Investment Program," 4.

113. American Life Convention and Life Insurance Association of America, "$1 Billion Urban Investment Program," 5.

114. American Life Convention and Life Insurance Association of America, "$1 Billion Urban Investment Program," 5.

115. American Life Convention and Life Insurance Association of America, "$1 Billion Urban Investment Program," 5.

116. American Life Convention and Life Insurance Association of America, "$1 Billion Urban Investment Program," 5.

117. "Minutes."

118. U.S. Congress, Senate, Committee on Banking and Currency, Subcommittee on Financial Institutions, *Financial Institutions and the Urban Crisis*, 162.

119. "Richard Nixon: Statement on the Life Insurance Industry's Pledge"; Max Frankel, "Insurance Groups to Invest Billions: Most of First Funds Will Be Directed toward Housing in the High-Risk Areas," *New York Times*, September 14, 1967, 1; "Insurance Firms Will Aid Ghettos."

120. *Negro and the City*, 64.

121. Hudson, *Urban Crisis*, 17.

122. "Union Loans Negroes Over $7 1/2 Million."

123. "Union Loans Negroes Over $7 1/2 Million." Travis, *Autobiography of Black Chicago*도 참조하라.

124. U.S. Congress, Senate, Committee on Banking and Currency, Subcommittee on Financial Institutions, *Financial Institutions and the Urban Crisis*, 157-158.

125. Brownstein Interview, 16.

126. Brownstein Interview, 16.

127. Pritchett, *Robert Clifton Weaver and the American City*, 306-308.

128. Henderson, *Housing and the Democratic Ideal*, 207-11; Pritchett, *Robert Clifton Weaver and the American City*, 307-311.

129. "Testimony of Secretary of the Department of Housing and Urban Development."

130. Percy, "New Dawn for Our Cities."

131. "Robert Weaver, Secretary of HUD, UPI Interview Program."

132. "Special Message to the Congress on Urban Problems."

133. Hoffman, "Johnson Signs Housing Bill."

134. President's Committee on Urban Housing, Decent Home, 1.

135. President's Committee on Urban Housing, Decent Home, 1.

136. Hoffman, "Johnson Signs Housing Bill"; von Hoffman, "Calling upon the Genius of Private Enterprise"; Hays, *Federal Government and Urban Housing* (2012); U.S. Congress, House, Committee on Banking and Currency, *Housing and Urban Development Act of 1969*; U.S. Department of Housing and Urban Development, *Homeownership for Lower Income Families (Section 235)*.

137. DiPentima, "Abuses in the Low Income Homeownership Programs."

138. Turpin, "Housing Act 'Not Cure-All.'"

139. "Ghetto Housing Program Announced," 252; "Lyndon B. Johnson: Statement by the President."

140. "Form Housing Unit to Spur Black Enterprise in Field"; "Negro Men Get Housing Lift"; Vale and Freemark, "From Public Housing to Public-Private Housing"; President's Committee on Urban Housing, *Decent Home*, 1.

141. Robbins, "Negro Housing Producers Seek to Widen Market Share."

142. Robbins, "Negro Housing Producers Seek to Widen Market Share."

143. Hyman, *Borrow*; Quinn, "Government Policy, Housing, and the Origins of Securitization."

144. Ghetto Housing Program Announced," 252-253.

145. Henry Sutherland, "Real Estate Group Launches Own Plan for Urban Renewal," *Los Angeles Times*, April 2, 1967, G1.

3 강제 통합

1. Perlstein, Nixonland, 117.

2. "Richard Nixon: Address Accepting the Presidential Nomination."

3. U.S. Congress, Senate, Committee on Banking and Currency, *Nomination of George W. Romney*, 4에 실린 롬니의 인사 청문회 내용을 인용했다.

4. Perlstein, *Nixonland*, 359.

5. Donnell, "Can Romney's Approach' Work at HUD?"

6. "Is a Breakthrough Near in Housing?," 94.

7. "Different Kind of Choice."

8. U.S. Congress, Senate, Committee on Banking and Currency, *Nomination of George W. Romney*, 5-6.

9. Angel, *Romney*, 230-235.

10. Fine, *Expanding the Frontiers of Civil Rights*, 97.

11. "Romney Bids U.S. Put Housing First," 1.

12. Foley, "Romney Asks Attack on Problems of the Cities."

13. Foley, "Romney Asks Attack on Problems of the Cities."

14. "Romney Suspends All Housing Action," 14.

15. Finney, "G.O.P. Urban Plank Asks Industry Aid in 'Crisis of Slums.'"

16. Hanson, *Evolution of National Urban Policy*, 9.

17. Nolan, "Urban Council Sets Course."

18. "Interview with George Romney," 79.

19. Welles, "Romney Appoints 2 Negroes to Fill Major Positions."

20. Nixon, *New Federalism*.

21. "White House Press Conference with Daniel Patrick Moynihan."

22. "Let Others Join Romney in Seeking Urban Answers."

23. Perlstein, *Nixonland*, 395.

24. "White House Press Conference with Daniel Patrick Moynihan."

25. Reichley, "George Romney Is Running Hard at HUD"; "HUD Decentralized to 23 Area Cities."

26. "FHA Policy Aids Minority Buyers—and Panic Sellers."

27. "National Association of Home Builders Report."

28. Meyer, "Slum Properties Eyed for Housing Renewal."

29. McNally, *Global Slump*, 89-91. "포트녹스(Fort Knox: 켄터키주의 연방 금괴 저장소 소재지—옮긴이)에서 금에 대한 외국 자본의 달러 비율은 현대 역사상 최악이다. 지난 8년 동안 미국 금의 40퍼센트가 외국 은행가 손에 넘어갔다. 국제 통화 시스템은 존슨 대통령 임기 마지막 해에 세 차례나 공황에 가까운 혼란을 겪었다. 그리고 리처드 닉슨 대통령이 취임하면서 미국 달러와 금 교환의 미래는 전 세계의 상업 수도들에서 불확실성에 휩싸였다."

30. Romney, "Memo to President Richard M. Nixon."

31. "Single House Becomes More Elusive in U.S."

32. Gimlin, "Private Housing Squeeze."

33. Gimlin, "Private Housing Squeeze."

34. Gimlin, "Private Housing Squeeze."

35. Goldberg and Griffey, *Black Power at Work*, 134-157; Leiken, "Preferential Treatment in the Skilled Building Trades"를 참조하라.

36. Danielson, *Politics of Exclusion*, 135-140.

37. U.S. Congress, Senate, Committee on Banking and Currency, Subcommittee on Housing and Urban Affairs, *Housing and Urban Development Legislation of 1968*, pt. 1, 453에서 인용한 프레드 터커의 증언 내용.

38. Von Hoffman, *Enter the Housing Industry*, 31; von Hoffman, *Let Us Continue*.

39. Edito, "Builders Urge Credit Controls."

40. Pynoos, Schafer, and Hartman, *Housing Urban America*, 36.

41. "Memo on Housing Production."

42. Fowler, "Operation Breakthrough Passes a Milestone."

43. "Interview with George Romney."

44. Burstein, "Lawyer's View of Operation Breakthrough," 137-138.

45. "Romney Opens $20 Million Test Program."

46. "Progress Report on Federal Housing and Urban Development Programs," 4-5.

47. "Winners Assembled for Breakthrough."

48. "Romney Bids U.S. Put Housing First," 23.

49. Lassiter, *Silent Majority*, 4-5.

50. Ehrlichman, "Strategy for Metropolitan Open Communities."

51. Danielson, *Politics of Exclusion*, 205.

52. "'Project Rehab' to Rebuild Slums on Large Scale"; Driscoll, "HUD Outlines Conditions for Federal Assistance"; "HUD Discloses Plan for the Renovation of Rundown Housing."

53. Finger, *HUD, Space, and Science Appropriations for 1972*, 1012.

54. "Slum Rehabilitation Put into Operation."

55. "'Project Rehab' to Rebuild Slums on Large Scale."

56. Meyer, "Slum Properties Eyed for Housing Renewal."

57. Lawson, *Above Property Rights*, 1.

58. Lawson, *Above Property Rights*, 5-7.

59. Lacy, *Blue-Chip Black*; Wiese, *Places of Their Own*; Taylor, *Race and the City*.

60. Lawson, *Above Property Rights*, 10.

61. Romney, "Memo to All Regional Administrators."

62. Moynihan, *Toward a National Urban Policy*, 10.

63. Ehrlichman, "Strategy for Metropolitan Open Communities."

64. Pattillo, *Black on the Block*, 120. 뎀시 트래비스에 대해 더 자세히 살펴보려면, Satter, *Family Properties*를 참조하라.

65. Hartman, "Politics of Housing."

66. Hunter, Pattillo, Robinson, and Taylor, "Black Placemaking."

67. Lineberry and Welch, "Who Gets What."

68. "Big Questions We Should Have Asked before Spending So Many Billions."

69. Danielson, *Politics of Exclusion*, 132.

70. Danielson, *Politics of Exclusion*, 132.

71. U.S. President's Task Force on Low Income Housing, *Toward Better Housing for Low Income Families*, 4-5.

72. Herbers, "Romney Making His Greatest Impact outside Government."

73. Ehrlichman, "Strategy for Metropolitan Open Communities."

74. U.S. Commission on Civil Rights, *Federal Civil Rights Enforcement Effort* (1971), 829, 457-458, 509-510.

75. Ehrlichman, "Strategy for Metropolitan Open Communities."

76. Ehrlichman, "Strategy for Metropolitan Open Communities."

77. Braestrup, "'Open Communities' Is Goal of HUD."

78. Danielson, *Politics of Exclusion*, 50-79; Herbers, "Romney Asks Ban on Rules Curbing Housing for Poor"; Thomas and Ritzdorf, *Urban Planning and the African American Community*, 23-43; Highsmith, *Demolition Means Progress*, 121-140.

79. "Slums, Suburbs, and 'Snob-Zoning'"; Harvey, "Court Says State Can Overrule 'Snob Zoning' Laws in Suburbs"; "Government Moves to End Suburban 'Snob-Zoning'"; Robbins, "Manpower Held Housing Problem"; Clifton, "'Freedom Town' Snob Zoning Snubs Moderate-Income People"; Herbers, "Suburbs Accept Poor in Ohio Housing Plan."

80. Lawson, *Above Property Rights*, 13.

81. Lawson, *Above Property Rights*, 13.

82. "Memo from Francis Fisher to Edward Levin."

83. "Memo from Francis Fisher to Edward Levin."

84. *Clearinghouse Review*, 244; Braestrup, "'Open Communities' Is Goal of HUD"; Isaacs, "Romney."

85. Highsmith, *Demolition Means Progress*, 214-215.

86. Braestrup, "HUD Halts Building at Mich. Site."

87. Braestrup, "HUD's Biggest Housing Effort Runs into Trouble in Michigan."

88. Braestrup, "HUD's Biggest Housing Effort Runs into Trouble in Michigan."

89. Braestrup, "HUD's Biggest Housing Effort Runs into Trouble in Michigan."

90. Braestrup, "HUD's Biggest Housing Effort Runs into Trouble in Michigan."

91. Braestrup, "HUD's Biggest Housing Effort Runs into Trouble in Michigan."

92. Braestrup, "HUD Halts Building at Mich. Site."

93. Braestrup, "HUD's Biggest Housing Effort Runs into Trouble in Michigan."

94. U.S. Congress, House, Committee on Government Operations, *Operations of the Federal Housing Administration*, 91-92; Braestrup, "HUD's Biggest Housing Effort Runs into Trouble in Michigan"; Riddle, "Race and Reaction in Warren, Michigan."

95. Braestrup, "HUD's Biggest Housing Effort Runs into Trouble in Michigan."

96. Highsmith, *Demolition Means Progress*, 200-219. 하이스미스는 이 지역의 저소득층 주택 포화가 낳은 '교외 지역 위기'를 다룬 몇 안 되는 역사적 기록 중 하나를 보유하고 있다. 이 프로젝트의 실패는 저소득층 주택 배치에 대한 계속되는 논쟁에서 큰 반향을 불러일으켰다.

97. Danielson, *Politics of Exclusion*, 223; "HUD Pressuring Suburbs to House Poor Families."

98. Braestrup, "'Open Communities' Is Goal of HUD."

99. Bonastia, "Low-Hanging Fruit," 562-564; Bonastia, *Knocking on the Door* (2006), 105; Mossberg, "Blue-Collar Town Fears Urban Renewal Perils Its Way of Life," A1; Riddle, "Race and Reaction in Warren, Michigan."

100. Bonastia, "Low-Hanging Fruit," 562-566.

101. "Memo from Francis Fisher to Edward Levin."

102. "Memo from Francis Fisher to Edward Levin."

103. Mossberg, "Blue-Collar Town Fears Urban Renewal Perils Its Way of Life," A2.

104. Bonastia, *Knocking on the Door* (2008), 105-108.

105. Bonastia, *Knocking on the Door* (2008), 107.

106. Bonastia, Knocking on the Door (2008), 109에 인용된 내용.

107. "Romney and Mitchell Discuss Rights Riff."

108. Strout, "Romney Ready to Quit Cabinet."

109. Romney, "Memo to President Richard M. Nixon."

110. Clawson, "Top Nixon Aides Urged Housing Shift."

111. Ehrlichman, "Strategy for Metropolitan Open Communities."

112. "Administrative Law"; "Racial Impact of Federal Urban Development."

113. Jansen, "Integration Held Housing Aid Goal."

114. Braestrup, "'Open Communities' Is Goal of HUD."

115. Kelley, *Race Rebels*, 39.

116. Hager, "Housing Officials Await Ruling on Referendum," 20.

117. Cavin, "Right to Housing in the Suburbs."

118. Sobel, *New York and the Urban Dilemma*, 44.

119. "436 F2d 108 Kennedy Park Homes Association v. City of Lackawanna New York"; "Rule City Did Discriminate"; "City Appeals Decision on Bias," 40.

120. Carnegie, "Romney Housing Plans Come Tumbling Down."

121. Garment, "Forced Integration Memo to John Ehrlichman."

122. Garment, "Forced Integration Memo to John Ehrlichman."

123. Garment, "Forced Integration Memo to John Ehrlichman," 2.

124. "Richard Nixon: The President's News Conference."

125. "Richard Nixon: Statement about Federal Policies Relative to Equal Housing Opportunity."

126. "Richard Nixon: Statement about Federal Policies Relative to Equal Housing Opportunity."

127. "Richard Nixon: Statement about Federal Policies Relative to Equal Housing Opportunity."

128. "Richard Nixon: Statement about Federal Policies Relative to Equal Housing Opportunity" (강조 추가).

129. "Richard Nixon: Statement about Federal Policies Relative to Equal Housing Opportunity."

130. "Richard Nixon: Statement about Federal Policies Relative to Equal Housing Opportunity."

131. U.S. Commission on Civil Rights, *Federal Civil Rights Enforcement Effort: Seven Months Later*, 6.

132. U.S. Commission on Civil Rights, *Federal Civil Rights Enforcement Effort: Seven Months Later*, 6.

133. Glickstein, "Letter to Romney."

134. Nolan, "Plain-Talking Daley and Housing Sham."

135. "Justice Department Files Six More Housing Suits."

136. Kotlowski, *Nixon's Civil Rights*, 59; "Open Housing Activists Draw Romney's Warning."

137. "Open Housing Activists Draw Romney's Warning."

138. "HUD Ask U.S. Suit on Zoning Bias"; Clawson, "U.S. Files Housing Bias Suit."

139. Bonastia, *Knocking on the Door* (2008), 118-120; Kotlowski, *Nixon's Civil Rights*, 63-64.

140. Herbers, "Rights Panel Says U.S. Housing Plan Aids Segregation."

141. U.S. Commission on Civil Rights, *Home Ownership for Lower Income Families*, 1.

142. U.S. Commission on Civil Rights, *Federal Civil Rights Enforcement Effort* (1971), 157-160.

143. Rubinowitz and Trosman, "Affirmative Action and the American Dream," 507.

144. Lawson, *Above Property Rights*, 13.

4 매수자가 유의할 사항

1. U.S. Commission on Civil Rights, *Home Ownership for Lower Income Families*, 38.

2. U.S. Congress, House, Committee on Banking and Currency, *Investigation and Hearing of Abuses*, 81.

3. U.S. Congress, House, Committee on Banking and Currency, *Investigation and Hearing of Abuses*, 81-82.

4. U.S. Congress, House, Committee on Banking and Currency, *Investigation and Hearing of Abuses*, 11.

5. "Crisis in Chicago."

6. "Crisis in Chicago."

7. U.S. Congress, House, Committee on Banking and Currency, *Investigation and Hearing of Abuses*, 18.

8. "New Look of the Federal Housing Administration."

9. "Remarks of Philip J. Maloney," 4; "FHA'ers Told Act or Resign."

10. "Remarks of Philip J. Maloney," 2.

11. "Remarks of Philip J. Maloney," 4.

12. Semple, "F.H.A. Asks Aides to Get Housing for Minorities"; "Remarks of Philip J. Maloney," 10-11.

13. "Remarks of Philip J. Maloney," 19.

14. "Remarks of Philip J. Maloney," 19.

15. U.S. Department of Housing and Urban Development, Office of Audit, *Audit Review of Section 235 Single Family Housing*, 6.

16. "Behind HUD's Reorganization."

17. Bratt, "Federal Homeownership Policy and Home Finance," 144.

18. Kempster, "Romney Asks More Housing for the Poor."

19. U.S. Congress, Senate, Select Committee on Equal Educational Opportunity, *Equal Educational Opportunity*, 2796.

20. U.S. Congress, Senate, Select Committee on Equal Educational Opportunity,

Equal Educational Opportunity, 2758-2760.

21. U.S. Congress, Senate, Select Committee on Equal Educational Opportunity, *Equal Educational Opportunity*, 2759.

22. U.S. Congress, House, Committee on Banking and Currency, *Investigation and Hearing of Abuses*, 1.

23. U.S. Commission on Civil Rights, *Home Ownership for Lower Income Families*, 9.

24. Downie, *Mortgage on America*, 51; Hyman, *Borrow*, 186-192도 참조하라.

25. "Typical FHA New Home Hiked $995 from 1968." 주택 가격이 상승하면서 다양한 수준의 예산으로 구입할 수 있는 주택 수는 줄어들었다. 1968년에 1만 9568달러이던 주택 구입 가격이 1969년에는 2만 563달러로 5퍼센트 상승했다. 기존 주택의 경우, 단독 주택 가격은 1만 6814달러로 1968년보다 4퍼센트 인상되었다.

26. "Typical FHA New Home Hiked $995 from 1968."

27. U.S. Commission on Civil Rights, *Home Ownership for Lower Income Families*, 23; DiPentima, "Abuses in the Low Income Homeownership Programs," 463-465.

28. U.S. Commission on Civil Rights, *Home Ownership for Lower Income Families*, 5에 인용된 내용.

29. U.S. Commission on Civil Rights, *Home Ownership for Lower Income Families*, 6.

30. Downie, *Mortgage on America*, 3. 프로피토폴리스는 '횡재 수익, 자본 이득, 모기지 이자 및 세금 혜택이 약속된 땅'으로 묘사된다. 너무 흔하게도 이들이 이득을 얻는 동안 다른 이들은 손해를 보기 십상이다.

31. U.S. Congress, House, Committee on Banking and Currency, *Investigation and Hearing of Abuses*, 4.

32. U.S. Congress, House, Committee on Banking and Currency, *Investigation and Hearing of Abuses*, 1.

33. U.S. Congress, House, Committee on Banking and Currency, *Investigation and Hearing of Abuses*, 11.

34. U.S. Congress, House, Committee on Banking and Currency, *Investigation and*

Hearing of Abuses, 96.

35. Clancy, "Basement Still Leaking as FHA Investigation Continues."

36. Clancy, "Basement Still Leaking as FHA Investigation Continues."

37. Clancy, "Basement Still Leaking as FHA Investigation Continues."

38. Clancy, "Basement Still Leaking as FHA Investigation Continues."

39. Clancy, "Basement Still Leaking as FHA Investigation Continues."

40. U.S. Congress, House, Committee on Banking and Currency, *Investigation and Hearing of Abuses*, 136.

41. U.S. Congress, House, Committee on Banking and Currency, *Investigation and Hearing of Abuses*, 137.

42. U.S. Congress, House, Committee on Banking and Currency, *Investigation and Hearing of Abuses*, 139.

43. U.S. Congress, House, Committee on Banking and Currency, *Investigation and Hearing of Abuses*, 141.

44. U.S. Congress, House, Committee on Banking and Currency, *Investigation and Hearing of Abuses*, 138.

45. U.S. Congress, House, Committee on Banking and Currency, "Compilation of the Housing and Urban Development Act of 1968," 11.

46. Adams, "1000 Pct. Markups Revealed in Housing"; "High Profit in Poor Housing."

47. U.S. Department of Housing and Urban Development, *Homeownership for Lower Income Families (Section 235)*, 8.

48. U.S. Congress, House, Committee on Banking and Currency, *Investigation and Hearing of Abuses*, 5.

49. "Panic Sellers Play Fear against Fear—Skirt Law."

50. "Panic Sellers Play Fear against Fear—Skirt Law."

51. U.S. Congress, House, Committee on Banking and Currency, *Investigation and Hearing of Abuses*, 86.

52. U.S. Department of Housing and Urban Development, *Homeownership for Lower Income Families (Section 235)*, 38.

53. U.S. Department of Housing and Urban Development, *Homeownership for Lower Income Families (Section 235)*, 59.

54. U.S. Commission on Civil Rights, *Home Ownership for Lower Income Families*, 59.

55. "US Confirms Abuse, Halts Housing Plan."

56. "US Confirms Abuse, Halts Housing Plan."

57. U.S. Department of Housing and Urban Development, Office of Audit, *Audit Review of Section 235 Single Family Housing*, 2-3.

58. U.S. Department of Housing and Urban Development, Office of Audit, *Audit Review of Section 235 Single Family Housing*, 71.

59. U.S. Department of Housing and Urban Development, Office of Audit, *Audit Review of Section 235 Single Family Housing*, 67.

60. U.S. Department of Housing and Urban Development, Office of Audit, *Audit Review of Section 235 Single Family Housing*, 4.

61. U.S. Congress, House, Committee on Banking and Currency, *Interim Report*, 16-17.

62. Bradford, *Redlining and Disinvestment*, 161에 인용된, 부동산감정평가사협회 대표 라인먼(A. E. Reinman)의 말.

63. Bradford, Redlining and Disinvestment, 30에 인용된, 덱스터 맥브라이드(Dexter McBride)의 말.

64. U.S. Congress, House, Ad Hoc Subcommittee on Home Financing Practices and Procedures, *Financing of Inner-City Housing*, 22-24.

65. Rubinowitz and Trosman, "Affirmative Action and the American Dream," 508을 참조하라. 그들은 이렇게 말했다.

지방 법원은 미 법무부가 미국부동산감정평가사협회를 상대로 제기한 이 소송 사건[United States v. AIREA, 442 F. Supp. 1072 (N.D. Ill. 1977)], 즉 인종 및 출신 국가를 부동산의 전반적 가치를 낮추는 요인이라고 간주하는 감정평가사의 표준적 감정 평가 기법이 공정주택법 위반이라는 이유로 제기한 이 소송 사건에 대해, 쌍방이 합의에 이르도록 명령하고 그것을 승인했다. 합의서에는 다음과 같은 관련 내용이 실렸다. (1) 가치를 극대화하기 위해 지역 거주자 또는 부동산 거주자의 인종적·민족적·종교적 동질성이 필요하다는 전제에 기반해 가치에 대한 결론이나 의견을 제시하는 것은 부적절하다. (2) 인종적·민족적·종교적 요인은 가치 추세 또는 가격 차이를 예측하는 데서 신뢰하기 어려운 지표로 간주한다. (3) 인종, 피부색, 종교, 성별 또는 출신 국가와 관련한 정형화하거나 편향된 추정 또는 감정 평가 대상 부동산의 유효 수명이나 잔여 수명 또는 그 부동산이 자리한 동네의 기대 수명과 관련한 근거 없는 추정에 토대해 가치에 대한 결론이나 의견 또는 동네 동향에 관한 결론을 제시하는 것은 부적절하다.

66. Rubinowitz and Trosman, "Affirmative Action and the American Dream," 442.

67. Bradford, Redlining and Disinvestment, 41에 실린, 미국부동산감정평가사협회의 학습 지침서를 인용한 내용.

68. Mitchell, *Dynamics of Neighborhood Change*, 20.

69. Bradford, *Redlining and Disinvestment*, 42에 인용된 내용.

70. U.S. Congress, House, Committee on Banking and Currency, *Investigation and Hearing of Abuses*, 5-8.

71. U.S. Congress, House, Committee on Banking and Currency, *Investigation and Hearing of Abuses*, 5.

72. U.S. Department of Housing and Urban Development, *Homeownership for Lower Income Families (Section 235)*, 7.

73. Wilson, "Exploiting the Home-Buying Poor"; U.S. Congress, Senate, Committee on Banking and Currency, Subcommittee on Housing and Urban Affairs, *Analysis of the Section 235 and 236 Programs*, 11-13; U.S. Congress, House, Committee on Banking and Currency, *Investigation and Hearing of Abuses*, 5-8.

74. U.S. Congress, House, Committee on Banking and Currency, *Investigation and Hearing of Abuses*, 100. "안타깝게도 이러한 도심 사례에 완화된 연방주택청 절차를 적용한 결과, 물리적 담보가 연방주택청의 최소 재산 기준이라는 명시된 목표에 한참 못 미치는 모기지 발행이 너무 빈발하게 되었다. ……또한 황폐화 지역에 완화된 정책을 적용함에 따라 다른 지역에 위치한 부동산 경우에서도 감정 평

가 검사가 엉성해졌음을 말해주는 증거가 여럿 나왔다."

75. Braestrup, "HUD Jobs to Be Cut by 7.5%," A1; "Romney Job Cuts May Reach 50."

76. Braestrup, "HUD Jobs to Be Cut by 7.5%," A2.

77. U.S. Department of Housing and Urban Development, Office of Audit, *Audit Review of Section 235 Single Family Housing*, 20.

78. U.S. Department of Housing and Urban Development, Office of Audit, *Audit Review of Section 235 Single Family Housing*, 9.

79. Barlett and Steele, "Appraisers Jack Up Value on Many Poor Homes Here."

80. Barlett and Steele, "Appraisers Jack Up Value on Many Poor Homes Here."

81. U.S. Department of Housing and Urban Development, Office of Audit, *Audit Review of Section 235 Single Family Housing*, 28.

82. 연방주택청 소속 감정평가사의 부정부패에 대해 광범위하고 자세하게 다룬 자료로 는, Boyer, *Cities Destroyed for Cash*를 참조하라.

83. Barlett and Steele, "160 Housing Appraisers Suspended in FHA Case."

84. "Area Chief Orders Probe of Patman Scandal Charge," 21.

85. 모기지 포인트 제도와 연방주택청 대출에 대한 논의를 살펴보려면, Feins, "Urban Housing Disinvestment and Neighborhood Decline," 230-234, 273-275; Wilson, "Exploiting the Home-Buying Poor," 548-551; Boyer, *Cities Destroyed for Cash*; Northwestern University, Urban-Suburban Investment Study Group, and Illinois Housing Development Authority, *Role of Mortgage Lending Practices in Older Urban Neighborhoods*, 151-159를 참조하라.

86. Northwestern University, Urban-Suburban Investment Study Group, and Illinois Housing Development Authority, *Role of Mortgage Lending Practices in Older Urban Neighborhoods*, 159.

87. Bradford, "Financing Home Ownership," 327-328.

88. Feins, "Urban Housing Disinvestment and Neighborhood Decline," 73.

89. Dombrowski, "Hike in Mortgage Rate Ceiling Is Viewed as Tactical Blunder"; "Mortgage Rate Hike Denounced."

90. Jones, "Battle Looms on Housing Policy"; "Bankers View."

91. Bratt, Stone, and Hartman, *Right to Housing*, 85-86; "Officials See More Mortgage Money—More Housing."

92. Porter, "Budget Gloomy on 'Initiatives' in Next 5 Years"; Oliphant, "Ginny & Fannie Shore Up Housing Slump."

93. Van Dusen, "Civil Rights and Housing."

94. U.S. Department of Housing and Urban Development, *Homeownership for Lower Income Families (Section 235)*, 59에 인용된 내용.

95. U.S. Department of Housing and Urban Development, *Homeownership for Lower Income Families (Section 235)*, 47.

96. U.S. Commission on Civil Rights, *Home Ownership for Lower Income Families*, 81에 실린, 1970년 7월 14일 필라델피아 연방주택청 사무소와 진행한 인터뷰에 인용된 내용.

97. U.S. Department of Housing and Urban Development, Office of Audit, *Audit Review of Section 235 Single Family Housing*, 6.

98. U.S. Commission on Civil Rights, *Home Ownership for Lower Income Families*, 47.

99. Letter from George Romney to Wright Patman," September 3, 1970, in U.S. Congress, House, Committee on Banking and Currency, *Investigation and Hearing of Abuses*, 109.

100. U.S. Congress, House, Committee on Appropriations, Subcommittee on HUD, Space, Science, and Veterans Appropriations, *HUD, Space, Science and Veterans Appropriations for 1973*, 1320.

101. U.S. Congress, House, Committee on Banking and Currency, *Investigation and Hearing of Abuses*, 4-5.

102. "Civil Rights Commission Gives Administration Mixed Progress Rating."

103. Braestrup, "Rights Commission Hits U.S. on Bias"; U.S. Commission on Civil Rights, *Federal Civil Rights Enforcement Effort* (1970), 424-466.

104. U.S. Commission on Civil Rights, *Federal Civil Rights Enforcement Effort*

(1970), 6; "Civil Rights Commission Gives Administration Mixed Progress Rating."

105. Viorst, "Blacks Who Work for Nixon."

106. U.S. Commission on Civil Rights, *Federal Civil Rights Enforcement Effort* (1970), 147.

107. U.S. Commission on Civil Rights, *Equal Opportunity in Suburbia*, 23.

108. U.S. Commission on Civil Rights, *Equal Opportunity in Suburbia*, 21.

109. "Racist Ruling on HUD Hailed."

110. "Racist Ruling on HUD Hailed"; "HUD Discriminates, New Study Finds."

111. "Black HUD Employees Hold Racial Injustices Meeting."

112. "Black HUD Employees Hold Racial Injustices Meeting."

113. Booker, "Washington Notebook," 26.

114. "Black HUD Employees Hold Racial Injustices Meeting"; Booker, "Washington Notebook."

115. Ward and Whitaker, "100 at Rally Protest U.S. Bias"; Delaney, "HUD Is Charged with Racial Bias."

116. McCombs, "Black HEW Employees Charge Agency Biased."

117. Ward, "Employee Protests Heard by Romney."

118. "HUD's Romney Runs Away from Anti-Bias Petition."

119. Whitaker, "HUD Gives Promotions to 42 Aides."

120. Meyer, "160 Black HUD Employees Face Suspension for Protesting."

121. Delaney, "HUD Is Charged with Racial Bias."

122. "HUD Discriminates, New Study Finds."

123. "HUD Discriminates, New Study Finds."

124. "HUD Discriminates, New Study Finds."

125. Delaney, "HUD Is Charged with Racial Bias."

126. "HUD Discriminates, New Study Finds."

127. Herbers, "Rights Panel Says U.S. Housing Plan Aids Segregation."

128. Braestrup, "HUD Perpetuates Bias, Rights Report Charges."

129. Meyer, "Home Ownership Nightmare in NW."

130. Braestrup, "HUD Perpetuates Bias, Rights Report Charges"; U.S. Department of Housing and Urban Development, *Homeownership for Lower Income Families (Section 235)*, 90.

131. "Civil Rights Unit Says Housing Bias Study Shows HUD Has Failed to Change Pattern"; Testimony of George Romney, in U.S. Commission on Civil Rights, *Hearing before the United States Commission on Civil Rights*, 245.

132. U.S. Commission on Civil Rights, *Hearing before the United States Commission on Civil Rights*, 245-46.

133. U.S. Commission on Civil Rights, *Hearing before the United States Commission on Civil Rights*, 248.

글릭스타인: 하지만 그럼에도 불구하고 저는 주택 시장 대부분이 기존 주택으로 구성되어 있다고 생각합니다.

롬니: 우리가 기존 주택을 공급하고 있다는 뜻인가요, 아니면 기존 주택이 팔리고 있다는 뜻인가요?

글릭스타인: 사람들이 이사 들어간다는 뜻이죠. 그들은 교외 지역 및 도시의 기존 주택으로 이사 들어가고 있는데, 장관님의 소수 인종 우대 마케팅 안내문은 기존 주택을 다루지 않는 듯합니다.

롬니: 옳으신 지적입니다. 그건 보조금을 받고 연방주택청이 보증하는 주택에 적용됩니다.

글릭스타인: 하지만 기존 주택에는 적용되지 않잖아요.

롬니: 연방주택청이 보증하는 주택에 적용된다고요.

글릭스타인: 기존 주택에는요?

롬니: 아니, 기존 주택에는 아니라니까요.

글릭스타인: 그러니까 신규 주택에만이네요.

롬니: 맞습니다.

글릭스타인: 그래서 제가 알기론······.

롬니: 이보세요, 당신이 제기하는 질문을 피할 생각은 없습니다. 지금 당신이 진정으로 말하려는 바는 이 나라에 이중 주택 시장이 존재한다는 것, 그리고 대부분

의 소수 인종 시민이 부동산 중개 사무소에 찾아가면 백인용 책이 아니라 흑인용 책을 보게 된다는 것이죠.

134. U.S. Commission on Civil Rights, *Hearing before the United States Commission on Civil Rights*, 256.

5 어수룩한 매수자

1. U.S. Congress, House, Committee on Banking and Currency, "Compilation of the Housing and Urban Development Act of 1968," 10-11.

2. Nadasen, *Welfare Warriors*, 29.

3. "FHA Policy Aids Minority Buyers—and Panic Sellers."

4. Williams, *Politics of Public Housing*, and Williams, "'We're Tired of Being Treated Like Dogs,'" 31-32를 참조하라. 윌리엄스는 공공 주택 거주자로서 흑인 여성의 운동을 살펴보지만, 빈곤층 여성의 사회 운동에 대한 논의 역시 그와 관련이 있다. Kornbluh, *Battle for Welfare Rights*, 114-135; Nadasen, *Welfare Warriors* 도 참조하라.

5. U.S. Congress, House, Committee on Appropriations, Subcommittee on HUD, Space, Science, and Veterans Appropriations, *HUD, Space, Science and Veterans Appropriations for 1973*, 62.

6. "Housing Probe."

7. U.S. Congress, House, Committee on Banking and Currency, Subcommittee on Housing, *Real Estate Settlement Costs*, 34-35.

8. U.S. Congress, House, Committee on Banking and Currency, Subcommittee on Housing, *Real Estate Settlement Costs*, 73-75.

9. "Housing Probe."

10. Whitbeck memo in full on p. 264 of U.S. Congress, Joint Economic Committee, Subcommittee on Priorities and Economy in Government, *Housing Subsidies and Housing Policies: Hearings*; "Romney Aide Scores Inner-City Program."

11. Sparkman, "Defaults and Foreclosures."

12. Holifield, "Defaults on FHA-Insured Home Mortgages, Detroit, Michigan," 3.

13. Ball, "Foreclosures Costing FHA Millions."

14. Boyer, "HUD Scandal Profited All but Taxpayer."

15. Ball, "Foreclosures Costing FHA Millions."

16. Barlett and Steele, "Anatomy of Failure."

17. Barber, "Patman's Probe May Have Missed Biggest Housing Program Scandal."

18. U.S. Congress, House, Committee on Appropriations, Subcommittee on HUD, Space, Science, and Veterans Appropriations, *HUD, Space, Science and Veterans Appropriations for 1973*, 1323.

19. Freeman, "Reform of FHA Set."

20. Phillips and Zekman, "Judge Calls HUD a Slumlord."

21. Bliss and Neubauer, "FHA Wastes $4 Billion and Creates City Slums"; Barlett and Steele "Phila Is Leader among Large Cities in FHA Mortgage Foreclosure Rate"; Associated Press, "Report Says Poor Bilked during FHA Program"; Ricke, "Stories of Hope, Broken Vows, and a Lot of FHA Money," 18.

22. U.S. Congress, House, Committee on Government Operations, Subcommittee on Legal and Monetary Affairs, *Defaults on FHA-Insured Mortgages (Detroit)*, pt. 2, 304.

23. U.S. Congress, Joint Economic Committee, Subcommittee on Priorities and Economy in Government, Housing Subsidies and Housing Policies: Hearings, 10. "우리는 조사를 통해 41건의 시안이 일단 보기에 미국 연방 규정 제18장 1010항 위반이자, 연방주택청에 대한 허위 진술이라는 것을 확인했다. 그래서 이 시안들을 연방수사국에 회부했다. 그뿐만 아니라 중앙 사무소의 기술 검토 결과, 필요한 수리, 모기지 채무자의 투자, 부동산 소유권, 위조된 증명서 및 사기성 짙은 감정 평가 보고 가능성에 관한 허위 진술 및 허위 증명 혐의와 관련한 시안 45건도 추가로 연방수사국에 회부했다."

24. Kohler-Hausmann, *Getting Tough*; Chappell, *War on Welfare*.

25. Karmin, "Restoring Cities after the Scandals" (강조 추가).

26. Karmin, "Restoring Cities after the Scandals."

27. *Social and Economic Status of the Black Population in the United States*, 29-30.

28. U.S. Congress, House, Committee on Banking and Currency, *Investigation and Hearing of Abuses*, 160.

29. Kahrl, "Capitalizing on the Urban Fiscal Crisis."

30. "FHA Policy Aids Minority Buyers—and Panic Sellers" (생략 부호는 원본).

31. Karp, "St. Louis Rent Strike of 1969"; Yonah Freemark, "Myth #5: Public Housing Ende in Failure during the 1970s," in Bloom, Umbach, and Vale, *Public Housing Myths*, 121-128; Nicholas Dagen Bloom, "Myth #4: High-Rise Public Housing Is Unmanageable," in Bloom, Umbach, and Vale, *Public Housing Myths*, 91-118; Goetz, *New Deal Ruins*, 49-52.

32. U.S. Congress, Joint Economic Committee, Subcommittee on Priorities and Economy in Government, *Housing Subsidies and Housing Policies: Hearings*, 258-259. 전국정착촌·지역센터연합(National Federation of Settlements and Neighborhood Centers, NFSNC) 전무이사 월터 스마트(Walter L. Smart)의 증언, NFSNC는 30개 주 80개 도시에서 운영하는 200개 회원 기관을 거느리고 있다. 대도시와 지역의 센터 연합 17곳도 이 전국 연합에 가입되어 있다.

33. U.S. Commission on Civil Rights, *Home Ownership for Lower Income Families*, 37-38.

34. "Ads Page."

35. Barlett and Steele, "Phila Is Leader among Large Cities in FHA Mortgage Foreclosure Rate," 1.

36. Barlett and Steele, "Phila Is Leader among Large Cities in FHA Mortgage Foreclosure Rate," 10.

37. U.S. Congress, House, Committee on Banking and Currency, *Interim Report*, 5.

38. Boyer, "HUD Scandal Profited All but Taxpayer."

39. U.S. Commission on Civil Rights, *Home Ownership for Lower Income Families*, 69에 실린, Community Relations Office, Philadelphia County Board of Assistance 와 진행한 인터뷰에서 인용.

40. Barlett and Steele, "Anatomy of Failure."

41. Nadasen, *Welfare Warriors*, 16.

42. "Circular Letter Number 181," 166.

43. U.S. Commission on Civil Rights, *Home Ownership for Lower Income Families*, 46.

44. U.S. Department of Housing and Urban Development, *Homeownership for Lower Income Families (Section 235)*, 47; Wilson, "Exploiting the Home-Buying Poor," 537.

45. U.S. Commission on Civil Rights, *Home Ownership for Lower Income Families*, 69.

46. Wilson, "Exploiting the Home-Buying Poor."

47. Wilson, "Exploiting the Home-Buying Poor," 537.

48. Wilson, "Exploiting the Home-Buying Poor," 525-571. 1972년 3월 세인트루이스에서 연방주택청 시장에 참여하고 있는 부동산 중개인인 기밀 정보원과의 인터뷰를 기반으로 한 정보.

49. U.S. Department of Housing and Urban Development, "Report of Staff Investigation of the Country Ridge Housing Development (Baltimore)."

50. U.S. Congress, House, Committee on Government Operations, Subcommittee on Legal and Monetary Affairs, *Defaults on FHA-Insured Mortgages (Detroit)*, pt. 2, 141.

51. "Save the HUD Program."

52. Boyer, "Probers Hear Success Stories to Counter City's FHA Woes"; Holmes, "Agents Deny Profiteering."

53. Boyer, "HUD Scandal Profited All but Taxpayer."

54. Ricke, "Stories of Hope, Broken Vows, and a Lot of FHA Money," 18.

55. Ricke, "Stories of Hope, Broken Vows, and a Lot of FHA Money," 18.

56. Ricke, "Stories of Hope, Broken Vows, and a Lot of FHA Money," 19.

57. Ricke, "Stories of Hope, Broken Vows, and a Lot of FHA Money," 19.

58. Ricke, "Stories of Hope, Broken Vows, and a Lot of FHA Money," 20.

59. Ricke, "Stories of Hope, Broken Vows, and a Lot of FHA Money," 21.

60. Boyer, "ADC Defaults Soar in FHA Program"; Ricke and Benjamison, "ADC Housing Plan Is Stopped."

61. Boyer, "ADC Defaults Soar in FHA Program."

62. Boyer, "ADC Defaults Soar in FHA Program"; U.S. Congress, House, Committee on Government Operations, Subcommittee on Legal and Monetary Affairs, *Defaults on FHA-Insured Mortgages (Detroit)*, 180.

63. Holmes, "Agents Deny Profiteering."

64. Boyer, "Probers Hear Success Stories to Counter City's FHA Woes."

65. Holmes, "Agents Deny Profiteering."

66. Kohler-Hausmann, *Getting Tough*; Chappell, *War on Welfare*.

67. U.S. Congress, House, Committee on Government Operations, Subcommittee on Legal and Monetary Affairs, *Defaults on FHA-Insured Mortgages (Detroit)*, pt. 2, 152.

68. Testimony of Lawrence Katz, in U.S. Congress, House, Committee on Government Operations, Subcommittee on Legal and Monetary Affairs, *Defaults on FHA-Insured Mortgages (Detroit)*, pt. 2, 143.

69. Katz memo to president of Mortgage Bankers Association, in U.S. Congress, House, Committee on Government Operations, Subcommittee on Legal and Monetary Affairs, *Defaults on FHA-Insured Mortgages (Detroit)*, pt. 2, 169; Gray, "Counseling Key to Success of Section 235," 3.

70. Trbovich, "U.S. Curbs Profits of FHA Sales."

71. U.S. Congress, House, Committee on Government Operations, Subcommittee on Legal and Monetary Affairs, *Defaults on FHA-Insured Mortgages (Detroit)*, pt. 2, 145. "흔히 도심에서는 신중한 구매자를 찾아보기 어렵다."

72. U.S. Congress, House, Committee on Government Operations, Subcommittee on Legal and Monetary Affairs, *Defaults on FHA-Insured Mortgages (Detroit)*, pt. 2, 145.

73. Official Testimony of Lawrence Katz, in U.S. Congress, House, Committee

on Government Operations, Subcommittee on Legal and Monetary Affairs, *Defaults on FHA-Insured Mortgages (Detroit)*, pt. 2, 165.

74. Katz Testimony, in U.S. Congress, House, Committee on Government Operations, Subcommittee on Legal and Monetary Affairs, *Defaults on FHA-Insured Mortgages (Detroit)*, pt. 2, 147; Gray, "Counseling Key to Success of Section 235," 6.

75. Letter from Lawrence Katz to James Grootemaat, President, Mortgage Bankers Association, Milwaukee, Wisconsin, in U.S. Congress, House, Committee on Government Operations, Subcommittee on Legal and Monetary Affairs, *Defaults on FHA-Insured Mortgages (Detroit)*, pt. 2, 170-171.

76. Katz Testimony, in U.S. Congress, House, Committee on Government Operations, Subcommittee on Legal and Monetary Affairs, *Defaults on FHA-Insured Mortgages (Detroit)*, pt. 2, 147.

77. Theoharis and Woodard, *Groundwork*, 259-279. 특공대에 대해 더 자세히 알아보려면, Jones, *Selma of the North*를 참조하라.

78. Katz Testimony, in U.S. Congress, House, Committee on Government Operations, Subcommittee on Legal and Monetary Affairs, *Defaults on FHA-Insured Mortgages (Detroit)*, pt. 2, 152.

79. Katz Testimony, in U.S. Congress, House, Committee on Government Operations, Subcommittee on Legal and Monetary Affairs, *Defaults on FHA-Insured Mortgages (Detroit)*, pt. 2, 151.

80. Gray, "Counseling Key to Success of Section 235," 1; U.S. Congress, House, Committee on Government Operations, Subcommittee on Legal and Monetary Affairs, *Defaults on FHA-Insured Mortgages (Detroit)*, pt. 2, 170, Katz memo to MBA.

81. Katz Testimony, in U.S. Congress, House, Committee on Government Operations, Subcommittee on Legal and Monetary Affairs, *Defaults on FHA-Insured Mortgages (Detroit)*, pt. 2, 146.

82. Katz Testimony, in U.S. Congress, House, Committee on Government Oper-

ations, Subcommittee on Legal and Monetary Affairs, *Defaults on FHA-Insured Mortgages (Detroit)*, pt. 2, 147.

83. Katz Testimony, in U.S. Congress, House, Committee on Government Operations, Subcommittee on Legal and Monetary Affairs, *Defaults on FHA-Insured Mortgages (Detroit)*, pt. 2, 151.

84. Boyer, "Probers Hear Success Stories to Counter City's FHA Woes."

85. Gray, "Counseling Key to Success of Section 235."

86. Katz Testimony, in U.S. Congress, House, Committee on Government Operations, Subcommittee on Legal and Monetary Affairs, *Defaults on FHA-Insured Mortgages (Detroit)*, pt. 2, 146.

87. U.S. Congress, Joint Economic Committee, Subcommittee on Priorities and Economy in Government, *Housing Subsidies and Housing Policies: Hearings*, 223-225.

88. Testimony of Margaret Lancaster, in U.S. Commission on Civil Rights, *Hearing before the United States Commission on Civil Rights*, 87-88.

89. U.S. Congress, Joint Economic Committee, Subcommittee on Priorities and Economy in Government, *Housing Subsidies and Housing Policies: Hearings*, 226.

90. Katz written statement, in U.S. Congress, House, Committee on Government Operations, Subcommittee on Legal and Monetary Affairs, *Defaults on FHA-Insured Mortgages (Detroit)*, pt. 2, 168.

91. Letter from Lawrence Katz to James Grootemaat, President, Mortgage Bankers Association, Milwaukee, Wisconsin, May 24, 1968, in U.S. Congress, House, Committee on Government Operations, Subcommittee on Legal and Monetary Affairs, *Defaults on FHA-Insured Mortgages (Detroit)*, pt. 2, 168-169.

92. Organization and Bach, *Study of the Effectiveness of Voluntary Counseling Programs for Lower-Income Home Ownership*, 115-116.

93. Trbovich, "U.S. Curbs Profits of FHA Sales."

94. U.S. Congress, Joint Economic Committee, Subcommittee on Priorities and

Economy in Government, *Housing Subsidies and Housing Policy: Report*, 15; Organization and Bach, *Study of the Effectiveness of Voluntary Counseling Programs for Lower-Income Home Ownership*, 26.

95. 상담과 주택 소유에 대한 광범위한 논의로는, McClaughry, "Troubled Dream," 19를 참조하라.

96. Statement of National Federation of Housing Counselors, Inc., April 18, 1977, in U.S. Congress, House, Committee on Appropriations, Subcommittee on HUD—Independent Agencies, *Department of Housing and Urban Development—Independent Agencies Appropriations for 1978*, 1287.

97. "Save the HUD Program."

98. Organization and Bach, *Study of the Effectiveness of Voluntary Counseling Programs for Lower-Income Home Ownership*, 49에 인용된 내용.

99. Organization and Bach, *Study of the Effectiveness of Voluntary Counseling Programs for Lower-Income Home Ownership*, 4.

100. Wilson, "Exploiting the Home-Buying Poor," 539.

101. Wilson, "Exploiting the Home-Buying Poor," 537-538.

102. Wilson, "Exploiting the Home-Buying Poor," 541.

103. Wilson, "Exploiting the Home-Buying Poor," 541. 1972년 2월 24일, 워싱턴 D.C.에서 윌슨이 주택도시개발부 공보관 어니 그로스(Ernie Gross)와 진행한 인터뷰 내용.

104. U.S. Congress, House, Committee on Banking and Currency, *Investigation and Hearing of Abuses*, 4.

105. U.S. Congress, House, Committee on Banking and Currency, *Investigation and Hearing of Abuses*, 165.

106. U.S. Congress, House, Committee on Banking and Currency, *Investigation and Hearing of Abuses*, 167.

107. U.S. Congress, House, Committee on Banking and Currency, *Investigation and Hearing of Abuses*, 168.

108. "Mortgage Banking," 10.

109. *Simplified Housekeeping Directions for Homemakers*.

110. U.S. Congress, House, Committee on Banking and Currency, *Investigation and Hearing of Abuses*, 8.

111. Steele, "HUD Confirms Violations by FHA Unit Here."

112. Steele, "HUD Confirms Violations by FHA Unit Here."

113. U.S. Congress, House, Committee on Banking and Currency, Subcommittee on Housing, *Real Estate Settlement Costs*, 280.

114. Lear, "FHA-235 Program 'A Fraud and Outrage' Homeowners Insist."

115. "A Mother Speaks from Experience," in U.S. Community Services Administration, *"Right to a Decent Home,"* 17.

116. Herbers, "F.H.A. Overhaul Urged by Percy"; Paprino, "Mrs. Chisholm Hits Housing Program."

117. Breckenfeld, "Housing Subsidies Are a Grand Delusion."

118. U.S. House of Representatives, Congressional Black Caucus, "Position on Housing," 16.

119. Herbers, "Federal Housing Reform Unlikely."

120. U.S. Congress, House, Committee on Government Operations, Subcommittee on Legal and Monetary Affairs, *Defaults on FHA-Insured Mortgages (Detroit)*, pt. 2, 333. 조사가 1971년에는 1805건 이루어졌는데, 1972년에는 1월부터 10월까지 2254건에 달했다.

121. U.S. Congress, House, Committee on Government Operations, Subcommittee on Legal and Monetary Affairs, *Defaults on FHA-Insured Mortgages (Detroit)*, 478.

122. Boyer, *Cities Destroyed for Cash*.

123. "Office of the Audit Report," sent to George Romney on December 10, 1971, p. 38 of report in U.S. Congress, House, Committee on Banking and Currency, Subcommittee on Housing, *Real Estate Settlement Costs*, 116.

124. Chapman, "FHA Scandal Spreads across Nation."

125. Chapman, "FHA Scandal Spreads across Nation."

126. Chapman, "FHA Scandal Spreads across Nation."

127. Asbury, "Dun & Bradstreet among 50 Named in Housing Fraud."

128. "40 Charged in $200 Million FHA Bribery Scandal in N.Y."; Asbury, "Dun & Bradstree among 50 Named in Housing Fraud."

129. Asbury, "Dun and Bradstreet among 50 Named in Housing Fraud"; Asbury, "FHA Aide Pleads Guilty to Fraud."

130. Barlett and Steele, "Real Estate Brokers Sail South," 16.

131. Barlett and Steele, "Real Estate Brokers Sail South," 17.

132. Barlett and Steele, "Shapp Cabinet Member Was on Broker's Cruise," December 19, 1971, 1.

133. Barlett and Steele, "Shapp Cabinet Member Was on Broker's Cruise," December 19, 1971, 1.

134. Barlett and Steele, "Shapp Cabinet Member Was on Broker's Cruise," December 19, 1971, 17.

135. "Court Rules HUD, Director Guilty of Discrimination."

136. "Court Rules HUD, Director Guilty of Discrimination."

137. "Bribery Indictments Hold Four Detroit FHA Workers"; Davis, "4 FHA Officials, 9 Others Named in Bribery Scheme," 1; Chapman, "FHA Scandal Spreads across Nation."

138. "HUD Suspends Firms, Brokers," A3.

139. "Bribery Indictments Hold Four Detroit FHA Workers."

140. Gallagher, "Department of Housing and Urban Development."

141. "Bribery Indictments Hold Four Detroit FHA Workers."

142. U.S. Congress, House, Committee on Government Operations, Subcommittee on Legal and Monetary Affairs, *Defaults on FHA-Insured Mortgages (Detroit)*, 476.

143. "Three Plead Not Guilty in Case Involving Senator Gurney."

144. "Sen. Gurney Indicted in Builder Kickbacks."

145. Kneeland, "McGovern Assails Nixon Administration as 'Scandal-Ridden.'"

146. U.S. Congress, House, Committee on Banking and Currency, *Investigation and Hearing of Abuses*, 18-19에 실린, 1970년 8월 4일 워싱턴주 시애틀 연방주택청의 앤드루 헤스(Andrew Hess)에게 변호사 로버트 버그스트롬(Robert Bergstrom)이 보낸 편지 내용.

147. U.S. Congress, House, Committee on Banking and Currency, *Investigation and Hearing of Abuses*, 19에 실린, 1970년 8월 4일 워싱턴주 시애틀 연방주택청의 앤드루 헤스에게 변호사 로버트 버그스트롬이 보낸 편지 내용.

148. U.S. Congress, House, Committee on Banking and Currency, *Investigation and Hearing of Abuses*, 23에 실린, 소송 사건 *Liza M. Perry et al. v. HUD, George Romney et al., United States et al.*에서 제기된 법적 불만 사항 인용.

149. U.S. Congress, House, Committee on Banking and Currency, *Investigation and Hearing of Abuses*, 19-20; U.S. Congress, House, Committee on Banking and Currency, "Compilation of the Housing and Urban Development Act of 1968," 126.

150. U.S. Congress, House, Committee on Banking and Currency, *Investigation and Hearing of Abuses*, 18-30.

151. U.S. Congress, House, Committee on Banking and Currency, *Investigation and Hearing of Abuses*, 72-73에 실린, 1970년 12월 3일 와이언도트 법률구조협회(Wyandotte Legal Aid Society) 소속 변호사 스티븐 아이더마(Stephen Idema)가 금융통화위원회에 보낸 편지의 내용.

152. U.S. Congress, House, Committee on Banking and Currency, *Investigation and Hearing of Abuses*, 75-76에 실린, 1970년 11월 17일 변호사 제임스 쿠시너(James Kushner)가 하원 금융통화위원회에 보낸 편지의 내용.

153. Gould, "G'twn Attorney Testifies before Congress on Housing Plight of Black Philadelphians."

154. U.S. Congress, Senate, Committee on Banking and Currency, Subcommittee on Housing and Urban Affairs, *Housing and Urban Development Legislation of 1970*, pt. 2, 1537-1538.

155. Barlett and Steele, "Law Cites Homeowner Aid."

156. Barlett and Steele, "Law Cites Homeowner Aid."

157. Barlett and Steele, "Law Cites Homeowner Aid," 8.

158. Lear, "Homeowners Picket FHA Officials over Broken-Down Homes, Unkept Promises."

159. Chapman, "FHA Scandal Spreads across Nation."

160. Lear, "FHA-235 Program 'A Fraud and Outrage' Homeowners Insist."

161. Lear, "FHA-235 Program 'A Fraud and Outrage' Homeowners Insist."

162. "Is FHA Providing Good Housing for Poor People?"

163. Carmel McCrudden Testimony, in U.S. Congress, House, Committee on Government Operations, Subcommittee on Legal and Monetary Affairs, *Defaults on FHA-Insured Mortgages (Detroit)*, pt. 2, 393-395; McCrudden Testimony, in U.S. Congress, Senate, Committee on Banking, Housing, and Urban Affairs, Subcommittee on Housing and Urban Affairs, *Oversight on Housing and Urban Development Programs*, pt. 1, Pub. L. No. HRG-1973-BHU-0026, 435-437.

164. Lear, "Homewners Picket FHA Officials over Broken-Down Homes, Unkept Promises."

165. 조지 굴드와의 인터뷰.

166. Barlett and Steele, "Low-Cost Housing Sales Frozen in FHA Drive."

167. Barlett and Steele, "Low-Cost Housing Sales Frozen in FHA Drive," 6.

168. Phillips and Zekman, "Judge Calls HUD a Slumlord."

169. "Brown v. Lynn, 385 F. Supp. 986 (N.D. Ill. 1974)."

170. "Brown v. Lynn, 385 F. Supp. 986 (N.D. Ill. 1974)."

171. U.S. Congress, Senate, Committee on Banking, Housing, and Urban Affairs, Subcommittee on Housing and Urban Affairs, *Abandonment Disaster Demonstration Relief Act of 1975*, 44 (McGraw-Hill Newsstory 재판에서 인용).

172. U.S. Congress, Senate, Committee on Banking, Housing, and Urban Affairs, Subcommittee on Housing and Urban Affairs, *Abandonment Disaster Demonstration Relief Act of 1975*, 44.

173. Rhonda Y. Williams, "Something's Wrong Down Here: Poor Black Women and Urban Struggles for Democracy," in Kusmer and Trotter, *African American Urban History since World War II*, 318.

174. Camp, *Incarcerating the Crisis*, 10-12.

6 도시 위기는 끝났다

1. "Richard Nixon: Radio Address."

2. Taylor, *From #BlackLivesMatter to Black Liberation*, chap. 3, "Black Faces in High Places."

3. Weaver, "Urban Crisis"; Pritchett, "Which Urban Crisis?"

4. Oliphant, "Romney to Leave HUD Job, Cites Difficulty of Reform," 31.

5. "Housing and Urban Affairs Daily: HUD Budget Slashed in 'Reform.'"

6. "Housing and Urban Affairs Daily: Freeze Imposed on Major HUD Programs."

7. "White House Said to Plan Freeze on Public Housing."

8. Moritz, "Romney's Leaving, but U.S. Housing Problems Hang On."

9. Herbers, "Tragedy of the Decaying Cities"; Herbers, "Federal Agencies Press Inquiry on Housing Frauds in Big Cities"; Herbers, "Abandonment of Federal Housing Blights Inner Cities."

10. Samuelson, "Romney."

11. "White House Said to Plan Freeze on Public Housing," 12.

12. Bonastia, *Knocking on the Door* (2006), 137에서 인용.

13. "Housing and Urban Affairs Daily: Freeze Imposed on Major HUD Programs," 16.

14. "Housing and Urban Affairs Daily: HUD Budget Slashed in 'Reform.'"

15. Darrow, "HUD's 'Goldberg' Housing Breakthrough."

16. "New Nixon Action to Affect Blacks."

17. "New Nixon Action to Affect Blacks."

18. "New Nixon Action to Affect Blacks."

19. Foldessy and Schellhard, "Backing Off."

20. Foldessy and Schellhard, "Backing Off."

21. "Housing and Urban Affairs Daily: HUD Budget Slashed in 'Reform,'" 69.

22. U.S. Congress, Joint Economic Committee, Subcommittee on Priorities and Economy in Government, *Housing Subsidies and Housing Policy: Report*, 4.

23. Salpukas, "Moratorium on Housing Subsidy Spells Hardship for Thousands."

24. McBee, "Subsidized Housing Frozen before Justification by HUD."

25. Salpukas, "Moratorium on Housing Subsidy Spells Hardship for Thousands."

26. Rippeteau, "Mortgage Defaults Increase Number of Homes U.S. Owns."

27. Walker, "Housing Freeze Evil or Good?"

28. Jacobs, "Subsidies Moratorium Dismal News for Builders."

29. Parks, "Revisiting Shibboleths of Race and Urban Economy," 113.

30. Causey, "Rundown on Nixon's 1974 Budget."

31. U.S. Congress, Senate, Committee on Banking and Currency, Subcommittee on Housing and Urban Affairs, *Housing and Urban Development Legislation of 1968*.

32. Darrow, "Money for Poor Ebbs."

33. Darrow, "Money for Poor Ebbs."

34. Goldberg and Griffey, *Black Power at Work*, 134-160.

35. "Blacks Hurt by Housing Ban for Families of Low Income."

36. Associated Press, "NAACP Chief Raps Nixon Leadership."

37. Stanley, "United Black Mortgage Bankers Assail Nixon."

38. Jensen, "Romney Discloses Halt in Subsidies for New Housing."

39. McBee, "Joblessness Feared in HUD Cuts"; Jensen, "Romney Discloses Halt in Subsidies for New Housing."

40. Statement of Gail Cincotta, West Side Coalition, in U.S. Congress, Senate, Committee on Banking, Housing, and Urban Affairs, Subcommittee on Housing and Urban Affairs, *Oversight on Housing and Urban Development Programs— Chicago*, 26.

41. McCrudden Testimony, in U.S. Congress, Senate, Committee on Banking, Housing, and Urban Affairs, Subcommittee on Housing and Urban Affairs, *Oversight on Housing and Urban Development Programs, Washington, D.C.*, 437.

42. U.S. Congress, Senate, Committee on Banking, Housing, and Urban Affairs, Subcommittee on Housing and Urban Affairs, *Oversight on Housing and Urban Development Programs, Washington, D.C.*, 440에 인용된 내용.

43. "Richard Nixon: Radio Address."

44. "Richard Nixon: Radio Address."

45. "Richard Nixon: Radio Address."

46. "White House Said to Plan Freeze on Public Housing," 51.

47. Legates and Morgan, "Perils of Special Revenue Sharing for Community Development," 256-258.

48. Kovach, "Mayors Oppose Nixon Fund Plan."

49. "Administration Housing Moratorium Comes Under Fire."

50. "Administration Housing Moratorium Comes Under Fire."

51. U.S. Commission on Civil Rights, *Home Ownership for Lower Income Families*, 16.

52. "Richard Nixon: Special Message to the Congress."

53. U.S. Congress, House, Committee on Government Operations, Subcommittee on Legal and Monetary Affairs, *Defaults on FHA-Insured Mortgages (Detroit)*, pt. 2, 332에 실린, 조지 롬니의 서면 성명서에서 인용.

54. U.S. Congress, House, Committee on Government Operations, Subcommittee on Legal and Monetary Affairs, *Defaults on FHA-Insured Mortgages (Detroit)*, pt. 2, 332에 실린, 조지 롬니의 서면 성명서.

55. U.S. Congress, House, Committee on Government Operations, Subcommittee on Legal and Monetary Affairs, *Defaults on FHA-Insured Mortgages (Detroit)*, pt. 2, 332에 실린, 조지 롬니의 서면 성명서.

56. U.S. Congress, House, Committee on Banking and Currency, Subcommittee

on Housing, *Real Estate Settlement Costs*, 49에 실린, 조지 롬니의 증언. "주택도시개발부는 도시의 주택 문제를 해결할 수 없다." 이 말은 그해 봄철 내내 롬니가 한 연설의 주제로 떠올랐고, 그와 같은 유의 헤드라인을 낳았다.

57. Desmond, *Evicted*, 299-300.

58. U.S. Commission on Civil Rights, *Home Ownership for Lower Income Families*; U.S. Commission on Civil Rights, *Federal Civil Rights Enforcement Effort* (1971); U.S. Commission on Civil Rights, *Hearing before the United States Commission on Civil Rights*; U.S. Commission on Civil Rights, *Federal Civil Rights Enforcement Effort: Seven Months Later*; U.S. Commission on Civil Rights, *Understanding Fair Housing*.

59. Yudis, "Both Critics, Experts Have Second Thoughts."

60. "FHA Homes Rot as Paperwork Shuffles across Country," 1.

61. Commission on the Cities in the '70's, *State of the Cities*, 70.

62. Commission on the Cities in the '70's, *State of the Cities*; Metzger, "Planned Abandonment."

63. U.S. Congress, House, Committee on Banking and Currency, Subommittee on Housing, *Real Estate Settlement Costs*, 47에 실린 롬니의 증언. U.S. Congress, House, Committee on Government Operations, Subcommittee on Legal and Monetary Affairs, *Defaults on FHA-Insured Mortgages (Detroit)*, pt. 2, 305에 실린 롬니의 증언.

64. "Draft Copy of George Romney Address to Detroit Economic Club."

65. "Draft Copy of George Romney Address to Detroit Economic Club."

66. Angelo, "Deep Social Changes at Work."

67. "Remarks Prepared for Delivery by George Romney."

68. Bloom, Umbach, and Vale, *Public Housing Myths*를 참조하라.

69. Goetz, *New Deal Ruins*, 40-44; Karp, "St. Louis Rent Strike of 1969"; Williams, *Politics of Public Housing*.

70. *Papers Submitted to Subcommittee on Housing Panels*, 491.

71. Freidrichs, *Pruitt-Igoe Myth*.

72. Ira S. Lowry, "Housing Assistance for Low-Income Urban Families: A Fresh Approach," in *Papers Submitted to Subcommittee on Housing Panels*, 497.

73. Goetz, *New Deal Ruins*, 38-40.

74. "Remarks Prepared for Delivery by George Romney."

75. "Remarks Prepared for Delivery by George Romney."

76. Alsop, "Road to Hell."

77. Alsop, "Road to Hell."

78. "Remarks Prepared for Delivery by George Romney."

79. "Remarks Prepared for Delivery by George Romney."

80. "Remarks Prepared for Delivery by George Romney."

81. Smith, *Uneven Development*.

82. Camp, *Incarcerating the Crisis*, 9-10.

83. Katz, *Undeserving Poor*, 206.

84. Spitzer, "Toward a Marxian Theory of Deviance,"; Parenti, *Lockdown America*, 46을 참조하라.

85. Parks, "Making It over the Race Barrier"에 인용된 밴필드의 말.

86. "American Underclass"; Chappell, *War on Welfare*, 141-143.

87. Kohler-Hausmann, *Getting Tough*; Schram, Fording, and Soss, "Neo-Liberal Poverty Governance"; Kohler-Hausmann, "Guns and Butter"; Chappell, *War on Welfare*, 106-125.

88. Harvey, *Brief History of Neoliberalism*; Hackworth, *Neoliberal City*; McNally, *Global Slump*; Soss, Fording, and Schram, *Disciplining the Poor*; Chappell, *War on Welfare*, 143-148.

89. "Remarks Prepared for Delivery by George Romney."

90. 공공 부문 노동자에 대해 더 자세히 알고 싶으면, Taylor, *From #BlackLivesMatter to Black Liberation*, 55-61; Honey, *Going Down Jericho Road*, 7-127; Brenner, Brenner, and Winslow, *Rebel Rank and File*을 참조하라.

91. Sugrue, *Sweet Land of Liberty*, 505.

92. Chap. 2, "From Civil Rights to Colorblind," in Taylor, *From #BlackLivesMatter*

to Black Liberation, 53-60; Bonilla-Silva, *Racism without Racists*, 49-52, 54-60
을 참조하라.

93. Murakawa, *First Civil Right*, 7.

94. Perlstein, "Exclusive."

95. Klein, *Shock Doctrine*, 7. "프리드먼과 그의 강력한 추종자들은 30년 넘게 이 전
략을 완벽하게 가다듬어왔다. 즉, 중대 위기가 닥칠 때까지 기다렸다가 시민이 여
전히 충격 속에서 허우적거리고 있는 동안 국영 기업의 일부를 민간 부문에 매각
한 다음 재빠르게 그 개혁을 영구화하는 전략 말이다."

96. Friedman, "What Is Killing the City?"

97. Friedman, *Capitalism and Freedom*, xvi.

98. *Congressional Record*에 재게재된 논문 "Nixon's New Budget: What It Means
to Black Americans," *Congressional Record*, vol. 119, 16615.

99. "Richard Nixon: Labor Day Message." "올해 우리는 우리나라의 특성을 구축한
'노동 윤리'와 그 특성을 약화시킬 소지가 있는 새로운 '복지 윤리' 가운데 하나를
선택해야 하는 상황에 직면해 있습니다."

100. Kohler-Hausmann, *Getting Tough*를 참조하라.

101. "Richard Nixon: Labor Day Message."

102. "Congress Must Dig Deep into HUD's Failures."

103. Bowsher, "1973"; Reed, "One Hundred Years of Price Change."

104. Matusow, *Nixon's Economy*, 228.

105. Mort, "Boycott Slices Meat Prices at 1 Chain," 155; Phillips-Fein, *Invisible
Hands*, 155.

106. Matusow, *Nixon's Economy*, 229; Maize, "Food Inflation."

107. "Richard Nixon: Address to the Nation."

108. Matusow, *Nixon's Economy*, 231.

109. Cowie, *Stayin' Alive*, 91.

110. Matusow, *Nixon's Economy*, 240에 인용된 내용.

111. Delaney, "Brimmer of Federal Reserve Finds Black Job Gains in 1973," 34.

112. "Black Unemployment Remained High in April."

113. Johnson, "Urban League Finds 25.4% of Blacks Are Still Jobless"; Hill, "Illusion of Progress."

114. "Options Ahead for the Debt Economy"; Cowie, *Stayin' Alive*, 363-364. Smith, *Subterranean Fire*도 참조하라.

115. Cowie, *Stayin' Alive*, 225에 인용된 내용.

116. Smith, *Subterranean Fire*, 249.

117. U.S. Congress, Senate, Committee on Banking, Housing, and Urban Affairs, Subcommittee on Housing and Urban Affairs, *Oversight on Housing and Urban Development Programs*, pt. 1, Pub. L. No. HRG-1973-BHU-0026, 71.

118. U.S. Congress, Senate, Committee on Banking, Housing, and Urban Affairs, Subcommittee on Housing and Urban Affairs, *Oversight on Housing and Urban Development Programs*, pt. 1, Pub. L. No. HRG-1973-BHU-0026, 71.

119. "Lynn of HUD Critical of Senate Housing Bill."

120. Karmin, "Pros and Cons."

121. "Interview with HUD Secretary James T. Lynn."

122. "Interview with HUD Secretary James T. Lynn."

123. Johnson, "Housing Policy at the Crossroads," 20.

124. Johnson, "Housing Policy at the Crossroads," 20.

125. Johnson, "Housing Policy at the Crossroads," 20.

126. Johnson, "Housing Policy at the Crossroads," 19.

127. Lubin, "Black Firms' Blues."

128. Rubinowitz and Trosman, "Affirmative Action and the American Dream," 491.

129. Hays, *Federal Government and Urban Housing* (1995), 188에 인용된 내용.

130. Rooks, Cutting School; Lassiter, Silent Majority, chap. 6, "The Fight for 'Freedom of Association': School Desegregation and White Withdrawal"; Kruse, *White Flight*, 161; Bonastia, *Southern Stalemate*를 참조하라.

131. Bonastia, "Low-Hanging Fruit," 552; Lassiter, *Silent Majority*, 133.

132. Lassiter, *Silent Majority*. Bonastia, *Knocking on the Door* (2006)를 참조하라.

133. Harney, "Even Subsidies Possible."

134. Milliken v. Bradley"; Riddle, "Race and Reaction in Warren, Michigan."

135. "Jones v. Alfred H. Mayer Co., 392 U.S. 409 (1968)."

136. Gill, "Moving to Integration?," 669.

137. Connolly, "New Housing Law Gets Mixed Reviews"; Lamb, *Housing Segregation in Suburban America since 1960*; von Hoffman, *House by House, Block by Block*.

138. "Gerald R. Ford: Statement on the Housing and Community Development Act of 1974."

139. "Gerald R. Ford: Statement on the Housing and Community Development Act of 1974."

140. Witcover, "President OKs Revenue Sharing at Independence Hall Ceremony."

141. Kushner, "Community Planning and Development under the Housing and Community Development Act of 1974," 665.

142. Marshall and Swinton, "Federal Government Policy in Black Community Revitalization."

143. Kushner, "Community Planning and Development under the Housing and Community Development Act of 1974," 664; Mollenkopf, *Contested City*, 134-135; Logan and Molotch, *Urban Fortunes*, 173; Hays, *Federal Government and Urban Housing* (1995), 190.

144. Mollenkopf, *Contested City*, 135.

145. Morris, "HUD to Revive Low-Income Home Ownership Subsidy"; Jones, "Industry Unimpressed by Nixon Housing Plan"; Curry, "Housing Plan Aims to Aid Workers Making under $11,000"; "Executive Summary on Restoring Section 235."

146. Kushner, "Community Planning and Development under the Housing and Community Development Act of 1974," 673.

147. Kushner, "Community Planning and Development under the Housing and Community Development Act of 1974," 665; Hays, *Federal Government and*

Urban Housing (2012), 207-209.

148. Hays, *Federal Government and Urban Housing* (2012), 157-162; Harney, "HUD on the Spot with 'Section 8.'"

149. Hays, *Federal Government and Urban Housing* (2012), 148-151.

150. Gill, "Moving to Integration?," 670.

151. Hays, *Federal Government and Urban Housing* (1995), 159.

152. Hays, *Federal Government and Urban Housing* (1995), 146-147; Logan and Molotch, *Urban Fortunes*, 173.

153. Gill, "Moving to Integration?," 671.

154. "Gerald R. Ford: Statement on the Housing and Community Development Act of 1974."

155. "Ethnic Treasure."

156. Mollenkopf, *Contested City*, 134.

맺음말: 약탈적 포용

1. U.S. President's Commission on Housing, *Report of the President's Commission on Housing*, xvii-viii.

2. Lydon, "Carter Defends All-White Areas."

3. U.S. Commission on Civil Rights, *Understanding Fair Housing*, 1.

4. "Black Homeownership and the American Dream."

5. Perry, Rothwell, and Harshbarger, *Devaluation of Assets in Black Neighborhoods*, 2.

6. Reed, "Black Home Ownership Now American Nightmare."

참고문헌

"40 Charged in $200 Million FHA Bribery Scandal in N.Y.: Dun, Bradstreet Accused of False Credit Claims." *Los Angeles Times*, March 30, 1972, E14.

"436 F2d 108 Kennedy Park Homes Association v. City of Lackawanna New York." OpenJurist, https://openjurist.org/436/f2d/108/kennedy-park-homes-association-v-city-of-lackawanna-new-york-l-t-d-l-d-j.

Abrams, Charles. *Forbidden Neighbors: A Study of Prejudice in Housing.* New York: Harper, 1955.

____. *Home Ownership for the Poor: A Program for Philadelphia.* New York: Praeger, 1970.

Adams, Jim. "1000 Pct. Markups Revealed in Housing." *Atlanta Constitution*, January 6, 1971, 5.

"Administration Housing Moratorium Comes Under Fire." *CQ Almanac 1973*, 29th ed., 428-32. Washington, D.C.: Congressional Quarterly, 1974, https://library.cqpress.com/cqalmanac/document.php?id=cqal73-1228677.

"Administrative Law. Urban Renewal. HUD Has Affirmative Duty to Consider Low Income Housing's Impact upon Racial Concentration. Shannon v. HUD, 436 F. 2d 809 (3d Cir. 1970)." *Harvard Law Review* 85, no. 4 (1972): 870-80, https://doi.org/10.2307/1339996.

Administrator of HHFA. "Assistance to Members of Minority Groups." Annual Report of the Voluntary Home Mortgage Credit Program. Housing and Home Finance Agency, April 1, 1958.

"Ads Page." *Detroit Free Press*, June 23, 1971, 10B.

Alexander, Michelle. *The New Jim Crow: Mass Incarceration in the Age of Color-blindness*. New York: New Press, 2013.

Allen, Robert L. *Black Awakening in Capitalist America: An Analytic History*. Garden City, N.Y.: Doubleday, 1969.

____. *A Guide to Black Power in America: A Historical Analysis*. London: Victor Gollancz, Ltd., 1969.

Alsop, Stewart. "Road to Hell." *Boston Globe*, March 6, 1972, 23.

American Life Convention and Life Insurance Association of America. "$1 Billion Urban Investment Program of the Life Insurance Business," March 1969. "Employment, investment in urban areas by life insurance companies, and United Nations in NAACP correspondence." Papers of the NAACP, Part 28: Special Subject Files, 1966-1970, Group IV, series A, Administrative File, General Office File, Manuscript Division, Library of Congress.

"The American Underclass." *Time*, August 29, 1977, 18.

Angel, Dan. *Romney: A Political Biography*. New York: Exposition Press, 1967.

Angelo, Frank. "Deep Social Changes at Work: Romney Touches Cities Tender Spot." *Detroit Free Press*, March 31, 1972, 9.

"Annual Message to the Congress on the State of the Union," January 12, 1966. The American Presidency Project, https://www.presidency.ucsb.edu/documents/annual-message-the-congress-the-state-the-union-27.

"Area Chief Orders Probe of Patman Scandal Charge." *Philadelphia Inquirer*, August 1, 1970, 21.

Asbury, Edith Evans. "Dun & Bradstreet among 50 Named in Housing Fraud: F.H.A. Mortgage Insurance Obtained through False Data." *New York Times*, March 30, 1972, 1.

_____. "FHA Aide Pleads Guilty to Fraud: Multimillion-Dollar Scheme Involved Mortgages." *New York Times*, September 13, 1972, 17.

Associated Press. "NAACP Chief Raps Nixon Leadership." *Boston Globe*, January 9, 1973, 28.

_____. "Report Says Poor Bilked during FHA Program." *Boston Globe*, January 6, 1971, 4.

Babcock, Frederick M. *The Appraisal of Real Estate*. New York: Macmillan, 1927.

Ball, Don. "Foreclosures Costing FHA Millions: Safeguards Started." *Washington Post*, December 12, 1971, G1.

"Bankers View: Divert Funds to Save Homes, HUD Urged." *Detroit Free Press*, December 9, 1970, 7A.

"Bank of America Hit for 35th Time: Guardsmen Alerted on California Rallies." *Washington Post, Times Herald*, May 2, 1971, A3.

Baradaran, Mehrsa. *The Color of Money: Black Banks and the Racial Wealth Gap*. Cambridge, Mass.: Belknap Press of Harvard University Press, 2017.

Barber, Richard J. "Patman's Probe May Have Missed Biggest Housing Program Scandal." *Philadelphia Inquirer*, August 22, 1971, 17.

Barlett, Donald L., and James B. Steele. "160 Housing Appraisers Suspended in FHA Case." *Philadelphia Inquirer*, August 27, 1971, morning ed., 1.

_____. "An Anatomy of Failure: The Poor as Homeowners." *Washington Post, Times Herald*, February 27, 1972, 1.

_____. "Appraisers Jack Up Value on Many Poor Homes Here." *Philadelphia Inquirer*, October 6, 1971, final city ed., 1.

_____. "Law Cites Homeowner Aid: 159 Ask, 0 Aided." *Philadelphia Inquirer*, October 31, 1971, 2.

_____. "Low-Cost Housing Sales Frozen in FHA Drive—Sellers, Lenders Now Liable under New Ruling by FHA." *Philadelphia Inquirer*, October 2, 1971, sec. A.

_____. "Phila Is Leader among Large Cities in FHA Mortgage Foreclosure Rate."

Philadelphia Inquirer, August 29, 1971, sec. A.

_____. "Real Estate Brokers Sail South: 'Poor' Home Buyers Pay the Tab." *Philadelphia Inquirer*, December 12, 1971, A16-A17.

_____. "Shapp Cabinet Member Was on Broker's Cruise," *Philadelphia Inquirer*, December 19, 1971, final city ed., sec. A.

"Behind HUD's Reorganization." *Boston Globe*, November 16, 1969, 47.

"The Big Questions We Should Have Asked before Spending So Many Billions," n.d. Box 7, folder Correspondence, HUD, Administrative Correspondence, Record Group 207, National Archives and Records Administration, College Park, Md.

Biles, Roger. *The Fate of Cities: Urban America and the Federal Government, 1945-2000.* Lawrence: University Press of Kansas, 2011.

"Billion-Dollar Slum Fund Hailed by LBJ." *Philadelphia Tribune*, September 23, 1967, 15.

Biondi, Martha. *To Stand and Fight: The Struggle for Civil Rights in Postwar New York City.* Cambridge, Mass.: Harvard University Press, 2003.

"Black Homeownership and the American Dream: An Expert Dialogue." How Housing Matters, https://howhousingmatters.org/articles/black-homeownership-american-dream-expert-dialogue/.

"Black HUD Employees Hold Racial Injustices Meeting." *Baltimore Afro- American*, October 17, 1970, 19.

"Blacks Hurt by Housing Ban for Families of Low Income." *Jet*, January 25, 1973, 20.

"Black Unemployment Remained High in April." *Atlanta Daily World*, May 16, 1975, 5.

Bliss, George, and Chuck Neubauer. "FHA Wastes $4 Billion and Creates City Slums: Thousands Abandon, Lose Homes." *Chicago Tribune*, June 24, 1975, 1.

Bloom, Nicholas Dagen, Fritz Umbach, and Lawrence J. Vale. *Public Housing Myths: Perception, Reality, and Social Policy.* Ithaca, N.Y.: Cornell University

Press, 2015.

Boggs, James, and Grace Lee Boggs. "The City Is the Black Man's Land." *Monthly Review*, April 4, 1966, 35-46, https://doi.org/10.14452/MR-017-11-1966-04_4.

"Bombs Found in 8 U.S. Banks." *Washington Post, Times Herald*, January 8, 1972, A1.

Bonastia, Christopher. *Knocking on the Door: The Federal Government's Attempt to Desegregate the Suburbs*. Princeton, N.J.: Princeton University Press, 2006.

―――. *Knocking on the Door: The Federal Government's Attempt to Desegregate the Suburbs*. Princeton, N.J.: Princeton University Press, 2008.

―――. "Low-Hanging Fruit: The Impoverished History of Housing and School Desegregation." *Sociological Forum* 30 (June 1, 2015): 549-70, https://doi.org/10.1111/socf.12177.

―――. *Southern Stalemate: Five Years without Public Education in Prince Edward County, Virginia*. Chicago: University Of Chicago Press, 2011.

Bonilla-Silva, Eduardo. *Racism without Racists: Color-Blind Racism and the Persistence of Racial Inequality in America*. Lanham, Md.: Rowman & Littlefield, 2018.

Booker, Simeon. "Washington Notebook." *Ebony*, March 1974, 26.

Bowsher, Norman N. "1973: A Year on Inflation." *Federal Reserve Bank of St. Louis Review*, December 1973.

Boyer, Brian D. "ADC Defaults Soar in FHA Program." *Detroit Free Press*, February 24, 1972, 1.

―――. *Cities Destroyed for Cash: The FHA Scandal at HUD*. Chicago: Follett, 1973.

―――. "HUD Scandal Profited All but Taxpayer." *Detroit Free Press*, March 19, 1972, A3.

―――. "Probers Hear Success Stories to Counter City's FHA Woes." *Detroit Free Press*, February 25, 1972, 8.

Bradford, Calvin. "Financing Home Ownership: The Federal Role in Neighborhood Decline." *Urban Affairs Quarterly* 14, no. 3 (March 1, 1979): 313-35, https://doi.org/10.1177/107808747901400303.

_____. _Redlining and Disinvestment as a Discriminatory Practice in Residential Mortgage Loans_. Washington D.C.: Dept. of Housing and Urban Development, Office of Assistant Secretary for Fair Housing and Equal Opportunity, 1977.

Braestrup, Peter. "HUD Halts Building at Mich. Site." _Washington Post, Times Herald_, February 9, 1971, A2.

_____. "HUD Jobs to Be Cut by 7.5%; Deeper Slashes under Study." _Washington Post, Times Herald_, October 12, 1971, A1-A2.

_____. "HUD Perpetuates Bias, Rights Report Charges." _Washington Post, Times Herald_, April 18, 1971, A1.

_____. "HUD's Biggest Housing Effort Runs into Trouble in Michigan." _Washington Post, Times Herald_, February 16, 1971, A3.

_____. "'Open Communities' Is Goal of HUD." _Washington Post, Times Herald_, July 27, 1970, A6.

_____. "Rights Commission Hits U.S. on Bias." _Washington Post, Times Herald_, September 15, 1970, A3.

Bratt, Rachel G. "Federal Homeownership Policy and Home Finance: A Study in Program Operations and Impacts on the Consumer." Ph.D. diss., Massachusetts Institute of Technology, 1976.

Bratt, Rachel G., Michael E. Stone, and Chester W. Hartman. _A Right to Housing: Foundation for a New Social Agenda_. Philadelphia: Temple University Press, 2006.

Brauer, Carl M. "Kennedy, Johnson, and the War on Poverty." _Journal of American History_ 69, no. 1 (June 1, 1982): 98-119, https://doi.org/10.2307/1887754.

Breckenfeld, Gurney. "Housing Subsidies Are a Grand Delusion." _Fortune_ 85, no. 2 (February 1972): 166.

Brenner, Aaron, Robert Brenner, and Calvin Winslow. _Rebel Rank and File: Labor Militancy and Revolt from Below during the Long 1970s_. New York: Verso, 2010.

Breslin, Jimmy. "The Rats Come Every Night ⋯⋯ Takes Off Shoe." _Washington_

Post, Times Herald, July 25, 1967, A4.

"Bribery Indictments Hold Four Detroit FHA Workers." Baltimore Afro- American, December 9, 1972, 20.

Brownstein, Philip N. Oral History Interview, November 22, 1968. Interviewer, David G. McComb, University of Texas Oral History Project. In Oral Histories of the Johnson Administration, 1963-1969, pt. 1, The White House and Executive Departments. Accessed through ProQuest History Vault.

"Brown v. Lynn, 385 F. Supp. 986 (N.D. Ill. 1974)." Justia Law, http://law.justia.com/cases/federal/district-courts/FSupp/385/986/1429412/.

Burstein, Joseph. "A Lawyer's View of Operation Breakthrough." Urban Lawyer 2, no. 2 (1970): 137-45.

Business and the Urban Crisis, February 1, 1968. Box 24, President's Committee on Urban Housing, LBJ Presidential Library, Austin, Tex.

"A Businessman's Call to Action in the Cities: The Urban Crisis." Newsday, Nassau ed., January 29, 1968, 26.

"By Lyndon B. Johnson: War on Poverty and the 1964 Campaign." New York Times, October 19, 1971, sec. Archives, https://www.nytimes.com/1971/10/19/archives/by-lyndon-b-johnson-war-on-poverty-and-the-1964-campaign-a.html.

Calhoun, Lillian S. "Metropolitan Prexy Denies NAACP Charges." Chicago Daily Defender, May 13, 1965, 6.

Califano, Joseph A. "The Public Interest Partnership." New Leader, December 18, 1967.

Camp, Jordan T. Incarcerating the Crisis: Freedom Struggles and the Rise of the Neoliberal State. Oakland: University of California Press, 2016, http://www.jstor.org/stable/10.1525/j.ctt1b3t8fn.

"Can't Sleep in 'Rat-Infested Slum,' Says Mother of Three." Chicago Defender, July 17, 1965, 31.

Carmichael, Stokely, and Charles V. Hamilton. Black Power: The Politics of Liberation in America. New York: Vintage, 1992.

Carnegie, Christa. "Romney Housing Plans Come Tumbling Down." *Christian Science Monitor*, June 12, 1971, 1.

Causey, Mike. "Rundown on Nixon's 1974 Budget." *Washington Post, Times Herald*, January 30, 1973, B13.

Cavin, Aaron. "A Right to Housing in the Suburbs: James v. Valtierra and the Campaign against Economic Discrimination." *Journal of Urban History* 45, no. 3 (June 10, 2017): 427-51, https://doi.org/10.1177/0096144217712928.

Chapman, William. "FHA Scandal Spreads across Nation." *Washington Post*, March 10, 1974, 12.

Chappell, Marisa. *The War on Welfare: Family, Poverty, and Politics in Modern America*. Philadelphia: University of Pennsylvania Press, 2010.

"Charge Rats Killed Baby Disputed." *Washington Post, Times Herald*, February 12, 1966, sec. A.

"Chi NAACP to Picket Metropolitan Life." *Chicago Daily Defender*, April 22, 1965, 5.

"Circular Letter Number 181, 'From the Desk of Lawrence S. Katz, Director,' Federal Housing Administrator, Milwaukee, Wisconsin." April 22, 1968. In U.S. Congress, House, Committee on Government Operations, Subcommittee on Legal and Monetary Affairs, *Defaults on FHA- Insured Mortgages*, pt. 2, *February 24; May 2, 3, 4, 1972*. Washington, D.C.: U.S. Government Printing Office, 1972.

"The City: Detroit's Ditto." *Time*, June 13, 1969, 24.

"A City Appeals Decision on Bias: Lackawanna Denies Court's Finding It Is Antiblack." *New York Times*, August 23, 1970, 40.

"The Civil Rights Bill of 1866." U.S. House of Representatives History, Art & Archives, https://history.house.gov/Historical-Highlights/1851-1900/The-Civil-Rights-Bill-of-1866/. Accessed May 15, 2018.

"Civil Rights Commission Gives Administration Mixed Progress Rating: HUD Is Criticized as the Agency That Has 'Regressed' Furthest in Its Enforcement

Stance." *Wall Street Journal*, May 11, 1971, 14.

"Civil Rights Unit Says Housing Bias Study Shows HUD Has Failed to Change Pattern." *Wall Street Journal*, June 11, 1971, 1.

Clancy, John. "Basement Still Leaking as FHA Investigation Continues." *Philadelphia Inquirer*, August 1, 1970, 1.

Clawson, Ken. "Top Nixon Aides Urged Housing Shift." *Washington Post*, June 12, 1971, sec. A.

____. "U.S. Files Housing Bias Suit: Missouri City Sued; Zoned to Bar Project." *Washington Post*, June 15, 1971, 1.

Clearinghouse on Corporate Social Responsibility (U.S.) and Life Insurance Joint Committee on Urban Problems. *A Report on the $2 Billion Urban Investment Program of the Life Insurance Business, 1967-1972*. New York: Clearinghouse on Corporate Social Responsibility, 1973.

Clearinghouse Review. Chicago: National Clearinghouse for Legal Services, 1970.

Clifton, Donna R. "'Freedom Town' Snob Zoning Snubs Moderate-Income People: Principle Approved, Plan Rejected." *Christian Science Monitor*, September 24, 1970, 9.

Cloward, Richard A., and Frances Fox Piven. *Ghetto Redevelopment: Corporate Imperialism for the Poor*. Ann Arbor, Mich.: Radical Education Project and Students for a Democratic Society, 1963.

Coates, Ta-Nehisi. "The Case for Reparations." *Atlantic*, June 2014, http://www.theatlantic.com/magazine/archive/2014/06/the-case-for-reparations/361631/.

Cohen, Lizabeth. *A Consumers' Republic: The Politics of Mass Consumption in Postwar America*. New York: Vintage, 2003.

Commission on the Cities in the '70's. *The State of the Cities: Report*. Foreword by Sol M. Linowitz. New York: Praeger, 1972.

Congressional Record: Proceedings and Debates of the ⋯⋯ Congress. Vol. 119. Washington, D.C.: U.S. Government Printing Office, 1973.

"Congress Must Dig Deep into HUD's Failures." *Detroit Free Press*, March 1,

1972, sec. A.

Conley, Dalton. *Being Black, Living in the Red: Race, Wealth, and Social Policy in America*. Berkeley: University of California Press, 1999, http://search. ebscohost.com/login.aspx?direct=true&scope=site&db=nlebk&db=nlabk& AN=42137.

Connolly, N. D. B. *A World More Concrete: Real Estate and the Remaking of Jim Crow South Florida*. Chicago: University of Chicago Press, 2014.

Connolly, William G. "New Housing Law Gets Mixed Reviews: U.S. Outlays for Subsidized Housing." *New York Times*, September 8, 1974, sec. Real Estate.

Countryman, Matthew J. *Up South*. Philadelphia: University of Pennsylvania Press, 2006.

"Court Rules HUD, Director Guilty of Discrimination." *New Pittsburgh Courier*, September 18, 1971, 1.

Cowie, Jefferson. *Stayin' Alive: The 1970s and the Last Days of the Working Class*. New York: New Press, 2010.

"Crisis in Chicago: Fear, Greed Used by Panic Peddlers." *Chicago Tribune*, August 8, 1971, 1.

"Crisis in the Cities: Does Business Hold the Key?" *Dun's Review*, November 1967.

Curry, Leonard. "Housing Plan Aims to Aid Workers Making under $11,000." *Washington Post*, October 25, 1975, C34.

Curtis-Olsen, Zane. "The FHA Scandal in Philadelphia and the Lessons of Federal Intervention in the Inner-City Housing Market (1967-72)." *Poverty and race* 25, no. 2 (April-June 2016).

Danielson, Lisa A. "Installment Land Contracts: The Illinois Experience and the Difficulties of Incremental Judicial Reform." *University of Illinois Law Review* 1986 (1986): 91.

Danielson, Michael N. *The Politics of Exclusion*. New York: Columbia University Press, 1976.

Darrow, Joy. "HUD's 'Goldberg' Housing Breakthrough." *Chicago Daily Defender*,

January 25, 1973, 9.

_____. "Money for Poor Ebbs." *Chicago Daily Defender*, January 27, 1973, 4.

Davis, Robert. "4 FHA Officials, 9 Others Named in Bribery Scheme." *Chicago Tribune*, July 28, 1972, 1.

Davis, Saville R., Donald M. Kendall, and Maurice H. Stans. "Private Enterprise and the Urban Crisis." *The Creative Interface, American University, Center for the Study of Private Enterprise* 3 (1971).

"Davis v. Romney, 355 F. Supp. 29 (E.D. Pa. 1973)." Justia Law, https://law.justia.com/cases/federal/district-courts/FSupp/355/29/1447928/.

Delaney, Paul. "Brimmer of Federal Reserve Finds Black Job Gains in 1973." *New York Times*, February 8, 1974, 34.

_____. "HUD Is Charged with Racial Bias: U.S. Aide Finds It Guilty of Discrimination in Jobs." *New York Times*, October 22, 1971, 11.

Deppe, Martin L. *Operation Breadbasket: An Untold Story of Civil Rights in Chicago, 1966-1971*. Athens: University of Georgia Press, 2017.

Desmond, Matthew. *Evicted: Poverty and Profit in the American City*. New York: Penguin Random House, 2017.

Dickinson, W. B. "Changing Housing Climate." *Editorial Research Reports*. Washington D.C.: Congressional Quarterly, 1963, http://library.cqpress.com/cqresearcher/cqresrre1963041000.

_____. "Urban Renewal Under Fire." *Editorial Research Reports*. Washington D.C.: CQ Press, August 21, 1963, http://library.cqpress.com/cqresearcher/cqresrre1963082100.

"A Different Kind of Choice: Educational Inequality and the Continuing Significance of Racial Segregation." Economic Policy Institute, http://www.epi.org/publication/educational-inequality-racial-segregation-significance/.

Dim, Stuart. "Metropolitan Agrees to Rent to Nonwhites." *Newsday*, Nassau ed., August 12, 1963.

DiPentima, Vincent. "Abuses in the Low Income Homeownership Programs: The

Need for a Consumer Protection Response by the FHA." *Temple Law Quarterly* 45 (1971-72): 461-83.

"Discrimination against Minorities in the Federal Housing Programs." *Indiana Law Journal* 31 (1955-56): 501-15.

Dombrowski, Louis. "Hike in Mortgage Rate Ceiling Is Viewed as Tactical Blunder." *Chicago Tribune*, January 7, 1970, 10.

Donnell, Laurence G. "Can Romney's Approach Work at HUD?" *Wall Street Journal*, January 22, 1969, 18.

Downie, Leonard. *Mortgage on America*. New York: Praeger, 1974.

"Draft Copy of George Romney Address to Detroit Economic Club," April 1972. Box 5, folder Detroit Housing, George Romney Post-Gubernatorial Papers, 1969-1973, Bentley Historical Library, University of Michigan, Ann Arbor.

Driscoll, Theodore. "HUD Outlines Conditions for Federal Assistance." *Hartford Courant*, March 26, 1970, 50.

Drummond, Roscoe. "Standard Doctrine ……: Business Changes Views on Policy." *Washington Post, Times Herald*, April 16, 1965, A22.

Dudziak, Mary L. *Cold War Civil Rights: Race and the Image of American Democracy*. Princeton, N.J.: Princeton University Press, 2000.

Duneier, Mitchell. *Ghetto: The Invention of a Place, the History of an Idea*. New York: Farrar, Straus and Giroux, 2017.

"Dwight D. Eisenhower: Special Message to the Congress on Housing," http://www.presidency.ucsb.edu/ws/index.php?pid=9952.

Edito, Tom Walker. "Builders Urge Credit Controls." *Atlanta Constitution*, August 24, 1969, 13H.

Ehrlichman, John. "Strategy for Metropolitan Open Communities," August 12, 1969. Box 2, folder Cabinet Meeting, George Romney Post-Gubernatorial Papers, 1969-1973, Bentley Historical Library, University of Michigan, Ann Arbor.

"Ethnic Treasure." *New York Times*, April 18, 1976, 128.

"Excerpts from President Johnson Speech at Syracuse, New York, August 19,

1966," n.d. Papers of Lyndon Johnson, LBJ Presidential Library, Austin, Tex.

"Executive Summary on Restoring Section 235," n.d. Box 15, GAO Lawsuit for Impounded Funds, Carla A. Hills Papers, Hoover Institution for War and Peace, Stanford, Calif.

Feins, Judith D. "Urban Housing Disinvestment and Neighborhood Decline: A Study of Public Policy Outcomes." Ph.D. diss., University of Chicago, 1977.

Ferguson, Karen. *Top Down: The Ford Foundation, Black Power, and the Reinvention of Racial Liberalism*. Philadelphia: University of Pennsylvania Press, 2013.

"FHA Developments in Analysis of Risk: Adapted from Speech by Assistant FHA Administrator Frederick Babcock." *Insured Mortgage Portfolio*, September 1939.

"FHA'ers Told Act or Resign." *Baltimore Afro-American*, December 9, 1967, 20.

"FHA Homes Rot as Paperwork Shuffles across Country." *Chicago Tribune*, June 27, 1975, 1.

"FHA Policy Aids Minority Buyers—and Panic Sellers." *Chicago Tribune*, August 12, 1971, 1.

Filson, Susan. "Woman, Children Face Loss of Rat-Ridden Home." *Washington Post, Times Herald*, November 2, 1965, B2.

Fine, Sidney. *Expanding the Frontiers of Civil Rights: Michigan, 1948-1968*. Detroit: Wayne State University Press, 2000.

Finger, Harold. *HUD, Space, and Science Appropriations for 1972*, pt. 2. Department of Housing and Urban Development, Pub. L. No. Y4.Ap6/1:H81/2/pt. 2. 1971.

Finney, John W. "G.O.P. Urban Plank Asks Industry Aid in 'Crisis of Slums.'" *New York Times*, August 3, 1968, 1.

Foldessy, Edward, and Timothy Schellhard. "Backing Off: Lenders Sharply Cut Writing of FHA Loans as Red Tape Mounts." *Wall Street Journal*, May 14, 1973, 1.

Foley, Thomas J. "Romney Asks Attack on Problems of the Cities: Governor Says Tighter Law Enforcement Alone Is Not Answer to Crime, Violence." *Los Angeles Times*, January 12, 1968, 5.

"Form Housing Unit to Spur Black Enterprise in Field." *Chicago Daily Defender*, May 3, 1969, 13.

Fowler, Glenn. "Operation Breakthrough Passes a Milestone." *New York Times*, November 8, 1970, https://www.nytimes.com/1970/11/08/archives/operation-breakthrough-passes-a-milestone.html.

Freeman, Saul. "Reform of FHA Set." *Philadelphia Inquirer*, February 23, 1972, 3.

Freidrichs, Chad. *The Pruitt-Igoe Myth*. Documentary film, 2015, http://kanopy streaming.com/node/126058.

Freund, David M. P. *Colored Property: State Policy and White Racial Politics in Suburban America*. Chicago: University of Chicago Press, 2007.

Fried, Joseph P. "City Charges Bias at Three Projects: Booth Says the Metropolitan Bars Minorities in Housing." *New York Times*, May 25, 1968, 27.

Friedman, Milton. *Capitalism and Freedom*. 40th anniversary ed. Chicago: University of Chicago Press, 2009.

____. "What Is Killing the City?" *Newsweek Magazine*, March 20, 1972, 96.

Fusfeld, Daniel R. "The Rise of the Corporate State in America." *Journal of Economic Issues* 6, no. 1 (March 1, 1972): 1-22, https://doi.org/10.2307/4224117.

Gallagher, Thomas. "Department of Housing and Urban Development, Federal Housing Administration, Circular Letter No. 149, 'All Approved Mortgagees and Interested Parties: FHA Procedures,'" April 21, 1970. Urban Archives, folder HUD News II, Housing Activism of the Delaware Valley, Temple University, Philadelphia, Pa.

Gans, Herbert J. "The Failure of Urban Renewal." *Commentary*, April 1, 1965, https://www.commentarymagazine.com/articles/the-failure-of-urban-renewal/.

Garment, Len. "Forced Integration Memo to John Ehrlichman," March 15, 1971. Box 13, folder President-Ehrlichman 1971, George Romney Post-Gubernatorial Papers, 1969-1973, Bentley Historical Library, University of Michigan, Ann Arbor.

Gelfand, Mark I. *A Nation of Cities: The Federal Government and Urban America,*

1933-1965. New York: Oxford University Press, 1975.

"Gerald R. Ford: Statement on the Housing and Community Development Act of 1974," https://www.presidency.ucsb.edu/documents/statement-the-housing-and-community-development-act-1974.

"Ghetto Housing Program Announced." *Crisis*, September 1968.

Gilbert, Cromwell. "Insurance Boycott Ready." *Chatham Weekly*, May 12, 1965. Papers of the NAACP, Part 5: Campaign against Residential Segregation, 1914-1955, Supplement: Residential Segregation, General Office Files, 1956-1965, Group III, series A, Administrative File, General Office File—Housing, Manuscript Division, Library of Congress.

Gill, Andrea M. K. "Moving to Integration? The Origins of Chicago's Gautreaux Program and the Limits of Voucher-Based Housing Mobility." *Journal of Urban History* 38, no. 4 (July 1, 2012): 662-86, https://doi.org/10.1177/0096144211428771.

"Gil Scott-Heron—Whitey on the Moon." Genius, https://genius.com/Gil-scott-heron-whitey-on-the-moon-annotated.

Gimlin, H. "Private Housing Squeeze." *Editorial Research Reports 1969*, vol. 3. Washington, D.C.: Congressional Quarterly Press, 1969, http://library.cqpress.com.ezproxy.princeton.edu/cqresearcher/cqresrre1969070900.

Ginzberg, Eli. *The Negro Challenge to the Business Community*. New York: McGraw-Hill, 1964.

Glass, Andrew J. "75 Invade Capitol Hill for Rat Bill." *Washington Post, Times Herald*, August 8, 1967, A1.

Glazer, Nathan, and Davis McEntire. *Studies in Housing and Minority Groups*. Berkeley: University of California Press, 1960.

Glickstein, Howard. "Letter to Romney," n.d. Box 4, folder HUD's Civil Rights Policy, George Romney Post-Gubernatorial Papers, 1969-1973, Bentley Historical Library, University of Michigan, Ann Arbor.

Goetz, Edward G. *New Deal Ruins: Race, Economic Justice, and Public Housing*

Policy. Ithaca, N.Y.: Cornell University Press, 2013.

Goldberg, David A., and Trevor Griffey. *Black Power at Work: Community Control, Affirmative Action, and the Construction Industry*. Ithaca, N.Y.: ILR Press/Cornell University Press, 2010, http://site.ebrary.com/id/10467992.

Goldston, Eli. "New Prospects for American Business." *Daedalus* 98, no. 1 (January 1, 1969): 78-112, https://doi.org/10.2307/20023865.

Gotham, Kevin Fox. *Race, Real Estate, and Uneven Development: The Kansas City Experience, 1900-2000*. Albany: SUNY Press, 2002.

____. *Race, Real Estate, and Uneven Development: The Kansas City Experience, 1900-2010*. Albany: SUNY Press, 2014.

Gould, George. "G'twn Attorney Testifies before Congress on Housing Plight of Black Philadelphians." *Philadelphia Tribune*, October 12, 1971, 4.

"Government Moves to End Suburban 'Snob-Zoning.'" *Cleveland Call and Post*, February 12, 1972, 1B.

Gray, Robert L. "Counseling Key to Success of Section 235." *Washington Post, Times Herald*, June 24, 1972, sec. Real Estate.

Hackworth, Jason R. *The Neoliberal City: Governance, Ideology, and Development in American Urbanism*. Ithaca, N.Y.: Cornell University Press, 2007.

Hager, Philip. "Housing Officials Await Ruling on Referendum: Test Pending on California Law Requiring Voter Approval of Public Low-Rent Units." *Los Angeles Times*, August 3, 1970, 20.

Haintze, Bill Van, and Edward G. Smith. "Nab 3 in Bombing of LI Negro's Home." *Newsday*, Nassau ed., December 7, 1967, 1.

Hanson, Royce. *The Evolution of National Urban Policy, 1970-1980: Lessons from the Past*. Washington, D.C.: National Academy Press, 1982.

Harney, Kenneth. "Even Subsidies Possible: Plans to Aid Beleaguered Housing May Involve Some Subsidy Programs." *Washington Post*, January 12, 1974, D1.

____. "HUD on the Spot with 'Section 8.'" *Washington Post*, May 17, 1975, E1.

Harris, Cheryl I. "Whiteness as Property." In *Critical Race Theory: The Key Writings*

That Formed the Movement, edited by Kimberlé Crenshaw, Neil Gotanda, Gary Peller, and Kendall Thomas. New York: New Press, 1995.

"Harry S. Truman: Statement by the President upon Signing the Housing Act of 1949," https://www.presidency.ucsb.edu/documents/statement-the-president-upon-signing-the-housing-act-1949.

Hartman, Chester W. "The Politics of Housing." Dissent, December 1967, 701-14.

Harvey, David. A Brief History of Neoliberalism. New York: Oxford University Press, 2005.

Harvey, Joseph. "Court Says State Can Overrule 'Snob Zoning' Laws in Suburbs." Boston Globe, March 23, 1973, 1.

Hays, R. Allen. The Federal Government and Urban Housing. Albany: SUNY Press, 2012.

_____. The Federal Government and Urban Housing: Ideology and Change in Public Policy. Albany: SUNY Press, 1995.

Hayward, Clarissa Rile. How Americans Make Race: Stories, Institutions, Spaces. New York: Cambridge University Press, 2013.

Helper, Rose. Racial Policies and Practices of Real Estate Brokers. Minneapolis: University of Minnesota Press, 1969.

Henderson, Scott A. Housing and the Democratic Ideal: The Life and Thought of Charles Abrams. New York: Columbia University Press, 2000.

Henson, Ray D. "Installment Land Contracts in Illinois: A Suggested Approach to Forfeiture." DePaul Law Review 7, no.1 (Fall-Winter 1957): 1-15.

Herbers, John. "Abandonment of Federal Housing Blights Inner Cities." New York Times, January 13, 1972, 1.

_____. "Federal Agencies Press Inquiry on Housing Frauds in Big Cities." New York Times, May 8, 1972, 28.

_____. "F.H.A. Overhaul Urged by Percy: Building Manufacturers Unit Is Told Consumer Suffers." New York Times, April 25, 1972, 47.

_____. "Federal Housing Reform Unlikely: Congress Is Unlikely to Reform Housing

Laws Despite Scandals." *New York Times*, September 20, 1972, 97.

_____. "Rights Panel Says U.S. Housing Plan Aids Segregation." *New York Times*, June 11, 1971, 1.

_____. "Romney Asks Ban on Rules Curbing Housing for Poor: Federal Law Would Prohibit the Use of Local Codes to Prevent Construction." *New York Times*, June 3, 1970, 1.

_____. "Romney Making His Greatest Impact outside Government by Challenging U.S. Institutions." *New York Times*, May 15, 1969, 32.

_____. "Suburbs Accept Poor in Ohio Housing Plan." *New York Times*, December 21, 1970, 1.

_____. "Tragedy of the Decaying Cities: Housing." *New York Times*, April 2, 1972, E1.

"High Profit in Poor Housing." *Newsday*, January 6, 1971, 64.

Highsmith, Andrew R. *Demolition Means Progress: Flint, Michigan, and the Fate of the American Metropolis*. Chicago: University of Chicago Press, 2015.

Hill, Laura Warren, and Julia Rabig. *The Business of Black Power: Community Development, Capitalism, and Corporate Responsibility in Postwar America*. Rochester, N.Y.: University of Rochester Press, 2012.

Hill, Robert. "The Illusion of Black Progress." *Black Scholar* 10, no. 2 (October 1978): 20-22, https://jstor.org/stable/41163664.

Hirsch, Arnold R. "'The Last and Most Difficult Barrier': Segregation and Federal Housing Policy in the Eisenhower Administration, 1953-1960." Poverty and Race Research Council, March 22, 2005, https://www.prrac.org/pdf/hirsch.pdf.

_____. *Making the Second Ghetto: Race and Housing in Chicago, 1940-1960*. Chicago: University of Chicago Press, 1998.

_____. "Searching for a 'Sound Negro Policy': A Racial Agenda for the Housing Acts of 1949 and 1954." *Housing Policy Debate* 11, no. 2 (January 1, 2000): 393-441, https://doi.org/10.1080/10511482.2000.9521372.

Hirsch, Arnold R., and Raymond A. Mohl. *Urban Policy in Twentieth-Century America*. New Brunswick, N.J.: Rutgers University Press, 1993.

Hoffman, David. "Johnson Signs Housing Bill." *Washington Post, Times Herald*, August 2, 1968, J2.

Holifield, Chester. "Defaults on FHA-Insured Home Mortgages, Detroit, Michigan." June 20, 1972. In U.S. Congress, House, Committee on Government Operations, Subcommittee on Legal and Monetary Affairs, *Defaults on FHA-Insured Mortgages (Detroit). Hearings before a Subcommittee of the Committee on Government Operations, House of Representatives, Ninety-Second Congress, First [and Second] Session[s]*. Washington, D.C.: U.S. Government Printing Office, 1972.

Holmes, Susan. "Agents Deny Profiteering: Housing Deals Strap Moms." *Detroit Free Press*, January 8, 1971, 1.

Honey, Michael K. *Going Down Jericho Road: The Memphis Strike, Martin Luther King's Last Campaign*. New York: Norton, 2007.

Horne, Gerald. *Fire This Time: The Watts Uprising and the 1960s*. Boston: Da Capo Press, 1997.

"Housing and Urban Affairs Daily: Freeze Imposed on Major HUD Programs," January 9, 1973. Urban Archives, Housing Association of Delaware Valley, box 37, Temple University, Philadelphia, Pa.

"Housing and Urban Affairs Daily: HUD Budget Slashed in 'Reform,'" January 31, 1973. Urban Archives, Housing Association of Delaware Valley, box 37, Temple University, Philadelphia, Pa.

"Housing Probe." *Congressional Quarterly*. 28th ed. Washington D.C.: CQ Almanac, 1973, http://library.cqpress.com.ezproxy.princeton.edu/cqalmanac/cqa172-1249770.

"Housing Segregation Is Noted in 3 More Cities." *Chicago Defender*, February 4, 1967.

"HUD Ask U.S. Suit on Zoning Bias." *Chicago Tribune*, November 1, 1970, sec. C.

"HUD Decentralized to 23 Area Cities." *Atlanta Daily World*, November 5, 1970, 3.

"HUD Discloses Plan for the Renovation of Rundown Housing." *Wall Street Journal*, July 21, 1970, 34.

"HUD Discriminates, New Study Finds." *New York Amsterdam News*, October 30, 1971, B6.

"HUD Pressuring Suburbs to House Poor Families." *Cleveland Call and Post*, June 20, 1970, 18A.

Hudson, Joseph L. *The Urban Crisis: A Call for Corporate Action*. Ann Arbor: Graduate School of Business Administration, University of Michigan, 1968.

"HUD's Romney Runs Away from Anti-Bias Petition." *Afro-American*, October 17, 1970, 1.

"HUD Suspends Firms, Brokers." *Washington Post, Times Herald*, October 29, 1972, A3.

Hughes, Emmet John. "The Negro's New Economic Life." *Fortune* 54, no. 3 (September 1956): 126-28.

Humphrey, Hubert H. *Private Enterprise and the City*. Washington, D.C.: U.S. Dept. of Housing and Urban Development, 1967.

Hunter, Marcus Anthony, Mary Pattillo, Zandria F. Robinson, and Keeanga-Yamahtta Taylor. "Black Placemaking: Celebration, Play, and Poetry." *Theory, Culture, and Society* 33, no. 7-8 (December 1, 2016): 31-56, https://doi.org/10.1177/0263276416635259.

Hyman, Louis. *Borrow: The American Way of Debt*. New York: Vintage, 2012.

———. "The House That George Romney Built." *New York Times*, January 31, 2012, sec. Opinion, http://www.nytimes.com/2012/02/01/opinion/the-house-that-george-romney-built.html.

Institute of Life Insurance. "Institute of Life Insurance." *Ebony*, June 1968, 199.

———. "When You Invest a Billion Dollars to Help the Cities, You Learn Some Things." *Ebony*, July 1969, 59.

"Insurance Firms Continue Programs to Help Inner Cities." *Afro-American*, January

29, 1972, 22.

"Insurance Firms Will Aid Ghettos: $1-Billion Mortgage Investment." *Newsday*, Nassau ed., September 14, 1967, 1.

"Insured Financing for Low-Cost Homes." *Insured Mortgage Portfolio*, Fall 1954.

Interview with George Gould by author, August 18, 2017.

"Interview with George Romney in *Building Materials Merchandiser*," June 1969. Box 11, folder Publicity and Press Clippings Romney, George Romney Post-Gubernatorial Papers, 1969-1973, Bentley Historical Library, University of Michigan, Ann Arbor.

"An Interview with HUD Secretary James T. Lynn." *Black Enterprise*, February 1974, 25-26.

Isaacs, Arnold R. "Romney: Caught between the 'Backbone' and the White House's Lack of One." *Baltimore Sun*, September 27, 1970.

"Is a Breakthrough Near in Housing?" *BusinessWeek*, September 13, 1969, 80-110.

"Is FHA Providing Good Housing for Poor People?" *Philadelphia Tribune*, May 2, 1972, 3.

Jackson, Kenneth T. *Crabgrass Frontier: The Suburbanization of America*. New York: Oxford University Press, 1985.

____. "Race, Ethnicity, and Real Estate Appraisal: The Home Owners Loan Corporation and the Federal Housing Administration." *Journal of Urban History* 6, no. 4 (August 1, 1980): 419-52, https://doi.org/10.1177/009614428000600404.

Jackson, Mandi Isaacs. "Harlem's Rent Strike and Rat War: Representation, Housing Access, and Tenant Resistance in New York, 1958-1964." *American Studies* 47, no. 1 (April 1, 2006): 53-79.

Jacobs, Barry. "Subsidies Moratorium Dismal News for Builders." *Courier-Journal & Times*, January 14, 1973, 1.

Jansen, Donald. "Integration Held Housing Aid Goal: Federal Court Tells Agency to Determine if Projects Will Widen Imbalance." *New York Times*, January

5, 1971, 1.

Jensen, Michael C. "Romney Discloses Halt in Subsidies for New Housing." *New York Times*, January 9, 1973, 1.

"John F. Kennedy: News Release on Conference on Urban Affairs, from the Democratic National Committee Publicity Division, Washington, DC," October 20, 1960, https://www.presidency.ucsb.edu/documents/news-release-conference-urban-affairs-from-the-democratic-national-committee-publicity.

Johnson, Herschel. "Housing Policy at the Crossroads." *Black Enterprise*, February 1974, 19-20.

Johnson, Jeremy B. "Beyond Retrenchment: The Political and Ideological Foundations of the New American Welfare State, 1970-2000." Ph.D. diss., Brown University, 2010, http://search.proquest.com.turing.library.northwestern.edu/dissertations/docview/763491219/abstract/13CDFD3899F73AB76C/28?accountid=12861.

Johnson, Thomas A. "Urban League Finds 25.4% of Blacks Are Still Jobless." *New York Times*, August 8, 1976, 22.

Jones, Carleton. "Battle Looms on Housing Policy." *Baltimore Sun*, October 3, 1971, E1.

Jones, Daniel Stedman. *Masters of the Universe: Hayek, Friedman, and the Birth of Neoliberal Politics*. Princeton, N.J.: Princeton University Press, 2017, http://dx.doi.org/10.23943/princeton/9780691161013.001.0001.

Jones, John A. "Industry Unimpressed by Nixon Housing Plan." *Los Angeles Times*, May 13, 1974, C11.

Jones, Patrick D. *The Selma of the North: Civil Rights Insurgency in Milwaukee*. Cambridge, Mass.: Harvard University Press, 2009.

"Jones v. Alfred H. Mayer Co., 392 U.S. 409 (1968)." Justia Law, https://supreme.justia.com/cases/federal/us/392/409/case.html.

"Justice Department Files Six More Housing Suits." *Washington Post*, June 6, 1971, 2.

Kahrl, Andrew W. "Capitalizing on the Urban Fiscal Crisis: Predatory Tax Buyers in 1970s Chicago." *Journal of Urban History*, May 28, 2015, https://doi.org/10.1177/0096144215586385.

Karmin, Monroe W. "Pros and Cons: Nixon's Moratorium on Subsidized Housing Stirs Debate among Its Critics, Advocates." *Wall Street Journal*, March 16, 1973, 34.

_____. "Restoring Cities after the Scandals." *Wall Street Journal*, July 5, 1972, 1.

Karp, Michael. "The St. Louis Rent Strike of 1969: Transforming Black Activism and American Low-Income Housing." *Journal of Urban History* 40, no. 4 (July 1, 2014): 648-70, https://doi.org/10.1177/0096144213516082.

Katz, Michael B. *The Undeserving Poor: America's Enduring Confrontation with Poverty*. Oxford: Oxford University Press, 2013, http://site.ebrary.com/id/10763275.

Kelley, Robin D. G. *Race Rebels: Culture, Politics, and the Black Working Class*. New York: Free Press, 1996.

Kempster, Norman. "Romney Asks More Housing for the Poor." *Hartford Courant*, December 7, 1969, 3.

Kennedy, John F. Executive Order 11063, Equal Opportunity in Housing. November 20, 1962.

Klein, Naomi. *The Shock Doctrine: The Rise of Disaster Capitalism*. New York: Macmillan, 2010.

Kneeland, Douglas E. "McGovern Assails Nixon Administration as 'Scandal-Ridden.'" *New York Times*, October 1, 1972, 46.

Kohler-Hausmann, Julilly. *Getting Tough: Welfare and Imprisonment in 1970s America*. Princeton, N.J.: Princeton University Press, 2017.

_____. "Guns and Butter: The Welfare State, the Carceral State, and the Politics of Exclusion in the Postwar United States." *Journal of American History* 102, no. 1 (June 1, 2015): 87-99, https://doi.org/10.1093/jahist/jav239.

Kornbluh, Felicia Ann. *The Battle for Welfare Rights: Politics and Poverty in*

Modern America. Philadelphia: University of Pennsylvania Press, 2007.

Kotlowski, Dean J. *Nixon's Civil Rights: Politics, Principle, and Policy*. Cambridge, Mass.: Harvard University Press, 2001.

Kovach, Bill. "Mayors Oppose Nixon Fund Plan." *New York Times*, June 21, 1973, 34.

Krippner, Greta R. *Capitalizing on Crisis: The Political Origins of the Rise of Finance*. Cambridge, Mass.: Harvard University Press, 2012.

Kruse, Kevin M. *White Flight: Atlanta and the Making of Modern Conservatism*. Princeton, N.J.: Princeton University Press, 2007.

_____. ed. *The New Suburban History*. Chicago: University of Chicago Press, 2007.

Kushner, James A. "Community Planning and Development under the Housing and Community Development Act of 1974." *Clearinghouse Review* 8 (January 1975): 665.

Kusmer, Kenneth L., and Joe William Trotter. *African American Urban History since World War II*. Chicago: University of Chicago Press, 2009.

Kwak, Nancy H. *A World of Homeowners: American Power and the Politics of Housing Aid*. Chicago: University of Chicago Press, 2015.

Lacy, Karyn R. *Blue-Chip Black: Race, Class, and Status in the New Black Middle Class*. Berkeley: University of California Press, 2007.

Lamb, Charles M. *Housing Segregation in Suburban America since 1960: Presidential and Judicial Politics*. New York: Cambridge University Press, 2005.

Lassiter, Matthew D. *The Silent Majority: Suburban Politics in the Sunbelt South*. Princeton, N.J.: Princeton University Press, 2007.

Lawson, Simpson F. *Above Property Rights*. Washington, D.C.: U.S. Commission on Civil Rights, 1973.

League of Women Voters of Illinois. "Minority Group Housing: The Problem," n.d. Box 235, folder 2134, Martin Bickham Papers, Current Agenda for 1965-1967, Richard J. Daley Library, University of Illinois at Chicago.

Lear, Len. "FHA-235 Program 'A Fraud and Outrage' Homeowners Insist." *Phila-

delphia Tribune, May 16, 1972, 5.

_____. "Homeowners Picket FHA Officials over Broken-Down Homes, Unkept Promises." *Philadelphia Tribune*, June 24, 1972.

Legates, Richard T., and Mary C. Morgan. "The Perils of Special Revenue Sharing for Community Development." *Journal of the American Institute of Planners* 39, no. 4 (July 1, 1973): 254-64, https://doi.org/10.1080/01944367308977866.

Leighninger, Robert D. *Building Louisiana: The Legacy of the Public Works Administration*. Jackson: University Press of Mississippi, 2007.

Leiken, Earl M. "Preferential Treatment in the Skilled Building Trades: An Analysis of the Philadelphia Plan." *Cornell Law Review* 56 (November 1970): 84.

Leimert, Walter. "Teamwork Solves the Small-Home Puzzle." *Insured Mortgage Portfolio*, January 1940.

"Lessons of Leadership Investing in People's Future: Equitable Life's James F. Oates Jr. Talks about Loneliness of Decision Making, Needs of Cities, and Boldness in Capital Financing." *Nation's Business*, June 1968, 98-101.

"Let Others Join Romney in Seeking Urban Answers." *Detroit Free Press*, October 10, 1967, 6.

"Letter from B. T. McGraw (Assistant to the Secretary) to Mr. Marvin Caplan, Director, Washington Office, Leadership Conference on Civil Rights," October 31, 1967. Civil Rights Movement and the Federal Government: Records of the U.S. Commission on Civil Rights, Special Projects, 1960-1970. Record Group 453, Records of the U.S. Commission on Civil Rights, National Archives and Records Administration, College Park, Md.

"Letter from Youth and College Council Members of the NAACP to Metropolitan Life Insurance Company," July 11, 1963. Papers of the NAACP, Part 5: Campaign against Residential Segregation, 1914-1955, Supplement: Residential Segregation, General Office Files, 1956-1965, Group III, series A, Administrative File, General Office File—Housing, folder Housing, Metropolitan Life Insurance Company, Manuscript Division, Library of Congress.

Levenstein, Lisa. *A Movement without Marches: African American Women and the Politics of Poverty in Postwar Philadelphia*. Chapel Hill: University of North Carolina Press, 2010.

____. "Gendering Postwar Urban History: African American Women, Welfare, and Poverty in Philadelphia." In *African American Urban History since World War II*, edited by Kenneth L. Kusmer and Joe W. Trotter. Chicago Press, 2009.

Lineberry, Robert L., and Robert E. Welch. "Who Gets What: Measuring the Distribution of Urban Public Services." *Social Science Quarterly* 54, no. 4 (1974): 700-712.

Logan, John R., and Harvey L. Molotch. *Urban Fortunes: The Political Economy of Place*. Berkeley: University of California Press, 1987.

Looker, Benjamin. *A Nation of Neighborhoods: Imagining Cities, Communities, and Democracy in Postwar America*. Chicago: University of Chicago Press, 2015.

Lovett, Laura L. *Conceiving the Future: Pronatalism, Reproduction, and the Family in the United States, 1890-1938*. Chapel Hill: University of North Carolina Press, 2007.

Lubin, Joann S. "Black Firms' Blues: Recession Hits Minority-Owned Companies Hard." *Wall Street Journal*, April 1, 1975, 1.

Lydon, Christopher. "Carter Defends All-White Areas." *New York Times*, April 7, 1976, 1, https://www.nytimes.com/1976/04/07/archives/carter-defends-allwhite-areas-says-government-shouldnt-try-to-end.html.

"Lyndon B. Johnson: Excerpts from Remarks at a Meeting with Insurance Executives to Discuss Their Plans for Participation in Urban Programs," September 13, 1967, http://www.presidency.ucsb.edu/ws/index.php?pid=28428.

"Lyndon B. Johnson: Remarks to the Members of the U.S. Chamber of Commerce," https://www.presidency.ucsb.edu/documents/remarks-the-members-the-us-chamber-commerce.

"Lyndon B. Johnson: Statement by the President upon Appointing the President's

Committee on Urban Housing," https://www.presidency.ucsb.edu/documents/statement-the-president-upon-appointing-the-presidents-committee-urban-housing.

"Lynn of HUD Critical of Senate Housing Bill." *Chicago Tribune*, March 30, 1974, N16.

Lyons, John. "As New Rights Tactic, Negroes Wouldn't Pay Insurance Premiums: Metropolitan, Other Insurers and Financial Firms Accused of Bias in Mortgage Policies." *Wall Street Journal*, February 11, 1965.

MacLean, Nancy. *Freedom Is Not Enough: The Opening of the American Workplace*. Cambridge, Mass.: Harvard University Press, 2006.

Magnuson, Warren. "How the Ghetto Gets Gypped." *Ebony*, September 1968.

Maize, K. P. "Food Inflation." *Editorial Research Reports* 2. Washington, D.C.: CQ Press, 1978.

Marshall, Sue, and David H. Swinton. "Federal Government Policy in Black Community Revitalization." *Review of Black Political Economy* 10, no. 1 (Fall 1979): 11-29.

Mason, David L. *From Building and Loans to Bail-Outs: A History of the American Savings and Loan Industry, 1831-1989*. New York: Cambridge University Press, 2004, http://site.ebrary.com/id/10131647.

Massey, Douglas S., and Nancy A. Denton. *American Apartheid: Segregation and the Making of the Underclass*. Cambridge, Mass.: Harvard University Press, 1993.

Matlin, Daniel. *On the Corner: African American Intellectuals and the Urban Crisis*. Cambridge, Mass.: Harvard University Press, 2013, https://login.proxy.bib.uottawa.ca/login?url =http://dx.doi.org/10.4159/harvard.9780674726109.

Matusow, Allen J. *Nixon's Economy: Booms, Busts, Dollars, and Votes*. Lawrence: University Press of Kansas, 1998.

McBee, Susanna. "Joblessness Feared in HUD Cuts." *Washington Post, Times Herald*, January 10, 1973, 12.

_____. "Subsidized Housing Frozen before Justification by HUD." *Washington Post, Times Herald*, December 3, 1973, A1.

McClaughry, John. "The Troubled Dream: The Life and Times of Section 235 of the National Housing Act." *Loyola University Chicago Law Journal* 6, no. 1 (Winter 1975): 1-45.

McCombs, Philip A. "Black HEW Employees Charge Agency Biased." *Washington Post, Times Herald*, November 26, 1970, C4.

McEntire, Davis. *Residence and Race*. Berkeley: University of California Press, 1960.

McGuire, Joseph William. *The Changing Nature of Business Responsibilities*. Stillwater: Oklahoma State University, College of Business Administration, 1978.

McKnight, John L. "Possible Agenda Items for the Meeting with Officers of the National Association of Real Estate Brokers," February 13, 1968. Civil Rights Movement and the Federal Government: Records of the U.S. Commission on Civil Rights, Special Projects, 1960-1970. Record Group 453, Records of the U.S. Commission on Civil Rights, National Archives and Records Administration, College Park, Md.

McLaughlin, Malcolm. "The Pied Piper of the Ghetto: Lyndon Johnson, Environmental Justice, and the Politics of Rat Control." *Journal of Urban History* 37, no. 4 (July 1, 2011): 541-61, https://doi.org/10.1177/0096144211403085.

McNally, David. *Global Slump: The Economics and Politics of Crisis and Resistance*. Oakland, Calif.: PM Press, 2010.

"Memo from Francis Fisher to Edward Levin on Strategies for Administering HUD Program," April 16, 1970. Box 10, folder Open Communities, HUD, Papers of Under Secretary Richard C. Van Dusen, 1969-72, Record Group 207, National Archives and Records Administration, College Park, Md.

"Memo on Housing Production," 1969. Box 2, folder Budget Miscellaneous, George Romney Post-Gubernatorial Papers, 1969-1973, Bentley Historical Library, University of Michigan, Ann Arbor.

Mendenhall, Ruby. "The Political Economy of Black Housing: From the Housing Crisis of the Great Migrations to the Subprime Mortgage Crisis." *Black Scholar* 40, no. 1 (March 1, 2010): 20-37, https://doi.org/10.1080/00064246.2010.1141 3507.

"Metropolitan Life Denies Bias on Loans." *Chicago Sun-Times*, May 13, 1965. Papers of the NAACP, Part 5: Campaign against Residential Segregation, 1914-1955, Supplement: Residential Segregation, General Office Files, 1956-1965, Group III, series A, Administrative File, General Office File—Housing, Manuscript Division, Library of Congress.

"Metropolitan Life Housing Open to Non-White Tenants." *Baltimore Sun*, August 12, 1963, 1.

Metzger, John T. "Planned Abandonment: The Neighborhood Life-Cycle Theory and National Urban Policy." *Housing Policy Debate* 11, no. 1 (2000): 7-40, http://www.tandfonline.com/doi/abs/10.1080/10511482.2000.9521359.

Meyer, Eugene L. "160 Black HUD Employees Face Suspension for Protesting." *Washington Post, Times Herald*, May 27, 1971, 5.

———. "A Home Ownership Nightmare in NW." *Washington Post, Times Herald*, July 15, 1972, B1.

———. "Slum Properties Eyed for Housing Renewal: Renewal Housing Project May Buy 4 Buildings Owned by Slum Landlord." *Washington Post, Times Herald*, April 23, 1971, C1.

Meyer, Stephen Grant. *As Long as They Don't Move Next Door: Segregation and Racial Conflict in American Neighborhoods*. Lanham, Md.: Rowman & Littlefield, 2000.

Milkis, Sidney M., ed. *The Great Society and the High Tide of Liberalism*. Amherst: University of Massachusetts Press, 2005.

"Milliken v. Bradley." Legal Information Institute, https://www.law.cornell.edu/supremecourt/text/433/267.

"Minutes: Meeting of the Indiana State Advisory Committee to the U.S. Commission on Civil Rights," January 26, 1968. "Life Insurance Companies Financing of Urban Improvement Programs, 1967-1968." Civil Rights Movement and the Federal Government: Records of the U.S. Commission on Civil Rights, Special Projects, 1960-1970. Record Group 453, Records of the U.S. Commission on Civil Rights, National Archives and Records Administration, College Park, Md.

Mitchell, James. *The Dynamics of Neighborhood Change*. Washington, D.C.: Office of Policy Development and Research of the U.S. Department of Housing and Urban Development, 1975.

Mixon, John. "Installment Land Contracts: A Study of Low Income Transactions, with Proposals for Reform and a New Program to Provide Home Ownership in the Inner City." *Houston Law Review* 7 (May 1970): 523.

Moeller, Charles. "Economic Implications of the Life Insurance Industry's Investment Program in the Central Cities: Abstract." *Journal of Risk and Insurance* 36, no. 1 (March 1969): 93-101.

Mollenkopf, John H. *The Contested City*. Princeton, N.J.: Princeton University Press, 1983.

Moritz, Owen. "Romney's Leaving, but U.S. Housing Problems Hang On." *Detroit Free Press*, August 28, 1972, 5.

Morris, Hugh. "HUD to Revive Low-Income Home Ownership Subsidy." *Boston Globe*, November 2, 1975, B2.

Mort, Robert. "Boycott Slices Meat Prices at 1 Chain." *Washington Post*, April 6, 1973, sec. C.

"Mortgage Banking." *Mortgage Banker* 32 (January 1972): 10.

"Mortgage Rate Hike Denounced." *Hartford Courant*, January 1, 1970, 26.

Mossberg, Walter S. "A Blue-Collar Town Fears Urban Renewal Perils Its Way of Life." *Wall Street Journal*, November 2, 1970, A1-A2.

Moynihan, Daniel Patrick. *Toward a National Urban Policy*. New York: Basic Books, 1970.

Murakawa, Naomi. *The First Civil Right: How Liberals Built Prison America*.

New York: Oxford University Press, 2014.

Myrdal, Gunnar. *An American Dilemma: The Negro Problem and Modern Democracy*. New York: Harper & Row, 1962.

"NAACP and Metropolitan Life Insurance Company Agree on Mortgage Loan Policy," September 28, 1965. Papers of the NAACP, Part 5: Campaign against Residential Segregation, 1914-1955, Supplement: Residential Segregation, General Office Files, 1956-1965, Group III, series A, Administrative File, General Office File—Housing, folder Housing, Metropolitan Life Insurance Company, Manuscript Division, Library of Congress.

Nadasen, Premilla. *Welfare Warriors: The Welfare Rights Movement in the United States*. Hoboken, N.J.: Taylor & Francis, 2004.

"NAREB Encourages Negro Housing: Real Estate Board Survey Finds Race Good Business Risk." *Pittsburgh Courier*, November 18, 1944, 1-2.

"National Association of Home Builders Report," 1969. Box 2, folder NAHB, Romney Papers, George Romney Post-Gubernatorial Papers, 1969-1973, Bentley Historical Library, University of Michigan, Ann Arbor.

National Commission on Urban Problems. *Building the American City: Report of the National Commission on Urban Problems to the Congress and to the President of the United States*. Washington, D.C.: U.S. Government Printing Office, 1969.

The Negro and the City. New York: Time-Life Books, 1968.

"Negro House Need Told by NAREB: 600 Realty Boards in 46 States to Study Home Outlook of Colored Population." *Hartford Courant*, June 11, 1944, B2.

"Negro Men Get Housing Lift." *New Pittsburgh Courier*, January 4, 1969, 3.

Nelson, Grant S., and Dale A. Whitman. "The Installment Land Contract—A National Viewpoint." *Brigham Young University Law Review* 1977 (1977): 541.

Neubeck, Kenneth J., and Noel A. Cazenave. *Welfare Racism: Playing the Race Card against America's Poor*. Hoboken, N.J.: Taylor & Francis, 2004.

Newfield, Jack. "Kennedy's Search for a New Target." *Life*, April 12, 1968, 35.

"The New Look of the Federal Housing Administration, Philip Brownstein."
Congressional Record—House, October 27, 1967, 30351.

"New Nixon Action to Affect Blacks." *Chicago Daily Defender*, January 10, 1973, 6.

"New York Slumlords Told to Fix Tenements: Law Now Requires Repair of
Buildings Described by Official as 'Horror Houses.'" *Los Angeles Times*,
January 23, 1967, 17.

Nixon, Richard M. *New Federalism*, ca. 1969. Box 77, folder Presidential State-
ments 1968-72, HUD, Papers of Under Secretary Richard C. Van Dusen,
1969-72, Record Group 207, National Archives Records and Administration,
College Park, Md.

Nolan, Martin. "Plain-Talking Daley and Housing Sham." *Boston Globe*, June
15, 1971, 14, http://search.proquest.com.turing.library.northwestern.edu/
docview/375440947/abstract/13E77221C7060C568F1/5?accountid=12861.

____. "Urban Council Sets Course." *Boston Globe*, January 24, 1969, 1.

Northwestern University (Evanston, Ill.), Urban-Suburban Investment Study Group,
and Illinois Housing Development Authority. *The Role of Mortgage Lending
Practices in Older Urban Neighborhoods: Institutional Lenders, Regulatory
Agencies and Their Community Impacts: A Report*. Evanston, Ill.: Center for
Urban Affairs, Northwestern University, 1975.

Nuccio, Sal. "Insurers Facing a Negro Boycott: Discrimination Is Charged in
Mortgage Lending." *New York Times*, February 14, 1965, 70.

O'Connor, Alice. *Poverty Knowledge: Social Science, Social Policy, and the Poor
in Twentieth-Century U.S. History*. Princeton, N.J.: Princeton University
Press, 2009.

____. "The Privatized City, the Manhattan Institute, the Urban Crisis, and the
Conservative Counterrevolution in New York." *Journal of Urban History* 34,
no. 2 (January 1, 2008): 333-53, https://doi.org/10.1177/0096144207308672.

"Officials See More Mortgage Money—More Housing." *Hartford Courant*, Novem-
ber 1, 1970, 2.

Oliphant, Thomas. "Ginny & Fannie Shore Up Housing Slump." *Boston Globe*, February 8, 1970, B1.

____. "Romney to Leave HUD Job, Cites Difficulty of Reform." *Boston Globe*, November 28, 1972, 31.

"Open Housing Activists Draw Romney's Warning." *Hartford Courant*, June 16, 1971, 15.

"The Options Ahead for the Debt Economy." *BusinessWeek*, October 12, 1974, 120-21.

Organization for Social and Technical Innovation and Victor Bach. *A Study of the Effectiveness of Voluntary Counseling Programs for Lower-Income Home Ownership*. Newton, Mass: Department of Housing and Urban Development, 1974.

Orren, Karen. *Corporate Power and Social Change: The Politics of the Life Insurance Industry*. Baltimore: Johns Hopkins University Press, 1974.

"Out of Slums into Instant Homes in 48 Hours." *Life*, May 12, 1967, 57.

"Panic Sellers Play Fear against Fear—Skirt Law: How Fear Merchants Skirt Housing Laws." *Chicago Tribune*, August 10, 1971, 1.

Papers Submitted to Subcommittee on Housing Panels on Housing Production, Housing Demand, and Developing a Suitable Living Environment. Washington, D.C.: U.S. Government Printing Office, 1971, http://congressional.proquest.com/congcomp/getdoc?CRDC-ID=CMP-1971-BCU-0008.

Paprino, Elissa. "Mrs. Chisholm Hits Housing Program." *Lowell Sun*, April 22, 1972, 1.

Parenti, Christian. *Lockdown America: Police and Prisons in the Age of Crisis*. New York: Verso, 2001.

Parks, Henry G. "Making It over the Race Barrier." *BusinessWeek*, April 4, 1970, 8-9.

Parks, Virginia. "Revisiting Shibboleths of Race and Urban Economy: Black Employment in Manufacturing and the Public Sector Compared, Chicago 1950-2000."

International Journal of Urban and Regional Research 35, no. 1 (January 1, 2011): 110-29, https://doi.org/10.1111/j.1468-2427.2010.00942.x.

Pattillo, Mary. *Black on the Block: The Politics of Race and Class in the City*. Chicago: University of Chicago Press, 2010.

Percy, Charles. "A New Dawn for Our Cities—A Homeownership Achievement Plan." *Congressional Record—Senate*, June 29, 1967, 18035.

Perlstein, Rick. "Exclusive: Lee Atwater's Infamous 1981 Interview on the Southern Strategy." *Nation*, November 13, 2012, http://www.thenation.com/article/170841/exclusive-lee-atwaters-infamous-1981-interview-southern-strategy.

_____. *Nixonland: The Rise of a President and the Fracturing of America*. New York: Scribner, 2008.

Perry, Andre, Jonathan Rothwell, and David Harshbarger. *The Devaluation of Assets in Black Neighborhoods: The Case of Residential Property*. Metropolitan Policy Program at Brookings Institution, 2018, https://www.brookings.edu/wp-content/uploads/2018/11/2018.11_Brookings-Metro_Devaluation-Assets-Black-Neighborhoods_final.pdf.

Phillips, Richard, and Pamela Zekman. "Judge Calls HUD a Slumlord, Rips 'Forced' Foreclosures." *Chicago Tribune*, October 24, 1974, 11.

Phillips-Fein, Kim. *Invisible Hands: The Businessmen's Crusade against the New Deal*. New York: Norton, 2010.

Philpot, Tasha S. *Conservative but Not Republican: The Paradox of Party Identification and Ideology among African Americans*. Cambridge: Cambridge University Press, 2017.

Pietila, Antero. *Not in My Neighborhood: How Bigotry Shaped a Great American City*. Chicago: Ivan R. Dee, 2010.

Pilisuk, Marc. *How We Lost the War on Poverty*. New Brunswick, N.J.: Transaction Books, 1973.

Poinsett, Alex. "The Economics of Liberation." *Ebony*, August 1969.

Polikoff, Alexander. *Waiting for Gautreaux: A Story of Segregation, Housing, and the Black Ghetto*. Evanston, Ill.: Northwestern University Press, 2006.

Porter, Frank C. "Budget Gloomy on 'Initiatives' in Next 5 Years: Nixon Sees Cuts Curbing Price Spiral." *Washington Post, Times Herald*, February 3, 1970, A1.

President's Committee on Urban Housing. *A Decent Home: The Report of the President's Committee on Urban Housing*. Washington, D.C.: U.S. Government Printing Office, 1969.

Pritchett, Wendell E. *Robert Clifton Weaver and the American City: The Life and Times of an Urban Reformer*. Chicago: University of Chicago Press, 2010.

———. "Which Urban Crisis? Regionalism, Race, and Urban Policy, 1960-1974." *Journal of Urban History* 34, no. 2 (January 1, 2008): 266-86, https://doi.org/10.1177/0096144207308678.

"Private Enterprise Called Key for Cities." *Baltimore Sun*, February 25, 1968, F5.

"Progress Report on Federal Housing and Urban Development Programs: Description of Each of the Federal Programs on Housing and Urban Development (Including Mass Transportation) and the Progress of These Programs." *Congressional Report*. Washington D.C.: US Congress, 1970.

"'Project Rehab' to Rebuild Slums on Large Scale: Romney's Program to Help Cities Aid on Big Scale Quietly Started in First 10 Cities." *Norfolk New Journal and Guide*, August 1, 1970, B22.

Pynoos, Jon, Robert Schafer, and Chester W. Hartman. *Housing Urban America*. New York: AldineTransaction, 1980.

Quadagno, Jill. *The Color of Welfare: How Racism Undermined the War on Poverty*. New York: Oxford University Press, 1996.

Quinn, Sarah Lehman. "Government Policy, Housing, and the Origins of Securitization, 1780-1968." Ph.D. diss., University of California, Berkeley, 2010, http://search.proquest.com.turing.library.northwestern.edu/docview/861338626/abstract/13AB9E1BBD829D12B84/1?accountid=12861.

"Racial Impact of Federal Urban Development." The Public Interest Law Center, https://www.pubintlaw.org/cases-and-projects/shannon-v-hud/.

"Racist Ruling on HUD Hailed." *New Pittsburgh Courier*, December 25, 1971, 28.

Radford, Gail. *Modern Housing for America: Policy Struggles in the New Deal Era*. Chicago: University of Chicago Press, 2008.

Rankin, Deborah. "Insurance Firms' Aid to Ghetto: Good, Bad?" *Austin Statesman*, May 30, 1973.

"Real Estate Boards Urged ······ Improve Negro Housing: NAREB Suggests Methods to Meet Serious Problem." *Pittsburgh Courier*, June 17, 1944.

Reed, Stephen. "One Hundred Years of Price Change: The Consumer Price Index and the American Inflation Experience: Monthly Labor Review: U.S. Bureau of Labor Statistics," https://www.bls.gov/opub/mlr/2014/article/one-hundred-years-of-price-change-the-consumer-price-index-and-the-american-inflation-experience.htm.

Reed, William. "Black Home Ownership Now American Nightmare." *Philadelphia Tribune*, July 31, 2012, http://www.phillytrib.com/commentaryarticles/item/5128-black-home-ownership-now-american-nightmare.html.

Reichley, A. James. "George Romney Is Running Hard at HUD." *Fortune* 82, no. 6 (December 1, 1970): 100.

"Release by National Association for the Advancement of Colored People and Metropolitan Life Insurance Company," July 30, 1963. Papers of the NAACP, Part 5: Campaign against Residential Segregation, 1914-1955, Supplement: Residential Segregation, General Office Files, 1956-1965, Group III, series A, Administrative File, General Office File—Housing, folder Housing, Metro-politan Life Insurance Company, Manuscript Division, Library of Congress.

Remarks of Philip J. Maloney, Deputy Assistant Secretary-Deputy FHA Commis-sioner to the Washington Conference of FHA Directors and Chief Underwriters," October 25, 1967. HUD Civil Rights Activities and Programs, Focusing on Housing Discrimination and Urban Areas, pp. 1-29, 1965-1968. Civil Rights Movement and the Federal Government: Records of the U.S. Commission on

Civil Rights, Special Projects, 1960-1970. Record Group 453, Records of the U.S. Commission on Civil Rights, National Archives and Records Administration, College Park, Md.

"Remarks Prepared for Delivery by George Romney, Secretary of the Department of Housing and Urban Development at the 41st Convention, National Housing Conference at Statler Hilton Hotel, Washington D.C.," March 6, 1972. Box 5, folder Detroit Housing, George Romney Post-Gubernatorial Papers, 1969-1973, Bentley Historical Library, University of Michigan, Ann Arbor.

"Rent Strike in Harlem: Fed Up Tenants Declare War on Slum Landlords and Rats," *Ebony*, April 1964, 113-14.

"A Response to the Urban Crisis: A Report on the Urban Investment Program of the Life Insurance Business," December 1969. Records of the Southern Christian Leadership Conference, 1954-1970. Part 2: Records of the Executive Director and Treasurer, subgroup II, Executive Director, series IV, Andrew Young subseries 1, Correspondence], Martin Luther King Jr. Center for Nonviolent Social Change, Atlanta, Ga.

Reston, James. "Gardner Will Head Private Campaign on Urban Poverty." *New York Times*, February 14, 1968, A1.

Reuschling, Thomas L. "The Business Institution: A Redefinition of Social Role." *Business and Society* 9, no. 1 (Autumn 1968): 28.

"Richard Nixon: Address Accepting the Presidential Nomination at the Republican National Convention in Miami Beach, Florida," https://www.presidency.ucsb.edu/documents/address-accepting-the-presidential-nomination-the-republican-national-convention-miami.

"Richard Nixon: Address to the Nation on the Post-Freeze Economic Stabilization Program: 'The Continuing Fight against Inflation,'" https://www.presidency.ucsb.edu/documents/address-the-nation-the-post-freeze-economic-stabilization-program-the-continuing-fight.

"Richard Nixon: Labor Day Message," http://www.presidency.ucsb.edu/ws/index.

php?pid=3557.

"Richard Nixon: The President's News Conference," http://www.presidency.ucsb.edu/ws/index.php?pid=2840.

"Richard Nixon: Radio Address about the State of the Union Message on Community Development," March 4, 1973, http://www.presidency.ucsb.edu/ws/?pid=4128.

"Richard Nixon: Special Message to the Congress Proposing Legislation and Outlining Administration Actions to Deal with Federal Housing Policy," http://www.presidency.ucsb.edu/ws/index.php?pid=3968.

"Richard Nixon: Statement about Federal Policies Relative to Equal Housing Opportunity," https://www.presidency.ucsb.edu/documents/statement-about-federal-policies-relative-equal-housing-opportunity.

"Richard Nixon: Statement on the Life Insurance Industry's Pledge of Additional Investment Capital for Urban Core Areas," http://www.presidency.ucsb.edu/ws/index.php?pid=2000.

Ricke, Tom. "Stories of Hope, Broken Vows, and a Lot of FHA Money: How Two Black Families Got Taken in the Home Scandal." *Detroit Free Press*, June 18, 1972, 18-21.

Ricke, Tom, and Peter Benjamison. "ADC Housing Plan Is Stopped: HUD Blames Small Maintenance Grant." *Detroit Free Press*, January 4, 1972, 3.

Riddle, David. "Race and Reaction in Warren, Michigan, 1971 to 1974: 'Bradley v. Milliken' and the Cross-District Busing Controversy." *Michigan Historical Review* 26, no. 2 (October 1, 2000): 1-49, https://doi.org/10.2307/20173858.

Rippeteau, Jane. "Mortgage Defaults Increase Number of Homes U.S. Owns: Number of Foreclosures by U.S. Rises." *Washington Post*, December 29, 1974, D1.

Robbins, William. "Manpower Held Housing Problem: Mortgage and 'Snob' Zoning Also Seen as Obstacles." *New York Times*, January 13, 1969, 76.

_____. "Negro Housing Producers Seek to Widen Market Share." *New York Times*, May 18, 1969, 1.

Roberts, Steven V. "Slum Role Seen for Private Enterprise." *New York Times*, September 7, 1967, 34.

"Robert Weaver, Secretary of HUD, UPI Interview Program, 'From the People,' Washington, June 10, 1967." *Congressional Record—Senate*, June 29, 1967, 18037.

"Robert Weaver, Unpublished Narrative History of the Department of Housing and Urban Development, Chapter Three," March 5, 1966. Presidential Papers of Lyndon Baines Johnson, vol. 1, box 1, folder FG170, President's Committee on Urban Housing, LBJ Presidential Library, Austin, Tex.

Romney, George W. "Memo to All Regional Administrators," n.d. Box 1, HUD, Office of the Assistant Secretary for Housing Management, Subject Files of G. Richard Dunells, 1970-73, Record Group 207, National Archives Records and Administration, College Park, Md.

____. "Memo to President Richard M. Nixon on the Current Housing Picture," n.d. Box 77, folder Presidential Statements, Office of the Under Secretary Richard C. Van Dusen, 1969-72, Record Group 207, National Archives Records and Administration, College Park, Md.

"Romney: HUD Can't Solve City Housing Problems." *St. Louis Post Dispatch*, April 26, 1972, 49.

"Romney Aide Scores Inner-City Program, Warning of Massive Mortgage Defaults." *Wall Street Journal*, November 22, 1972, 1.

"Romney and Mitchell Discuss Rights Riff." *St. Louis Post Dispatch*, November 27, 1970, Special Dispatch, *Chicago Sun-Times* edition, 2.

"Romney Bids U.S. Put Housing First: Urges Top Priority after War and Inflation End." *New York Times*, July 23, 1969, http://search.proquest.com.turing. library.northwestern.edu/docview/118574253/abstract/13F82DB533F15081B42/ 5?accountid=12861.

"Romney Job Cuts May Reach 50." *Newsday*, Nassau ed., October 12, 1971, 9.

"Romney Opens $20 Million Test Program for Volume Output of Lower-Cost

Homes." *Wall Street Journal*, May 9, 1969, 6.

"Romney Suspends All Housing Action." *New York Times*, February 8, 1969, 14.

"Romney Urges Law Support at Flint Rally." *Los Angeles Times*, August 21, 1967, pt. 1.

Rooks, Noliwe. *Cutting School: Privatization, Segregation, and the End of Public Education*. New York: New Press, 2017.

Roth, Arthur. "A Lender Looks at Title I Homes." *Insured Mortgage Portfolio*, February 1940, 5-7, 13.

Rothstein, Richard. *The Color of Law: A Forgotten History of How Our Government Segregated America*. 1st ed. New York: Liveright, 2017.

____. *The Color of Law: A Forgotten History of How Our Government Segregated America*. New York: Liveright, 2018.

Rubinowitz, Leonard S., and Elizabeth Trosman. "Affirmative Action and the American Dream: Implementing Fair Housing Policies in Federal Homeownership Programs." *Northwestern University Law Review* 74, no. 4 (November 1979): 491-616.

"Rule City Did Discriminate." *Chicago Daily Defender*, April 6, 1971, 5.

Sagalyn, Lynne Beyer. "Mortgage Lending in Older Urban Neighborhoods: Lessons from Past Experience." *Annals of the American Academy of Political and Social Science* 465 (January 1, 1983): 98-108.

Salpukas, Agis. "Moratorium on Housing Subsidy Spells Hardship for Thousands." *New York Times*, April 16, 1973, 30.

Samuelson, Robert J. "Romney: Subsidized Housing in Trouble." *Washington Post, Times Herald*, January 8, 1972, D1.

Sanders, Charles. "Industry Gives New Hope to the Negro." *Ebony*, June 1968, 194.

Satter, Beryl. *Family Properties: Race, Real Estate, and the Exploitation of Black Urban America*. New York: St. Martin's Press, 2009.

"Save the HUD Program." *Detroit Free Press*, January 18, 1971, 6.

Schanber, Sydney H. "Police in Chicago Clash with Whites after 3 Marches." *New York Times*, August 15, 1966, 1.

Schram, Sanford F., Richard C. Fording, and Joe Soss. "Neo-Liberal Poverty Governance: Race, Place, and the Punitive Turn in US Welfare Policy." *Cambridge Journal of Regions, Economy and Society* 1, no. 1 (April 1, 2008): 17-36, https://doi.org/10.1093/cjres/rsm001.

"Scientists Analyze Philly Riot; Advise Change." *Los Angeles Sentinel*, March 3, 1966, sec. B.

Scott, Stanley. "Nation's Ghettoes Teeming with Discontent: Undercover Reporter Poses as Drifter in Riot Cities." *Chicago Daily Defender*, September 12, 1966.

Self, Robert O. *American Bablylon: Race and the Struggle for Postwar Oakland*. Princeton, N.J.: Princeton University Press, 2005.

Seligman, Amanda. *Block by Block: Neighborhoods and Public Policy on Chicago's West Side*. Chicago: University of Chicago Press, 2005.

Semple, Robert, Jr. "F.H.A. Asks Aides to Get Housing for Minorities: Warns That Greater Effort Is Needed—Says Negroes Lag under U.S. Program." *New York Times*, November 21, 1967, 30.

"Sen. Gurney Indicted in Builder Kickbacks." *Los Angeles Times*, July 11, 1974, A1.

"Shelley v. Kraemer, 334 U.S. 1, 68 S. Ct. 836, 92 L. Ed. 2d 1161, 1948 U.S. LEXIS 2764—CourtListener.Com." CourtListener, https://www.courtlistener.com/opinion/104545/shelley-v-kraemer/.

Simplified Housekeeping Directions for Homemakers. Department of Housing and Urban Development, 1967. Urban Archives, Housing Association of Delaware Valley, box 37, Temple University, Philadelphia, Pa.

Singh, Nikhil Pal. *Black Is a Country: Race and the Unfinished Struggle for Democracy*. Cambridge, Mass.: Harvard University Press, 2004.

"Single House Becomes More Elusive in U.S." *Washington Post, Times Herald*, June 28, 1969, D33.

"Slum Rats Chew Out Baby's Eye; Baby Dies." *Jet*, February 24, 1966, 46.

"Slum Rehabilitation Put into Operation." *Los Angeles Times*, July 22, 1970, 4.

"Slums, Suburbs, and 'Snob-Zoning.'" *Jewish Advocate*, August 14, 1969, A2.

Smith, Neil. *Uneven Development: Nature, Capital, and the Production of Space*. Athens: University of Georgia Press, 2010.

Smith, Preston H. *Racial Democracy and the Black Metropolis: Housing Policy in Postwar Chicago*. Minneapolis: University of Minnesota Press, 2012.

Smith, Sharon. *Subterranean Fire: A History of Working-Class Radicalism in the United States*. Chicago: Haymarket Books, 2006, http://www.loc.gov/catdir/ toc/ecip068/2006005731.html.

Sobel, Lester A. *New York and the Urban Dilemma*. New York: Facts on File, 1976.

The Social and Economic Status of the Black Population in the United States, 1971. Washington, D.C.: U.S. Government Printing Office, 1972.

Soss, Joe, Richard C. Fording, and Sanford F. Schram. *Disciplining the Poor: Neoliberal Paternalism and the Persistent Power of Race*. Chicago: University of Chicago Press, 2011.

Sparkman, John, Chairman, Senate Subcommittee on Housing and Urban Affairs. "Defaults and Foreclosures." *Congressional Record—Senate*, February 8, 1972, 3121.

"Special Message to the Congress on Urban Problems: 'The Crisis of the Cities.'" The American Presidency Project, https://www.presidency.ucsb.edu/documents/ special-message-the-congress-urban-problems-the-crisis-the-cities.

Spitzer, Steven. "Toward a Marxian Theory of Deviance." *Social Problems* 22, no. 5 (June 1, 1975): 638-51, https://doi.org/10.2307/799696.

Squires, Gregory D. *Capital and Communities in Black and White: The Intersections of Race, Class, and Uneven Development*. Albany: State University of New York Press, 1994.

_____. ed. *Unequal Partnerships: The Political Economy of Urban Redevelopment in Postwar America*. New Brunswick, N.J.: Rutgers University Press, 1989.

Stanley, Frank. "United Black Mortgage Bankers Assail Nixon." *Chicago Daily Defender*, March 10, 1973, 6.

"Statement to the President, Francis Ferguson, Chairman of the Joint Committee on Urban Problems, of the American Life Convention and the Life Insurance Association of America and President of the Northwestern Mutual Life Insurance Company," April 15, 1969. Papers of the NAACP, Part 28: Special Subject Files, 1966-1970, Group IV, series A, Administrative File, General Office File, Manuscript Division, Library of Congress.

Steele, James B. "HUD Confirms Violations by FHA Unit Here: Patman Upheld on Laxity by FHA in Phila." *Philadelphia Inquirer*, May 2, 1971, 16.

Strout, Richard L. "Romney Ready to Quit Cabinet." *Christian Science Monitor*, August 17, 1972, 4.

Sugrue, Thomas J. *The Origins of the Urban Crisis: Race and Inequality in Postwar Detroit*. Princeton: Princeton University Press, 2005.

_____. *Sweet Land of Liberty: The Forgotten Struggle for Civil Rights in the North*. New York: Random House, 2008.

Tabb, William K. *The Political Economy of the Black Ghetto*. New York: Norton, 1970.

Taylor, Henry Louis. *Race and the City: Work, Community, and Protest in Cincinnati, 1820-1970*. Urbana: University of Illinois Press, 1993.

Taylor, Henry Louis, and Walter Hill. *Historical Roots of the Urban Crisis: African Americans in the Industrial City, 1900-1950*. New York: Garland, 2000.

Taylor, Keeanga-Yamahtta. "Back Story to the Neoliberal Moment." *Souls* 14, no. 3-4 (July 1, 2012): 185-206, https://doi.org/10.1080/10999949.2012.764836.

_____. *From #BlackLivesMatter to Black Liberation*. Chicago: Haymarket Books, 2016.

"Testimony of Secretary of the Department of Housing and Urban Development, Robert Weaver," July 17, 1965. Box 5, Presidential Commission on Urban

Housing, Charles Percy folder, LBJ Presidential Library, Austin, Tex.

Theoharis, Jeanne, and Komozi Woodard. *Groundwork: Local Black Freedom Movements in America*. New York: NYU Press, 2005.

Thomas, June Manning, and Marsha Ritzdorf. *Urban Planning and the African American Community: In the Shadows*. Thousand Oaks, Calif.: Sage, 1997.

"Three Plead Not Guilty in Case Involving Senator Gurney." *New York Times*, July 30, 1974, 67.

Thurston, Chloe N. *At the Boundaries of Homeownership: Credit, Discrimination, and the American State*. Cambridge: Cambridge University Press, 2018.

"Transcript of Kenneth M. Wright Testimony before Kerner Commission." In *Official Transcript Proceedings Before the National Advisory Commission on Civil Disorders, October 23, 1967*, 2670. Civil Rights during the Johnson Administration, 1963-1969, Part V: Records of the National Advisory Commission on Civil Disorders (Kerner Commission).

Travis, Dempsey. *An Autobiography of Black Chicago*. Chicago: Urban Research Institute, 1981.

Trbovich, Marco. "U.S. Curbs Profits of FHA Sales." *Detroit Free Press*, March 16, 1972, 1.

Turpin, Dick. "Housing Act 'Not Cure-All.'" *Los Angeles Times*, August 11, 1968, J2.

Tuskegee Institute. Dept. of Records and Research. *Negro Year Book: A Review of Events Affecting Negro Life, 1952*. Tuskegee, Ala.: Negro Year Book Pub. Co., ca. 1952, http://archive.org/details/negroyearbook52tuskrich.

"Typical FHA New Home Hiked $995 from 1968." *Chicago Daily Defender*, May 30, 1970, 32.

"Union Loans Negroes Over $7½ Million." *Philadelphia Tribune*, August 7, 1965, 3.

United States. *Recommendations on Government Housing Policies and Programs, a Report*. Washington, D.C.: U.S. Government Printing Office, 1953.

U.S. Commission on Civil Rights. *Equal Opportunity in Suburbia: A Report of the United States Commission on Civil Rights*. Washington: The Commission,

1974, http://books.google.com/books?id=7XRAAAAAIAAJ.

____. *Federal Civil Rights Enforcement Effort: A Report of the United States Commission on Civil Rights*. Washington, D.C.: U.S. Government Printing Office, 1970.

____. *Federal Civil Rights Enforcement Effort: A Report of the United States Commission on Civil Rights*. Washington, D.C.: U.S. Government Printing Office, 1971.

____. *Federal Civil Rights Enforcement Effort: Seven Months Later, a Report*. Washington, D.C.: U.S. Government Printing Office, 1971.

____. *Hearing before the United States Commission on Civil Rights. Hearing Held in Washington, D.C., June 14-17, 1971*. Washington, D.C.: U.S. Government Printing Office, 1972, http://archive.org/details/hearingbeforejune1972unit.

____. *Home Ownership for Lower Income Families: A Report on the Racial and Ethnic Impact of the Section 235 Program*. Washington, D.C.: U.S. Government Printing Office, 1971.

____. *Housing: 1961 Commission on Civil Rights Reports, Book 4*. Washington, D.C.: U.S. Government Printing Office, 1961.

____. *A Sheltered Crisis: The State of Fair Housing in the Eighties: Presentations at a Consultation Sponsored by the United States Commission on Civil Rights, Washington, D.C., September 26-27, 1983*. Washington, D.C.: U.S. Commission on Civil Rights, 1985.

____. *Understanding Fair Housing*. Washington, D.C.: U.S. Government Printing Office, 1973, http://catalog.hathitrust.org/api/volumes/oclc/615201.html.

U.S. Community Services Administration. *"A Right to a Decent Home ······":
Housing Improvement Initiatives for Public Welfare Agencies*. Washington, D.C.: U.S. Dept. of Health, Education, and Welfare, Community Services Administration, 1977.

"US Confirms Abuse, Halts Housing Plan." *Boston Globe*, January 15, 1971, 1.

U.S. Congress. House. Ad Hoc Subcommittee on Home Financing Practices and

Procedures. *Financing of Inner-City Housing: Hearings before the Ad Hoc Subcommittee on Home Financing Practices and Procedures of the Committee on Banking and Currency, House of Representatives, Ninety-First Congress, First Session, on Financing of Inner-City Housing.* Washington, D.C.: U.S. Government Printing Office, 1969.

U.S. Congress. House. Committee on Appropriations. Subcommittee on HUD, Space, Science, and Veterans Appropriations. *HUD, Space, Science and Veterans Appropriations for 1973.* Pt 3. Washington, D.C.: U.S. Government Printing Office, 1972.

U.S. Congress. House. Committee on Appropriations. Subcommittee on HUD— Independent Agencies. *Department of Housing and Urban Development— Independent Agencies Appropriations for 1978: Hearings Before a Subcommittee of the Committee on Appropriations, House of Representatives, Ninety-Fifth Congress, First Session.* Washington, D.C.: U.S. Government Printing Office, 1977.

U.S. Congress. House. Committee on Banking and Currency. "Compilation of the Housing and Urban Development Act of 1968. P.L. 90-448, with Related Documents." August 1, 1968.

____. *Housing and Urban Development Act of 1969*, http://congressional.proquest.com/congcomp/getdoc?CRDC-ID=CMP-1969-BCU-0002.

____. *Interim Report on HUD Investigation of Low- and Moderate-Income Housing Programs, Hearing before⋯⋯, 92-1⋯⋯, March 31, 1971.* Washington, D.C.: U.S. Government Printing Office, 1971.

____. *Investigation and Hearing of Abuses in Federal Low- and Moderate-Income Housing Programs: Staff Report and Recommendations.* Washington, D.C.: U.S. Government Printing Office, 1970.

U.S. Congress. House. Committee on Banking and Currency. Subcommittee on Housing. *Housing Act of 1960.* Section-by-Section Summary, http://congressional.proquest.com/congcomp/getdoc?CRDC-ID=CMP-1960-BCU-0005.

U.S. Congress. House. Committee on Banking and Currency. Subcommittee on Housing, and U.S. Department of Housing and Urban Development. *Real Estate Settlement Costs, FHA Mortgage Foreclosures, Housing Abandonment, and Site Selection Policies. Hearings, Ninety-Second Congress, Second Session, on H.R. 13337 ······ February 22 and 24, 1972*. Washington, D.C.: U.S. Government Printing Office, 1972, http://congressional.proquest.com/congcomp/getdoc?HEARING-ID=HRG-1972-BCU-0001.

U.S. Congress. House. Committee on Government Operations. *Operations of the Federal Housing Administration of the Department of Housing and Urban Development, Hearing before the Subcommittee of······, 92-1, October 13 and 14, 1971*. Washington, D.C.: U.S. Government Printing Office, 1971.

U.S. Congress. House. Committee on Government Operations. Subcommittee on Legal and Monetary Affairs. *Defaults on FHA-Insured Mortgages (Detroit). Hearings before a Subcommittee of the Committee on Government Operations, House of Representatives, Ninety-Second Congress, First [and Second] Session[s]*. Washington, D.C.: U.S. Government Printing Office, 1972.

_____. *Defaults on FHA-Insured Mortgages*. Pt. 2, *February 24, May 2, 3, 4, 1972*. Washington, D.C.: U.S. Government Printing Office, 1972.

U.S. Congress. House. Committee on the Judiciary. *Civil Rights: Hearings before Subcommittee No. 5 on H.R. 140 [and Other] Miscellaneous Bills Regarding the Civil Rights of Persons within the Jurisdiction of the United States ······*. Washington, D.C.: U.S. Government Printing Office, 1957.

U.S. Congress. Joint Economic Committee. Subcommittee on Priorities and Economy in Government. *Housing Subsidies and Housing Policies: Hearings before the Subcommittee on Priorities and Economy in Government of the Joint Economic Committee, Congress of the United States, Ninety-Second Congress, Second Session, December 4, 5, and 7, 1972*. Washington, D.C.: U.S. Government Printing Office, 1973.

_____. *Housing Subsidies and Housing Policy: Report of the Subcommittee on*

Priorities and Economy in Government of the Joint Economic Committee, Congress of the United States, Together with Minority Notes, March 5, 1973. Washington, D.C.: U.S. Government Printing Office, 1973.

U.S. Congress. Senate. Committee on Banking and Currency. *Nomination of George W. Romney. Hearing before the Committee on Banking and Currency, United States Senate, Ninety-First Congress, First Session, on the Nomination of George W. Romney to Be Secretary of the Department of Housing and Urban Affairs, January 16, 1969.* Washington, D.C.: U.S. Government Printing Office, 1969.

U.S. Congress. Senate. Committee on Banking and Currency. Subcommittee on Financial Institutions. *Financial Institutions and the Urban Crisis: Hearings before the United States Senate Committee on Banking and Currency, Subcommittee on Financial Institutions, Ninetieth Congress, Second Session, on Sept. 30, Oct. 1-4, 1968.* Washington, D.C.: U.S. Government Printing Office, 1968, http://congressional.proquest.com/congcomp/getdoc?HEARING-ID=HRG-1968-BCS-0026.

U.S. Congress. Senate. Committee on Banking and Currency. Subcommittee on Housing and Urban Affairs. *An Analysis of the Section 235 and 236 Programs. Prepared for the Subcommittee on Housing and Urban Affairs of the Committee on Banking, Housing and Urban Affairs, U.S. Senate.* Washington, D.C.: U.S. Government Printing Office, 1973.

_____. *Fair Housing Act of 1967: Hearings before the Subcommittee on Housing and Urban Affairs, Ninetieth Congress, First Session, on S. 1358, S. 2114, and S. 2280, Relating to Civil Rights and Housing, August 21, 22, and 23, 1967.* Washington, D.C.: U.S. Government Printing Office, 1967.

_____. *FHA Mortgage Foreclosures: Hearings before the United States Senate Committee on Banking and Currency, Subcommittee on Housing, Eighty-Eighth Congress, Second Session, on Jan. 27, 28, 1964.* Washington, D.C.: U.S. Government Printing Office, 1964, http://congressional.proquest.com/

congcomp/getdoc?HEARING-ID=HRG-1964-BCS-0012.

____. *Housing and Urban Development Legislation of 1968: Hearings before the Subcommittee on Housing and Urban Affairs of the Committee on Banking and Currency, Ninetieth Congress, Second Session, on Proposed Housing Legislation for 1968.* Washington, D.C.: U.S. Government Printing Office, 1968.

____. *Housing and Urban Development Legislation of 1970.* Washington, D.C.: U.S. Government Printing Office, 1970.

U.S. Congress. Senate. Committee on Banking, Housing, and Urban Affairs. Subcommittee on Housing and Urban Affairs. *Abandonment Disaster Demonstration Relief Act of 1975.* Washington, D.C.: U.S. Government Printing Office, 1975.

____. *Oversight on Housing and Urban Development Programs.* Pt. 1. Pub. L. No. Y4.B22/3: H81/67/pt. 1. 1973.

____. *Oversight on Housing and Urban Development Programs.* Pt 1. Pub. L. No. HRG-1973-BHU-0026. 1973.

____. *Oversight on Housing and Urban Development Programs—Chicago, Illinois, Hearings before the Subcommittee on Housing and Urban Affairs ......, 93-1 ......, March 30 and 31, 1973.* Pub. L. N. HRG-1973-BHU-0024. 1973.

____. *Oversight on Housing and Urban Development Programs, Washington, D.C.: Hearings before the Subcommittee on Housing and Urban Affairs of the Committee on Banking, Housing and Urban Affairs, United States Senate; Ninety-Third Congress, First Session*, 1973, http://heinonline.org/HOL/Page? handle=hein.cbhear/osihudpri0001&id=1&size=3&collection=congrec.

U.S. Congress. Senate. Committee on Government Operations. Subcommittee on Executive Reorganization. *Urban Crisis in America: The Remarkable Ribicoff Hearings.* Washington, D.C.: Washington National Press, 1969.

U.S. Congress. Senate. Select Committee on Equal Educational Opportunity. *Equal Educational Opportunity. Hearings, Ninety-First Congress, Second Session [and Ninety-Second Congress, First Session].* Washington, D.C.: U.S. Government

Printing Office, 1970.

U.S. Department of Housing and Urban Development. *Homeownership for Lower Income Families (Section 235)*. Washington, D.C.: U.S. Dept. of Housing and Urban Development, 1971.

_____. "Report of Staff Investigation of the Country Ridge Housing Development (Baltimore)." December 30, 1971. In U.S. Congress, House, Committee on Government Operations, Subcommittee on Legal and Monetary Affairs, *Defaults on FHA-Insured Mortgages*, pt. 2, *February 24; May 2, 3, 4, 1972*. Washington, D.C.: U.S. Government Printing Office, 1972.

U.S. Department of Housing and Urban Development. Office of Audit. *Audit Review of Section 235 Single Family Housing*. Washington, D.C.: U.S. Dept. of Housing and Urban Development, 1971.

U.S. Federal Housing Administration. *Underwriting Manual: Underwriting Analysis under Title II, Section 203 of the National Housing Act*. Washington, D.C.: U.S. Government Printing Office, 1938.

_____. "A New Small-Home Ownership Program." *Insured Mortgage Portfolio*, February 1940.

U.S. Federal Trade Commission. *Economic Report on Installment Credit and Retail Sales Practices of District of Columbia Retailers*. Washington, D.C.: U.S. Government Printing Office, 1968.

U.S. House of Representatives. Congressional Black Caucus. "A Position on Housing." April 2, 1972. Urban Archives, Housing Association of Delaware Valley, box 38, Position Paper of Congressional Black Caucus, Temple University, Philadelphia, Pa.

U.S. National Advisory Commission on Civil Disorders. *Report of the National Advisory Commission on Civil Disorders*. Washington, D.C.: U.S. Government Printing Office, 1968.

U.S. President's Commission on Housing. *The Report of the President's Commission on Housing*. Washington, D.C.: President's Commission on Housing,

1982, http://catalog.hathitrust.org/api/volumes/oclc/8493725.html.

U.S. President's Task Force on Low Income Housing. *Toward Better Housing for Low Income Families: The Report of the President's Task Force on Low Income Housing*. Washington, D.C.: U.S. Government Printing Office, 1970.

Vale, Lawrence J., and Yonah Freemark. "From Public Housing to Public-Private Housing." *Journal of the American Planning Association* 78, no. 4 (September 1, 2012): 379-402, https://doi.org/10.1080/01944363.2012.737985.

Van Dusen, Richard C. "Civil Rights and Housing." *Urban Lawyer* 5 (1973): 576.

Viorst, Milton. "The Blacks Who Work for Nixon." *New York Times*, November 29, 1970, 260.

Voluntary Home Mortgage Credit Program. "First Annual Report of the Administrator," Washington, D.C.: Administrator, Housing and Home Finance Agency, 1955, https://babel.hathitrust.org/cgi/pt?id=mdp.39015076028250;view=1up;seq=1.

Von Eschen, Penny M. *Race against Empire: Black Americans and Anticolonialism, 1937-1957*. Ithaca, N.Y.: Cornell University Press, 1997.

von Hoffman, Alexander. "Calling upon the Genius of Private Enterprise: The Housing and Urban Development Act of 1968 and the Liberal Turn to Public-Private Partnerships." *Studies in American Political Development* 27, no. 2 (2013): 165-94, https://doi.org/10.1017/S0898588X13000102.

——. *Enter the Housing Industry, Stage Right: A Working Paper on the History of Housing Policy*. Cambridge, Mass.: Joint Center for Housing Studies, Harvard University, 2008.

——. "High Ambitions: The Past and Future of American Low-Income Housing Policy." *Housing Policy Debate* 7, no. 3 (1996): 423-46, https://doi.org/10.1080/10511482.1996.9521228.

——. *House by House, Block by Block: The Rebirth of American Urban Neighborhoods*. New York: Oxford University Press, 2004.

——. *Let Us Continue: Housing Policy in the Great Society*. Pt. 1. Cambridge,

Mass.: Joint Center for Housing Studies, Harvard University, 2009.

Walker, Tom. "Housing Freeze Evil or Good?" *Atlanta Constitution*, February 4, 1973, 6.

Ward, Alex. "Employee Protests Heard by Romney." *Washington Post*, October 13, 1970, 1.

Ward, Alex, and Joseph Whitaker. "100 at Rally Protest U.S. Bias," *Washington Post*, November 3, 1970, 2.

Warden, Philip. "Negroes Pay Color Tax—King." *Chicago Tribune*, December 16, 1966, sec. A.

Washington, Betty. "Every Morning, a War on Rats: At 6:30, the Day Begins Drearily in Westside Flat." *Chicago Defender*, March 1, 1966, 1.

Waters, Enoch P. "Urban League Says Chicagoans Paid Huge 'Color Tax.'" *Atlanta Daily World*, May 25, 1961.

Weaver, Robert. "Departmental Policy Governing Equal Opportunity in HUD Operations and Programs," January 23, 1967. Papers of the NAACP, Part 28: Special Subject Files, 1966-1970, Group IV, series A, Administrative File, General Office File, Manuscript Division, Library of Congress.

Weaver, Robert Clifton. *The Urban Complex: Human Values in Urban Life*. New York: Doubleday, 1964.

Weaver, Timothy. "Urban Crisis: The Genealogy of a Concept." *Urban Studies* 54, no. 9 (July 1, 2017): 2039-55, https://doi.org/10.1177/0042098016640487.

Welless, Benjamin. "Romney Appoints 2 Negroes to Fill Major Positions: Assistant Secretaries Picked for Equal Opportunity and Metropolitan Programs." *New York Times*, January 26, 1969, 1.

Whitaker, Joseph D. "HUD Gives Promotions to 42 Aides." *Washington Post, Times Herald*, October 29, 1970, B5.

"The White House Press Conference with Daniel Patrick Moynihan," April 8, 1969. Box 78, folder State of the Union, 1970-1972, HUD, Office of the Under Secretary Richard C. Van Dusen, 1969-72, Record Group 207, National Archives and Records Administration, College Park, Md.

"White House Said to Plan Freeze on Public Housing: Moratorium on Public Housing Reported Administration Plan." *New York Times*, December 23, 1972.

Wiese, Andrew. *Places of Their Own: African American Suburbanization in the Twentieth Century*. Chicago: University of Chicago Press, 2009.

Williams, Bob. "Seek Hate Combine in Heights Bombing: Community Pledges Fair Housing Aid." *Cleveland Call and Post*, July 2, 1966, 1A.

Williams, Rhonda Y. *The Politics of Public Housing: Black Women's Struggles against Urban Inequality*. New York: Oxford University Press, 2004.

____. "'We're Tired of Being Treated Like Dogs': Poor Women and Power Politics in Black Baltimore." *Black Scholar* 31, no. 3/4 (Fall/Winter 2001): 31-41, https://jstor.org/stable/41069812.

Wilson, Harry B., Jr. "Exploiting the Home-Buying Poor: A Case Study of Abuse of the National Housing Act." *Saint Louis University Law Journal* 17, no. 4 (Summer 1973): 525-71.

Wilson, Warren. "Why We Did It: Looters." *Chicago Daily Defender*, August 23, 1965, 1.

"Winners Assembled for Breakthrough." *BusinessWeek*, February 28, 1970, 35.

Witcover, Jules. "President OKs Revenue Sharing at Independence Hall Ceremony: Revenue Sharing." *Los Angeles Times*, October 21, 1972, A1.

"Women Are Poverty War Force: Johnson." *Chicago Tribune*, June 29, 1966, sec. B.

Wood, Robert E. "B of A Acts to Show Students 'The Establishment' Also Cares." *Los Angeles Times*, May 12, 1970, C7.

Woods, L. L. "The Federal Home Loan Bank Board, Redlining, and the National Proliferation of Racial Lending Discrimination, 1921-1950." *Journal of Urban History* 38, no. 6 (April 9, 2012): 1036-59, https://doi.org/10.1177/0096144421 1435126.

"Words of the Week." *Jet*, March 8, 1973.

Wright, Richard. *Native Son*. New York: Perennial, 2003.

Wright Rigueur, Leah. *The Loneliness of the Black Republican: Pragmatic Politics and the Pursuit of Power*. Princeton: Princeton University Press, 2017, http://dx.doi.org/10.23943/princeton/9780691159010.001.0001.

Yinger, John. "An Analysis of Discrimination by Real Estate Brokers," February 1975, https://eric.ed.gov/?id=ED106410.

Yudis, Anthony. "Both Critics, Experts Have Second Thoughts: Not Housing So Much as Environment." *Boston Globe*, May 14, 1972, 5.

Zelizer, Julian E. *The Fierce Urgency of Now: Lyndon Johnson, Congress, and the Battle for the Great Society*. Reprint. New York: Penguin, 2015.

옮긴이의 글: 주택 불평등의 역사적 시발점, 약탈적 포용

유럽과 달리 사회적 불평등을 완화하려는 여러 제도가 제 구실을 못 하는 극심한 빈익빈 부익부의 나라 미국에서 그 충실한 고리이자 이민자들이 꿈꾸는 '아메리칸드림'과의 동의어가 바로 주택이다. 그런데 주택 문제가 사회 갈등과 사회 불평등의 키워드로 자리 잡은 것은 미국이나 우리나라나 매한가지인 듯하다. 그것이 미국의 경우 주로 백인과 비백인(특히 아프리카게 미국인) 사이에서 빚어지는 문제라면, 우리나라의 경우 부자와 빈자, 도시와 농촌, 서울 및 수도권과 지방 사이에서 펼쳐지는 문제라는 점이 차이라면 차이겠다. 우리나라에서 가계 자산의 무려 70퍼센트 이상을 차지하는 부동산은 다주택자든 1주택자든 무주택자든 모든 이에게 초미의 관심사다. 그런 사정은 이 책의 아마존 독자 서평에 나오는 "성인 사이의 거의 모든 대화는 주택에 관한 것이거나 주택에 따른 것이거나 주택과 관련한 것이다"라는 우스갯소리에서 확인할 수 있듯, 미국에서도 마찬가지인 것 같다.

미국에서 그간 흑인이 겪은 고난을 '다 지나간 역사'라고 주장하는 이들에게 이 책의 저자는 결코 그렇지 않다고 정색을 한다. 역사는 현재를 비추는 거울이기에, 현재를 이해하려면 반드시 지난 역사를 돌아보아야 한다는 것이다. 그에 따라 이 책은 인종차별이 여전히 노골적이었으며, 연방주의가 모두에게 공정한 경쟁의 장을 제공하지 못했던 시대, 즉 의도적으로 삭제된 존슨 행정부와 닉슨 행정부의 시대를 파헤친다. 그리고 그렇게 함으로써 연방 정부가 저소득층 및 빈곤층 흑인에게 주택 소유를 안내하는 데서 과연 어떻게 실패했는지 보여준다. 저자는 흑인의 주택 소유를 늘리기 위해 고안된 프로그램이 실제로는 부동산 시장의 약탈적 행위자들이 흑인 거주 지역에서 이윤을 쥐어짜는 능력을 키우도록 도운 정황을 살펴본다. 1960년대 말과 1970년대 초, 도시 봉기의 물결에 휩싸인 정치인들은 마침내 레드라이닝 관행을 종식시키기 위해 노력했다. 흑인 도시 거주자를 주택 소유자로 전환하면 혼란을 잠재울 수 있다고 판단한 그들은 1968년 주택도시개발법을 통과시켰다. 그리고 모기지 대출 기관과 부동산업계가 흑인 주택 구매자를 동등하게 대우하도록 유도하는 정책을 펼치기 시작했다.

이 책은 1960년대와 1970년대의 부동산 정책 및 공공 정책을 다루는지라 그 주제에 익숙지 않은 독자들로서는 이해하기가 제법 까다롭다. 전반적으로 더없이 복잡한 내용이지만, 저자는 그 과정을 한마디로 "'인종차별적 배제(exclusion)'에서 '약탈적 포용(inclusion)'으로의 전환"이라고 요약한다. 1960년대 말과 1970년대 초 미국 정부가 실시한 주택 정책은 기존의 '인종차별적 배제'를 근절하기는커녕 저자가 표현한 이른바 '약탈적 포용'이라는 그에 버금갈 만큼 파괴적인 메커니즘으로 슬그머니 옷을 갈아입었다. 엉망진창인 관리, 심각한 부정부패, 왜곡된 유인, 무시되거나 시행되지 않은 민권 규정으로 특징지어지는 약탈적 포용은 종전의 인종차별적 배제와는 뚜렷이 구분되지만, 그로부터 완전히 자유롭지는 못한 시스템이었다. 약탈적 포용은 흑인 공동체가 오늘날까지 변함없이 주택 정책의 불평등을 겪게 만든 역사적 시발점이다.

이 책에서 저자는 모기지 은행가와 연방주택청이 어떻게 흑인 주택 소유에 대한 약속을 도시의 악몽으로 바꾸어놓고, 궁극적으로 도시-교외의 인종 분리를 한층 강화했는지에 초점을 맞추어 중요한 아프리카계 미국인 역사의 한 가지 축을 조망한다. 그리고 그 과정에서 연방 정부와 부동산업계가 흑인을 대하는 온갖 측면에 깃든 노골적인 인종차별, 비윤리적 관행, 만연한 이윤 추구를 적나라하게 까발린다. 저자의 가장 중요한 공헌이랄 수 있는 약탈적 포용 개념은 자본주의하의 주택 정책을 비판할 수 있는 주된 개념 틀을 제공하며, 우리가 오늘날 주택과 맺고 있는 관계를 혁명적으로 재검토하도록 제안한다.

존슨 행정부에서 시작되었으며, 닉슨 행정부가 계승한 공공-민간 파트너십은 역사적으로 인종차별적 관행이 짙었던 부동산업계에 주도권을 넘겨주는 결과로 이어졌다. 정부는 양질 주택의 공급 책임을 이윤을 추구하는 부동산업계에 어물쩍 떠넘겼다. 따라서 공식적으로 주택 차별을 금지한 뒤에도 수탈적인 부동산 관행은 버젓이 자행될 수 있었다. 인종차별적 구조와 개인들은 레드라이닝 금지 이후에도 고스란히 남았고, 규제 당국과 부동산업계 간의 밀월 관계는 불공정 행위를 무시하도록 동기를 부여했다. 한편, 저소득층 주택 소유를 장려하기 위한 새로운 정책은 흑인 주택 소유자를 착취하는 새로운 방안을 고안해냈다. 연방 정부는 흑인 구매자에 대한 대출 기관의 대출 저항을 극복하기 위해, 마치 인종차별이 아니라 수익성 없음(unprofitability)이 주거 분리의 원인이기라도 한 양 도시 모기지를 보증해주었다. 은행가, 투자자, 부동산 중개인은 주택 납부금을 제때 내지 못해 압류당할 가능성이 가장 큰 흑인 여성을 표적으로 삼았다. 그 결과 1970년대 말, 흑인 주택 소유를 장려하기 위한 미국 최초의 프로그램은 전국 흑인 공동체에서 수만 건의 주택 압류가 속출하는 사태로 귀결되었다. 흑인 주택 소유를 늘리려는 노력은 부동산업자와 모기지 대출 기관에는 절로 굴러들어온 복이나 마찬가지였으며, 규제 완화 옹호론자들에게는 정부가 추진하는 온갖 종류의 개입에 맞서 휘두를 수 있는 요긴한 무기였다.

주택 정책의 대대적 변화와 그것이 아프리카계 미국인에게 끼친 끔찍한 영향을 다룬 이 책은 주거 분리가 어떻게 인종을 통해 이윤을 창출했는지 조망하고, 도시 중심부가 어떻게 제 이익만 꾀하는 추출의 새로운 개척지로 변질되었는지를 생생하게 보여준다. 또한 인종차별적 정책 및 관행과 시장 해결책의 불일치를 드러내고, 제도적 인종차별을 없애기 위한 입법만으로는 한계가 있음을 역설한다. 이 책의 핵심 주제는 인종차별적 문화 및 정치가 경제에 미치는 영향이다. 자유 시장은 '수요와 공급' 같은 경제 법칙에 의해서만 결정되는 게 아니라, 문화적 인식과 역사에 의해서도 좌우되는 것이다.

주택 소유는 미국에서 부를 축적하는 열쇠 중 하나다. 미국 역사의 대부분 기간 동안 미국 흑인은 이 시장에서 체계적으로 배제되거나 참여를 심각하게 제한받았다. 이러한 차별은 흑인과 백인 가구 간에 가로놓인 부의 격차를 점점 더 크게 벌려놓았다. 인종 간 부의 격차는 여러 세대에 걸쳐 파급되었고 자녀 세대에까지 이어졌다. 주택 소유자들이 드러내는 부의 격차는 어느 집단은 우대하고 어느 집단은 열등한 위치에 두기 위해 고의적으로 고안한 정부 정책 탓이었다. 이러한 차별은 1968년 공정주택법이 통과되면서 조금씩 변화하기 시작했다. 그러나 법이 제정되었음에도 내내 심각한 결함이 드러났다. 그 법의 성공 여부는 법 집행을 담당하는 이들의 헌신에 달려 있었는데, 1970년대 초 그 책임이 닉슨 행정부로 넘어갔다. 닉슨은 주택법 시행에서 공공-민간 파트너십을 지지했고, 그 파트너십이 미온적이던 행정부의 법 집행 책임을 떠안았다.

실제로 주택법은 예비 주택 소유자를 위해 더 많은 부동산을 시장에 내놓았지만, 그것이 아메리칸드림과 동의어인 새로운 교외 지역 주택 물건은 아니었다. 대다수 도시 흑인 주택 매수자는 오래된 도시 주택 물건으로 향했고, 그중 상당수는 다 쓰러져가는 상태였다. 대다수가 예산이 빠듯한 한 부모 여성인 매수자들은 수리의 필요성을 알았다 하더라도 그 비용을 감당할 수 없었다. 결국 그 프로그램은 정부의 낭비로 점철된 실패작으로 여겨졌다. 그 프로그램의 비판론자 다수는 그것을 시행하려던 같은 행정부 출신으로, 그 프로그램에 대해 주택의 구입 및 유지에 따른 기술과 지식이 없는 이들을 위한 잘못된 사회 복지 프로그램이라고 성토했다.

반면 저자는 그 프로그램들이 실패할 수밖에 없었던 사유를 두 가지로 제시한다. 첫 번째는 이 문제에 대한 틀 짓기였다. 닉슨 행정부는 이 프로그램을 저소득층 미국인이 '내 집 마련'의 꿈을 이룰 수 있는 프로그램이 아니라 '강제 통합'이라고 몰아붙임으로써 제로섬 게임으로 그 문제에 접근했다. 주요 백인 거주 지역에서 흑인 가정이 주택을 매수하면 백인은 무언가를 침해당한다고 느꼈다. 이러한 틀 짓기는 정치인들로 하여금 현 상태에 맞서려는 노력을 꺼리도록 만들었다. 또한 닉슨 행정부는 1960년대 말 민권 신장에 대한 백인의 반발을 고려한 선거 전략 탓에 그 프로그램에 대한 지지를 한층 더 꺼렸다.

두 번째 실패 사유는 정부가 부동산 중개업자에 의존해 프로그램을 시행했다는 점이다. 여느 기업들도 그렇듯이 부동산 중개업체 역시 비용의 최소화와 수익의 극대화를 추구한다. 이는 자유 시장 체제의 생리이므로, 정부 규제는 기업이 이러한 수익 추구 과정에서 법을 위반하지 않도록 보장하는 것을 목표로 삼는다. 그런데 닉슨 행정부는 그렇게 하는 데 관심이 없는 사람들을 임명했다. 의지가 부족할뿐더러 문제의 원인 제공자이기도 한 인물들을 프로그램 운영의 책임자로 앉힌 결과, 그 프로그램은 소기의 목적을 달성하지 못하고 좌초했다.

이 책은 우리가 잘 모르는 주택 정책과 관련한 인종차별 역사를 다루는데, 시기적으로는 1940년대부터 1980년대까지만 아우르고 있다. 그 후부터 지금에 이르는 수십 년에 대한 언급은 빠져 있는 것이다. 상황은 나아지고 있는가, 나빠지고 있는가? 어떤 정책 변화가 있었는가? 어떤 정책 변화가 필요한가? 이와 관련해 〈뉴 리퍼블릭(The New Republic)〉의 서평은 이렇게 적고 있다. "많은 역사가들이 그렇듯 테일러 역시 자신이 기록한 역사에 충실할 뿐, 현재를 직접적 방식으로 본격적으로 다루지는 않는다. 그는 이러한 영속적 악폐에 대한 해결책을 제시하지도, 깔끔하고 초당적인 정책 조치를 제안하지도 않는다. 그의 말에 따르면 그 문제들은 고질적이고 지속적이다." 그리하여 독자로서 우리는 책을 다 읽은 뒤 그 같은 역사의 기원과 배경을 이해함으로써 그저 그 역사가 오늘날에도 여전히 위력을 발휘하고 있겠거니 지레짐작하게 된다. 저자가 최근 몇십 년의 역사를 다루지 않은 것은 그간 의미 있는 변화랄 게 거의 없었다는 것, 즉 '그 문제들이 고질적이고 지속적이라는 것'을 말해주기 때문이라고 여겨서다. 그렇다 해도 위의 질문들에 대한 답을 간단하게나마 곁들이는 식으로 저자가 좀더 노력을 기울였더라면 이 책이 2020년대를 사는 지금의 독자들한테 한층 더 의미 있게 다가갈 수 있었을 거라는 아쉬움은 여전히 남는다. 다행히 책머리에 실린 〈서문〉은 그 같은 아쉬움을 다소간 달래준다.

《이윤을 향한 질주》와 유사한 문제의식을 담고 있으며 2022년 우리나라에도 번역·소개된 책이 있다. 바로 이 책의 본문과 관련 주에서도 언급된 리처드 로스스타인의 《부동산, 설계된 절망: 국가는 어떻게 승자가 정해진 게임을 만들었는가?(The Color of Law—A Forgotten History of How Our Government Segregated America)》이다. 로스스타인의 책은 "부동산 시장은 진정 '보이지 않는 손'이 만든 게임일까?" "'부자들의 금고'인 주택 시장은 불평등과 불공정을 바로잡는 장이 될 수 있을까?"라고 물으며 그 질문에 답한다. 정책 전문가인 저자는 이 책에서 정책에 의해 길들여지지 않는 부동산 시장, 국민 개개인의 욕망 추구라는 환상 뒤에 숨은 '국가'의 존재를 드러낸다. 그리고 개발 구역 선정과 개발 지원금, 도로와 공공 서비스 확충, 모지기 보험과 세액 공제에 이르기까지 행정부, 사법부, 금융 감독 기관 및 교육 기관에서 시행된 '중립적인 체하는 정부 정책'과 각종 법안 및 판결이 어떻게 인종차별적 주택 시장을 조성하고 불공정과 불평등을 심화해왔는지를 탄탄한 조사를 바탕으로 파헤친다. 《부동산, 설계된 절망》의 심화 버전이라 할 수 있는 이 책은 특히 약탈적 포용 개념을 통해 현대까지도 영향을 미치는 인종차별적 주택 정책의 기원을, 주로 아프리카계 미국인의 관점에서 집중적으로 조망한다.

《이윤을 향한 질주》는 노스캐롤라이나 대학 출판부에서 2013년부터 야심 차게 추진하고 있는 시리즈물 '정의, 권력, 그리고 정치'(현재 60권 출간)의 일부다. 그 시리즈물은 "20세기의 사회 정의와 정치권력에 대한 질문 및 정의를 향한 투쟁의 탐구"를 표방하느니만큼 이 책에도 사회

정의를 지향하는 묵직한 문제의식이 녹아 있다. "예나 지금이나 서민의 삶은 고달프다." 이 말은 늘 공감으로 우리 마음을 울린다. 그런데 이 책은 그의 미국판 변주라 할 수 있는 "예나 지금이나 (아프리카계 미국인을 비롯한) 소수 인종의 삶은 고달프다"는 사실을 가장 기본적 생존권인 주거권에서의 불이익을 통해 뼈아프게 보여준다. 가난하고 불우한 이들이 겪는 고통의 근저에 관심을 기울이고, 주택 분리와 주택 불평등이라는 복잡하고 민감한 주제를 다루었다는 사실 자체만으로도 이 책은 칭찬할 만하다.

이 책은 흑인을 위한 것이 아니다. 외려 흑인이 아니라면 더더욱 읽어야 하는 책이다. 우리가 흑인 공동체의 좋은 이웃이 되기 위해서는 그들이 어떤 일을 겪어왔는지, 그 역사가 지금의 그들에게 어떤 그늘을 드리우고 있는지 이해해야 하기 때문이다. 무지는 혐오를 낳으니까. 이 책은 그 길로 우리를 안내한다.

마지막으로 사적인 말 한마디. 성인이 된 후 지금껏 30여 년 동안 전세든 자가든 주택에서 살아왔으니 부동산과 아예 무관하게 지냈다고는 볼 수 없다. 하지만 부동산에 대해서는 까막눈이나 다름없었다. 어쩐 일인지 관공서나 금융 기관에만 갔다 하면 거기서 쓰이는 개념과 용어부터가 생소해 늘 바보가 되는 느낌이 들곤 하는데, 부동산 시장 및 부동산 정책과 관련해서도 별반 나을 게 없었다. 이 책 5장의 제목 '어수룩한 매수자' 그게 바로 나였다. 그런데 관련 책을 옮기게 되었으니 계속 그런 상태에 머물러 있을 수는 없는 노릇이었다. 상당한 비용을 치르고 1년 과정의 부동산 관련 강좌를 수강했고(현재 진행형) 틈만 나면 관련 유튜브도 시청했다. 그 덕인지 이제 서당 개 3년이면 풍월을 읊는다고 할 정도는 되었다. 하지만 부동산 정책과 시장을 파악하는 일은 여전히 내게 수많은 관련 이해 집단과 금융 제도, 경기 사이클, 대중 심리 등을 꿰뚫어보아야 하는 쉽지 않은 작업이다. 옮긴이로서 나름대로 최선을 다한다고는 했지만 저도 몰래 미흡한 부분이 남아 있을지 몰라 쓸데없이 덧붙이는 변명이다. 넓은 아량을 구한다.

2024년 3월

김홍옥

찾아보기